曼德拉传

〔英〕安东尼·桑普森——著

陈子博 卫昱——译

长江出版传媒 | 长江文艺出版社

作者简介

　　安东尼·桑普森，（1926 年 8 月 3
日—2004 年 12 月 18 日），南非记者、
作家、学者，一直致力于南非问题研究。
1951 年从牛津大学毕业后，担任南非黑
人杂志《鼓》、英国《观察家报》等杂志
主编。正是在担任《鼓》杂志主编期间，
他在索韦托结识了正在筹备抵制种族隔
离的"藐视运动"的纳尔逊·曼德拉。

　　1995 年，安东尼·桑普森得到曼
德拉授权，写一本关于他的官方传记，
曼德拉还邀请作者去他位于约翰内斯堡
的住所共进早餐。曼德拉对他说："我们
是多年的朋友，我信任你。"并就关键问
题与作者进行讨论。他授予作者查看相
关信件和文件的特权，尽量保证史实的
准确性，使得本书成为曼德拉唯一授权
的官方传记。

　　安东尼·桑普森还撰有《鼓：非洲
冒险记》、畅销书《解剖英国》《七姐妹》
《军火集市》《黑与金》以及《公司人》
等作品。

内容简介

曼德拉是南非首位黑人总统，被尊称为南非国父。他从一名囚犯到一个自由的人，从一位追求解放的斗士发展为推进和解的热心人士，从一个政党领袖到一位国家总统，一直致力于推进国家的民主进程和发展。他是南非乃至全世界范围内追求公正、公平和尊严的化身，是我们这个时代最令人鼓舞的偶像之一。

为了撰写这部传记，作者的足迹遍及曼德拉曾到过的每一个地方，希望通过他的讲述和串联最终为读者呈现一幅有关曼德拉传奇一生的完整画卷。作者寻访了曼德拉小时候生长的地方——位于特兰斯凯的"圣地"，还去了他在古努村的新居。走访期间，作者采访了大量曼德拉的老朋友、老同事；也与他以前的对手进行了交流：他们中有狱卒、有官员，也有不少是政治领袖——他还去拜访了前总统博塔，前总统德·克勒克，外交部前部长匹克·博塔。作者还有幸接触到了曼德拉的采访录音，参阅了从未发表过的曼德拉狱中笔记，并见到了曼德拉的手稿原件、曼德拉的书信，以及一些迄今为止从未对外公布的外交情报，试图透过外界对曼德拉充满传奇色彩的描绘和渲染，尽力再现和还原历史，展现这位藏在历史背后的神秘人物波澜壮阔的一生。

曼德拉本人还给予本书巨大的帮助：他于百忙之中抽出时间，不厌其烦地多次接受作者的采访，还亲自通读了全书初稿。除了对某些史实和细节进行了修改之外，曼德拉谨遵承诺，对作者个人评论的部分没有进行任何改动；同时，曼德拉生动的评论还令原稿增色不少。与如此重量级的历史人物这样近距离交流互动，使得本书具有无与伦比的真实性和收藏性，并成为一部里程碑式的巨著。

图书在版编目（CIP）数据

曼德拉传 / （英）安东尼·桑普森著；陈子博，卫
昱译. -- 武汉：长江文艺出版社，2024.11
（世界名人名传典藏系列）
ISBN 978-7-5702-2188-2

Ⅰ. ①曼… Ⅱ. ①安… ②陈… ③卫… Ⅲ. ①曼德拉
（Mandela，Nelson Rolihlahla 1918-2013）—传记　Ⅳ.
①K834.787=6

中国国家版本馆 CIP 数据核字（2023）第 031731 号

湖北省版权局著作权合同登记　图字 17-2023-031 号

Originally published in the English language by HarperCollins
Publishers Ltd.under the title MANDELA:THE AUTHORIZED
BIOGRAPHY

©Anthony Sampson 1999

Translation©Changjiang Literature and Art Publishing House
[2024],translated under licence from HarperCollins Publishers Ltd.

Anthony Sampson asserts the moral right to be acknowledged as the author of thiswork.

曼德拉传
MANDELA ZHUAN

责任编辑：孙　琳　　　　　　　　　　责任校对：毛季慧
整体设计：壹诺设计　　　　　　　　　责任印制：邱　莉　丁　涛

出版：长江出版传媒　长江文艺出版社
地址：武汉市雄楚大街 268 号　　　　邮编：430070
发行：长江文艺出版社
http://www.cjlap.com
印刷：中印南方印刷有限公司

开本：710 毫米×970 毫米　　　　1/16　　印张：26.5
版次：2024 年 11 月第 1 版　　　　2024 年 11 月第 1 次印刷
字数：452 千字

定价：59.80 元

简陋的圆型茅屋，九岁起曼德拉的童年就是在这里度过的。

十九岁的曼德拉。

曼德拉在他和坦博的
办公室里。

曼德拉与沃尔特·西
苏鲁、马克斯、鲁思·福
斯特等人投身到反对
种族隔离政府的抗议
中去。

1958 年，叛国审判上的曼德拉。

1960 年沙佩韦尔大屠杀之后，曼德拉在
混乱过后烧掉了自己的通行证。

1965 年，在罗本岛的天井中，曼德拉和其他囚犯一起。

罗本岛上的曼德拉
和西苏鲁。

曼德拉与温妮携手走出监狱的大门。

1990 年 5 月，非国大与政府举行第一次会谈。

1991年9月，约翰内斯堡，国家和平会议上的曼德拉和德·克勒克微笑……

1991年9月，约翰内斯堡，国家和平会议上的曼德拉和德·克勒克沉默……

1991 年 9 月，约翰内斯堡，国家和平会议结束时，祖鲁酋长布特莱齐拒绝同曼德拉以及德·克勒克握手。

曼德拉与曾迫害过自己，把他送进监狱 27 年的珀西·余塔尔在一起。

1997年12月，塔博·姆贝基接替曼德拉当选为非国大主席。

曼德拉和孙辈们。

·目 录·

● 第一部 ●
1918—1964 年

1. 乡野童年（1918—1934 年）

在南非，再没有什么地方比特兰斯凯离城市生活更遥远了。特兰斯凯在约翰内斯堡以南 600 英里（约 965 千米），是南非最美丽但同时也是最贫穷的地区。这里山峦绵亘，草木葱茏，圆形茅舍星罗棋布，牧童和牧民赶着牛羊穿行其间，俨然一派祥和的田园风光，宛如《圣经》中所描绘的永恒乐土。但是，美丽只是表象：这片土地上的人口已严重过剩，本来就很贫瘠的土壤遭到了严重侵蚀，只能勉强养活些瘦骨嶙峋的牛羊和零零星星的玉米类庄稼。

这里就是纳尔逊·曼德拉出生和成长的地方，后来他在这里修建了自己的住所，每逢圣诞节和假期，便回到此处居住，而且希望退休之后也能在这里颐养天年。那是一幢带有西班牙风格拱门的红砖房，依德班与开普敦之间的主干道而建，位于特兰斯凯最大的城市乌姆塔塔以南数英里。这所房屋矗立在丝柏大道尽头，四周砌了围墙，它灌木丛生的院落将它与广阔的乡村隔开。这所房子的蓝图是曼德拉在狱中的最后一年里构思出来的，监狱看守的住所与曼德拉自己在狱中的住处一结合，便形成了房子的平面图蓝本。曼德拉挑选的这个位置能看到他的家乡古努村，因为他相信，人在哪里出生，就要回哪里长眠。

曼德拉确切的出生地点其实还要往南几英里，那是蜿蜒的巴色河畔的一个小村庄，村庄的名字叫作姆维佐，曼德拉的父亲是那里的世袭领袖。（曼德拉家的草屋群，或称卡拉尔①，早已不在那里了。1988 年，尚在狱中的曼德拉曾想托当地一名律师去寻找旧时住处，但是已毫无踪迹可循。）1918 年 7 月 18 日，罗利赫拉赫拉·曼德拉出生在姆维佐——据他后来回忆，那时第一次世界大战已接近尾声，俄国的布尔什维克革命正进行得如火如荼，新成立的南非非洲人

---

① 卡拉尔：南非土著的一种带栅栏的村落。——译者注

全国大会派了一名代表远赴伦敦去为南非黑人争取权利。大不列颠开普殖民地于 1910 年被划入南非联邦，这片土地上还有一部分特兰斯凯土著居民。三年之后，《原住民土地法》将数千黑人农民驱逐出境，许多人只好长途跋涉来到特兰斯凯，因为这里地域辽阔，而且只有在这里，非洲人才能拥有自己的土地。所以，从特兰斯凯走出来的黑人领袖比南非其余任何地方都要多，而这些领袖就是在这样的环境下成长起来的。

罗利赫拉赫拉的父亲亨得利·曼德拉自己就遭到过驱逐。曼德拉出生后的第二年，一名部落成员因一头公牛而与他产生争执，进而对他提起了控诉，当地白人法官传召亨得利出庭答辩。亨得利拒绝了，因而立刻被指控以不服从罪，他的领导权被剥夺，还被夺去了大部分家畜、土地和收入。他们举家迁出了姆维佐的祖屋，搬入了邻村古努，曼德拉就在古努度过了几年孩提时光。虽然财富骤减，但曼德拉一家的日子过得还不算差。每当有食物或平常乐事，他们都会与亲戚朋友分享，所以曼德拉从来不会感到孤单——晚年时期，他仍会满怀温情地回忆起当年那种集体观念和共同的责任感；那时，西方的竞争意识和个人主义思潮尚未渗透进来。

亨得利·曼德拉是位严父，曼德拉本人也觉得自己遗传了父亲固执的脾气。亨得利没受过什么教育，没有宗教信仰，却有好几个妻子；他高大威严，肤色比儿子更深，从不觉得自己较之白人便低人一等。他居住的村落能自给自足，也有它既定的习俗和礼仪。他有四个妻子，曼德拉的母亲诺塞克尼·法妮是他的第三个妻子。每位妻子都有自己的卡拉尔、田地和牲畜，自己种植蔬菜，所以基本都是自给自足。亨得利会轮流到几个妻子的卡拉尔中居住，她们似乎相处得非常和睦。他自己的屋子里储藏着家酿的酒，其中总有一瓶是白兰地，在柜子里搁着，大约能放 3~4 个月。他非常尊重部落习俗：有孩子出生的时候，他就会宰一头山羊，把它的角立在屋里。

亨得利从未皈依基督教，但他有几个基督教的朋友，比如坦尼森·马基维恩牧师，他是个颇具学者风范的社区领袖，是特兰斯凯精英中的一员（他的后代后来成了非国大中备受争议的成员）。亨得利还与姆贝卡拉兄弟乔治和本交好，兄弟两人所属的部落被称为阿曼芬谷，或称"芬果"；这个群体独立于科萨人之外，受传教士和西方习俗影响更深，许多芬果人成为教师、牧师或警察。姆贝卡拉兄弟说服曼德拉的母亲入了卫理公会，从那以后，她就由传统的科萨服饰改着西式服装。曼德拉便是以卫理公会教徒的身份接受洗礼的。后来兄弟俩还劝说曼德拉的父母将儿子送入当地的教会学校读书——这在曼德拉的家族中是史无前例的。

曼德拉的妹妹玛贝尔和莉娅比回忆起古努村简朴的乡村童年生活时总是满怀着喜悦之情。他们的整个天地便是母亲卡拉尔中的三间圆形草屋——一间是卧室，一间是厨房，另一间则是食物储藏室，外头有柱子做的围栏隔着。他们的母亲用泥土制成砖后盖起了这些屋子；家里简陋的椅子和橱柜也是泥土做的；炉子也不过就是在地上挖个洞。家里没有床，没有桌子，只有垫子；稻草用绳子捆住连起来，便可充作屋顶。卡拉尔内的洞窟里存放着玉米，那是他们赖以生存的主要食物。白天男孩子们出去放牧，女孩则在家中与成年女性们聚在一间房里准备食物，她们把玉米放在石头之间碾碎，再放到黑色的金属三脚锅里煮熟，末了再与酸奶拌在一起。傍晚时分，一家人便席地而坐，在同一个碗里取食，这便是他们的正餐了。

亨得利的其他几位妻子还育有另外三个儿子，但他们都已离家。身为男孩的曼德拉比自己的姐妹享有更多的自由。他与母亲十分亲近，但也时常与父亲的另一位妻子待在一起，她给曼德拉的爱和安全感不比法妮少。纵观曼德拉的一生，他与女性相处更加自在——尤其是和强大的女性相处，因为这样的友谊能给他更多回馈，这可能与曼德拉童年的经历有关系。

在他的书信和回忆录中，曼德拉经常追忆起乡野间的童年生活。在狱中，他也曾以生动的笔触描述过，家乡有美丽的山川和溪流，在池塘里游泳其乐无穷，他可以直接就着奶牛的乳头吮吸牛奶，还能吃上烤玉米棒子。许多世界领袖人物，在来到都城，深陷强权与政治的泥潭之后，都会怀念乡村生活时的浪漫。比如劳埃德·乔治就曾回访威尔士的村落，林顿·约翰逊对他得克萨斯州的牧场也是念念不忘。但是曼德拉总统坚持称自己为乡下小孩，因为乡间的这段安逸、单纯的成长经历在他政治信心的树立过程中起到了至关重要的作用。

曼德拉对于自己先祖的认知也给了他很大的鼓舞。他的曾祖父是腾布王朝伟大的君王努班库卡，卒于 1832 年。在他统治期间，大不列颠始终未能征服这片特兰斯凯南部的土地。腾布贵族看似潦倒且须依附白人，实则守护着族人的高贵和尊严，在特兰斯凯保持着特殊的庄严形象。曼德拉是小贵族，他经常强调自己从来都不是王位的继承人。他只是君王努班库卡后裔中的一员，而且属于旁系。继承王位的是君王达林岱波，而后是达林岱波的儿子琼吉利兹维。曼德拉的父亲是达林岱波的心腹和知己，实际上位同首相，所以曼德拉幼年时期便受到族人的尊崇。

这个旁人眼中的贵胄之家实际上却在占领军的掌控之下苟延残喘。自努班库卡统治时期开始，他们的权力便受到了限制：起初是被不列颠政府限制，1910 年之后则落入了新南非联邦的掌控之中，特兰斯凯君主一方面要对自己的民众负责，另一方面却又要满足异邦势力的要求。尽管腾布王室依然守卫着自己的骄傲和尊严，他们也意识到，意在分一杯羹的不列颠人和南非白人已经夺去了他们的权力和财富。当年轻的曼德拉初次离开家园来到外面的世界时，他惊觉东凯普省的城市——谢普斯通港、威廉国王市、伊丽莎白港、爱丽丝市——都是以英国英雄而非科萨英雄的名字命名的，而白人，才是事实上的统治者。

曼德拉那一代的许多受过教育的孩子都取了英国王室男女的名字，例如威灵顿、基钦纳、阿德莱德或维多利亚。7 岁时，曼德拉有了一个新名字，放在罗利赫拉赫拉之前。"从现在开始，你就是纳尔逊了。"他的老师说。曼德拉的母亲会把这个名字念成"纳利塞尔"，后来其他人则以他的教名"达利邦加"称呼他。之后他在城里结交的朋友叫他"纳尔逊"或"纳尔"，直到他表示更喜欢自己宗族的名字，麦迪巴，那是他所有的族人都拥有的名字。

1927 年，9 岁的曼德拉离王室更近了一步。他的父亲罹患肺病，一直住在曼德拉的母亲家中。他的朋友、腾布摄政王琼金塔巴前来探望，曼德拉的妹妹玛贝尔听到父亲对摄政王说："阁下，犬子就托付给您管教了。我看得出来，这孩子志向很远大，而且他一直在进步。您多教导教导他吧，他会尊重您的。"摄政王答道："我会好好教导罗利赫拉赫拉的。"此后不久，亨得利去世。他的遗体被送到了他第一个妻子的家中；姆贝卡拉兄弟以基督教的方式为他举行了葬礼，最后将他的遗体送到了当地的公墓。

亨得利死后，曼德拉的母亲带着他长途跋涉，从古努一路走到了姆克海凯泽韦尼的"圣地"。这里是摄政王居住的地方，当时的王位继承人萨巴塔太年幼，因此所有事务都交由摄政王代理。琼金塔巴也是麦迪巴宗族的首领，他能当上摄政王多亏了曼德拉父亲的举荐，这可能也是他毫不犹豫答应收养曼德拉并视他为己出的原因。不过在乡村地区，宗族观念本身就比城镇地区强烈得多，对于这一点，曼德拉一直很庆幸。他曾在狱中写道："同一祖先的后人都能受其泽被，并像一家人一样团结在一起。"

姆克海凯泽韦尼的"圣地"与欧洲的王室宫殿相去甚远。即使到了今天，这个地方还是显得非常偏远，开车过去十分困难。来访的人们可以看到，那里的沃土之上蜿蜒着一条泥泞的小道，道上交错着车辙深深的印迹；小道从主路上旁逸斜出，穿越田野，跨过干枯的河床和遍地乱石的河岸，经过分布稀疏的屋舍，再越过一个废弃的火车站，随后，一所很不起眼的宅子才出现在视线之中。这所宅子由两间正屋和几间草屋组成，正屋和草屋之间有一个院子，院子里蔓草丛生，不远处有一所学校。屋子里走出一个气度高贵的人，他自称是琼金塔巴的孙子，当地的酋长。他把曼德拉当年居住的草屋指给我们看。屋里的墙上挂着一张照片，照片上是琼金塔巴英俊的面容。他身旁那个一脸严肃的青年就是早年的曼德拉。

对于今天的西方游客来说，所谓"圣地"也不过是偏居一隅的弹丸之地，但是，对于1927年的曼德拉来说，那就是世界的中心，较之古努的茅舍，姆克海凯泽韦尼就是大都会了。在这里，曼德拉的性格得以成形，同时还培养出了影响他一生的王权观念。他永远也不会忘记，他第一次看到摄政王乘着摩托专车过来的那一刻，迎接他的臣民们欢呼着"啊！琼金塔巴！"（70年后，当曼德拉被"啊！达利邦加！"的欢呼声包围的时候，当年的情景又重新浮现在了眼前。）那时的姆克海凯泽韦尼还很繁荣，基本能自给自足；摄政王也是那里的领袖，吸引着部落成员从腾布各地前来拜谒。

9岁的曼德拉来到姆克海凯泽韦尼的时候穿着一件旧衬衣，卡其短裤还是用他父亲的旧马裤改的，腰间系一根细绳充作腰带。大曼德拉4岁的表兄回忆说，曼德拉当时独自一人，怯生生的，不怎么说话，但他立刻受到了琼金塔巴和他妻子的欢迎。他们的儿子贾斯蒂斯与曼德拉共住一间刷成白色的小草屋，里面有两张床、一张桌子和一盏油灯。琼金塔巴对曼德拉与自己的儿女诺玛芙、耐克赛科及长子萨巴塔，也就是王位继承人一视同仁，都视作家庭的一员。曼德拉也将自己视为皇室成员，这里的生活远比古努豪华；但是，他并不完全属于这个家庭——也许正是这一点鼓舞了他。

摄政王琼金塔巴，或称大卫·达林岱波，造就了曼德拉心中新的父亲形象。他相貌英俊，着装体面。琼金塔巴是一个虔诚的卫理公会教徒——虽然他喜欢喝酒——他每天都去附近的教堂祷告，教堂的管理人是他的亲戚马蒂奥洛牧师。他的儿子贾斯蒂斯比曼德拉大4岁，在接下去的10年间，贾斯蒂斯就成了曼德拉的偶像，他像运动员一样勇猛而优雅，穿着体面，很招女人喜欢。贾斯蒂斯是个全能型的人，他对板球、足球和橄榄球等团队体育运动尤其擅长。曼德拉的协调合作能力没有他那么出众，所以他更擅长拳击和长跑等单人运动项目。曼德拉有一张和贾斯蒂斯的合影，照片上的贾斯蒂斯有一双明亮的眼睛，看上去信心十足，充满斗志；而年轻的曼德拉则没那么自信，他要努力获得贾斯蒂斯的肯定。毕竟贾斯蒂斯是酋长的继承人，而曼德拉则要依靠摄政王才能得以生存。

在那个年代，姆克海凯泽韦尼的乡间乐趣远甚于现在，深得曼德拉之心，比如策马驰骋，或是和着科萨姑娘的歌声翩翩起舞（曼德拉在狱中回忆道，较之后来在马卡贝、厄莎凯特或马格芳等的日子，姆克海凯泽韦尼确实是与众不同的）。不过，曼德拉比其他孩子更严肃，更刻苦。在当地教会学校，曼德拉在众多学生中脱颖而出。他开始学习英语，用的是《王室英语读本》，他把单词写在石板上，一丝不苟地念出来，念得很慢，还带着乡音，这乡音后来陪伴了他一生。

姆克海凯泽韦尼很少能看到白人，即使有也只是几个过路的。曼德拉的妹妹玛贝尔一直都记得，有一次曼德拉和他的同学遇上了一个向他们求助的白人，那人的摩托车坏了，曼德拉竟能用英语同他对话。这一幕给玛贝尔印象极深。但是，玛贝尔也有些怕曼德拉："他讨厌受到挑衅。如果你去招惹他，他会直接告诉你……他没时间鬼混。看得出来他是有领袖特质的。"

在摄政王身边耳濡目染，对曼德拉来说，这本身就是很重要的教育。腾布人会定期徒步或骑马长途跋涉来参加部落例会，琼金塔巴在会议上展现出来的王者之风深深吸引了曼德拉。会议上，所有部落成员，上自地主下至劳工，都对着摄政王或直言不满或大吐苦水，曼德拉最喜欢看摄政王接连倾听几个小时还一脸平静沉默的样子，直到最后红日西斜，他便会设法从对立观点中找到折中的办法。后来，曼德拉在狱中回忆道：

"一个伟大的领袖所应具备的特质之一就是要有能力将所有子民凝聚到一起，传统派也好改革派也好，保守派也好自由派也好，最大的问题就是，有时观点与观点之间有着十分激烈的冲突。姆克海凯泽韦尼的法庭非常强大，摄政王之所以能领导整个部落，就是因为所有观点都能在姆克海凯泽韦尼的法庭上发出自己的声音。"

作为一名总统，曼德拉也希望内阁能达成类似的一致意见；他一直都记得，琼金塔巴曾说过，领袖应当像牧人那样在牲畜群的后方驱赶牲畜，游说要有技巧：如果有一两头牲口跑出去了，你就得离开牲畜群把他们拽回群里来。他会这么说："在政治上，这是很重要的一课。"

曼德拉从小就被灌输了"海内皆兄弟"的观念，或称"乌班图"，这是非洲的传统观念，认为人与人之间要相互负责，相互关爱。曼德拉经常引用一句非洲俗语，他自己把这句俗语翻译成"人因他人而为人"或者"没有别人的支持，你将一事无成"。这个观念在世界其他乡村地区也是很普遍的，但它在非洲更深入人心，因为它与白人社会的个人主义观念和不安定的心态产生了鲜明的对比，而且，在接下来的几十年间，"乌班图"观念在非洲的政治生活中都占据着重要的位置。1986 年，图图大主教给"乌班图"下了这样的定义："乌班图是指为人亲切慷慨，富有同情心，愿意对他人敞开心扉，带点脆弱性，但乐于助人，能意识到人的一生都是与他人牵绊在一起的。"

曼德拉将"乌班图"看作为民众服务精神的一个部分。据曼德拉回忆，在青少年时期，他便总是能看到别人身上最好的一面，这是大家所公认的。而他自己则认为这是一种本能："我们这些在乡间长大的孩子很小就习惯跟别人打交道了。"但是他承认："这种特质也有可能是本能和人为计划的结合。"不管怎样，这种特质后来变成了他政治生涯中所奉行的一条重要准则："人是由我们所生存的社会造就的。能看到别人身上的优点，别人就能受到鼓励。"

在拜访老酋长、老首领的时候，曼德拉学到了一些科萨的历史，也因而对部落传统和民主加倍尊重。他所拜访的酋长多数没受过教育，但他们是口述传统的大师，能像荷马时代的吟游诗人一样讲述过去战争年代的历史。乔伊酋长是最会讲故事的人，他和曼德拉一样，也是君王努班库卡的后代。他告诉曼德拉，白人毁掉了科萨人的团结和安宁，让科萨人惨遭分裂、驱逐，他们的"乌班图"也被破坏了。曼德拉时常在脑海中勾勒非洲部落社会理想化的画卷。入狱之前，他曾在 1962 年的一次长篇演讲中描绘道：

"那时，我们的民众在各自君主的民主统治下平静地生活，我们在国内行走活动从来都是自由自在，畅通无阻。那时，这个国家是属于我们的，冠我们之名，受我们管理。我们拥有这个国家的土地、森林和河流；从土地中提取的矿产以及这片美丽国土上的所有财富都属于我们。我们的政府由我们自行建立并掌管，军队、贸易和商业都由我们自己控制。"

在曼德拉眼里，那是一个没有阶级、没有剥削、没有不公的黄金时代，那个时代的部落委员会堪称民主的典范：

"委员会的民主是很彻底的，所有部落成员都能参与商议活动。酋长也好臣民也好，武士也好医师也好，都能通过自己的一分力量来影响决策。委员会是一个严肃且有影响力的机构，部落不可能跳过它来采取任何重要行动。"

科萨历史在曼德拉的童年时期还是那样鲜活，那时老人们还记得科萨沦陷之前的岁月。特兰斯凯和它那些讲科萨语的部落——腾布、蓬多、芬果和科萨本身——尽管遭遇了整整一个世纪战败和奴役的耻辱，却守住了原本的骄傲和自主。有些科萨人和科伊科伊（当地的白人移民称其为"霍顿督"）等外族人结了婚，所以科萨人的相貌便开始产生了变化：曼德拉的相貌就很有特点，双眼狭长，颧骨突出，应该就是受了科伊科伊血统的影响。但是科萨独特的文化和语言保留了下来。18世纪末，很多白人殖民者初遇科萨人时，都会记住他们的体格，浅色的皮肤，敏感的面容，以及他们的民主辩论机制和政府。英国传教士威廉·霍顿曾于1866年写过这样一段话："在讨论与他们自己的法律和习俗相关的问题时，这些人完全不输任何一名英国律师。"19世纪30年代，英国统帅哈利·史密斯说，科萨君王辛沙"就是可怜的乔治四世的偶像"。但是，数百年间，经历了九场战争洗礼之后，英国军队渐渐从开普敦向东迁移，科萨领土和独立性从此被剥夺。1835年，哈利·史密斯横渡凯河，开始了对特兰斯凯的镇压。到1848年，他已强迫科萨酋长服从了自己的英式制度，要求他们将土地"划分为县、镇和村，并冠以英文名称"。他说："我会替你们建学校，学校里必须开设英语课……你们不必再当赤身露体的荒蛮野人了，但是，如果你们不劳动不努力，就只能永世不得开化。"1850年第8次科萨战争爆发，双方经历了一场恶战，英国军队耗尽全力，元气大伤，却终于将科萨酋长们逐出了他们的山间堡垒，牢牢占据了"不列颠卡弗拉里亚"，也就是后来的西斯凯。

这次屈辱和浩劫之后，科萨人又在1856年遭遇了一次自我毁灭。年轻的女预言家农阿悟斯让科萨人杀掉所有牲畜以迎接复兴，一半以上的西斯凯人因此饿死。1878年，第九次科萨战争后期，科萨两大宗族恩戈基卡和格卡勒卡沦陷并惨遭驱逐，被迫横渡凯河。开普敦总督乔治·格雷爵士下令将两个宗族的历届首领遣送往开普敦附近的罗本岛，"每个重要的首领都必须投降，如果他们顽固不化，那就只能罢黜"。

特兰斯凯北部的蓬多兰是在1894年才归开普敦管辖的。但1910年南非联盟成立之后，白人地方法官加强了对科萨的管制。曼德拉渐渐发现，白人控制了酋长的管辖机构，"利用它去镇压本部落的族人。所以，他们几乎毁掉了酋长之位"。

20世纪末，北方另一大部族祖鲁在白种人和其他外族人中声名鹊起，超越了科萨。传闻祖鲁族骁勇善战，他们的勇士之王沙卡在19世纪20年代就征服并统一了所有的南方部落。祖鲁善战的威名是1879年1月建立起来的，当时英国挑起了与沙卡继任者赛特瓦约之间的战争，在伊桑德尔瓦纳战役中，赛特瓦约的军队让一支1200人的英国部队全军覆没。之后英国派出了援军，连路易·拿破仑的皇太子都一同出征，但是援军遭到伏击，皇太子被刺死在祖鲁长矛之下。（迪斯雷利曾说过，"祖鲁不是一个平凡的部族。他们打败了我们的将领，改变了我们主教的信仰，决定了欧洲一大王朝的命运。"）伊桑德尔瓦纳之耻终于在 7 月得以洗雪，英军在乌伦迪战役中大败赛特瓦约，祖鲁沦陷；但祖鲁人勇于抗争的美名永世流传。

科萨首领没有祖鲁人那么好战和强硬，科萨战争之后，科萨人显得士气低迷，一蹶不振——有时甚至借酒消愁。但是，战后废墟之上，却有另一种力量在潜滋暗长，那就是教会学校和基督文化。青年男女受其熏陶，成长为自律文明的新一代科萨精英。他们能接受西方思想，同时又渴望恢复自己族人的权利和尊严。英国的自由主义传统在开普敦获得了重生，传教基地不断扩张，黑人也开始获得参与投票的资格。受过教育的科萨青年正在培养法律论证、分析和辩论的才能，早期来到科萨的白人已经注意到了他们的这种能力。这条路将他们引向了 20 世纪 60 年代黑人反对力量所主导的政治运动——有时它被称为第十次科萨战争——而最后，像他们的先人一样，这些科萨青年最终被引向了罗本岛，但是，他们终会迎来旗开得胜的那一天，而且靠的不是武力，而是口舌。

与苏格兰人和美国印第安人等战败民族一样，科萨人保留了自己的历史版本。他们的历史多为口述，极易被外界忽视。"欧洲人强迫我们接受他们所编排的历史，"Z. K·马修，一位教过曼德拉的非洲教授说，"但要我们接受他们对非洲人、对我们自己的祖先在自己土地上的所作所为的评价，那是绝对不可能的。"曼德拉虽然受的全是西方教育，但他一直都支持口述历史，而且常被长辈们讲的科萨往事所鼓舞。"我知道我们的部落常出黑人英雄，所以我内心充满了自豪感。我不知道如何传播这段历史，但上大学的时候我把这段历史记在了脑子里。"多数白人史学家认为，科萨的反抗斗争是过去的事，其间满是西方征战和技术的冷酷逻辑，但是曼德拉和其他受过教育的科萨人则认为，白人对科萨的侵占近在眼前，而且，他永远也不会忘记，在他出生前 100 年，他的曾祖父曾统治着整个地区。

2. 使命（1934—1940 年）

1934 年，16 岁的曼德拉和 25 个腾布男孩一起，跟着摄政王之子贾斯蒂斯来到了巴施河畔的一个幽谷，这是未来腾布君王接受割礼的传统场所。未经这一仪式的科萨人不得接任。对于这一标志着男子长成的仪式，曼德拉每每回忆起来都觉得当时的情景历历在目：他们先要在那个"与世隔绝"的地方度过几天，仪式的前一天晚上，他们和当地的妇女们一起唱歌跳舞，第二天黎明，他们在河里沐浴，随后便披着毯子列队在长辈和摄政王面前经过，这些男孩所表现出来的勇气他们都看在眼里。

年迈的施礼者手持长矛出现了。轮到自己的时候，每个男孩都必须高呼"我是个男子汉！"曼德拉又紧张又急切。他回忆说，当施礼者割去他的包皮的时候，那种感觉就像熔铅流过血脉。当他把头埋进草丛的那一瞬，他忘记了自己该说什么，片刻之后才高呼道："我是个男子汉！"但他知道自己并非天生勇敢："我不如别的男孩那样直率和强壮。"

仪式结束之后，他们把包皮埋起来，把脸涂成赭白色，再到河里洗净。曼德拉对自己男人的新身份很是自豪，他获得了一个新名字——达利邦加，意为议会创始人——他可以挺直腰杆去迎接新的挑战了。曼德拉仍然觉得自己是一个值得骄傲的部落的一分子，所以，当梅里格其利酋长告诉孩子们说他们永远不可能成为真正的男子汉，因为他们属于一个沦陷的民族，只能作为奴隶生活在自己的国土之上时，曼德拉非常震惊。直到 10 年之后，曼德拉才将这位首领与阿尔弗莱德·舒玛、尤瑟夫·达都、詹姆斯·菲利普斯和迈克尔·哈默尔相提并论，承认他是勇敢的政治家的先驱。在很长一段时间内，曼德拉都为自己这种经历过仪式的男性身份以及它所隐含的优越地位而骄傲。大学期间，偶然获知自己的朋友没有受过割礼，曼德拉很吃惊。直到后来在约翰内斯堡投身政坛，他才"从年轻时的偏见中醒悟过来，对所有人一视同仁"。

不久之后，曼德拉便经历了一次更加彻底的转变——他来到了教会学校求学。

摄政王有意要让曼德拉接受良好的教育，想把他培养成未来君王萨巴塔的谋臣。他把曼德拉送进了卫理公会的克拉基伯雷学校，曼德拉从此过上了寄宿的生活。这所学校在巴施河的另一边，摄政王和他的儿子贾斯蒂斯都在那儿上过学，而且萨巴塔也将会来这里接受教育。克拉基伯雷在腾布王室中颇具美名：它创办于 1825 年，当时曼德拉的曾祖父努班库卡君王与卫理公会的先驱威廉·肖会面，并承诺赠他土地让他创办教会。学校由理查德·哈蒂教士创建，离君主住处几英里远，以英国著名神学家亚当·克拉基博士的名字命名。

卫理公会教徒是传教士中最具冒险精神和影响力的，他们与英国军队同时来到东开普省，期间双方分分合合，反复无常。许多科萨爱国人士认为，传教士就是英国政府的重要代理人，英国政府利用他们在相互竞争的首领之间挑起分裂，卸下他们的武装。托洛茨基主义作家诺斯波·马杰克在 1952 年写道，卫理公会传教士"时刻准备着与政府合作"，还有本事包围君王辛沙，让其他首领对其倒戈相向。但是，教会老师却总是站在白人统治者的对立面上，在科萨的民族发展中扮演着独立的角色。截至 1935 年，整个南非的教会学校登记在册的非洲学生达到 342181 人，据历史学家莱昂纳多·汤普森记录，教会学校"已经覆盖了非洲所有的保护区"。

曼德拉在对教会学校保持尊重的同时，也对其家长统治式作风和帝国主义习气表示了谴责。"我们这代人深受英国的影响，"他说，"因为这个国家的教育就是英国自由主义者和传教士创办起来的。"离校 60 年后，曼德拉在牛津大学的一次演讲中解释说："直到最近，我国政府才开始关注黑人教育。学校是宗教机构创建的，设备是他们提供的，老师的工资也是他们发的，所以宗教已经深入我们的血液。"在狱中，他会与支持马杰克观点的托洛茨基主义者争论，也会欢迎那些从外界带来消息和鼓励的牧师。他会给以前教会学校的老师写信以追忆过往并表达谢意。他更清楚地认识到了部落首领和传教士的政治影响力："我一直都认为，低估两者在民众中间的影响力是十分危险的。"他写道，"因此我反复强调，与他们打交道的时候要谨慎。"

到 1934 年曼德拉参加大学入学考试的时候，克拉基伯雷已经成为腾布最大的教育中心，其教师多数是英国传教士。校区已经扩建，一排排石砌的房屋颇为壮观，其中包括一个教师培训学院、一个中职学院和一个实践课程培训基地，校内还有男女青年旅舍、运动场和网球场——整个校区坐落在昂科波区一座孤山的山腰，虽独立于世外，却可谓五脏齐全，不乏人气。然而，1953 年，班图教育开始实行，对比之下，克拉基伯雷过去的成就便显得弥足珍贵；那一年赞助全无，只剩了一个小学院和一间卫理公会教堂在一片废墟之中苟延残喘。学生为抗议特兰斯凯的班图斯坦政府，将校区屋舍悉数烧毁，所以今天的克拉基伯雷已是一片颓垣断壁、支离破碎的衰败景象。但现在仍有遗留之物来见证它昔日的辉煌，比如一块 1929 年的达林岱波教会学校建筑上留下来的装饰板。如今学校要恢复使用，所以有些房屋正在重建，一位牧师解释说，这所学校将要培养科萨人的创业能力而非仅仅是求职能力，是曼德拉让当地居民认识到，小地方也能培养出伟大的领袖。曼德拉现在仍会重访克拉基伯雷，会满怀温情地谈到它，写到它。

1934 年，克拉基伯雷的成就几近巅峰。当时的管理人是赛西尔·哈里斯教士，他是个强大的人，与科萨社区和当地首领们关系亲近。摄政王曾告诉曼德拉，哈里斯"有一颗腾布心"，对他要敬重，于是，曼德拉心怀敬畏地与哈里斯握了手——那是他第一次与一个白人握手。哈里斯管理克拉基伯雷用的是铁腕手段，所以他更像是一位战地司令，而不是一校之首。他有点贵族派头，走起路来有军人风范，因为他曾参与了第一次世界大战。"他对学生很严格，"曼德拉回忆说，"不容一丝轻率。"但在哈里斯的花园里劳动的时候，曼德拉却又看到了他和他的夫人身上人性化的、友好的一面。多年之后，曼德拉在狱中查找过哈里斯的女儿玛维斯·克耐普的地址。曼德拉在克拉基伯雷的时候，她年纪还很小。

曼德拉曾希望得到自己同学的尊敬，毕竟他出身王室，他的曾祖还是学校的创办者。但是恰恰相反，一位女同学曾嘲笑过他，因为他说话一口乡音，上课时反应迟钝，套着崭新的靴子走路的样子活像"一匹绑了马刺的马"。他发现，自己生活的这个圈子更加看重功绩和智力，而不是世袭地位。但是曼德拉没有被第一次挫折给打倒。凭着出色的记忆力，他在两年内就取得了初级证书。他还交到了一生的好友，其中包括布鲁克·巴拉，此人后来成了一位成就卓著的医生，并加入了特兰斯凯反对派，与狱中的曼德拉保持着联络；阿瑟·达玛奈，他后来成了激进刊物《卫报》的记者，1960 年，他与曼德拉一同在比勒陀利亚入狱；西德尼·西德伊约，他是克拉基伯雷一名教师的儿子，后来成了一位杰出的音乐家；还有鲁本·姆法肯，他成为伊丽莎白港的一名工会主义者，与曼德拉一样被送到了罗本岛。

曼德拉偶尔会批判克拉基伯雷的等级制度，还有那里的伙食——量太少，有时难以下咽。但正是他的这第一所母校让他看到了科学知识的价值，并把他引向了一个比腾布宽广得多的世界，它的学生来自约翰内斯堡或者更远的地方，有男有女——因为克拉基伯雷与英国的公立学校不一样，它是男女生兼招的。虽然如此，曼德拉仍觉得，在内心深处，自己仍是腾布人，注定要效忠于自己的王室家族，并且依然相信，"我的根就是我的命数"。

在克拉基伯雷学习了两年之后，曼德拉被送到了一所更远更大的教会学校——希尔德敦，这次同样也是追随了摄政王之子贾斯蒂斯的脚步。希尔德敦几乎和克拉基伯雷一样偏僻：从波福堡出发，要沿着一条蜿蜒的山路走 10 英里（约 16 千米），穿过数条溪流，然后才能看到一片漂亮的维多利亚式建筑，屋顶如同红浪翻滚在峡谷之上。今天的希尔德敦像克拉基伯雷一样遭到了很大程度的损毁。但昔日繁华的中央区，包括它那美轮美奂的钟楼，都已在可口可乐公司的赞助下重建，复原为综合高中；然而大多数校舍还是残窗破瓦的样子，里面空空如也，外面的庭院里蔓草丛生，整个区域一片寂寥。

希尔德敦成立比克拉基伯雷晚了 30 年，其历史却更加跌宕起伏。1855 年，哈利·史密斯爵士打败周边的科萨部落，希尔德敦就诞生在原先的战场中央。校区坐落在科萨战败之后的避难所——阿玛托拉悬崖之下，被波福堡、福特海尔和福特布朗这三个之前的军事边界口岸包围着，如同英国的前哨。希尔德敦是不折不扣的卫理公会学校，根据詹姆斯·希尔德的名字命名，他是英国议会成员，也是一名杰出的卫理公会教徒。此外，希尔德敦还旨在通过培训实践来培养芬果基督教徒在手工艺和工业方面的能力。第一次试验失败了，但是希尔德敦扩大了教学范围，成为教师培训学校，同时又是一所非常重要的中职学校。20 世纪 30 年代，希尔德敦的寄宿学生人数就达到了 800 多人。它离勒夫戴尔、圣·马修和福特海尔等教会教育中心不远，南非受过良好教育的黑人学生都聚集在这一带。

与克拉基伯雷一样，希尔德敦实行的也是彻底的英式教育，科萨文化难有一席之地。教会与帝国主义传统时常出现交汇，尤其是在周日，男女学生会身着白色衬衫、黑色外衣，戴着栗色和金色交错的领带，列队进入教堂。当英国国旗升起的时候，他们跟随着校乐队的奏乐声，高唱"天佑吾王"和"佑我南非"，从各地不远万里来到这里的游客们怀着赞许之心在一旁观看。阿瑟·威灵顿教士自 1927 年开始担任校长。他是个顽固的英国爱国人士，其先人曾是滑铁卢之战的胜利者，因此他很为自己的血统感到自豪。威灵顿在学校英国工作人员的协助下向学生灌输英国历史和文学知识，同时还邀请英国名人来学校参观，借此为学校做宣传；前来参观的人中就有南非总督克拉兰登勋爵，在曼德拉来希尔德敦前不久，克拉兰登刚为学校的新宿舍和餐厅奠基。

威灵顿是一个精力充沛又独断专行的人——虽然他自己反驳说，其实他骨子里很懒散，他宣称要将希尔德敦建设成撒哈拉以南最大的教育机构（实际上勒夫戴尔更大）。他还宣布希尔德敦禁酒。他的属下称他为"公爵"，将他看作一个教会政治家。1932 年之后，教师培训学校由一个叫杰克·杜嘉德的人接管，他曾写道，在威灵顿手里，"曾经破败的小教区很快就成了引人注目的教育中心"。

希尔德敦和克拉基伯雷的卫理公会教义都没有对曼德拉的宗教信仰造成多大影响。他永远也不会成为一个真正的信徒，虽然他后来交的许多朋友，还有他的现任妻子，受的都是卫理公会的教育。但是，学校的清教主义氛围、严格的纪律、陶冶心智的方式、卫理教会时常强调的"思想应去芜存菁"的理念，都对曼德拉造成了深远的影响，所以他一直都反对酗酒和说脏话；寄宿环境下培养起来的独立精神也让他变得更加坚忍。

吸引曼德拉的不单是卫理教会氛围，还有英国历史和地理。"虽然我是个乡下孩子，但我对伦敦和格拉斯哥的认知不比对开普敦和约翰内斯堡少。" 50 年后，他在狱中给格拉斯哥教务长写信时这样说道。信中还提及了苏格兰爱国者威廉·华莱士、罗伯特·布鲁斯和阿盖尔公爵。但是，曼德拉不愿成为一个"英国黑人"；受历史老师影响，曼德拉对科萨文化深感自豪。他的历史老师名叫韦弗·纽瓦纳，很受曼德拉喜爱，他在曼德拉所熟知的科萨战争史中加入了许多他自己口述的内容。1938 年，曼德拉获得了科萨最佳散文奖，让他大为震惊的是，著名科萨诗人克朗·姆克瓦伊来到了他们学校，披着南非坎肩，手持两支长矛，朗诵赞美科萨的戏剧诗。

曼德拉与几个科萨男孩成了好友，后来这几个人都加入了非国大，其中包括吉米·依维，曼德拉后来曾与他"在约翰内斯堡共同经受饥饿与痛苦的考验"，吉米后来成了医生，他是不合作运动的核心发起人。曼德拉也结交了一些来自其他部族的朋友，比如梭托人撒迦利亚·莫莱特，他后来在约翰内斯堡的亚历山德拉区给了曼德拉很大帮助。另一位梭托人也给曼德拉留下了很深的印象，那就是他的舍监塞斯·莫基蒂米教士，他后来成为第一位卫理公会教堂的黑人主教；莫基蒂米教士曾推动过几次变革，为了给学生更多自由并改善他们的伙食。

希尔德敦的白人教师不与黑人教师接触，他们单独就餐——曾有一位白人教师因与黑人关系亲厚而引发其他白人同事的不满，最后不得不辞职。"希尔德敦从前是个种族主义盛行的地方，现在也是！"费里斯·尼坦塔拉曾经这样写过。费里斯曾是希尔德敦的学生，他于 1935 年离开希尔德敦，他的儿子帕罗·乔丹后来加入了曼德拉的内阁。尽管如此，还是有几名年轻的白人教师开始与黑人同事和学生交朋友。像克拉基伯雷一样，希尔德敦男女生兼招，但一出教

室，男女学生就会被严格分开，如果男女生互相交谈，就会被开除出校。但到
1935 年的时候，莫基蒂米教士开始推行每周日的混餐制度，男女学生可以在那
天穿上自己最好的衣服坐在一起。富裕地区来的学生见过些世面，对他们来说，
这样的日子可以成为炫耀的好时机。费里斯·尼坦塔拉写道："他们出席那些晚
宴时的着装着实勾人眼球。"但是对于普通家庭的学生来说，欧洲刀叉的使用礼
仪就成了一种压力。曼德拉回忆说："离开餐桌时，我们根本没吃饱，而且闷闷
不乐。"

那时候，公爵和他的白人下属根本不会意识到他们培养的学生中有些人会
成为未来的黑人领袖。学生每隔一段时间就会抗议或者罢课，通常都是因为伙
食太差，这让公爵等人非常恼火，但是他们把原因归结于部落、城市和国家之
间的冲突。1936 年，随着《赫佐格法案》的出台，政治斗争愈演愈烈。《赫佐
格法案》剥夺了黑人参与投票的权利，还废止了当地芬果人手中地契的法律效
力。教会人员根本无法保护芬果人的利益，于是，芬果民众对教会的幻想终于
破灭。但那个时候，曼德拉对黑人社会政治的概念还很模糊。在希尔德敦，他
第一次听说 1912 年成立的非国大；腾布君王以 30 头牛为代价才在非国大为自
己的部落争得一席。但对曼德拉来说，"那不过是久远记忆深处模糊的影子"。
教会老师喜欢把所有政治抗议都归因于"共产主义煽动挑唆"，他们认为自己
培养的是一小批精英分子，不同于普通的黑人大众：一位政府官员曾不无羡慕
地对他们说，他们耕耘的是顶上那层沃土，而他自己对付的则是底下坚不可摧
的磐石。

在入侵南非的两股英国力量——征服了科萨的军事暴力和自由文明的英式
教育之间，曼德拉左右为难。曼德拉最喜欢的诗人姆卡瓦伊曾在自己的诗歌
《英国王子》中对两者的冲突做了总结。这首诗是为庆祝 1925 年威尔士王子造
访西斯凯所作：

> 你们带给我们真理，又从我们这里夺走真理；
> 你们带给我们生命，又从我们这里夺走生命；
> 你们带给我们光明，我们却坐在黑暗之中，
> 在正午艳阳之下的漆黑夜幕之中，颤抖。

1938 年，曼德拉从希尔德敦毕业，次年来到福特海尔读大学。福特海尔距
希尔德敦数英里，离久负盛名的教会学校勒夫戴尔只有 1 英里（约 1.6 千米）。

他的堂兄弟尼托姆毕佐达瓦说："我们觉得福特海尔没有比曼德拉更聪明的人了。"

福特海尔的南非本土大学是南非唯一的一所黑人大学，它规模很小，却注定要成为未来革命的摇篮。到 1939 年，这所大学的历史也不过 23 年。这所学校是路易斯·博塔总理在第一次世界大战期间亲自创办的。第一任校长亚历山大·克尔猜想，博塔可能是想摆出一个姿态，把这所学校当作战争时期对黑人的安抚，因为那个时候白人都非常担心"当地人闹事"。但到了 20 世纪 20 年代，白人政府对待黑人的态度变得强硬，这所大学的存在便显得尤为突兀。新总理詹姆·史末资将军从不担心它会蕴藏任何革命潜力；他将福特海尔视作自己托管政策的一个部分。1938 年，也就是曼德拉到来的前一年，他给毕业生们做了一次演讲，他说："欧洲人将先进的文化带到了这里。但是，拯救南非本土民众的力量，最终必须来自南非。"

这所大学成立之初非常冷清，参加入学考试的只有 20 个学生。曼德拉入学时，这里的学生也不到 200 人（其中有 67 个人是讲科萨语的），包括 10 个印度人和 16 个其他有色人种。但是福特海尔的影响力却远远超过他的学生人数。在周边学校的支持下，它成了南非黑人精英分子聚集的地方。福特海尔的学生多数来自王室和教会家庭，因此既有贵族之气，又有领袖之才。它的创办者中不仅有白人传教士，还有来自贾巴维、玛基维尼和波克维等先锋传教士家族的黑人教育家，这些家族都通过婚姻关系联系在一起。约翰·腾戈·贾巴维是一名杰出的教师，同时也是黑人报刊 *Imvo* 的编辑。他是福特海尔的创建者之一。他的儿子吉利是这所大学的第一位黑人教授。吉利娶了坦尼森·玛基维尼教士的女儿，后来被 Z. K·马修授予教授之职。马修是一位金伯利矿工的儿子，也是福特海尔的第一个毕业生；他称自己是"非洲人类动物园里的新物种"。马修的妻子弗丽达·波克维同样来自颇具名望的教士家庭。

福特海尔从一开始就接收女学生。校长起初是反对的，但非洲人说："我们花那么多心思去培养那些男青年，但他们未来的妻子却因为没受过教育而不能成为他们的伴侣和同盟，那我们的教育又有什么意义呢？"20 世纪 30 年代后期，也就是曼德拉入校的时候，福特海尔的女学生还是寥寥无几，而且都与男学生们分开，住在一个老农舍的招待所里。但是，她们很受欢迎，而且通常比男生更聪明——这一点让曼德拉非常吃惊。不过曼德拉知道，自己的科萨先祖之中是出过女强人的，比如他们宗族的创建者。"在我们部落历史上最艰苦的时候，"后来他解释道，"我们的君主和领袖是女性。"

　　福特海尔和勒夫戴尔的许多学生都与特兰斯凯的领袖家庭有关联，他们之间建立起了强大的家庭关系网，这些家庭通常都秉承强烈的基督教价值观，例如自律、禁酒，这让人不由得想起维多利亚早期的英国家族，比如克拉彭。吉利·贾巴维的女儿诺尼曾在英国生活过几年，她说，她的大家庭的那种"包罗万象的关系网"已延伸到了福特海尔和勒夫戴尔之外，让她联想到英国的"校友情结"。在种族隔离主义猖獗的年代，因为政治迫害和驱逐，这种关系网被生生撕裂，但是，有宗教精神作支撑的黑人中产阶级永远都不会被打倒，也不能被忽视，这在加纳或乌干达等非洲其他地区也是一样的；这些家庭的后代之中，有一部分——包括 A. C·乔丹的儿子帕罗·乔丹以及东蓬多兰君主的女儿斯特拉·希加卡——在 1994 年加入了纳尔逊·曼德拉的政府。

　　曼德拉从来都不是这些知识分子精英中的核心人物，但他的好几个朋友和亲戚进入了这个团体的中心。曼德拉一直很崇拜自己的亲戚马修，他是福特海尔的一名教授，身材高大，长着一张国字脸。他教出了一批又一批学生，也因为其温和的政治态度而激怒了不少造反派，但是，他能够通过说理及平和的讨论来对他们施加影响。20 世纪 50 年代，他起草了非国大《自由宪章》之后，曼德拉对他越发崇拜。1970 年，马修过世后，曼德拉曾给他的遗孀写信道："这个运动之内和之外总有些人对他谨慎的态度表示不满，我不知道这些人是不是疯了。"

　　1939 年曼德拉入校的时候，福特海尔只是所简陋的小学校，校舍是一片简单的意大利建筑，周围是学生宿舍。那时管理学校的是第一任校长亚历山大·克尔，他是个治校严厉、作风简朴的苏格兰人，一向不愿卷入公众争议之中，只致力于大学的发展和学术水平的提高；这个人没有种族偏见。马修曾说过："他对所有学生一视同仁，肤色从来不是他判断事情的标准。"克尔教起英国语言文学来简直热情洋溢，以培养学生对英国文学尤其是莎士比亚的热爱。

　　克尔和两位非洲教授贾巴尔和马修那严格仁厚的学者风范坚定了学生们日后的革命步伐。福特海尔不仅有混血儿和印度学生，还有几名当地的白人学生，但是绝大多数学生还是非洲人。1938 年，年轻的非裔美国学者拉尔夫·邦奇——后来的联合国副秘书长，诺贝尔奖得主——造访福特海尔，并宣称"当地的优秀学生足以与任何一名印度或其他有色人种的学生比肩"。

　　作为一名福特海尔的学生，曼德拉很自豪，摄政王也很乐意看到自己的族人进入名校。老师们告诉学生，他们是民族未来的领袖，所以，当 21 岁的曼德拉来到福特海尔的时候，学长们的修养和自信着实让他自惭形秽。他的朋友贾斯蒂斯留在了希尔德敦，但是曼德拉已经找到了新的盟友兼偶像——凯撒·玛坦兹马，他是曼德拉的侄子，也来自腾布王室家族。和曼德拉一样，凯撒也是努班库卡君王的后裔，但他属于更正统的那支血脉——即所谓"正统王室"，将来必定要继承君王或最高统治者之位。凯撒比曼德拉年长；作为一个领袖兼学者，他也更加自信：他将是第一个获得学位的部族领袖。他成了曼德拉的导师，鼓励他当好未来的君主谋士。后来的岁月里，叔侄二人成了政坛对手，但在福特海尔的日子里，他们还是最好的朋友。他们都住在教会招待所里，一起去教堂，一起踢球、跳舞，而且都滴酒不沾。两人都很高，举止都很有风度，对着装颇有研究。"我俩长得都不错，"凯撒回忆说，"在女性中间很受欢迎。"他们互相以举行割礼时的名字称呼对方，达利邦加和达利旺加，听上去像是双胞胎。60年后，在特兰斯凯的"圣地"，凯撒心怀感念地回忆起他们年轻时的友谊："我们总是形影不离；别人看到我落单了，就会问，'纳尔逊哪儿去了'？那时我们的心是连在一起的。"曼德拉还当了凯撒的媒人，介绍他认识了圣戈尼酋长的女儿阿格里尼斯，对于抛弃了一夫多妻传统的凯撒来说，这件事尤为重要。尽管两人后来产生了政治上的分歧，曼德拉从不否认自己早年对玛坦兹马的崇拜之情。1985年，尚在狱中的曼德拉在给法蒂玛·米尔的信中写道："说出来也许你不信，他曾是我的偶像。"

曼德拉的地位虽不及凯撒，但也被视作王子；即使是在福特海尔这样的学术圈内，王室成员还是有着特殊的地位，这在为他们赢得尊重的同时也激起了怨愤。"科萨王室成员觉得，这个世界是他们的。"教授的儿子，跟随曼德拉一起进入福特海尔的乔·马修说，"有些人觉得别人都是无关紧要的，走路的时候甚至会把别的部落成员一脚踢开。贵族们不相信你会反抗他们。"但是，曼德拉从不摆架子，对于比自己聪明的平民成员一直都非常尊重，不过他也习惯了别人把自己当王子一样对待。

曼德拉在福特海尔成长很快。他十分钟爱阿玛托拉山下图姆河畔那美丽的校园。多年之后他还会想起，当年他曾沿着山脚下蜿蜒的铁路散步，身旁风景一片壮阔："灌木葱郁，溪水潺潺，草原辽阔，空气清新。"曼德拉擅长越野赛跑和拳击，所以他膜拜运动员甚于知识分子。后来在狱中，他还会问起自己的赛跑对手——"所提尼"默克戈孔。在这个黑人聚集的地方，曼德拉交了许多来自全国各地的不同背景的朋友。"你可以看到各个部落正融合成一个新的国家，"诺尼·贾巴维回忆说，"只要听听那些惊叹声和呼唤声，他们各式各样的英语发音会让你觉得，南非在蔓延。"

那时，曼德拉的几个朋友已经活跃在政坛上了：保罗·马哈巴尼，非国大前任主席之子，曾与曼德拉一起度过了很多节日；尼茨·默克海勒，一位才华横溢的科学家，后来成了巴苏陀兰国会党的领袖；尼亚提·孔其萨，他批判总理史末资为种族主义者，并公开宣称，希望纳粹德国能打败英国，这样非洲人就可以摆脱欧洲的统治，这番言论让学生群情激昂；林肯·穆肯塔尼，来自特兰斯凯望族，加入了非国大，后遭囚禁；奥利弗·坦博，科学和艺术成就都十分杰出的学者，那时已经是一位实力很强的政治辩手。但当时的曼德拉还没什么政治觉悟。他与坦博并不熟悉，同时又因为马哈巴尼等朋友的反叛精神而感到尴尬。他那时的愿望是当一名法庭译员，在乡村地区，那是非常体面的职业，有着很大的影响力和光明的前途："政府部门的职业太具诱惑力了，那时我抵挡不了。"他在福特海尔修习了口译、法律、地方行政、政治和英语。在那时的曼德拉看来，学位不是通往政治领袖之位的敲门砖，而只是在自己的社区找一份养家糊口的工作的筹码。

福特海尔的多数学生并未与政治牵扯太多，只是一心想成为政府工作人员，或者老师，这让大学管委会非常担心：1940 年，一份管委会报告提到，"所有的学生毕业了都想当老师，教师职位根本容纳不了"。福特海尔历史上，曾有一度革命氛围非常浓厚。20 世纪 30 年代初，年轻共产党员艾迪·卢克斯在学校附近的山上搭了个帐篷讲授马列主义思想，吸引了许多非洲学生，其中包括戈文·姆贝基；而美国黑人麦克斯·耶根教会了姆贝基辩证唯物主义。但是，在曼德拉就读于福特海尔时，多数学生都忙于学业，而 1939 年斯大林与希特勒签订了条约之后，红星的光芒也减退了。曼德拉来到福特海尔之后不久，英国对德宣战，总理史末资立刻宣布南非参战，成为英国盟友。史末资来福特海尔为学生演讲时，几乎所有学生都对他报以掌声——包括曼德拉，而且他还发现，史末资的英语发音和他自己差不多糟糕，这让他轻松不少。曼德拉满腔热情地支持英国，反对希特勒，并且对温斯顿·丘吉尔相当着迷。50 多年后，他告诉丘吉尔的女儿玛丽·索姆斯自己是如何在福特海尔倾听丘吉尔战时的广播的，并追忆起布尔战争时期，丘吉尔是如何从南非白人手中逃脱的。但是，在 22 岁的年纪上，曼德拉只知道："战争和政治都不是我该关心的。"

那时的曼德拉很有希望成为一名公务员，前途看上去一片大好，但是，他的叛逆将锦绣前程撕得粉碎。这无关政治，激发他叛逆情绪的原因更加直接——伙食太差。福特海尔的伙食是斯巴达式的，而且非洲学生们因为体育比赛和辩论来到罗德大学的时候发现白人学生的伙食比他们好得多，于是他们更加失望。大学二年级时，曼德拉入选学生代表大会，但是有资格参加投票的学生中，只有少数人参与，大多数学生罢选，要求学校改善饮食，并赋予学生代表大会更多权力。曼德拉和其他 5 名当选的代表辞职，精明的校长克尔博士宣布进行新一轮选举，在晚餐时进行，这样一来，所有学生都必须参与。但这次仍然只有少部分人投了票，当选的仍是原先那 6 个人。除曼德拉外，另外 5 名学生同意留在学代会，但曼德拉觉得自己不能置多数人的意见于不顾，于是，他再次辞职。他的做法得到了凯撒·玛坦兹马的支持，后者也曾是学代会的一分子。

克尔博士把曼德拉叫过去，语重心长却又严肃地告诉他，如果他再这么抵抗下去，就会被开除。当天晚上，曼德拉彻夜未眠，他在自己的抱负和对同学们的责任之间不停地摇摆。"我害怕了，"后来他回忆说，"我怕凯撒多过怕克尔博士。"第二天，曼德拉再次重申，他不进学代会。克尔又给了他最后一次考虑的机会，然后让他回去上课。曼德拉认为克尔损害了学生的利益，所以，他拒绝了。于是，曼德拉被开除了。他回到了"圣地"，摄政王知道他放弃了学业后，非常生气，勒令他道歉并重回福特海尔。但是，曼德拉的固执开始崭露头角了。"他犟得很，"他的堂兄弟尼托姆毕佐达瓦说，"他就是不愿意回去。"

很快，摄政王投下了一枚炸弹，使曼德拉和他的关系尖锐化了。他觉得自己时日无多，便为他的儿子和曼德拉挑了配偶，希望他们能早日成家。曼德拉不胜惶恐：摄政王为他挑的姑娘很胖，一点都不吸引他，而且他还知道，那姑娘爱上了贾斯蒂斯。"我不想跟她绑在一起，很有可能她也不乐意跟我绑在一块儿。"在这一点上，曼德拉和摄政王的关系破裂了。曼德拉知道，摄政王给予了他很多，他领养了他，将他视为己出，让他接受教育，而现在摄政王已缠绵病榻了，需要有人去支撑。但是，曼德拉还是决心追求自己的自由：他决定和贾斯蒂斯一起悄悄出逃，去约翰内斯堡碰碰运气。

"生活总有办法迫使那些尚在犹豫的人做出决定。"后来曼德拉这样写道。他自己的这个抉择让他的部落生涯与学业都陡然终止："突然间，我的美梦破碎了，原本唾手可得的战利品像冰雪一样消融在夏日骄阳之下了。"但那时，他没有意识到，他的这个抉择给他带来的回报远远超乎他的想象。40 年后，曼德拉在狱中回忆，如果当年他没有反抗福特海尔校长，"也许我就会一生太平，过去这 30 年所有的血雨腥风和上下奔波皆可免去"。曼德拉的确跳进了更加险恶的海洋；但他的视野也因此而更加开阔，"我可以由此看到自己族人的历史和文化，那是整个人类历史和文化的一个部分"。

3. 大城市（1941—1945 年）

1941 年 4 月，22 岁的曼德拉与贾斯蒂斯一起离开"圣地"，来到了约翰内斯堡。每年都有成千上万名黑人背井离乡来到这座"黄金之城"，曼德拉就是其中的一员。他们多数衣衫褴褛，希望能在这里当上矿工、用人或者劳工。约翰内斯堡的白人对这样的场景已是司空见惯，当时的电影和小说，比如《吉姆的约堡血泪史》和《亲爱的祖国》等，都展现过这样的场面。这批黑人就是从穷乡僻壤一下子进入繁华都市的典例，你常会看到一个从部落走出来的黑人，面带着困惑和惊奇之色，盯着白人城市里高耸入云的大楼、飞驰的汽车和耀眼的灯火。但是这种景象是有误导作用的：从偏远的家乡走出来的非洲人，面对都市丛林，会比无所寄托的城里人拥有更强烈的安全感和更清晰的目标，而后者只会将这种纸醉金迷当成理所当然的事情。很少有白人能够意识到，他们眼里的乡巴佬之中，有一批受过高等教育又有着远大抱负的年轻人，他们有足够的能力在有生之年颠覆白人现在的地位。

当时的约翰内斯堡只有 55 年历史，但已经是非洲的主要城市之一。它拥有繁华的市中心，许多大酒店聚集在那里，还有一个石材建成的教堂；它富庶的郊区一直延伸到北边，还覆盖了西南方向黑人聚居地城镇。二战为南非和其他世界工业中心带来了繁荣的经济：进口的减少刺激了本地生产，而许多白人正在海外，所以急需黑人劳动力作为替代。对比 1936 年和 1946 年的两次人口普查，南非城市的黑人数量增加了近 50%，从 1 142 000 人增加到 1 689 000 人。当非洲部落遭遇旱灾时，涌入约翰内斯堡的人潮空前扩大，而且两年来政府通过了一系列法律，取消了对人口流入的控制。大量外来人口涌入的结果是，城市边缘出现了混乱的棚户区，但许多有抱负的黑人青年也从中看到了新的机会和希望——以及在战争影响下产生的新的政治愿望。

战争时期，南非政府需要黑人，共 12 万名非洲人和其他有色人种在军队担任司机、雇工和保安等职务。他们没有枪，只有长矛。尽管如此，他们还是觉得自己已成为反对纳粹和种族主义战斗的一分子。战争中期，政府甚至放松了长久以来的种族隔离政策，黑人不再像以前那样被禁锢在专门的城镇、学校或者公共汽车上。在 1942 年 2 月的一次重要讲话中，总理史末资称，白人的种族隔离愿望受到了沉重打击，因为世界其他地区正朝着相反的方向发展："孤立政策已成为过去，种族隔离主义也已经垮台。"想要阻止黑人涌入城市必定是徒劳的："你试试用扫帚阻拦海潮便知。"

但是，非洲移民的涌入激怒了南非白人中的民族主义者，他们觉得自己受到了黑人竞争者的威胁。他们更加大力地组织游行，反对所谓的"黑色威胁"，要求实行更加极端的种族隔离政策，他们称之为"隔离"——字面意思就是"分裂"。史末资不敢对黑人做出让步，这有可能会刺激一部分白人选民进入民族主义阵营。"如果我们把公正给予弱势群体，却将整个团体，包括弱势群体，推入险境，"他在 1943 年 6 月给朋友的信中写道，"这对整个国家有什么好处呢？"

曼德拉和贾斯蒂斯先是在金矿业找工作。矿业在约翰内斯堡的经济中处于中心地位，隔离政策非常严格，黑人占据了矿工的绝大多数，他们的食宿都是封闭式的，断绝了与外界城市的来往。矿产公司与乡村地区的首领们保持着密切的联系，因为首领们可以为他们提供廉价的劳动力，公司内部像部落一样划分等级和分支，以保证工人的纪律和忠诚度。几个月前，摄政王曾写信为贾斯蒂斯在最大最老牌的皇冠矿业公司安排了一个职位；贾斯蒂斯又说服工头给了曼德拉一份稍显卑微的工作——矿区警卫。曼德拉干了很短一段时间的守夜工作，从矿区入口到内部来回巡逻，里面全是"本地人通行"的警告标识。当时矿工中因工作条件和工资问题而怨声四起——以致后来积怨爆发，导致了1946年的矿工罢工。后来曼德拉对工会说，他当年尽量避开政治，但一直都因曾当过矿工而自豪。

不管曼德拉在古努的地位多重要，来到约翰内斯堡，他就变得微不足道了。而且，没多久他就陷入了麻烦，因为他对别人夸耀说自己骗过摄政王离家出走了。他和贾斯蒂斯被解雇了，上头勒令他们返乡。曼德拉一点都不想回去，所以，他急需找一份新工作。他的一个亲戚为他引荐了黑人地产经纪人沃尔特·西苏鲁，当时的约翰内斯堡还没有实行严格的种族隔离政策，所以，西苏鲁在市中心有个办事处。

西苏鲁 28 岁，身材短小，但精力充沛。他肤色不深，牙齿稀疏，戴着一副眼镜，总喜欢咬自己的嘴唇。虽然其貌不扬，但西苏鲁内心充满自信——他称之为"超强的自信"——后来他成了对曼德拉政治生涯影响最大的人物。和曼德拉一样，他来自特兰斯凯的贫困地区——他的家乡是安格科波地区，但是他没有曼德拉那样的身份地位。他的父亲是一个白人地方法官，名叫维克多·迪金森，在安格科波的时候爱上了西苏鲁的母亲，与她生下两个孩子之后却又抛弃了他们。沃尔特由母亲和舅舅抚养长大，他的舅舅是一位酋长，心地虔诚，对白人非常尊敬。西苏鲁喜欢读《圣经》，觉得大卫和摩西与自己十分相似，但他极力反抗教会老师和家庭的保守态度，他家人还曾警告他："恐怕白人不会允许你为他们工作的。"

西苏鲁16岁的时候离开了学校，先是靠放牛度日，后来去了约翰内斯堡。他在一家金矿打了4个月的工，但那里的残暴制度激怒了他，于是他又去了伦敦东部当厨师，从而对工会制度产生了兴趣。之后他回到了约翰内斯堡，与他的母亲住在一起。那时他的母亲正在为白人家庭妇女当洗衣工。西苏鲁回来之后又因为傲慢和不服从命令连续被几家工厂解雇。他从一个酋长那里学到了科萨的历史，从此不再感到自卑。这位酋长是辛沙的一个曾孙，曼德拉也曾经受他鼓励。与此同时，西苏鲁也开拓了自己的视野，准备投身更广阔的天地。在银行工作两年之后，他和五个朋友成立了自己的地产经纪公司，希望能借此摆脱白人的控制（但是两年之后，它被一家白人开的公司接管了）。

西苏鲁的白人父亲维克多·迪金森那时已经在约翰内斯堡的最高法院担任法官了。西苏鲁有时会隐姓埋名跑到那里去观察他。维克多也是一个建房互助协会的主席，西苏鲁的公司遇到困难的时候，他曾去维克多那里寻求过帮助。西苏鲁没有捅破他们的关系：他希望给父亲一个机会，让他自己回想起"他还有一个这样的儿子"，但是，对方毫无认出他的表示。西苏鲁记得，维克多看上去正派而且亲切，但是没有给他任何经济上的帮助。以后一提起那次辛酸的会面，西苏鲁就会陷入沉默。迪金森究竟知不知道，他的儿子将会成为南非最伟大的领袖之一呢？

曼德拉很快就被西苏鲁对城市生活的适应能力和他流利的英语所吸引，他以为西苏鲁一定上过大学。反过来，西苏鲁则被曼德拉的领袖风度所吸引。两人的伙伴关系就这样开始了，这段关系在曼德拉后来的政治生涯中起到了关键的作用。曼德拉承认，西苏鲁比自己更具智慧，分析能力极强，可以成为自己的良师益友。他永远都不会站在自己的对立面。他会成为国王的拥护者，自己却不会登上王位，这就如同他会成为教练而不是拳击手一样。而且，机缘巧合，他为曼德拉的城市职业生涯提供了第一块垫脚石。后来，曼德拉写道："这是我一生中最艰难的日子。"

曼德拉真正的愿望是当一名律师，所以西苏鲁带他去见了拉扎尔·西尔德斯基，"他培养我是为了让我为自己的祖国效力"。几年之后，曼德拉暂时有了点钱，开上了奥尔兹莫比尔的车，有一次他发现落魄的西尔德斯基在一个公交车站等车，就让他搭车回家。第二天，曼德拉给他寄来了一张 50 镑的支票来偿还当年的借款。40 年后，西尔德斯基和他的女儿到狱中看望曼德拉，还开玩笑说起当年不让他涉足政坛的事："谁让你不听我的，看看你现在的下场！"

但不管怎样曼德拉都逃不出政治的包围。他与一个年轻的白人律师共用一个办公室，那位律师名叫奈特·布鲁格曼，是西尔德斯基的堂弟，也是个"无忧无虑的共产主义者"，这是后来他对自己的评价。他带曼德拉去听共产主义讲座，去参加有各个种族的人出席的聚会，在那些地方，曼德拉遇到了一些友好的白人左翼分子，包括青年共产主义作家迈克尔·哈默尔。哈默尔非常聪明，但生活简朴——他不愿戴领带，这让曼德拉很吃惊。后来他们成了亲密的朋友。

在律所时，西尔德斯基告诫曼德拉要提防一个黑人共产党员，高尔·拉德比，他也是律所的工作人员。他为人喜好夸夸其谈，正致力于建立新的非洲矿工联盟。在公司他也毫不隐瞒自己的激进观点。"离高尔远点，"一个同事对曼德拉说，"他会腐蚀你的思想。他每天都坐在那张桌子上策划世界革命。"但是拉德比对曼德拉很友好，并且对白人老板说，曼德拉是个真正的领袖："你们这帮家伙从欧洲一路赶来这里，侵占我们的土地，让我们沦为奴隶。你看现在，你跟主子似的坐着，我的首领倒成了跑腿的。总有一天我们会把你们所有人都抓起来扔到海里！"拉德比曾劝曼德拉加入共产党，但当时曼德拉正为了他的法律考试而连夜苦读，无暇他顾。20 年后，这两个人的位置几乎完全颠倒了：拉德比因为参与放债活动于 1942 年被开除出共产党，之后便加入了反共的泛非洲人大会，而曼德拉却在非国大内部捍卫共产主义。

那时，曼德拉住在亚历山大第八大道 46 号，那是一个黑人贫民窟，他的房东是位牧师，名叫马布多。亚历山大环境混乱，连电都没有通，所以被称为"黑暗之城"，那里到处都是砖房或者简易棚屋，挤满了战时从乡下拥来的劳工。亚历山大环境脏乱吵闹，饿狗随处可见——与一墙之隔的白人宅邸判若霄壤。但是，这里也有着乡村地区特有的活力和群体感，这也是白人居住区所不具备的。激进分子迈克尔·丁加克曾写道，那里是"黑人抱负和才干的熔炉，也是黑人苦难的见证"。

在亚历山大，曼德拉属于最贫困的人群，他的公司在市中心，住处和公司之间来回路程有 12 英里（约 19 公里），有时仅仅为了省下车费，他会选择步行上下班。他还记得，当姑娘们注意到他破烂的衣服时，他会觉得很丢脸。他很羡慕那些迷人的"美式"青年，他们穿着笔挺的西装，戴着宽檐帽和闪闪发光的手表——尽管这身行头很有可能是偷来的，但他们那副花花公子的腔调很能吸引异性；不过，羡慕归羡慕，曼德拉还是维持着自己保守的英式风格。那时他的室友经常给予他帮助，后来他感到十分罪过，因为"我没有立刻就想到要报答人家的好意"。

曼德拉很快就在这个城市站住了脚，能养活自己了，不再需要向摄政王伸手。而扮演了多年父亲角色的摄政王，此时已经非常虚弱了。1941 年，摄政王来看望过曼德拉，他对曼德拉从前的叛逆行为只字未提；6 个月后，摄政王撒手人寰，曼德拉回到特兰斯凯参加葬礼，想起自己没能对摄政王的昔日恩情报以更多感念，不禁追悔莫及。他还设想，如果当初能问问他关于白人至上主义和自由运动的问题就好了。时至今日，他的抱负早已超越了科萨边界，但面对部落的责任和大城市提供的机会，他依然左右为难。

曼德拉通过函授取得了学士学位，但很快他就意识到学位不是通向成功的唯一途径："我在大学学到的东西跟我所处的新环境基本都不相关。"他回到福特海尔去拿学位，穿着用西苏鲁借给他的钱买来的新套装。他的侄子凯撒·玛坦兹马当时正准备接任酋长，他劝曼德拉回到特兰斯凯当律师，但是曼德拉的兴趣已经扩展到了全国舞台。

他很快搬离了亚历山大，随后搬去了奥兰多，那里距离约翰内斯堡 12 英里（约 19 公里），属于市郊，1930 年曾被规划为黑人示范聚居区，供"等级稍高的本地人"居住。奥兰多的地界覆盖了广阔的农田，农田里耸立着发电站的巨型塔楼，还有一排排两间房的屋子，没有地板或者天花板，就那样矗立在崎岖泥泞的小道上。奥兰多比亚历山大干净，但没有亚历山大的那种亲密氛围。曼德拉常说，在亚历山大，他没有房子，但他有家；但在奥兰多，他有了房子，却没有了家。但那时他与西苏鲁走得很近，后者和母亲一起，住在政治氛围浓厚的地带；而奥兰多，则注定要为所有南非黑人开先河。

曼德拉仍然需要继续深造——这次是为了取得法律学位。早在 1943 年，他就在威特沃特斯兰德大学报了名，这所大学坐落在约翰内斯堡北部的山上，校内廊柱林立，尤为壮观。威大和别的南非大学不一样，它允许一小部分黑人学生和白人在一起学习，但网球场或游泳池等运动场馆不对黑人学生开放。一部分白人讲师对黑人学生敌意很强，其中包括哈罗教授，他是个德国籍的犹太律师，他认为法学是一门社会科学，而黑人和女性缺乏必要的心智和经验，因此不适合攻读法学。但是另一部分法学讲师，比如朱利叶斯·卢因和雷克斯·威尔士，都是宽容的自由主义者，而且很多从战场回来的白人学生都十分痛恨种族主义。他们中间有几位共产主义者，包括乔·斯洛沃和他的妻子鲁思·福斯特，托尼·奥多德和哈罗德·沃尔普。鲁思·福斯特后来成为曼德拉的亲密伙伴和同事，在她的记忆中，曼德拉"相貌英俊，骄傲而体面，脾气不太好，比较敏感，甚至有些自大。当然，那也是因为他经历的屈辱太多"。乔·斯洛沃则认为曼德拉是一个"骄傲而沉默寡言的黑人，对于自己的肤色非常敏感，'与白人共事时要听从白人支配'的这个观点让他非常不满"。鲁思的好友伊斯梅尔·米尔觉得曼德拉"不太自信"并且远离学生政治："他不想参与学校的任何政治活动。他非常谨慎。"

曼德拉在威大待了 6 年，从 1943 年到 1949 年，在这期间他并不出挑。他记忆力很好，但同时他还在干见习律师的工作，又有政治事务要处理，所以他只能挤出时间来学习。哈罗教授很严厉："你把这个叫论文？""你了解我的意图吗？"课程结束时，曼德拉没有通过。他向哈罗教授申请重考一些科目，并解释说自己经常要到晚上 8 点之后才能回到奥兰多。"又饿又累，没办法集中精力学习……如果我有更好的学习环境，我的成绩会更好。"但是哈罗是个墨守成规的人，他驳回了曼德拉的申请，所以，曼德拉最终离开威大的时候没能拿到法学学士学位。虽然情有可原，但他仍产生了一种失败感。

曼德拉在威大遭遇了很多耻辱。当他来到法学图书馆，在一张桌子跟前坐下时，一名白人学生立刻挪到了别处。当他和几个白人学生一起去咖啡馆时，他们被拦在了门外，因为他们中间有个"卡菲尔人"①；当他和两名印度人上了一辆白人专用电车时，售票员把他称为他们的"卡菲尔朋友"，并把他们告上了法庭。但是，曼德拉并未对此耿耿于怀。50 年后，已经是南非总统的曼德拉邀请 46 届全班同学到威大一聚。"我之所以有今天，"他告诉他们，"不但要感谢那些尊敬过、帮助过我的人，也要感谢那些轻视我、恶待我的人。"

回到奥兰多后，曼德拉被视为花花公子，很受女性欢迎。大部分时间内他都与沃尔特·西苏鲁和他的母亲"玛"待在他们奥兰多的小房子里。1944 年，沃尔特和一个名叫阿尔伯蒂娜·特泰维的年轻护士结了婚。阿尔伯蒂娜来自特兰斯凯，曾受天主教徒教导。她很快成了"家庭的支柱"，这是西苏鲁的原话。她很能干，可以同时扮演母亲和政客的角色。阿尔伯蒂娜对曼德拉这个年轻英俊的乡下男孩有一种保护欲——她很担心曼德拉会被亚历山大的强盗，或者说"坏人"雇了去，然后惨遭剥削。

但是曼德拉似乎很快就要成家了。有一天，在西苏鲁温馨的家里，曼德拉

---

① 卡菲尔人：Kaffir，对南非黑人的一种蔑称。——译者注

遇见了沃尔特的堂妹伊芙琳·玛斯。伊芙琳也来自特兰斯凯，比曼德拉小 4 岁，她来约翰内斯堡是当护士的。他们的邻居伊斯起亚·姆弗勒拉后来评价说，伊芙琳是个谦逊的姑娘，目光慵懒，总是挂着含蓄腼腆的微笑。曼德拉很快就喜欢上了伊芙琳，几天之后两人就确定了关系，不出一个月，曼德拉就向伊芙琳求婚了。1944 年，他们举行了简单的婚礼，没有教堂钟声，也没有婚宴。

"每个认识我们的人都说我们很般配。"伊芙琳回忆说。她十分讲究家中摆设，一手包办洒扫、园艺和烹饪，把曼德拉照顾得很好。曼德拉说："她是个举止优雅、娴静的女人，为家庭和丈夫奉献了一切。"伊芙琳信教，比曼德拉更虔诚。曼德拉的妹妹莉娅比曾过来与他们生活过一段时间。她注意到，伊芙琳"对政治没有丝毫兴趣"，但是对野心勃勃的丈夫非常支持。他们二人共同的朋友费里斯·尼坦塔拉曾写道："与伊芙琳共处的那些年是曼德拉成长并在政坛大放异彩的时候，所以他能成为今天的民族英雄。"

结婚后一年，伊芙琳生下儿子泰姆比。他们暂时搬去了奥兰多东部 719 号，不久之后又搬到了奥兰多 8115 号，那是一栋典型的火柴盒式的建筑，这样的房子成百上千，不通电，而且屋内也没有盥洗设施。曼德拉的一批访客，包括他的侄子玛坦兹马，到访的时候经常睡在地板上。第二年，伊芙琳又生了一个女儿玛卡兹维，但她只活了 9 个月就夭折了。

纳尔逊的母亲经常从特兰斯凯过来给伊芙琳帮忙。两个女人相处得很好。曼德拉也帮忙买些东西，给孩子洗洗澡，有时也会做饭。"许多妻子都很羡慕伊芙琳，因为她的丈夫很顾家，会在镇上买了东西带回家。"

在约翰内斯堡生活了 4 年，特兰斯凯平静的乡村生活离曼德拉已经很远了。他读了大学，在律师事务所找到了工作，成了家，在拥挤不堪的城市里找到了安身立命的方法，在残酷的竞争环境里站住了脚。但是，他仍觉得自己是个乡下孩子，和讲一口流利英语和南非语的现代都市人还是有着鲜明的对比。但是他的乡村价值观和教养给了他一种内心深处的安全感，而且他对自己的王室身份也有认知。"不管他在做什么，他更想做的都是成为王室首领或是要人，"西苏鲁说，"即使涉足政治大局时，他仍抱有这样的想法。"

但是曼德拉还是被卷入了政治是非，这让他的都市生活更加丰富，目标也渐渐明晰。他是个骄傲的贵族，但作为一个生活在白人城市的黑人，他遇到了各种各样的挫折和屈辱，这让他更清楚地认识到了自己是千千万万黑人中的一分子。他知道，自己所处的环境更严酷了；很快他就会成为一名有抱负的非洲民族主义者，随之而来的是一种攻击心理和愤怒情绪，他花了很长时间才控制住。

首次让曼德拉接触亚历山大政治的是他在公司的朋友高尔·拉德比。1943年8月，高尔组织了一次声势浩大的抵制活动——因为进入市区的公交车费从5便士涨到了6便士。曼德拉参加了抵制活动和一个10 000名黑人参与的游行，整整9天，公交车空无一人，最后车费终于调低到了原来的水平。这鼓舞人心的一课让曼德拉认识到了抵制运动的力量。

那也是曼德拉第一次与非国大——主要的黑人政治机构——近距离接触，当时的非国大正从漫长的沉睡中苏醒过来。非国大是祖鲁律师皮克斯利·卡·塞姆博士在1912年创建的，专门针对1910年成立的南非联盟。塞姆在一次公开演讲中说，在南非联盟内，我们在立法方面没有话语权，也不能参与管理。非国大的第一任主席是祖鲁教育家约翰·杜比博士，第一任秘书是索尔·普拉特杰，他来自金伯利，是一名译员兼作家，而塞姆则被任命为会计。非国大领袖们已经产生了对白人至上主义的担心，所以他们组织了各种代表团、示威和抗议活动，但是又怕发生大规模行动或冲突。非国大是一个保守、拘谨的机构，很多成员都来自王室，由自己的部落选举产生——像上议院一样——在曼德拉看来，非国大"充斥着王权的条条框框"。很快，它就被政府机构收买了：开普敦的非洲人被剥夺选举权后，非国大领袖同意加入"本地代表委员会"，非洲民众本希望委员会能影响政府，但很快他们就发现，委员会只是个"玩具电话"。20世纪30年代后期，非国大无所作为，混乱无序，它的抵制活动也在共产主义者和托洛茨基主义者的对比下显得暗淡无光；它对白人那不堪一击的承诺深信不疑，这让它失去了民众的信任。

1940年，非国大选出了一个更有能力的主席，阿尔弗莱德·舒玛，他是个医生，身材矮小，娶了一个美国黑人为妻。舒玛博士很快就给垂死的非国大带来了生机。他说："非国大没有会员制度，没有记录，财务也是亏空的。"他到国家各地去振兴分支机构，并亲自管理德兰士瓦分支，那里有大量黑人迁入，提供了新的劳动力。他废除了非国大内的部落分支，并取消了酋长议会，让非国大重新团结起来。但非国大成员主要还是中产阶级和中年人，而且只有非洲人才能加入，所以它并不十分受民众拥戴。舒玛非常在乎自己的尊严，他有几个备受尊敬的白人朋友，其中有些人是政府官员，对于这一点，舒玛很自豪。同时他也非常担心那些正在博取公众注意的年轻领袖会煽动群众或采取暴力行动。

1943年，曼德拉在西苏鲁奥兰多的家中见到了年轻气盛的祖鲁激进主义者安东·伦比德，当时伦比德只有 29 岁，他刚刚辞去了教师的职务，来到塞姆博士的律师事务所工作。伦比德的父亲是个农民，他自己是个虔诚的基督教徒，对于城里人的道德沦丧深感忧惧，所以他坚持认为，黑人必须自我拯救，不能依靠白人和印度人。他相信英国人正在有计划地"打击并消灭异族国民中的所有民族主义倾向"并在黑人青年中挑选精英分子为自己所用。

伦比德的平民主义作风比较明显。"一双靴子的价值，"他说，"足够抵得上莎士比亚所有的作品。"但实际上他是个知识分子，对英国文学（包括莎士比亚）很着迷，而且很受马库斯·加维和韦伯·杜·博瓦等美国黑人领袖的影响。"我的灵魂仍怀念着非洲辉煌的昔日，"伦比德说，"但我必须为了新非洲的诞生而努力，让她成为这世上自由而伟大的国度。"曼德拉意识到，伦比德不简洁、不理性、不直接，但他非常欣赏伦比德那富有活力的修辞手法和他的眼界。

伦比德成了一小部分黑人青年的领袖，这部分人中就包括西苏鲁和曼德拉，他们想在非国大内部建立一个青年团，目的是敦促非国大参与大型运动，比如在亚历山大告捷的公交车抵制运动。不过，他们虽支持非国大，但都很反对舒玛的铁腕政策。保罗·摩撒卡带领的非洲民主党也让他们感觉到了挑战。非洲民主党刚刚脱离非国大，正是能够"在国内迈开步子的时候"。英裔美国人在反希特勒战争中所表现出来的理想主义大大鼓舞了他们，尤其是丘吉尔和罗斯福于 1941 年签订的《大西洋宪章》所明确体现的激进主义；宪章敦促签约国"尊重所有民众自主选择政府组织形式的权利"。但是，丘吉尔很快就背弃了宪章的反殖民主义精神，他对印度裔国务卿里奥·艾默里解释说，他所说的"民众"不包括尼日利亚和东非的本地人，更不用说可能将犹太人驱逐出巴勒斯坦的阿拉伯人了。但是，曼德拉和他的朋友们只看到《大西洋宪章》的表面意义，并成为丘吉尔的仰慕者；然而史末资似乎希望能将宪章运用于非洲，尤其是 1941 年日本取得太平洋地区战争的胜利之后，因为他担心日本得到黑人支持后会侵略非洲。非国大专门成立了以马修为首的委员会来翻译《大西洋宪章》。这个委员会提交了一份名为《南非非洲人声明》的文件，文件重申了人民自主选择政府的权利。文件称，他们要看看宪章是否能应用于非洲，这就是对宪章最严格的测试。

当时曼德拉已经 25 岁，1943 年，他加入了伦比德领导的一个代表团，目的是将青年团的观点转达给坐在索菲亚教书房里的舒玛博士。那是一次历史性的会面，但当时的气氛有些剑拔弩张。舒玛振兴了非国大，还拥有许多外国朋友，因此曼德拉十分仰慕舒玛。但他不喜欢舒玛说英语时的浮夸腔调以及他对代表团的依赖。舒玛则非常渴望年轻知识分子的支持，对于"小朋友"们的来访显得有些受宠若惊；但是他告诉他们，非国大还没打算加入大规模行动。然而曼德拉、西苏鲁和其他成员还是组成了临时委员会继续行动，在约翰内斯堡市区罗森贝格拱廊阴暗的非国大办公室里起草了一份宣言。

1944 年 4 月，青年团在约翰内斯堡班图社会中心正式成立，伦比德任主席，西苏鲁、坦博和曼德拉为执行委员会成员。激动人心的宣言以伦比德对白人黑人观念差别的描述揭开了序幕：

> 在白人眼里，宇宙像一台巨大的机器在时空中穿越，走向最终的灭亡；芸芸众生宛若蜉蝣，各自生存，各自终结……
>
> 而在非洲人眼里，宇宙是一个复合的整体，一个有机的联合体，不断走向更高层次的和谐与团结，每个个体都是这个有机整体的独立组成部分……

宣言驳斥了白人正帮助黑人走向文明的谎言，并宣布"从现在开始，非洲人要依靠自己的力量决定未来"。宣言有所保留地表达了对非国大的支持，并称新成立的青年团为"非洲民族主义者的智囊团和精神支柱"。

曼德拉觉得，这是非洲民族主义思想的第一次清晰表述。但政策依然悬而未决。他们真的希望像激进分子所说的那样，把白人扔进海里吗？最后，一个更加温和的观点占了上风，曼德拉也是这个观点的支持者：其他种族的居民可以留在南非，但是白人至上主义必须废除。

自战争动乱时期以来，另一个政治组织也是呼声颇高，那就是曼德拉在威大第一次接触到的南非共产党。南非共产党成立于 1921 年，初期由一小批犹太移民和不信奉国教的英国人领导，经历了 20 年动乱，这个党派已迅速在非洲扩张，并严格遵守莫斯科共产国际的规章制度。南非矿业资本高度集中，因此引起了许多马克思主义学家的兴趣，其中包括列宁，他们把南非当作经济学帝国主义和垄断资本主义的案例来研究；但实际上，许多共产党领袖对阶级和种族冲突都十分困惑。起初，共产党人对发展非洲党员和领袖并没有多大兴趣：在 1922 年那次以"为了白人的南非而团结"为口号的矿业罢工中，他们支持的是全白人的工党。两年之后，白人工党与南非民族主义政府结成了奉行犬儒主义的同盟，共产党与白人工党决裂；1926 年，该党派又接到了共产国际关于"黑人共和国"的新指示，于是又与许多白人成员疏远。

20世纪30年代，南非共产党吸收了更多的黑人成员，包括两位能力很强的年轻激进主义者，马克斯和摩西·考塔尼，他们在莫斯科列宁学院接受过培训，回国后要成立黑人联盟。1939年，共产党谨遵希特勒和斯大林所签署的条约，极力反对战争。但1941年6月，希特勒入侵俄国，俄英结成同盟，共产党开始倾向于维护黑人权利。

通过奈特·布鲁格曼和迈克尔·哈默尔等白人朋友，曼德拉看到了共产党人的多元民族精神。他们黑人以平等的身份接触到了白人。后来，曼德拉写道："只有共产党才真正希望把非洲人当作与自己平等的人类来看待；他们愿意与我们一同用餐、交谈、生活、工作。他们是唯一希望为非洲人争取政治权利和社会地位的政治团体。"非国大当中就有很多共产党人，而大部分非国大成员并不把他们看作威胁。1936年到1949年期间的非国大秘书长詹姆斯·卡拉塔教士认为"无须担心共产主义会产生什么影响"。他认为非洲的国民生计仍建立在一个捆绑体系的基础上，个人与家庭、宗族和部落联系在一起。"共产主义是一个纯粹的唯物主义体系，除非非洲人觉得它是唯一摆脱压迫的出路，否则它是没有办法拉拢非洲人的。"

但是非国大青年团的民族主义人士对共产党怀有很强的敌意，认为他们是腐蚀非洲民族主义的外来力量，是"异邦秩序的贩卖者"。伦比德严厉抨击了共产党，并用一篇言辞犀利的演说打断了在奥兰多召开的一次共产党会议。曼德拉（尽管他有很多共产党朋友）与坦博和伦比德一样不信任共产党，三人提出申请，要求"各政治组织成员"退出非国大。这一要求被全国大会驳回，但青年团的反共活动还在继续。

这个冲突只是民族主义与共产主义之争的一个部分，而当时的大背景则是横扫亚非的自由主义运动，这一运动将在二战之后愈演愈烈。民族主义者高举本民族的历史大旗，给国民以新的自尊；共产主义者则拥有胜者苏联的支持，组织结构完备，资金充足，对帝国主义也有更科学的评价。但是南非是一个特殊的意识形态战场。"他们言必称独立，"戈文·姆贝基说，"我们则谈论自由。这中间有很大的区别。"南非共产党是唯一接纳所有种族的党派，较之其他地区的共产党，南非共产党更像是真正的多元民族主义者。曼德拉便是被民族主义和共产主义这两个磁极同时吸引着。

4. 南非白人和非洲人（1946—1949 年）

　　曼德拉和他的朋友们所期待的战后和平世界很快化为泡影。摧毁他们期待的不是种族隔离政策，而是战争期间忠于丘吉尔，又受到南非讲英语的商界人士支持的史末资联合党政府。1946 年，协约国取得对日最终胜利后没几个月，史末资发动了两次无情的运动，让非洲人和印度人在斗争升级的同时又不得不合作共事。

　　第一次是镇压新成立的非洲矿工联盟的罢工运动，这个联盟的发起人和第一任主席是曼德拉的朋友高尔·拉德比。1942 年，拉德比的职位由马克斯接任，他是一个风格豪放的非洲共产党人，曾经留学莫斯科，他在 1946 年 8 月领导了一场 7 万名黑人矿工参与的罢工运动。矿业公司有政府撑腰，他们用刺刀逼迫工人回到矿井，期间共有 9 人遇害，数百人受伤。10 天之后，50 名领袖因煽动罢工而遭到起诉，其中几名被判有罪，被处以罚金或监禁。

　　多数白人认为，战争平息之后，来自共产党的威胁重出水面，而这次镇压就是对他们的必要回应。史末资前往伦敦，当《兰德每日邮报》抨击马克斯等联盟领袖的"粗鲁的演说和荒谬的要求"时，他并不十分关心。非国大内部的保守派，比如舒玛博士，指责共产党人挑起了争端，让对方过早地知道了自己的实力，但青年团则指责舒玛对罢工没有表现出同情。残暴的镇压似乎证实了伦比德曾经的警告：黑人不能妄想从白人那里获得怜悯。曼德拉被罢工工人的勇气和团结所感动，他与马克斯一起讨论了共产主义，并被他的幽默和谦逊深深触动。马克斯认为曼德拉是个偏激的民族主义者，但他相信那个阶段一定会过去。

　　作为非国大的"老卫士"，代表团太有耐性，给了史末资太多信任，而这次矿工罢工的失败就是对他们的一种讽刺。当黑人矿工直面刺刀的时候，本地代表委员会正在比勒陀利亚与政府争论黑人的不公平待遇问题。委员会成员们进行了抗议，但实际上并没有抵制委员会本身。然而，史末资意识到，他将"马修教授那样谦逊的知识分子"拒之门外了，于是，第二年，他又试图去安抚以马修为首的委员会成员代表团。史末资用他一贯的那种家长式的口吻说："当初的稚子南非现已长成，故衣早已不再合身。"他对他们"怒而不言"的态度表示了遗憾，还扩大了委员会规模，所有成员都是选举出来的黑人，并成立了合法的黑人工会。马修对此表示了怀疑，并表示黑人对委员会已经失去了信心。但是本地代表委员会依然消极被动，无所作为。

史末资第二次镇压南非印度人的残暴行为给曼德拉留下了长久的影响。18世纪60年代，30万名印度人来到纳塔尔，他们也有自己的屈辱和抗争史。1911年，他们从圣雄甘地那里学到了和平示威，这是甘地在南非当律师的时候开始使用的消极抵抗手段。通过和平示威，他们将数千名印度人从纳塔尔非法带到了德兰士瓦。1919年和1939年，非洲人和其他有色人种也尝试进行了类似的反抗，但都以失败告终。那时，印度人中的一部分已经变成了富商，他们与黑人保持着距离，希望战后待遇能够改善。但是，1946年，史末资政府出台了亚洲人土地所有权法案，印度贫民法案，从而禁止向印度人出售土地。这个法案无疑给了沾沾自喜的印度人当头一棒。整整两年，他们都在坚持仿效圣雄甘地，进行着消极抵抗活动，占据了留给白人的土地。最后，2000名抗议者入狱，包括运动的两位领导人"蒙蒂"内克博士和尤瑟夫·达都博士。

曼德拉此时离印度人更近了。他们通过演讲取得的成果和举行大规模运动的决心与非国大的无能形成了鲜明对比，这给曼德拉留下了很深的印象。印度抗议者中有人主战有人主和，但他们无一不具有团结和牺牲精神，曼德拉深感震撼，同时也十分钦佩内克和达都。他在约翰内斯堡接触到了很多印度人，并发现与他们相处很轻松。约翰内斯堡市中心市场街13号克尔瓦德大厦内的一间公寓成了各种族人士的重要聚会场所。后来，在这间公寓营造的轻松氛围中，曼德拉遇见了伊斯梅尔·米尔、鲁斯·福斯特、尤瑟夫·卡查利亚和许许多多其他印度人和白人。他也经常去阿米纳·帕哈德（他的两个儿子阿齐兹和伊索普后来都加入了曼德拉政府）家吃咖喱饭，大家都是直接用手抓。这让曼德拉想起了在琼金塔巴的"圣地"度过的童年。曼德拉开始与阿麦德·卡特拉达并肩工作，后者是一名印度共产党人，后来与曼德拉一起度过了25年的牢狱生活。

因为有了这些印度朋友，曼德拉开始对印度历史和甘地及其门徒贾瓦哈拉尔·尼赫鲁所取得的成就产生了兴趣。当时的印度正处在独立的边缘。"我们开始抗争的时候，基本没有办法从国内领袖阶层处得到任何参考，"他回忆说，"因为他们的经历没有文字记录，而甘地和尼赫鲁的经历则被记录了下来。所以，我们必须向他们看齐，他们的影响力是巨大的。"尼赫鲁不是一个和平主义者，他对曼德拉的影响比甘地更大。"如果任何人企图阻止他，他都会把他们推开。他就是那样的人，我们喜欢他，是因为他给我们指了条路，让我们明白了应该怎样对待压迫我们的人。而甘地虽有钢铁般的意志，其表达方式却非常温和婉转，他宁愿承受屈辱，也不会反击。"

1946 年和 1947 年，南非的印度消极抵抗人士给曼德拉和其他非洲政客们上了重要的一课。1947 年，非国大主席舒玛博士与内克和达都一起签署了所谓的"博士"协议，协议承诺非国大将和两个印度人大会合作。为反抗《种族隔离法》，推动联合国加入反种族歧视行列，舒玛在印度代表奈多的陪同下参加了在纽约举行的第一次联合国大会，从而巩固了合作关系。后来，曼德拉将这个协议看作之后所有种族间合作的雏形，许多年轻的印度人也因种族间合作的前景而大受鼓舞。后来曼德拉政府水利部门的负责人卡德尔·阿斯马尔说："这个协议让我和我们这一代人都感觉到，这将会是南非的将来。"

但那时候，曼德拉反对与印度人进行进一步的合作。他认为，只有独立的国会才能有效动员自己的群众，同时他还担心印度人和共产党会为实现自己的目的而接管或控制非国大，从而淡化非洲民族主义观念。对于非洲人的遭遇和特殊的身份，曼德拉依然怀着一种强烈的使命感，在能力更强、见识更广的印度人面前，不管是就个人还是就政局而言，曼德拉都会产生一种戒备心理。

1946 年的两次运动最后都以失败告终。非洲矿工联盟解散，直到 20 世纪 80 年代才重新成立，而印度人则被更严格地限制在属于他们的活动范围内。这样的挫折让曼德拉和其他年轻的政治家备受打击。以本地代表委员会为象征的代表团和请愿团已经失去了民心，而印度人和共产党人之中则出现了更具胆识的领袖群体。

1947 年 8 月，印度独立，这为南非和非洲其他国家人民的抗争树立了有力的榜样，让他们看到了已经建立起来的统治力量是如何被团结的、有组织的群众运动所推翻的。印度第一任总统尼赫鲁自 1927 年开始就鼓励印度人与南非的非洲人合作，很快他就会让两国国会成为坚定的盟友。在这一点上，曼德拉一直对尼赫鲁心怀感激。

那时候，非国大青年团已经收敛了其民族主义的锋芒。1947 年 7 月，32 岁的创建人安东·伦比德猝然离世，在此之前几小时，曼德拉才刚刚与他交谈过。得知消息后，曼德拉非常震惊；但是，伦比德的继任者彼得·姆达具有更清晰的政治思路和更大的影响力。姆达是一个科萨鞋匠的儿子，受的是天主教教育，因为曾经当过老师和律师，他同时具有实践经验和知识储备。

曼德拉自己则成为青年团书记，负责政治组织的管理和分支机构的建立。他和姆达一起招收了许多来自纳塔尔和开普敦等德兰士瓦以外地区的成员。他希望青年团的影响力能渗入非洲的学校，所以他拜访了约翰内斯堡的圣彼得大学，也就是奥利弗·坦博教书的地方，希望为那里的学生做演讲，但是校长达令不容许他们将学校作为平台加以利用。姆达在福特海尔的情况就好很多，他说服了年轻的人类学讲师戈弗雷·皮杰建立了青年团分支，并与约翰内斯堡总部携手，皮杰的教授马修对青年团的"按学历排辈"的传统持怀疑态度，但他没有阻止福特海尔青年团的成立。这所大学成了青年团最有价值的温床，吸引着新一代年轻好胜的学生加入了非国大。

姆达坚决表示，自己反对的不是白人，而是白人统治；但是，他又告诫说，"在种族隔离政策给了白人特权的时候"，非洲人便不能指望白人会站在自己这边。他重新撰写了青年团宣言，他的版本在文学性上不如伦比德，但在分析上更胜一筹，因此获得了曼德拉的支持。新版宣言将非洲民族主义定义为"一种军事愿景，是被压迫的民族为争取民族自由而进行的长期的、艰苦的、不屈不挠的斗争"。宣言告诫非洲人民不要"企图在欧洲人那里寻求启示或是政治斗争上的帮助"。但是，宣言对印度人的态度更加宽容，认为他们是被压迫的民族，"他们以被剥削者而不是征服者和侵略者的身份来到南非"。

虽然曼德拉有很多印度朋友，但他还是担心印度人会控制德兰士瓦的非国大。1948 年 5 月，迈克尔·斯科特在约翰内斯堡召开"人民会议"，要求全民参与选举，并开展了"全民投票权"运动，印度和南非之间的关系空前紧张。非国大德兰士瓦分部产生了分裂。曼德拉指责人民会议无视了目前各个机构的存在，但沃尔特·西苏鲁则坚持认为非洲人必须拉拢一切可能的盟友。曼德拉和坦博与西苏鲁一道参加了印度人大会的一个会议，两人看到西苏鲁支持印度的观点之后非常愤怒，会后拒绝与西苏鲁交谈，并且分道扬镳。

曼德拉是 1947 年加入非国大德兰士瓦执行委员会的，从此对这个机构忠诚不二。委员会主席康斯坦丁·拉莫哈诺伊对曼德拉十分友善，并教他怎样与草根阶层保持联络。拉莫哈诺伊希望与印度共产党合作，但绝大多数人，包括曼德拉，都表示反对。当拉莫哈诺伊把多数人抛在一边，擅自做出决定的时候，曼德拉想要推翻他，奥利弗·坦博紧随曼德拉之后。他们的行动带来了一场暴风雨式的会议，并导致了拉莫哈诺伊的离开。曼德拉一贯认为："对一个组织忠诚，比对个人忠诚来得重要。"之后的 50 年，曼德拉都坚持着这个原则。

曼德拉还遇到了许多对非国大持强烈批判意见的知识分子，尤其是在开普敦，那里的托洛茨基主义者组织了"联合运动"，运动牵涉了许多非洲和其他有色人种的学者，他们主张完全不合作。1948 年，曼德拉第一次来到开普敦，并在那里住了 3 个月。他应邀拜访联合运动中的杰出成员乔丹讲师,乔丹写了一本书,名叫《远古灵魂的愤怒》,这本书很受他的腾布朋友的推崇。乔丹的智慧深深感染了曼德拉。与乔丹一道的是艾萨卡·塔巴塔,联合运动的发起人和传播者,他口中的南非历史精彩纷呈,但他不无恨意地指责曼德拉不该参加非国大。曼德拉有些怕塔巴塔:"要是与他争起来,我很难应付……我不想和那家伙争论,因为他会把我驳倒。"他很惊讶地发现塔巴塔对非国大的敌意超过了对政府的敌意。后来,塔巴塔给曼德拉写过一封长信,告诫他非国大内部有人"通敌",并敦促他按照原则采取行动,要"逆流而上"。但是曼德拉认为,托洛茨基主义者坚持不合作只是他们"不作为的借口"。开普敦之行让曼德拉前所未有地坚信,只有非国大能够动员他的族人参与有效的大规模运动。

虽然曼德拉对史末资政府已不抱任何幻想,但和他的许多朋友一样,他还对战后的跨大西洋联盟、联合国和英国工党政府的自由主义抱有一些希望。1947 年 4 月,乔治六世携王后及两名年轻的公主——伊丽莎白和玛格丽特——对南非进行了为期两个月的公开访问,此次访问旨在加深两国之间的联系。但南非的英国高官伊夫林·巴林爵士向伦敦发出警告说,南非人可能会袭击访客,因为他们认为这次访问标志着"帝国把他们发誓要打破的东西又黏合在一起了",结果一语成谶。王室成员们乘着白色专车,花了 35 天的时间巡游了整个国家。史末资负责了大部分的行程,并宣布在伊丽莎白公主 21 岁生日时全国放假以表庆祝。伊丽莎白公主就是后来的英国女王,她总是满怀温情地回忆起这第一次的出访经历。庆祝活动遭到了非国大,包括青年团的官方抵制,行动之前,青年团曾聚在曼德拉家里进行过一番讨论。

访问期间,史末资政府严格限制非洲人和乔治六世接触。欢迎仪式上,国王不能同黑人握手,但是黑人观众还是为王室成员欢呼,非国大主席舒玛博士甚至不惜跑到祖鲁兰去见国王一面。开普敦的左翼报刊《卫报》表达了对非洲人庆祝活动的不满:"非洲民众为自由所作的抗争如果因为这些公开的封建手段而降低了格调,"《卫报》编辑说,"那么失去的战场就再难夺回了。"曼德拉自己就有王室背景,所以他认为,作为一个长期存在的体制,英国君主政体必须得到尊重,他还注意到科萨酋长对乔治六世也表现出了尊敬。一名科萨诗人曾描述了当时至高无上的酋长瓦利莱·桑迪莱是怎样在英国国王面前"五体投地"的。"他几乎是匍匐在地面上,"曼德拉回忆说,"但我不能怪他。换了我也许我也会这样做。"

1948 年 5 月大选之前,史末资在南非,尤其是在南非白人中的支持率已经大打折扣。虽然他已小心翼翼不向黑人让步，以免引起白人选区的恐慌，但由丹尼尔·马兰博士领导的南非白人国家党奉行种族隔离政策，并提出了"黑人危机"和"红色威胁"论，随着非洲人在城市中越来越活跃，南非白人国家党的支持率也水涨船高。奥兰多受过教育的非洲黑人非常鄙视那些"未开化的南非白人"，而南非白人在马兰的支持者中占了绝大多数。"我们认识的南非白人都是电车司机、售票员和警察，"曼德拉的朋友埃斯米·马特什基萨说，"我们觉得他们是没法管理这个国家的。我们不知道他们的领袖曾在纳粹德国学习过。"

大选中，马兰的国家党与较小的南非白人党结成联盟，最终获胜。虽然仅以 8 票胜出，但这也足够将这个国家置于南非白人民族主义者的统治之下。史末资大失颜面，两年之后，他去世时，全世界尊他为政治家和战争领袖，但在他自己的祖国，他却备受指责，因为他同时忽视了南非白人和黑人——这对他的继任者来说是个警告：一个政治家不能忘记自己的身份。

马兰的新政府很快改变了整个南非的特质和前景。南非白人都是 17 世纪荷兰加尔文教徒移民的后裔，与英语使用者之间存在文化差异，所以后来的欧洲自由主义对他们产生的影响微乎其微。英帝国主义对南非白人的镇压在世纪之交的布尔战争时期达到高潮，于是强大的民族主义特质在南非白人之中形成，他们有自己的宗教和历史，并对英国抱有敌意。1910 年南非联盟成立时，英国希望能将讲英语的人数维持在多数，渐渐缓和南非白人的抵触情绪。但是南非白人的人数成倍增长，而他们相对贫穷和持续受压迫的状态点燃了他们的民族主义情绪。南非白人是第一批真正的非洲民族主义者，他们希望证明自己并捍卫自己的文化；他们不可避免地会与非洲黑人民族主义者产生冲突，因为黑人对他们的就业和霸权地位产生了威胁。后来，曼德拉回首这 40 年的对抗时说："也许我们国家的人民是注定要付出这样高昂的代价的，因为历史遗留给我们两个民族，两个在 20 世纪的南非同样重要的民族……因为这两个民族在争夺同一片土地——我们共同的家园，南非——所以，我们之间的斗争注定是惨烈的。"

新的南非白人政府对进一步的分裂政策和建立南非白人国家的意愿毫不掩饰。"联盟成立以来，"马兰说，"南非第一次完全属于我们。"但刚开始，大多数英国政治家和评论员对政府的改变并不十分担心。"马兰博士的优势实在太不明显了，"《经济学家》如是说，"还成不了气候。"伦敦工党政府正被经济危机所困扰，急需从南非获得铀矿资源，所以不敢得罪马兰政府，唯恐其夺去周边斯威士兰、巴苏陀兰和贝专纳兰这三个英国保护国的管理权。

　　许多非洲人，包括奥利弗·坦博，其实是希望马兰政党获胜的，因为马兰政党就是他们明明白白的敌人，这会迫使黑人联合起来进行反抗；但曼德拉对此却"不知所措，惶恐不安"。12 年后，他解释说，黑人方面的压力可能会渐渐迫使白人政府将选举范围扩展到全民普选，马兰政府获胜之后，那种可能性变得微乎其微。他和其他黑人政治家一样，严重低估了南非白人彻底实行种族隔离并镇压黑人抵制运动的决心。很少有人能预见到，在之后的 40 年间，国家党政府接二连三地出台法律法规，将黑人赶出领袖团队，把他们关进监狱，或者让他们流亡他乡。

　　在这个新的威胁面前，非洲人没有迅速联合起来。1948 年 12 月，非国大与竞争对手非洲公约组织召开了联合会议。非洲公约组织受托洛茨基主义者掌控，其中包括曼德拉的对手艾萨克·塔巴塔。舒玛博士号召黑人"用一个声音说话"。马克斯说，"我们还在为技术上的困难争论不休，而民众早就不负重压了"。彼得·姆达坚持认为，联盟必须由非洲民族主义者组成，但塔巴塔则号召所有非欧洲人以完全不合作为原则联合起来，这是非国大代表所不能接受的。会议毫无成果，4 个月后，会议再度召开，讨论继续。

　　1949 年 1 月，德班发生暴动，怒不可遏的祖鲁人袭击了印度人，警察和军队介入，142 人死亡，于是，联合的需求更加迫切。曼德拉认为，这次流血事件让"博士协议"面临考验；他惊讶地发现，在内克博士的努力下，和平局面很快重现。"1949 年，"30 年后他写道，"对于那些倾其一生促进种族和谐的人来说，是难以忘怀的一年。"舒玛博士将暴动的原因归咎于政府的分裂政策，并引用"丛林法则"作为告诫。黑人的愤怒情绪蔓延到了约翰内斯堡，约翰内斯堡的一些印度领袖和黑人领袖希望两国国会能够联合起来平息众怒。阿麦德·卡特拉达和一个名叫亨利·尼旭马洛的记者一起来到曼德拉在奥兰多的家中，希望能说服曼德拉支持联合声明，但曼德拉仍然担心非国大受印度人影响，于是坚持非国大必须独立行动。

　　1949 年年中，马兰政府计划出台强硬的法律法规，强制实行隔离政策：所有国民必须根据种族分类；各个种族在市内的生活区域严格分开；禁止种族间通婚。青年团内主张反抗的成员，包括曼德拉在内，都不知如何回应。主席彼得·姆达提出"行动纲领"，主张组织大规模反政府运动。青年团在非国大内的支持率越来越高，也渐渐对谨小慎微的舒玛失去了耐心。1949 年 11 月，非国大年会前的几个礼拜，姆达与西苏鲁、曼德拉和坦博一起来到索非亚敦拜访舒玛。他们提出，非国大必须采取大规模行动，仿效甘地在印度或是三年前印度人在南非采取的消极抵抗行动。舒玛以时机不成熟为由驳回了他们的要求，他认为大规模行动只会促使政府解散非国大。青年团警告舒玛，如果他不提供支持，他们将在大会上投票，把他从主席的位置上赶下去。舒玛勃然大怒，指责他们年轻气盛，目中无人，并对他们下了逐客令。

于是青年团开始物色新的主席人选。他们首先征询了马修教授的意见，马修认为他们太幼稚，不成熟，言辞过于情绪化，因而拒绝了他们。随后，青年团做出了一个轻率的决定，他们找到了詹姆斯·摩洛卡博士。摩洛卡是一个体面的、相对富有的非洲医生，他在奥兰治自由邦继承了一小笔财产；一个世纪之前，他的曾祖父摩洛卡酋长曾将南非白人移民的先驱迎了进来，但后来这群人背叛了他。摩洛卡是个彬彬有礼的绅士，和舒玛博士一样，他的朋友和病人中有一些是白人。在 1936 年反对"赫佐格法案"的运动中，摩洛卡表现得十分勇敢，但从此之后，他开始对托洛茨基主义者表现出青睐，并成为非国大对手非洲公约组织的主席。令人惊讶的是，他表达了对青年团激进的行动纲领的支持，并同意站在他们一边反对舒玛，虽然他并不是非国大的成员——他一直将非国大误称为"非洲民族委员会"①。

1949 年 12 月 15 日，非国大主要会议在布隆方丹召开前夕，青年团自行召开了大会，大会以低调的祷文开场：

> 天父啊，您一次又一次地把我们从无知的肮脏和污秽之中拯救出来。您为这个"黑暗的非洲"揭开了暗夜的面纱。

青年团内部的小团体——以姆达、西苏鲁、曼德拉和坦博为首——在会上被明确定义为"主席拥立者"，虽然曼德拉没能出席。这个小团体内部也有一些分歧：姆达依然是一名坚定的非洲民族主义者，曼德拉与他最为亲近。西苏鲁对其他种族的态度更加开放，而坦博则依然将重点放在外交上。但是，他们一致主张采取大规模行动。

然而一个戏剧性事件的发生使得非国大年会在南非媒体面前黯然失色：比勒陀利亚外的南非先民纪念馆开幕，开幕式由南非总理马兰主持，以纪念艰苦卓绝的大迁徙，参与开幕式的南非白人达 10 万人之多。"时辰已到，"马兰说，

---

① 非国大英语名称为 African National Congress，缩写为 ANC；非洲民族委员会英语名称为 African National Council，缩写同非国大。——译者注

"来自天堂的太阳光束已经击中了石棺。"

舒玛博士竭尽全力反对这次开幕式，他在布隆方丹市中心的集市广场上发表了演说，预言南非先民纪念馆会让后世时刻记住欧洲人和非洲人之间的种族冲突。但是白人媒体对他的言论毫不关注。

作为主席在非国大会议上发表演说时，舒玛试图重新争取支持。演说结束时，现场掌声稀稀落落。之后，迪利扎·姆吉，青年团内一名性格坦率的年轻医学生，发动了一次反对投票。"这如同一阵冲击波穿堂而过，"姆吉描述道，"在非国大历史上，主席是从来没遭到过批判的。"拥立者们转向摩洛卡，而后者早已承诺对他们表示支持，于是，摩洛卡当选为主席。舒玛仍在执行委员会任职，直到1950年3月辞职。

非国大还选举产生了一个更加激进的民族执行委员会，包括青年团成员彼得·姆达、奥利弗·坦博和福特海尔激进分子戈弗雷·皮杰。两个月后，曼德拉也被选入了委员会接替舒玛。更重要的是，非国大选出了新的总书记。经验丰富的牧师詹姆斯·卡拉塔认为行动纲领过于激进，因而辞去总书记之职，沃尔特·西苏鲁以一票优势当选。西苏鲁可谓是适当时机下的不二人选。与摩洛卡不同，他把全身心都献给了非国大及其新政。后来他回忆说："他们一决定选我，我就表示：'我就是为政治而生的。所以，我不可能写出一个违心的行动纲领。'这就要求我对未来有信心，否则保不定什么时候我就妥协了。那样的信心让我留了下来。"

曼德拉的视野不如西苏鲁开阔。"当选总书记后，我的任务就是团结人民，"西苏鲁说，"但纳尔逊和姆达则仍在考虑如何发展青年团。"然而曼德拉觉得行动纲领会改变非国大的态度和方式。"现在非国大不再仅随权威机构心意变化而变化，"他解释说，"它就可以对权威机构施加压力迫使它们同意自己的决定。"与南非白人民族主义者的对决已经开始，曼德拉正处于这场对决的中心。正如福特海尔那位保守派教授的妻子弗丽达·马修所说："男女老少都很兴奋。总算要行动了！"

5. 民族主义者和共产党（1950—1951年）

约翰内斯堡的城镇是政治运动的关键地带。它像一块磁石，吸引着绝大多数的南非黑人，为他们开辟了一个全新的西化的世界，那里有电影、爵士乐、摇摆舞和体育。来自农村的黑人，之前受教会教师的影响，只知道埋头钻研《圣经》和莎士比亚，来到这里之后，能够影响和刺激他们的因素一下子多了起来，于是，他们在音乐、写作和戏剧方面的创造才能被激发了。受过教育的非洲人比南非白人更容易适应城市生活，因为南非白人的文化依然根植于乡村。这次"新非洲"的文化复兴被比作20世纪20年代纽约的哈莱姆文艺复兴，后者以同样热情的方式表达出了两种文化的冲突和交融。但是约翰内斯堡在这方面更具信心，毕竟黑人占据了总人口的绝大多数，而且，在它的背后，是整个广阔的非洲大陆。

对于迁徙过来的白人来说，20世纪50年代约翰内斯堡的黑人世界遍地是通宵俱乐部、地下酒吧和爵士音乐会，与北部郊区中规中矩的社会生活产生了鲜明的对比，北部的非洲服务员是戴着白手套穿梭于高档的晚宴场所之中的。索韦托是一个充满活力和创造力的地方，这在当时坎·泰姆巴、奈特·纳卡沙和彼得·亚伯拉罕等年轻作家的自传中，或是纳丁·戈迪默等年轻白人小说家的短篇故事中都有所体现。政治家和知识分子与工人、教师和流氓混在一起，所有人都觉得自己是战后西方世界的一部分，而这个西方世界，他们只从杂志、电影和广告中了解过。约翰内斯堡的爵士乐、时尚潮流和舞蹈体现了西方和非洲的语言、韵律与他们原本的风格之间的融合；便士哨笛歌曲《奎拉奎拉》及歌曲《森林警察》等音乐作品会在美国和英国的街头循环播放。

但约翰内斯堡的白人社会几乎完全忽略了这充满活力的文化。两个民族每天都以主仆身份在市中心聚集，到了晚上再各自分开：白人驾车往北，黑人则乘公交车越过矿区往南。在白人眼里，黑人不过是用人、劳工或部落村民，没受过教育，需要受雇于白人才能糊口；允许他们维护自己的政治权利，即使算不上危险，那至少也是不负责任的。但是，南非市中心之外那些肮脏却生机勃勃的城镇却已是活力四射，蠢蠢欲动。"南非真正的乐观精神存在于那些拥挤不堪、疾病蔓延、犯罪猖獗的城市地区，"南非历史学家德·基维特在1956年写道，"它们标志着黑人已接纳了新的西方生活模式，标志着他们愿意容忍严格的教育方式，也标志着平等的学徒模式的开始。"

城市里的非洲人大多数都比较保守，他们被西方生活所吸引，又受基督教影响，对未来抱着乐观的态度。"这是一个充满了无限希望和可能性的时代，"年轻的祖鲁作家路易斯·尼克斯这样描述他所说的 20 世纪 50 年代那"难以置信的 10 年"，"在那个年代，预言民族主义政府很快倒台一点都不算夸张"。作家坎·泰姆巴借狄更斯的文字总结说："那是最好的时代，也是最坏的时代。"

慢慢地，黑人发现，他们被钳制住了，这个时代很快就只能是最坏的时代了。接下来的几年，主张种族隔离的政府在西方冷战分子的支持下开始推行各类政策，把黑人逼上了革命的道路，迫使他们从共产党人处、从东方寻找盟友。

在约翰内斯堡的黑人社会里，纳尔逊·曼德拉既是个典例又是个特例。他越来越适应奥兰多西区这片黑人聚居的繁华土地上的生活。他热衷音乐和舞蹈，与曼哈顿兄弟以及快乐黑鸟的彼得·雷赞特等音乐人走得很近，与作曲家兼作家托德·马特什基萨也有交情。他已经成为执业律师，还学到了城市大亨的范儿，他会开着他的奥尔兹莫比尔到市中心为数不多的几家可以招待黑人的餐厅用餐，他还会在附近的熟食店买食物。久经世故的乔·马修，福特海尔教授的儿子，发现这个来自特兰斯凯的乡下孩子有这样的异国品味时非常惊讶。最让曼德拉费心的是他的着装问题。曼德拉的朋友乔治·比佐斯（后来曼德拉上法庭的时候，比佐斯为他做过辩护）曾在约翰内斯堡市中心的兰德俱乐部附近碰到过他，那时曼德拉正在时装裁缝师阿尔弗莱德·坎的店里试穿完工的衣服。比佐斯惊讶地看到裁缝师单膝跪地去量这个黑人的腿长。

曼德拉有公子哥的派头，相貌英俊，笑容灿烂，充满魅力。但他与别人总保持着距离，因为他是贵族而不是普通平民。即便是他的医生尼萨多·摩特拉纳也觉得曼德拉有王者之风，与他在一起要注意自己的措辞。约翰内斯堡土生土长的世故市民讲话语速很快，曼德拉说话的风格与他们大相径庭，不管是科萨语还是英语，他都讲得十分正式。他经常在班图人社交中心用午餐，那是体面的黑人中产阶级聚会的地方；那里有网球场、乒乓球桌、音乐会和舞会，公理会教友雷·菲利普在楼上经营着詹·霍夫迈尔社交中心，于是那个地方又与美国有了联系。

多数人趋之若鹜的酒会，曼德拉从不出席，也从不会冒险进入 39 级台阶或月之背影等喧哗的地下酒吧。但是，1951 年，我在一个最受非国大成员青睐的喝酒的地方遇见过他——那是约翰内斯堡市中心理事街上的一家印务馆。有着福斯塔夫般肤色的老板安迪·安德森会在印刷机背后花上几个小时调制出啤酒和白兰地，再从中国熟食店买来瘦骨嶙峋的烤鸡，而非国大领袖们则在那里讨论不久之后就要发出去的传单和将要举行的运动。和那群豪爽的同事相比，曼德拉显得沉静而庄严。

身高 6 英尺 2（约 188 厘米）的曼德拉一向很注意保持自己的体形。他是个很厉害的重量级拳击手，从 1950 年开始，每个工作日他都会到奥兰多的临时健身房练 90 分钟的拳击。虽然没有专业运动员的速度和力量，但他很喜欢钻研拳击的技术——闪避、撤退、摇摆、旋转——他把这项运动看作锻炼领导能力和信心的途径。在南非和美国，拳击运动员成为象征着黑人的成就和力量的偶像。1937—1949 年的美国重量级拳击世界冠军乔·路易斯就是曼德拉儿时的偶像，而索韦托人则很为他们本土的冠军感到自豪，例如杰瑞·莫洛伊和杰克·图利，后者后来成了英国轻量级拳击冠军。曼德拉经常会回忆起那些盛大的赛事。他喜欢回想重量级拳击冠军"金刚"的最后一场比赛，一开场他就开始嘲弄自己的对手，人称"壁虎"的西蒙·姆提姆库鲁。第三回合，壁虎"先用左手出击，再换右手摆拳，最后勾拳直击对手身体。比赛结束"。曼德拉是用政治的眼光来看待拳击运动的，在他看来，拳击比赛从本质上来说是平等的，与肤色无关，非洲人在拳击比赛中可以战胜歧视。有时他会用拳击术语来形容自己的政治生涯：1955 年，他觉得自己在"轻重量级组"。作为一名拳击运动员的表演技巧和个人魅力，外加他本身的强壮体格，促使深谙表演之道的曼德拉发展出了一种好斗孤高的政治风格。

但曼德拉的头等要事还是政治。青年团正强烈要求采取行动，曼德拉则全神贯注地思考要如何行动。他在青年团刊物《非洲北极星》上解释说，组织切不可中断与黑人群众的联系："我们已经有了能够吸引群众注意力的强有力的思想观点。我们现在的任务是让这个观点在群众之中完全普及开。"但是非国大的基层组织依然很弱，反应非常滞后：1949 年 12 月的会议召开一年之后，身为总书记的西苏鲁在报告中说，"群众已经把领袖远远地甩在后面了"。他指责官员们"普遍失职"，对斗争缺乏信念，又没有"媒体等宣传机构"。他坚持认为"如果非国大想要成为非洲人民获得自由的武器，那么各类机构必须到位"。

然而非国大的资源依然十分匮乏。作为一个非洲人的专属机构，非国大在向异族求援一事上十分谨慎；而印度人大会和共产党机构的运作就比非国大有效得多。但是，形势很快发生了变化，政府决定将共产党归为非法组织，并出台了相关法案，1950 年，这一法案演变成了《反共产主义法》。"法定共产主义"的定义比马克思主义政策的定义要宽泛得多：相信种族平等即为共产主义。

白人对全球范围内的共产主义行动都存在恐惧心理，约瑟夫·麦卡锡议员在美国对共产党进行清理行动之前，南非政府就已经开始利用白人的恐惧心理了。当然，这项法案成功阻止了南非政府的某些强敌采取行动，但同时它拉近了许多受禁共产党员同曼德拉等非国大年轻激进分子的距离，并促使他们联合起来行动。

曼德拉可以说是个粗鲁的煽动者。在一次会议上，非洲共产党人马克斯发表了一篇清晰合理的演说，分析如何推翻白人的霸主地位，演讲过程中掌声频频。曼德拉事先接到青年团领袖指示，要扰乱这次会议，于是他傲慢地来到马克斯跟前，坚持要求对听众发表讲话。"卡拉尔里有两头公牛，"他慷慨陈词道，"一头黑的一头白的。马克斯说，卡拉尔必须由白色公牛统治。我说，必须由黑色公牛统治。各位觉得呢？"前一刻还在为马克斯欢呼的人群现在却转身高呼："黑色公牛，黑色公牛！"40 年后，曼德拉对此事还是津津乐道。

劳动节的反抗活动虽遭青年团反对，但依然十分奏效，约翰内斯堡至少半数以上黑人劳动者在那天闭门不出。而就在当天晚上，曼德拉看到了让他大为震撼的一幕。当时他正与西苏鲁一起回奥兰多的家，途中遇上满月之下静静前行的抗议队伍，突然，他们发现了 500 码（约 457.2 米）开外有警察的身影。警察开始向游行队伍开枪。警官骑着马冲进了人群，挥舞着警棍对他们大打出手。曼德拉和西苏鲁躲在护士宿舍里，耳边是子弹打在墙壁上的声音。当天晚上，18 名黑人在奥兰多和其他 3 个矿区城镇遇害。曼德拉义愤填膺。"那天是我人生中的转折，"他回忆说，"因为我亲身体会到了警察的残忍，也因为我被非洲工人对劳动节号召的支持所感动。"

那个时候，曼德拉已显露出一种基本的实用主义态度，这会让他在日后成为一位政治大家。他在《非洲北极星》上发出警告说《反共产主义法》实际上针对的不是共产党（"共产党追随者不多，不是什么要紧的政党"），而是非国大。在一次非国大会议上，他主张联合行动，并获得了坦博的支持。联合委员会很快便建议设立"悼念日"，即在 6 月 26 日那天，工人进行罢工，闭门不出，以示对枪击事件和对新法案的抗议。西苏鲁请曼德拉管理约翰内斯堡的非国大办事处，那里地方虽小，却门庭若市，总有非洲人、印度人和白人的领袖们进进出出。曼德拉的时代到了，他已然成为一次全国性抗议活动中的关键人物，与其他种族的激进分子们并肩作战。

悼念日显得有些虎头蛇尾，并没有在德兰士瓦引起多大反响。《兰德每日邮报》称这次事件为"95% 的失败"。曼德拉回顾这次事件时说："政治罢工通常比经济罢工的风险要大。"

在讲英语的联合政党反对派的支持下，《反共产主义法》开始在议会内部广泛推行。但是南非共产党从来都不是政府心目中的强敌。开普敦党组织的中央委员会投票决定解散委员会，只有两个人表示反对。在共产党力量最强的约翰内斯堡，党员们聚在市中心尤瑟夫·达都手术室对面的屋子里，震惊地听着摩西斯·考塔尼宣布开普敦的决定。接下来的一整个月，他们都在等着秘密指示，但什么都没等到。渐渐地，他们组成了独立的小组，不时举行秘密集会。他们离莫斯科和共产国际似乎还很远。

禁令会不会让共产党因祸得福呢？"组织解散的时候，"党内历史学家杰克和雷·西蒙写道，"阶级斗争和争取民族自由的斗争结合到了一起。"45年后，布莱恩·本顿说，"这项法案比其他任何东西都更能拉近非国大和共产党之间的距离：它将共产党从一个名不见经传的机构变成了一个全国性的组织"。以前共产党人认为非国大与他们毫不相干，且有一点资本主义的性质，但现在，共产党人要重新斟酌他们对待非国大的态度了。鲁斯蒂·伯恩斯坦说："青年团让共产党懂得了种族和民族主义，其他国家的共产党人是做不到这一点的……共产党给我们的斗争带来的特殊的礼物就是多种族主义和国际主义。"

1950年，彼得·姆达因心脏病和胃溃疡辞去青年团主席职务，曼德拉当选，成为彼得继任者，那时的他对印度人和共产党人依然心存戒备。1951年6月，非国大执行委员会开会时，曼德拉再次与委员会多数人的意愿背道而驰，表示非洲人要独立行动。

但是，他私下里渐渐转变了观念。1951年6月，他开着一辆破旧的大众，与另外两名青年团成员乔·马修和迪利扎·姆吉一起来到了纳塔尔。途中他们一直在讨论要不要和被封杀的共产党员合作。令人吃惊的是，他们那种所谓的满怀激情的民族主义心态被曼德拉泼了一盆冷水，曼德拉让他们看看南非共产党人取得的成就，他们中的很多人已经加入黑人中间，为他们的事业献出了自己的一切。"我觉得那次谈话彻底改变了青年团对南非共产党的看法。"很久之后马修回忆说。

对曼德拉来说，共产党人的思想并不能引起他的共鸣，更吸引他的是他们个人的献身精神和脚踏实地的规划。"我在大学里碰上伊斯梅尔·米尔和J. N. 辛格时，他们从来不谈观念想法，只谈政治纲领，"后来，曼德拉告诉我说，"他们和你的关系就像你和群众的关系一样。看到达都那样的人过着那么简朴的生活，我是很吃惊的。作为一个来自爱丁堡的医生，他却穿着卡其衬衫，长靴和军队的外套。"

　　但是曼德拉也开始以更严肃的态度去斟酌政治理论。他觉得自己不是坦博甚至是西苏鲁那样的知识分子，但他如饥似渴地读着书，全神贯注地做着记录，他的朋友都为此感到吃惊。他读了很多西方哲学家的著作，还有许多南非自由主义者的作品，比如埃德加·布鲁和朱利叶斯·卢因，此外还有约翰内斯堡种族关系学院的出版物，他觉得这些都是必不可少的。与此同时，他也会读一些黑人民族主义者的作品，比如尼日利亚的尼纳姆迪·阿兹基维和牙买加的乔治·帕德摩尔，以便为自由斗争寻求更加实际的途径；印度消极抵抗运动之后，他又读了甘地和尼赫鲁的著作。

　　曼德拉发觉，马克思主义的作品开拓了他的视野。他并没有深入研究过《资本论》或《马克思恩格斯著作集》，但他被《共产党宣言》和西德尼·本顿及比尔·安德鲁斯等南非马克思主义者的传记所吸引。苏联对全世界自由主义运动的支持令他吃惊，辩证唯物主义的客观逻辑让他震撼，它就像"暗夜里明亮的探照灯，让旅人能环视四周，发现危险，看清前路"，幼时所有迷信思想和根深蒂固的信仰被横扫一空。基督教信仰毕竟是他儿时的精神支柱，如今要一一抛弃，他难免会感到痛苦。但是，后来他在狱中回想说，在反对暴力和战争的斗争中，真正的圣人不一定是熟读《圣经》的人，也不一定是那些披着牧师长袍的人。

　　当然，曼德拉自己不是圣人，他从来就不曾有过坚定的宗教信仰。但他开始显露出同时代人所不具备的政治远见。他已经学会了收敛起一个民族主义者的粗鲁本性，行事时多靠头脑而不是靠内心冲动。他的斗争视野也在渐渐拓宽，他认识到非国大确实需要盟友，而印度人和共产党是当时唯一可以争取的力量。终于，他抓住了机会，与他们一起参与了第一次消极抵抗运动，开了非国大历史上的先河。

6. 藐视运动（1952 年）

1951 年 12 月，非国大召开第 35 次会议，地点定在南非白人大本营、炎热且死气沉沉的布隆方丹外的一个黑人聚居地。这次会议成为历史的转折点，但那时，白人乃至整个世界都没有意识到这一点。

会议比预定的开始时间晚了两小时，三百多名与会代表成群结队地步入闷热的大厅。会场上临时搭起了记者席，因为有五名记者到会，包括左翼报刊《新时代》的鲁斯·福斯特、布隆方丹本地刊物《朋友》的两名记者，还有《鼓》杂志的尼旭马洛和我本人。许多代表拒绝拍照。讲坛上坐着的非国大主席摩洛卡博士彬彬有礼，他旁边坐着一个身形瘦弱、形容枯槁的人，他就是马尼拉·甘地，圣雄甘地的儿子。马尼拉·甘地住在纳塔尔他父亲旧时的住所里，他将自己视作消极抵抗精神的维护者。摩洛卡和甘地与激进的青年团代表似乎不是同一个世界的人。纳尔逊·曼德拉也在代表之列，当时的他 33 岁，正是风华正茂的时候。

为期 3 天的会议显得有些漫长。最后一天，总书记沃尔特·西苏鲁发表了一篇关于联合消极抵制运动，或者叫"文明反抗"的演说，旨在对民族主义政府的种族法律法规进行公然反抗。这个计划在某种程度上效仿了 1946 年印度人在德班的运动。非国大要求政府废除"6 条不平等法律"：限制交通和存货的法律、《族群住区法》《选民代表法》《反共产主义法》以及《班图人管理机构法》。如果政府拒绝，他们就要发起"藐视运动"了。摩洛卡博士慷慨陈词，表达了对这个计划的支持，他的演说经译员之口更显得洋洋洒洒，昭示着非国大已做好了准备，要同欧洲人、印度人和其他有色人种在平等的基础上并肩作战。

现在，曼德拉终于全心全意地投入了合作。大会上，他一开始还是坚持主张非国大独自为阵，不与印度人合作，但他很快感觉到，大多数人都倾向于合作，于是，在一次青年团主席演说中，他的话锋发生了 180 度大转弯，且言之凿凿，仿佛从来不曾做过他想。他呼吁在欧洲以外的地区组建反法西斯战线，并表示，法西斯主义已经乘虚而入，非洲人必须充当此次斗争的先锋部队，印度人和其他有色人种将成为坚定的盟友。

很明显，消极抵抗思想是受了印度的影响，但针对它本质的争论也不少。

马尼拉·甘地指责国会领袖没有"真正的牺牲精神",并声称,与其说消极抵抗是一种政治武器,还不如说它是一种道德净化过程。深受圣雄甘地影响的老一辈南非印度人怀有与马尼拉同样的担心。但多数共产党领袖都认为,甘地在南非时忽视了非洲人,他们对此表示了谴责。共产党人将消极抵抗看作一种动员大众的手段,而不是一种"灵魂的力量"。一部分青年团成员甚至认为这次运动总体来讲过于温和:"藐视运动是反革命的,"后来,彼得·姆达说,"正因为它是'消极'的抵抗,所以你不能还击。"

曼德拉则更加实际。他当然没有甘地的禁欲主义精神。"有些印度人说曼德拉像甘地,"他的朋友法蒂玛·米尔说,"我告诉他们,甘地会脱掉他的衣服,而纳尔逊对自己的衣服喜欢得很。"曼德拉敬重甘地,因为甘地是"南非自由主义运动的先驱",1948 年 2 月,甘地遇刺,曼德拉非常悲恸;但他并不赞同甘地关于斗争的纯化论观念。"我并不认为甘地的非暴力模式是什么不可侵犯的原则,"他说,"它只是一种因地制宜结果下的战略手段。"

他对藐视运动当然抱有很高的期望:他相信这会是一次卓有成效的运动,通过这次运动,非国大"要么可以让政府屈服,要么可以通过投票让这届政府下台"。但是,和共产党一样,他把这次运动看作教育群众的手段,并相信随之而来的将会是一场更加严峻的冲突。乔·斯洛沃承认,曼德拉从不幻想能"不通过艰苦革命斗争就让统治阶级转变"。

1952 年 1 月,计划迅速实施,这次运动与非国大以往从容不迫的风格大相径庭。曼德拉与马修、伊斯梅尔·米尔和辛格组成了一个四人的小组,共同向总理马兰博士上书,要求废除"6 条不平等法律"。总理秘书接到文件后回复说,种族间的差异"自古如此,并非人为",并称新法律只具备保护性,不具有压迫倾向和退步趋势。摩洛卡和西苏鲁重申了他们的要求,并承诺"运动会以和平方式进行"。

曼德拉很快就变得越来越像未来的领军人物了。1952 年 5 月 31 日,非国大执行委员会在伊丽莎白港召开会议,并宣布活动将于 6 月 26 日举行。他们举办了宴会,为即将赴美一年的马修教授饯行。马修的儿子乔回忆起,当时曼德拉说,他(曼德拉)要成为南非第一任黑人总统。很明显,他已将自己置于非国大的前线位置,愿意在运动中担当志愿者首领的要职,负责全国性的招募活动,这将让他以一个准军人的身份频频出现在全国人民视线内。

"志愿者日"当天,也就是运动开始前的 4 天,曼德拉开车前往德班,他要给 10 000 名听众演讲,这是迄今为止听众人数最多的一次。其实这次演讲并没有那么通俗，但整个演讲过程很愉快，掌声久久不息。他告诉听众，他们正在谱写历史；这将成为反对派民众所采取的最有力的一次行动，而且是不同种族的共同行动："现在，我们可以说，这个国家非欧洲人民之间的团结已成为不争的事实。"

6月26日，藐视运动开始，曼德拉和尤瑟夫·卡查利亚及沃尔特·西苏鲁一起前往约翰内斯堡附近的矿业城镇博克斯堡，此前他与一名他认识的地方法官进行了一次长谈，因而耽误了时间。在博克斯堡，52名志愿者聚集在非洲人居住区的大门外，不等得到允许，他们就进了大门，领头的是纳纳·西塔，数百名支持者簇拥着他。他们的手臂上有非国大的标志色——黑色代表人民，绿色代表土地，黄色代表南非的黄金——他们高举着拇指，以非国大的标志性方式敬礼，并高唱希望之歌"开门吧，马兰，我们在敲门"。曼德拉镇定地看着他们，虽然站在远处，但他那种军人般的威严气场令他依然十分醒目。他的姿态似乎象征了他与此次斗争的关系：他骄傲孤绝，但同时又对这次运动献出了全部的忠心。早在那里蹲点的警察逮捕了志愿者，把他们绑着推上了装甲车，一路送到了监狱。

曼德拉很快就要面临他人生中的一次牢狱之灾了。运动当天晚上，非国大在约翰内斯堡服装工人礼堂召开会议。宵禁是晚上11点开始，当一群非洲人走上街头的时候，警察早已在那儿候着了，他们肩并肩站着，从头盔帽檐之下注视着这群外表温厚的黑人，随时准备着把他们塞进警车。曼德拉和尤瑟夫·卡查利亚也在场，他们只是旁观者，但警察坚持要逮捕他们。于是，曼德拉和参与藐视运动的同胞们一起被关进了马歇尔广场的监狱，在狱中度过了两个晚上。监狱里的环境让他望而却步，他永远都不会忘记，那天有一名犯人被挤下了台阶，摔断了脚踝，于是一整晚都在痛苦地打滚。他也发觉，与他们关在一起的人中，有两名犯人向警察告了密。

整个藐视运动的基调在活动开始的第一天就确定了。接下来的5个月，全国先后共有8000名群众被捕，分别被关押1周到3周不等。这些人在铁路入口或客车上游行，或者在宵禁之后外出，但所有活动都以和平方式进行。这个组织是曼德拉的心血：运动前期和运动过程中，他在纳塔尔、德兰士瓦和开普敦之间奔走，为招募人员极尽游说之能，有时甚至是挨家挨户拜访，白人媒体几乎从未给予丝毫宣传。他直接认识到，要让急躁的激进分子心甘情愿地服从统一管理有多么困难。"采取一项公众反对的行动是没有用的，"他说，"因为你不可能实施。"值得一提的是，运动最成功的地方不是共产党力量最强的约翰内斯堡，而是东开普省，半数志愿者来自这个地区，因为伊丽莎白港工厂的环境让那个地区民怨沸腾。

曼德拉好像非常乐观，他在 1952 年 8 月发行的《鼓》杂志上发表文章称：

> 我等已决心继续推行运动，直至"6 条不平等法律"彻底废除。若国家计划委员会未表示异议，则非欧洲民众之自由及民族独立之斗争不止。

这次运动给予了黑人新的力量与自信；曼德拉还注意到，这次运动也帮助他们成功抹去了入狱的耻辱。"这次反抗运动之后，"曼德拉后来写道，"入狱成了非洲人的荣誉标记。"但是，政府之前吃了毫无防备的亏，这次在白人反对派的支持下，很快便严阵以待，伺机报复。代表大多数英语选民的联合党派了两名议会成员来请非国大停止反抗运动，并表示会在即将到来的选举活动中支持他们。非国大要求他们承诺在重新掌权之后废除已经通过的法律，但遭到了拒绝，谈判就此中止。自由党领袖威廉·巴林杰议员和雷诺尔特·琼斯议员警告曼德拉等人，藐视运动可能会让他们失去白人的支持；自由党种族关系研究所也表示了不满。曼德拉回忆说："他们对我们说，'先生们，我们认为这不是你们表达不满的最好途径。请收手吧'。遭到我们的拒绝后，他们对我们发起了攻击。"但是自由党白人的《兰德每日邮报》却给了曼德拉一个惊喜，这份报纸给予藐视运动的曝光程度不亚于左翼周报《新时代》（前身为《卫报》）。

藐视运动让政府找到了推行更加严酷的法律的借口；而且，与当年在印度遭遇甘地消极抵抗的英国政府不同，南非政府的阻力要小很多。年轻黑人政治家纳伯·莫克盖特尔告诫包括曼德拉在内的青年团说，他们的行动"就好比朝机器里扔了东西，却允许机器的主人把这台机器拆开来清洗过后又重新组装好，然后他们再往里面扔东西。我的建议算是白提了"。

7 月，警察袭击了非洲和印度领袖的家和办公室，缴获了大量文件。警察搜查德兰士瓦的印度人大会时态度十分友好，尤瑟夫的妻子阿米纳·卡查利亚还给他们端来了茶水和三明治，并引他们去搜不重要的文件，而阿麦德·卡特拉达则趁机转移了另一个架子上的重要文件。所以曼德拉回忆当年和警察在科萨喝茶聊天的情景时还带着些许温情。但是，这次袭击之后还有一连串更残酷的运动。7 月 30 日，曼德拉因违反《反共产主义法》被捕，此外，全国还有 20 名藐视运动领袖一同被捕。

这 21 人都获得了保释，并于 9 月在约翰内斯堡地方法院出庭受审，主审法官是法兰斯·拉姆帕夫。这群来自不同种族的人吵吵嚷嚷地在法庭聚集。但是，他们之间的团结被摩洛卡博士严重破坏。他所受到的指控让他万分惶恐，所以他请了一名律师专门为自己辩护。曼德拉在开庭前一天曾出言劝阻，但摩洛卡说藐视运动并未经他同意，并指责他们与共产党人合作——虽然之前他从未对此表示过反对。在法官法兰斯·拉姆帕夫面前，摩洛卡表示，他不认为黑人应与白人平等。接着他指认了其他被告中的共产党员——包括西苏鲁和达都——直到法官命令停止。

摩洛卡的叛变给了曼德拉一次"沉重的打击"，他没有办法原谅摩洛卡："他最大的错误就在于将自己的利益置于集体和人民之前。"但是摩洛卡曾经的勇气胆识还是得到了曼德拉的承认，他也认识到，摩洛卡相对富裕，较之运动中其他一贫如洗的人，他失去的东西会更多，而且他还有很多白人朋友。后来，曼德拉还是原谅了摩洛卡，正如他原谅许多背叛过他的人一样；在狱中成书的自传中，他用柔和的笔调描写了摩洛卡，后来还请他当自己第一个孩子泽妮的教父。但是，其他人就不像曼德拉这样宽容了。

拉姆帕夫法官的公正让曼德拉很感动。不出意料，运动领袖被判有罪，但是判决——九个月监禁和苦役，暂缓两年执行——已经相对仁慈了。拉姆帕夫强调，被告因"法定共产主义"获罪，但是他也承认，众所周知，这和共产主义本身毫无关系。

显然，政府对共产主义的定义违背常理，但这有助于他们从别处获得反共势力的支持，尤其是在冷战日渐升温的美国。1952 年，曼德拉遇见了在藐视运动期间访问过南非的美国黑人政治家麦克斯·耶根博士，从而见识了冷战分子的激情。耶根早年曾在东开普省生活过很长一段时间，并成功动员了包括戈文·姆贝基在内的几名黑人青年加入共产党。但是回到美国之后，他开始疯狂反共，一直持续至今。在约翰内斯堡班图会议中心的一次会议上，他发表了一次演说，许多黑人政治家和重要人物前来听讲，其中包括曼德拉。据曼德拉回忆，耶根的结束语"将矛头对准了共产主义，并赢得了这群精英听众长时间的喝彩"。但是曼德拉的朋友（也是他在奥兰多的邻居）巴尼·恩卡纳进行了反击，指出耶根对藐视运动保持沉默，且对美国商界的利益造成了不良影响。曼德拉形容说："他挑战了演讲嘉宾，指出美国庞大的卡特尔、托拉斯和跨国公司造成了世上太多的悲剧，挫败了耶根将我们卷入冷战的企图。"

到 7 月底曼德拉和其他领袖被捕时，政府决心平定藐视运动，在曼德拉看来，当时运动已经到了非镇压不可的地步，否则藐视运动组织就要在全国推行它自己的政策了。政府的主要镇压手段就是禁止运动领袖在非国大任职或者禁止他们出席会议。5 月，共产党员马克斯被禁止出任德兰士瓦非国大主席，于是，他推荐曼德拉作为自己的继任者。曼德拉遭到了民族主义煽动政治家塞佩利佩利·玛如朋的反对，后者是一个叫作巴法贝基亚的军事组织的领袖。但曼德拉很有女人缘，军事组织里的一位漂亮的女性成员说："曼德拉把他的帽子落在我家了，我又怎么能怪他呢?"这话让曼德拉都着实吃了一惊。同年 10 月，他以压倒性优势荣登主席之位。可惜他的成功并不长久：自 12 月起，他与另外 51 名非国大领袖被禁止出席任何会议长达半年之久，且不能同时与两个或两个以上的人对话，未经允许不准离开约翰内斯堡。他在非国大的职位变成了非法的；但他作为个人领袖和实干家的身份却越发稳固了。

藐视运动的火焰渐渐熄灭。10 月，运动再次遇到挫折，伊丽莎白港和东伦敦一带出现暴动，几名无辜群众丧生，其中一名受害者是修女。非国大立即对所有黑人和白人遇难者家属表示了慰问，称"这次不幸的、鲁莽的、欠考虑的、向着丛林原则的倒退"给他们带来了痛苦，并指责政府故意派出破坏分子（这一点从未得到证实）。然而这次暴动摧毁了抗议者的非暴力理念，并给了政府实行禁令的新借口。

12 月，《公共安全法》和《刑法修正法案》针对故意违法行为出台了更加严厉的制裁措施，可判处三年监禁和鞭刑。非国大再次震惊。曼德拉后来坦白说："我们从未想象过如此严厉的处罚。""反抗之潮必然要退去，"第二年，曼德拉在报告中说，"我们被迫暂时收手，重新审时度势。"

在很短的一段时间内，活动似乎获得了广泛支持。12 月初，帕特里克·邓肯，一位年轻的前殖民地官员，南非前任总督之子，加入了斗争。邓肯是一个无所畏惧的理想主义者，对于约翰·巴肯式的英雄形象有着孩子气的热情。他强烈反共，但同时又是甘地的崇拜者。曼德拉和尤瑟夫·卡查利亚说服他加入运动作为白人的表率。"帕特的加入是上天的礼物，"卡查利亚说，"这阻止了我们的运动向种族主义方向发展。"邓肯与马尼拉·甘地（邓肯说服甘地加入了运动）以及其他几名白人一起在未经允许的情况下进入了约翰内斯堡附近的杰米斯顿地区，并遭逮捕。事情公开后，许多黑人被邓肯的勇气所感动，所以，邓肯入狱时，曼德拉、卡查利亚和达都都过来祝他好运。但是其他白人并没有如他们所愿去追随邓肯，所以邓肯的盟友地位变得十分尴尬。在法庭上，邓肯申辩说自己无罪，对于有罪判决的上诉也被驳回，不过，他没有服满 6 个月刑期。出狱之后，邓肯担心共产主义在非国大内部造成影响。后来他加入了新自由党，之后又成了非国大最强劲的对手——泛非洲人大会的成员。但是曼德拉一直都很佩服他的勇气。

1952 年年底，蔑视运动落下帷幕，6 个月的奇迹宣告终结。政治家和史学家仍在争论它是成是败，而曼德拉认为，它的影响根本没有超出城市和大城镇的范围，东开普省除外。但他也宣称，蔑视运动是一次"巨大的成功"，因为它促进了非国大成员人数的空前增长——德兰士瓦的成员人数从 4000 名发展到了 16 000 名，而开普敦的人数则达到了 60 000。非国大展现出了作为一个全国性组织应有的、不容置疑的实力，曼德拉对此信心十足。这给了他很大的动力，正如他后来所写："之前我仍会感到疑虑和自卑……但现在我昂首前行，没有被压迫和恐惧打败，所以，我可以带着尊严直视任何人的眼睛。"

蔑视运动也让非国大的性质发生了剧变。摩洛卡博士等怯懦、保守的领袖被驱逐出组织。包括曼德拉在内的年轻"拥立者"需要寻找一位更加坚定的主席，于是，他们找到了 53 岁的祖鲁酋长阿尔伯特·卢图利。卢图利身材高大，面容慈祥，讲话语速很慢，总是面带微笑。他曾经当过老师，也当过纳塔尔的格鲁特威尔镇的教会基地牧师，看上去是一个彻底的保守派。但是，用他自己的话说，他"从软弱一路走向了坚强"。卢图利于 1951 年担任纳塔尔非国大主席，并不顾政府压力坚决支持蔑视运动，因此被免去了酋长职位。对此，他通过一句感人的基督教宣言来做出回应："十字架是通往自由的必经之途。"

卢图利非常尊敬甘地，且对英国工党的温和态度倍加推崇，但是，他并不惧怕与共产党人合作。"极端民族主义比共产主义更危险。"他在 1952 年 12 月当选非国大主席时这样对我说。在接下来的 15 年里——他是非国大历史上任期最长的主席——他经常遭到封杀，活动范围被限制在纳塔尔的家周围，有时会被视为傀儡。但是，曼德拉始终将他看作自己的领袖，看作一位斗争中的英雄。

蔑视运动没能缓和南非白人的态度，也没能改善国外的看法。比勒陀利亚的英国外交官对整个事件持怀疑态度，并把非洲人形容为印度人和共产党人的爪牙。他在 1952 年 5 月的一份邮件中称："当地人只有非常基本的政治组织，没有有力的领袖团队。"外交官们主要担心的是两个白人种族之间爆发内战，而黑人则很可能借机插手。高级专员约翰·鲁格泰尔爵士十分郁闷，因为美国人对种族隔离政府提出了"犀利而刻薄"的批判，工党也站到了反对方对他们加以指责。他坚持认为，英国方面应该"让南非人去打他们自己的仗"——尤其是更加自由的联合党变强硬之后。约翰爵士接受南非政治部领袖杜·波利上校的观点，认为非国大现在是由印度人大会赞助的，而领袖团队基本都是共产党的领导人物；11 月，他在一份满是错误信息的急件中将这个"情报"传达给了伦敦。对于伊丽莎白港发生的暴动，他把部分原因归结于印度共产党，认为他们需要通过一些较大的动作促使联合国重新关注南非。

在当时的英国，温斯顿·丘吉尔重新掌权，以保守派身份出任首相。丘吉尔有他自己的观点："在即将到来的选举中，如果印度人和卡菲尔人强行进入禁区和专为白人开辟的等待区域，那将是对马兰博士最大的帮助。绝大多数南非白人都会反对他们的入侵。所以共产党和印度人的所作所为真的能够助马兰一臂之力。如果看不清这一点，他们就太蠢了。"

有几名西方外交官的直觉更强。加拿大高级专员马克德莫特在 1953 年 2 月向渥太华汇报时称："非国大不仅仅是一个政党。它代表的是联合组织内部绝大多数能言善辩的非洲人，所以，它几乎成了这个民族的议会。也许这个民族并没有形成一个国家，但非洲族人都已渐渐开始自省。"

7. 律师和革命者（1952—1954 年）

在外人看来，三十出头时的曼德拉在奥兰多那火柴盒一样的房子里过着平静的家庭生活。他的妻子伊芙琳对家庭的贡献让他们的许多朋友深受感触。"伊芙琳一直都在，所以家里的火苗永远都不会熄灭，如果少了伊芙琳的鼓励和信任，"费里斯·尼坦塔拉后来写道，"曼德拉不会成功。"伊芙琳总是站在幕后，关照着柴米油盐，把家中打理得纤尘不染，保持着一种简洁的生活方式。

然而那不是一个快乐的家庭，也没有西苏鲁或坦博的家庭稳固。伊芙琳不支持曼德拉的政治事业。她说，嫁给曼德拉时，她觉得他是个学生，不是个政治家。她与丈夫在宗教和政治这两条路上渐行渐远：作为一个虔诚的耶和华信徒，她的大部分时间花在了《圣经》上。他们的朋友，作家伊斯起亚·姆弗勒拉觉得，伊芙琳信仰宗教，一部分原因是为了逃避政治压力，而曼德拉与此格格不入。于是，他们的家庭理所当然陷入了紧张的关系。曼德拉的妹妹莉娅比有时会来他们家小住，她也明显地感受到了这种紧张的气氛。她记得伊芙琳"不想听任何与政治有关的话题"。莉娅比不理解，为什么家里人总是互相躲着，或者早出晚归："我感到很痛苦，因为家里根本没有快乐可言。"

而外面的曼德拉正被互相冲突的两种事业向着相反的方向拉扯。一方面，他想成为一名律师，所以他成天都和这个国家井然有序的法律机器打交道；另一方面，他又被卷入了革命政治之中，并且开始认识到，暴力是冲突的必然结果。他尊重法律，这是他的生存之道，但现在他的生存之道正受到严峻的考验。"他几乎从没想过，"曼德拉的白人律师朋友乔治·比佐斯说，"他花在法庭上的时间，大部分都是用来接受指控，而不是代表别人出庭。"

曼德拉的所有政治活动开展得如火如荼之时，他的法律职业之路也有了进展。离开维特金、希德尔斯基和埃德尔曼后，他先后在三个白人事务所工作过，其中最后一个是巴斯内，巴斯内是一名前左翼议员，在他手下工作期间，曼德拉终于成为一名完全合格的律师。1952 年，曼德拉和坦博一起成立了南非第一家非洲人合伙的律师事务所。

这家律师事务所的戌立标志着一个历史性合作关系的诞生，其惊人程度不亚于曼德拉和西苏鲁的政治关系。坦博也来自特兰斯凯乡村地区，他的脸颊上还留着部落的标记。和曼德拉一样，坦博的父亲也有好几个妻子，坦博本人也同样遭到了福特海尔的开除处分。但在其他方面，坦博与曼德拉截然相反：他来自农民家庭，沉默寡言，带着书生气，有宗教信仰。坦博的思维非常清晰，这给他的老师和同学留下了很深的印象。初来约翰内斯堡时，坦博在圣·彼得学校教数学，任课期间，他把许多学生带上了政途，后来才在沃尔特·西苏鲁的劝说下当了一名律师。曼德拉敬重坦博的成熟和周全的思维，因此常会听从他的意见。

曼德拉和坦博律师事务所于 1952 年 8 月开业，办公地点选在一幢古老大楼内，大楼叫总理大厦，就在约翰内斯堡市中心地方法院的对面，距离南非资本主义的中心地带——英美公司的雄伟大厦只有几个街区。办公室的窗子上刷上了"曼德拉和坦博"几个大字——这便得罪了白人律师中的保守派。他们的事务所与西苏鲁管理的非国大总部在同一幢大楼里，大厦内的甲必丹餐厅和克尔瓦德厅是印度激进分子聚首的地方。总理大厦内的黑人很快就受到了《区域隔离法案》的威胁，法案规定，南非城市的市中心只允许白人活动；但是曼德拉和坦博事务所一直在那一带非法经营，直到 1961 年——那时他们经常处于监视之下。

他们的事务所变成了非国大的官方法务代理，黑人客户络绎不绝，诉讼索赔等业务应接不暇。他们还有许多来自农村地区的客户。"每天早晨进办公室之前，"坦博回忆说，"我和纳尔逊先要摆平那一大片从等待室椅子上站起来拥进走廊里的人……我们每周都会与那些头发花白、饱经风霜的农民面谈，他们从乡下赶过来，并告诉我们，他们世世代代在那一小片土地上耕作，但现在，他们被赶了出去……法庭上的每个案件，狱中的每一次走访，都在提醒我们，我们的同胞正在忍受屈辱和痛苦。"

这对合作伙伴的才能正好形成互补之势。曼德拉多凭着如簧巧舌出入法庭，或起草政治演说直至深夜；沉默寡言但思虑周全的坦博则更专注于文案。法庭上的坦博低调沉静，而曼德拉则形成了一种自信而夸张的风格。从他走进法庭的那一刻起，所有人就都能感觉到他的存在，法官和检察官对此都颇有微词，认为他太过傲慢。戈弗雷对此深有感触："他只消转身向上瞥一眼，周身立刻就有火焰般的光环出现。"

曼德拉经常在德兰士瓦郊区为客户出庭辩护，那里的居民不管是否懂法律，都会聚到一起希望一睹这位传奇黑人律师的风采。他有一名客户被控使用巫术，经曼德拉辩护，终于无罪开释，但曼德拉发现，许多旁观者认为这个结果得来全靠魔法而非律法。曼德拉经常指点乔治·比佐斯等白人自由主义律师为重要案件辩护；他们以"先生"或"女士"来称呼黑人目击者，而非直呼其名，这让当地司法人员十分不解。

　　曼德拉和坦博发觉，他们和新"部落当局"的战争是必败无疑的，因为政府权力正在不断扩大。但是，随着农村地区黑人与城市工人的接触日渐频繁，他们的法律意识越来越强。政府禁止他们召开10人以上的会议，若因此被捕，他们会对自己的同伴大叫："给曼德拉和坦博事务所打电话！"

　　因组织蔑视运动而被判刑缓期执行之后，曼德拉在许多白人律师的心目中已经上了黑名单；1954年，律师协会要求将他除名。根据记载，当时有沃尔特·波拉克和布莱恩·富兰克林两名白人律师为他说话，他们认为曼德拉有权在法律允许的范围内捍卫自己的政治信仰。首席法官兰姆斯波登对他们的观点表示支持。支持曼德拉的律师众多，其中包括南非白人民族主义者，这让曼德拉深受感动："即便是在种族主义猖獗的南非，同行之间的团结有时仍可超越肤色的界限。"

　　曼德拉在政界越来越活跃，同时反对的声音也越来越响。1955年11月，他为一名黑人客户出庭辩护，担任法官的是一名脾气暴躁的南非白人，名叫威廉·多迈尔。多迈尔一见到曼德拉，就要求他出示律师证；曼德拉没有随身携带证件，于是多迈尔宣布延期开庭。后来曼德拉带来了证件并开始辩护时，多迈尔又不时叫几句"喂，你坐下"，曼德拉的辩护屡屡被他打断。曼德拉要求法官的所有评论都要记录在案，但他最终声明，在那样的环境下他无法进行辩护，于是案件被发回重审。怒发冲冠的曼德拉去找了比佐斯，后者建议他向最高法院提起诉讼，于是这个案件就到了科图斯·德·威特法官的手里，而这位法官，就是后来判处曼德拉终身监禁的人。德·威特勒令多迈尔从此案件的审理工作中退出，并指责道："就是这种行为抹黑了我们国家的司法公正。"

　　四十年后，身为总统的曼德拉评价道："在南非，法律不是保护公民的工具，它的主要作用就是奴役民众。当我还是法律专业的学生的时候，我最大的梦想之一就是用我的专业知识使得法律的天平能微微向人民大众倾斜。"偶尔他也会撞见几个公正的法官，但与此同时，他也很清楚法庭并不能捍卫公民自由。后来，他在狱中写道："在我们这个奉行种族隔离的国家，所有的法官都是散发着种族歧视的腐朽气息的白人，想遵循原则难度太大。"但同时他也承认南非依然是有优秀的法官的，他们之中还有敢于同政府对抗的南非白人民族主义者。曼德拉会在狱中回忆起当年备受尊敬的布莱克威尔法官对兰特的特警长官说："这个国家还不是警察的天下！"

曼德拉有些两难。他既想尊重法律，又想彻底推翻这个种族歧视的社会制度。他越来越明显地感觉到自己在国家法律机器之中处于被动接受的地位，又被冠以"危险政治家"之名，不得不在黑暗中行动。从 1952 年到他入狱的 10 年间，他被禁止担任任何职务，也不能在公众场合做演讲。他在非国大的职务也被罢免了，能够依靠的只有他的人格魅力和个人形象；不过，他的形象确实是越来越光辉了。

有半年时间，曼德拉被禁止出席会议或离开约翰内斯堡。1953 年 6 月，禁令解除，曼德拉获得了一段短暂的自由。他在奥兰治自由邦维利尔斯的一个小村落以律师身份出庭。但是黎明只是假象，在维利尔斯，曼德拉又收到了新的禁令，禁止他回到约翰内斯堡，并勒令他退出一切组织，包括非国大，禁令有效期是两年。曼德拉的逃亡生活就此开始。9 年之后，他回忆说："我觉得自己与同胞们，与那些支持我信任我的人们隔绝了。不管走到哪里，都有警察在追捕我。我觉得自己就像个囚犯，一个尚未定罪的囚犯。"

曼德拉知道，一旦非国大领袖之间的接触和活动受到限制，"万恶的党派争端和地域争端被挑起"，非国大实力马上就会被削弱。他预计非国大会遭到全面限制，所以他制订出了一个计划，使得非国大领袖可以经由几间地下室秘密而迅速地接头。这个计划被称为"M 计划"。这个计划的主要目的是提供情报，动员现任成员并招募新成员，同时成立一些新工会。1953 年 9 月，曼德拉动员德兰士瓦大会道："如果在公共场合不能召开会议，那么你们上班时的厂房、回家途中乘坐的公共汽车、你们居住的村落棚屋就要变成开会的场所。一舍一屋，都要变成工会活动的地点，你们永远都不能投降。"

M 计划在反抗情绪最强烈的东开普省施行，工作基本都由非洲人承担，印度人和白人几乎没有插手，曼德拉对此十分满意。但其他地区问题层出不穷。实力较强的地方领袖对中央的控制十分反感，自己又拿不出资金请人来将计划付诸实施，而且他们不相信非国大真会被封杀。1955 年 12 月，执行委员会在报告中称"他们依然未摆脱群众集会模式"。直到 1961 年非国大正式遭禁之后，改进后的计划才得以实施。

曼德拉的下一个考验出现在 1953 年的索非亚敦，而白人聚集的约翰内斯堡就在附近。索非亚敦是贫民聚居区，人口众多，脏乱不堪的院落里时常散发出陈年啤酒的刺鼻气味；但它也是南非最国际化的区域之一，以其不可阻挡的活力和魅力吸引着诗人和摄影师的目光。更重要的是，索非亚敦是约翰内斯堡唯一一个允许黑人持有自由保有的不动产的区域——而政府无法忍受这一特例存在。政府扔下一笔微薄的补偿金就把当地黑人赶出家门，曼德拉对这种强制搬迁表示了强烈的谴责，说它是"一场蓄谋已久的残忍骗局"。索非亚敦有许多非国大的忠实拥护者，他们基本唯罗伯特·雷沙和彼得·尼塞特马首是瞻。执行委员会一方面不得不对强制搬迁进行抵制，一方面又坚持着非暴力政策，很快陷入两难境地。

1953 年 6 月，曼德拉的禁令解除之后不久，他在索非亚敦的欧丁电影院主持了一场会议，与他一道的是尤瑟夫·卡查利亚——后来尤瑟夫在讲坛上被捕。不久之后，他又在自由广场发表，讲到中途终于无法控制情绪，忍不住提出要听众们做好暴力斗争的准备。他指着周围的警察唱了一首非国大的歌，歌词中有"他们是我们的敌人"这一句。非国大执行委员会严厉批评了曼德拉的所作所为，曼德拉沉默地接受了；但是在内心深处，他还是觉得，"非暴力手段不能解决问题"。

不管怎样，索非亚敦的抗议活动和平地进行着，当地领袖们发表了数以百计的演讲，无不小心翼翼地避开了暴力字眼。非国大的一份报告称："仅仅是向警察扔一块小石头就可能让整个索非亚敦血流成河。"当时特雷弗·赫德尔森神父对他们表示了支持。赫德尔森是坦博的朋友兼导师，他为反抗运动所感动，从此一直支持着非国大的斗争。1953 年 2 月，赫德尔森在贸易厅对一个黑人说："若政府堕落，暴政横行，则法律不再体现其意志，这是教会千百年来的教义。"赫德尔森丝毫不介意与共产党人共事。"我相信共产主义在南非不构成威胁。"他认为用人道主义精神来保卫他所钟爱的教区是他的职责所在。曼德拉意识到赫德尔森和他的白人共产党朋友一样，已经完全与人民融为一体，他将成为自己一生的伙伴和支持者。

非国大继续抵制对索非亚敦的破坏。他们亮出了"我们不会搬走"和"要想我们搬走，就跨过我们的尸体"等标语。曼德拉很快意识到这是个严重的错误。后来他在狱中写道："一个标语就像是一枚子弹，其力量取决于它与枪支的匹配程度。"这些标语形成的子弹没有杀伤力。全世界的媒体都聚集到这个贫民区等着看血流成河的场面，甚至等着这场抵制活动演变为一场革命。"我们坚信冲突肯定要发生。"住在索非亚敦的暴徒头目兼诗人唐·马特拉说。曼德拉和坦博每天都在领导人之间进行协调，并为惨遭驱逐的黑人说话。但是曼德拉没法通过和平手段阻止这场强制搬迁。"这场运动过程中，自始至终我们都没觉得自己有能力打败政府。"后来他写道。

1954 年 2 月 9 日我造访索非亚敦的时候，强制搬迁刚刚开始，反抗情绪依旧只在酝酿之中。黎明时分，整个索非亚敦回荡着暴徒敲击电线杆的声音——这是索非亚敦的战斗口号。但政府严格禁止集会，2000多名警察开着警车和卡车在街上巡逻；卡车上很快就载满了家具和自愿搬走的居民。非国大领袖面带愁容地看着眼前发生的一切，人群也只能缄口旁观。到了傍晚时分，警察开始流露出了百无聊赖但又志得意满的神色。

对曼德拉来说，这就是血淋淋的教训——若时机尚未成熟，就不要过早挑起民众的期望："索非亚敦不是毁在枪声下的，而是毁在卡车轰鸣和铁锤敲击之下的。"他相信未来除了暴力武装斗争他们无路可走。有时他甚至急切渴望发生一场冲突借以证明自己的判断。与激进青年接触更多的西苏鲁拉住了他："他们出现在我们会场上的目的只有一个，刺激我们，让我们提出要发动革命。"

但是西苏鲁没有发动革命，而劝他不要使用暴力的这股背后力量是所有人都意想不到的。1953年，西苏鲁与非国大激进青年杜马·诺克维应阿哈迈德·卡特拉达之邀来到罗马尼亚的布加勒斯特参加共产党的青年节。他们一路花钱疏通，终于登上了以色列航空的班机，与欧洲共产党人有了首次接触。曼德拉又成功劝服西苏鲁秘密访问中国以求武装供应。然而中国反对武装斗争的态度让他们始料未及。"您看，这条路险象环生，"他们对西苏鲁说，"若没有万全把握，我们劝您慎用这个方法。一旦失败，就再也没有转圜的余地了。"西苏鲁听从了中方的建议，曼德拉也接受了；但西苏鲁秘密造访中国一事激怒了卢图利和马修等保守派非国大领袖，他们要求西苏鲁道歉。曼德拉依然相信"武装斗争必不可少"，但后来他也意识到当时自己太过急躁了。

曼德拉依然有些离经叛道，在非国大内保持我行我素的作风，他的演讲太具煽动性，会给政府带来麻烦。1953年，曼德拉写完了就任德兰士瓦非国大主席之后的第一篇演说。9月年会时，这篇演说由他人代为宣读，因为曼德拉本人被禁止出席年会。演说宣称："今天，大家都说要战斗；我们国家的男男女女都开始觉醒。"他回顾了当年反抗运动的成就，说："整个国家都成了战场，自由的力量被禁锢在反抗邪恶势力的无休无止的斗争之中……每个战场都飘扬着我们的旗帜。"

这篇演说还将南非的抗争与非洲其他国家的反帝国主义斗争联系到了一起："整个非洲大陆民怨沸腾，黄金海岸、尼日利亚、突尼斯、肯尼亚、罗德西亚和南非都已爆发革命。"最后，他引用了尼赫鲁的一句话作为结尾，这篇演讲的标题"自由之路无坦途"也由此得来："你们可以看到，不管在哪里，自由之路都不会是一片坦途，我们要一次次地穿越死亡阴影笼罩下的山谷，然后才能登上期望中的山巅。"

　　曼德拉受尼赫鲁的影响很深，尽管他自己不怎么乐意承认："写作过程中，我会在不经意间引用许多尼赫鲁说过的话，这不是什么明智之举，"四十四年后他如是说，"但是若是你胸中并无丘壑，那么你会不自觉地去引用。"他也越来越喜欢使用马克思式的反殖民主义笔调。几个月后，针对他的禁令再次解除，他为左翼和平委员会做了一次演讲，毫不留情地揭发了帝国主义的贪婪："为了满足自己对市场和利益的疯狂贪欲，他们不惜割断彼此的喉咙，摧毁和平，让成千上万无辜民众淹没在血泊之中，给人类带来无穷无尽的痛苦和灾难。"

　　1953 年 12 月 13 日，曼德拉在索韦托的一次大会上发表了长达 90 分钟的演讲。这次演讲被警察海尔博格中士录了下来，后来成为判定曼德拉叛国的一个罪证。曼德拉对听众说："我们必须采用新的斗争手段。在讲台上演说已经远远不够了。许多活动需要在幕后、在地下开展。"

　　毫无疑问，曼德拉的一次次演讲越来越接近战斗檄文，他的革命者身份也渐渐取代了他的律师身份。但是有人怀疑，除开法庭和讲坛上的表演技巧之外，曼德拉是否具备足够的领导能力。像 19 世纪 90 年代的西奥多·罗斯福和 20 世纪 30 年代的温斯顿·丘吉尔等民间主战派政治领袖一样，曼德拉似乎一心向战，却又缺乏严密的组织和计划。

8. 自由的意义（1953—1956 年）

尽管在政治上今非昔比，曼德拉的非洲民族主义思想依然丝毫未变：他为自己的民族和历史而自豪，并一心希望夺回他们应有的权利。但他从不放过任何发展盟友的机会：白人自由主义者、印度的甘地信徒和基督教教士。他最有力最忠实的伙伴是共产主义者，他们在 1953 年成立了南非共产党。南非共产党由多民族组成，与白人党派和其他地区的共产党组织风格迥异，其中部分成员对革命并不支持。但由于当时冷战升级，比勒陀利亚对"法定共产主义"下了特殊定义，全体南非共产党都会被视为更甚于非国大的危险革命分子，因而吓退了其他的潜在支持力量。

在非国大改革的下一阶段，即《自由宪章》的准备运动中，共产党人将被进一步妖魔化。南非自由主义者和许多西方支持者都将这一章程视作一个典型的共产主义策略，该策略意在利用非国大领袖易轻信他人的弱点，借助非国大力量进行宣传，从而逐渐在群众之中获得影响力。但冷战如同一面放大镜，扭曲了这个观点。《自由宪章》的矛头开始指向南非白人和非洲人中的狭隘民族主义者，而非资本主义或西方民主党人。对曼德拉和他的许多同事来说，《自由宪章》是一次历史性的突破，它让非国大摒弃了种族主义观念，并成了非国大接下来 40 年活动的重要宣言。

《自由宪章》的发起人不是共产党也不是主战派，而是非国大的保守派资深政治家马修。1953 年 5 月，由于政府拒绝办理护照延期，赴美一年的马修被迫回到南非。此时他对美国黑人英雄人物布克·华盛顿的崇拜之情已大不如前，反而对布克的激进反对派、全国有色人种协进会创立者韦伯·杜波伊斯博士渐生敬佩。

马修发现自己同胞们的愿景已经变质了。他指出，一年前民族主义者第二次大选获胜的意义远大于人们所能看到的，因为"反对党的意见不过是政府种族主义政策的苍白倒影"。与儿子在家吃午饭时，马修第一次提出了将所有种族的人聚集起来讨论制定多种族宪法的想法。其他团体接受了这个想法。1953 年，担任开普敦非国大主席的马修在年会上正式提出了这个观点："若时机成熟，非国大即可考虑召开全国大会，那将是一个属于民众的大会，代表这个国家所有的公民，不论种族，不论肤色，所有人都应参与制定《自由宪章》，共同创造民主南非的未来。"

事后马修回忆说："我没有意识到，当我说出这些话的时候，日后被指控为叛国的祸根已经埋下。"20年后，曼德拉在狱中指出，向来因持中庸态度而备受非议的马修，其思想"居然如源头活水般注入我们宏愿的激流之中，形成了不可阻挡的漩涡之势"，实在出乎意料。曼德拉欣然接受全国大会的想法，将其视作对实力的公开展示。他认为非国大很快会遭到全面封杀，因此全国大会变得越发重要。

1953年12月，非国大年会在昆士敦召开，马修的想法在这次会议上得到了进一步的认同。较之两年之前发起反抗运动的布隆方丹大会，这次年会更有底气，报道也更充分。相信阶级斗争的马克思主义者和信奉基督教的主席阿尔伯特·卢图利之间的气氛明显有些紧张。部分民族主义者企图将西苏鲁剔除出局，因为他与其他种族合作；但大多数代表相信合作是必不可少的，卢图利指出了南非白人狭隘民族主义观念的危害，并坚持认为非洲民族主义者必须更豁达、更民主、更进步。《自由宪章》的必要性得到了一致认同，大会还要求执行委员会立刻着手准备召开大会，甄选一批"自由志愿者"。

1954年3月，西苏鲁和曼德拉组织了非国大与部分同盟组织的一次会议，会议在卢图利家附近的通加特召开，卢图利在那里的行动不受限制。会议成立了由八名成员组成的国家行动委员会，负责全民代表大会的筹备工作。只有两名委员会成员（卢图利和西苏鲁）来自非国大，在民族主义者眼中，这就是非国大受外部势力控制的征兆。另外六名成员中，有两名来自南非印度人大会，两名来自新成立的南非有色人种组织，还有两名来自新成立的非国大白人支持者团体——民主党大会，其多数成员是共产党，他们的加入又引发了非议和质疑。

南非共产党中央委员会不遗余力地参与筹备全民代表大会，为此还秘密召开了许多会议。非国大民族主义成员，即泛非主义者对共产主义的影响讳莫如深，但是曼德拉却十分感激布拉姆·费希尔斯和迈克尔·哈默尔等友人的努力和贡献，他们与黑人一样遭受追捕，支持废除白人的统治。他不再认为共产党都是反教会的，因为他发觉许多黑人共产党员都是虔诚的基督教徒。1954年，卡依·柯林斯来到约翰内斯堡，曼德拉向他保证非国大不信共产主义，虽然它正在政府的逼迫下向那个方向发展："黑人和白人要开展真正的合作，时间非常紧迫。"

非国大邀请另一个新成立的白人组织和民主党大会一起合作筹备全民代表

大会。1953 年大选之后不久，自由党成立以壮大民族主义阵营，抗衡种族主义势力。自由党领袖由备受尊崇的学者和知识分子组成，包括小说家艾伦·佩顿。自由党坚决反对种族隔离，对共产党怀有敌意。佩顿后来写道："共产党和自由党水火不容。"

多数自由党人从不接触非国大和共产党，但是部分非国大领袖愿意与自由党成员私下结成朋友关系。曼德拉注意到，卢图利与自由党中最开明的成员保持着联系，并欢迎自由党与非国大结盟共同抵制白人至上主义。曼德拉本人在自由党中也有朋友，但他对自由党是持批评态度的。他已经看到了暴力斗争的必要性，并认为自由党会成为自己的绊脚石；另外，自由党拒绝支持普选，这一点曼德拉无法容忍。

1953 年 6 月，《自由》月刊刊登了曼德拉的一篇文章，题为《自由党的探照灯》，曼德拉在文中抨击了自由党对"民主和宪法手段"墨守成规，并指责他们不愿支持"一成人一选票"的方式。曼德拉视他们为欧洲统治阶级的一部分，并称他们"仇视、惧怕南非民主革命人士的思想，其程度之深不亚于马兰和奥本海默"。他断言，投身革命的人和未投身革命的人日后必定分道扬镳，全民代表大会的友人和敌人各自为政。所以，他经常会问："敢问阁下站在哪一边？"

自由党借汤姆·普莱斯教授之口做出了回应——普莱斯曾嘲笑曼德拉的言论为"十月革命催生的乐观主义陈词滥调"。起初自由党愿意与全国大会合作；但很快他们就相信自己不过是受人利用，其实所有决策早已由共产主义势力预先内定了。他们还相信全国大会会成为"小事一桩"，于是打算在大会召开之前抽身——后来许多自由党成员都追悔莫及，历史学家大卫·埃弗雷特总结说，这个决定是"自由党所犯的最严重的错误之一"。

自由党退出之后，筹备工作仍在进行，但来自民主党大会内的白人共产党势力的影响就大多了。举国上下大大小小的团体召开了数百次会议，纷纷上交提案和建议，以待日后统一收录到自由总章程之中，并在全国大会上宣布。提案上交之后回应之声非常积极，一时间百家争鸣倡言自由之意义——甚至连一夫十妻这种意义上的自由都包括在内。

有人质疑说，这次征集活动并不如表面上那么民主。后来成为曼德拉顾问的西德尼·肯特基发觉，从字迹上看，许多提案似乎出自同一个人之手。但《自由宪章》最终的版本并未沦为《共产党宣言》的翻版。很久以后，曼德拉依然认为这是一份"由人民大众拟定的章程"。它不是自上而下的产物，这也是它至今仍未被束之高阁的原因所在。他坚信"民众在某些方面比政治家要进步得多",他还惊奇地发现,群众之中并没有多少极端民族主义者,他们都相信南非属于所有南非人民。

曼德拉在幕后与西苏鲁保持着密切的合作关系。那时西苏鲁正在被警察追捕。6月,马修告诉开普敦非国大,西苏鲁如同海绿花(后来这个称号被曼德拉继承了),在特兰斯凯的铁幕之后运筹帷幄:"他们以为西苏鲁无处不在。"但1954年7月,西苏鲁在奥兰多家中被捕,而我碰巧跟他在一起。当时他正如平常一样分析谈论着各种禁令和拘留手段,突然之间,两名南非白人侦探闯了进来。他们的态度出乎意料地友好:"啊,终于找到你了:司法部部长有两封信要给你!""我也正恭候你们大驾呢,"西苏鲁回答说,"只有两封?你知道,这是没用的,我们的斗争是不会停止的!"

次日,西苏鲁被捕,随后被判处三个月监禁,原因是他参与了一次五个人的集会。但他仍是非国大前进的动力。各种禁令迫使大批成员离开执行委员会,其中包括曼德拉;但西苏鲁坚信他们的斗争力量正日益壮大:"政府已经被撼动了,他们视我们为无物、随心所欲统治南非的时代已经一去不复返了。"事实上,非国大同事仍将西苏鲁看作非国大总书记,而曼德拉是他的亲密伙伴。

《自由宪章》第一稿由共产党员、建筑师拉斯蒂·伯恩斯坦撰写,6月初,章程初稿传到了规划小组手中,曼德拉是这个小组的成员,他对章程做了些许改动。该章程常被指责为马克思主义文件,因为它曾大胆承诺:"地下矿藏、银行和垄断工业都应该变成人民共有的财产。"但实际上它只不过是企图取悦所有人而已。曼德拉认为它只是民众日常要求的堆砌。迈克尔·哈默尔说这份章程"起源于美国和法国革命的人权宣言,联合国的《世界人权宣言》也对此做了回应"。

全民代表大会召开日期定于1955年6月26日,会议地点在索韦托附近克利普顿的一个私人运动场上。来自全国各地的3000多名代表齐聚于此,那场面看上去更像是德比赛马日而不是一次政治示威。参加会议的人中有饱经风霜的黑人农民、西装革履的白领职员,还有携家人一同出席的印度律师。很明显,会议期间有共产主义元素出现,比如北京的周恩来寄来的友好的信件。但会议本身仍保持着大会传统随意的风格,赫德尔森神父的参与为大会增添了基督教的意味。

曼德拉和其他组织者一样被禁止出席会议,只能在远处观望。他和西苏鲁一起驾车来到克利普顿,稍加伪装之后便绕着人群走动。群众所作的贡献让他们深受感动。这次会议本身没有被禁止简直有些匪夷所思，不过他们很快就明白了个中因由。

曼德拉看着大会沿着它自己的轨道平缓地进行着。第一天，《自由宪章》被用三种语言宣读，并在一片"非洲！"的呼声中宣告通过。第二天，章程的每个章节被一一宣读，读到"和平和友谊必定存在"的时候，持枪的侦探和警察破门而入，冲进人群。一名白人官员抢过话筒宣称他们正在调查叛国活动并搜寻反动文件。警察记下了每个听众的名字后才放他们离开。曼德拉想加入人群之中，但再三考虑过后，还是驾车回到约翰内斯堡去参加了非国大领导人的一次紧急会议。警察能意识到全国大会的重要性固然是好事，但曼德拉知道这次突袭也"标志着一次艰难的转折"。

《自由宪章》很快获得了独立的力量。全国大会上没能将它完整地宣读，所以它的状态依然是不明朗的，拉斯蒂·伯恩斯坦认为，《自由宪章》已经"脱离了全国大会的控制——而且由于缺乏预见，章程几乎是处于自生自灭的状态"。白人社会的报刊报道了这次大会以及会上的突袭事件，章程本身没有公布。但章程文本很快就在非国大内激起了回音，评论家的矛头很快就指向了它。

1955年12月，章程在非国大年会上引发激烈争论，而大部分撰写该章程的人却因禁令无法出席会议。执行委员会指责多数非国大分支机构"缺乏主动性，部分成员似乎认为这一伟大高尚的思想不该诞生"。卢图利本人也因为"国会内部的一些新动向或新派系"而心神不宁，但他对《自由宪章》表示赞许，并提倡泽被整个南非的"全民非洲民族主义思想"。非国大前任主席舒玛写信批评国会内部的"某些倾向"，并称"国会已经不是一场全民自由运动，它有自己的政策，并且很明显受非洲人领导"。彼得·姆达在《泛非主义者》杂志上发表文章，重申青年团的民族主义特性："我们从一开始就知道，让非国大摆脱异邦势力的控制才是我们的当务之急。"他宣布："我们从来没有受任何白人的影响。"

《自由宪章》的完整宣读一直拖到了1956年4月在奥兰多的一次大会上。但那次大会又引来了新一轮的疾风骤雨。泛非主义者指责大会经过了"章程主义者"的包装，并对"土地属于所有人"的观点进行了抨击，认为该观点意在宣扬公有制。卢图利和纳塔尔两派对章程的经济条款有各自的担心，但他们都不想强化泛非主义者的力量，因此为了团结而做出了让步。当时卢图利有脱离左翼联盟的危险，而他在坚持抵制着这种压力：那一年，他那行为古怪的加利福尼亚朋友马利-路易斯·霍珀建议非国大将原官方律所——曼德拉和坦博事务所换掉，因为该事务所的左倾名声已经让非国大失去了好几笔捐赠。卢图利回应称他对共产党无好感，"但是仅凭左翼倾向就切断与我们忠诚可靠的律师的合作关系实在不是明智之举"。

《自由宪章》最终在大会上通过。当时南非白人政府正在推行其种族独裁政策，所以《自由宪章》无疑扮演了非国大反种族主义宣言的角色，它的通过可谓一大胜利。曼德拉在一年后写道："在我国历史上，民主力量第一次暂时搁置种族、意识形态、党派关系和宗教信仰方面的差别而全面摒弃了种族主义。"但《自由宪章》的通过是以激烈纠纷为代价的，这次纠纷直接导致了非国大两年后的分崩离析。

1956年6月，全国大会召开一周年之际，曼德拉在《自由》杂志的一篇文章里对《自由宪章》给出了自己的解释。曼德拉文中的观点与马克思主义者对《自由宪章》的诠释大部分吻合，且曼德拉认为，章程是一份革命性的文件，只有打破南非现有的经济和政治模式，才有可能战胜他们现在所面临的困境。他还强调了公有制的必要性："金融业和金矿业的垄断者们在我们的祖国巧取豪夺、奴役人民已有几个世纪了，如今《自由宪章》的出现给了他们致命的一击。"

但是在一个关键的段落里，曼德拉又表示愿意看到自由企业获得发展的机会："这些垄断企业的解散和民主化会为欧洲以外的资产阶级提供发展的空间。非欧洲资产阶级也第一次有机会开办自己的工厂，贸易公司和私企也会看到前所未有的繁荣气象。"

这两句话后来在罗本岛的一系列审判之后被反反复复玩味了二十多年。托洛茨基主义者发现，这两句话在《自由》杂志刊登曼德拉的演讲和文字作品时被删去了。但是曼德拉依然坚持宣扬自己的观点，他认为在非国大的管理之下，私企会得到空前发展——四十年后，这个观点的非凡意义才终于得以体现。

但是南非白人政府立刻采取了行动，未来的经济前景再度被阴影笼罩。20世纪50年代中期，保守派变本加厉地推行种族隔离政策，其速度之快、打击范围之广着实出乎曼德拉和同事们的预料。1954年，年届80的马兰退休，汉斯·斯奇顿接任总理。斯奇顿没有马兰的学究气，但他比马兰更加提倡白人统治。此外，"大种族隔离"这一更加骇人的概念正在当时的内务部部长、后来的南非总理亨德里克·维沃尔德博士脑中酝酿。

看似慈眉善目、温文尔雅的维沃尔德固执地认为自己的种族隔离计划毫不违背道德原则。但是这个计划只有在彻底推行社会工业化和大规模迁徙的基础上才能实行，这样的举措更接近东欧社会主义政府的做法，而与西方自由企业模式则相去甚远。而自诩为自由企业拥护者的南非白人政府将要推行的是一次空前规模的国家干预，这次干预所带来的影响将渗入非洲民众日常生活的各个角落。

曼德拉花了很长时间分析并批评"维沃尔德的阴谋"。他认为维沃尔德奉行的是希特勒借以统治德国非洲殖民地的纳粹主义思想和种族主义原则。"法西斯主义在我们国家成为现实，"1957年6月，曼德拉写道，"所以打败法西斯主义就成了全体南非人民的主要任务。"但是维沃尔德相信，通过挑起部落首领之间的不和与纷争，他就能从他们那里获得支持。这一手段在乡村地区尤其容易得逞，因为那里的部落首领最怕失去自己的影响力和特权。只有阿尔伯特·卢图利等少数几个首领愿意放弃自己的领袖地位而不向异邦势力屈服。

曼德拉此时已将自己看成约翰内斯堡的一分子，这也标志着他的态度和政治思想都趋于成熟。但他依然没有切断与乡村的联系，而他的王室出身以及成长经历也给了他一种比同事们更强烈的归属感。"我在南非最大最拥挤的城市里生活了14年，"曼德拉写道，"但我内心的乡土情结从未磨灭。"1955年9月，他的出行禁令再度到期，他决定重访特兰斯凯。

驱车经过纳塔尔的时候，眼前空旷辽阔的景色让曼德拉沉醉。他回忆起了这片土地的历史，想起英军曾在这里先后与祖鲁人和南非白人发生过两次交锋。曼德拉自问："当年为了自由毅然参战的南非白人，和今天迫害我们的暴君，究竟是不是同一个民族？"在德班时，曼德拉与朋友伊斯梅尔及法蒂玛一起拜访了禁令期内的卢图利。回到特兰斯凯家中，曼德拉又见到了自己的母亲，怀念和愧疚的感觉交错着涌上心头。曼德拉邀请母亲来约翰内斯堡与他同住，但她还是选择了独居，她宁愿当一个简简单单的农妇。在狱中，曼德拉想起自己的母亲就会产生一种不安的情感，但她鼓励曼德拉为自己的信仰而战，并告诉他，他的斗争为民众的生活带来了光明。

曼德拉重返特兰斯凯主要是为了实现政治目的。政府已决定通过新的《班图权利法案》进一步推行种族隔离政策，该法案将各地酋长置于比勒陀利亚白人的统治之下。特兰斯凯将成为试点。特兰斯凯酋长在1952年对该法案表示了抵制，但政府以更大的法律和经济权利来诱惑他们，1955年，特兰斯凯理事会邦加投票接受了法案。曼德拉非常沮丧，但他很现实：他自己就来自部落领袖的家族，所以他完全理解敌人发出的合作邀请有多大的诱惑力。1955年7月，他写了一篇名为《把邦加逼入种族隔离的绝境》的文章，文章指出，现在所有的酋长和首领都从政府那里领着薪水，若是与政府公然对抗，一定会被解聘，1952年卢图利就是这样被拉下台的。这是一种"刻意恐吓"，欺骗部落首领，让他们误信政府里有他们说话的地方。但是曼德拉也看到，在部落首领的影响阻隔之下，非国大的宣传在部落群众之中收效甚微，所以他要求非国大重新考虑抵制即将到来的特兰斯凯大选的决定："这些机构可以成为宣传政策、为自由运动争取民心的平台，难道不应该好好利用吗？"

曼德拉是带着强烈的个人情感色彩来看待这一矛盾的。玛坦兹马现在是腾布西部地区一位很有影响力的酋长。他曾劝服邦加接受新法案。曼德拉与玛坦兹马都是天生的领袖，他们有很多共同点，而且一直保持着亲厚的关系。但如今二人各有抱负，在对敌人采取合作还是抵制态度的问题上意见不一。在玛坦兹马眼里，曼德拉已经成了约翰内斯堡人，"离家乡人民非常遥远"。

造访特兰斯凯时，曼德拉曾与玛坦兹马彻夜长谈，谈话中都小心翼翼地避开各种"主义"。曼德拉告诫玛坦兹马说，政府企图分裂并奴役黑人，现在表明抵制态度可以避免以后大规模的杀戮。玛坦兹马回答说，部落酋长的力量会因为种族隔离体制而更加强大，而多种族政策只会增加冲突，从而导致流血和痛苦。他觉得自己正处在一场战争的风口浪尖之上。"我的态度就是与南非白人和解。"40年后玛坦兹马回忆道。这样的僵局令曼德拉沮丧不已。"我想与他并肩作战，"后来他在狱中写道，"并与他分享胜利的荣耀。"但那时的玛坦兹马已经与非国大的敌人结成了坚定的同盟关系。

曼德拉继续走访全国各地。他驾车来到伊丽莎白港，那是他第一次见到戈文·姆贝基的地方。然后他拜访了参加选举的英国人克里斯托弗·格尔，格尔曾向非国大提出过十分中肯的意见，也对种族隔离政策提出过尖锐的批评。曼德拉从来没忘记过这个与众不同的盟友，格尔去世后，非国大主持了他的葬礼，前来吊唁的人中黑人比白人还多。

曼德拉还去了开普敦，这里没有托洛茨基主义者，与他打交道的主要是共产党人和神职人员。曼德拉走访了《新时代》编辑部，正撞见警察在办公室里到处乱搜，还带走了不少文稿——这是麻烦来临的前兆。曼德拉和卫理公会的非国大激进主义者在黑人聚居的兰加待了两周，还开车在开普敦四处寻访，希望能组建分支机构。他离开的时候，卫理公会教徒跪下来祈祷他一路平安。

回到奥兰多的家中，曼德拉觉得自己又有了精力和动力，对乡村地区的实际情况也有了更好的了解。他告诉同事，非国大在特兰斯凯受保守派部落首领和安全警察的阻挠，因而影响力很弱，所以他呼吁"从内部进行抵制"。此事迫在眉睫，因为政府即将推行"全面隔离"政策。一个以汤姆林森教授为首、没有黑人参与的委员会制订出了一个分离计划，或称"班图斯坦"计划，即让非洲人"自行发展"，让他们建立自己的管理机构，开发自己的工业。这个计划的大部分内容为政府所接受，但其中过于放任的措施则被拒绝了。政府准备依据这个计划将南非划分成几个班图斯坦，特兰斯凯首当其冲。曼德拉发出警告说，班图斯坦不可能真正实现自我发展，到头来不过是在为白人雇主提供廉价劳动力而已。

隔离计划的魔爪很快伸向了全国各地，政府还决定在学校也实行完全隔离。1953 年 4 月，《班图教育法案》颁布，赋予比勒陀利亚对所有教会学校的管辖权以便推行隔离政策。维沃尔德曾说："在欧洲社区，一定层次以上的工作类型中根本不会有班图的份。"他还告诉议会："如果不在本地人中推行正确的教育方式，那么种族关系根本得不到改善。如果当地人所受的教育会让他们对生活产生憧憬，而在南非目前的环境之下，这种憧憬又不可能立刻转化为现实，那么他们就会失望；在他们这种失望的心情之下所得出的教育成果对改善种族关系有害而无益。"

曼德拉本人就很失望。尽管他对帝国主义教会学校存在种种不满，对于自己的老师，他还是心怀感念。得知卫理公会将他们的学校拱手让给政府时，曼德拉不禁有些悲从中来。许多英国教会学校都这样被交给了政府，不过罗马天主教依然自行管理学校而拒绝政府插手。曼德拉担心继领土隔离之后，新的部落教育体系会进一步破坏非国大内部的团结："非洲人民被分割成一个个彼此隔离的部落单位，其目的就是要形成狭隘孤立的部落观念，从而阻止民族意识的觉醒。"

《班图教育法案》将学校遭到隔离这一棘手问题摆到了曼德拉等人眼前。相对于多数主张永久抵制的执行委员会成员，曼德拉表现得更为现实。他告诫执行委员会，抵制措施支撑不了多久，也不会有多大成效，他们不应该承诺自己实现不了的事情。非国大号召孩子们抵制新的教育体制，并开始尝试自己办学，但屡次遭到警察阻挠，而学生家长们又迫切希望自己的孩子能尽快接受教育。重重压力之下，非国大最终被迫放弃抵制。对于非国大的这一失误，历史学家弗兰克·威尔士提出的批评十分尖锐："非国大的所有运动之中，抵制班图教育的运动最缺乏计划，最混乱，给全体非洲人民带来的困扰也最大。"事实证明，曼德拉当初的警告不无道理。他曾写道："相权两害绝非易事，要么就硬撑到底，即使所有的孩子都没有学上也在所不惜，要么就退一步，至少保证孩子们能待在教室里。"

中小学遭到隔离之后不久，大学也难逃厄运，相同的教育模式很快在大学中推行。1959 年的《大学教育法补充法案》剥夺了曼德拉母校福特海尔和威大的独立权，取而代之的是严格的隔离政策，从此以后，学生将失去接触校外广阔天地的机会，黑人学生将无法接触到其他种族。1957 年，曼德拉在《自由》杂志上发表文章称："不同种族间的和谐友谊对隔离政策和白人统治构成了直接的威胁。"

年轻人奔赴锦绣前程的道路在曼德拉眼前被堵死了。中学和大学被切断了与英国自由文化的联系。政府在民众内部挑起纷争，其无情冷漠暴露无遗。隔离新政推行期间，曼德拉的母校遭到破坏，最后彻底没落：希尔德敦教师培训学院前任院长杰克·德加于 1976 年回校，发现学校所有教职员工之中只有一人不是白人，学校遭遇火灾时，这些人只关心自己的安危。所以他不禁发问："在这样的环境之下，教育要如何发展？"

曼德拉的乡村背景赋予了他独特的视角。1956 年 2 月，他与西苏鲁去特兰斯凯的乌姆塔塔购买土地，因为他坚信一个人必须在他的出生地拥有一片土地。回到约翰内斯堡后不久，他遭到了第三次封杀，政府勒令他五年之内不准离开这座城市。但这一次，他的反抗情绪更加强烈，对禁令也嗤之以鼻。"我下了决心，"他在狱中写道，"我是否加入斗争、我参加什么样的政治活动要完全由我自己来决定，没人能够左右。"这一纸禁令让他进一步脱离了党派机构，反而助他完成了自我完善的过程。与此同时，政府的镇压手段也使得非国大和盟友们更加团结。

曼德拉无疑是站在政府的对立面的，而政府也在不遗余力地监视着他。收到禁令之后，曼德拉在 4 月 13 日致信司法部部长要求解释原因。3 个月后，曼德拉收到了一封冗长的回信，宣称他诽谤白人并煽动黑人从事违法活动、建立黑人政府，这让曼德拉想起了他 6 年前所做的一系列演讲。1950 年 6 月 22 日，他曾说过："时至今日，欧洲人踏上我们的国土已有 300 多年之久。在此期间，无数优秀杰出的非洲人献出了生命。我们的人民已饱受掠夺和奴役之苦。"1952 年 7 月，他曾说过："如果我们所有人坚持团结在一起，那么我们的血海深仇总有得报的一天。"1954 年 7 月，他曾说过："我们对抗南非白人的情形，比当年他们对抗英帝国主义时的情形要好很多。我确信，大规模冲突终将发生，在解放的洪流面前，所有反动势力终将垮台。这一趋势如太阳东升西落一般，不可更改。"

冲突被曼德拉一语言中，但他所预见的反动势力垮台的一天却迟迟没有到来。

9. 叛国罪和温妮 （1956—1957 年）

自 1955 年 6 月全国大会的突击搜查之后，政府扬言要进行大规模搜捕和审判。1956 年 4 月，司法部部长斯沃特通知议会称警方正在调查严重叛国行径，约 200 人将会落网。非国大试图缓解紧张气氛。1956 年 11 月，特兰斯凯非国大主席莫特赛勒在会议上称："整个事件不过是他们为自己拉选票的噱头。民族主义者不会放过任何施加威胁手段的机会，但他们不急于一时，毕竟大选要到两年之后才举行。"

其实他们并非如非国大说的那样优哉游哉。一个月之后，即 1956 年 12 月 5 日，曼德拉在清晨被一阵敲门声吵醒，门外是 3 名白人警察，他们以叛国罪逮捕了曼德拉。接下来的 10 天，又有各种族的 155 名国会联盟领袖成员以同样的罪名被逮捕。

曼德拉对此并不吃惊，但他没料到的是，随之而来的竟是一场马拉松式的审判，他所有的政治和法律活动因此受阻长达 5 年之久。全国大会的主要成员基本全部入狱——但也有几个例外，比如达都博士、马克斯和戈文·姆贝基。此外，自由党人没有插手全民代表大会，因此没有遭到搜捕。所以，遭到审判的白人基本都是共产党人，这为政府的马克思主义阴谋论提供了证据——但同时也让非洲人相信，共产党人是他们共同进退的盟友。

大规模的搜捕行动标志着"伪战争"的结束。搜捕行动发生前夜，约翰内斯堡黑人作家和记者坎·泰姆巴正"如往常一样四处搜集新闻"。突然他看到一群喝醉的人，其中包括三名非国大激进分子：罗伯特·雷沙、坦尼森·玛基维尼和莱昂奈尔·莫里森。他们决定模拟法庭审判，雷沙为辩护律师，玛基维尼为检察官。泰姆巴加入了他们，充当法官。经过一轮激烈的辩论之后，被告被判有罪。第二天早晨，三名非国大激进分子都以严重叛国罪被逮捕。泰姆巴在接下来出版的《鼓》杂志中描述了当晚他在小酒馆里见到的情景，而那时几名嫌疑犯正在为出庭做准备。曼德拉对此大为震怒，认为泰姆巴不该将全民代表大会同事的身份暴露在这样轻佻的场合之下。

但是搜捕行动绝不是儿戏。全体犯人被带到约翰内斯堡山顶的监狱"要塞"之后，警察决定羞辱他们。包括德高望重的卢图利、马修和卡拉塔在内的所有人都被迫一丝不挂地在院子里站了一个多小时，等待一名白人医生问话。

此情此景让曼德拉想起了一句俗语："人靠衣装。"如果说好身体是成为领袖人物的必要因素，那么囚犯之中符合条件的人寥寥无几："只有少数几个人年轻时拥有沙卡或莫修修那样的体格。"曼德拉的纳塔尔同事马萨巴拉·耶恩瓦用一块毯子遮住身体，口中唱着一首歌颂沙卡的祖鲁赞歌。其他囚犯静静地听着，一向以沉着著称的首领卢图利突然用祖鲁语叫道："是沙卡！"而后也开始跟着一起唱起来，其他人还跳起了舞，虽然他们中的大多数人都不是祖鲁人。"我们追求的都是民族独立，"曼德拉回忆说，"对我们自己历史的热爱让我们走到了一起。"

囚犯们发现，在某种程度上他们可以说是因祸得福。和许多人一样，曼德拉长期遭到封杀，不能出席会议，也不能自由出行，现在他终于有机会和其他城市的朋友交换意见了。他们组织了会议讨论目前的状况和非国大的历史。囚犯之中囊括了非国大整段历史的所有见证人，从卡拉塔和马修等创始之初的元老到罗伯特·雷沙和彼得·尼泰特等来自索非亚敦的年轻激进分子，当然还有坦尼森·玛基维尼等出身非国大家庭的成员。

在福特度过了两周之后，囚犯们被带上了临时法庭。曼德拉等人由警车押送前往，全程还有军用运输机监督；他们的支持者早已在法庭外等候。坎·泰姆巴事后描述这个场景道："被告大约有二十几人，表情不一，开心的、沉闷的、恐惧的、困惑的、愤怒的……纳尔逊·曼德拉律师进来的时候耸着肩膀，看上去一副怒不可遏的样子。"

当时的法官是韦塞尔，是一名头发花白、举止优雅的南非白人，来自布隆方丹。他开口讲了几句话，但没有扩音器，谁都听不清他在说什么，听证会只得延期到第二天举行。次日开庭时，囚犯们被关进了一个钢丝做的牢笼；辩方律师立刻提出了抗议，牢笼最终被撤走。

检察官终于开始宣读 18 000 字的起诉书。被告的罪证可追溯到 4 年之前，即 1952 年 10 月反抗运动的巅峰时期，然后是索非亚敦抗议运动，再到全国大会和《自由宪章》，其间被告们发表了一系列演讲和声明，这就构成了他们叛国罪的证据。起诉书中还提到，被告曾企图依靠暴力推翻政府并以共产主义政权取而代之。

在曼德拉的记忆中，南非历史虽短而叛国行为却不少。两次世界大战期间，一些南非白人站到了德国人一边，后来被判为叛国。南非白人政府不愿将自己的族人正法，马兰上台之后，所有在二战中犯有叛国罪的囚犯都获释了，其中最为声名狼藉的就是纳粹分子罗比·莱布兰特。曼德拉也清楚，他们对待黑人政敌就没那么宽容了。他认为政府也不一定相信被告真的犯有叛国罪：说到底，《自由宪章》宣布的都是文明社会普遍接受的准则而已。然而欲加之罪何患无辞，政府的目的就是让全国大会领袖消停几年。

不过这场审判所耗费的时间之长超乎曼德拉的想象。到了第 4 天，156 名囚犯获得保释机会，黑人 25 镑，白人 250 镑（曼德拉对此评论说，"即使是叛国罪也有肤色之别"），保释金是由他们的支持者支付的。审判被推迟到 1957 年 1 月，被告获批准回家。但很明显，在很长一段时间内，他们的正常生活都会被扰乱。

1957 年 1 月的预审只研究了一个问题，即此案件是否需要在最高法庭审理，但这个研究过程持续了 9 个月。除了囚犯被逮捕时还有几分惊心动魄的意味，整个听证会走的都是沉闷、荒唐和恐吓相结合的路线。在酷暑难当的夏日，白铁皮屋顶下沉闷的仪式日复一日地进行着。每天早晨，法官韦塞尔走进法庭后会轻轻触碰桌角，蓬头乱发的检察官范·尼凯克就开始呆板地宣读起诉书。被告中大多数人试图保持幽默感。卡特拉达递了一本安迪·凯普的连环画给一个同事，并声称他看不出这与马列主义有什么联系，还说这可能会帮助大家更好地理解流氓无产阶级。

这场审判很快就从报纸的头版头条中消失了，约翰内斯堡的白人很快就忘记了他们中间可能存在的威胁。主要辩护律师弗农·贝伦杰以前当过赛车手和战斗机飞行员，他的提问尖锐夸张，那些受教育程度不高的侦探和间谍提供的证据都被他一一驳倒。曼德拉在狱中回忆说，当时的被告给弗农取了个昵称叫"预言家"。弗农最强有力的一次还击发生在他盘问穆雷教授的时候。穆雷号称共产主义的专家证人，他引用了一段文字并指责其为"不折不扣的共产主义言论"；但最后弗农指出，这段文字居然就出自穆雷本人之手。

这些证据越是不可理喻，就越能证明这场审判真正的危险性："整个诉讼并不像表面看起来那么滑稽。"法官曾一度提醒兀自发笑的嫌疑人。一些年轻被告表现得十分轻浮，这让曼德拉心急如焚，当莫里森等人撑起伞遮住漏雨的屋顶时，曼德拉严厉地批评了他们。他对此事背后的风险知道得一清二楚，也明白让警察出丑只会坚定政府将非国大赶出政治舞台的决心。

曼德拉是在亚历山大的一次公共汽车抵制运动中得到启发的。这次抵制运动就发生在他们被捕后的一个礼拜——距 1943 年那场撼动他心灵的抵制运动已有 14 年之久。与上次一样，黑人乘客宁愿选择一天徒步 12 英里（约 19 公里），也不愿为车票多支付一个便士。卢图利承认，这次抵制活动与非国大无关；它所做的也只是"为这样的抵制运动创造了一个良好的氛围"。这次抵制运动中，新的领袖崭露头角，其中包括两名非国大激进分子——托马斯·尼克比和阿尔弗莱德·尼佐，他们后来都成了杰出的领导人物。政府最终向参与抵制运动的群众妥协，并颁布法案要求雇主为公共汽车费用提供补助。这是47年来首次因为非洲人施加压力而通过的议会法案，它让曼德拉意识到，抵制是一个十分有利的手段，但只可作为策略而非固定战略："抵制绝非根本解决途径，"第二年，他在《自由》杂志中发表文章道，"但它确实是一个有力的武器。"

曼德拉在审讯时期比卢图利、马修和西苏鲁都要低调，他从没在左翼报纸《新时代》的封面上出现过。但他高挑的身材、得体的穿着、随身携带的手提箱和讲话时从容不迫的语气都让他显得有些卓尔不群。在城市熙熙攘攘的人群之中，他仍然带有一个部落领袖的傲然气度。后来为他写传记并在叛国罪审判基金会中与他共事的玛丽·本森说，在她眼里，当年的曼德拉是个聪明惹眼的青年，但她"没把他当回事"。不过辩护律师注意到，他在同伴中享有一种不可言说的权威力量，因为别人总想从他那儿获得法律方面的意见；而他自己的证词也足以说明他已充分投身他所钟爱的事业。

审判进行到后期时，思维缜密的马修难掩轻蔑之情："这些家伙们好像都把我当成了非国大运动的智囊，以为人人都听命于我，"他在给妻子弗丽达的信中写道，"他们大错特错了！"他看着那些没受过多少教育的警察用支离破碎的英语陈述着他们的证词，或是提供所谓的文字罪证，比如1956年的日历，或是一张写着"汤和肉"的纸条。他也看到了南非白人憎恨黑人，同时又对英国人的歧视态度心存怨恨，这两种情感交织在一起："南非白人对英国人的优越感十分不满。他们也让我们遭受折磨，因为他们觉得我们把灵魂出卖给了英国人。"马修也担心10年之内"非洲人对欧洲人的憎恨之情将超过白人对黑人的憎恨之情"。

这次漫长的审判使得法庭上不同种族的被告走得更近。"它创造了前所未有的凝聚力。"很多人所推崇的多种族伙伴关系竟在那时得以实现。不管政府利用什么手段将他们送上法庭，他们现在都可以反驳说，这是一次团结的、真正不分种族的运动。

每天午餐时间，他们在分享三明治的同时也会一起讨论各自的观点和问题。每天晚上回家时，他们都觉得自己更像个英雄而不是个叛徒。布拉姆·费希尔斯和他的妻子为黑人领袖提供晚餐，其中包括卢图利和曼德拉；乔·斯洛沃和鲁斯·福斯特举办了不少聚会，为非洲人、印度人和白人提供对饮、共舞和彼此拥抱的机会。他们似乎丝毫不把间谍放在眼里，还开玩笑说犯叛国罪是要上绞刑架的，甚至还起身欢迎中央情报局的间谍米勒德·雪莉。有些被告虽略显粗心或夸张——用非洲人的话说就是"过于自负"——但面对危险，他们勇气可嘉。曼德拉后来在狱中回忆起一位名叫艾伦·赫尔曼的白人自由主义捐助者，她是种族关系学院的院长，曾来到法庭讨论资金募集问题。起初曼德拉还想对她优雅的着装恭维几句，但被她打断了："曼德拉先生，你只需要告诉我，你想要什么。你想要什么？"

南非商界的自由主义者也对此事表示了关心。卢图利和其他几名被告曾应邀会见英美公司的哈里·奥本海默，曼德拉不在受邀之列。奥本海默礼貌地指出，他们对普选权的要求过于极端，而且貌视运动也让他们失去了一部分白人支持者。卢图利等人回答说，白人是否不满他们管不了了，总之他们就是没有办法隐藏自己真实的需求。奥本海默出于谨慎考虑，捐献了 40 000 镑给叛国罪审判辩护基金会。

在伦敦的卡侬·柯林斯和约翰内斯堡的里弗斯主教的帮助下，基金会还从英国人和其他支持者处募集到了足够的资金。基金会先后由希拉里·弗莱格、玛丽·本森和弗莱达·列弗森管理，后来这几个人都成了曼德拉的朋友。当年的英国律师，后来成为英国上议院大法官的杰拉尔德·加德纳的出庭旁观让曼德拉大受鼓舞；此外，美国非洲委员会的乔治·豪泽曾前来拜访，小萨米·戴维斯也送来礼物，这些都让曼德拉深受感动。

但是比勒陀利亚的英美外交官依然拒绝与黑人反对势力接触，唯恐得罪南非白人政府。1957 年 7 月，拜罗德大使只邀请了白人前去参加美国大使馆举办的独立日纪念会，但苏联总领事馆对黑人的热情态度与之形成了鲜明对比。英国大使也没有邀请黑人参加英国女王的生日会，与非国大领袖也没有任何直接的接触。外交官们依然只知道依赖他们特刊上的报道来获取信息，而这些报道里从来都不会提及曼德拉。在伦敦，南非是属于领土办公室管辖范围内的，领土办公室与二战时的白人国家盟友有着十分亲密的联系，它更倾向于与南非白人民族化主义者保持一致，从而站到了非洲闹事者的对立面上；而保守派的首相哈罗德·麦克米伦尚未找到解决非洲问题的办法。

审判之初，曼德拉就已经恢复到了单身状态，他和伊芙琳的婚姻已经破裂，双方不欢而散。伊芙琳回忆，曼德拉时常一句解释都不给便夜不归宿，有一次还差点把她掐死——曼德拉对此断然否认。曼德拉涉足政坛越深，对伊芙琳便越冷落。第一次被逮捕之后，曼德拉在保释期内回家，发现伊芙琳已经离开，房子里空空荡荡，连窗帘都不见了。他们的两个孩子马克贾托和玛卡兹维对此深感不安，曼德拉还要试图安慰他们。

曼德拉的朋友都在猜测他是否会再婚，因为他们经常看到曼德拉与一些女性在一起。鲁思·梦帕提是曼德拉的女性朋友之一，她是曼德拉律所的秘书，为人机智。另一位是莉莲·尼戈伊，她是非国大妇女联盟的领袖，足智多谋且有魄力，同时也是这起叛国案件的被告之一。与他们二人相熟识的海伦·约瑟夫说，这两人就是天作之合。

然而最终俘虏了曼德拉的不是什么经验丰富的政坛人物，也不是任何一个引得曼德拉和伊芙琳大动干戈的女人，而是一个新人，一个年仅 22 岁的社会福利工作人员，比曼德拉年轻了整整 16 岁。她的名字叫作温妮·诺姆扎蒙·马迪克泽拉，来自蓬多兰的比扎那，她的父亲哥伦布·马迪克泽拉是一位校长。温妮的部落尼古特亚那是蓬多兰最强大的部落之一。她的曾祖父曾是纳塔尔的酋长，后来才脱离了沙卡的祖鲁军队，来到比扎那定居。温妮的祖父马兹恩吉酋长是一个富商，有 29 个妻子，后来皈依了卫理公会。温妮的母亲据说有白人血统，对宗教有着狂热的信仰，她在温妮 9 岁时去世，留下了 9 个子女，此后，温妮的父亲就严格按照卫理公会教徒的方式来培养她。她的父亲与她一向比较疏远，倒是她的祖母和外祖母对她影响更深。"温妮专横独断的风格是从她的祖母那里继承来的，"温妮的好友法蒂玛·米尔说，"而她对漂亮服装的喜爱以及爱干净的习惯则比较像她的外祖母。"

童年时期的温妮是个离经叛道的孩子，她很有主见，有时有些暴力倾向。有一次她用一块马口铁和一枚钉子做了一个掸子，并用这个掸子打破了她妹妹的嘴，她妹妹不得不去医院缝针。为此温妮遭到了母亲的鞭打，这段回忆她永远都忘不了。"这就是适者生存，"后来温妮回忆说，"我从来都没有自己的衣服，所以我必须和兄弟姐妹们争抢，我们之间打架是常有的事。稍微长大一点时，我开始觉得羞愧。"她在学校表现优异，但从不涉足政治，当她的校友们纷纷表达对反抗运动的同情时，温妮眼里仍然只有学业。

1953 年，温妮来到约翰内斯堡参与社会工作。她住在叶普街的援手招待所，在简·霍夫迈尔社工学校学习。温妮天资聪颖，两年之后就成了巴拉瓦纳斯医院的第一位黑人社工。她喜欢交际，活泼开朗，对衣服和鞋非常着迷。后来温妮说："我必须成为一个体面的城里姑娘，必须有魅力。"

温妮在约翰内斯堡参加了几次托洛茨基主义者的联合行动会议，她的兄长就属于这个群体，但温妮自己依然与政坛保持着距离。一天，她与朋友一起去法院，看见身材高挑的曼德拉走进了法庭，围观的人群开始轻声叫出了他的名字。不久之后，巴拉瓦纳斯医院的一名护士阿德莱德·特斯古都将她引荐给了曼德拉，那时阿德莱德快要嫁给奥利弗·坦博了。"我没当丘比特，"阿德莱德坚持说，"曼德拉的婚姻也不是因为温妮才破裂的；他与伊芙琳的关系本来就岌岌可危了。"曼德拉显然被温妮迷住了，一直盯着她看。第二天，曼德拉就以托温妮为叛国罪审判辩护基金会募集资金为由邀请她共进午餐。

曼德拉愿意尽一切可能与温妮共处："我一边向她献殷勤一边向她灌输政治思想。"曼德拉回忆说。他还花了一番心思把温妮从情敌手里抢回来，而这个情敌不是别人，正是他的侄子兼对手凯撒·玛坦兹马。曼德拉还把温妮介绍给自己的政治伙伴，包括印度人和白人。审判期间，他们都不知要如何对待这个看上去天真无邪的姑娘，她很健谈，喜欢漂亮衣服，一双大眼睛炯炯有神，似乎来自一个完全不同的世界。"她充满魅力，但很害羞。"保罗·约瑟夫的妻子阿德莱德说。"她完全在政治圈之外，"伯恩斯坦说，"但是纳尔逊对此并不担心。"温妮把曼德拉的政治伙伴当作自己的朋友，在德班时，她与伊斯梅尔及法蒂玛·米尔待在一起，她崇拜莉莲·尼戈伊，把海伦·约瑟夫当成母亲对待，并视坦博为父亲。曼德拉那种世袭领袖的权威气质令她折服：他不会对女人言听计从……他走路的方式、他举手投足间的风度都昭示着他至高无上的领袖地位。

曼德拉从来没正式向温妮求过婚，但温妮仍在相处不久之后就嫁给了他。温妮的家人对她这个冒险的决定很是担心。"我的父亲对这桩婚事完全持反对态度。"温妮后来透露说，"我的姐妹们听到消息都哭了，她们求我不要嫁给一个年长自己这么多的人。"温妮的家人都告诫她说曼德拉以后一定会入狱，她则会沦为"打理家中房屋并定期去探视他的工具"。

但他们彼此相爱。当时曼德拉已经与伊芙琳离婚，1958 年 6 月，温妮成了他的妻子，那时距离他们相识只有一年。尚在封杀期内的曼德拉获得了 6 天的特批假期，允许他回特兰斯凯举办婚礼。温妮的父亲提醒她，曼德拉已经和各种斗争绑在了一起，要想与姻亲和平共处，就要跟上他们的脚步："如果你的男人是个巫师，你就要变成一个巫婆。"曼德拉也会在信中亲切地称温妮为巫婆。

曼德拉带着新婚妻子回到了审判法庭，年轻美貌的温妮与法庭沉闷乏味的气氛形成了鲜明的对比。面带微笑的夫妻二人站在一起极富戏剧效果，似乎他们不属于政界，而属于娱乐圈。曼德拉也从此有了新的形象：他不仅仅是一位律师和革命者，也是一个钟爱妻子的丈夫。他们彼此吸引，而他们所面对的种种障碍和危险也赋予了这段战争时期的爱情故事更多戏剧化的效果。

但是温妮是一个有着自己追求的姑娘，让她面对三个关系并不亲近的继子，情况就变复杂了，所以曼德拉和这个情感丰富的女孩的婚姻并不如他的朋友们想象得那般稳定。与温妮在一起，曼德拉的生活充满激情，但这也分散了他的注意力，加大了未来的不可预见性；很快温妮便意识到政治在曼德拉的生活中占了多大比重："他根本不能匀出时间来与我共处，这点他装都懒得装。"她还回忆说："在我的记忆中，结婚之后我从来没有体验过家的感觉，从没像别的新娘那样有自己的丈夫相伴。你没办法把纳尔逊从民众那儿拉回来——在他心里，斗争和国家永远排在首位。"

温妮很快就树立了自己的政治目标："我发现他的气场太强大了，我根本无法抵抗，没过多久我就失去了自我，沦为他的附属品，我究竟是谁别人根本不关心，他们只知道我是曼德拉的谁……于是我发誓不能再让这种情况持续下去。"温妮的朋友艾伦·库兹瓦约发现温妮开始逐渐退出日常的社会工作。她开始出席各种会议，听她的白人朋友海伦·约瑟夫和希尔达·伯恩斯坦教黑人妇女如何做演讲。但她很快又忍不住了："我觉得我们没必要去学习如何演讲，只要把我们的遭遇和感受讲出来，这就够了。"她开始发表自己的看法，正好她善于表现，情感丰富，老师都觉得不可思议。她有一种平民主义式的政治天性，所以她参加政治活动时从不需要像非国大领袖们那样去发表什么保守的演讲。"成为万众瞩目的焦点丝毫不会对她造成困扰，"她的印度朋友阿德莱德·约瑟夫说，"她喜欢站在聚光灯下被众人包围的感觉。"

温妮不久便加入了妇女运动，蔑视运动之后，妇女运动的力量也日渐强大起来。当时政府强行要求妇女携带通行证，在此之前，政府只对非洲男性提出这样的要求以限制他们的行动自由。于是妇女运动的力量便开始发挥作用了。非国大成立了南非妇女联盟，隶属非国大妇女联盟。1956 年，非国大妇女联盟组织了一次示威，共 20 000 名妇女参加，她们来到比勒陀利亚的联合大厦将一份请愿书递交给总理汉斯·斯奇顿。这些妇女是唱着圣歌来到比勒陀利亚的："斯奇顿你在玩弄妇女，但多行不义必自毙。"温妮加入了非国大妇女联盟在奥兰多的分支机构，而且很快就出人头地了。

"我娶了个大麻烦回家！"曼德拉曾这样对他的律师朋友乔治·比佐斯说，因为温妮被指控煽动其他妇女抵制携带通行证的规定。当温妮本人被要求出示通行证时，她大声宣布她永远不会把这东西带在身上；而当警察带着法院传票来到她家时，她还袭击了警察。"你是娶了个老婆还是娶了个专门煽风点火的人?"比佐斯问曼德拉。后来温妮解释说,当时警察闯进了她的卧室,她正在换衣服,准备被带往监狱。她要求警察出去,但对方上来抓她,她就用肘部撞击了那个警察的下巴,他被撞倒在地上。所以她才会因袭击警察而被起诉。这个案子由比佐斯负责。案件审理过程中,温妮信心十足地提供了证据,有条有理,连白人法官都表示无可辩驳,于是就把她释放了。

1958 年 10 月,在他们结婚四个月之后,已经怀孕的温妮向曼德拉宣布,她要参加约翰内斯堡的一次大型抗议活动,曼德拉大惊,竭力劝说阻止而无果。温妮被逮捕了,与其他一千多名妇女一起被关进了监狱,在狱中她依然保持振作,还和两名白人女监狱看守成为朋友。曼德拉将温妮和其他妇女保释了出来。这时的温妮满怀激情地走上了政治之路。曼德拉后来也责怪自己只知终日忙于公事而不能在温妮遭受挫折的时候给她支持和建议。他在信中对她说:"那时我太忙了,连停下来思考的时间都没有。"

曼德拉的几个老朋友无法理解他为什么会选择温妮;他们觉得温妮争强好胜,又不是非国大的人,娶了她之后麻烦简直接踵而来,她会分散曼德拉的注意力,从而削弱他的领导能力。但是这对夫妻之间政治联系的力量丝毫不亚于两性之间的吸引力,正如阿根廷的贝隆夫妇和后来美国的克林顿夫妇。温妮敢作敢为的魄力和深受听众喜爱的口才如同一曲奔放的乐章渗入了曼德拉沉稳的男低音之中,与他偏保守的风格形成了很好的互补。这对充满领袖魅力且衣着光鲜的夫妇成了 20 世纪 50 年代社交场合的偶像,当他们在一片闪光灯中款款步入舞池时,人们仿佛看到他们周身所闪耀的美利坚式的光环。温妮很快就要以女斗士的形象出现在公众的视线中了。

10. 劲敌（1957—1959 年）

叛国案件的审判依然在进行，曼德拉陷入了非国大成立 45 年来最可怕的政治危机之中。它会让非国大分崩离析，并威胁曼德拉的政治地位。全国大会之后，非国大一直忍受着南非民族主义者，或者说"泛非主义者"的恶意攻击，他们反对《自由宪章》，还号召非洲人采取军事行动，并停止与共产党人和其他种族的一切合作。这次审判让非国大领袖在全国范围内得到了认可，但同时也将矛头指向他们与印度人及白人的合作关系，这激起了泛非主义者更强烈的抵触情绪。

曼德拉理解泛非主义者的急躁和反感情绪，因为现在的他们与十年前的青年团成员非常相似。若是换一个环境，曼德拉可能就是他们的领袖，但既然现在他投身于多种族的民族主义事业并与共产党人取得了合作，那么任何反叛行为都将成为威胁非国大团结的因素，而非国大的团结又是保证斗争胜利的关键。现在曼德拉反而成了更为恼火的一方，因为泛非主义者正利用这次审判去拉拢草根阶层。双方意识形态有明显的差别：一个信奉民族主义，一个信奉多种族主义；一个固执排外，一个兼收并蓄。实际上两者重叠的和尚未界定的部分也不少，但冲突背后是长期积压的个人恩怨和分歧，回首往事所有纷争历历在目，最终导致和解的可能性彻底破灭。

曼德拉和同伴们依然被无休无止的审判程序折磨着。虽然没有任何迹象表明政府要放弃对此案的审理，但 1957 年 12 月，即听证会进行一年之后，公诉人撤销了对被告之中 61 人的诉讼，其中竟然包括卢图利和坦博。由于曼德拉做过军事演讲，所以他仍在剩下的 95 人之列。辩护律师要求撤销整起案件的诉讼，但政府却指派了一名新的公诉人——司法部前任部长奥斯瓦德·皮洛，此人是个反共主义者，生性好战，二战时期曾公开宣布支持纳粹。奥斯瓦德称，现在有证据表明南非已被卷入一场危险的阴谋，整个国家已岌岌可危。

当韦塞尔宣布此案证据充足，可提交比勒陀利亚最高法院审理时，曼德拉才意识到之前坚信公诉方不可能胜出不过是自己一厢情愿，事实上他与其他被告都有可能锒铛入狱。此案看似荒唐，公诉人喋喋不休，侦探无能，对共产主义的定义也荒谬无稽，但这一切可笑因素背后隐藏的是政府最终的阴谋：给这群被告强加一个罪名，借此机会将他们逐出政治舞台。

非国大领袖对法庭的程序惯例过于关注，导致组织内部陷入混乱局面，从而给了反对派可乘之机。他们企图通过举行"我们与领袖同在"的活动将非国大支持者们团结起来，但是他们不能做演讲，也没办法进行任何拉票活动。泛非主义者则显得更加脚踏实地，他们指责非国大领导人过于专横，弃民主于不顾，只会把成员当成投票的工具。

曼德拉的家乡索韦托地区是泛非主义者力量最强大的地方，他们受民主党员波特拉克·凯奇纳·莱巴洛的领导。曼德拉是波特拉克的律师，他眼中的波特拉克勇气可嘉，但还欠成熟，这是他和他的许多追随者的通病。他曾在约翰内斯堡的美国信息服务处工作过，其间曾大量印制传单。莱巴洛与美国的种种联系引发了这样一个传闻：在幕后支持泛非主义势力的是美国中央情报局，但是这个传闻从未得到证实。

《泛非主义者》杂志就是在索韦托莱巴洛的家中印制的，整本刊物充斥着对非国大左倾领导风格的指责和谩骂。泛非主义者与民族主义者一样，使用的语言都比多民族主义者更加情绪化；较之曼德拉等人推崇的反殖民主义和马克思主义口号，他们对"外来势力""东方官僚体制"和"外族方法论贩卖者"的谩骂要生动得多，其语言风格更接近白人记者，因为白人记者为他们做了很多宣传工作：亚历山大的非国大主席约西亚·马德尊亚也是泛非主义者，他之前曾从事宣传工作，演说颇具煽动性；彼得·拉伯拉克是教育事务的发言人，他能言善辩，后来成了一名记者。泽夫·莫索彭曾是一名兢兢业业的教师，后因反对班图教育而遭解雇，事实证明他是一个无所畏惧的斗士，后来也被关押在罗本岛上。

泛非主义者们看到，白人共产党员在郊区过得舒舒服服，而曼德拉等人却只能在市区的廉价酒馆里喝酒。彼得·拉伯拉克后来描述了曼德拉等人是如何"从非洲社区突然来到这样一个全新的环境中……这里白人女性对他们直呼其名，周遭繁华的一切让他们眼花缭乱"。曼德拉称拉伯拉克为"廉价酒馆的知识分子"，拉伯拉克把这个称呼当成一种恭维，并反驳说："要是别人看到我跟你同行，那我的政治声誉就毁于一旦了。"拉伯拉克提到人民大众时，曼德拉会问："你是说那些地下酒吧？"拉伯拉克便回答说："是啊。我哪有你那么好的运气——你可以在霍顿和帕克城喝酒，而我只要能在地下酒馆和群众畅饮就很满足了！"实际上，曼德拉晚上的时间多数用来工作，并且滴酒不沾。

奥兰多的泛非主义者对非国大领袖心存不满，1958年2月的一次非国大特别会议上，他们的怨怼情绪达到了顶峰。莱巴洛带头对执行委员会发起了袭击，当时曼德拉、西苏鲁等人恰好因在禁令期内而未能出席，执行委员会的力量大大削弱。会议一下子陷入了混乱，非国大全国执行委员会不得不紧急接管德兰士瓦分部。两个月后，即1958年4月，非国大试图发起一场抵制运动，抗议政府只允许白人参加大选，然而这场抵制运动因泛非主义者的反对而遭遇惨败。非国大助理书记杜马·诺克维称这次运动"让人失望透顶，非国大颜面扫地，大家彻底绝望"。非国大领袖无法容忍泛非主义者的公然抵抗，于是他们秘密召开会议，将莱巴洛开除出组织。

非国大与泛非主义者的彻底决裂发生在1958年11月，当时德兰士瓦非国大召开了一次危机会议。会议由卢图利主持，他提醒与会人员，以"狭隘的非洲民族主义态度"来对待泛非主义者是十分危险的。泛非主义者将曼德拉和坦博视为主要敌人。当时坦博仍是非国大秘书，他试图平息敌对派系之间的纷争，因为当时双方正就证书和代表问题吵得不可开交。为避免选举失败，泛非主义者从会议大厅撤离，事后致信非国大领袖称，他们将脱离非国大，转而成为1912年公布的非国大政策的监督人。

这次决裂是否可以避免？其实曼德拉的家庭医生尼塔多·莫特拉纳本可以出面调停。莫特拉纳精灵古怪，说话语速极快；他曾与曼德拉在青年团共事，并参与了藐视运动。他是个企业家，信奉资本主义。曼德拉回忆时称："他是个头脑敏捷的商人，从头到尾都非常精明。"莫特拉纳不信任白人共产党员，但与泛非主义者罗伯特·索布克韦交好。索布克韦是他的病人，曾在他的手术室里召开过会议；但是莫特拉纳反对分裂，认为非国大内部一旦发生分裂，那么整个非洲的自由进程就倒退了："我告诉他们不要逃避白人——他们应该留在非国大并与白人作斗争。"

莫特拉纳提醒曼德拉，共产主义的影响之大已让青年团内部怨声沸腾，不少人扬言要脱离非国大。但曼德拉对莫特拉纳说："尼塔多，别着急。非国大可以控制整个国家。"后来回首往事时，曼德拉感到非国大将泛非主义者拒之门外确实太过草率："有几件事情我本该用更宽容更耐心的态度去处理的……我们开除了太多人。"但是他又觉得这次决裂是《自由宪章》的必然结果："我觉得这是我们避免不了的。"

曼德拉最终与多年来的几名政治伙伴分道扬镳，其中包括他早年的导师高尔·拉德比，后者后来成了不折不扣的反共主义者；他的青年团同事彼得·姆达一直是一名泛非主义者，他后来深信曼德拉秘密加入了共产党，但尽管如此，他仍觉得"虽然理智不允许我们再做朋友，但我们的友谊仍然存在于我内心深处"。而曼德拉回忆起姆达的时候就没那么温情了。他在狱中写道："他是个公众人物，我与他从未有过任何有意义的接触。在我印象中，他是一个精力充沛的人，他说出来的话可能让你如沐春风，但也可能让你如芒在背。"在曼德拉眼里，姆达与他就如同战争与和平一般判若霄壤："姆达关注战争；而我注重和平。"

1959 年 4 月，泛非主义者在奥兰多召开全国性会议并成立了自己的党派——泛非洲人大会。会议召开的那天是纪念白人于 1652 年定居南非的日子——泛非洲人大会正好借此机会发动抵制运动，称正是由于当年白人的侵略，非洲人民才失去了自己的土地，并遭受奴役。泛非洲人大会成员喜欢把自己与非洲其他地区的非洲民族主义者联系在一起，因为后者正充满信心地走向独立，而且加纳的克瓦米·尼库鲁玛提出的"新非洲精神"也与泛非主义者的论调更加契合，与非国大奉行的多种族主义精神却相去甚远。

泛非洲人大会的代表们没有推选莱巴洛那样暴躁的人物当主席，而是推选了思维缜密的罗伯特·索布克韦，他是威大非洲语言学的讲师。索布克韦当选时是 35 岁，比曼德拉小 6 岁，与曼德拉一样高大英俊，身强力壮；但是索布克韦的出身并不好，所以他会以农民式简单的思维模式去理解他所学的知识。他在开普敦的旱地卡鲁长大，他的父亲是一名普通店员。他入了卫理公会，并进入希尔德敦和福特海尔学习，成绩比曼德拉优异得多。之后他加入了青年团，成了主战派，曾对传教士发起过猛烈的袭击，同时期待非洲力量能日益强盛："正如行将就木的罗马文明能从野蛮人那里获得新生，日渐衰败的西方文明也能够在非洲得到净化。"

1949 年，索布克韦当选青年团书记，并积极支持曼德拉和伙伴们的行动计划。他坚信白人永远不可能与黑人达成完全的一致，因为"处于优势地位的团体永远不可能主动放弃既得的利益"。和其他泛非主义者一样，他对非国大领袖坚持的多种族行动怀有诸多不满，并指责他们"只知道在约翰内斯堡跨种族聚会上与白人女性跳舞，而不知道想想办法让非洲摆脱白人的统治"。

由这样一个口才出色的反共知识分子领导的泛非洲人大会深受欧美保守派的欢迎，他们认为泛非洲人大会有望取代非国大。曼德拉认为美国将泛非洲人大会的诞生当成是对非洲左翼势力的一个重大打击。英国外交官则不能肯定共产主义和种族主义之中哪个对西方威胁更大；英国高级专员公署盛赞卢图利在"种族宽容政策上的坚定立场和相对谦逊的态度"。不过，在南非警察的影响下，英国方面对泛非洲人大会的尊敬则有些过头了。8 月 17 日，警察局局长向英国高级专员公署提交了一份冗长的报告，报告称"泛非主义者仅仅将自己的组织看作是非洲几个类似的机构之一，他们的任务是解放非洲，推翻帝国主义和白人统治，最终建立所谓的非洲合众国"。与此同时，英美两国依然认为种族隔离政府是全球反共势力的坚定盟友。

曼德拉依然希望非国大这两派人马能言归于好。他曾是索布克韦和莱巴洛的律师，他对索布克韦的幽默感推崇备至，认为他是"杰出的演说家和深沉的思想家"；但他认为索布克韦的黑人民族主义思想欠成熟，泛非主义者之间了却政治宿怨的习惯也让曼德拉无法容忍。在少数民族权利一事上，索布克韦的态度非常狭隘，这在泛非主义宣言中可见一斑："非洲人民不能容忍其他民族存在于我们的国土之上。"曼德拉对此十分担忧，并指出部落居民和包括白人在内的少数民族的权利必须得到保障。

然而曼德拉低估了索布克韦对非国大的威胁，也低估了泛非主义者对年轻黑人知识分子的影响。曼德拉人生中第一次严峻的政治挑战来临了，40 年后回首往事，曼德拉承认索布克韦是他最强大的对手。

接下来的叛国罪审判在南非白人大本营比勒陀利亚进行。那里的非国大势力相对较弱，而白人居民对他们的敌意则更加强烈。案件由三名法官负责审理，案件的总负责人还是拉姆帕夫法官，他在藐视运动的时候就已对被告中的很多人进行过审判。曼德拉尊敬拉姆帕夫的为人，并认为他手上的证据不足："他确实想把我们送进监狱，但他是个正直的法官，干不出见不得光的勾当。"

号称"测谎仪"的弗农·贝伦杰仍在辩护团队中，同时又有两名资深律师加入——伊斯拉尔·梅塞尔斯和布拉姆·费希尔斯。当时费希尔斯已成为曼德拉最亲密的朋友和非国大的主角。他是不折不扣的南非白人，加入了共产党，并深受马克斯、摩西·考坦纳和尤瑟夫·卡查利亚的影响。他的斯多葛式的自我牺牲和奉献精神令曼德拉折服："我们将彼此视作兄弟。"费希尔斯为这次辩护倾注了全部的精力，他的专业水准也吸引了很多被告去学习法律。

几番休庭开庭、唇枪舌剑过后，1958 年 8 月，贝伦杰开始准备长篇法律论据，要对语焉不详的起诉书提出质疑。同年 10 月，公诉方突然撤销了所有诉讼；然而一个月后，他们卷土重来，这次的起诉书言之凿凿，矛头直指被告之中的 30 人，一口咬定他们煽动革命和暴力行动；曼德拉是这 30 人中的一员。

审判原定于 1959 年 2 月在比勒陀利亚继续进行。但在审判开始前夜，曼德拉去看了黑人音乐剧《金刚》，讲的是索非亚教的黑人重量级拳击手谋杀了女友的故事。首场演出放在威大礼堂，那是约翰内斯堡唯一一个允许黑人白人共处一室的地方（虽然座位是分开的）。演出让曼德拉深受感动，事后他拥抱了作曲人马特什基萨和他的妻子埃斯米。曼德拉表示，剧中歌曲《伤心时期，艰难时期》的歌词让他想起了第二天即将开始的审判："这些人到底做了什么，非要遭此摧残？"

审判再次开始，期间休庭开庭无数，曼德拉的未来变得更加无法预知，他的法律工作也很难再继续下去。多数非国大领袖的行动都由于审判或禁令而受到了限制。卢图利虽得以从此案中脱身，但是 1959 年 6 月，他又收到一纸为期五年的禁令，将他的活动范围限制在他的家乡纳塔尔。英国外交官伊利诺·艾默利在伦敦表示，禁令赶走了"最谦逊最温和的非国大领袖"，必将激起更极端的行为，届时可能整个非国大都要受禁令限制。《纽约时代报》公布了卢图利的档案，称南非政府挑选了一个"有价值的敌人"，新上任的美国大使菲利浦·克劳比他的前任要精明得多，卢图利收到禁令三个月后，菲利浦去格鲁特威尔拜访了他。但是西方外交官对曼德拉等主战派的非国大领袖还是敬而远之。

在审判中，曼德拉压力越来越大，但是在幕后，他仍是一名活跃分子，与西苏鲁也依旧保持着密切的联系。西苏鲁的影响力仍然很大。"大家仍然当我是总书记，"后来西苏鲁解释说，"因为现在实际担任总书记职位的是奥利弗·坦博和杜马·诺克维，但我仍然参与工作。我每天都和纳尔逊讨论问题。"

但是整个 20 世纪 50 年代，非国大都处于非常混乱的状态。1955 年，一位领袖在《自由》杂志上发表文章，毫不夸张地描述道："非国大领导层效率严重低下——对各地实情了解不够，没有能力处理诸如回信和分支机构访问等简单事务。他们彼此之间缺乏信任、合作和贡献精神，个人主义横行，争名夺利现象严重。这些缺陷直接导致非国大缺乏决断力和领导力，流言蜚语和各种诟病及指责立刻乘虚而入。"

对于非国大的混乱局面，曼德拉心知肚明，却又很难接受别人对非国大的指责，尤其是来自白人的指责。记者马丁·利顿在《兰德每日邮报》发表文章称，非国大组织结构松散，没有档案，也没有成员名录，与非洲邻国官员相比，非国大领导层中奉承谄媚的风气更盛。曼德拉看到之后非常生气，还扬言要掐死利顿；但事后曼德拉承认，他生气不是因为利顿的文章有失公允："我发火恰恰因为他说的都是事实。"

非国大德兰士瓦分部既是最重要的，同时却也是最无能的机构。"分支机构严重缺乏警惕性和敏感度，"德兰士瓦执行委员会在 1956 年 11 月时发表意见说，"我们的工作模式造成分支机构反应迟钝，效率低下。"1958 年 12 月，全国执行委员会报告称"我们的目标是要将非国大打造成能够经受一切沉重打击和破坏的机构"。然而一年之后，继坦博之后担任总书记的杜马·诺克维称非国大的问题"已经根深蒂固"。他提出警告说"认为非国大这样一个事务繁多的庞杂机构可以不用专职人员去管理运作，这个想法实在太荒诞了"。他希望 M 计划早日付诸实施，以"抵御残酷的攻击"。但是非国大的防御还是没什么进步。

泛非洲人大会成立之后，非国大被迫采取更加强硬的态度。他们寄希望于各种经济抵制活动，将其看作主要的政治武器，认为其潜力无限。其他形式的抵制运动被禁止，那么对奉行种族隔离政策的公司及商店的产品采取抵制态度似乎成了唯一的方式："什么都不要说，不买就是了。"卢图利想对实力较弱的企业施加压力，正如曼德拉所说，要给这些企业"致命的一击"。起初抵制运动取得了一定成就，曼德拉还将其看作新的反抗模式的开端。

斯奇顿死后，维沃尔德于 1958 年 9 月出任总理。曼德拉曾提醒过众人，新一届的维沃尔德政府相当残忍，但同时他也确信，大肆推行驱逐政策和政治迫害的维沃尔德政府必然不会长久："充满仇恨的法西斯政权在绝望中只能选择孤注一掷，但幸运的是，这样的残暴统治很快就要在历史舞台上遁形了。"

被视为种族压迫手段的通行证法已搞得民怨沸腾，对非国大来说，采取大规模反抗措施已经迫在眉睫。从理论上讲，反抗措施确实能够使整个体制瘫痪，但非国大十分清楚过去的反抗都惨遭失败。1958 年 12 月，全国执行委员会在年会报告中称，对于通行证法的抵抗正在升级，但他们的态度依然谨慎："若妄想将这种体制一举击溃，那么迎接我们的只有幻灭。但另一方面，我们不能坐等所有人都准备好之后才开始行动……抵制通行证法的斗争已经开始；我们已经不能回头，只能向前。"

非国大新任总书记杜马·诺克维毕业于威大，他衣冠整洁，性格活跃，是南非第一位黑人律师。就读于圣·彼得学校时，坦博曾当过他的老师。同时杜马还是个拳击手，他身上的那种侵略气息是坦博一直想要约束的。他在反抗运动和叛国罪审判中得到了历练，并加入了共产党，但同时又很懂得享受生活和美酒佳肴。继任之后，杜马决心重组非国大，并与西苏鲁、曼德拉和坦博一道制定了一个详细的计划，这个计划在 1959 年 12 月的非国大年会上通过。该计划提议延长经济抵制活动期限，并于 1960 年 3 月 31 日推行反通行证法运动——那天正是 1919 年首次反通行证法游行示威运动的 41 周年纪念日——又于 6 月 26 日将运动推向高潮。

　　但是这个计划被急于采取行动的泛非洲人大会窃取了。非国大1959年年会后的一个星期，泛非洲人大会执行委员会宣布召开第一次全国会议。奇怪的是，他们的主要提案相当保守，仅要求在商店或工作室等场所给予非洲人礼貌而公平的待遇，以维护他们的人格尊严，从而"消除奴隶心态"。但这个提案很快被索布克韦驳回，他提议对通行证法进行反抗。这项提议还不成熟，实际实施时的风险还未经分析，但它以迅雷不及掩耳之势在大会上取得了一致认可。索布克韦说，时至今日，泛非洲人大会才算真正渡过了它的卢比肯河。

　　非国大领袖认为泛非洲人大会扮演了泄密者的角色，他们的目的是破坏非国大并借机占据主动地位。乔·斯洛沃曾写道："泛非洲人大会推行的运动严重缺乏组织，还不如1952年的藐视运动。"曼德拉眼见那个曾经"口若悬河、思维缜密"的对手索布克韦如今完全无视历史教训，只知扮演煽动角色，不禁怒火中烧。但是非国大没办法忽略索布克韦在民间挑起的激愤情绪。四个月后，他那个轻率鲁莽的计划终于成了改变整个南非格局的催化剂，并进一步塑造了曼德拉革命主战派的形象。

11. 夭折的革命 （1960 年）

非洲其他国家的独立前景一片光明，这给非国大和泛非洲人大会带来了新的希望。"非洲上下群情激奋，"曼德拉在 1958 年 3 月的《自由》杂志上称，"与美帝国主义结盟的政府是不可能掌握这片大陆未来的命运的；未来掌握在人民大众手中。"

1959 年的一份非国大报告称："过去几年中，整片非洲大陆上一直回荡着成立自治政府的呼声。""非洲！"成了战斗的集结号，初生婴儿都开始以克维姆或乔莫命名。南非的白人统治与非洲大陆其他地区越来越格格不入，也越来越岌岌可危。记者和外交官早已预言，1960 年将是"非洲年"。一众英法殖民地会取得独立，之前的帝国主义国家都开始恳求新生领导力量维持贸易往来，并加入冷战共同对抗共产主义。

英国保守派首相哈罗德·麦克米伦意识到非洲黑人不容小觑，中非白人居民的固执态度以及英国与南非政府联盟的政治成本让哈罗德忧心忡忡。1959 年10 月大选胜出之后，他计划走访非洲，终点是开普敦。

南非黑人领袖和自由党人担心麦克米伦会对种族隔离政策采取纵容态度，于是卢图利、佩顿、奈克和尼古巴尼四人在麦克米伦出发前联合签署公开信，并在伦敦的《旁观者》报上发表——该刊物在当时被视为"黑人的朋友"——该公开信提醒麦克米伦，种族隔离制度是邪恶的、不公平的，并恳请他"不要发表任何可能被理解为赞成种族隔离制度的言论"。麦克米伦本人同意这封信上的每一字每一句，并严肃征求下属意见，询问自己为南非之行准备的演讲能否令这封信的签署人满意。

麦克米伦的访问从加纳开始，他称赞了加纳总理克维姆，并首次提出"变革之风"的概念。接着他走访了尼日利亚、罗德西亚和尼亚萨兰，最终来到南非。在开普敦，他拜访了维沃尔德博士，并很快见识了此人的强硬态度："任何人说的任何话都不可能对这个坚如磐石的人产生任何影响。"麦克米伦告诉他的新闻发言人哈罗德·伊万，"将种族隔离上升为信念"的愚蠢观点令他大为震惊："如果他们不想着将种族隔离升级成一种意识形态，那么他们只需稍稍做出让步就可以得到他们想要的结果。黑人和白人经济状况之间的差异已经足够实现部分隔离了。"

整个旅程中，麦克米伦一直在修改将要在开普敦发表的演说。进入开普敦议会大厅之前，麦克米伦极度紧张，还不得不进盥洗室调整状态。不过整篇演讲构思精妙，在一开始就征服了南非白人议员。他先是称赞他们的民族主义思想在非洲大陆首屈一指，随后才指出："你们的政策之中存在一些缺点，致使英国无法对南非提供支持。"英国媒体尚未对这次演说的意义加以强调，它便早已撼动人心。

麦克米伦要求会见黑人领袖，然而此次访问活动受到维沃尔德政府的严格控制，高级委员会根本就不认识曼德拉这样的非洲领袖人物。在约翰·莫德爵士组织的只有白人参加的花园聚会上，帕特里克·邓肯催促麦克米伦赶快会见黑人领袖，却发现突然之间麦克米伦对他的意见充耳不闻了。

麦克米伦觉得，既然他在开普敦的演讲取得了如此效果，那么即使他未能会见非国大领袖也不会有什么严重后果。事后卢图利表示，他想告诉麦克米伦，如果南非独立于英联邦之外会对整个非洲更有好处，但麦克米伦的演讲还是给他带来了惊喜："它带给非洲人一些启示和希望。"

曼德拉也认为演讲非常出色。虽然他对英帝国主义并不信任，但他永远都忘不了麦克米伦身处强硬的寡头政治团体的虎穴之中仍敢于提醒他们"变革之风"已经出现，这是需要勇气的。

事实证明，麦克米伦"变革之风"的说法是有所保留的。短短六周之后，他就不得不解释说，他的本意不是指"一场横扫一切新生文明的疾风骤雨"，而且"要尽一切努力，不惜一切代价来避免这种情况"。他还在非洲访问时，比利时政府就决定允许刚果在四个月后独立——当时的刚果正处于内战的混乱局面之中，同时将冷战引入非洲大陆中心，并在南非白人之中营造恐怖气氛。帝国主义的妥协让泛非洲人大会信心膨胀，并许诺在 1963 年之前推翻南非白人的统治。他们以为南非白人会像殖民主义国家那样轻易地交出政权，这让曼德拉十分生气。"如何让民众为这一历史性的时刻做好准备，泛非洲人大会根本没有任何计划。"后来曼德拉在狱中写道。

那时这两个对立的派系已经到了水火不容的地步，和非洲其他的对立团体一样，他们彼此加诸对方的指责谩骂丝毫不比给共同敌人的少。非国大计划在 1960 年 3 月 31 日发动游行示威抗议通行证法，而索布克韦也带领着泛非洲人大会推行他们自己的反通行证法运动，只是他们根本没有很好地计划过。索布克韦认为积极大胆的领导风格必然会激励人民大众，于是，在 3 月 18 日那天，他突然宣布，3 天之后——即非国大计划的游行日期的前 10 天，"所有城镇乡村的居民请把通行证放在家里",并去警察局门口自投罗网,保证"不要求保释和防御"。他还邀请非国大一同参与活动,但为时已晚,诺克维不出所料拒绝了他们的邀请,并指出他们的计划让他"看不到成功的希望"。曼德拉对他们也持同样的怀疑态度,他认为泛非洲人大会不过是"尚在寻求追随者的组织",还抢先一步草草窃取了非国大的行动计划。

3月21日,索布克韦和其他150多人因没有通行证而在奥兰多警察局被捕,在开普敦,1500多人自投罗网,民众聚集在警察局门外进行抗议,并遭到警察驱逐,造成2人死亡。在沙佩韦尔,10 000民众包围了警察局,致使焦躁的警察动用了武力,67人丧生枪口之下。

沙佩韦尔的惨案在南非实属前所未有,因此很快在世界范围内激起了反响。在华盛顿,正当大选之年的艾森豪威尔总统尚因国内种族问题而自顾不暇,因此表示他没精力去处理"一个远在6000英里(约9656千米)之外的社会和政治难题"。但是美国国务院首次对比勒陀利亚表示了谴责,并希望南非黑人能够"通过和平手段获得他们应得的补偿"。联合国安理会谴责了南非政府的暴力行径。英国和法国则没有发表意见。南非股市崩盘,南非白人排起了长队购买枪支,或申请移居国外。

一夜之间,黑人的政治地位发生了天翻地覆的变化。索布克韦和泛非洲人大会一时风光无限。但曼德拉回顾了整个事件之后表示:"泛非洲人大会受到追捧,不是因为他们不成熟的言论,而是因为沙佩韦尔的惨案。"群众的愤怒情绪起初似乎证实了索布克韦所信奉的自发行动的正确性。泛非洲人大会民族主义者比非国大更好地抓住了黑人群众的心。"索布克韦一鸣惊人,"一位非洲记者评论道,"他非常实际,非常非常实际。"

曼德拉承认泛非洲人大会领袖确实勇气可嘉,并很快意识到非国大"需要迅速做出调整"。沙佩韦尔惨案之后,他整个晚上都在与西苏鲁、诺克维和斯洛沃秘密商议如何应对。最后他们决定说服以卢图利为首的所有非国大领袖烧掉自己的通行证。他们还决定定一个日期号召大家举行怠工,以悼念沙佩韦尔惨案中遇难的群众。他们成立了一个委员会分会,在斯洛沃家中准备罢工事宜,而诺克维则前往比勒陀利亚安排卢图利烧掉通行证。包括伯恩斯坦在内的许多共产党对烧毁通行证一事持怀疑态度,他们担心此举会导致驱逐、解聘等惩罚措施;但是非国大决心已定,共产党人能做的只有全力协助。

沙佩韦尔惨案发生后的第十天,种族隔离制度的整个体系似乎开始瓦解。3月26日,卢图利举着烧焦的通行证的照片被公布出来;两天之后,绝大多数黑人工人响应非国大的怠工号召，而曼德拉和诺克维则在记者的镜头跟前烧毁了自己的通行证，另有几百人仿效了他们的举动。"只有规模足够大的组织才能协调好这样的行动。"曼德拉回忆说。值得一提的是，政府显得十分软弱；3月25日，警察局局长宣布他将推迟逮捕没有携带通行证的人。

现在非国大似乎开始统筹全局。3月29日，我在奥兰多与曼德拉进行了一次谈话，他对泛非洲人大会依赖群众自发反应的态度表示了蔑视："你必须要有自己的机构和组织。"他对泛非洲人大会在抗议活动组织工作中的角色非常敏感，并坚持认为非国大抵制土豆的运动才是烧毁通行证一事的重要序曲；他似乎对非国大的成功很有信心。与他在一起的是诺克维，那时他正坐在一把大扶手椅中，面对成千上万张被烧毁的通行证，他显得有些沾沾自喜："我们做梦也没想到此事进展如此迅速。整个国家即将进入革……"——"革命"这个词说到一半，他打住了——"随后还会有翻天覆地的变化。"

革命时期真的会来吗？那个时期确实是南非历史上的诸多过渡时期之一，什么事都有可能发生。小酒馆的人气都突然旺了起来，话题不外如下："警察太有礼貌了，我都有些受不了了，有个警察居然称我为'先生'。"连国家控制的广播站都开始用一种传统的革命口吻播报新闻："人民大众，快醒醒吧！让我们团结起来吧！所有的国家都把我们踩在脚底下了。"

3月30日，泛非洲人大会在开普敦发起了一场大规模的罢工运动，警察开始在城镇上进行疯狂袭击以逼迫群众结束罢工。作为回应，黑人工人自发组织了一次由30 000人参与的游行，带队的是一名23岁的学生，名叫菲利普·克格萨纳，索布克韦是他的偶像。当他们到达市中心的时候，有那么一瞬间，克格萨纳觉得整个国家的未来都掌握在自己手中了，但是他很快就上当了，政府承诺给他机会与司法部部长谈谈，他便按政府要求遣散了游行群众。可是他没有见到司法部部长，相反，他被逮捕并关押了9个月。

政府很快占了上风，并于游行当天宣布采取紧急措施，关押了2000多名群众。曼德拉有朋友在警局，所以很快得到了秘密消息。他通知了卡特拉达等同事，卡特拉达又将消息传达给了伯恩斯坦，伯恩斯坦则提醒共产党人不要在家里过夜。他们很快做出决定让哈默尔、考坦纳和达都等激进分子就此躲起来不要露面，而曼德拉和其他人则向警方投降。

曼德拉被捕并被押往纽兰德的监狱。第二天，他告诉关押在别处的海伦·约瑟夫："凌晨1点，共有50人被捕，他们被关在一个露天的院子里，能提供照明的只有一盏电灯。院子太小，他们只能站着，没有食物果腹，也没有毯子取暖。天亮后他们被带入一个牢房，下午 3 点才有食物送来，那时被捕的人都有 12 个小时没有进食了。"

此时政府正不择手段地阻止进一步的反抗活动。4 月 8 日，在反对党派联合党的支持下，《非法组织法案》通过；成立了 48 年之久的非国大最终与泛非洲人大会一起被定性为非法组织，而且在接下来的 30 年里都是如此。黑人聚居地区发生了政治动乱，因为大家都不知道谁进了监狱，谁又逃脱了。4 月 9 日，紧张气氛再度升级，维沃尔德在约翰内斯堡的农业会展上遭到枪击，行刺者是一个白人农民，名叫大卫·普拉特。

连续几天南非都处于动乱状态，维沃尔德无法处理事务，他的内阁则不知所措。4 月 19 日，一位名叫保罗·索耶的部长发表演讲，指出沙佩韦尔惨案结束了南非旧时代的历史，整个国家必须本着"严肃诚恳"的态度重新调整种族关系。但是这种调停缓和的调子很快就销声匿迹了。维沃尔德迅速康复并重新开始工作，其强硬风格更甚从前。警察比以前更加肆无忌惮。烧毁通行证的人越来越少，因为大家都知道，没有通行证，他们就领不到养老金，也不能申请住房。烧毁通行证的人甚至开始排队补办。

到了 4 月底，之前相传即将到来的革命似乎依旧没有等到成熟时机。"现在还不是时候，"记者坎·泰姆巴道，"人们都在议论说现在的风头可能会升级成飓风，但自始至终飓风都没有到来，有的只是一点微风。"事实证明，通行证法一时的放松不过是缓兵之计，更加残酷的压制手段正蓄势待发。比勒陀利亚丝毫不愿向麦克米伦等西方领袖妥协；政府正计划在海外势力的帮助下巡礼警察，以便实行更加残暴的监督和制裁。

沙佩韦尔惨案的余波表明，非国大和泛非洲人大会都不够务实。非洲大陆上几乎找不出与南非类似的国家，因为其他国家的殖民主义政府控制松懈，自由运动更容易取得成功。而南非黑人反抗白人的斗争之路则显然比北非国家走得更加艰难。

在这样混乱的气氛下，比勒陀利亚的 3 名法官仍在坚持审理叛国案件。30 名被告每天都从监狱被押往法庭。曼德拉终于获准在周末前往曼德拉和坦博律师事务所。律所的日常工作早已因叛国案件而遭到破坏。押送曼德拉的是一位南非白人警官，名叫克鲁格，他相信曼德拉不会逃跑。政府对此案越发重视，因为反对党要求政府调查沙佩韦尔惨案的原因。正如维沃尔德在 5 月 20 日所说："此案本身有助于调查动乱原因。"

以布拉姆·费希尔斯为首的辩护律师团队对国家紧急时期产生的种种限制

表示了愤慨，并指出他们的客户如今身陷囹圄，无法与外界沟通，这种非常情况会影响本案审理的公平和公正。他们提出了一个大胆的建议，即律师团队在紧急时期过去之前暂时退出本案审理，由被告自行辩护。曼德拉对该建议表示了赞同，其他被告则意见不一。但不管怎样，律师团队的退出可以为被告创造一个向法官展现自身才能的机会，并让他们得以直接与法官对峙。律师团队退出之后，曼德拉与诺克维将接过他们的责任重担，因为他们是整个被告群体中仅有的两名律师。他们必须帮助其他被告做好准备，但是有些被告抱怨说他们不知如何陈词。曼德拉向人们保证他会提供强有力的道德论据。

1960 年 8 月，经历了 5 个月的限制期后，紧急状态解除，辩护律师回到法庭。现在轮到曼德拉提供证据了。曼德拉对此十分期待，因为他已经太久没有在别的地方发出过自己的声音了。年轻律师西德尼·肯特里奇被指定为曼德拉辩护。他的谦逊风格之下隐藏的是近乎残酷的理性；这种行事风格后来助他在南非和英国两地都登上了职业的顶峰。在叛国罪审判法庭内，肯特里奇很快陷入了对曼德拉的崇拜之中。他回忆说："那时我才意识到，曼德拉天生就是当领袖的人。他坚定、亲切，善于思考，讲究逻辑。从他回答问题的方式就能看出他的政治才能。面对重重盘问，他从不隐瞒任何动机，常常在提供证据的时候就将其展现得一清二楚。"

毫无疑问，曼德拉的证词比以往任何时候都更能证明他的政治才能。在法庭审讯和政治危机的巨大压力之下，他仍旧可以掌控全局。在他自己的陈词中，他详细介绍了自己的政治发展历程和他所信奉的人生哲学，并强调他的人生哲学不代表非国大的观点。他认为这是他人生中最成功的演说。他坦言自己最初信奉非洲民主主义，后来才转向多种族主义。他一再声明自己支持非暴力运动，并解释了自己是如何看着非国大通过合法选举而逐步取得全国范围内的影响力并最终走上民主政治之路的。他表示，他自己期待的是一个没有阶级的社会，并相信这样的社会在匈牙利、中国和苏联已成为现实。但是他也承认，在很长一段时间内，非洲的不同阶级依旧会存在——工人、农民、商人和知识分子。他对帝国主义持强烈的反对态度："就我自己的经历而言，对于帝国主义我实在说不出任何支持的话……它侵袭过全世界许多国家，奴役人民，剥削人民，带来死亡和毁灭。"他也对资本主义表示了反对，但承认自己不知道它是否与帝国主义有关。他坚持认为非国大没有对资本主义发表过任何看法，并表示除打破矿业垄断之外，《自由宪章》的条款没有其他任何涉及资本主义的地方。

他认为南非政府正向着法西斯主义的方向发展。非国大希望能对更加残酷的行为加以反抗："政府会毫不犹豫地屠杀成百上千的非洲人。"但即使发生了沙佩韦尔惨案，曼德拉依然表现得十分乐观——因为"现在的民族主义政府已经比我们刚开始行动时要弱得多了"。他希望在内外两重压力之下，政府能够意识到他们的政策是不会奏效的："曾经支持南非种族政策的国家如今都已投入了反对的阵营。"

海伦·约瑟夫提供证词时非常紧张，但曼德拉的镇定态度使她大受鼓舞。在极个别的情况下他才会发火，比如拉姆帕夫法官表示把选举权给没受过教育的人就像把选举权给小孩一样，曼德拉就表现得怒不可遏，因为他的父亲就没受过教育，被告中也有两个年长的人没上过学。被问及1951年"夺取政权"一事，曼德拉回答说："我不认为那个时期发生过任何武装或暴力行动。"被问及伯恩斯坦的讲座中带有明显的马克思主义色彩，曼德拉表示："非常不幸，伯恩斯坦的演讲还会让人认为它是受了非国大的影响。"

但是曼德拉能够证明，在之前的十年间，他和其他非国大领袖都从未提倡暴力，而且虽然他拒绝批评共产党人，但他不是这个党派的人。

肯特里奇："你是否已成为共产党人？"

曼德拉："我不知道我是否已成为共产党人。如果你所说的共产党是指该党派的成员，且以马克思、恩格斯、列宁和斯大林的理论为信仰并严格坚持该党派的原则，那么我没有成为共产党人。"

肯特里奇曾私下里问曼德拉，既然1956年赫鲁晓夫曾公开抨击过他，为何不趁此机会抨击斯大林？曼德拉的回答是："这不是我们的政治职责。斯大林并没有反对我们。"肯德里奇曾认为，曼德拉将共产党看作自己敌人的敌人，因此就等同于自己的朋友；但与他多加接触之后，肯特里奇确认，曼德拉并不是什么斯大林主义者或共产党人。

后来，曼德拉的部分同事认为，当时他与共产党人或地下党已经没有多大区别了。"真的很接近。"中央委员会成员本·特洛克说。"说他没有加入共产党不过是个策略。"伯恩斯坦说。政府继续指控曼德拉加入了共产党，这点正中海外反共势力下怀。即使到了1966年，在罗本岛上度过四个春秋之后，曼德拉仍会收到司法部的通知说他上了共产党员的名单。他曾写信"坚决否认自己在1960年或其他任何时间加入南非共产党"，并要求查看宣誓书以及他出席任何一次共产党会议的细节证据。四个月后，司法部通知"现阶段"他们决定不将他列上共产党员名单。他的共产党朋友伊斯梅尔·米尔说："实际上，即使经过组织完善的安全体系的最严密审查，他们也从未能证实纳尔逊是共产党员。"

南非共产主义的特殊情况已经扭曲了这个问题。许多南非共产党和他们的支持者都是实用主义者，后来曼德拉还表示他利用共产党要比共产党利用他更多。接二连三的证据都表明他几乎从未遵循过他们最基本的信条。但是20世纪60年代初期，信奉种族隔绝的政府越是残忍，共产党人就越是大无畏——就像战时法国共产党人反抗纳粹一样。

当然，由于禁令的缘故，非国大被进一步推向了共产党组织，两者发展了秘密的合作关系。8月全国戒严取消之后，许多囚犯被释放，非国大领袖才得以秘密接头并商讨如何在禁令管制之下继续运作。曼德拉意识到非国大的组织结构必须经历大的调整以达到精简机构的目的，青年团和妇女联盟必须解散，注意力必须集中到核心小团体上。"激进成员的活动变得相当危险，"他在狱中写道，"只有强硬的核心组织才能够采取行动。"由于组织被定义为非法，曼德拉认识到寻求新的研究途径迫在眉睫。1950年共产党收到禁令时，曼德拉就曾提醒众人，政府对非国大的关注丝毫不亚于共产党：如今，敌人正用同一个武器来对付他们二者。

虽然有曼德拉之前的提醒和M计划，非国大还是和泛非洲人大会一样，在毫无思想准备的情况下收到了禁令。戒严期一结束，非国大就成立了一个紧急委员会，专门负责处理非国大在非法时期的一切事务，并声明拒绝服从禁令。但2000人遭到拘留，非国大受到了严格的限制。

被禁令控制了10年的共产党更习惯于地下工作，几名主要激进分子，包括曼德拉的朋友考坦纳和哈默尔如今都隐蔽起来了。在戒严时期，考坦纳和其他几名成员故意散布消息说共产党又开始有所动作了；而且他们仍旧可以通过他们的秘密刊物《非洲共产党》来进行宣传工作。由于没有征求许多成员的意见，共产党的这一举措遭到了不少非议，但是据伯恩斯坦所说，这一措施简化了与非国大的关系，并消除了隐蔽动机所造成的恐慌心理。非国大的地下工作依然缺乏组织，只有M计划可以断断续续地组织一些街头层次的活动。他们急需共产党人帮助他们进行地下工作。

非国大执行委员会采取了一个后来被证明是至关重要的防御措施：1959年6月，他们决定，在紧急情况下，奥利弗·坦博必须立刻离开南非，并在加纳设立办事处。沙佩韦尔惨案后的第6天，即1960年3月27日，坦博在《南非》杂志编辑罗纳德·西格尔的护送下从约翰内斯堡郊区出逃，最终经由达雷斯萨拉姆抵达伦敦。在接下来的30年内，坦博的政治才能以及他与狱中的曼德拉之间的互信关系成了非国大得以屹立不倒的基石。那个时候，曼德拉还没有意识到发展非国大的海外羽翼是一件生死攸关的大事。

此时的曼德拉只能孤军奋战，能给他有用建议的朋友如今都与他隔离开来了。他所能做的只是维持曼德拉和坦博事务所的运作。在卡特拉达的公寓里，曼德拉独自工作着，直到络绎不绝的客户将卡特拉达挤进了厨房。此后，曼德拉很快转入地下，并不得不永远关闭了律所。

1960 年仍是多事之秋。是年 10 月，针对南非是否应成为共和国这一问题，维沃尔德政府依承诺组织了只有白人参加的公投。令人惊奇的是，850 000 人投了同意票，稍稍超出投反对票的 775 000 人——但是这一微小差距已经足够。曼德拉对南非成为共和国一事并无多少执念。他认为此事对南非独立没有多大帮助，并将其看作南非白人民族主义者的情感问题，因为他们对 19 世纪那曾经的"半封建"共和国充满怀念之情。而且曼德拉希望新成立的共和国可以消除他们的不满情绪，从而使白人知识分子抱成一团的局面有所缓和。但是对于公投只有白人参加一事，他无法接受。

尽管沙佩韦尔惨案之后政府一度示强，曼德拉仍决定再发动一次和平抗议或罢工运动。与其他非国大领袖一样，他仍保持着惊人的乐观态度。他也担心南非会走向法西斯主义并成为极权国家，但他和他的同事们都觉得那一天似乎还遥遥无期。卡利斯和卡特写道："非洲领袖和其他反政府激进分子都过于乐观地认为大趋势对他们有利，其自我感觉之良好实在令人不敢恭维。"

12. 暴力运动（1961年）

1960年年底，曼德拉在约翰内斯堡的生活圈子一下子缩小了。他的律所倒闭了，许多朋友遭到了驱逐，连奥兰多的社会关系网也变得七零八落。他已经倾家荡产，他和温妮的生活不断被政治任务所扰；温妮生第二个女儿津得兹那天，曼德拉很晚才回家，没能在她分娩时陪伴左右。"我很少有机会与自己的丈夫并肩而坐，"温妮坦言，"说实话，我一点都不了解他。"

曼德拉的政治工作已有一半转入地下，他本人的形象也变得比较神秘。他不再是那个神采奕奕、梳着中分发型的曼德拉了，现在的他留着络腮胡，刘海长得遮住了眼睛。

但是不管怎样，曼德拉仍在尝试与别的党派和平共处。1960年12月，36名非洲领袖在奥兰多聚首，并决定召开一次非洲所有种族均须参与的大会，即非洲大会。当时政府对沙佩韦尔惨案的反应相当冷漠，在这样的背景下，召开这样一个大会的想法显得有些不切实际。政治学家汤姆·洛吉说："这充分说明1961年的联盟领袖根本没有准备好投身革命斗争。"但是马克思主义者迈克尔·哈默尔却认为"这是革命的必经之路"。

奥兰多的会议上，警察中途闯入，没收了所有文件，但是曼德拉等人的计划仍在继续。他们专门为此成立了一个委员会，由曼德拉担任秘书。为了给大会的召开做好准备工作，曼德拉和西苏鲁在叛国案件审判的最后阶段秘密走访了许多地方，甚至来到了巴苏陀兰。起初他们与泛非洲人大会和一部分自由党人合作，但这样的关系很快就破裂了。自由党人指责非国大和共产党揽权，而泛非洲人大会则认为大会必须取消，因为他们怀疑非国大正"暗中酝酿计划以塑造曼德拉的英雄形象，从而反对索布克韦"。所以最后支持曼德拉和非国大的只有共产党。他们逐步建立了互信，合作关系越来越稳固。

政府依旧对他们保持着严密的监视；大会前5天，警察逮捕了10位会议组织者，并对诺克维发出了逮捕令。但是委员会仍设法散发了不少传单，号召"南非非洲人为非洲大会做好准备"，会议计划于3月22日在彼得马利茨堡召开。

大会需要资金，于是曼德拉大胆要求面见英美公司董事长哈里·奥本海默，于是，后者成了曼德拉入狱之前会见过的唯一一位商人。曼德拉曾深受工人运动影响，所以有段时间极度仇视商人。奥本海默以一贯的彬彬有礼的态度接待了曼德拉，曼德拉请他提供一笔资金，但当时奥本海默表示这是很大一笔钱，他还问了关于非国大的问题，从他的提问可以看出他低估了这个组织的实力。他问曼德拉："我怎么知道给你们提供资金后你们会不会被泛非洲人大会踢出局？"据奥本海默回忆，曼德拉听了他的问题之后给出了义正词严的回答。奥本海默说："我对非国大缺乏了解，但非常钦佩曼德拉的能力。"但是曼德拉最终没能从奥本海默那里募集到资金。

3 月 22 日，马利茨堡会议如期召开，南非上下共有 145 个组织的 1400 多名代表参加会议。《纽约时报》将这次事件称为"南非有史以来最大规模的非洲人大会"；《兰德每日邮报》将其放在头版头条，标题为"非洲人坚持要求全国会谈"。

巧合的是，曼德拉的封杀令在会议召开的前一天到期，而叛国案件审判又被推迟了一星期。曼德拉从一整年的沉寂之中一跃而出，并发表了他自 1952 年来的第一次演说，从而将会议推向了高潮。听众变得异常兴奋，他们握拳高呼："人民政权！人民政权！"曼德拉再度呼吁非洲人民团结起来："整个非洲必须同呼吸共命运……我们要借本次大会所创造的时机，为多民族参与的全国大会做好准备。"

列席记者对曼德拉褒贬不一。《新时代》报道称"一字一句都在提醒众人以往的屈辱"。安德鲁·威尔森在《旁观者》报发表文章称演讲过程中"掌声雷动"。本杰明·波格伦在《联络人》报上评价道："曼德拉蓄须的方式在新民族主义者中很流行，这让他们看起来颇有些明星范儿。"但是他也认为共产党人夸大了这次演讲的影响力，实际上曼德拉发挥平平。他的共产党朋友丹尼斯·戈尔德伯格却认为，曼德拉是在马利茨堡真正成为领袖的。

会议要求政府召开全国大会，若政府拒绝，那么自 5 月 31 日，即南非成为共和国的那一日起，非国大将会号召各族人民进行休业运动以示反抗，曼德拉将会是活动的主要组织者。曼德拉的退场出人意料，突然之间他就从警察们严密监视着的大厅里消失了。而之后的 29 年，他再也没有走上公共讲坛。

曼德拉回到比勒陀利亚继续参与审判，当时离最终判决结果出来还有几周时间。但在 3 月 29 日，拉姆帕夫法官中断了审判，并宣布三位法官一致认定所有被告无罪：法官一致认为起诉书无法证明非国大和《自由宪章》有共产主义倾向，并引用了曼德拉 1956 年在《自由》杂志上发表的文章作为例证，文章称他预见到"非欧洲的资产阶级将会在《自由宪章》的庇佑之下蓬勃发展"。

判决下来之后，30 名被告欣喜若狂。有人偷拍到了如下场景：被告将辩护律师团成员扛在肩上，曼德拉则面带微笑挤出了人群。但是在封杀令和压迫面前，他们的欣喜也只是一时的。曼德拉知道政府不会承认非国大的合法地位，并且很快就会绕开法庭，变本加厉地出台新的律法。

曼德拉已决定隐蔽起来专门负责地下工作。西苏鲁认为，目前卢图利被困在纳塔尔，所以非国大必须有一个地下领袖来主导工作。这个位子非曼德拉莫属。西苏鲁早已预见到了牺牲的必然性："我们决定让他转入地下工作时，我就知道他正向着领袖之路前行……我们在外面确实有领导力量，但在狱中我们也需要一个领袖。"

宣判之前，曼德拉曾与西苏鲁、诺克维和莫迪斯一起回了奥兰多的家，并告诉温妮："亲爱的，把我的衣服和梳洗用具打包，我要离开很长一段时间。"温妮含着眼泪把东西装进箱子，并祈求神明保佑曼德拉。

曼德拉的同事们决定让他继续隐蔽起来策划 5 月 31 日的抗议活动。曼德拉一方面需要东躲西藏以防被捕，另一方面却要大力宣传反抗运动。所以他是在幕后成为人民的代言人的。他躲在暗处时名声却比抛头露面时还要响。

曼德拉仍需劝说白人自由党人和支持者们站在非国大一边反对泛非洲人大会。整整两个月，他都会突然现身与白人编辑交流，试图缓和他们的紧张情绪，尤其是针对非国大受共产党影响一事。他在约翰内斯堡与《兰德每日邮报》编辑劳伦斯·甘达各抒己见，在伊丽莎白港拜访《晚报》编辑约翰·萨瑟兰——萨瑟兰很担心曼德拉的安危，因为编辑部对面就是警察局。在开普敦，他与《开普时代》资深编辑维克多·诺顿谈了两小时。诺顿告诉政治编辑托尼·德利尤斯，从没有哪个领袖像曼德拉那样给他留下了如此深刻的印象。他还对外交官彼得·福斯特说，很少有白人能够认识到与他们打交道的非洲人的才能。诺顿其实已经不指望白人还能占据多久的主导地位，但是开普敦不见曼德拉的踪影，他所策划的罢工运动也尚未亮相。

在约翰内斯堡，曼德拉见到了反抗运动时的盟友帕特里克·邓肯。邓肯现在是双周刊《联络人》的编辑，他曾强烈谴责非国大领袖受共产主义影响太深，并批评了计划中的联合休业。最后曼德拉只得对他说："你觉得我会蠢到非要在盟友的影响下才能管理好一个组织的地步吗？"但是两人在开普敦第二次见面时，就像老朋友一样亲切交谈，似乎之前的争吵从未发生过。这次邓肯终于承认叛国案件审判结果已经清楚地表明非国大与共产主义无关，还承诺更正以前的报道并支持全国大会。后来他告诉彼得·福斯特，曼德拉的才智和自信让他折服——虽然曼德拉毫不掩饰自己的左倾态度。

但是共产主义影响仍然会令西方外交官们惶惶不可终日。"坦白讲我们根本不知道南非共产党在做什么，"1961 年 1 月，福斯特在给伦敦的信中称，"政府没有向我们提供足够的信息。"随后他又谴责南非政府禁锢了卢图利这样的温和派，从而纵容了新共产主义激进分子的阴谋活动。他还说："虽然曼德拉不像诺克维那样百分之百是共产党，但在非国大领袖之中，他的才能非常出众，是目前实际掌权的人物。"

南非于 1961 年 3 月脱离了英联邦，而今英国政府开始重新考虑两国之间的关系。成立共和国的公投结束之后，维沃尔德曾申请重新加入英联邦，所以麦克米伦试图说服新加入的黑人成员国及加拿大批准维沃尔德的申请。然而维沃尔德仍拒绝接受在比勒陀利亚成立黑人高级专员公署的提议，最终撤销了申请。麦克米伦深受打击。"变革之风把我们吹走了，"他写信给约翰·莫德勋爵道，"但是和平终将到来，虽然其过程中可能会有痛苦和磨难。"但是身在伦敦的奥利弗·坦博认为南非白人撤回申请其实是一种胜利；后来他坚持宣称黑人的南非从未离开过英联邦。

曼德拉一如既往地将希望寄托在英联邦施加的压力之上，因为联邦内有亚洲和非洲成员加入；加拿大总理及大众对种族主义的反对态度让他深受鼓舞。英国大使馆开始觉得，既然南非已不属于英联邦，那么安抚南非种族主义政府也就不是分内之事了。是年 6 月，英国大使约翰·莫德勋爵提议，英国大使馆必须谨慎接触黑人政治家以防止黑人建立自己的政府。英国政府还决定动用情报部门的力量，尽一切努力渗透比勒陀利亚的白人大本营。

那时曼德拉把全部精力集中在 5 月 31 日开始的为期三天的联合休业罢工运动上。他的行动委员会写信给维沃尔德阐述了全国大会的必要性。维沃尔德后来告诉议会说："我收到了一封曼德拉亲笔签名的信，其语气十分轻慢。我至今未给答复。"曼德拉也给联合党领袖德·维勒·格拉夫爵士写了信，格拉夫曾投票支持限制非国大。曼德拉提醒格拉夫，对南非来说，"谈判还是开战"，二者必择其一，并问他："但是阁下，联合党到底是站在哪一边的呢？……如果南非的政治领军人物在这个关口不能起到领导作用，那么事情不可避免地会向着最坏的方向发展。"格拉夫对此视而不见，在他三十年后出版的回忆录里，他对曼德拉只字未提。

共和国日的前一个月，曼德拉去往德班与被封杀的非国大执行委员及其盟友共同讨论反抗运动的事。部分代表坚信，在目前群情激愤、政府不仁的情况下，联合休业是远远不够的。他们主张组织一次全面罢工运动。共和国日的预备阶段明显是考验非国大纪律的时期。卢图利提醒《纽约时报》说目前暴力事端很容易滋生："有时警察做事的风格给人的感觉就好像他们随时会向民众开枪。"跑遍全国之后，曼德拉能感受到民众正蠢蠢欲动，尤其是在泛非洲人大会煽风点火之后。他听到非国大内部有不少反对的声音，认为既然敌人都在"赤裸裸地依靠武力"，那么继续强调非暴力就是一个政治错误。

但是曼德拉仍然坚持提倡非暴力。共和日前十天，他在约翰内斯堡的《周日快报》上说："有些报道宣称暴力事件即将发生，或者为期三天的联合休业即将延长，这些我们都坚决否认。"他的主张为他赢得了一些英语国家编辑的支持，这些编辑自己就十分反对南非白人共和国成立。5 月 12 日，约翰内斯堡《星报》第一次刊登了曼德拉的个人介绍，还附上了他的一张照片，他开始在英国报刊上崭露头角；5 月 27 日《曼彻斯特卫报》描述道：他是一个大律师，去过的地方不多，但读过的书不少。

与此同时，政府正在招募国防军并进行大规模搜捕。罢工当天早晨，城镇里坦克轰鸣，直升机在空中盘旋，每个十字路口都有军队驻守。曼德拉承认，这的确算得上是南非历史上和平时期最具规模的武装阵容了。泛非洲人大会居然帮助政府号召罢工群众回到工作岗位，这让非国大大为震怒。英语媒体更加急不可耐。罢工前两天，《星报》报道称："下周一一定平淡无波。"曼德拉认为媒体"扮演了极其可耻的角色"，他们预先就散布不利于罢工的消息，并在罢工第一天就开始拖这次运动的后腿。《兰德每日邮报》专门为此次活动增发了特刊，标题曰："工作照常，一切照旧"。曼德拉为此致电邮报编辑部的朋友本杰明，后者不断致歉，直到曼德拉出言打断："没关系，本杰明。我知道这不是你的错。"

曼德拉和他的秘密行动委员会仍在幕后工作，无法亲眼看到罢工情况，所以他们对各种报刊标题更加敏感。罢工进行了一天之后他们便痛心疾首地发出了叫停通知。"这个决定需要勇气，"伯恩斯坦写道，"但是它带来了很严重的消极情绪。"

实际上，非国大并没有认识到这次罢工运动以及火车和公交车联合抵制运动的成功之处，这些运动的成效在三年后的尼亚审判过程中才得以显现。政治学家汤姆洛吉称"这次活动参与人数之多范围之广令人称奇"。但当时维沃尔德公开表明他们中断了罢工，取得了胜利，这让曼德拉深刻认识到了媒体的力量。这个教训他永远都不会忘记。

事到如今，曼德拉才相信和平抵抗政策已经穷途末路，斗争必须有新的突破。罢工那天，福斯特曾安排独立电视新闻的记者布赖恩·维德雷克采访曼德拉。这是曼德拉第一次接受电视采访，而且事实证明，也是之后 30 年内的最后一次。维德雷克被带到了威大教授朱利叶斯·列文家中，曼德拉就以他家的红砖墙为背景接受了耗时 20 分钟的采访。当时气氛比较紧张，而曼德拉的首次荧幕形象也不尽如人意——他显得阴沉、倦怠且沮丧。采访虽未在英国产生什么影响，但曼德拉的话对南非的未来至关重要。"如果政府执意使用武力破坏我们的示威行动，"他宣称，"那么我们就必须重新慎重考虑对策。在我看来，非暴力政策该告一段落了。"

接下来的几天，曼德拉作为非国大首席发言人频频露面。但媒体对他生硬呆板的风格不感兴趣。长期为他充当中间人的鲁思·福斯特将约翰内斯堡《周日时报》的斯坦利·尤伊斯带去修布罗采访曼德拉，还邀请了《旁观者》报的帕特里克·奥多诺文和《金融时报》的罗伯特·奥克肖特与玛丽·本森一起来到耶奥维尔采访曼德拉。他们在一个寓所里见了面，当时曼德拉宣称罢工运动取得了巨大成功，而非暴力手段则是反对高度工业化国家的唯一现实的手段，他否认非暴力政策走的是中庸之道："我们强烈反对帝国主义。我恨帝国主义！"但是他们离开之后，曼德拉又说"非暴力政策必须告一段落"。

其实自 1960 年起，当政府残酷镇压反通行证运动时，曼德拉就开始与同事商量放弃非暴力手段了。但那时叛国罪审判尚未结束，所有被告都不得不在公共场合宣称自己奉行非暴力原则，其实包括曼德拉在内的很多人都已开始意识到他们需要改变策略了。在废除非暴力手段一事上，曼德拉比西苏鲁和坦博更加迫切。但是大众的急切心情似乎更甚于曼德拉，作为一个主张顺应民意的政治家，曼德拉不能无视大众的心态。

当时政界普遍主张采取暴力行动，呼声最高的往往是疯狂、极端的手段，类似 19 世纪俄国无政府主义者的袭击行动和暗杀行动。在坦博的家乡蓬多兰，一场以"Intaba"① 命名的农民运动通过游击战形式席卷了整个地区。戈文·姆贝基曾在树林里会见了这场运动的领袖人物，此后便坚信非国大今后必须把城市和乡村群众都动员起来。泛非洲人大会很快在开普敦成立了恐怖组织"Poqo"②，开始对白人进行报复性刺杀。共产党也成立了自己的半军事组织，专门

---

① Intaba：南非语，意为"山"。——译者注
② Poqo：南非语，意为"孤独"。——译者注

切断输电线路。就连开普敦"联合运动"的成员也在筹备成立自己的破坏组织，并将该组织命名为"游击战俱乐部"。后来，他们之中的一员尼维尔·亚历山大写道："我们所有人，不论组织背景和倾向，在完全没有做好放弃非暴力手段准备的情况下，就不由分说被推上了武装斗争之路。"

曼德拉和非国大的武装斗争常被指责为轻率且缺乏经验，然而他们觉得自己不得不加快速度以赶上大众的步伐，唯恐暴力斗争的发展脱离自己的控制。"不管是否由我们发动，暴力斗争不可避免，"曼德拉写道，"如果现在不占据先机，那么我们就只能亦步亦趋追随他人之后而无法掌控全局。"

非国大和共产党已经开始商讨暴力斗争问题，只是没有成形的组织，也没有正式召开会议。"当你在考虑开辟一条新的道路时，"乔·斯洛沃说，"不是每个人都能在瞬间同时意识到的。这需要一个过程——而曼德拉将扮演这个过程中的重要角色。"共产党比非国大准备得更充分，因为非国大主席卢图利是支持非暴力手段的；而且政府也更习惯于在共产主义和暴力之间画等号。

共和国日过去一个月后，曼德拉向非国大工作委员会提出了一个具有里程碑意义的建议，要求非国大停止使用非暴力手段并组建自己的军事组织。他引用了一句非洲俗语来增强说服力："赤手空拳如何抵挡野兽袭击？"他没料到的是，与卢图利交往甚密的老共产党员摩西斯·考坦纳表示了反对。考坦纳认为非暴力手段依然有存在的必要，并告诫众人，暴力斗争可能会引发大屠杀。西苏鲁虽私下同意曼德拉的意见，但在现场没有发表意见。事后他安排曼德拉与考坦纳私下商谈，后者最终被说服，接受了武装斗争。

最为关键的讨论发生在纳塔尔，共召开了两次会议，均由卢图利主持。第二次会议上，非国大与印度人、白人及其他有色人种盟友会面并进行了彻夜长谈。曼德拉的军事组织计划遭到了不少印度人的反对，他们之中的一些人仍旧深受曼德拉的朋友甘地·辛格的影响。甘地认为不是非暴力运动让他们失望，而是"我们让非暴力运动失望了"。蒙迪·内克和尤瑟夫·卡查利亚等友人则提醒说，暴力战略会影响更加紧迫的任务。曼德拉后来承认他们确实犯了错误，他们把各个政治组织中有精力有经验的人都召集起来专门负责新组织的事务，却忽略了"常规但关键的政治任务"。

许多较年轻的印度人对消极抵抗持否定态度，而且曼德拉和西苏鲁还得到了包括斯洛沃和伯恩斯坦在内的白人共产党员的支持。"他们的行事方式十分冷静，"西苏鲁说，"一切事情都有根有据。他们并不是机械地依靠党派力量，他们依靠的是群众。"毫无疑问，政党在组织武装力量的过程中确实起到了至关重要的作用，而非国大对军事组织的控制力越来越强。斯洛沃表示，自 1963 年起，该组织基本交由非国大流放者全权管理，而"政党的参与程度非常低"。

第二天清晨，大会一致认为曼德拉应负责组建新的军事组织，以"民族之矛"命名。曼德拉可自行招募成员，且民族之矛将独立于非国大之外，以免危及非国大的合法地位（但 18 个月之后，非国大煽动者罗伯特·雷沙公开宣布了民族之矛和非国大的关系）。南非迎来了斗争新阶段历史性的黎明。

卢图利内心相当矛盾。他对暴力斗争忧心忡忡，但他也不是和平主义者。曼德拉永远都忘不了他在纳塔尔会议上说过的话："如果有人认为我是和平主义者，我不在乎；总有一天他会知道自己错得多离谱。"他从未对曼德拉等人的决定表示过赞同，但也从来没对其进行抨击。斯洛沃后来说："虽然卢图利一再坚持非暴力手段，但他从未对新的斗争手段加以阻挠或谴责，他只将其归咎于政府的强硬态度，却从未指责过民族之矛的创立者。"

而担任民族之矛总司令的曼德拉此时已全身心投入武装斗争。一夜之间，他成了战士。这标志着他与非国大传统的彻底决裂。斯洛沃说："曼德拉开始流亡并正式成为职业革命者，这是我们历史上的主要分水岭。"曼德拉的转型开启了地下工作的全新途径，并为与和平主义或合法主义的彻底决裂奠定了基础。

"我们要让政府没有立足之地。"6 月 26 日曼德拉在一份新闻公告中说。这一天就是后来的"自由日"。他没有解释应该如何实现这一目标，但他指出"还有其他手段迫使统治祖国的种族分裂分子让位给一个民有、民治、民享的政府"。政府已下达了曼德拉的通缉令，但是他不会投降，因为在现阶段"自投罗网，作无谓牺牲，都是幼稚的，错误的"。换作在过去，一天忙碌的工作结束之后，他可以期待着与家人共享晚餐，而现在，他却只能在警察的追捕之下东躲西藏。

最初几周他藏身于约翰内斯堡的几户印度人家中，只在非国大执行委员会召开的秘密会议上露面。有专门小组负责寻找安全的集会地点，卡特拉达就是其中一员，他发现印度人的住所可以借来一用；小组成员中还有《新时代》的白人记者沃尔菲·柯德施。

他们处境十分危险。一天晚上，柯德施在自己家附近找到了一间暂时无人居住的公寓。包括曼德拉在内的十名执行委员聚在此处开会。曼德拉如往常一样乔装成司机。但是，西苏鲁抵达时，柯德施发觉走廊里有两位老人在盯着他看，紧接着他就听到其中一个人说："快去打电话。"柯德施立刻遣散众人，但不知应让曼德拉藏身何处，于是柯德施建议曼德拉去他那躲避。"警察不会想到一个黑人会藏在白人聚居地，"柯德施说，"因为那样太扎眼了。"于是曼德拉在柯德施家中躲了两个月。

曼德拉出门会很危险，所以他开始如饥似渴地看书，从柯德施书架上现有的到他从图书馆带回来给他的。柯德施告诉曼德拉，克劳塞维茨之于战争正如莎士比亚之于文学，于是曼德拉就读完了克劳塞维茨的经典著作《战争论》。"我从没见过他这么专注的人。"柯德施说，"他全神贯注地做注释，记笔记，好像要接受法律审查似的。"曼德拉的阅读面很广，但是他最感兴趣的还是关于自由斗争的书：中国的毛泽东和埃德加·斯诺笔下的中国，以色列的梅纳赫姆·贝京，菲律宾的路易斯·塔卢斯，还有丹尼斯·瑞茨。他读得很仔细很认真。

那个时候，世界各地的革命运动捷报连连——佼佼者有中国的毛泽东、阿尔及利亚的本·贝拉，还有古巴的卡斯特罗。曼德拉研究了全非洲的反抗运动——埃塞俄比亚、肯尼亚、喀麦隆，尤其是阿尔及利亚，因为非国大觉得阿尔及利亚的运动与他们自己组织的斗争十分相似。然而最能鼓舞他和他的同事们的是古巴的革命。古巴革命的模式非常危险，但卡斯特罗和切·格瓦拉的故事让他们热血沸腾。曼德拉对古巴共产党书记巴拉斯·罗卡尤其感兴趣，古巴共产党说，意识到革命时代到来的不是他们的政党，而是卡斯特罗本人。巴拉斯说，他对曼德拉的仰慕之情永远不会变。

曼德拉发现自己很难适应柯德施公寓里的孤独生活。"突然之间我发觉自己的生活太隐秘了，"他在狱中回忆说，"我很想念我的家人，也很怀念能够去健身房彻底放松身心的日子。要维持现在的这种生活模式，我必须遵循许多的规矩。"他尤其想念温妮。柯德施也发现，每当曼德拉说起温妮和孩子的时候，他的军人作风就消失不见了，取而代之的是他眼中的泪水。柯德施帮忙安排温妮来他的寓所与曼德拉见了几次面，这件事非常难办，因为温妮在索韦托的住处长期处于监视之下。有时候温妮与曼德拉会在其他安全的地方见面。他们总能找到愿意为他们冒险的朋友，但是他们从来不会同意让朋友犯险。有一次，他们在帕克城的一间房子里见面，房子的主人是个白人编辑，为人热心，但容易怯场。当他神情紧张地进入房间时，柯德施发现他端着托盘的手在抖，托盘上的玻璃杯因此发出"咔咔"的声音，于是柯德施马上说曼德拉另外有约，并迅速将他带走。

当各大媒体纷纷开始报道曼德拉失踪的消息，并称他为"黑色海绿花"时，柯德施更加担心曼德拉的安危。"所有警局都有黑色海绿花的照片，"他警告曼德拉说，"你不怕被抓吗？"曼德拉回答："我所有精力都集中在工作上，没空想这些。"但为了安全考虑，柯德施还是把曼德拉送到了约翰内斯堡郊区诺伍德，并将他安顿在一位医生朋友家中，于是曼德拉装成这家的园丁，住在用人的屋子里。

曼德拉曾招募了一小批专家负责筹备民族之矛的破坏活动，共产党也已经有了自己的专家组，但是很明显，这两个小组彼此都需要对方的帮助，所以最后他们合并了。曼德拉坚称民族之矛是非洲人组建的，但是非国大单方面无法提供它所需要的专门知识和策略。他录用了乔·斯洛沃，让他在最高指挥部任职。曼德拉对斯洛沃一直心怀敬意，他说："斯洛沃的词典里没有投降二字，他只知道一往无前。"斯洛沃也同样欣赏曼德拉："我对他的仰慕之情日深。纳尔逊从来都是不卑不亢。"

斯洛沃带来了一小批共产党内的专家，包括杰克·霍奇森和沃尔菲·柯德施，二战时期他们曾在北非工作过，通晓爆破知识；还有阿瑟·戈德里克，曾在巴勒斯坦参加对英战争。但事实证明，他们的知识都十分业余。"我们这么多人没有一把枪，"后来斯洛沃写道，"我们对斗争初期的战略知之甚少。"

1961 年 10 月，曼德拉在瑞弗尼亚的百合叶农场找到了一个新的藏身之处，那里是半乡村式的环境，蔬菜园周围点缀着几座平房，曼德拉就在这里找了一间隐秘的屋子。这个农场已经被共产党秘密买下，他们让戈德里克装成农场主，戈德里克全家都搬了过去。曼德拉的朋友迈克·哈默尔驾车送他前去时，他觉得那里很安全，后来他在法庭上也说，那是"流亡者的理想住所。在这之前，我白天只能藏身室内，只有在夜色笼罩之下才冒险外出。但在百合叶农场，我的生活全然不同，工作效率也大大提高"。后来他在狱中写道，百合叶农场的生活非常愉快，"因为那个地方让我想起了人生中最快乐的岁月，我的童年时代"。百合叶农场是共产党人和曼德拉的避难所，虽然实际住在那里的只有他和戈德里克一家。曼德拉化名大卫·莫萨玛依，住在外侧的一间小屋里。后来他在法庭上说，这个农场并不是民族之矛或非国大的总部所在地；但经常来访的伯恩斯坦却担心它很快会变成民族之矛的半永久性指挥部。

曼德拉经常在晚上乔装改扮出去见非国大领袖和其他人。有时他装成技工，有时装成守夜人，有一次甚至还装成主持葬礼的牧师。他十分享受这种戏剧性的感觉。10 月，几名印度人在福斯堡的一所房子里碰面，看到一位穿着加德士公司脏兮兮的工作服的人走了进来。直到他开口说"坐下吧同志们"时，众人才恍然大悟，那个人是曼德拉。曼德拉的"全新形象"由卡特拉达等人负责打造，他们说服了曼德拉不再穿他那些时髦的衣服，但有一点曼德拉不肯妥协：他不愿意把胡子刮掉，因为这是他革命风格的一部分。

很多朋友都为曼德拉的缺乏警惕心而担忧。"当时他说不定是全国头号通缉犯，风险巨大，"伯恩斯坦说，"但他就是那种风格的人，他习惯于冲锋陷阵，从不会让别人去承担他自己都没准备好承担的风险。"伯恩斯坦担心知道曼德拉藏身之处的司机、访客越来越多，也担心共产党和曼德拉会分开负责安全工作："我们太迟钝了，没及时发现危险。"

温妮去百合叶农场看望过曼德拉几次，然后又去探望他们的印度朋友保罗和阿德莱德·约瑟夫。"通常我都发现那辆车上满是泥浆，一看就知道是从乡下开过来的，"保罗说，"我们的屋子一直都在监视之下。他们都太不小心了。但那时毕竟地下工作刚刚开始，或多或少会有缺陷。"

做地下工作的人都长期生活在紧张的状态下。"我相信地下工作者都认为自己刀枪不入，"丹尼斯·戈尔德伯格说，"但面对巨大压力，他们最终无意识地出错，致使地下工作进行不下去……"戈尔德伯格认为曼德拉的"黑色海绿花"阶段是十分不稳定的："当理想派领袖是有弊端的：你会去冒越来越多的风险，因为你必须维持宣传形象，而当你成为地下工作者的时候，你躲到了暗处，所以你安全了，于是胆子就越来越大。"

在这个时期，曼德拉无所顾忌地走遍了整个南非。他还在卢图利家附近的一个农场上待了两周，直到农场的工人问他："卢图利想干什么？"但他决定和民众保持联系，而且他们的支持让他大受鼓舞。11月中旬，玛丽·本森应邀来到约翰内斯堡郊外与他相见。当时曼德拉刚去了纳塔尔和开普敦，赴约时还穿着司机的白外套。他对本森说："除非你深入民众，否则你是不可能理解的。"本森记得曼德拉跟她讲了最近一次虎口脱险的经历，追忆了过去的时光，并开着一辆破破烂烂的车把她送回了她姐姐的公寓。

民族之矛在筹划破坏活动的同时，南非白人也感觉到了联合休业运动之后的一丝危险气息。国家党曾向白人选民承诺对叛乱者采取更严厉的制裁措施，因而才获得了白人选民的支持。1961年10月，破坏活动的第一枪打响，电线被切断，政府办公室被烧毁；经查证，这次活动是自由党国家委员会组织的，委员会由自由党和左翼分子组成，后来发展为非洲抵抗运动小组。民族之矛很快与这次运动撇清了关系，他们觉得这次行动本质上依靠的不过是匹夫之勇，但私下还是同意提供协助。这次破坏活动使得白人抱成一团，而在不久之后的选举中，国家党终于以多数票胜出，这是他们迄今为止最大的成功。

12月6日是丁冈日，这是为了纪念1838年南非白人对祖鲁的屠杀；现在这个日子成了非洲人反抗运动的焦点。这一天，民族之矛发动了第一次破坏活动，他们在约翰内斯堡、伊丽莎白港和德班制造了爆炸事件。虽然爆炸效果不佳，但还是引发了举国骚动，民族之矛成员佩特鲁斯·莫利夫被杀，另一名成员的手臂被炸伤。乔·斯洛沃试图炸毁约翰内斯堡总督府，但因被一名军士发现而不得不放弃计划。但是民族之矛的反抗活动成功破坏了政府办公室和输电设备。

前一天晚上，非国大志愿者还在散发传单，张贴海报，宣告民族之矛成立，并宣传采取新反抗手段的必要性。第二天早晨，警察撕掉了大部分海报，得到信息的人寥寥无几。"与我们的初衷相反，"一名成员后来写道，"破坏活动在政府内部甚至在全国都只是激起了一层涟漪。"但是曼德拉和他的同事们起初还比较兴奋，认为南非白人将意识到自己正坐在火山口，而且非国大"有能力挑起斗争，直接威胁白人统治权利的核心"。"最初的成功让我们欣喜若狂，"曼德拉在狱中写道，"那些曾经的质疑之声也被兴奋的潮水冲刷得一干二净。"

爆炸活动的时间非常尴尬，这点曼德拉也承认。因为仅在 6 天之前，非国大主席阿尔伯特·卢图利还在奥斯陆被授予诺贝尔和平奖。但是他们肯定卢图利在破坏活动之前就已平安抵达家中，而且公众也不知道非国大和民族之矛的关系。卢图利依然担心活动升级为暴力冲突。两个月前他曾告诉一名加拿大外交官，非国大青年成员正在考虑采取暴力手段，但是在他眼里，企图用武力推翻政府实在愚不可及，无异于自杀。

卢图利获奖之后，非国大的抗争得到了国际声援。曼德拉在广播中听到卢图利获奖的消息"万分高兴"。但英国外交部与卢图利交往时依然非常谨慎。当卢图利去往挪威，途经英国而暂做停留时，英国一位官员提出"会见卢图利会引起南非政府的误解，且对卢图利在南非的事业并无益处"。

实际上民族之矛的爆炸活动和非国大的和平斗争并无直接冲突。民族之矛最高指挥部依然保持乐观，认为一连串的破坏活动就是对南非白人的警告。但是第一次爆炸过后，民族之矛就开始更多地考虑游击战而非破坏活动了。"没有什么正式的决议，"参与其中的伯恩斯坦表示，"我们好像自然而然就想到破坏活动可能会走向'下一个阶段'。"最高指挥部开始安排主要领导人带领年轻志愿者去海外接受培训。

曼德拉现在是总指挥，他手下队伍的战斗力正在迅速提高。在那样一个革命的时代，曼德拉拥有足够的权威和声望接过这一尚处弱势的军事政权，而当时的镇压势力似乎正从非洲撤出。从一个多面政治家到一名军人，这个转变惊人且突然。与古巴或中国革命者相比，曼德拉的军事生涯比较短暂，而且业余。但不管怎样，作为一名政治家，他看到了带领民众寻找新的斗争方式的必要性。

13. 最后一击（1962 年）

地图上非洲黑人的区域正在扩大，在世界范围内产生了新的影响，并对生活在非洲南部的黑人起到了强有力的支持作用。1962 年年初，第一次破坏活动之后，非国大执行委员会决定向非洲其他地区求助以解决资金和培训问题，于是他们让曼德拉出面联系，并于当年 2 月在埃塞俄比亚召开的一次非洲峰会上介绍非国大改革运动。43 岁的曼德拉从未走出过南非国门，于是他欣然同意。然而在他的私人日记中，曼德拉说这次非洲之旅比他和同事想象的都要艰难，并且充满挫折。

在这个时候周游非洲各国是一件令人兴奋的事情。不少国家相继独立，并希望实现泛非主义雄心壮志。它们的前帝国主义统治者如今正在向它们提供友好帮助，希望将它们留在西方阵营之内，而苏联和中国则想将它们吸引到东方阵营中去。以肯尼迪为代表的美国人也显示出了越来越浓厚的兴趣。1962 年 7 月，肯尼迪的主要决策团队收到一份秘密报告，提议总统尽早访问非洲。

曼德拉发现他对整个非洲的视野一下子打开了。临行之前，他去南塔尔省看望了卢图利。卢图利同意曼德拉的出行计划，并提出，若非国大有新动向，希望他们能够征求自己的意见。

1962 年 1 月 10 日，他和温妮道别，驾车越过国界来到了贝专纳兰（现在的博茨瓦纳），当时贝专纳兰仍是英国的保护国。他第一眼就爱上了沿途的乡村风光，后来他写道，他看到了更加广阔的非洲，还亲眼见到母狮子从路上穿过。

贝专纳兰通常是黑人激进分子逃亡的必经之地，因为英国政府对贝专纳兰的管控没那么严格；这些激进分子十分乐意为曼德拉提供庇护，他们认出了曼德拉就是"南非警察追捕了好几个月的人"。但是高级专员公署正密切监视着他，并向伦敦发回报告称，他于 1 月 12 日到达洛巴策的边城，而且已知晓"他大约带了 600 镑"。

曼德拉发现洛巴策的入境官员同时又是安保官员时，震惊得无以复加。那位官员认出他之后表示愿意向他提供住处以供他躲避南非警方追捕时，曼德拉还是心存疑虑，但是当他得知两年之前这个人也帮助过坦博的时候，他放心了。

曼德拉与朋友乔·马修斯从贝专纳兰乘坐包机前往坦桑尼亚的达累萨拉姆。英国情报机构正在严密跟踪马修斯，他那时住在巴苏陀兰，情报部门认为他很可能是"以非国大为幌子的共产主义理论家";但是他们不知道是谁包下了飞机。

坦桑尼亚一月前刚刚独立。曼德拉在坦桑尼亚十分活跃。总统朱利叶斯·尼雷尔风格亲民,他的车很小,住处也十分俭朴,这让曼德拉十分欣赏。他不无羡慕地参观了三层楼的坦噶尼喀非洲民族联盟党总部,这个机构的工作人员都是全职的。但是尼雷尔劝他推迟发动武装斗争,转而与索布克韦和泛非洲人大会开展合作,这让曼德拉很失望。他反驳了尼雷尔认为社会主义是非洲特有的观点。值得注意的是,尼雷尔认为非洲人是农耕或游牧民族,没有阶级之分,这一点曼德拉并不认同,他坚持认为,在白人到来之前,非洲人就已经开始发展矿业和冶金业了,为尼罗河到津巴布韦的所有地区创造了社会剩余,提供了资金。

然后曼德拉又从坦桑尼亚飞到西非与坦博见面。随后又飞往埃塞俄比亚参加亚的斯亚贝巴的泛非自由大会。大会由海尔·塞拉西一世组织,曼德拉在十七岁的时候就听说了这位传奇统治者坚决抵抗墨索里尼侵略的事迹,这给了他莫大的鼓舞。塞拉西既不是社会主义者也不是民主主义者,在他的统治下,国家自始至终都保持着独立,现在他正为其他新兴国家的领袖提供鼓励和建议。"这是一个由非洲人统治的国家,即使没有民主机构,"曼德拉写道,"我在那里看到的每一个体系和框架都是出自非洲人之手。"曼德拉看到那位身材瘦小的君主身穿制服,一动不动地侧耳倾听,还向听众鞠躬致意,很是吃惊;他还看到美国军事顾问接过奖牌,并和其他人一样鞠躬致意。

在会上,曼德拉用真名发表了一篇演说,这篇演说是在坦博和罗伯特·雷沙的辅助之下完成的。曼德拉讲述了南非政府利用武力对黑人进行残酷镇压。他向其他要求他们采取联合抵制和制裁措施的非洲国家表达了谢意,但坚称南非人民不能在自己的国土之外寻求拯救:"南非自由民主斗争的核心和基石就在南非。"他还展望了破坏运动的未来:"南非民众将倾其全力发出迅猛有力的一击。"但他没有完全放弃非暴力抵抗:"非暴力抵抗、罢工和全民示威并没有结束,我们还是会不时采取这样的手段。"

这是迄今为止曼德拉职业生涯中最重要的讲话,但在南非鲜有报道。伦敦《旁观者》报道称曼德拉收到紧急通知说"南非发生暴动";在接受《曼彻斯特卫报》的采访时,曼德拉否认自己与民族之矛有任何关系,但又表示该组织鼓舞了民众的斗志,并激励了其他形式的反抗活动:"如果政府袭击无辜民众,这个组织会给予报复性反击。"实际上曼德拉的讲话清晰地透露了非国大和民族之矛的关系；此后不久，流放中的罗伯特·雷沙公开了两者的关系，此举激怒了国内的非国大领袖，因为他们希望这两个组织间的联系能够处在保密状态。

曼德拉对非洲领袖间的紧张关系很是担忧，东非和中非民众拒绝接受北非——包括刚刚结束了对法战争的阿尔及利亚——加入他们东非和中非泛非自由运动组织。曼德拉提出反驳时，一位代表向他吼道："北非有些非洲人根本就不是非洲人。"但曼德拉很快就说服他们接受了北非，从而赢得了北非的感激。他还帮助建立了南非黑人和北非的联系。东非和中非泛非自由运动组织将南非也收归其中，一年之后，该组织又进一步扩大，覆盖了西非和北非，非洲统一组织就此诞生。

南非黑人的不团结和非国大对手泛非洲人大会的影响让曼德拉忧心忡忡。他在大会上的演讲被一位更具野心的演讲者超越了，这个人名叫彼得·莫洛茨，来自泛非洲人大会。曼德拉还惊奇地发现自己的老朋友迈克尔·斯科特也在场，并且明显站在泛非洲人大会一边；但他与泛非洲人大会代表的关系似乎不太好，所以曼德拉便与他结伴，并把他介绍给了黑人领袖们。泛非洲人大会在非洲国家蓄意散布不利于非国大的消息，称其为"科萨部落军队"，且"白人共产主义者泛滥"。曼德拉试图展现非国大团结一致的形象，并避免与泛非洲人大会产生敌对情绪。

曼德拉很快意识到非国大与白人和印度人的结盟使他们的步伐与非洲其他地区的黑人民族主义者不一致了。泛非洲人大会的好战特质贴合了非洲人的心理，这是非国大所没能做到的。非国大执行委员会收到报告称曼德拉在亚的斯亚贝巴"举步维艰"。让他们沮丧的是，泛非洲人大会在海外获得的支持远比他们想象的要多。伯恩斯坦写道："他们在非洲的受欢迎程度与其苍白的政治表现一点都不匹配，但与他们的激进作风是一致的。他们与现下广受欢迎的非洲主旋律'黑人文化认同'保持了一致，并将其转化为反对信奉多种族主义的非国大的武器。"

此时曼德拉展现了他的实用主义精神和敏锐性。在提交给非国大的一份报告中，曼德拉称"反殖民主义精神正广泛传播，而白人与黑人之间只要有任何建立伙伴关系的迹象，就会遭到强烈反对"。人们普遍认为非国大受共产党控制，而泛非洲人大会在这方面有明显的优势，并已经"深入研究过如何反对白人和伙伴关系"。曼德拉承认，非国大领导层与白人之间的合作会让人觉得他们受白人影响过深，但是这种合作从未在群众中开展过："所有这一切都会让人误以为泛非洲人大会才是非洲人唯一的希望。"曼德拉并不是要求非洲回归过去的荣耀，而是呼唤一个全新的独一无二的多种族社会。而且，这是他第一次挑战非洲民族主义势力和反共势力。

在接下来的旅程中，曼德拉都会留心介绍泛非洲人大会和非国大的成就及策略，这样非洲人随后看到泛非洲人大会时就不会惊讶了。曼德拉发现，非洲领袖习惯了直接的反白人帝国主义斗争方式，他很难让他们接受非国大的多种族主义思想。他觉得非国大反应太慢："非国大同事不敢抨击他们……很多人都说，泛非洲人大会可能显得有些天真，但他们是南非唯一一个与非洲其他地区保持一致步调的组织。"

接下来，曼德拉又来到了非洲自由运动的中心摩洛哥，那里有莫桑比克人、安哥拉人，最重要的是，还有阿尔及利亚人。阿尔及利亚与法国的战争持续了8年，其间冲突不断，遇难人数达50万。这是对南非未来命运的一种警告，因为他们所面临的敌人是更加顽固且武装精良的南非白人。曼德拉受到了摩洛哥的阿尔及利亚代表团领袖穆斯塔法伊博士的欢迎，他明智地表示游击队员需要一个强大的海外军事基地及办事处，这样才能在国际上赢得支持。

在阿尔及利亚边境的库达，曼德拉看到游击队员正列队欢迎他们的领袖阿哈迈德·本·贝拉归来，阿哈迈德刚从狱中获释并在阿尔及利亚独立后出任第一任总统。在一次简短的演说中，本·贝拉说，只要非洲还在帝国主义的魔爪之下，阿尔及利亚的自由就没有意义。曼德拉和本·贝拉一起检阅了"真正的战火中诞生的军队"，这支军队留给他的印象要比埃塞俄比亚的军队深得多。14年后，他在狱中写道："不管是当时还是现在，我都确信我们的军队一旦在自己的国土上立足，其规模和力量必迅猛发展，维沃尔德必将面临与吴廷琰、戴高乐、巴蒂斯塔和英国同样的问题。"阿尔及利亚军事指挥官胡阿里·布迈丁深深影响了曼德拉，与布迈丁交流之后，他意识到试图推翻种族隔离的社会体制是没有意义的：非国大必须把他们推上谈判桌——信奉托洛茨基主义的亚历山大认为，与之争论就像在公牛面前挥动红布一般。

继摩洛哥的访问之后，曼德拉又飞到了西非。国防部部长马德拉·凯塔曾在信中警告曼德拉"不要贸然采取任何毁灭性的行动"。塞内加尔总统利奥波德·桑戈尔亲自迎接曼德拉。塞拉利昂总理密尔顿·马尔盖和利比里亚总统塔布漫也接见了他。最让他失望的是归途中对加纳的再度造访。他再次与坦博聚首，并试图面见克维姆·尼库鲁玛，希望他能够反对泛非洲人大会。加纳的几位部长给了他们莫大的鼓励，但是外交部部长艾柯·阿杰说非国大不过是一个部落组织，并拒绝让他们面见总统。曼德拉意识到尼库鲁玛根本不了解非国大实情，所以他们最后也只能作罢。甚至连酒店账单都是曼德拉自己付的。

加纳之旅结束后，曼德拉又去往伦敦做了一次为期十天的访问。在伦敦，曼德拉没有见麦克米伦政府的任何人，后来他解释说："我是个纯粹的革命者。"他最大愿望就是与坦博进一步沟通；阿德莱德写信给曼德拉，告诉他坦博的哮喘症由于工作压力过大而恶化了，因此无法出访位于纽约的联合国。坦博在伦敦外交部已遭到过冷遇，因为伦敦方面对非国大与共产党的联系十分敏感，所以他们把更多的注意力集中在了泛非洲人大会身上。后来非国大派出了罗伯特·雷沙，他来自索非亚敦，其说话风格非常接近泛非洲人大会。曼德拉的活力和对斗争运动的奉献精神让坦博受到了莫大的鼓舞。"不管环境是否危险，他总是挺身而出，"阿德莱德·坦博回忆说，"他知道他不能让群众情绪低落。"

曼德拉也动用了自己在英国的关系。玛丽·本森邀请坦博前往她在圣约翰伍德的家中共进晚餐；但令她惊奇的是，坦博与衣冠楚楚的曼德拉一同到访，后者还在屋内来回踱步，介绍这次旅途中对自由的感受，高谈阔论直到凌晨1：30。玛丽·本森在日记中写道："他说得太棒了。"她安排曼德拉与工党政治家丹尼斯·希利见面，这是她在埃及军队中认识的朋友，曼德拉觉得这个人能起到很大帮助。

坦博还安排了曼德拉与《旁观者》报编辑大卫·阿斯特的会晤。曼德拉走进他的办公室后，语气愉悦地大声说道："我是来感谢贵刊为我们的人民所做的一切的。"——虽然《旁观者》报有几篇支持泛非洲人大会的报道令他十分担忧。后来他在日记中写道："我们的谈话非常坦诚，彼此都对对方表达了赞美和鼓励。"曼德拉的翩翩风度和自信打动了阿斯特，于是他安排曼德拉与工党和自由党领袖休·盖茨克尔和乔·格里蒙德会面。阿斯特建议曼德拉迁往华盛顿，留在非洲会有被捕的危险；但曼德拉坚信他必须与人民共进退。他对柯林解释说，他尽他所能会把非国大的运动扩展到每个角落，但现在的当务之急是组织武装斗争，他不指望回去之后能和卢图利讨论这个问题。

在伦敦，曼德拉更加自由，他对自己的权威很有信心，决定将非国大推向全非洲。最不愉快的一次经历是与尤瑟夫·达都的偶遇，这位共产党人是曼德拉的老朋友，现在住在伦敦。他看到达都与经济学家维拉·皮莱在一起，维拉那时已经成为连接南非国内外共产党人的主要纽带。曼德拉和坦博听到非洲大陆到处都在指责非国大以白人和印度人为海外代表，看起来一点都不像一个非洲人的组织。曼德拉告诉达都和皮莱，非国大必须展现其作为一个独立机构的特质，在国际大会上也只能由非洲人代表。"当时气氛非常紧张，"皮莱回忆说，"曼德拉十分强硬，并且听不进我们的话。他在非洲的演讲听上去更像是泛非洲人大会的。但也许这是个必经阶段。"达都反驳说曼德拉在篡改非国大的政策，但是曼德拉坚持认为这种改变只是形象上的。非国大必须展现非洲人的形象："它想代表每个人，却迷失了自我。"

6月，曼德拉回到了埃塞俄比亚，开始接受一个为期6个月的军事培训，为领导民族之矛做准备。在亚的斯亚贝巴城外的山上，曼德拉第一次使用了自动步枪和手枪。6月29日，他在日记中写道："破坏运动的第一课。"他发射了迫击炮，制作了炸药，在森林里奔走到筋疲力尽，经历了对体力的考验，还学习了游击战知识和军事规则。回想起来，在装备先进、组织完备的南非军队眼中，曼德拉想突然转变为一位游击战指挥官的愿望是不切实际的，但它与20世纪60年代早期非洲的强烈的革命氛围是吻合的。

曼德拉回到南非后，政府加大了镇压黑人反抗运动和追捕曼德拉的力度。温妮说，6月的前三周，警察几乎每天都来家中搜查，还问她曼德拉在哪里。7月，议会通过了《破坏运动法案》，破坏分子只要稍有破坏行为，法院就有权判处死刑。"民众面对的是彻底军事化的环境，"西苏鲁在7月初说，"他们必须做好自卫准备。再提非暴力运动就太不合时宜了。"泛非洲人大会承诺会尽早组织反抗运动，主要活动预计就放在1963年。民族之矛最高指挥部也按捺不住想采取行动，并在瑞弗尼亚进行更大胆的筹划。他们急需曼德拉回国，7月中旬，曼德拉接到电报，要求他立刻回国主持大局。

曼德拉离开了埃塞俄比亚，经由喀土穆和达累萨拉姆回国时，遇到20名民族之矛的新成员正从南非赶往埃塞俄比亚参加训练。当他到达贝专纳兰时，当地英国官员提醒他，南非方面已经得知了他即将回国的消息。卡特拉达和西苏鲁提前两周开始准备，白人共产党戏剧导演塞西尔·威廉姆斯从约翰内斯堡开着新车来接曼德拉。他们星夜兼程，飞驰过旷野，7月24日黎明，他们终于到达了百合叶农场上曼德拉的草屋。

第二天，温妮带着孩子们来与曼德拉短暂相聚。离开的时候她心中满是不祥的预感。当天晚上，非国大工作委员会大部分成员到达百合叶农场商讨战略问题，其中包括西苏鲁、考坦纳、姆贝基、马克斯、诺克维和另一位非国大激进分子丹·斯鲁姆。曼德拉汇报了从非洲领袖处获得的军事和资金协助，并就非国大与白人和印度人的关系一事表达了担忧。他主张重组非国大联盟以求领导力量清晰化，这是他与坦博在伦敦就达成的共识。西苏鲁也认为他们的战术需要调整，但他比较谨慎："我们顾及其他少数群体的心理。"诺克维的回应是："我们是自己罪恶的奴隶。我们放纵自己随波逐流。我觉得合作已经开展得太过了。"曼德拉说："我们缺的是主动性。我们必须转变态度，发挥自己的实力。我们的朋友们必须明白，能够领导斗争的只有非国大。"

曼德拉希望能立刻赶去纳塔尔将问题汇报给卢图利，尤其是泛非洲人大会正在散布曼德拉已加入泛非洲人大会的假消息一事。卡特拉达、姆贝基和其他人希望他推迟行程，等他们确认一切安全之后再动身，但他们的意见被否决了，曼德拉第二天晚上就装成塞西尔的司机，与他们一起离开百合叶农场前往德班。但是他们太大意了，居然又开了塞西尔那辆新车，曼德拉还随身带着枪。

在德班，他见到了伊斯梅尔和法蒂玛，还见到了印度大会的蒙迪·奈克。曼德拉告诉他们，非国大必须挺身而出。但他的劝说收效甚微。然后他又去了格鲁特维尔向卢图利汇报情况。身为非国大主席的卢图利不愿因外国领袖的要求而削弱非国大的多种族力量。曼德拉争辩说目前情况危急，他们首先要做的是保证黑人不转而支持泛非洲人大会。但是卢图利希望与朋友进一步商讨之后再做定夺。

随后曼德拉见了德班的几名民族之矛成员。罗尼·卡斯利尔斯是当时面见曼德拉的几名成员中的一人，他觉得曼德拉周身散发着指挥官的气质，同时也表现得比较严肃，因为他从来都不笑。另一位成员比利·奈尔十分仰慕曼德拉在军事问题上的权威性："这是一段相当精彩的经历。"就连日后背叛曼德拉的布鲁诺·姆托洛当时也被深深震撼了："他不用特地做任何表示以证明他是领袖；谁都看得出来，他本来就是领袖。"不管面对什么事，他都非常坦诚，希望所有的事情都能用简单直接的方式处理。晚上，曼德拉非常不明智地出席了在奈多家举办的一个晚会，奈多是《鼓》杂志的一名摄影记者，为人热情好客，这次聚会的许多客人曼德拉都不认识。他依旧穿着卡其制服出席，他本人似乎毫不在乎，但他的朋友们都很担心，因为他这么做简直无异于自投罗网。

第二天下午，即 8 月 5 日，周日，曼德拉穿着白色的司机制服，与塞西尔一起返回约翰内斯堡，并在途中讨论破坏活动。他们刚路过豪威克区，还没到彼德马利茨堡就被一辆警车给拦了下来，后面还有两辆插着旗子的车跟着。曼德拉连忙把手枪和笔记本藏到了前排座椅中间。一名警察问了他一些话，回话人是谁他心知肚明。曼德拉想过是否可以纵身一跃跳到船上从而成功逃过这一劫，但是他不熟悉地形。警察驾车将他们押往彼德马利茨堡，并把两人关在分开的牢房里。曼德拉知道，他的短短 17 个月的地下工作生涯已经画上了句号。

是谁向警察泄了密呢？这个疑团还没有解开。警察将曼德拉被捕的消息隐瞒了两天，随后又故意放出虚假消息表彰自己有勇有谋。8 月 8 日，《兰德每日邮报》报道，曼德拉住处的一个小团体被解散。4 天后，约翰内斯堡《周日时报》报道称"曼德拉被出卖了：红色政权有嫌疑"，并称这是一个"阴谋与欺骗的精彩故事"。乔·斯洛沃说"我在我们的团队里嗅到了犹大的气息，但我们还没办法找出这个人。"但国外也有人有嫌疑。24 年后，《纽约时报》报道称一名退休的特工透露是美国中情局向南非情报机关提供了曼德拉的详细动向。这个消息听起来比较可信：美国需要与比勒陀利亚进行军事合作，并且急需南非的铀矿，作为回报，美国方面很有可能会向南非提供有效情报。但这一消息无法证实。南非方面也可能通过贝专纳兰警署的南非白人雇员来追查曼德拉的行踪；或者他们可能看到了塞西尔那辆新车。曼德拉本人似乎没兴趣追查究竟谁是告密者："我从未见过任何可靠的证据。"

经过了一段时间的否认，曼德拉陷入了困境。他被送往约翰内斯堡，关押在警察局内。西苏鲁在另一个牢房，曼德拉通知了西苏鲁自己被捕的消息。第二天，他出现在当地的法庭上，穿着科萨豹皮斗篷，并且"肩负着整个民族的历史、文化和传统"。看到法官和律师表现出了明显的不悦，他还觉得很受鼓舞。"曼德拉盯着法官看了很久，法官就如同一只被蛇盯上的猫鼬一样，"目睹了这一幕的柯德施说，"他足足用了两分钟的时间才缓过神来。"

这是曼德拉生命中关键的一刻，他感到自己正在收获一种全新的道德力量："在充满压迫的法庭之上，我就是正义的象征，是自由思想的代表，是这个道德缺失的世界上的公平和民主的代言人。"为了充分发挥自己的力量，曼德拉决定为自己辩护，乔·斯洛沃仅充当他的法律顾问。他因煽动罢工以及在没有通行证的情况下擅自离境而被指控——当得知没有因组织破坏活动被指控时，曼德拉松了一口气。听证会将在 10 月举行。

等待审判的过程中，曼德拉仍表现出了一种明显的乐观态度。他问前后三次过来探望他的牧师阿瑟·巴拉克索尔要了一些南非语法书，而且似乎十分欣赏巴拉克索尔每次探访结束时的祈祷。他还听说他的朋友海伦·约瑟夫被软禁了——她是第一个经历这种痛苦折磨的人。

在这段时间里，曼德拉可以写信或看书；在大卫·阿斯特提供的书籍的帮助下，他开始通过函授攻读伦敦大学法学学士学位。阿斯特还想办法通过英国大使馆的约翰·莫德勋爵给他送来了政治书籍，莫德向监狱长保证这些书没有任何共产主义倾向，还会"向曼德拉灌输西方思想"。曼德拉彬彬有礼地给莫德勋爵回了一封信，感谢这位素未谋面的朋友赠予他的珍贵礼物，这是他首次与英国外交官交流。莫德的同事敦罗斯尔爵士一直对非国大抱有警戒之心，但后来他向外交部报告称"从长远看，我们对曼德拉的帮助可能会在未来让我们获益"。

对于曼德拉被捕一事，非国大并不吃惊，他本人也基本预见到了这是回国后的必然结果。但他们没想到的是，这一切来得太快。"这个时候发生这样的事情，绝对是一个沉重的打击，"温妮在给朋友阿德莱德·坦博的信中写道，"我们知道这一天必然会到来，但似乎来得太早了。"她意识到曼德拉可能要度过几年的牢狱生涯，布鲁姆·费希尔斯等人还力劝她出国学习，但她对此十分抵触。布鲁姆等人提出的建议并不合适，这让温妮的一些朋友十分担心，希望她能够远离这个圈子。

曼德拉在福特时，非国大地下组织散发传单称"曼德拉被捕，人民被俘"，并号召大众在审判之前先聚集一次。传单塑造了曼德拉的新形象：永不妥协的罪犯，保卫人民团结的斗士："纳尔逊·罗利赫拉赫拉·曼德拉是争取自由的地下斗争领袖。他不畏牺牲，勇于斗争，敢于创新，从而指明了通往自由的道路。"

乔·斯洛沃和其他同事制定了两种营救方案：第一种是用一把复制的钥匙把他从法庭救出来，戴上假发和假胡子出逃；第二种是贿赂掌管监狱的官员，他曾表示给他 6000 镑，他就同意放走曼德拉。但是就在开庭之前，审判地点改成了比勒陀利亚，斯洛沃等人的营救计划就此作废。在比勒陀利亚监狱，曼德拉与西苏鲁又有了一次短暂的会面。西苏鲁被判 6 年监禁，罪名是煽动罢工。曼德拉支持西苏鲁在上诉期间申请保释，然后在保释期出逃，继续策划破坏活动。曼德拉本人则没有申请保释：他的策略是将反抗斗争人格化。

曼德拉将法庭变成了他个人的舞台，并在台上扮演着更加耀眼的角色。1962 年 10 月 22 日，审判开始，他一上来就表现出了极其轻蔑的态度，声称他会充当自己的辩护人，并请求法官取消他的资格，因为他觉得审判不可能公平：他面对着一位白人法官，受制于一位白人检察官，押送他的看守也是白人。在场共有 100 名左右的目击证人证明他煽动罢工，而且在没有通行证的情况下离开南非，曼德拉并未对此加以反驳。

敦罗斯尔爵士代表英国大使馆前来旁听，他注意到"作为一名律师，曼德拉显然缺乏实践经验"，在交互讯问中，有时他还需要检察官的协助。但当维沃尔德的秘书巴纳德证明曼德拉 18 个月前曾致信总理要求召开全国大会时，曼德拉给出了有力的反击，他指出，这封信提出的要求事关重大，而维沃尔德没有回信，这显然不妥。巴纳德争辩说，曼德拉的来信言辞无礼，咄咄逼人，丝毫未表露愿与维沃尔德友好合作的意思。曼德拉不以为然，但 14 年后，他在狱中写道："也许他的话里也有可取之处。"

辩论结束后，检察官博世凑到他身边私下告诉他："这是我职业生涯中第一次蔑视自己所做的一切。想到我必须请求法庭将你送进监狱，我就感到痛心。"曼德拉与他握了手，并向他保证他会永远记住这番话。他打算给法庭一个"惊喜"。他告诉法官，他会叫来同样人数的证人，但实际上他一个人都没叫，因为他知道自己会被判有罪。所以，他只准备了一篇"减刑申请书"，其实那是一篇长达一个小时的政治演讲，字字掷地有声。

1962 年 11 月 7 日，法官宣布判决：煽动罢工判 3 年监禁，在没有通行证的情况下离境判 2 年监禁。曼德拉注意到，5 年期的监禁是南非目前为止对政治犯罪的最严厉惩罚。但在非洲历史上，这并不是第一次：8 年前，肯尼亚领袖乔马·肯雅塔就被判了 7 年监禁；乔马后来成了独立后的肯尼亚的第一任总理。但是判决执行的那天恰好是第一个社会主义国家诞生的纪念日，正是由于苏联的成立，全世界的解放运动受到了极大鼓舞，这个巧合让曼德拉获得了些许安慰。而且他的审判和古巴危机也发生在同一个时段，那时卡斯特罗正在用苏联的导弹与肯尼迪对抗。最让他感到鼓舞的是，就在判决执行前夕，联合国大会第一次投票决定对南非实行制裁。

但西方政府对待曼德拉和黑人反对派的态度依然十分矛盾。鉴于南非已经脱离英联邦，英国方面十分担心自己上错了马背——让他们出错的也许正是白人。1962 年 6 月曼德拉逃亡期间，大使约翰·莫德勋爵造访伦敦，并与外交部官员谈话。他说他发现维沃尔德"态度亲切但令人生厌"，但他相信，维沃尔德视英国为南非唯一的友邦，并极力主张上演"双簧"：对比勒陀利亚态度亲密，以保障英国利益，但同时又承认民族主义政府长期掌权对英国没有好处。莫德的"再保险"政策（即与黑人政治家谨慎接触）收效甚微，伦敦官员发现一年前大使馆为女王举办的生日宴会上受邀请的全是白人。莫德勉强解释说，开普敦没有可邀请的非欧洲人，并承诺下次宴会会表现出"多种族主义的色彩"，并试图宴请由不同种族组成的女童军组织以示兑现承诺。南非政府密切注视着他的一举一动：1963 年 6 月，莫德举办了一次多种族聚会，因此他在自己的告别谈话中被维沃尔德斥责了半小时。

莫德宣称，在与黑人建立联系这一问题上，美国外交官的态度比英国更加谨慎，但实际上，有时候美国更具冒险精神，在世界其他地区，他们的态度也一样。1959 年 1 月，开普敦的美国第一秘书保罗·艾克尔曾告诉英国人说，他在自己家里宴请黑人，而约翰内斯堡的美国信息办公室有一个专门的多种族阅览室（他没有提及这个阅览室和泛非洲人大会的关系）。肯尼迪领导下的美国政府越来越担心种族隔离所带来的危险，因此正严肃考虑制裁措施，对此英国十分失望；而且美国国务院也开始鼓励与非洲联系，以防黑人革命突然爆发。1963 年，美国大使馆公开宣布，为纪念 7 月 4 日美国独立，他们将举办一个多种族的独立日聚会——华盛顿的英国大使馆称，举办这次活动有一半是为了美国国内的种族问题。

曾在华盛顿负责过对非政策的美国大使约瑟夫·萨特斯韦特一直以来都密切关注着曼德拉和共产党的关系。1962 年 12 月，就在曼德拉被捕前夕，萨特斯韦特向美国国务院汇报了曼德拉造访德班一事，而在此期间，曼德拉让非国大与白人和印度盟友疏远关系。萨特斯韦特的报告称："非国大并不知道新战术是南非共产党领导的，他们以为曼德拉正渐渐远离国会联盟中的白人共产党势力。"实际上，他所在的大使馆根本没有跟曼德拉直接接触过。

通常情况下，英国不敢激怒比勒陀利亚，但在 1962 年 11 月曼德拉被判刑后，他们做出了一个"相对冒险"的举动——这是大使馆发回伦敦的报道中的原话——他们允许颇具进取之心的年轻外交官马库斯·爱德华会见年轻黑人政治家。爱德华与一些泛非洲人大会记者一起去喝酒，其中包括大卫·斯伯克，这个人后来也担任了领袖，但惨遭谋杀。他们向爱德华保证，泛非洲人大会很快就会采取行动。一周以后，爱德华提交报告称他会见了更多泛非洲人大会成员，他们粗鲁，爱开玩笑，喜欢大喊大叫，但是也表现出了"严肃和极端"。他们所有人都只要"一人一票，一个政党"。

另一位不知姓名的外交官通过巴苏陀兰的乔·马修斯与非国大保持着联系。马修斯说曼德拉对暴力运动的贡献让他在南非国土之外都赫赫有名，而且他的被捕是对非国大做出的牺牲。他和他的同事并不同情泛非主义，而且对那些高调的，没受过什么教育的部长十分鄙视。至于南非共产党，马修斯（虽然他是共产党内的领袖人物）说他们成不了气候，因为黑人会觉得共产主义是外来的，所以在感情上没那么容易接受。令人难以置信的是，那名外交官得出结论说，马修斯是一个"彻头彻尾的莫斯科人"。

伦敦外交部很重视这些消息，并要求官员提供更多关于黑人反抗运动的情报。但大使馆不想"再冒更大风险"。"南非政府一定会疯狂反扑，"希拉里·杨写道，"如果他们发现大使馆成员与泛非洲人大会或非国大等意欲推翻现任政府的违禁组织接触。"杨总结说："我们的短期目标是与现任政府保持友好关系，而长期目标却是与那些可能取而代之的势力保持友好关系，两个目标之间有冲突。"实际上，英国政府基本上已经忘记了长期目标，在黑人领袖入狱之前，英国政府很少与他们接触。"我还记得当年去英美大使馆的情景，"曼德拉在当上总统之后告诉我说，"我觉得他们根本就不知道有我这个人存在。"

　　曼德拉短暂的游击战领导生涯和非洲政治家生涯闪电般地结束了，正如当年它闪电般地开始，在此期间，他并没有得到多少来自西方的军事和外交援助。事后他常因缺乏专业素质、逢场作戏和缺乏组织大规模军事行动的能力而受世人指责；对于其中一些批评，曼德拉是接受的。但是，真正能够威胁到南非白人政府的，只可能是城市恐怖主义运动，就像阿尔及利亚举行的运动一样，它将会带来死亡和大规模的报复行动，这是曼德拉和民族之矛不能预见的。他从来不觉得单靠武装斗争本身，而不依赖任何制裁和压力手段，就能迫使南非政府改变政策。但是他短暂的军事领袖生涯以及现在的牺牲者领袖生涯都清晰地传达出了一个政治讯息：他是一名在反抗现有体制过程中遭遇失败的领袖，他一直在逃避追捕，在地下工作，却一直与人民同在。

14. 罪与罚（1963—1964 年）

曼德拉被关进监狱，从公众视线中消失，却留下了让人难以忘怀的印象：躲避追捕的黑色海绿花；领导人民斗争的军事领袖；穿着盛装宣告自己非洲人身份的部落首领。1976 年之前，南非政府都不允许电视进入国内，但曼德拉根本不需要通过电视来吸引公众视线。在狱中，他可以变成尼赫鲁口中的甘地那样的人物，变成"表达民众愿望的代表"。他的领导风格主要依靠的是个人而非组织。他在非国大没有正式职务，而他领导的武装斗争尚处在萌芽时期，但他已经离开了公众的视线。然而曼德拉觉得这样的状态持续不会超过五年。那时的他根本就没有想到他会在监狱中度过长达四分之一个世纪的岁月。

曼德拉起初是在比勒陀利亚的监狱服刑的，他对那里已经很熟悉了，但是他现在面对的情况更加糟糕。他不能看书了，连探访都遭到了严格限制。一起被囚禁的人中有曼德拉的泛非洲人大会死对头罗伯特·索布克韦，他在沙佩韦尔事件之后就进了监狱，并发觉曼德拉抢了自己的风头。有时他们会并肩而坐，一起缝补生了虫的肮脏的邮包。他们相处得很好，互相以"麦迪巴"和"赫拉提"称呼，并且会天南海北地谈论一切话题，包括萧伯纳和莎士比亚谁的戏剧更好。曼德拉批评索布克韦在 1963 年就大呼小叫要夺取自由，那是绝对不可能的，而且他还低估了南非白人。曼德拉十分欣赏索布克韦的推理能力，但也发现他脾气急躁，还会奉承监狱看守。起初索布克韦拒绝与曼德拉一起反抗现状，他觉得反抗会招致更坏的结果，但最后他还是同意加入反抗。那时政府认为索布克韦的危险性比曼德拉更大：1963 年，索布克韦服刑期满，却又立刻因为特殊法律"索布克韦条款"被延长监禁期限，又在罗本岛上关了 6 年，而且为了孤立他，监狱方还将他与其他囚犯隔离看管。

在比勒陀利亚关了 6 个月后，曼德拉突然接到通知让他打包行李，因为他要被送往罗本岛。罗本岛离非洲大陆不过 8 英里（约 12.8 千米），中间隔着冰冷汹涌的海水形成的天堑。罗本岛有着美丽的海岸线和沙滩，岛上鸟类随处可见，还有小企鹅。岛上街道两旁矗立着美观的建筑，包括一个教堂和一间校舍。如今的罗本岛已经成了旅游胜地。但是对当年的政治犯来说，这片与世隔绝、守卫森严的土地实在毫无魅力可言。

凭着对特兰斯凯历史的了解，曼德拉很快意识到这个岛屿就是 19 世纪英国人关押科萨部落首领的地方。后来这里成了麻风病人和精神病人隔离区，1936年开始，它又成了军事预备区。沙佩韦尔事件之后，它才重新成为关押政治犯和普通囚犯的监狱。1962年开始，罗本岛的管理方式开始变得残暴，羞辱、折磨犯人的现象时有发生；监狱看守中还有一对有施虐倾向的兄弟，姓克雷汉斯，其残暴声名早已远播在外。据1962年被关在岛上的学者尼维尔·亚历山大称，1962—1964年的两年间，几乎每周，甚至每天都有虐待事件发生。

这次曼德拉在岛上只关了几个星期，但也足以让他认识到一条今后牢狱生涯中都适用的原则：看守的行为取决于犯人对待他的态度。他经常会回忆起第一次见到克雷汉斯兄弟中一人时的情景，那时此人大叫道："在这里我就是你的上司！"并命令他和其他三名囚犯跑步进入牢房，对待他们就像对待畜生一样。曼德拉坚持要在前面带队，还故意放慢了速度，于是克雷汉斯大叫道："我们要杀了你！"

到达牢房之后，他们发现里面漏水了。这时又来了两名监狱看守，其中一名对着四人中看上去最好欺负的人大叫，说他的头发太长了。曼德拉打断了他："我们头发的长度是这里的准则决定的。"于是那名典狱向曼德拉走去，一副要打他的样子，曼德拉有点害怕，但仍然壮着胆子说："你要是敢对我动手，我就把你告到岛上的最高法院去，到时候你就连一只教堂里的老鼠都不如了。"监狱看守继续威胁他，但曼德拉发现他在发抖，于是便有了底气。较年长的那名监狱看守——后来他成了监狱的最高长官——一言不发地离开了，年轻的那个见状便也跟着走了。

随后四名犯人被带到了一间较为宽敞的牢房，晚餐过后，曼德拉听到有人在敲他的窗子并低声叫着"纳尔逊，过来"。那是一名黑人看守，他带来了温妮的消息，并表示愿意每天晚上带烟和三明治给他。这件事让曼德拉坚信，即使是阴森可怕的罗本岛上的监狱看守也和普通人一样有好有坏。

几周之后，曼德拉又接到通知让他打包，并再次被押送往比勒陀利亚单独囚禁。这次没有任何解释，政府对媒体说，这么做只是为了保护曼德拉不受泛非洲人大会囚犯的攻击，这显然不是真实原因。不过没过多久，曼德拉就知道了真相。

7月初，曼德拉听说非国大的一名律师哈罗德·沃尔普被拘留了；而在监狱走廊里，他还遇到了百合叶农场曾经的领班托马斯·马舍费恩。几天之后，在监狱办公室，他见到了本该藏身在瑞弗尼亚的非国大领袖们。在曼德拉被监禁的8个月里，维沃尔德政府开始加速取缔黑人反抗运动，尤其是泛非洲人大会秘密恐怖组织 Poqo 开始刺杀白人之后。1963 年 5 月 1 日，在联合党的支持下，政府迅速通过了有史以来最严苛的法律，其中包括声名狼藉的"90 天法令"，该法令允许警察在未经任何审讯的情况下单独监禁任何一个人达 3 个月之久，这让警察更加有恃无恐。10 天之后，警察逮捕了第一批人。这次逮捕行动主要针对的并不是泛非洲人大会，而是为了查清西苏鲁、卡特拉达和姆贝基等非国大领袖的藏身之地，他们都在软禁期间出逃并藏匿起来了。"我们都不知道逮捕行动是什么时候开始的，是怎么开始的，"希尔达·伯恩斯坦说，"在那方面我们知之甚少。"不久之后，希尔达的丈夫鲁斯蒂也被拘留了。

非国大领袖和他们的盟友仍在乔装改扮进出瑞弗尼亚，讨论破坏活动和游击战的计划，当时民族之矛新招募的成员都被暗中送往阿尔及利亚、埃塞俄比亚和苏联等地接受培训，所以非国大所计划的活动将在没有民族之矛协助的情况下进行。民族之矛最高指挥部仍然表现得目中无人，6 月 26 日，西苏鲁在秘密藏身地通过广播向听众承诺，他会留在南非负责地下工作——这无疑是在向警察发出挑战。

德班破坏工作者布鲁诺·穆托洛说他曾经看到领袖们聚集在百合叶农场的草屋中：他们正在策划一场名为"玛依布耶计划"的运动，计划书由乔·斯洛沃和姆贝基撰写。文书开头如下："民主化进程已经撕下了白人政府的一切伪装。如今他们已经全副武装，只留给民众一个选择，那就是依靠武装和暴力来推翻政府。"计划书提议在南非培养游击战军事力量，并接受乘潜艇或飞机而来的外邦势力的援助。

这是个鲁莽且不现实的计划。民族之矛最高指挥部内支持这个计划的人只有姆贝基、斯洛沃和阿瑟·戈德里奇。西苏鲁和其他人都表示了反对，所以整个 7 月，计划都在讨论中。卢图利当时仍是非国大主席，他的活动范围被限制在纳塔尔，因此无法与瑞弗尼亚和国外的非国大势力取得联系。"外界所有的活动讯息都无法直接到达他那里，"拜访卢图利之后，温妮·曼德拉给阿德莱德·坦博写信说，"这是他最大的担忧。"但是民族之矛最高指挥部内有些人已经急不可耐了，希望立刻采取行动，尤其是从曼德拉处得知可以接受军事培训之后。乔·斯洛沃有些冲动，他希望能将计划书带到达累萨拉姆与奥立弗·坦博及其他流亡在外的非国大领袖共同商讨；斯洛沃的想法得到了同事的赞同，他们都知道计划书的最后形式尚未确定。但是斯洛沃抵达坦桑尼亚后，整个计划败露了。"我们对非洲独立国家黑人的力量估计过高，"斯洛沃后来承认说，"这个计划所犯的错误可能比不切实际更严重。"

1963 年 7 月初，已有传闻说警察要进行大规模搜查。被拘留的人中有人透露，西苏鲁和他的朋友有时藏在瑞弗尼亚，而另一人则泄露了关于农场的更多细节。年轻的调查专员范·维克中尉立刻驻扎到了百合叶农场。7 月 11 日，一辆干洗店的车停在了农场外，一群警察牵着警犬从车里冲了出来并包围了农场。西苏鲁、姆贝基和卡特拉达从后窗跃出，但很快就和众人一起被捕。警察搜到了大量文件，其中包括玛依布耶计划的材料，还在主屋内逮捕了另一个破坏运动工作者丹尼斯·戈尔德伯格。

曼德拉从比勒陀利亚监狱的同事那里听到了这个消息。他本人在去年被捕之前就离开了瑞弗尼亚，所以他不可能参与玛依布耶计划的组织工作。但他是民族之矛的指挥官，并在百合叶农场留下了大量手写材料。他曾托西苏鲁转告乔·斯洛沃替他毁掉这些文件，但它们没被销毁，如今成了曼德拉的罪证。每次起诉，曼德拉总会成为主要目标，而且根据 1962 年 7 月的《破坏运动法案》，他有可能被判处死刑。曼德拉成了头号被告。

所有被捕领袖都意识到，这次审判会比之前的叛国罪审判更加严肃，更加重要。很明显，瑞弗尼亚反叛分子有罪，即使他们没有策划游击战，策划破坏活动也足以将他们定罪，他们知道自己必须请最好的辩护团队来为自己辩护。曼德拉希望布拉姆·费希尔斯能再次领导辩护团队，因为他既有专业知识，又有奉献精神；但当时费希尔斯自己都不停地进出瑞弗尼亚，曼德拉和其他被告是知道的，不过大众还不知道。审判期间，他正打算藏起来，接手地下工作。

作为一名律师，费希尔斯保持着职业化的冷静态度。玛依布耶计划的幼稚和鲁莽令他震惊——后来在他自己的审判过程中，他评价该计划为"一次拍脑袋想出来的脱离实际的计划，不过是年轻大胆的想象而已"——但是他决定尽他所能为被告辩护，并召集了比以往更加强大的律师团队，团队中的所有人后来都成了曼德拉的同事，其中包括弗农·贝朗吉，人称"预言家"，费希尔斯设法说服他从伦敦返回；还有年轻律师阿瑟·查斯卡尔森，他不是共产党人，却十分崇拜费希尔斯，因此愿意助他一臂之力。查斯卡尔森还带来了一位大学好友约珥·约菲，他正计划移民澳大利亚。约菲身材瘦削，为人谦逊，他同意担任首席律师，曼德拉和其他人称他为"幕后将军"。团队中的另一位成员后来成了曼德拉的亲密伙伴，他就是乔治·比佐斯，他后来专门从事政治审判辩护，在此过程中，他取得了费希尔斯的信任。

约珥·约菲曾在一些社交场合遇到过曼德拉，那时的曼德拉看上去比实际年龄要年轻 15 岁。而现在的曼德拉穿着监狱统一发放的短裤和卡其衬衫，约菲觉得他"瘦了很多……他双颊深陷，面色发黄，满脸憔悴之色，眼袋非常明显"。但约菲觉得曼德拉依然非常随和、乐观、自信，而且他的士气比以往任何时候更加高涨。曼德拉仍然是被单独拘禁的，在罪犯之中，他的地位是最低的。正如他自己所说，他是"即将被判死刑的人"，曾有一名监狱看守晚上来到曼德拉的牢房把他叫醒，并对他说："你很快就能睡很长很长时间了。"当曼德拉终于见到律师团队时，费希尔斯提醒他说对方会请求判他死刑。正如曼德拉所说："我们生活在恐惧的阴影中。"

1963年10月，案件在比勒陀利亚开审，在媒体的煽动下，群众的情绪相当激动。最高法院"正义殿堂"里里外外都被警察和便衣包围着，他们仔细地观察着围观群众的一举一动。

法官是一位受人尊敬的、一丝不苟的南非白人，名叫卡尔特斯·德·怀特；但检察官珀西·余塔尔却是个身材矮小、风格浮夸的犹太右翼律师，与政府关系密切，他很喜欢与犹太人和黑人敌对方对质。后来这个人宣布他不会以严重叛国的罪名指控曼德拉："我要行使我的自由裁量权，仅以破坏罪指控曼德拉。"但他是个无情的检察官。

一开始约珥·约菲就对辩护律师团说："这起案件的核心和要点不在法庭上，而在外面的世界。"西方政府必定都在密切关注着案件的进展。现在他们对曼德拉都有了更加清晰的认识，而且十分关心死刑判决可能带来的后果；但是出于外交关系和投资考虑，他们依然顾虑重重，连最有可能影响维沃尔德政府的英国都依然不敢得罪他。

1963年4月，英国大使约翰·莫德勋爵在离职告别信中透露，他十分担心有良好组织的非国大会被简单粗暴的泛非洲人大会击败。他认为，在新兴非洲国家的帮助下，南非的黑人抵抗运动最终会发展为"一场有组织的，得到世界主流思想支持的游击战"。他警告伦敦，"一边将南非当成盟友，一边又认定它不可捉摸，想继续以这种态度对待南非将越来越困难"。

新上任的大使休·史蒂文森勋爵比莫德保守，能力也不及莫德。外交部秘书霍姆爵士曾警告史蒂文森不要冒险，以免损害英国的经济和军事利益，但又建议他不要表现出对种族隔离主义的宽容，因为这会破坏英国与非洲和联合国的关系。霍姆还建议史蒂文森考虑"在可预见的未来"南非落入非洲民族主义者之手的可能性，并对莫德的"再保险"政策表示推崇。但史蒂文森不是勇于进取的人。他以前在印度政府部门任职，只对杜松子酒感兴趣，从没真正了解过非洲的情况，连开普敦和开罗、贝专纳兰和俾路支都分不清。而且他不敢得罪南非白人。

瑞弗尼亚审判开始后，联合国大会于 10 月 11 日通过了 1881 决议，除南非外，所有成员国都要求释放那些政治犯。"有了这项决议，政府就不敢判他们死刑了！"费希尔斯对比佐斯说。但是英国大使馆拒绝对南非政府施加压力。外交部要求史蒂文森警告比勒陀利亚，英国公共舆论的影响力是极大的。几番抵触之后，史蒂文森最后还是向南非外交部部长穆勒博士表达了英国的担心，并向伦敦强调"他总是怀疑这些方法的价值"。他还引用了英国律师约翰·阿诺德的话——主要被告"既不是共产党员，也没有深受共产主义思想影响"。

检察官珀西·余塔尔拼凑出了第一份起诉书，法官不耐烦地宣布其无效，直到 12 月 3 日，审判才在比勒陀利亚正式开始。曼德拉依然态度轻蔑。当被问及要如何为自己辩护时，他简短地答道："需要受审的不是我，而是政府。我没有罪。"余塔尔大胆地出示了第二份起诉书，主要的控诉都在这份起诉书内：

> 被告蓄意谋划并发起全国范围内的暴力和破坏活动，对象主要是政府官员和他们的家宅以及所有交流渠道和方式。他们的目的是在南非引起不安、动荡和混乱，根据他们的计划，千万名受过培训的游击队员会占据全国各个有利位置，通过他们的操纵，动乱将会升级。

他得出了一个耸人听闻的结论："他们还计划在今年，也就是 1963 年发起解放运动以摆脱所谓的白人统治的束缚。"余塔尔——陈述指控细节时，辩护律师队伍被忧虑情绪笼罩了。约菲在想："有没有哪个被告有可能逃过死刑判决呢？"余塔尔传唤了一批证人，他们中有许多人在陈述时被打断并接受询问，而这些人都能相当精确地描述出曼德拉和其他人的行动。更糟糕的是，余塔尔手头有上百份警察从百合叶农场和其他地方搜出来的文件，非国大秘密行动的细节全都暴露了。

这些文件让非国大的一切内部信息都暴露在光天化日之下。"奥特"（奥利弗·坦博）与"雷"（杜马·诺克维——杜马在科萨语中的意思就是"雷"或者"成名"）通过简单的代码交换讯息。他们讨论了用飞机将战士送出博茨瓦纳的计划——他们用"包裹"或"大学生"来指代战士；但是其他人很快就被代码给搞糊涂了，而且他们对那些战士的地面作战能力十分失望。卢萨卡曾报告说："你寄给我的 19 个包裹中，12 个充公了，还有 7 个被当成战利品抢走了。"关于钱的误会也不少："我们收到了某几个国家提供的钱款，你能不能告诉我们，曼德拉回国之后究竟有哪些国家伸出了援手？"这些文件让人们看到了武装斗争的实际操作水平和人们心中所想有着巨大的差距，而且他们缺乏列宁所说的"决定验证"。

起到毁灭作用的文件中，有一部分出自曼德拉之手。"他保留了所有能提供罪证的文件，"乔治·比佐斯回忆说，"这是个天大的错误。他们把这些笔记放在托盘上呈给检察官。但是曼德拉没有归咎于别人，他是个宽宏大量的人。"此外文件也展现了曼德拉丰富的思绪。他记录了从比勒陀利亚监狱出逃的计划，还有一些笔记是记录其他革命运动及游击战战术的："游击队员不打真正的仗，他们不会参与决战。"还有一则笔记引用了一本关于以色列恐怖组织伊尔根的书中的话："这个世界不会同情惨遭杀戮的人，它只尊敬参加战斗的人……牺牲是反抗方式的一种，也是胜利之父……一场地下的战争就是一个小规模的国家。"

但是最明显的罪证还是一份 62 页的手写资料，内容是关于共产主义的，那是曼德拉的笔迹。

起诉方用"×先生"来指代他们的主要证人，其实这个证人就是布鲁诺·姆托洛，这个精明的破坏运动工作者曾在曼德拉被捕前不久参加他在德班召开的会议，他也曾到过瑞弗尼亚。现在这个人成了告发同案犯的证人。"当他站到证人席上时，我简直不敢相信自己的眼睛。"曼德拉事后这样写道。姆托洛记忆力非常好，他是第一个看出曼德拉与民族之矛关系的证人，他指出，曼德拉曾在德班会议上告诉破坏运动工作者，非洲领袖承诺提供军事培训和资金，南非的运动将演变成游击战。姆托洛坚持认为非国大已经完全被共产党控制了。

姆托洛的证词是致命的。"我的笔记被交上去之后，我意识到政府肯定可以给我定罪。"曼德拉在狱中写道，"而姆托洛的证词更加证明了这一点。"曼德拉不否认自己在民族之矛中的领导地位以及自己在德班会议上说过的话。辩护律师告诫他，一旦承认，他就可能付出生命的代价，但是曼德拉说，作为一名领袖，他就必须承担责任；他只希望真相能够水落石出。他已经决定奋力一搏。

辩护律师陷入了举步维艰的境地。贝朗杰向姆托洛发问时发现了他证词中的几个漏洞，例如，他指出曼德拉在德班会议上说过，因民族之矛事务出国的共产党员不应该将重心放在党内事务上，也不能宣传共产主义思想，这会破坏民族之矛的名声。但是法官似乎还是倒向了姆托洛一边，而约珥·约菲也说："我方主要被告纳尔逊·曼德拉承担了大部分指控罪名。"

约珥·约菲承认曼德拉和西苏鲁面临的危险是最大的，他们被判处绞刑的概率是 50%。但是他发现曼德拉的勇气一直都没有减退："这种勇气与战场上的骁勇是不同的，战场上你不需要思考。"约菲认为："纳尔逊·曼德拉是天生的领袖。在我看来，他具备一个领袖所应具备的所有特质——个人魅力、领导才能、强健的体魄、镇定的处事风格、出众的外交才干。那个案件审理结束之后，我感觉到他是一个真正的伟人。我开始意识到他的风格和魅力不仅影响了被告，还影响了监狱方的人员。"

主要被告承认他们参与了怠工运动和民族之矛的策划活动。但最严重的指控是，他们批准了玛依布耶计划，号召在国外武装势力的协助下进行一场全国范围内的游击战。这项指控来自检察官珀西·余塔尔，他称其为"此案的基石"。曼德拉和西苏鲁对辩护律师解释说，虽然其他的路走不通，他们有可能会实施这项计划，但是警察到达瑞弗尼亚时，该计划还没有被非国大批准。但是戈文·姆贝基，被告中最年长也是最教条的人，坚持称玛依布耶计划是民族之矛所有行动的基础，已经得到了非国大和民族之矛的批准。他的声明足以将他本人及其伙伴送上绞架。"如果可以证明他们参与了武装革命，"事后约菲说，"那么即使有《破坏运动法案》，法官也很难免去他们的死刑。"

但曼德拉的全部精力都投注在他的政治论证上。他决定仿效叛国罪审判时的方式，在审判最后做一次演说，陈述自己的政治理想，但他只能站在被告席上做这次演说。演说没有盘诘环节，所以来自法官的压力不会很大。在同事、律师和其他人的帮助下，曼德拉花了好几个晚上在狱中准备演说。一番努力之后，一篇震慑人心的演说问世了，它清晰地交代了曼德拉的政治发展历程。但是律师们十分担心演说过于坦率直白，法官一冲动就有可能判曼德拉绞刑——尤其是结尾非常具有挑衅意味："我时刻准备为这个理想献出生命。"曼德拉不愿把这句删掉，但最后还是加上了"如果有必要"这几个字。

辩护方以曼德拉在被告席上的长篇演说开场，演说不能打断，这让余塔尔十分失望，因为他已经为盘诘曼德拉准备了好几天了。曼德拉花了整整 4 小时去阐述自己的信仰和政治理想，他追溯了自己的部落背景、早期的民族主义信仰以及向多种族主义转变的过程。他承认自己是民族之矛的领袖，并策划过破坏活动；但是他强调，非暴力手段不能阻止南非陷入内战的泥潭，而破坏运动则是未来民族关系的希望。

他将自己与共产党的合作比作丘吉尔和斯大林的合作；但是他也对此给出了更加个性化的解释，他回忆说共产党是唯一愿意将非洲人当成平等的人类看待的政治组织。他强调非洲人缺乏尊严和权利，许多黑人家破人亡，这无疑破坏了道德底线，并有可能引起暴力运动："南非非洲人希望享受平等权利；他们需要安全感和社会地位。"他还说，非国大参与的是"争取生存权的斗争"。

结尾处，他发表了自己的观点："我这一生都将投身非洲人民的斗争。我反对白人统治，期待一个民主自由的理想社会，在那样的社会中，所有人都能平等和谐地生活在一起。这是我的理想，我愿为之奋斗。"接下来他的声音低了下去，他总结道："如果有必要，我时刻准备为我的理想献出生命。"法庭上出现了长达半分钟的沉默，对曼德拉来说，这段时间好像很长很长。对约菲来说，这沉默的 30 秒就像是戏剧结束后，掌声响起前的那段时间——但是掌声没有在法庭上响起。

这篇演说是曼德拉政治生涯中最成功的演说。它明确了曼德拉的领袖地位，不仅仅是非国大领袖，也是多种族反抗种族隔离政策运动的领袖。他早期反殖民统治的说辞被更加深思熟虑、更加个性化的内容取代了。他的演说在世界范围内引起了反响，成了世界各地反种族隔离政策的宣言。一些西方外交官员甚至开始改变看法，相信曼德拉并没有受共产党的控制。"他与共产党合作的原因很难解释。"约翰·威尔森对外交部说。情报分析部（军情六处的反共宣传机构）的约翰·尤尔感觉到英国在南非黑人中正渐渐失去地位，这是他们谨慎外交政策的代价。他说："不管我们是否愿意，曼德拉都将成为整个非洲大陆最受欢迎的人物。"

来自海外的支持让被告们深受鼓舞，支持者中不仅有许多非洲国家，甚至还有英国，这让曼德拉十分吃惊。审判进行到一半，曼德拉就被选为伦敦大学学生联合会主席。约菲说："一群他不认识的人，选举他当了一个他从未接触过的机构的主席。"迫于压力，英国政府也插手这次审判，阻止法院对曼德拉下绞刑判决。大卫·阿斯特给外交部秘书巴特勒写信称，曼德拉是"最有影响力的非洲领导人之一"。巴特勒对曼德拉深表同情，但他担心英国插手会适得其反。弓派主席利昂·布列塔尼警告说，判处曼德拉死刑会让南非更加看不到解决问题的希望。1964 年 5 月 7 日，英国首相亚历克·道格拉斯-霍姆愿以私人名义给维沃尔德写信讨论审判的事情，但是休·史蒂文森建议"不要再施加任何压力"，与许多报道所说的相反，最后没有任何证据表明霍姆给维沃尔德写了信。后来南非大使馆致电外交部称政府压力已经减小，他们可以对南非采取更强硬的手段，虽然判处曼德拉绞刑可能会生出事端。英国驻比勒陀利亚大使馆向伦敦发回报告称政治保安处负责人亨德里克·范·登·伯格少校认为被告不会被判处死刑，而且余塔尔也不会要求死刑判决。但是直到 6 月初，最终判决下达之前一星期，疑似与情报部门有联系的英国总领事莱斯利·闵福德才明确告诉乔治·比佐斯道："乔治，他们不会被判死刑。"

曼德拉演说之后，西苏鲁要忍受更多来自余塔尔的问讯。问讯开始之前，他的律师们都十分担心，因为他们帮不了西苏鲁，但后来，他们意识到，虽然西苏鲁没受过正规教育，但他拥有过人的智慧。西苏鲁与余塔尔周旋了整整 5 天，期间还要应付法官插进来的提问，但整个过程中，他都表现得清醒而镇定，并拒绝暗中揭发任何同谋。约菲认为，"不是所有法官都能轻而易举地给这样一个人下死刑判决的"。

继西苏鲁之后，卡特拉达和雷蒙德也上了证人席。针对这两名犯人的指控要弱很多；接下来是鲁斯蒂·伯恩斯坦，他所受的指控是最弱的。再接下去是戈文·姆贝基，他无疑是这个案件的核心，但是他没有在法庭上为玛依布耶计划辩护，也没有透露任何未经证实的消息。在他之后是丹尼斯·戈尔德博格、伊莱亚斯·莫措阿莱迪和安德鲁·马兰格尼，他们也是瑞弗尼亚案件的同犯。然后，珀西·余塔尔做了最终陈述——其中包含了强烈的指控，虽然经过了法官的部分弱化，但是火药味依然十分浓烈——然后，查斯卡尔森和费希尔斯做了最后的辩护。

法官德·威特宣布休庭三周以权衡最终判决，并于 6 月 11 日宣布结果。他相信被告没有参与玛依布耶计划的策划活动："没有证据可以证明该计划已超越其准备阶段，我坚持这个观点。"但是他判定非国大为"共产党人控制下的组织"，并引用曼德拉所说的其他非洲领袖的观点作为佐证。他发现除伯恩斯坦外，所有被告都犯有破坏罪。卡特拉达和穆赫拉巴也被判有罪，这让曼德拉十分震怒，但是面对自己的裁定结果，他却波澜不惊。他唯一不确定的就是最终的判决，结果要到第二天才能出来。他已准备慷慨赴死。

曼德拉、姆贝基和西苏鲁在审判初期就决定，不管判决结果如何，他们都不会请求宽大处理，因为这是政治审判，所以上诉请求有违他们的初衷。曼德拉说，他们希望传达的信息是，"为自由而战，不管多大的牺牲都是值得的"。他坚信上诉法庭不会改变法官的判决。被告不愿提请上诉，辩护律师都很难过，但同时又为他们的勇气感到震惊。"他们的决定无可辩驳，"布拉姆·费希尔斯给一位流亡在外的年轻友人写信道，"我想让你知道，要成为他们的继任者，你们需要有多大的勇气。"但是法官裁决之后，辩护律师请求缓刑，第二天，在法庭上，自由派小说家艾伦·佩顿对此表示了支持，他强调了非国大领袖的忠诚和对未来和平的重要性，虽然他自己对共产主义也有所忌惮。"毫无疑问，布拉姆·费希尔斯在利用我，"事后佩顿写道，"但是他出于这样的目的利用我，我丝毫不反对。"

当德·威特宣布判决结果时,曼德拉兴奋地发现,紧张的不是被告席上的人,而是法官本人。法官宣布他决定不对被告判处死刑——那一刻整个法庭好像松了口气——但这已经是他最大的仁慈了。接下来,他宣布被告中有 8 人被判终身监禁。听到这个判决,曼德拉笑了;西苏鲁就像被判了无罪释放一样,浑身轻松。

前来旁听的人冲出法庭奔走相告,法庭内却没有这样的自由。曼德拉连向温妮和自己的母亲打手势都来不及,便被警察押送着走向了牢房。半小时后,他们被警车带走了——他们避开了人群,所以众人只看到曼德拉在铁窗后向他们举手致敬——警车到达比勒陀利亚监狱后,监狱大门在他们身后轰然关闭。

媒体对待判决结果的态度反映了南非白人与西方白人之间的差异。伦敦的右翼媒体与自由主义媒体一样对比勒陀利亚政府持批判态度。《每日邮报》社论的标题为"审判下的南非",《卫报》社论标题为"被告席上的南非",时代周刊社论的标题则是"法律的围城"。但是约翰内斯堡《周日时报》主编警告黑人说,判决结果表明他们的问题不在于暴力和破坏,而《周日时报》的头版就赫然登载着题为"瑞弗尼亚:内幕新闻"的报道。报道将这个案件描述为"一个充满了阴谋、背叛、混乱、欺诈和秘密窥探的故事"。《星空》对被告免予绞刑一事表示欣慰,但同时也表示被告们的做法确实有问题:"他们的计划的确有勇无谋,若不是被扼杀在萌芽中,恐怕会给他们他们自己和其他人带来灭顶之灾。这个计划就这样流产,也许他们倒应该心存感激——我们所有人都该感激。"

英美两国政府都曾考虑给南非施加压力以减轻判决,但是美国大使馆最终同意了休·史蒂文森爵士的意见,认为任何干涉都有可能"带来最坏的反面效果"。外交部认为这一论调"不完全正确",于是向美国寻求支援。外交部秘书拉布·巴特勒希望史蒂文森与南非外交部部长穆勒博士见面商讨减刑一事,但是没有记录显示两人曾进行过这方面的交流。

实际上,曼德拉拒绝提请上诉帮助外交官们摆脱了困境,国际上对此事的关注很快淡化了。英国大使馆十分在意能否与比勒陀利亚保持友好关系,所以到了 7 月,南非政府发现英美两国开始向自己这边倾斜。英国政府私下开始期望曼德拉能最终获释并扮演一个有用的角色——像其他"监狱毕业生"那样在非洲和印度发挥作用。"法官没有判他死刑,我们非常感激,"9 月,史蒂文森对巴特勒说,"因为这意味着经历了一段牢狱生涯之后,曼德拉可以凭借他的才干担负起黑人与白人间对话的责任，这样的对话最终一定会在南非发生。"

曼德拉虽然入狱了，但作为一个出师未捷的领袖，他是带着荣耀，带着殉难者的光环入狱的。我们不得不承认，他既算不上一个伟大的军事指挥官，也称不上是什么革命天才。瑞弗尼亚事件表明非国大被禁之后一直处于不能行动的状态，而且处事方式十分业余，而民族之矛要想成长为一支训练有素的军队则依然是前路漫漫。在过去十年中，曼德拉的领导能力并不是体现在如何在组织中节节高升，而是体现在他冲锋陷阵的实干家形象上：他是反抗运动志愿者的领袖，是被指控叛国的军事演说家，是潜伏在暗处的黑色海绿花，是"背负着整个非洲"的部落爱国者，也是穿着卡其布衫、握着手枪的游击战指挥官。这些形象可能都过于理论化，但是这些象征和外在表现对他在大众心中的形象至关重要，就像丘吉尔和甘地一样。他能够反映民众的情绪，表达他们的渴望，所以成为那个时代伟大的政治家。

经历了两次审判，曼德拉变得更加强大，更有深度，这是他的许多朋友都始料未及的。他早期的骄傲自负与争强好胜已经淡化不少；曾经的各种身份各种演技如今汇聚成了一种简单明了的责任；现在，没有人能够怀疑他所做出的牺牲。他在领袖之路上遇到了挑战，而正如乔治·比佐斯所说，他自己却波澜不惊。更大的折磨还在后面，因为他所有的战场如今浓缩成了一个窄小的舞台，在这个舞台上，他的人格将受到更加严酷的磨炼。

● 第二部 ●
1965—1990 年

15. 自我主宰（1964—1971 年）

较之以前两年的牢狱生活，这次的终身监禁才是对曼德拉耐力的严峻考验。他在 46 岁的盛年时期被切断了与世界的联系，而且看不到出头之日，眼前只有狱中的阶梯和院子，空空荡荡。

让曼德拉感到安慰的是，他并非独自一人，与他一同入狱的还有许多亲密的伙伴，他们相互鼓励，坚定彼此的信念，思想深度和自我意识都上了一个台阶。到了这个年纪，多数政治家都忙着追名逐利，早就忘记了早年的理想，而曼德拉却开始深入思索自己的原则和理想。狭小的监狱里没有政治，讲坛、扩音器、报纸、人群——这些统统没有，每天与曼德拉共处的只有同事，所以，用他自己的话说，他就可以后退一步，从别人的角度来审视自己。他学会了控制自己的脾气和强烈愿望，学会了意会和劝解，也学会了扩大自己的影响和权威，其范围不仅覆盖囚犯，也覆盖了监狱看守。

在那个封闭的世界里，黑人囚犯和白人看守之间的势力一直保持着均衡。但是，囚犯的积极性和凝聚力逐渐超越了看守，以曼德拉为领袖的囚犯势力团体已经形成。20 世纪同类型的政治犯势力还有很多，比如印度的甘地或者北爱尔兰高度管制区的爱尔兰共和军，但是根据那 20 年间的信函、监狱的记录以及囚犯的回忆，后人不难看出罗本岛的特殊性，因为那里的囚犯彻底控制了监狱看守。

7 名犯人在比勒陀利亚停留了几天，虽然逃过了死刑判决，但他们仍心有余悸。1964 年 6 月 12 日下午 1 点，他们接到通知要收拾行装，因为他们立刻就要被押往罗本岛。除了曼德拉，其他 6 个人都像奴隶一样被戴上了手铐和脚镣。他们被关进了警车，直奔军用机场。飞机于黎明时分降落在寒风凛冽的罗本岛机场，周围是全副武装的守卫。

早在曼德拉被关押的前两年，罗本岛就已经成了一个灭绝人性的地方。越来越多被判长期监禁的犯人会被关押在此，岛上还遵循严格的种族隔离制度，监狱看守是清一色的白人，他们无一例外都想体现出自己的种族优越性。看守会攻击囚犯，并将这种暴力行为称作"调剂"。他们最近一次殴打犯人，造成非国大激进成员安德鲁·马桑多重伤。

曼德拉的待遇比其他人要好，他怀疑这是因为监狱方面顾忌他的一些重要的朋友和他的皇室背景。在飞机上，他没戴手铐；到了罗本岛之后，他们又根据他的身体状况特别安排了他的饮食。他还可以通过函授继续学习伦敦大学的法学课程。在伦敦的大卫·阿斯特的安排下，英国大使馆给他寄来了法学书。很快，曼德拉的牢房里还搬来了桌椅，虽然有些敏感书籍依然禁止阅读。正因为有了这样的特权，曼德拉觉得与同事保持亲密关系更为重要。

在监狱老楼里关了几天之后，这7个人于6月25日搬离，那天正是非国大传统抗议日的前一天。他们被迫迁入一幢刚刚造好的新楼，那是幢低矮的四方环状建筑，中间是一个石头院子，三面都是窄小的牢房，另一面是一堵高墙，配枪的监狱看守就在依墙而建的走廊上来回走动。这7个人被关在同一面的牢房里，那个区域叫作隔离区，或称B区。曼德拉的牢房面积约5.2平方米，透过墙上铁窗可以看到院子，牢房里有1张草席和3张破烂的毯子。这里将成为他未来18年的容身之处。

起初，犯人和他们的律师都以为，他们最多会被关押10年。在从比勒陀利亚去罗本岛的途中，年轻友善的调查员范·维克中尉向他们保证说，不出5年，社会舆论就能把他们从监狱里救出来。但是事实很快就摆在眼前了：他们要在罗本岛度过很长很长的岁月，他们的生活将是一片冰冷暗淡。曼德拉对于"残酷"的认知还远远不够。"如果你没见过南非监狱的白人看守和黑人囚犯，"曼德拉回忆说，"你就不知道人与人之间的争斗到底有多残酷。"在狱中，他们听不了广播，看不了报纸，最初每半年才能收发信各一封，还不能超过500个字。他们只能与直系亲属联系，曼德拉的第一封信——来自温妮的信——就被检查员扣押了。检查过的信会被送到监狱管理处备案，如果信件中包含任何所谓的政治信息就会被扣押、接受审查并记录在案。

政治犯们对自己的目标和理想都保持着惊人的信心，这与其他牢房的一般罪犯形成了鲜明的对比。曼德拉曾在获释后说："理想不灭，这是最重要的，即使为之获罪，惨遭监禁，我们也在所不惜。也正因如此，我们才能亲身经历最严酷的铁窗生涯——尤其是在南非监狱，因为那里的看守都来自一个待黑人如敝帚的群体。""如果你带着消极的情绪入狱，那么狱中的每一刻都是地狱，"卡特拉达说，"那时没人知道曼德拉会成为总统，但我们都知道，我们的胜利终将到来。"虽然饱经挫折，曼德拉从没有动摇过，正如他在 1975 年所写，"我一定能在有生之年步履坚定地走出牢房，重见天日"。

在岛上关押了两周之后，他们和大陆有了一次短暂的接触，他们的律师布拉姆·费希尔斯和约珥·约菲获准到访，再次询问他们是否希望上诉。所有人都给出了否定的答案，认为二次开庭效果必然打折；而曼德拉则确信上诉不会成功。能再次见到费希尔斯，他很高兴，但当问及费希尔斯的妻子莫莉时，他避开了话题。两位律师离开之后，有人告诉曼德拉，莫莉·费希尔斯已在一次车祸中丧生。于是，曼德拉获准写信给费希尔斯以示悼念，但监狱方从未把这封信寄出。很快，费希尔斯（代号"矮子"）秘密失踪。

囚犯的日常生活十分艰苦，这也是惩罚的一部分。他们每天清晨 5：30 起床打扫监狱，洗漱用的都是冷水。早餐吃的是玉米粥，用一个鼓盛着，放在院子里，曼德拉觉得那粥简直不是人吃的。监狱专门派了一个看守监视他们，囚犯们见了这个看守还要脱帽行礼。隆冬时节，他们要在冰冷的院子里列队而坐，在看守的监视下将石头敲碎，一直干到中午。纳威尔·亚历山大在一份报告中写道："这种惩罚足以将最淡定的人逼疯……连续几个月忍受太阳炙烤，不能挪窝也不能和旁边的人说话，活脱脱一个人间地狱。"

午饭还是玉米，只是换成了玉米粒而已。午后劳动要到 4 点才收工，然后他们会有半小时的时间用冰冷的海水冲个澡，这时候他们彼此才能说上几句话。晚饭在牢房吃，依旧是玉米，有时会有浸水的蔬菜和软骨肉。晚上 8 点，看守会来回巡逻，确保他们没在进行任何读写活动。每个牢房里都有一盏 40 瓦的灯，一直亮到天明；囚犯们就在没有被褥的床上一直孤独地躺到第二天早晨。

1965 年 1 月，艰苦卓绝的开矿工作开始了，而这个工作成了接下来几年曼德拉日常生活的核心内容。他们每天要清除掉外层的岩石，露出里面的石灰层，再用锄头和铲子挖掘。这是一个惨无人道的劳动场所，冬无御寒之处，夏无避暑之所。"我很庆幸自己不用进洞，那是个真正的熔炉，"监狱看守詹姆斯·格里戈雷说，"夏天海上吹来的凉风受高墙阻隔。不仅阳光灼热，矿内白色石头反射的阳光也会刺痛他们的眼睛。"整整三年，他们没有太阳镜戴，许多人的视力受损。曼德拉的眼睛一直都没有恢复，即使动了手术，他阅读还是有障碍。

曼德拉就被禁锢在这样一个狭小封闭的世界里。隔离区的三十多名囚犯可以在洗澡、吃饭或开矿时简单交谈几句。但他们与监狱其他区的犯人是没有机会接触的。一位名叫艾迪·丹尼尔的囚犯说："我们这三十个人就是整个世界。"

"这个世界"的中心是瑞弗尼亚审判的 7 位主角，他们彼此已经认识了十几二十年了——曼德拉和他的挚友西苏鲁与卡特拉达都是主角。比曼德拉大 7 岁的西苏鲁依然扮演着良师益友的角色。曼德拉在狱中记录了他对西苏鲁的崇拜之情，他敬他目标明确，有判断力，乐于接受新思想，为人质朴，热爱自然。西苏鲁教会了曼德拉如何发现别人身上的最大优点——主战派的同事可能不会认同——但是只要有危险，西苏鲁总是冲在最前面。"西苏鲁在家就是头绵羊，"年巴姆说，"可是一旦牵涉到追求，他就变成了一头狮子。他为人温和，但绝不在原则问题上示弱。"

卡特拉达是 7 人中最年轻的，也是他们中间唯一的印度人。他也同样坚定、无私，拥有一种内心的平静。在学校的时候他就加入了共产党，但他经常取笑教条主义者，曼德拉对他的口才非常欣赏。卡特拉达对曼德拉忠心耿耿，但他和西苏鲁一样爱挑错；曼德拉把两人都看作明镜，透过他们，他可以看到更加真实的自己。

戈文·姆贝基是最年长的，也是受教育程度最高的。他身材高大，笑容朴实，并拥有一个牧师的洪亮嗓音。他的父亲是一位信奉基督教的农民，他在教会学校读过书，和曼德拉一样，他去过希尔德敦和福特海尔，之后他当过店员、教师、记者和政治组织人。因为固执，他得罪了不少同事；曼德拉习惯于采用询问语气，但戈文却喜欢说教。"戈文的战斗力在理论上，"西苏鲁说，"但审时度势的时候，我们必须现实。"

雷蒙德·姆赫拉巴与姆贝基一样来自东开普省，两人一向交好。他很有勇气，是参与反抗运动的第一人，曼德拉十分欣赏他脚踏实地的作风。比起姆贝基和其他人，他不怎么热衷于政治话题，曼德拉很欣赏他的平和的态度。在教会学校所受的教育对雷蒙德的影响十分深远，有一次，他被一名监狱看守激怒了，卡特拉达听他骂道："你这猪……助纣为虐的恶人！"卡特拉达说："教会学校出来的男孩宁愿打架也不愿说脏话。"

另外两名罪犯安德鲁·马兰格尼和伊利亚斯·莫措阿莱德属于工人阶级，这两位工团主义者都为斗争做出了很大贡献。在瑞弗尼亚案中，他们并非核心人物，有人认为他们可以无罪释放。他们出身贫寒，教育完全依靠自学，所以曼德拉就不辞辛劳地帮助伊利亚斯的孩子接受教育。

隔离区的其他非国大成员是在别的案件中受到指控的。他们中包括丹尼斯·布鲁图斯，他是来自伊丽莎白港的诗人，另外还有两名叛国案囚犯：乔治·皮克来自开普敦，他是一名军人；比利·奈尔来自德班，是一位印度怠工运动工作者。奈尔来到罗本岛已经4个月了，岛上非人的待遇迫使他变得充满攻击性。曼德拉待他如好友，并劝他冷静些。奈尔被曼德拉的坚忍感化了，但同时也发现他绝口不提自己的私人生活。

1965年年初，一批游击队员被关进了隔离区。他们是"小瑞弗尼亚案"的犯人，其中包括威尔顿·姆克瓦伊，他来自伊丽莎白港，是一名工团主义者，瑞弗尼亚案之后，民族之矛就一直由他领导；拉鲁·契巴，此人曾是一名裁缝，他能够用很小很小的字体抄录文件，这个技能十分有用；马克·马哈拉吉，他是一位来自德班的印度人，后来成了曼德拉最信任的盟友之一。马哈拉吉身材瘦削，留着山羊胡须，曾就读于伦敦经济学院和纳塔尔大学，他思维敏捷，胆识过人，能够经受严峻的考验。1970年，35岁的马哈拉吉度过了罗本岛上最绝望的一年，但黑暗过去之后，他很快从阴影中走了出来，开始专注研究越狱计划。

非国大成员是与其他党派的囚犯关在一起的，对曼德拉来说，这是一个知己知彼的不二良机。把所有政治犯集中关押在一个岛上并不是政府的常规手段。"有些人认为将这些囚犯押送往全国156个监狱分开关押会更好，"罗本岛指挥官之一威廉姆斯将军说，"但这样会让他们的影响力扩散到全国各地，这是一个弊端，所以将他们集中起来看管会更好些。""他们视我们为最危险的剧毒，一定要把我们装到同一个瓶子里，"泛非洲人大会的犯人迪克甘·莫桑内克说，"没想到这一决定却创造了奇迹。"曼德拉认为这是政府最大的错误，它让互相对立的党派找到了共鸣，这是监狱外永远都不可能发生的。罗本岛很快就成了一个政治实验室。

起初，非国大竞争对手泛非洲人大会的囚犯占了绝大多数。泛非洲人大会创建者罗伯特·索布克韦在岛上一直是被隔离监禁的，直到1969年——这种残酷孤绝的生活让他在后来的岁月里迷失了方向，但其他人相互间的接触却越来越多。

曼德拉发现大多数泛非洲人大会囚犯都非常不牢靠，"他们都公然反对共产主义者和印度人"。卡特拉达认为他们"无趣、偏执并信奉种族主义，有严重的自卑心理"。但是曼德拉决定和他们谈谈，以便今后在监狱之外建立团结合作的关系。他与泽夫·莫索彭交流过，莫索彭是泛非洲人大会创始人之一，曾经当过教师，为人固执，不易变通；他们之间的交流并没有对莫索彭起到什么影响，1967 年，莫索彭就离开了罗本岛。曼德拉与莫索彭的继任者克拉伦斯·马克维图（后来他成了泛非洲人大会主席）之间的交流就要成功得多，曼德拉发现马克维图没那么偏执，比较理智。但马克维图离开后，曼德拉与他的继任者约翰·珀克拉之间的谈话又破裂了。多数泛非洲人大会因犯都与非国大成员保持着距离，但他们开始渐渐尊重非国大的观点。

对曼德拉来说，更大的挑战来自他的老对手——联合运动中的托洛茨基主义者。他们中口才最好的是尼维尔·亚历山大，他是卡普省大学的学者，在德国图宾根获得了博士学位，曼德拉从他身上学到了很多东西。亚历山大起初没参加过什么反抗活动，但后来他加入了一个不太寻常的小型反抗组织，叫作 YU CHI CHAN 俱乐部，并因参与破坏活动和收集反动文献而被判刑。1964 年，他与其他 5 人一起被送到了罗本岛。"可怜的 YCC 成员，"卡特拉达在给一个朋友的信中写道，"直到被捕入狱之后他们才看清政治的真相。总的来说，他们的方针依然非常幼稚，非常理想化。"亚历山大身材矮小，性格急躁，与说话不紧不慢的曼德拉形成了鲜明的对比。

亚历山大最初认为非国大不过是一个种族主义机构，从不参加印度人和有色人种各种运动，但他却很乐意与曼德拉讨论问题。整整一年，他们面对面讨论了三十多个小时的"国家大事"。亚历山大认为南非没有国家意识，也没有民族团结。"我们正在努力建立一个国家。"曼德拉坚持认为非洲人是一个民族，其他人则属于少数民族。亚历山大要曼德拉解释什么是混血人种，曼德拉回答说，混血人种就是白人和黑人的后裔。亚历山大反驳说，这完全是一个关于生物学和种族问题的争论，没有继续下去的必要了。"尼维尔支持非种族主义的党派；我说，对于普通民众来说，支持非种族主义还为时过早。"曼德拉回忆说，"看看政治会议的情况就知道了——他们都只和自己种族的人待在一起。我们会努力创造一个多种族的社会——但这需要时间。"他们所讨论的话题到了20 世纪 80 年代才开始普及，因为那时所有种族的人都开始联合起来抵制种族隔离。20 世纪 90 年代，曼德拉和亚历山大成了新南非政府亲密共事的伙伴。

来到罗本岛不久，亚历山大就改变了对曼德拉的看法。"最初的几个月，我们的关系非常紧张。"后来他承认说，"若不是纳尔逊、沃尔特和戈文等人比较成熟，比较有政治家风度，那么我们在狱中的关系将会很糟糕……我们会彻底被边缘化，陷入孤立无援的境地。"亚历山大觉得曼德拉是政治动物，而不是哲学家，但是曼德拉的敏捷和辩论才华很让他钦佩。

他们之间的对话一直在进行，直到 1967 年非国大主席卢图利去世。亚历山大觉得卢图利是个背叛者，因为他抵制武装斗争，还接受了诺贝尔和平奖。"那时要谈论战争与和平的问题是很难的。"非国大囚犯在罗本岛为卢图利举行纪念仪式时，亚历山大语带讥讽地对卢图利进行了抨击。自始至终他对卢图利的死都没有表现出一点遗憾，这让曼德拉非常愤怒，因为他的态度影响了两个派系间的合作氛围。

曼德拉的多数同事都自然而然地将其视作领袖，就像他在领导地下工作时那样，只要有人来访，他们都会把他带到曼德拉的牢房。"他也受到过质疑，"戈文·姆贝基说，"但我们把他推到了这个位置上。入狱之后我们就对他说：'你是我们的发言人。'"有些囚犯觉得曼德拉仍在他过去的两个角色之间摇摆：传统部落领袖和民主领导人。"部落领袖的背景让他很容易产生自负情绪，"菲奇勒·巴姆说，"是西苏鲁拯救了他，阻止他向那个方向发展。"但与曼德拉关系亲近的同事则认为这是曼德拉追求团结的结果。"作为一个非国大领袖，他希望自己能站在一个更合适的位置上，"西苏鲁说，"他尽量避免表达情感：他更愿意看到平衡的局面。"

非国大领袖比别的机构的领袖更加团结。"我们的团队成员关系密切，"西苏鲁说，"因为我们彼此熟悉，深知其他成员心中所想。"他们很快在岛上重建了组织机构，并推选其中四人组成了"高层领导机构"，这四人之前都在非国大执行委员会任职：曼德拉、西苏鲁、姆贝基和穆赫拉巴。针对监狱方面的政策和隔离区内部的规章都由高层领导机构决定，并通过由卡特拉达领导的传播委员会以十分巧妙的办法传达给其他人，包括关押在其他楼中的政治犯。

只有监狱外传来的捷报才能让非国大囚犯们士气高涨。起初很少有好消息传进来，但在 1967 年，被关押到罗本岛上的游击队员多了起来，他们带来了"卢图利分队"在南罗德西亚的捷报，这个分队正努力向南非进发。民族之矛指挥官贾斯蒂斯·姆潘扎也被关到了隔离区，而作为最高指挥官的曼德拉听到他讲述的军队的英勇事迹自然倍感骄傲，尽管军队的行动最后失败了。公共牢房的非国大囚犯都异常激动。"我们把他们团团围住，催促他们讲述战斗的所有细节、训练的情况，以及他们所用的武器。"安德尔·奈多写道。接着，他们还一起唱起了"士兵之歌"。

但是非国大囚犯还要尽量谨慎以免引起其他群体的抵触情绪。其他党派的囚犯向非国大高层领导机构表示了不满之后，非国大成员便成立了一个新的委员会，叫作"乌伦迪"，专门负责商讨日常事务，这个机构的主席由几名成员轮流担任，其中包括菲奇勒，他曾为曼德拉和联合运动牵线搭桥。但是主要政治领导权还是在高层领导机构手中。起初乌伦迪的所有成员都是讲科萨语的，这有可能激怒其他人，他们有时会指责讲科萨语是对曼德拉或姆贝基的奉承，他们称其为"科萨化"。亚历山大发觉曼德拉的事迹用英语讲起来索然无味，但是用科萨语讲起来却十分生动。但是曼德拉多数时候与卡特拉达和艾迪·丹尼尔斯等不讲科萨语的人在一起，高层领导机构后来还设置了一个额外的轮岗职位，由卡特拉达、拉鲁·契巴和奈多等人轮流担任——这让高层领导机构的范围扩大了不少。

曼德拉的朋友并非都是政界人士。艾迪丹·丹尼尔斯就是他最亲密的朋友之一，他来自开普敦，肤色很浅，为人安静沉默，曾经乘渔船出海航行。他曾是自由党成员，后来又加入了一个白人组织 ARM 并从事破坏活动，因此他被判了 15 年监禁。他是罗本岛上唯一的自由党成员，所以非常孤独，反对白人的囚犯都不信任他，虽然他并没有多少政治头脑。来到罗本岛的第二天，他就遇到了一个身穿短裤和卡其衬衫的高个子男人，他兴奋地意识到，那就是曼德拉。曼德拉对他说："叫我纳尔逊吧。"这是他来到岛上之后听到的第一句友好的话。从那以后，曼德拉会不厌其烦地把他和来访者的会议内容告诉丹尼尔斯，以免他被孤立。丹尼尔斯很快就与曼德拉和西苏鲁建立了稳固的友谊："当我觉得没有信心的时候，我可以去拥抱他们，然后他们的力量就流到了我身上……我们看不到未来，在我们眼里，未来一片迷茫。但是曼德拉能看到。"

有一次丹尼尔斯卧病在床，曼德拉来到他的牢房为他清理便壶。还有一次，一名看守发现丹尼尔斯在记日记，便命令他第二天去监狱管理处。当天晚上，丹尼尔斯害怕得发抖；但第二天早餐过后，他看到曼德拉坐在他的牢房里，并告诉他："丹尼，我知道你能处理这事。"丹尼尔斯回忆说，那一刻他觉得自己"充满了力量"。作为回报，丹尼尔斯也一直在帮助曼德拉和西苏鲁。"他对我们太好了，"西苏鲁后来回忆说，"我们都有点尴尬了。"丹尼尔斯和曼德拉日益亲近，并称他为达利邦加。曼德拉还把家中寄来的信给他看，把科萨语翻译过来给他听，并和他讲了许多平常琐事。

曼德拉与隔离区的 30 多名囚犯都保持着密切的关系。但更大的问题是，他们要如何对待掌管着他们日常生活的监狱看守，这群看守掌握着压迫他们的权力。这些看守通常都是年轻的南非白人，多数都来自贫困或离异的家庭，受教育程度和自信心都不及囚犯，而正因如此，他们内心充满愤恨，却摆脱不了规定的束缚。看守也有自己的需求和不安，他们自己之间也有竞争，实际上，这个荒凉的岛屿也是他们的监狱，这就是囚犯与他们进行沟通的基础。

刚进监狱时，曼德拉就意识到，他的魄力和法律知识，加上他对待别人的尊敬态度以及在困境中保持尊严的能力已经给看守留下了深刻印象。1964 年 10 月，他的律师乔治·比佐斯前来探视。比佐斯本人不能靠近监狱大楼，但他看到一辆卡车迎面开来，停下之后，车上跳下来几名看守，跟在他们后面的是曼德拉，他在看守的包围下走向比佐斯。但是曼德拉身姿挺拔，双手背在身后，并保持着自己的步调。他来到比佐斯跟前时，比佐斯拥抱了他。曼德拉说："乔治，我来向你介绍我的看守吧。"于是，曼德拉真的一一介绍了他们。这件事为曼德拉与看守们的关系开了个好头。曼德拉会像尊重其他人那样尊重他们，但是他从不会卑躬屈膝。他可以保证所有囚犯都按规矩劳动，但他从不会应监狱看守的要求称他们为"主人"。

曼德拉发觉监狱方的上层和底层之间存在着巨大的鸿沟。比勒陀利亚监狱的长官斯泰恩将军是一个性情温和、举止儒雅、衣着得体的人，遇见囚犯他还会脱帽致意。迈克尔·丁加克说，长期受低级别官员虐待的囚犯见到斯泰恩这样彬彬有礼的人可能会一时受宠若惊。但斯泰恩很少踏足罗本岛，于是曼德拉很快就明白过来，对于岛上发生的一系列虐待事件，斯泰恩只是视而不见。曼德拉对高级军官的愤怒之情远甚于普通的监狱看守。曼德拉来到罗本岛上时，内维尔·亚历山大就注意到，他当时就已经相信不是所有的监狱看守都是恶人。1963 年年初到罗本岛时，曼德拉遇到过克雷汉斯兄弟那样残暴的看守，但也遇到了一些想要反抗这个体制并保留些许良知的看守。

曼德拉意识到，看守之间的意见存在着极大分歧，有人主张人道地对待囚犯，也有人认为应该让他们"永远不敢反抗白人统治"。曼德拉开始思索，"如果我们占据了道德的制高点，就有可能让一批看守回心转意"。对于这一点，亚历山大从未完全认同，但是曼德拉却开始试着与年轻的南非白人看守接触。"当我发觉监狱看守并非一条心的时候，我就放心了，"1996 年，曼德拉如是说，"有些看守希望我在监狱里关一辈子，但有人却希望能与我交好。认识到这一点需要时间。"他发现，劝说这些看守的过程实际也是很好的政治机遇，而且他一直都相信自己一定能改变他们。"我很快发觉，南非白人一旦改变，就改变得很彻底，就会变成你真正的朋友。"他开始向前来视察的监狱官员传播非国大的政策——这也帮助他提高了辩论技巧。西苏鲁觉得那时的谈话为后来他们与政府的对话奠定了基础："谈判本身就是一个漫长的过程，而且从那时起就开始了。"

1966 年 12 月，一位新的看守，詹姆斯·格里戈雷来到了罗本岛。他是在祖鲁部落中长大的，能讲流利的祖鲁语和克萨语。他就是后来名动一时的《再见，巴法纳》一书的作者，这本书记录了他与那些著名的囚犯的对话。曼德拉并不了解格里戈雷，但他说格里戈雷了解他们，因为他负责审查囚犯们的往来信件。格里戈雷在书中吐露，自己是个无知的乡下孩子，看到囚犯们受教育的程度远比自己高，他十分吃惊，而且他很快意识到，曼德拉是一名真正的领袖，是一位"不折不扣的绅士"。但克里斯托·布兰德等与囚犯交好的看守却对格里戈雷充满了疑心；囚犯们也注意到格里戈雷一直在窥视他们，偷听来访者与囚犯的谈话，还拦截了他们的信件，这是安全机构的调查手段之一。

面对看守，曼德拉一直都保持着镇定。他告诉其他囚犯，以牙还牙不过是将自己拉低到了看守的层次。熟谙曼德拉性情的老同事都惊讶地发现他在羞辱和挑衅面前居然成功地压制住了怒火。只有少数几次，曼德拉明显地爆发了。1968 年的一天，囚犯们向休萨曼上校申诉，说监狱看守没收了他们的资料，不让他们学习。休萨曼是最顽固的官员之一，听到囚犯的申诉之后，他羞辱了他们。站在队伍后面的曼德拉爆发了，他暴跳如雷。"每个人都惊呆了，因为他们从没见曼德拉在公众场合发过火。"曼德拉平静下来之后，亚历山大说："这是不是有点过头了？"但是曼德拉回答说："不，不，我有分寸。"曼德拉的抗议很快就见效了：休萨曼夹着尾巴逃走了。"一旦曼德拉的底线被碰触并丧失平日的镇定的时候，他就变成了一个非常可怕的人，"亚历山大回忆说，"但他不会失控。"

曼德拉真正爆发是在 7 年之后，那次的对象是普林斯中尉，他是 1975 年的监狱长官。那次普林斯将前来探访的温妮拒之门外，并谎称曼德拉不想见她。曼德拉据理力争，普林斯却反驳说温妮不过是想沽名钓誉，并出言侮辱了她。怒不可遏的曼德拉向普林斯冲过去，差点就要对他拳脚相加，但他及时收了手，只以一通谩骂回敬，指责普林斯卑鄙无耻，随后便气势汹汹拂袖而去。将这一切看在眼里的卡特拉达和丹尼尔斯都惊得目瞪口呆，他们之前从未听曼德拉发出过咒骂。曼德拉回到 B 区同事那里的时候还没平静下来，有些人小声说他需要镇静剂。曼德拉很快就为自己的失态感到羞愧，并认为在这场对峙中普林斯赢了。他为此付出了代价：第二天他就以威胁监狱长官的罪名被起诉，但他以理智合法的手段进行了回击，反向指控普林斯及其长官的违规行为，普林斯最终撤诉。

很少有国外访客踏足罗本岛这个与世隔绝的世界。但瑞弗尼亚案的囚犯来到岛上不久，就有一位英国人前来探访，据说他是一名研究监狱的专家。他们意识到这次探访的特殊性，因为他们的工作变成了补衣服而不是砸石头。安德鲁·马兰格尼回忆说，访客一走，巨大的石头就经由手推车一车一车地运到院子里。后来他们得知，那天来访的英国人是旅行作家伯纳德·纽曼，当时他正在写一本书，题为《南非行记》；他与警察交上了朋友，所以便有机会探访罗本岛。他在狱中与曼德拉交谈过，并称牢房"采光和通风良好"，但曼德拉抱怨那里"又冷又潮湿"，而且他每周只能洗一次澡，监狱的食物还会让他胃疼。长官韦塞尔斯上校告诉纽曼，这些问题都会得到解决。于是纽曼在伦敦《时代》杂志发表文章称，罗本岛监狱的条件比俄国和英国的许多监狱都要好。

六周之后的 8 月 31 日，一位来自伦敦《每日邮报》的记者来到罗本岛探访曼德拉，于是曼德拉的工作又提前改成了补衣服。"两次访谈中，自始至终我都在谴责监狱条件恶劣，"他写信给指挥官说，"但媒体报道却透露我对目前的待遇十分满意。" 1965 年 3 月，他向一名监狱指挥官抗议说，他曾告诉记者，罗本岛将成为"模范监狱"，但实际上这里的伙食根本没有营养："我的身体状况每况愈下。"指挥官评论道："他只是想在囚犯面前摆出领袖的架势，所以才会到处宣传这些虚构的情况。"

1964 年，又有一名莫名其妙的访客到访，这次是一位来自美国的律师，名叫亨宁，他似乎是代表美国律师协会而来。囚犯们一起集中在院子里，满怀期待地等着见他；但是他们看到的却是一个粗鲁邋遢的人，而且还喝醉了，正不停地往地上吐痰。作为发言代表的曼德拉向他抱怨监狱的恶劣条件和沉重的劳动负担时，亨宁不停地打断他。最终曼德拉忍无可忍，愤怒地说："不，你根本没在听！"亨宁最后解释说，美国的许多监狱条件比这里差得多，而且曼德拉等人原本是很可能被判处死刑的。

在矿上劳动了两年之后，曼德拉得知德兰士瓦法律协会想踢他出局，因为他被定罪了——其实早在十四年前的反抗运动的时候，他们就已萌生了这样的想法。他要求为自己辩护，并提出希望去比勒陀利亚查阅法律书籍。经过几个月的联络，监狱方拒绝了他的要求。曼德拉看出，这是因为政府担心一旦他在法庭上露面，便会得到公众关注，政府希望他能逐渐被公众淡忘。法律协会最终撤回了请求。

但是政府仍在继续攻击狱中的曼德拉。1966 年 6 月，一名军官亲自送来了一封司法部的信，信中称曼德拉上了共产党支持者的名单。4 个月后，他又被告知他的名字已从名单上删除。

但是此事搁置很久之后，司法部又下了新的论断：曼德拉在 1952 年的反抗运动中曾违反《反共产主义法》。1969 年 12 月，曼德拉回应称反抗运动"与共产主义毫无联系"，这是政府的欲加之罪。1970 年 7 月，总警司收到共产党官方清算人威尔考克斯的密信，证明曼德拉无罪，这封信至今保存在监狱档案馆内：

> 根据目前所掌握的证据看，我认为曼德拉不能被认定为南非共产党的官员、公务人员、成员或积极支持者。在掌握进一步证据之前，此案中止。

罗本岛是人道主义试点。瑞弗尼亚案罪犯来到岛上一年之后，他们的伙食突然改善了，不久之后，红十字会到访。曼德拉与他们的区域代表汉斯·森见了面。汉斯·森能成为区域代表实在有些匪夷所思。他是瑞士天主教徒，后移居罗德西亚，目前对自己的工作不抱任何幻想。他告诉他的作家朋友多丽丝·莱辛："若是知道了世界各地所发生的事情，任何人都会变得憎恨人类。"曼德拉给了森一份囚犯们的要求清单——包括改善伙食和衣着。森说面包对黑人的牙齿不好，曼德拉开始怀疑他这是种族歧视。他们的服装是有了一些改进，但饮食又渐渐退回了原来的水平。后来红十字会提交了一份报告，对罗本岛的情况大加赞扬，于是比勒陀利亚将这份报告提交给了联合国。瑞士人经过了几年的时间才意识到监狱条件的艰苦以及它在政治上的重要性。

最有效率的来访者来自南非国内。海伦·苏斯曼，国会里唯一的自由进步党成员在听到了监狱里艰苦的条件后坚持要去拜访。囚犯们对她表示了热烈的欢迎。她被领到曼德拉的牢房，曼德拉告诉她，囚犯们的伙食和衣物质量很差，一个名叫范·伦斯伯格的残暴看守身上还有邪恶的纳粹纹身；监狱管理机构成员都在一旁听着。苏斯曼记得，"曼德拉完全无视他们的存在。毫无疑问，他的气场远远胜过监狱看守"。曼德拉确信苏斯曼基本上是站在囚犯一边的。

后来，苏斯曼对罗本岛监狱的恶劣条件进行了报道。"那时监狱的情况很糟，"她回忆道，"他们认为监狱的条件必须尽可能艰苦，这也是对囚犯的一种惩罚。有些看守实在和纳粹没什么区别。"不久以后伦斯伯格被调走了，条件开始得到改善。囚犯们认为，苏斯曼的造访是一个转折点。内维尔·亚历山大写道："假如没有她的到来，就不会有后来发生的事"。

苏斯曼后来又七度拜访曼德拉，并和他进行了激烈的辩论。他们在暴力问题上永远达不成共识。1969 年她第二次拜访他时，曼德拉坚持认为非国大囚犯应该被释放，就像南非白人叛军罗比·莱巴伦那样，尽管他在二战中有叛逆行为，但最终还是被释放了。苏斯曼指出当时莱巴伦已被击败，但非国大的斗争还在继续。她问曼德拉："你是说你会放弃暴力吗？"曼德拉否认了，所以苏斯曼不能要求释放囚犯。但是囚犯们还是因为她的帮助而对她心怀感激。

1970 年 9 月英国劳动党政治家丹尼斯·希利拜访了曼德拉。八年前，曼德拉在伦敦见过此人。1967 年，身为国防部部长的希利曾试图把一些武器重新卖给南非。哈罗德·威尔森的劳动党政府刚被打败，希利反对以爱德华·希斯为首的保守党出售武器的计划——他解释说："这是为了弥补我自己的罪行。"希利对曼德拉 1962 年以来的变化印象很深：他在伦敦见到的曼德拉皮肤很黑，满脸胡茬，而现在，曼德拉"胡子刮得很干净，头发剪得很短，脸色苍白"。但他士气高昂，对外面的世界了如指掌，"他高昂的斗志甚至盖过了监狱看守的气势"。

从 1967 年开始监狱对囚犯们态度相对文明了点，管理也有所放松，囚犯们可以在冬天穿长裤和运动衫，也可以在采石场和院子里说话。但曼德拉发现红十字会的某些承诺依然没有兑现：伙食分量仍然不足，没有报纸，高级囚犯也不能享受娱乐活动，他们的工作负担仍然很重，还要遭受监狱看守的殴打。在 1970 年 12 月，红十字会代表菲利普·楚格造访罗本岛，他发现囚犯们的工作就是日复一日漫无目的地砸石头。

曼德拉现在很明显是各个党派政治犯的发言人。斯泰恩将军警告他不要为别人说话。"纳尔逊，"他提醒他道，"你是个囚犯！"但曼德拉拒绝接受警告。1970 年 1 月，他代表所有的囚犯写了一封很长的投诉信给斯泰恩。"一直以来我们都相信，为了维持监狱秩序，狱中必须有严格的纪律。"他们在信中写道，"但我们坚信，若官员能够以身作则，群众将更容易被感化，这比残暴的武力要奏效得多。"在信中，曼德拉还对囚犯所受到的虐待以及劳动条件的恶劣发出了控诉：

> 五年多来我们一直干着这繁重的、枯燥无味的工作，有时我们的健康都受到了影响。你们每天让我们做单调乏味的工作，敲石头、捡石头、铲石头，不给我们任何培训的机会，不让我们去干能对我们产生鼓励并能培养我们内心自尊和责任感的工作，你们没有做出任何努力帮助我们在出狱之后去过受人尊敬的、有意义的生活。

在信的结尾，曼德拉发出了郑重的警告：

与我们的利益完全相悖的政策出台了，我感到气氛越来越紧张，大家越来越不耐烦，我要求你们加速行动，采取恰当的措施来缓和这个局面，不要让事情变得不可收拾。

比勒陀利亚的回应让局面变得更加糟糕。1970 年，新任指挥官皮特·巴登霍斯特上校上任。巴登霍斯特以残酷无情著称，与他一同来到罗本岛的还有几个品行不端的新狱警。曼德拉认为巴登霍斯特是所有指挥官中最残忍的，他仿佛在用军事法律管理罗本岛。有人告诉曼德拉政治犯是由监狱当局和安全部门联合管理的，自 1969 年秘密服务机构 BOSS 成立以来，这种情况越发严重。"他们推行恐怖统治，"卡特拉达在给朋友的信中说，"他们只知道一件事，那就是报仇和惩罚。"狱警经常找借口折磨囚犯，不给他们吃饭，不让他们读任何书——包括莎士比亚。巴登霍斯特不让他们学习，并声称这是他们自己的懒惰造成的。与他的前任不同，巴登霍斯特拒绝与曼德拉谈话。在采石场看到曼德拉时，巴登霍斯特还会用南非荷兰语朝他大喊大叫："曼德拉，快把你的手从你那饭桶里拿出来！"

1971 年 5 月底，恐怖统治登峰造极。曼德拉的克制力经受着极大的考验。在共和国成立十周年的前夜，狱警传播谣言说，有些囚犯将获得减刑以示庆祝。但自从一批西南非洲人民组织的囚犯到来后，隔离区的气氛变得紧张。在托伊沃·扎托伊沃的领导下，他们开始了绝食罢工，其他囚犯也加入了。5 月 28 日，一群喝醉的狱警闯进牢房，其中包括臭名昭著的虐待狂监狱长卡斯顿，人称"魔鬼"。他叫每个人脱光衣服，高举着手在室外寒风中站了半小时，而看守们则挨个搜查牢房。戈文·姆贝基倒下了，被送到开普敦医院。菲科勒·巴姆流下了愤怒的眼泪。他们能听到看守在牢房里殴打囚犯。托伊沃试图反抗，却被按倒在地，事后还被迫打扫鲜血四溅的牢房。

"这是我记忆中最可怕的一天，"卡特拉达回忆道，"我绝不会忘记。""我感到愤怒和痛苦，"西苏鲁说，"这是对我隐私的最可怕的侵犯。"曼德拉决心站起来面对巴登霍斯特的暴政，并把消息传给外面的一个朋友，托他去各方游说，为自己获释做准备。不久他领着一批囚犯代表去见巴登霍斯特，并威胁说如果他们的条件得不到改善，他们就要罢工。一个月以后，三个法官和一个监狱专员来到了岛上。他们要求单独会见曼德拉，而曼德拉则大胆要求巴登霍斯特到场，然后向访客描述了监狱方最近殴打囚犯的情况。巴登霍斯特吼道："别扯那些你没看到的事，否则你会有麻烦的！"曼德拉镇静地告诉法官："假如他能在这儿当着你们的面威胁我，那么你们一定能想象你们不在时他会做什么。"听了曼德拉的描述，法官迈克尔·科比特强烈抗议巴登霍斯特的所作所为。三十年后，迈克尔·科比特当上了首席法官，已是总统的曼德拉回忆起当年他的态度时说："这种勇气和独立精神是罕见的。"法官们到访三个月后，巴登霍斯特和那帮狱警被调离罗本岛。临行前，巴登霍斯特对曼德拉说："我只想祝你们好运。"曼德拉一惊，但很快回答说也祝他好运。如此一来，他更加坚定了自己的信念——再邪恶的人都能被改变。

很多人认为，监狱看守也是受体制奴役的人。"这些人只会一丝不苟地执行命令。"内维尔·亚历山大说。在谈到那些看守时，曼德拉心中更多的是怜悯而不是仇恨，他们最不堪的行径都得到了曼德拉的宽恕，这种宽容态度连卡特拉达都不怎么赞同。曼德拉透过监狱看守的禽兽行为看到了他们心中的不安和扭曲；他已经把监狱看成未来南非的一个缩影，若要生存下去，必须开创南非的和谐局面。

16. 百炼成钢（1971—1976 年）

罗本岛"人间地狱"的名声很快在外界传开了——泛非洲人大会一位名叫摩西·德拉米尼的囚犯就曾以《人间地狱》为名写过一本书——德拉米尼在牢里关了两年，1969 年获释。直到 20 世纪 70 年代，原先炼狱般的环境才有所好转，但依然称得上是异常恶劣。罗本岛就像巴士底狱一样，成了南非政府的境外暴力象征。

权力的平衡开始改变。1971 年 12 月，新监狱长威廉姆斯上校到任，此人彬彬有礼，一派绅士作风，与令人憎恨的巴登霍斯特形成鲜明对比，给人感觉温和干练。监狱长官斯泰恩将军要求他采取更加文明的方法管理监狱，因为政府要顺应国内外的政治环境。25 年后，他说："他们告诉我要改变气氛。我尽量让自己显得平易近人：所有投诉在监狱里处理掉就好了，不用他们进一步上诉……我知道他们是政治领袖，不是等闲之辈。"威廉姆斯有时会一改彬彬有礼的风格，瞬间变得十分严厉，但大多数的囚犯对他还是十分尊敬，红十字会也向日内瓦总部汇报说"威廉姆斯正在尽最大努力与囚犯们保持一种纯粹的职业关系。他已解决了许多问题"。

威廉姆斯知道，没有囚犯们的配合，特别是曼德拉的配合，他是无法管理他们的。正如曼德拉所说："真正管理着监狱的不是管理机构，而是囚犯本身。"他们实际上已停止了工作，因为管他们的狱警更少了。"我们只要出现在采石场就行了，什么都不用干。"1971 年，卡特拉达说。威廉姆斯请曼德拉在采石场管理囚犯纪律，曼德拉劝说同伴们重新开始劳动，但只要根据自己的节奏工作就可以了。威廉姆斯与曼德拉私下里交上了朋友，曼德拉会用南非荷兰语与他打招呼，并与他谈论南非白人的历史。"曼德拉背景特殊，"威廉姆斯回忆道，"他在政策变革方面经验丰富。我从没感到他有伺机报复的心理。他们中没有任何一个人让我难堪，这是因为曼德拉从中调解，他起到了非常重要的作用。"

日内瓦的红十字会现在在改善囚犯的待遇方面十分谨慎。在 1972 年，他们派了一名新的驻非代表雅克·莫雷永，在过去三年中，他曾三次踏足罗本岛。他小心地避开了像海伦·苏斯曼这样的政治说客，但迫切要求结束采石场的劳动，给囚犯更多的学习机会（这两个要求都被采纳了），他还要求让囚犯们听新闻（这个要求直到 1980 年 9 月才获批准）。1974 年他和司法部部长吉米·克鲁格争论说，若非紧急安全需要，政治犯应和普通囚犯同等对待：恶劣的条件相当于加重了法官所判定的刑罚。

日内瓦的红十字会主席总结了莫雷永的报告，并递交给了比勒陀利亚。政府反应相当迟钝，这让莫雷永非常愤怒，并曾一度想要采取极端手段——停止红十字会的一切出访活动，如果他真的这么做了，那么国际社会会因此震怒。所以曼德拉最终说服莫雷永，他的忠告后者一直铭记于心："对你来说，除恶比行善更重要。"

1972 年——就在红十字会造访前——每个囚犯发到了两套新的内衣。到 1973 年，洗衣服和洗澡的热水也开始供应，虽然有时会作为惩罚而被切断。1975 年囚犯获得准许，在院子里建了个临时网球场。曼德拉现在被归为 A 组囚犯，一个月可以写三封信，可以接受两次探访——但接触性探监依然是禁止的。由于曼德拉血压较高，根据医生的意见，他的床是特制的，监狱还向他提供牛奶和特制无盐食品。

红十字会继续向监狱方面施加压力，囚犯们可以选择采石场之外的工作。他们被带到海岸收集海藻，运到日本作为肥料。在大西洋沿岸的寒冬，这份工作十分艰苦，但是海景与展翅飞翔的海鸟让曼德拉心旷神怡。午餐是他们自己捡来的蚌类、蛤蜊、鲍鱼，有时甚至还有龙虾，他们把这些食材炖成一锅汤，与狱警共享。

越来越多的年轻狱警来到岛上，他们之中最年轻的只有 17 岁，因此更容易被影响，于是岛上的政治气氛开始改变。政治犯们努力教育这些狱警。为了有尊严地活下去，他们必须要进行这项沉闷艰苦的活动，但他们的付出是有回报的：这种需求所激发的耐心、机智但通常比较痛苦的讨论是罗本岛上最伟大的事情。在这里，（黑人）囚犯和（白人）狱警第一次（也很有可能是最后一次）有机会就南非的生活方式问题交换观点。

卡特拉达觉得年轻狱警行为不端，需要重新改造。"假如他们与政治犯共事一段时间，他们将深受影响。"他于 1971 年写道，"我肯定这将对他们的世界观产生积极的影响。具有讽刺意味的是，种族隔离政策的反对者和支持者们竟然在监狱里培养起了最亲密的兄弟情谊：我们与他们分享食物，他们与我们讨论私人问题并征询我们的意见；假如一个盲人听到这种窃窃私语，他会很难相信这是囚犯和狱警之间的谈话。"

曼德拉得到了大多数监狱职员的尊敬，在初登罗本岛的狱警眼里，曼德拉就像一位明星。"他们急着要见到曼德拉，因为他们读到过有关他的事迹，"比利·奈尔说，"时间一久，只要上级不监视他们的时候，我们就让狱警和他一起吃饭，打网球或乒乓球。我们会让麦迪巴和狱警一起坐在他的牢房里，共享饼干茶点，并进行长时间的讨论，用的是南非荷兰语——虽然他讲得不好，但他会把这些人争取过来。"

曼德拉对南非白人的心态有特别的兴趣。他鼓励其他囚犯，不管他们内心有多抵触，都要尝试用南非荷兰语和狱警交谈，去更多地了解他们的心理和文化。"我意识到了解南非白人历史、阅读白人文学并了解这些普通人是多么重要。我们必须了解他们受的是什么样的教育，这些教育对他们起到了怎样的影响。"马哈拉吉说，"他们的头脑中有一道无法克服的障碍，他们不能将黑人也当作平等的人来看待。"起初马哈拉吉是坚决反对白人的，但后来他逐渐意识到"必须了解对方的心理……如果你不了解对方的文学、对方的语言，那么你是不可能真正了解他们的"。曼德拉本人也系统地研究过南非白人，他读了许多关于南非白人的书，最终也获得了南非白人的理解。

曼德拉与狱警之间的和谐气氛使新来的犯人十分担心，如索尼·万卡特拉斯纳姆，一位来自德班的托洛茨基主义者，他在到岛上来以前曾因从事破坏活动而遭逮捕并受到过严刑拷打。他对曼德拉和监狱方的谈判持怀疑态度："如果曼德拉真的已经上下打点妥当，我们现在的境地怎么会如此糟糕？"因为他与曼德拉关在不同的区，所以只能远远看着他，他从曼德拉的言谈举止之中学到了很多。他把曼德拉看成是宗教种族主义者，而不是一个革命者："我生来就与众不同：我遇事从来都非常冷静……纳尔逊、西苏鲁和其他被判终身监禁的人让我折服的是他们的沉着和镇定。他们永不言败，从不怨天尤人。他们教会了我如何笑对困境。"起初万卡特拉斯纳姆发誓要报复虐待他的警察："我现在已经打消了这个念头。我说，'这家伙在做人方面根本不及我，何必为这种事情烦恼'？我想我现在是个相当镇静的人。"

30个囚犯每天都被关在隔离区，与世隔绝。"每天进进出出，看到的都是同样的面孔，这必然会对我们的心理产生不利的影响，"卡特拉达在牢里待了7年后写道，"面对彼此，我们确实已经产生疲劳感，关于我们在监狱之外经历的话题都已枯竭，能说的笑话也都说了，有的甚至还说了好几遍。"但是曼德拉保持着好奇心。"他一直在学习，"菲科勒·巴姆注意到，"总是出去与人打交道。在我们这样的环境中，他还能吸收新的知识。"

曼德拉也有压力和挫折。他的老朋友法蒂玛·米尔曾在他受独囚惩罚时来探访过他。"那时的他看上去很糟糕，他疲惫而憔悴。我知道曼德拉是个身材魁梧的人；但我眼前的曼德拉就像是博物馆里的蝴蝶标本，他就这么坐着，面色灰败，形容枯槁。"

管理当局想要将罗本岛以积极的面貌展现给世人。1973 年，来自保守派杂志《子弹》的澳大利亚记者大卫·麦克尼考来到罗本岛访问，他对狱中的曼德拉有这样一段描述："他整个人就如同这岛上的环境一样，干净整洁。"他说，他眼前的曼德拉看上去不过四十五六岁（当时他的实际年龄是五十四岁），皮肤光洁，双眼透着幽默睿智之光，双手"看不出是干过苦力的"。囚犯们听到这个报告都感到沮丧。"他肯定是用不同于我们的眼睛来看待监狱的。"马克·马哈拉吉说。在他的造访后，囚犯们强烈要求他们必须被预先告知有媒体拜访，并且必须允许他们选择发言人。

囚犯们仍然抱有越狱的想法——自 17 世纪以来，只有一个名叫奥舒玛奥的人逃离了罗本岛。有一次，他们策划了越狱行动，但这个计划在实施前夕败露了。这次行动是由戈登·布鲁斯发动的，他是一个左翼理想主义者，在约翰内斯堡国际俱乐部结识了曼德拉，两人成为朋友。布鲁斯的计划有些牵强，他打算贿赂一个狱警，让曼德拉从岛上逃出去，然后布鲁斯会开快艇把他送到开普敦，再开车送他去机场，由著名的女飞行员西拉·斯科特开飞机把曼德拉送走——随后曼德拉再加入南非的一项和平革命运动。布鲁斯在伦敦时报上刊登了广告，希望招聘一个有很强的组织能力，能够胜任非常工作的人；其中一个应聘者是戈登·温特，他是南非特务机构 BOSS 的成员，该机构企图混入这次越狱计划，预谋在曼德拉登机之后将他暗杀。但是英国情报机构成员罗伯特·伯利爵士泄露了该计划，整个行动泡汤了。曼德拉在获释后仍与布鲁斯保持着友好关系，1992 年还未经宣布突然到访布鲁斯的 70 岁生日宴会。

1974 年，马克·马哈拉吉在拜访了开普敦的一名牙医之后发现了一条可行的越狱路线。这名牙医与一个非国大地下组织支持者的妻子有联系。他坚持要求狱警打开马哈拉吉的脚镣并离开手术室。不久，曼德拉与威尔顿·姆克瓦伊和马哈拉吉一起被带到同一个牙医那里，马哈拉吉身上揣着一把从卡车上找来的刀。他们的脚镣被打开了，狱警也离开了，马哈拉吉准备从窗户跳到一条小巷里。但他注意到街道空无一人，便突然怀疑警察正躲在暗处等着，一旦他们出现就将他们击毙。曼德拉同意放弃行动。后来，马哈拉吉肯定这是警察的埋伏："我差点让麦迪巴送命。"

单调的监狱生活也有些娱乐活动，周日还有不同教派的牧师过来提供宗教服务。入狱 3 年后，牧师开始在院子传教，这无疑是一股清新之风：他们传教时间越长，就越得囚犯喜欢。所有牧师的布道曼德拉都听过，他回忆说，穆斯林牧师是最受欢迎的，因为在特别的日子，他不仅会带来《可兰经》，还会带印度香饭、萨莫萨三角饺和别的美食。趁此机会，曼德拉深入了解了这个影响了他诸多朋友的宗教。曼德拉对荷兰归正会牧师安德尔·舍弗勒也相当友好，这位牧师身材瘦削，经历坎坷。他警告囚犯们不要把一切都怪罪于白人，这一点曼德拉表示赞同。

曼德拉对卫理公会传教士琼斯很失望，因为他坚持要求调解，却不认为白人应该接受黑人。但英国传教士休斯受到了所有人的欢迎。休斯是威尔士人，在给囚犯传教时，他会说一些外界的新闻，他还引用了丘吉尔的话：“我们将在海滩上战斗……”这把曼德拉逗乐了。

曼德拉自己的信念就是沉思。他的许多基本的原则，比如要看到别人身上最好的一面，要尊重人的尊严，要宽以待人，这些原则在本质上都有着宗教的意味。弗丽达·马修等来访者发现他很像一个基督徒。他喜欢谈论像特雷弗·赫德尔森这种有人情味的牧师，并在《传教士在征服中的角色》一书的作者诺斯波·马杰克批评传教士的时候站出来为他们辩护。

狱中的伙伴被曼德拉的宽容所感染，并决定不再自怨自艾。“我这种自怨自艾、以自我为中心的毛病在监狱里被治好了。”巴姆说。每当看到惨遭折磨的囚犯被送进来，或是听说许多人死在了拘禁期内，他们就意识到比自己处境悲惨的人还有很多。卡特拉达总是记得休斯神父说过的一句中国谚语：“当你在抱怨没有鞋穿的时候，却发现有些人没有脚。”曼德拉成为狱中宽容的典范。

如果说罗本岛上有通用的文化和语言文字，那么这种文化和文字不是《圣经》也不是别的，而是莎士比亚。“莎士比亚总有话对我们说。”卡特拉达说。他曾试图争论说莎士比亚是个种族主义者，但很快被人驳倒了。莎士比亚与南非黑人的政治关系非常清楚：《朱利叶斯·恺撒》足够充当革命理论的教科书。他对人类勇气、苦难和牺牲的深刻理解让囚犯们相信他们自己也是这世界大戏的一部分。

万卡特拉纳姆把莎士比亚的作品集存放在他的书架上，前面用印度宗教图片遮挡着。“我不信教，但我不想离开它，因为它给了我们快乐，让我们有东西可读。”他回忆道。他把作品集交给所有单人牢房的囚犯传阅，让他们在自己最喜欢的章节处签上自己的名字，从而形成了独特的囚犯签名集。卡特拉达选的是《亨利五世》中的“再接再厉向缺口冲去”。威尔顿·姆克瓦伊选了《第十二夜》中马伏里奥说的"有些人天生伟大"。戈文·姆贝基选了同一部戏剧的开场白部分:"如果音乐是爱情的食粮。"

囚犯们渐渐地被允许有更多形式的娱乐活动。1967 年后,他们可以举行一些室外比赛,如橄榄球、板球等。1971 年,这些娱乐活动一度被禁止,法院也认为这是一种优待,而不能算他们的权利。曼德拉对这些比赛不擅长,1975 年 1 月,曼德拉告诉温妮,他下棋、玩多米诺骨牌和打网球都输了,因为他想念温妮,不能集中思想。不过曼德拉下棋时毫不留情:"没有人愿意和纳尔逊下棋,因为他下一盘棋要花三天时间,"万卡特拉纳姆说,"但这是性格使然。有时候他会变得神秘莫测,慢条斯理,非常机智娴熟。"在一次象棋比赛中,曼德拉和一位名叫萨利姆的前医科学生对垒,比赛持续了两三天,萨利姆筋疲力尽,最终退出。卡特拉达说这是曼德拉的持久战。"我仔细地考虑每一步,"曼德拉谈论他的跳棋技术时说,"这是我喜欢的方式,不仅在跳棋中如此,在政治中也是如此。"

囚犯们最终获许在监狱院落的一角建了个小花园,曼德拉最大的快乐便来源于此。这个花园给他一种自由感和创造感,把他带到了特兰斯凯的童年时代,他仿佛看到了他在克拉基伯雷上学时的花园,看到了令人尊敬的哈里斯校长。"现在这个花园是纳尔逊的宝贝,他对它很着迷。"卡特拉达于 1975 年 11 月写道。曼德拉从监狱看守那里拿到了种子,在一批由拉鲁·契巴领导的囚犯的帮助下勤奋地练习园艺技术。卡特拉达每天都能看到他们成群结队地出去,带着标尺、圆珠笔、标签和别的仪器,仔细地测量,还做了大量的笔记。到 1975 年年末,他们种了 2000 个辣椒、近 1000 个西红柿,还有萝卜、洋葱、甜瓜和 2000 个西瓜。为了囤积肥料,曼德拉每次吃完肉之后都把肉骨头留下来,让同事帮忙敲成粉末。人手不够时,他提出用粪便做肥料,这样更简单。于是囚犯们在院子里挖了个大洞,每天早晨把马桶里的粪便倒进洞里。但卡特拉达说,不是所有人都能忍受这种恶臭,他们很快放弃了这个办法。

囚犯们最珍惜的是学习的机会。曼德拉早就力劝监狱长官"让大学的气氛流行开来",到 20 世纪 60 年代末这种气氛出现了:采石场开始有了校园的气氛,并被他们称为"罗本岛大学"。囚犯们将之视为自己的成就,虽然红十字会更愿意称它为"红十字会大学"。任何有学位或有能力的人都可以教授学科,每天早晨他们会在采石场里规划他们的课程。他们甚至可以把教学与艰苦的劳动结合起来:"人们可以一边挥镐、铲石灰,一边授课或者做讲座。"亚历山大说。但能在劳动之余组织教学就更好了,他们会以小组为单位在沙地里画图。

菲科勒·巴姆回忆道："来到我们的工作场所，你总能看到有活动在进行，各个小组在不同的地点集中，你就知道他们正在上课。"

曼德拉教的是政治经济学，这门学科研究的是社会发展，从封建主义到资本主义，再到社会主义——他仍把社会主义看成是最先进的阶段。比起教学，他更喜欢辩论，所以他鼓励学生提问，这可以促使他深入思考自己的观点。博茨瓦纳的自由战士迈克尔·丁加克在岛上拿了两个学位。据他回忆，曼德拉参与讨论的时候是最不知疲倦的，他辩论毫不留情，经常冒犯对手。"纳尔逊采用了苏格拉底的辩论方式并稍加改进，与人辩论时可谓锋芒毕露。很少有人喜欢被反复盘问，这样容易暴露他们茫然与无知的一面。有好几次我在辩论中被麦迪巴驳得体无完肤，丢脸至极。但时间一长，我就发现这段经历对我是有好处的。它教会了我看问题要看两面，这样才能得出客观诚实的结论。"

有些囚犯初到岛上时几乎是文盲。所以刚开始的教育内容大多是非正式的、口头的："我们仅仅是互相谈谈，分享我们所知道的政治、历史和语言知识。"亚历山大回忆说。但不久之后，多数人就对读书写作产生了浓厚的兴趣。"我们从最基本的知识教起，因为很多人没受过教育，必须从头开始。"戈文·姆贝基说。"离开罗本岛的时候，很多人已经能够给家里写信了……"泛非洲人大会激进分子迪克甘·莫桑内克，1963 年刚到岛上时还是个孩子（他后来成为南非电信公司的董事长），他承认他被关押的那个区，所有人在几年之后都学会了读书写字。很多人通过函授学校进行更正式的学习，在监狱之外他们是不会有这样的机会的。一些年轻狱警也被这种气氛感染了。"许多人自愿来到岛上，"监狱长威廉姆斯上校回忆道，"在狱警们眼里，这里就是一所大学。"负责监狱学习部门的奥布里·杜托特回忆说，曼德拉"要求很严，对囚犯们如此，对狱警也是如此"。奥布里告诉曼德拉，他只学过实用南非语，曼德拉回答说："军士，你应该为自己感到惭愧。我是科萨人，但我学过南非语和荷兰语。"

与世隔绝的环境反倒成为囚犯们学习的有利条件，他们可以不受城市生活中的广告、杂志和噪音等干扰，柯勒律治称这些元素为"记忆的毁灭者"。由于缺少书面材料，囚犯们不得不依靠记忆力，而许多囚犯发现自己居然回忆起了早就遗忘的诗歌。连内维尔·亚历山大这样受过高等教育的学者都发现自己来到罗本岛之后记忆力有所提高，因为他不能把所有东西都用笔记下来。同时，由于经常参加辩论，他的思维也更加敏捷："如果你希望自己的思维变得缜密而系统，那么和纳尔逊这样的人辩论会有所帮助。"

在上学的时候，曼德拉就知道自己的记忆力非常出色。有时他会担心记忆衰退，但通过岛上非正式的法律实践，他的法律思维变得更加灵活，他指导各类囚犯如何对法院判定提出上诉，甚至还帮助狱警解决他们自己的法律问题。更重要的是，他的智力和对各种观点的兴趣也在那时培养起来了。"他年复一年地改进、修正自己的观点，"菲科勒·巴姆说，"入狱之前，他的思想并没有多少深度，入狱之后便有了。"

岛上严明的风纪给了罗本岛毕业生们一种伴随他们终生的自信。用历史学家汤姆·卡利斯和盖尔·格哈特的话来说，这是一种文化，它包含了同志情谊、合作、学习、激烈的辩论，并伴随着政治宽容。正是这种以曼德拉为典范的共同文化在 20 年后的权力和平转移中起到了重要的作用。

采石场不仅是个校园，也是一个辩论俱乐部。自他们被关押的第三年起，狱警管理囚犯就不那么严格了，他们可以一边干活一边交谈。曼德拉会加入各种各样的讨论，比如男孩应该接受割礼吗？非洲有老虎吗？监狱里应该容忍同性恋的存在吗？不过他真正的挑战是在政治辩论中。隔离区内的四个组成高层领导机构的非国大领袖总会有意见分歧。来自德兰士瓦的曼德拉和西苏鲁经常会与来自东开普省的戈文·姆贝基产生意见冲突，后者是坚定的马克思主义者，总是没有耐心去求取一致。但高层领导机构主要的麻烦还是来自哈利·格瓦拉，他来自纳塔尔，也是一个坚定的共产主义者，人称"中部地区的狮子"，一直被关在公共牢房里，他组织过关于"劳动价值论"的讲座。

1975 年，岛上的左翼分子，特别是格瓦拉的追随者开始挑战曼德拉的领导地位。很多囚犯指责高层领导机构的四位领导人没有自我批评的精神，于是，他们入狱之前所争论的问题又重新上演了。菲科勒·巴姆承认 B 区大约 70% 的人支持曼德拉，但是如果算上公共牢房的人数，曼德拉只获得了少数支持。1975 年以后，直接的危机过去了：所有大会成员都参与讨论曼德拉的领导地位问题，并以压倒性多数给出了肯定的结论。但 1977 年格瓦拉回到罗本岛之后，争议又如潮水般涌来。

曼德拉特别关心特兰斯凯，维沃尔德政府准备把它作为班图斯坦自治区第一个"独立发展"的典范。在他第一次入狱以后不久，非国大于 1962 年在贝专纳兰的洛巴策举行了一次会议，投票抵制即将到来的特兰斯凯选举。曼德拉反对这个决定：他认为非国大不能强制实行抵抗运动，他们应该支持维克多·波托领导的反对派，挑战比勒陀利亚所中意的候选人——曼德拉的侄子凯撒·玛坦兹马。曼德拉认为，通过选举，非国大可以逐渐建立一个群众组织，最终使得班图斯坦制度无法实行。

1969 年后这个论点在罗本岛再次出现，当时曼德拉与戈文·姆贝基以及他的支持者有"明显的分歧"，这导致了一次耗时最长、内容最细致的辩论。有一段时间曼德拉和姆贝基关系紧张。共产党人和统一运动的托洛茨基主义者争论说参与选举会使人们从武装斗争中分心。曼德拉承认了参与选举的危险性，认为这会在民众之中造成混乱。但与 20 世纪 50 年代一样，他坚持认为非国大必须务实，他们可以利用选举在农村地区拉拢支持者。他引用了索托人的谚语"涓涓小溪汇成大河"。

曼德拉仍然在种族隔离这个基本问题上拒绝妥协。1974 年 12 月，一个不速之客拜访了他。来人是内阁司法部部长吉米·克鲁格。起初，克鲁格劝曼德拉和他的一些同事放弃武装斗争。曼德拉以非国大的历史和《自由宪章》为依据进行了反驳，但克鲁格居然对《自由宪章》闻所未闻。更让曼德拉惊讶的是，克鲁格甚至不知道南非白人在第一次世界大战中的造反事件。"克鲁格想压倒我们，"马克·马哈拉吉评论说，"但他被纳尔逊压倒了。"克鲁格又请曼德拉考虑特兰斯凯政府的合法性，现在的特兰斯凯政府正处于曼德拉的侄子玛坦兹马的独裁统治之下，克鲁格还暗示说，假如他去那里居住，那么他很快就能获释。在同事的支持下，曼德拉毫不犹豫地给出了答复：独立发展政策是一个骗局，他决不支持。一个月后，克鲁格将要启程返回时，曼德拉的答复还是没有变。曼德拉怀疑克鲁格只是在玩白人政治——他的这个疑虑不久后就得到了证实：克鲁格在议会上指责曼德拉为正式的共产党员。

曼德拉现在有更多的时间来思考和分析，他可以把它们分类写进他的自传。这是西苏鲁和卡特拉达的想法，马哈拉吉也表示赞同，并建议在曼德拉 60 岁生日时出版这本自传，以鼓励海外的解放运动。写这本书需要超强的记忆力，还会耗费大量精力，但在狱警管理宽松时就更容易些。曼德拉会在白天睡上一会儿，晚上则精力充沛地投入到写作中，他花了四个月时间，写出了一部内容翔实的长篇传记。他在一个章节中写道："但是一个好奇心很盛的看守一直在走廊里走来走去，还不时向里看看，和我聊上几句。我顶着巨大的压力写作，而截止日期早已定下来。每天必须写完一张传出监狱，然后我就再也见不到它了。"

在这本精彩生动的自传中，曼德拉首先回忆了他在特兰斯凯的童年时代，然后又描述了他在斗争、集会和审判中要承担的越来越多的责任。在隔离区的牢房里，他直言不讳地道出了目前的斗争现状。现在是非洲人奋起反击，重获自由的时候了。但也有人认为这场斗争是报复性的，曼德拉非常小心地纠正了这个错误的观点。

生命之轮就在那里，三个多世纪以来，从奥舒玛奥到卢图利，我们的民族英雄们，以及我们国家所有人都一直在为此而奋斗。虽然命运之轮上满是干蜡和锈斑，但我们已设法使它咯吱转动：我们有希望和信心让它终有一天能完全转动起来，我们有信心让高傲的人变得谦卑，被轻视的人变得高贵。不——我们要让世界上所有人不分贵贱地平等地活着。

曼德拉每天交给马哈拉吉十页手稿，然后马哈拉吉便蜷缩在一条毯子下，把曼德拉所写的东西抄到一张小纸片上，再把这些小纸片夹在他的书中，他打算 1976 年服刑结束后把它们带出去。卡特拉达保存好曼德拉的原稿作为备用，并在同事的帮助下把它们藏在三个塑料容器里埋进了院子。但是，当一些囚犯在那里挖掘新墙地基的时候，灾难发生了。曼德拉和他的朋友设法摧毁了两个容器，但第三个被发现并送到了指挥官那里。

延误很长时间之后，监狱长于 1977 年 10 月 26 日给他的上级写了一份秘密报告。他解释说，"这不受欢迎的文字"已经被发现，而且经南非警察局的专家鉴定，这些文字出自曼德拉之手，马哈拉吉和卡特拉达在上面进行了补充。他概述了十个章节，强调了曼德拉与非洲黑人领导的会晤以及他对总理沃斯特的批评。他相信这个作品"肯定是替曼德拉的另一个案件辩护"——这也许没什么用，因为他已经因相似的违法犯罪而在服无期徒刑。他指出囚犯们用的是提供给他们学习的纸张，他们学习的特权也许可以永久地取消。事实上，曼德拉、西苏鲁和卡特拉达已经停止学习四年了。

学习特权的损失是这次冒险所付出的沉重的代价，最终是沮丧。曼德拉的手稿于 1976 年被马哈拉吉私自带了出来。

他把它们带到了伦敦，在那里他们重新打印并传给了奥利弗·坦博。这个手稿看到的人很少，但乔·斯洛沃和尤瑟夫·达都，两个流放的共产党员清楚地对马哈拉吉说，他们认为这些手稿没有恰当地写出共产党员在斗争中的"作用"。手稿没有被出版，二十多年都被束之高阁。

到 20 世纪 70 年代中期，大多数的罗本岛囚犯接受了一个行动和合作的准则。正如内维尔·亚历山大所说的，"避免而且绝不激起对抗"：与当局谈判、耐心地讨论和劝说是首选的方法。另一方面，他们也绝不会卑躬屈膝，他们会尽可能坚定而礼貌地抵制粗鲁无礼的行为。

曼德拉为其他囚犯树立了自信自尊的榜样，他的信心和尊严是建立在每日的紧张和屈辱之上的，并且真正"主宰了他的命运"。曼德拉承认囚犯们不再惧怕来自监狱方的压迫，此前他们的恐惧之心经常使得许多活动无法开展："一旦你不再害怕压迫者、监狱、警察和军队，那么他们将对你束手无策。你无拘无束……你不想受到攻击，你不想受到伤害，你感到痛苦和屈辱。但无论怎么说，为了坚持你的观点和想法，这是你不得不付出的代价。"

1976年，马克·马哈拉吉获释后，描述了曼德拉的思想状态。马哈拉吉认为，在斗争最激烈的时候，对曼德拉来说，最残酷的惩罚就是他只能在外部进行决策："你得承认你在观望，你得信任你的同志们。"曼德拉的基本策略变得更加强硬和坚定：他将武装斗争看作自由的核心，但是同时也感觉到，失去了国际贸易和投资支持，国际制裁会起"非常重要的副作用"。马哈拉吉看到曼德拉在"观察他的敌人"——他在观察比勒陀利亚的矛盾和分歧，同时也时刻防范政府利用反共恐慌来分裂非国大。

马哈拉吉像其他人一样被曼德拉高昂的士气鼓舞了，但他的热情可能会误导他。他很快意识到，曼德拉花了很长时间和他成为亲密朋友，但即使在那时，他依然保持着他的距离。他能够自如地控制情绪，而在他宽容温文的作风的背后是他"钢铁般的意志"：长时间的牢狱生涯让他对这个体制的憎恨与日俱增，但他从不把这种愤怒表现在脸上。他们的态度变得更加缓和而压抑。言及这种体制的罪恶之处，他们表现得更加冷静，也更加善于分析。

对于这个评价，曼德拉表示赞同。他成功地控制住了自己的情感，在大多数突发事件中保持理性和自我约束。"当你面对这样的局面时，你必须保持清醒的头脑，"他解释道，"很明显，如果你冷静、沉着、不慌不忙，那么你的思路便会清晰。一旦乱了方寸，你就会犯严重的错误。"

但是，对曼德拉来说，更加痛苦的挑战来自他的家庭，面对家庭，曼德拉再也无法压抑自己的情感。

17. 从主妇到女斗士（1962—1976 年）

曼德拉能够与狱友和狱警维持友好关系，但是他觉得与家人保持亲密关系很难。牢狱生涯让他为家庭生活付出了沉重的代价。第二个家庭尚在形成阶段，他就被迫与之疏离；家人在与他疏远的同时，渐渐开始把他看作一个没有人情味的神话。

曼德拉一直是一个对子女要求很高、雄心勃勃的父亲，他给孩子设定了很高的教育目标，孩子们觉得这些目标很难企及。"对于他的家庭他很保守并且很权威，"他的一个孩子说，"他想要一个肯尼迪家族一样的王朝。"狱中岁月更是加剧了他与孩子们的距离和隔阂。孩子们来探访他的次数本就不多，而且每次见到他都像见到陌生人一样：他没办法与他们产生肢体接触，在他们长大成人各奔东西后又不能时刻关注他们的生活。与他那些政治书信和声明不同，他在监狱写给他妻儿的信是充满感情的，表达了一个眼见着家庭与他渐行渐远之人的痛苦。

在罗本岛的前五年，曼德拉经历了两次家庭悲剧。1968 年，他的妹妹玛贝尔、次子马克贾托和女儿梅基带着他年迈的母亲来见他。曼德拉上一次与他母亲短暂见面是在瑞弗尼亚审判时，那时他的母亲驼着背，非常脆弱；在监狱里，狱警听到他对玛贝尔悄悄地说他对母亲这副瘦弱、憔悴的模样感到担忧，玛贝尔离去后他变得不同寻常地沉默。几个星期以后他通过电报接到他母亲的死讯。曼德拉觉得自己一直以来都忽视了母亲，因此非常自责。作为她的独子，他请求亲自把母亲安葬在特兰斯凯，但是政府由于怕曼德拉逃走而拒绝了他的请求。最后还是部落贵族萨巴塔和玛坦兹马来安排葬礼，祖鲁酋长布特莱齐寄了一封吊唁信。

曼德拉的长子泰姆比就住在开普敦，却从不来探望他，曼德拉对此深感苦恼。泰姆比是他最喜爱也是最聪明的孩子。在曼德拉 1961 年开始地下工作时，泰姆比就很崇拜父亲，他甚至会穿父亲的夹克，对他能承担父亲的责任、分享父亲的秘密感到自豪。但是泰姆比为他父母的离婚感到难过，并且在父亲的政治事业和母亲的宗教信仰之间觉得无所适从。曼德拉入狱时他才十六岁。他从不给父亲写信，还和一个开普敦店主的女儿早早地结了婚，生了两个女儿，这令曼德拉很苦恼。1969 年，在泰姆比的小女儿只有六个月大时，曼德拉又收到一封电报，泰姆比在一次车祸中丧生。曼德拉彻底崩溃了，他躺在床上，不吃不喝，直到西苏鲁过来，跪在他身边，充满同情地默默地握住他的手。到了第二天早上，他就像什么事也没发生一样出现在同事们面前。他向伊芙琳致信慰问，但是监狱方依然不准他出席葬礼，这令曼德拉痛苦不堪。

曼德拉越来越依赖温妮，但是他也清楚她比他同龄人的妻子们更年轻更没有经验，而且还在遭受警方迫害。他入狱时他们才结婚四年，育有两个女儿。起初曼德拉一年只给温妮写两封信，后来变成了一个月一封，在热情洋溢的书信中，曼德拉好像把她理想化了，从不认为她有错误或缺点。

温妮对她的政治责任和名号再清楚不过了。"我已做好为纳尔逊代言的准备。"她说，"我必须仔细斟酌我要说的话——我是他的代表。"她有一些关系密切的女性朋友，其中包括叛国罪审判中的元老海伦·约瑟夫，还有在德班的法蒂玛·米尔，但面对阿尔伯蒂娜·西苏鲁等高级女政治家，她有时候会非常傲慢，还经常莽撞地向新结识的男性友人求助。大多数非国大的活动家在曼德拉入狱后都很快被拘押了，温妮非常渴望政治上的同盟，但是她处在一个社会及政治雷区，到处都是间谍和线人。她对记者布莱恩·索玛纳特别友善，而他的妻子很快就与之离婚，并指责温妮为第三者，对此温妮予以否认。索玛纳以前和非国大的领袖走得很近，但是在遭到拘押后他的态度转变了，他出卖了前同事，还有些人怀疑瑞弗尼亚案的某些秘密信息就是他透露出去的。

1964 年 8 月，麻烦缠身的温妮第一次来到罗本岛，她打扮得一丝不苟，与她同行的是阿尔伯蒂娜·西苏鲁。在靠近海港的一个看不到监狱的阴暗小屋里，她见到了曼德拉，两人有半小时的共处时间。她被禁止谈及科萨或曼德拉直系亲属以外的任何人。她和曼德拉隔着窗户喊话，窗户两边都有狱警把守监听，一听到任何陌生的名字，他们就会打断两人的谈话。曼德拉看到温妮瘦了很多，并肩负着巨大压力，因而倍感担忧，他要求温妮停止节食。被带离罗本岛时，阿尔伯蒂娜·西苏鲁对曼德拉说："我们的人数是在减少，但是剩下的人意志坚强。"曼德拉沮丧地回到牢房，因为他连碰都没法碰到温妮。虽然没有向狱友吐露心声，但在内心深处，他无法不为温妮担忧。

回到约翰内斯堡后，温妮被间谍包围了。事实上黑人政治运动已被警察镇压，但是他们仍把温妮视作潜在渠道，同时这也是牵制曼德拉的一种手段。由特务机关头目范·登·伯格所领导的"卑鄙手段"部门已经决定"让这个麻烦的女人退出政坛"。温妮被禁止离开约翰内斯堡，这使她无法造访自己孩子的学校。她声称她从来没有见过她孩子的任何一位老师。至于孩子，她说："身份一旦暴露，他们就会被赶走。"他们最后被送到瑞士的一家修道学校，远离南非警察。

两年以后温妮又获批造访罗本岛，但她处于更加严格的监视之下，从机场到船上都有警察一路跟着。狱警詹姆斯·格里戈雷看着她隔着玻璃和丈夫讲话，"就像20世纪50年代的黑白电视里看到的情景"。格里戈雷说，温妮举止得体，彬彬有礼，但当他看见"这个有着母狮一般傲气的强悍女人流下眼泪"时，他十分惊愕。

得知女儿们被从一个学校赶到另一个学校，曼德拉非常担心。在这次会面中，他们勉强达成一致，同意将女儿送到瑞士的多种族寄宿学校沃特福德——这也是通过了海伦·约瑟夫和温妮的新朋友埃莉诺·伯利的帮助，埃莉诺是伊顿前校长的妻子。曼德拉担心温妮太轻信别人，但是他并没有问温妮有没有男朋友。"我必须把这个问题从心底里抹去，"他说，"一个人不能过于好奇。这个女人对我忠贞不渝，她在支持我，来探望我，给我写信，这就够了。"

回到约翰内斯堡，温妮居然因知情不报而遭到卑鄙指控，被判一年监禁，缓期执行。日复一日的压力使她变得暴躁起来。一天，一个警官没有敲门就闯进了她奥兰多家中的卧室，她把他扳倒在地，梳妆台倒在他身上，差点折断了他的脖子。她被控以拒捕罪。在受审时她的律师乔治·比佐斯要求她举止淑女些，而不是像个女战士；最后地方法官还是宣判她无罪。

温妮仍被禁止参加任何政治活动，但她是个闲不住的人。她对被囚禁的非国大女性成员的家属伸出了援手，并且在她的朋友、美国情报局工作人员莫哈勒·玛罕耶勒的帮助下为非国大印刷、分发宣传册，此举略显莽撞了些，因为在1967年《恐怖主义法案》的巨大力量左右之下，警方依然要逮捕温妮。他们通过线人布下了天罗地网，温妮的不少朋友就是他们派出来的间谍，其中有一个名叫莫沙·迪纳斯的印第安骗子，还有迪纳斯的女朋友莫德·卡特詹尼伦伯根，她利用温妮的关系混进了伦敦的辩护和援助基金会，这个基金会是专门帮助那些被扣押的人的。他们还为温妮安排了一个叫孟德尔·列文的律师，此人后来被证明是南非政府支持者，有着一段不光彩的过往。1969年，温妮和另外21位参与分发宣传册的人被拘捕了。假装与温妮交好的警方间谍戈登·温特窃听了他们之间的所有通讯。

黎明时分，警察前来逮捕温妮，把她从孩子身边拉走。她被关在比勒陀利亚的一间小牢房里，那里只有一个水桶、一塑料瓶的水和一本《圣经》。后来她被臭名昭著的斯温普连续审问了五天五夜，审问的内容都是关于她和非国大、共产主义者以及她那些被关押的女性朋友之间的联系。警察已经从其他囚犯那里得到了口供，其中包括莫哈勒·玛罕耶勒，他已经变成了目击证人。"我不能相信他完全背叛了我们共同努力的事业。"温妮后来说。

乔尔·卡尔森是曼德拉推荐给温妮的律师，在温妮和其他狱友被关了200天后，这名风格浮夸的律师获准前去探望。囚犯们被关在小牢房里，不能洗澡，每天只有10分钟的锻炼时间。"他们说食物难以下咽，只有在饿极了的时候才勉强吃点。"警方强迫温妮做一次广播演说，号召黑人停止非法斗争并与白人合作；如果温妮配合，那么他们就答应放曼德拉回特兰斯凯。温妮拒绝了。"温妮在理智和情感之间摇摆，"卡尔森后来写道，"她从来不知道她是否能活过这段拘押时期。"

最后，在12月，她与21名被关押在比勒陀利亚的囚犯共同受审，根据《压制共产主义法令》，他们以两项罪名遭到指控——图谋恢复非国大，并按关押在罗本岛的曼德拉的指令行事。两个月之后，控诉被撤回，但是他们马上又被逮捕了，并在1970年6月因违反《反恐怖主义法令》而被指控。10月她和另外21个人又被带去受审，但是律师西德尼·肯特基能够证明这次起诉书和上次的是一模一样的，所以这次起诉又被撤销了。

被单独监禁13个月后，温妮仍然不受警方摆布。从表面上看起来她无忧无虑并且活力四射。乔尔·卡尔森办了个派对庆祝温妮出狱，他记得她"满面笑容，兴奋而快乐"。她很憔悴，但她的眼睛显得比以往都大。她坚持说她从苦难里得到了力量。"牢狱生活让我变得更加离经叛道，"她后来写道，"监狱使我的灵魂得到了进一步净化。"但是她的离经叛道是一把双刃剑。"在那次经历后我对权威就再也不尊重了，"她解释道，"我认清了种族隔离的野蛮以及国家镇压手段的法西斯主义本质……就在那个时刻我知道了我不能迟疑，必须用暴力来实现我的理想。"

罗本岛上的曼德拉从剪报上了解到了温妮所遭受的苦难，这些剪报是狱警故意留在他的牢房里的。当他了解到温妮也在监狱里，并且状况比他还要糟时，他难过得无以复加。他觉得独囚阶段是"牢狱生涯之中最可怕的时期……那些问题在脑海中萦绕，挥之不去"。他为自己没能出庭为温妮辩护而感到非常愧疚。他和他的同事都对温妮的勇气和斗志表示钦佩。"虽然温妮有些莽撞，"比佐斯说，"但我们都为她骄傲。"

温妮又被禁止探望曼德拉，期限是5年，但最终她还是得到了许可——虽然只有半小时。回到约翰内斯堡时，她的身体很差，得了支气管炎和高血压。

警方对她的迫害依然没有停止。曼德拉得知警方把她的房子前门踢坏并向她的窗户扔砖头后非常生气。与温妮交好并反对种族隔离政策的白人也遭到了骚扰，有些人被她的偏执和莽撞吓跑了。乔尔·卡尔森看到温妮这样没有定性，非常生气，并告诫她不要参与政治，温妮却把他的话当耳旁风，卡尔森只好放弃，并远赴美国。温妮在交友方面还是非常轻率。她的朋友中有个名叫约翰·霍雷克的记者，他曾帮温妮照料孩子。其实这人是警方的间谍。

警方仍然骚扰她和她的孩子们。"有好几次，女儿们从学校回来，"温妮回忆说，"会发现房门紧锁，她们必须看看报纸以便了解我是否被拘押了。"自1970年起，曼德拉就要求取消针对温妮的禁令，在1974年他要求对警方设限，同时允许温妮用枪来保护自己。但是警方拒绝提供枪械："曼德拉太太为人冲动、暴躁并且容易失控。"

在精神上，温妮受到了她的朋友彼得·马古巴尼的支持，此人是《鼓》的摄影师，他本人也在遭受迫害：他被戈登·温特出卖，遭到586天囚禁，大部分时间是独囚。他对温妮一直保持着忠诚。1973年5月，他驾车载着泽妮和津得兹去温妮工作的律师事务所与她会面，不慎被警方发现。警方控告温妮与外界有非法联系。她被判6个月监禁，这比单独囚禁稍好，至少伙食还可以，孩子们还可以在周末前来探望。

听闻温妮再次入狱，曼德拉感到非常痛心。他告诉温妮，因为挂念身在狱中的妻子，他无法集中精力做自己的事情。"虽然我一直佯装勇敢，但一想到你在恶劣的条件下生活，我就忍无可忍。"后来他对温妮说，"我永远也不会忘记1969年5月到1970年9月这段时间，这是你在科隆斯塔德度过的6个月。"他给了她一些建议，这些建议都能反映他自己在监狱中的严格自律的品质：

> 你会发现监狱是认识自己的理想场所，在监狱里，你可以经常探索自己的内心感受。在评价个人进步时，我们总是注意外部因素，比如说社会地位、影响、受欢迎程度、财富以及受教育程度等……但是在评价一个人作为人类的发展时，内部因素尤为重要：正直、诚实、简朴、谦虚、淳朴、慷慨、不爱慕虚荣、时刻准备着为你的同胞服务——每个人都可以做到——这些是一个人精神生活的基础……至少，监狱给你机会去每天审视自己，去克服那些不好的品质，发展那些好的品质。定期反省，比如每天15分钟，是很有好处的。第一次去找自己的缺点可能有点难，但第十次就会很有成效了。永远不要忘记圣人也有错误，只是他愿意不断去尝试。

曼德拉尝试着在监狱里照顾自己的家庭，而温妮也在做着同样的努力。她的妹妹诺班图·明基在打理他们奥兰多的房子，曼德拉告诉她，在温妮回来之前，这件事就交给她了。他对温妮说，也许她将回到一个"更加寒冷阴暗的环境里"，但他也安慰她"困境可以使一些人倒下，但也会使另一些人更加强大"。

他们的两个女儿受到了极大的困扰。"我们的家不过是警察局的延伸。"温妮说。温妮在狱中时曼德拉告诫泽妮："那些反复攻击妈妈并且摧毁她的健康的邪恶罪犯现在可能要来对付你和津得兹。"朋友们很关心两个女孩，这些朋友中包括彼得·马古塔巴和温妮的妹妹诺亚妮索，他们后来都被捕入狱了。让曼德拉欣慰的是，法蒂玛·米尔从德班赶来帮忙了。"我很确信……只要你活着她们就不会是孤儿。"他告诉她。但是法蒂玛发现两个女孩很难相处。"她们实在太难取悦，"她回想道，"她们总是满腹牢骚，帮助过她们的人也都对她们颇为不满。"

孩子们与父亲越发疏远，但是对母亲还是很忠诚。津得兹13岁时曾写信给纽约的联合国种族隔离问题特别委员会，请求他们保护她："我们家人和妈妈的朋友们都感到一种灾难降临的气氛。"

两年后，温妮被判刑。泽妮说："以我们现在的年纪，已经足够分担她的痛苦了。"曼德拉给两个女儿写信，关怀之情溢于言表，但他对她们的学业还是要求很严，而且很担心她们受到沃特福德那些富家子弟的不良影响。他在1974年给一个朋友的信中写道："我觉得有必要提醒她们，她们是我的孩子，这个事实可能给她们的道路设置不可逾越的障碍。但是残酷的事实往往与人们的愿望相悖，尤其是在儿童时期。"

出狱之后，温妮最终获许在1975年12月和他们的两个女儿一起去探望曼德拉。津得兹3岁以后，曼德拉就再没有见过她。他换了新衣服，认真地梳了头发："我不想让我小小的孩子认为我已经老态龙钟了。"津得兹长得和温妮很像，十分漂亮。"我能想象，周末你坐在我的膝盖上，大家一起在家吃烧烤。"他对她说。曼德拉回忆着幼儿时期的津得兹，而在玻璃的另一边，津得兹强忍着泪水；但是他能注意到她对自己依然不是十分亲近，因为她的这位父亲"不仅属于她，也属于人民"。他感觉到"在她内心深处一定有愤懑和不平，因为作为父亲，我没能在她的童年时期和青春时期陪伴她左右"。他也很快意识到温妮会忌妒他对女儿们的爱。曼德拉告诉法蒂玛，当他写信给温妮诉说女儿们长大后多么漂亮时，温妮非常愤怒，就好像受到了背叛一样，她反驳道："带大这些孩子的是我，而不是你，但你对她们的喜爱却超过了对我的喜爱。"

曼德拉发现很难与他较大的两个孩子梅基和马克贾托交流，他们在他们的生母伊芙琳和继母"温妮妈妈"的住所之间搬来搬去。曼德拉很少听到他们的消息。他提醒两个孩子，在他做地下工作时，温妮是怎样照料他们的，他为两个孩子不好好感谢温妮而责备了他们。但是孩子们有不同的看法："他不知道温妮根本没有履行对他的承诺，"梅基说，"我们和温妮的关系非常紧张。"

1967年，16岁的马克贾托去罗本岛探望了曼德拉，在接下来的十年里，他每年都要探访一到两次。但是他的学习成绩很快就让父亲失望了：他因为组织罢工而被学校开除，而且总是得不到大学入学许可。马克贾托感到来自父亲的源源不断的压力，尤其是1969年他的哥哥泰姆比去世之后，但那时他已经24岁，根本不可能考虑重返校园。"真正的问题是，"他的父亲在1974年11月在狱中的信里写道，"在他这个年纪，我又不在他身边，他很难拒绝城市的诱惑。"相比之下，马克贾托的妻子雷妮·摩塞尔更加好学，并且很喜欢给曼德拉写信。

1970年，年满16岁的梅基也去探访了曼德拉。梅基个性比马克贾托强，更加坦率，也更受她的母亲伊芙琳的影响。1972年后她经常去特兰斯凯探访伊芙琳，曼德拉的侄子凯撒·玛坦兹马在科菲蒙瓦巴给伊芙琳开了个杂货店做买卖。梅基的成绩非常优秀，但是她拒绝上大学，并和卡玛古结了婚，生了两个孩子之后，他们的婚姻破裂了。曼德拉对他们的离异表示同情，并伸以援手，为此梅基很感激。梅基最大的理想是当一名护士，这让曼德拉很失望："那些没有真正理想和动力的人，"他告诫她道，"就会在底层岗位劳苦终生。"

温妮仍然是他情感的最大宣泄口，面对温妮，他有着一种从不曾对别人有过的浪漫情怀。"我总是戴着面具，只有独自一人的时候才流露出对家人的思念。邮差过来时，我不会像别人那样冲过去，我只静静地等着他们叫到我的名字。"在1976年的一次会面后，曼德拉写信给温妮道，"我也从来不会在你们探访之后徘徊不忍离去，虽然有时我内心强烈地希望自己能停下离去的脚步。我在写这封信时正努力地压制着自己的感情。"1975年8月，温妮探访曼德拉之后，他告诉她："我对自己说：'姆苏图走了，就像手中的鸟儿飞回林中，回到原始丛林和广袤世界。'""我也有计划、愿望和期待。我梦想着能筑起高楼大厦，"在次月的信中，他写道，"但是我们都得现实点。我们只是在社会中的个体，这个社会掌控在强大的机构手中，并在这些机构的惯例、规则、道德准则、意念和态度操控之下运作着。"

其他的亲朋好友也能让他振奋起精神。他意识到,"希望我好起来,并且希望我每做一件事都成功的人,远远多过盼着我倒霉的人"。"希望就是一匹骏马,你一路骑着它,直到你达到终点,尝到胜利果实。"他在给他的老朋友迈克尔·哈默尔的女儿芭芭拉·兰姆的信中写道,"我生命中唯一的财富就是拥有像你亲爱的爸爸那样的朋友,他们教会了我这些事情。"

但温妮仍是他力量以及政治信息的主要来源。她会把新闻用暗语传达给他。"1975 年一开始就没有好兆头,从头到尾都很糟糕,"1976 年,曼德拉对温妮说,"曾经承受住了命运无情打击的力量如今却缴械投降了。"温妮也是其他囚犯的重要政治新闻信使:"她是最好的信息源,"卡特拉达说,"其他所有的被关押者都等待着她的探访。"每次探访后,他们都焦急地等待着曼德拉告诉他们他所得知的新消息——有时候曼德拉会推迟,这需要极强的自控能力。

"没有温妮,纳尔逊不会成为现在的他,"后来成为二人好友的彼得·马古巴尼说,"当报纸不能报道曼德拉的消息的时候,温妮会将他的情况公之于世。没有她,非国大会被遗忘。她是唯一站在非国大一边并且对当局说,'我敢打赌你不敢阻止我!'的人。她已经准备好为之献出生命。"

虽有种种过失,但温妮已经成为政坛的一个重要人物,同时她也能让曼德拉的名字响彻海内外。1976 年,黑人反抗运动突然采用了新的形式,而温妮则在斗争最激烈的时候挺身而出。

18. 影子般的存在（1964—1976 年）

　　囚犯们渴望得知更多外界的消息。有一次监狱方发现曼德拉从长椅上捡了
一张报纸，于是他被处以 3 天独囚的惩罚，每天只有米汤喝。曼德拉后来说，
报纸是最宝贵的违禁品，是斗争的原材料。囚犯们为了得到一张报纸会使出浑
身解数：贿赂看守，从前来探访的牧师身上偷，或是从看守那儿拿用来包三明
治的报纸。马哈拉吉甚至用甜言蜜语说动了一个看守，这样每天都能偷偷拿到
一份报纸，然后他就把新闻内容摘要写在小纸片上，再在囚犯中传阅。虽然有
审查，但他也能拿到《经济学家》杂志，因为他在学经济；不过后来这本杂志
被严格监视了，1967 年又一次被收回。曼德拉后来写道："对于时事，我们只
能了解个大概。"

　　他们得到的消息并不鼓舞人心。在瑞弗尼亚案之后，警方几乎镇压了所有
的黑人反抗运动。"非洲政要要么被关押，要么被流放，要么被禁足，鲜有例
外，"在曼德拉被判刑之后，斯坦利·尤伊斯在《旁观者报》上写道，"秘密警
察变得极其高效，很显然是得到了分布广泛的线人的帮助，连地下组织都无法
运作了。"在审问巴塞洛缪和迈克尔·丁加克等非国大激进分子时，他们的陈述
都表明警方深入渗透到了组织之中。"实际上非国大现在非常脆弱，"1964 年 10
月，巴塞洛缪在宣誓书里写道，"据我估计，现在还留在索韦托的成员不到 50
个。"曼德拉很快就从那些被抓到岛上的地下反抗者和游击队战士那儿了解到
了，目前形势一片惨淡。

　　曼德拉的朋友布拉姆·费希尔斯让人们看到反抗种族隔离似乎已经无望。
1964 年探访曼德拉后，他很快因推动共产主义的罪名而被抓了起来。之后他被
保释，随即在世人的视线中消失，去做地下工作：他把这归功于那些政治犯，
他后来告诉法庭说，"不要做一个旁观者，要行动"。可是不到一年他又被捕
了，并在 1966 年被判无期徒刑。乔治·比佐斯问他这一切是否值得他牺牲自己
的家庭和事业。他尖锐地回答道："你问过纳尔逊吗？"费希尔斯付出了可怕的
代价。在全是白人的监狱里，他完全被剥夺了尊严，用曼德拉的话说，"那些囚
犯用尽了一切可能的办法去侮辱他"。1974 年，费希尔斯得了癌症，曼德拉向
司法部部长吉米·克鲁格提出申请要去看他，但是没成功。翌年，费希尔斯去
世，曼德拉一直为没向他展露真实情感而后悔不已。

囚犯们总是担心被世人遗忘。"从一开始，监狱就想用把我们与外界彻底隔绝的方式将我们活埋。"曼德拉后来写道。"在瑞弗尼亚时，他们就告诉我们，5年以后没人会知道曼德拉的名字。"卡特拉达说道，"这是一种集体性失忆：世人无法了解我们的任何情况，反之亦然。""我们真心希望他们不要变成被人遗忘的人。"乔治·比佐斯在瑞弗尼亚案之后给我的信中写道。但英美媒体确实很快就忘了这些囚犯。1964 年伦敦《泰晤士报》58 次提及曼德拉，1965 年 2 次，1966 年 1 次，1967 年 4 次，1968 年没提及，1969 年 2 次。《纽约时报》1964 年 24 次提及曼德拉，1965 和 1966 年都没提及，1967 年提到了一次温妮，没提曼德拉，1968 年没提及。没有温妮在，曼德拉更容易被人遗忘。

其他非洲国家至少表面上是解放了，相比之下，南非的情况更令人灰心。"1964 年是东非和西非许多新近独立国家最好的年份，"历史学家卡利斯和格哈特说，"但是这一年也是非洲大陆南部最坏的年份，因为帝国的大潮还没有退去。"

"维沃尔德死了！"1966 年 9 月一名普通囚犯在采石场低语道。这个突如其来的消息给了政治犯们一线希望。得知维沃尔德在议会被一个精神错乱的白人信使刺杀之后，曼德拉内心矛盾，因为非国大从不鼓励刺杀。但他对维沃尔德的继任者约翰·沃斯特抱有希望：他在狱中写信说，作为一个战争时期因叛国罪被关押的犯人，他对沃斯特怀有同志感情，并认为沃斯特"在白人的保守政治下值得得到最高荣耀"。

但是沃斯特最开始的一些行动却并不让人乐观。他推行了 1967 年《新恐怖主义法案》，这个法案给了警方更加大的权力。1969 年，他又组建了一个新的特务机关——国家安全局，领导人是他战时的老同事范·登·伯格将军。他的国防部部长——彼得·威廉·博塔进一步扩大了警方的控制力。囚犯们听到的消息几乎都是负面的。"我们来到罗本岛的头几年里，无论是对外部组织还是对监狱里的我们来说都是很艰难的。"曼德拉后来表示。

曼德拉密切关注着来自大陆的新闻，但听到的消息越多，挫败感就越大，因为他知道他没有能力去影响事件的走向。囚犯们一开始就一致同意不影响处于流亡中的非国大所做的决定，但是曼德拉和他的前搭档奥利弗·坦博偷偷通过暗号保持着断断续续的联系。虽然两人分处异地，但他保持着对坦博的信任，这是非国大团结和最终成功的关键。

曼德拉最关心的就是武装斗争的进程。1967 年 10 月，他们看到了希望，囚犯们从《经济学家》上得知，南非黑人士兵在罗德西亚—赞比亚边境上打仗。"虽然恐怖主义行动很快被镇压住了"该报道称,"但政府似乎表现出了非比寻常的担忧。"民族之矛的先头部队——"卢图利独立小分队"的非国大战士们果然渡过了赞比西河,从赞比亚来到了罗德西亚,这支队伍由坦博统率,并且得到了赞比亚游击队的支援。他们在野生动物保护区勇敢地和罗德西亚白人军队交战。坦博于 8 月 19 日乐观地宣称,他们正"杀出一条血路,并将矛头直接指向了南非白人"。但是南非军队很快得到增援,反抗势力遭受打击,最终败退博茨瓦纳,牺牲和被俘者无数。

1969 年,非国大在坦桑尼亚总部莫罗戈罗召开重要会议,会上坦博因这次行动失败而受到了强烈指责。非国大重新组建了高级指挥层,并且首次允许非非裔成员担任民族之矛指挥官,其中包括乔·斯洛沃。罗本岛上的囚犯们为这次重组感到欢欣鼓舞。"这对整个南非和革命都有巨大的影响。"西苏鲁说。但是非国大的新结构却给坦博带来了新的问题,人们会怀疑整个组织被白人共产主义者接手了。

坦博依然不怎么愿意担任领导职务。1967 年卢图利死后,他被指定为非国大的代理主席,但他不愿当主席。他坚持说曼德拉才是大家心目中真正的主席,但他也知道,曼德拉此时无法做出重要决断,因而不能承担起领导武装斗争的责任,而且如果政府方面得知曼德拉正式当选为主席,他就更不可能获释。执行委员会在坦博不在场的情况下选他当了主席,坦博提出申请希望撤回该决定,但这份申请被全体一致驳回。他很担心:"我是第一个也是唯一的一个由执行委员会在没有授权的情况下选出的非国大主席。"他仍然称自己为副主席,并经常将曼德拉称为"总司令"。直到 1977 年,被关押在罗本岛的非国大领袖们才得知这个决定,于是他们确认了坦博的主席身份;但坦博依然推辞。在坦博的心里,曼德拉才是真正的主席,他愿意等待曼德拉上任。

20 世纪 60 年代中期,南非的经济得到了很好的发展,坦博反抗种族隔离的斗争更加举步维艰。1960 年沙佩韦尔惨案之后外资撤离的趋势已经有所逆转,到 1965 年,投资已经多于大屠杀之前。在 20 世纪 60 年代,南非经济的年增长率在 6%,这比几乎所有的西方国家都高,资本的平均回报率是 15%,比欧洲要高得多。最大的汽车制造企业和其他的跨国公司也增加了投资。国防开支的大幅增加为海外公司创造了新的投资机遇。这样的繁荣盛况不可避免地要求更多黑人走进工厂,走进城市,种族隔离原则受到了挑战。沃斯特更加下定决心要推进维沃尔德的"大种族隔离"计划,这将给新的班图斯坦名义上的独立,但是城市里的黑人却会被当成没有权利的外国人那样对待。

坦博从南非黑人那儿得到帮助的希望越来越渺茫。沃斯特政府在经济上和军事上具有巨大的影响力，南非北部的贸易、交通和农业生产在很大程度上仰仗着沃斯特政府，因此他可以将贫穷的新兴黑人国家赶到北方去。坦博原本期望那些刚从殖民统治下获得独立的国家会给他越来越多的支持：尤其是英国的三个前保护地——1966 和 1967 年获得独立的巴苏陀兰、斯威士兰和贝专纳兰。许多新兴非洲国家加入了联合国；1963 年成立的非洲统一组织承诺进行抵制和援助活动；赞比亚和坦桑尼亚成了黑人解放运动的倡导者。但是在 20 世纪 60 年代末期，经济相互依赖这一严峻的事实越发突显。1969 年 5 月，14 个非洲国家的领袖齐聚赞比亚，在没有与非国大协商的情况下起草了《卢萨卡宣言》，强调向南非妥协的必要性，并且决定减少武装斗争。在一周后非国大的莫罗戈罗大会上，坦博警告说，这是一场针对新兴独立国家和解放运动的"邪恶猖狂的反扑"。

西方国家不能抵挡南非繁荣的诱惑。以南非最大公司英美公司为首的南非商界表示，南非正在经历一个经济"起飞"的新阶段，正如 19 世纪 50 年代的英国一样，这个阶段的繁荣会自动推进改革。1968 年 6 月，诺曼·迈克雷在《经济学家》杂志发表了一篇以南非为对象的长篇研究报告，报告中明确提出了上述观点。迈克雷说，随着安全感加强，白人变得更加自由："富裕、安全感的提高往往意味着左倾趋势的增强。"他还表示，军队能够完全掌控所有黑人暴动："一些勇敢但疯狂的人有时候怀着颠覆的意图从边境之外潜入南非，但他们马上就被南非警方发现了，因为警方在每个所谓的自由战队之内都安插了自己的人手。"

在罗本岛的犯人眼中，前景毫无疑问非常黯淡。"这是最艰难的时刻"，马哈拉吉说，"大批战士被捕，情况变得更加糟糕。" 1970 年，南非的前景更加黯淡了，全白人的大选让他们看不到解放的希望。由德维利耶·格拉夫领导的联合党被沃斯特领导的国家党和新兴右翼南非白人政党改革国民党彻底击溃。罗本岛的士气随着外界黑人运动情况的变化而大起大落，定期造访罗本岛的乔治·比佐斯对此十分吃惊：他发现曼德拉现在正处于情绪的最低谷，他担心南非不再有反对党。南非内部的抵抗力似乎消失了，连非国大和泛非洲人大会的缩写都被禁止了。只要在任何人身上发现全国大会的文件，那么此人就会被无限期拘禁。曼德拉和坦博所说的任何话都不可能发表。

西方政府和观察家们几乎认定非国大会失败。"偶尔组织的潜入南非的计划总是以失败告终"，1969 年 10 月美国一份机密情报写道，"共和国内的政治组织疲软，并且被政府特工所渗透。""到 20 世纪 60 年代末，"美国史学家托马斯·卡利斯写道，"非国大几乎要成为一个影子般的存在了。"《华盛顿邮报》记者吉姆·霍格兰在 20 世纪 70 年代来到南非，他发现"卢图利、曼德拉和西苏鲁都不太受关注，好像他们是另一个时代的人，早就被遗忘在历史长河之中了"。

狱中的曼德拉承认："在 20 世纪 70 年代的艰难时刻，当非国大被阴影吞没时，我们必须强迫自己不要陷入绝望之中。"1970 年 11 月，非国大一份文件的草案承认，他们在国内的组织"几乎已死"。当我去探访在索韦托的黑人朋友们时，我发现他们比 6 年前要沉默得多。"你知道吗，就连对着自己的亲生兄长我都不敢吐露自己的想法。"记者的儿子亨利说。间谍到处都是，他们用钱收买青年流氓，让他们提供反抗分子和游击队的信息。

坦博终于相信，最终的血雨腥风是不可避免的。1970 年 3 月 25 日，他写信给他的朋友罗纳德·西格尔，后者曾在 10 年前帮助他逃出南非，他告诉西格尔，他可以看到沃斯特和南非白人因为未知的恐惧而大肆屠杀并折磨黑人："我能理解南非的一场血雨腥风已不可避免，这是过去 10 年的发展决定的，无法挽回。整个 20 世纪 70 年代将被鲜血淹没——不幸的是，无辜的人流的血不一定比有罪的人流的少。"坦博思忖着，如果在 1960 年 3 月，西格尔没有帮助他越过边境，那么情况会怎样："历史是由一个个重大事件组成的……如果当年西格尔没能助我出逃，也许今天的历史记录会是这样：罗纳德·西格尔——在比勒陀利亚监狱终身服刑。奥利弗·坦博——根据《恐怖主义法案》被判有罪，1968 年在比勒陀利亚被处以绞刑。约翰·沃斯特——被刺杀。纳尔逊·曼德拉——一个庞大的游击队的指挥官，在南非的另外一些区域活动。"

非国大仍然把希望寄托在军事活动上，他们在南非以外的军营里训练更多的游击队，并且通过宣传册或赞比亚和坦桑尼亚的"自由电台"进行政治宣传。但是在间谍的干预和各种阻挠手段之下，剩下的一小部分勇敢的激进分子很快就被围剿了。

1974 年 4 月，一次意想不到的事件大大鼓舞了罗本岛囚犯们的士气：葡萄牙发生军事政变，马尔塞洛·卡埃塔诺政府被推翻，这样非洲南部的两个殖民地——安哥拉和莫桑比克就有希望独立了。这样一来，比勒陀利亚利用"缓冲国家"来保护自己免受军事渗透的战略似乎就行不通了。非国大看到了在莫桑比克和南非边境设立军事基地的希望，这个想法得到了国家的新革命政府——"莫桑比克革命阵线"的支持。莫桑比克和安哥拉的马克思主义政府使好战的南非黑人青年异常激动，他们开始高呼"莫桑比克革命阵线万岁！"或者"斗争在继续！"这样的口号。曼德拉很有信心地认为"形势开始对我们有利"。他得知坦博在莫桑比克参加了一场国宴后非常高兴。

前途虽然已现光明，但民族之矛在南非还没有取得任何战果。到 1976 年为止，它在南非国土上还没有打响过一枪。与多数流放在外的人相比，曼德拉对近期情况的认识更加实际，但从长远看来他还是很乐观的。1976 年年初，他在狱中写下了虽未经发表却至关重要的《民族解放》：

> 在我们派遣出第一批民族之矛新兵的 14 年后，武装斗争在南非还是处于初始阶段。即使有莫桑比克和安哥拉独立在先，也不能保证我们这方面的问题能够得到解决。新兴的独立国家有很多问题要处理，他们会发现要按照自己的意愿行事是非常困难的。主动权仍然在敌人的手上，国家统一之后的当务之急就是从敌人手里夺回主动权。我相信这样的历史时刻会到来，其结果不仅仅是能补偿 10 多年来这个运动所经历的焦虑和紧张的时刻……

> 莫桑比克和安哥拉解放带来了一种乐观情绪，民众认为新的时代已经到来。推翻我们这个大陆上最后一个种族主义政权只是时间问题。当那个时刻来临时，敌人们将被迫在多个前线作战。

但是南非总理约翰·沃斯特足够灵活，他与莫桑比克的新黑人政府达成协议，同意继续使用这个国家的港口，并为他们的外来务工人员解决就业问题，作为回报，对方必须对军事行动加以限制。那时候，经济已经趋于衰退，南非商人急需将新市场拓展到非洲的其他地方。沃斯特与北部的一些国家达成了谨慎的协议，最后还秘密访问了利比里亚和象牙海岸。他也向伊恩·史密斯施加压力，要求他与罗德西亚的黑人反抗运动组织进行谈判。1974 年 11 月，沃斯特政府的外交部部长匹克·博塔在联合国大胆宣称南非将要实行改革："我们会尽一切可能消除种族和肤色歧视。"几天以后沃斯特告诉非洲黑人："如果你给南非一个机会，我们所处的立场会让你们吃惊。"听了沃斯特的演讲后，曼德拉依然对他不抱幻想：在他看来，政府屡次忽略了能够避免武装革命的机会，而且他相信不会有根本上的改变。

曼德拉仍把主要精力放在维护非国大的内外统一问题上。但是流放中的非国大共产主义者和民族主义者之间的关系越来越紧张，1975 年，分裂问题摆在了坦博面前。直接原因是 1973 年罗伯特·雷沙的死亡。雷沙去世时只有 53 岁，他来自索非亚敦，是个脾气暴躁的民族主义者，生前曾担任非国大在伦敦的代表。他经常批评共产主义者，尤其是在被赶出执行委员会之后。曼德拉很仰慕雷沙，并写了一封感人的长信给他的遗孀玛吉，把他和卢图利、马修和马克斯等逝去的英雄人物相提并论："我们一起庄严地发誓，守护共同的机密，忍受共同的挫折，分享成功的果实。"但在雷沙的追悼会上，来自特兰斯凯显赫家族的青年民族主义者安布罗斯·玛基维尼指责说有"一小撮人"强行控制了非国大，于是雷沙的追悼会现场成了战场。玛基维尼道："非洲人痛恨共产党的控制。"不久后，8 个非国大反叛成员组成了一个小组，其中包括安布罗斯·玛基维尼和他的表兄弟坦尼森。坦博写信告诉曼德拉说，他正面对着一个针对他自己的"邪恶"运动，这个运动肆无忌惮地采用反共和反种族主义手段，而且他们和白人压迫者用的是同一种语言。坦博仍然试图把这个问题当作内部矛盾来解决，但在 1975 年 9 月，执行委员会投票决定将他们驱逐出去。"这个'奸诈的团伙'，"非国大的秘书长阿尔弗莱德·恩佐写道，"是故意在公众面前建立起来以困扰和离间我们的。"

曼德拉对这次分裂感到很苦恼：因为他自己过去也曾信奉民族主义，所以他对反叛者抱有一丝同情，希望非国大能采用"更加温和、更加宽容的态度"。但是他知道这些人已经深深触怒了领导层，他已经来不及插手了。反叛者设立了他们自己的组织，挑衅地将其命名为非洲民族主义者组织，其缩写 ANC 与非国大完全相同。他们宣称曼德拉是他们真正的领袖，但是毫无疑问，曼德拉把坦博视作他自己的领导。"ANC 只有一个，"他悄悄地写道，"这个 ANC 总部在卢萨卡，主席是 O. T.①。"最终大多数反叛者都重新回到了非国大，当坦博 1990 年回到南非时，安布罗斯·玛基维尼还表示了欢迎。但是他的表兄弟坦尼森加入了凯撒·玛坦兹马领导下的特兰斯凯政府，1980 年遭到枪杀，凶手被怀疑是非国大的枪手。

坦博正因为他墨守成规、毫无创意的领导方式而饱受非议，他也担心非国大会进一步分裂——他写信给曼德拉，在信中，他将阵营隐晦地称为"体育俱乐部"，非国大则被称为"联邦"："俱乐部有增加的趋势，但是除非得到体育联邦的认可，否则他们拿不到有利可图的体育项目。"但是他相信联邦的成员会"为新俱乐部安排私下的双边游戏"。他仍然把罗本岛的囚犯们视作领袖。

---

① O. T.：指奥利弗·坦博（Oliver Tambo）。——译者注

大陆上非国大的前景看起来还是很黯淡。但罗本岛的囚犯们密切关注着武装斗争的起落，所以他们多多少少会了解到南非社会变革的风潮，这种风潮渐渐地弱化了种族隔离桎梏，同时也使得反对种族隔离的力量进一步扩张。变革的中心是工厂，20 世纪 70 年代早期的萧条和通货膨胀使得黑人劳工要求提高工资。罢工是非法的，但 1973 年早期，德班和东伦敦的黑人劳工还是举行了罢工。这场运动覆盖面很广，开始之前也毫无征兆，它没有正式领导人，所以没有人会为这场运动顶罪。这些半熟练的工人不容易被轻易取代，所以他们涨薪的要求很快得到了满足。这次成功让他们对工会产生了兴趣。他们在政治上很谨慎，并且和白人领导的工会联合起来，这种做法遭到了非国大的谴责。但是就像非国大预见的一样，现在是"工业和政治变革最动荡的时期"。狱中的曼德拉了解罢工的重要性，并对哈利·格瓦拉和他的同事在其中所扮演的推动角色表示赏识。"现在几乎还没有工人能跨过纯粹的局部利益而把精力集中在推翻种族隔离上，" 1976 年他写道，"但是罢工升级的速度、工人的强硬及挑衅的态度都表明各个工厂的工人都不能再容忍任何歧视。"

曼德拉也从反对种族隔离的白人自由主义者、牧师和学生那里获得了信心。他希望 1974 年大选中占据了 6 个国会议员席位的新兴进步党能够让白人认识到种族隔离的危害。他对学生尤其感兴趣，不管是黑人还是白人，因为他们都在捍卫公民自由，并要求释放政治犯。

曼德拉已经决定向开明的南非白人敞开胸怀，尤其是在他接触了监狱看守之后。他告诫他的同事不要拒绝与南非白人协商的机会，也不要被"英国人对这个群体的敌意和蔑视"所误导。在同一篇文章里，他将目光放到了 15 年之后：

> 南非白人政治家对他们的人民不能实行垄断专制，我们对我们的人同样也不能。我们必须对南非白人开诚布公地表明我们的立场。不管是白人黑人都有正直的人，南非白人也不例外。我们的问题很严峻，只有当他们的人民处在危险关头，南非白人领袖才会给予全力帮助……
>
> 暴力冲突现在是不可避免的了，但即使战争势在必行，我们的国家因之化为灰烬，我们还是必须坐下来面对面地谈一谈重建问题——白人和黑人，非洲人和南非白人。

不管经历过多少的挫折，曼德拉一直在寻求西方力量的帮助，并且把经济制裁看作未来对付种族隔离的最主要武器。但是英美政府都没有做什么鼓舞人心的事。当坦博来到伦敦时,他花了很多时间向保守党政府寻求支持,首先是哈罗德·麦克米伦,然后是亚力克·道格拉斯-霍姆,为了与外交部官员见面,他等了一次又一次。"他从没停止敲门。"他的妻子阿德莱德说。但是外交官很机警。1964 年,一个名叫萨瑟兰的官员发现自己就住在坦博位于海格特的家对面,于是他要求外交部提供坦博的背景资料:他们只有一点点东西可参考,但是如果"坦博可以说说南非一些有趣的事情",他们就可以见他。坦博发现伦敦方面怀疑非国大与共产主义者有联系,也发现他们对反共产主义的泛非洲人大会给予了支持。在欧洲只有荷兰和斯堪的纳维亚政府向他伸出了援手——曼德拉一直很感激他们。坦博只好向莫斯科寻求帮助,莫斯科方面保证他们会提供军事训练和免费武器。这导致冷战时期比勒陀利亚方面更加坚信非国大属于共产主义阵营。

1964 年 10 月,英国工党上台,这条新闻花了好长时间才传到罗本岛的囚犯那里:卡特拉达的哥哥在一封信里简短地提到了这个消息,而这封信推迟了 18 个月才到达他手中。曼德拉和坦博希望英国能更严肃地对待经济制裁,而新任首相哈罗德·威尔森马上下令"立刻停止向南非运送武器"。但是近期公布的文件显示了英国政府已阻止了进一步的制裁。经济大臣乔治·布朗已经开始考虑武器禁运所带来的财政后果,殖民大臣安东尼·格林伍德担心比勒陀利亚会把制裁的损失转嫁给南非边境上三个英国的保护国作为报复。"如果维沃尔德博士决定把愤怒发泄到邻国身上,"格林伍德的报告称,"那么这几个国家将遭受重创。"联合国南非问题专家组的英国成员凯尔登勋爵支持实行制裁,但是外交大臣帕特里克·戈登·沃克让首相对凯尔登采取强硬态度,于是凯尔登同意政府反对经济制裁;但他仍然对外交部说:"我们在任何情况下都不杜绝对南非实行经济制裁的可能。"他还表示:"达摩克利斯之剑必须一直都紧紧悬挂在天花板上,不管怎样,它必须挂在那里。"这把假剑也许能够安抚工党左派,但是骗不了比勒陀利亚。

林顿·约翰逊领导下的华盛顿更加支持制裁,这使得英国外交部很担忧。当一份国务院的文件说选择性的制裁"会有效地,并且相对来说无痛地给南非施加压力"时,英国外交官很快就回应说制裁没有作用,其实他们真正的担忧是在财政方面,只是他们没有明言。"因为英国是受影响最大的,"一份机密文件称,"我们与南非的进出口贸易规模很大。"

哈罗德·威尔森很快就被南非的一个更紧急的事件分散了注意力。1965 年

11 月，在靠近南非的罗德西亚殖民地，伊恩·史密斯的白人政府不顾英国要求民主选举的压力，单方面宣布了独立。威尔森没有使用武力，他选择了经济制裁，包括限制石油贸易；但是他对由英国公司安排的从南非向罗德西亚运油一事却是睁一只眼闭一只眼。坦博对此没有表示丝毫动容。1969 年他表示："英国工党政府允许并且鼓励白人少数民族夺取并且垄断政治权力。"

威尔森的政府无暇顾及南非，更别说罗本岛的囚犯了。1967 年英国国防大臣丹尼斯·希利再次提出向南非提供武器时，比勒陀利亚仍然不怎么相信这把"达摩克利斯之剑"。威尔森最终撤销了这次行动，但不久之后，内阁在种族隔离问题上的道德立场就遭到了质疑。三年以后，去罗本岛探访曼德拉时，希利对非国大承认："我想我根本就不该支持人们去考虑这个问题。"但是他那时已经卸任了。

美国在这里更是没起什么作用。那时它正陷入越南战争的泥潭无法自拔，而且它对罗德西亚不感兴趣；至于南非，美国则进入了议员查尔斯·珀西所说的一个"良性忽视"的阶段。在民权运动初期，美国黑人对种族隔离非常痛恨并进行了谴责，有一些白人政治家，包括肯尼迪兄弟，也持激进态度。1966年，鲍比·肯尼迪对南非进行了公开访问，访问结束时他表示："如果我生活在这个国家，我会收拾起所有东西离开。"但是他们的言行并不一致——美国国家安全局的罗杰·莫里斯说："20 世纪 60 年代肯尼迪和约翰逊政府表面上时不时地在联合国对种族政权进行一番谴责，而背地里却与他们谈生意。"

20 世纪 70 年代，西方干预看起来还是很遥远；1970 年，英国重归保守党统治，这无疑是一个挫折。新任首相特德·希斯于 1954 年年初访问南非，他被灭绝人性的种族隔离政策震惊了，但是他认为英国在靠近开普敦的西蒙斯敦的海军基地对西方社会抵御共产主义势力是非常重要的；况且他已经承诺继续销售武器。比勒陀利亚一开始只要几架直升机，因为南非现正在发展自己的军工业，还有来自法国的幻影战斗机。但是英美的先进通讯科技也必不可少，很多公司都乐意提供；非国大认为西方正试图让种族隔离经济与它的军事工业形成一体化格局。1974 年，哈罗德·威尔森的工党政府回归，这给了罗本岛的囚犯们一丝希望；但是威尔森再次陷入了罗德西亚泥沼，没有时间去关注南非。"没有帝国主义国家的支援，"坦博在 1972 年非国大 16 周年纪念会上说道，"南非早就破产了，虽然我们还在赤手空拳地打仗。"

1969 年理查德·尼克松的共和党政府上台后，美国对种族隔离政府更多的是采取安抚政策。他的顾问基辛格对南非问题感到很厌倦，在回忆录的前两卷里都没有提到，而且本能地对现状感到满意。他委托别人写了一份秘密政策回顾（NSSM39），这是一份"臭名昭著的文件"，1972 年 4 月文件公布后，坦博评价道，它倾向于南非的白人政权，并且做出了如下结论："在可预见的未来，南非可以维持内部稳定并且有效地镇压反叛活动。"文件称美国可以向比勒陀利亚敞开大门以鼓励改革，这样做的第一个结果就是沃斯特的疑虑打消了。在政策改变后，美国大使很快就和政府高官去罗本岛打野鸡了。美国外交官把基辛格的这个政策称为"柏油娃娃选项"，因为华盛顿和新朋友比勒陀利亚走到了一起；这种状态一直持续到了杰拉德·福特时期。

美国国务院现在很少提起曼德拉和他的狱友：1976 年，开明参议员迪克·克拉克就南非问题举行了持续 8 天、长达 792 页纸的听证会，曼德拉的名字从头至尾都没被提到。只有来自亚特兰大的黑人议员安德鲁·杨提出："如果要合理解决南非问题，只能求助于那些被关押、被拘禁或者已遭到摧残的人。"

罗本岛的囚犯们还是把希望寄托于东方社会。苏联和东欧一直在欢迎非国大领袖，给他们资金，为他们的武装斗争提供武器，并且让流亡中的非国大领袖在他们的大学里接受教育。东德尤其表示支持，他们印制了非国大杂志《国家》，里面全都是支持苏维埃的政治宣传和对帝国主义的抨击。坦博与任何共产主义势力都保持着距离，但是西苏鲁和其他罗本岛囚犯们都乐观地认为救星将来自社会主义世界。曼德拉则更加务实，他认为非国大应该与任何可以合作的朋友合作：他经常回忆二战中丘吉尔和斯大林的联手。他仍然把主要精力放在团结反对种族隔离的力量上；牢狱生涯也使他对挑战有了更清楚的认识，他1976 年解释道：

> 我现在的处境给了我监狱之外的同胞所没有的优势。在这里，回忆会冲进脑海，我有充足的时间去思考。我能够退后一步去审时度势；牢狱生活的苦难会迫使一个人想尽一切办法去和狱友合作，去学习怎样从他人的角度考虑问题，去和其他派系的人顺畅地交流思想。在命运之力的作用下，我们没有其他选择，在危机面前我们只能忘记差异，向别人坦白诉说我们的背景、希望、抱负、组织和斗争中的各种经历。

19. 黑人的觉醒（1976—1978 年）

在一次探访中，温妮用暗语告诉曼德拉，新生代的激进黑人反抗势力正在南非形成，她还提醒曼德拉要慎重对待这群人，因为他们正在改变斗争的性质。她很清楚这些情况，因为她已经被他们的观念和他们的年轻领袖吸引了。

黑人觉醒运动始于 1969 年，当时，纳塔尔大学一名勇敢的医学生史蒂文·比科奋起反抗南非学生联合会的白人领袖，并组建了完全由黑人组成的南非学生联合组织，这个组织很快发展成了一个新的党派——黑人大会。比科觉得自己的力量被白人自由党家长式的统治方式削弱了，于是郑重宣布，黑人必须摆脱自卑情结，要学会"自我主宰，而不是被他人主宰"。他的一部分言论与 25 年前的非国大青年团以及 10 年前的泛非洲人大会如出一辙。但是比起罗伯特·索布克韦，比科受教育程度更高，也更加自信，因为当时许多非洲国家已经获得独立，美国民权运动也已告捷，关于黑人权利的文学作品也越来越多，其中最著名的就是弗朗茨·法侬的《地球上的受难者》。"黑人"一词所包含的自豪情绪充分展现了黑人们的自信，这个词很快被印度人和其他有色人种使用，最后媒体也受到了影响：《兰德每日邮报》早在 1972 年 7 月就开始使用这个词。

群众情绪受海外影响极大，尤其是来自美国的影响。"我们一点一滴地发现了过去反抗的声音。"比科的追随者帕特里克·勒科塔写道。

比科决定将群众从 20 世纪 60 年代的沉默之中唤醒，并教会他们在压迫下找到自尊。"总的来说，黑人就是为自己筑起了一个壳，"他在 1970 年写道，"活在阴影之中，完全被击溃了，终日沉溺于自己的痛苦中不能自拔，像怯懦的奴仆一样承受着压迫束缚。"他很快鼓动了一群激进的黑人学生，这些学生看到父母的消沉境况，下定决心要逃出这样的阴影。1973 年，黑人觉醒运动横扫黑人校园，政府封杀了 8 名校领导，其中包括比科和他的助理邦尼·皮特雅纳。然而莫桑比克和安哥拉的独立又为他们带来了新的希望：1974 年，黑人大会组织集会支持莫桑比克黑人政府。因此南非政府对 9 名领袖提出指控，萨斯·库珀首当其冲（后来他也被送往罗本岛）。

南非残余的非国大地下力量担心比科的活动中有泛非洲人大会的余音，但是许多比科的追随者对非国大的谨慎和迟钝十分鄙视。而被禁止参与任何政治活动的温妮·曼德拉却因造反青年的愤怒和自信深受鼓舞。她回忆说："如果比科没有走进过我的生活，我会因历史的结局而发抖。跟这个人交谈真是让我感到醍醐灌顶……我是那个时候唯一敢于这样做的人。"她也开始为黑人感到自豪："起立的时候，你会感到全身的血液在沸腾，你会为自己是一名黑人而骄傲。这就是史蒂夫教给我的。"

邦尼·皮特雅纳带比科去见了温妮，温妮表现得十分热情。"温妮没有表现出一点推三阻四的态度，她向我们敞开了心扉，"皮特雅纳回忆说，"史蒂夫在约翰内斯堡时经常去看她。"1975 年，温妮的禁令到期后，她发表了大量演说，提醒人们年轻黑人中间可能会涌起一股愤怒的力量。但是非国大与这次活动并无多大联系，当年轻激进分子托克欧·塞克斯威尔和内尔迪·茨基来找她，希望她替他们联系非国大时，温妮说她与非国大的联系已经"被切断了"。曼德拉和同事第一次听说黑人觉醒运动时都是持怀疑态度的，部分是因为南非白人起初是欢迎这次活动的，他们认为黑人"在沿着自己的路线发展"，正中种族隔离政策下怀。

而真正让黑人学生爆发的原因是政府坚持用南非语教学。1976 年 6 月的那场暴动震惊了所有人。索韦托的学生罢课抗议南非语教学，一万多名年轻黑人加入了他们以示支持。警察向抗议人群开枪，一名 13 岁的男孩赫克托·皮耶特森遇难。学生立刻失去了控制，两名白人被杀。装甲车和直升机驶入索韦托，这个城市顿时血流成河。接下来的几天内，罢课运动发展到了开普敦；到当年年底，死亡人数达到了 500～1000 人。事后政府在报告中将这次惨案归咎于非国大、泛非洲人大会和共产党，但实际上真正发动这次运动的是比科和学校领导，他们对非国大知之甚少。"我们担不起那么多荣誉，"温妮说，"但是我们不在乎。"她觉得这次运动与自己息息相关，因为赫克托遇害时她就在现场："我也是那次革命的一员……我们走到今天这一步，多亏了学生们的贡献。"

索韦托暴动的影响很快在全世界范围内扩展，并激起了比沙佩韦尔惨案更强烈的反响。但是罗本岛的首要危机却是缺乏信息来源。后来消息渐渐渗透进来，曼德拉写了一篇声明，并由不久后离开罗本岛的马哈拉吉带了出去。曼德拉在声明中第一次表示了对这次运动的支持，并强调团结和行动力一样重要。声明的开篇称："枪在我们的历史中扮演着至关重要的角色……"结尾时，他又总结道：

　　面向未来，我们满怀信心，因为服务于种族隔离的枪并非不可征服。靠枪支生活的人最终会死在枪口之下。团结！振作！斗争！我们要靠团结运动的铁砧和武装斗争的铁锤粉碎种族隔离和白人种族主义政策！

第一条消息传入是在1976年8月，消息来自埃里克·莫罗比，一名黑人觉醒运动的青年成员，被送到罗本岛之前，遭受了两年监禁，差点被折磨致死。他对非国大十分不满，他第一次将反抗运动的消息告诉他们时，那些人还不相信这是真的。但不久之后，一大群年轻反叛分子被送到了岛上：有些人曾从南非出逃前往非国大训练营，在作为民族之矛战士回国后被捕。"大批大批的人被押上卡车，从全国各地被送往那个地方，这架势就像一阵狂风。"恐怖主义者勒科塔说。在许多年轻人眼中，罗本岛已经成了荣誉的代表。"那是我们的英雄们被关押的地方，"西菲索·布特莱齐说，"我们把罗本岛和自由相提并论。"但他们对领袖有些失望。勒科塔说："我们发觉，政治领袖们都在坚定不移地抗争。但是他们的士气受挫，看不到希望在何处。因为他们听不到外界的消息，所以认为一切都停滞不前。"

索韦托反抗运动的扩张让曼德拉非常兴奋，群众在"沉默的60年代"之后的觉醒也让他倍感欣慰。他十分庆幸地看到，班图教育非但没能让黑人臣服于白人统治，还激起了强烈的反应：班图教育的危害开始反弹回始作俑者的身上。曼德拉还欣喜地看到，年轻反叛者口才出众，为他们描述了全新的黑人南非。"你会觉得很充实，你的眼界被拓宽了，而你在自己祖国的根基则变得更牢固了。"他也意识到，若想赶上他们，非国大挑战重重。

但是他们之间的代沟让曼德拉和早期的囚犯十分震惊。"虽然我们之中有些人还年轻，"索韦托惨案之前三年来到罗本岛的曼盖纳说，"但突然之间我们就觉得自己变得苍老迟钝。"连哈里·格瓦拉都觉得"有时候这些年轻人的行为是以无政府状态为基础的"。他们中有很多人故意疏远父母，因为他们觉得自己的父母太懦弱。他们一直存在反抗和叛逆的情绪：有些人其实是失业的流民，他们根本就不是什么政治极端分子，而只是流氓和暴徒。"我们会打监狱看守，"黑人觉醒运动激进分子迈克·科赛戈说，"如果看守碰了我们，我们会马上还击。""我们陷入了一团混乱，我们不愿学习，"埃里克·莫罗比说，"我们太愤怒了——我们花了两年时间才转变过来。"

曼德拉早已预见到他们的下一代会更加激进。瑞弗尼亚案审判时他就警告政府他们将面对更加激烈的反抗。但他没有想到的是，这些青年反叛者对非国大就像对政府一样不信任。"来到罗本岛之前，我们听说曼德拉是一个叛徒，他认为南非应该由科萨人来统治。"1978年来到罗本岛的托克欧·塞克斯威尔说。

"被看作温和派分子是一种新奇的但又并不愉快的感觉。"曼德拉说。他意识到自己必须向青年反叛者妥协，并请他们中的一些人给年长的囚犯做讲座。他更加清楚地看到了黑人觉醒运动的力量；回想起自己在青年团的经历，他觉得这些年轻人很快就会转而认同非国大覆盖面更广的政策。他在给布特莱齐的信中写道："他们生活在科技飞速发展的时代……也许教育和大众媒体的影响能够帮我们解决代沟的问题。这些青年在某些方面超过了我们，我们必须欣然接受。华兹华斯曾说过，'孩童是成人的父亲'。"

这是曼德拉政治生涯中最大的挑战，他要试着接触这些勇敢却暴怒而缺乏耐心的青年，在此之前，他与他们从没有过交流，但他又必须把他们拉拢到自己更广阔的阵营中来。他们的领袖之中有几个人与曼德拉联系密切，黑人大会主席赫拉库·拉齐迪曾向曼德拉发出过友好的讯息，而曼德拉也报以热情回音。但他发觉许多青年反叛者还是不成熟，过于偏执，他们的头脑中只能容下黑人，对白人则极端排斥。

他一直小心翼翼避免激怒这些年轻的狮子，因为这会引起他们的反击：他从不为非国大辩解，也没有试图把他们从新组织拉到自己这边来。他依靠的是一种更加温和的手段，慢慢地去说服他们。"打败我们的不是当时的政权，而是非国大。"迈克·科赛戈说，"罗本岛上的非国大地下工作者找我们分别谈话——都是单独的——就这样把他们的理念灌输到了我们的头脑中。"许多年轻人开始佩服老一辈坚韧的品性。"他们来到罗本岛这么多年，勇气却丝毫不减当年，依然保持着清醒的头脑和坚定的决心，这让我们非常敬佩。"1979 年来到岛上的丹·蒙其斯说，"通过对南非目前问题的探讨和交流，我们与他们建立了深厚的同志情谊。我们对他们产生了敬意。他们就像我们的父辈。"

"我变化太大了！"赛斯·马吉布科说，"这都是因为我遇到了纳尔逊·曼德拉并从他们这些人身上学到了很多。在我的成长过程中，我一直都听说曼德拉就像头动物一样。父母总是告诉我们：'别碰政治，否则你就会变成一个恐怖分子，最终被关到牢房里，就像曼德拉一样。'我内心深处总是传来这样的声音：'赛斯、墨菲和丹到底是谁？'我抬起头，就看到了曼德拉……从那时起，我开始质疑我对黑人觉醒的信仰，因为在这里，我们的领袖宣传的是团结和非种族主义的思想。"

对待监狱看守的态度是关键问题之一。起初，许多年轻人都认为应该不顾一切地反抗他们：有些人甚至故意挑衅让看守把狗放出来咬他们。1977 年 3 月，红十字会调查员来访，事后提交报告称新来的囚犯"给监狱带来了人格尊严的新思想"。这些青年经常与监狱看管机构发生冲突，这不是因为他们想要不顾一切地制造麻烦，而是因为他们还没有做好准备去面对所有这些有辱人格的、种族主义的待遇。

一些新来的囚犯认为曼德拉是个叛徒，因为他与监狱看守达成一致，帮助他们维持监狱秩序，但后来也渐渐开始听从长者的意见。一名看守经常咒骂埃里克·莫罗比，如果莫罗比以同样的方式回敬，他则会放声大笑，莫罗比因此而怒不可遏。终于有一天，西苏鲁问他："为什么你觉得他在嘲笑你？监狱看守不过是南非白人的寄生虫罢了，一心就想把你拉低到他们自己的水平。为什么不试试看不反击会怎样？"再次遇到那个看守时，莫罗比忍住没有回骂过去，只是盯着他看，于是这个看守很快就对莫罗比失去了兴趣。"但我心里依然不服气，"莫罗比说，"因为黑人觉醒运动告诉我，一定要学会反击。"

囚犯们渐渐意识到，监狱看守也是凡人，并非坚不可摧，幽默就是很好的武器：他们发现这些看守对下流笑话津津乐道，便让最会讲笑话的人接近他们，逗他们开心。"隔在我们之间的墙被推倒了，"莫罗比说，"大多数监狱看守最终回过身来帮助我们。我们最原始的观念被扭转了。"

"不管是犯人还是看守最终都相信，我们的命运是联系在一起的。"托克欧·塞克斯威尔说。看守们发现有些囚犯是天主教徒，有些囚犯会讲南非白人的语言，他们的惊讶神色囚犯们都看在眼里。"他们以为我们只会讲俄语或古巴语……最后我们找到了共同点，于是我们建立起了深厚的友谊。"

特拉·勒科塔很快发现，许多看守受教育程度不高，有很多人是从孤儿院出来的，身世十分凄惨。"说到底他们还是希望了解我们为什么会被关进来。要知道，看到这些普普通通的人对我们的事业表示出赞扬，这实在是太鼓舞人心了。这样的经历让我看到了南非未来的希望。"

长者们的影响渐渐起了作用。"4到6个月后，兴奋之情渐渐平息，"特拉·勒科塔说，"他们开始交流思想，交换观点。"勒科塔本人的影响就很大。来到岛上之前，他对非国大知之甚少：他曾读到过曼德拉在瑞弗尼亚审判时的讲话，但每次别人提到他的名字都是压低了声音的。到来罗本岛之后，他曾给曼德拉偷偷递过一张纸条，想问他几个政治问题。曼德拉也听说过勒科塔这个勇士的名字，于是，他给他写了回复，用了整整3页的篇幅来介绍非国大的历史，并解释说，非国大原本是支持和平手段的，后来才转而诉诸非法途径。"他的回复我读了一遍又一遍，"勒科塔回忆说，"直到烂熟于心，然后我便决定，我要加入非国大。"曼德拉对这位强大果敢的年轻领袖十分赞赏。他劝他不要离开自己的组织——南非学生联合组织，但是勒科塔坚持要加入非国大。"这是一次艰难痛苦的自我评估，"来自开普敦的律师杜拉赫·奥马尔说，"听上去简单，但做起来难。"

勒科塔改投非国大麾下一事在罗本岛激起了动乱。他企图让自己的前同僚们明白非国大非种族主义政策的用心良苦之处，但有些人一心图谋报复，根本听不进去。在他们一边弹奏着音乐一边小心提防着监狱看守时，一名囚犯将一把园艺叉向勒科塔掷去，击中了他的头部。"我觉得像是被砖头砸了，几乎要昏死过去。"他的头上现在还留有疤痕。监狱管理机构想告犯人恶意袭击罪，但曼德拉和西苏鲁希望能尽量避免公开决裂，所以二人请求勒科塔不要起诉。于是勒科塔拒绝做证，起诉无效。此举拉近了他和曼德拉及年轻人之间的距离。许多青年也效仿勒科塔加入了非国大——其中包括袭击他的那个人。不久之后，勒科塔被转移到 B 区，那里离曼德拉和其他"前辈"更近。虽然有时勒科塔会因为他们行动缓慢而感到不耐烦，比如打网球的时候，但他们的思想深深影响着他。

在团结同伴的过程中，体育运动不失为一种很好的催化剂。1967 年，监狱方首次批准囚犯进行体育运动，于是他们制定了一整套详细周密的比赛规则。这些规则体系帮助他们改善了风纪。不久之后，除体育运动外，监狱内又出现了唱诗、奏乐、看电影和跳交际舞等活动。囚犯记录俱乐部主席迈克尔·卡拉在他 1974 年的一份报告中对俱乐部成员表示了感谢："你们让我在管理能力、耐心和理解力方面得到了锻炼，这是我在学校里学不到的。""我学会了如何发起和组织活动，"以一副"乡下孩子"的面貌来到罗本岛的拉克斯·塞克说，"按罗本岛的模式生活下去，你会变成一个全才。"

曼德拉则将体育看成是征服政治对手的一个途径。起初，体育运动小组被粗略地划分为非国大组，泛非洲人大会组以及其他组别，由联合委员会统一管理。但后来他们被重新整合以免体育和文化陷入政治的僵局："非国大和泛非洲人大会成员坐在一起坦诚交流，互相打趣，唯独不谈政治，这样的场面倒并不稀罕。"

但是许多参加过黑人觉醒运动的囚犯仍然与非国大有冲突，而且泛非洲人大会经常会成为他们的同盟。一次几名非国大成员在普通牢房遭到殴打，双方关系陷入最紧张的境地。监狱方再次提出上诉，这次控告的是非国大，罪名是挑衅并引起斗殴。被告们从南非大陆找了个律师，并请曼德拉为他们提供品行证明。曼德拉进退两难，因为他担心他们与黑人觉醒运动成员之间的关系再度破裂，于是他决定不当证人。这个决定令一部分非国大支持者十分失望，但黑人觉醒运动的成员却因曼德拉为团结所做出的努力而感动。

黑人觉醒运动的囚犯依然在抨击非国大的多种族主义路线和共产主义影响，曼德拉十分担心他们会搞分裂。索韦托暴动的两年后，他写了一篇长达55页的论文，言辞简洁但清晰有力地阐明了黑人觉醒运动的起源及其重要意义。他知道现在的自己已经接触不到任何重要事件；但他也更加清醒地认识到形象和表现力的重要作用——论文开头，他就用生动而清晰的语言阐明了自己的政治观点：

> 通常作者希望的都不是去描述整个事件，而是让读者置身于剧院的环境之中，喜剧开演时，他可以亲眼看到真实的舞台，看到所有演员和他们的服装，看到他们的一举一动，听到他们的一词一句，还可以看到观众的表情和反应。虽然囚犯们做不到这一点，但是这件事的意义非凡，值得我们去冒险。

黑人觉醒运动究竟是种族主义者的反动革命还是南非唯一真正的黑人改革运动，对于这个问题，曼德拉在这篇论文中给出了尽可能公允的评价，但同时也提出了严肃的批评。针对黑人自豪感问题，曼德拉追根溯源，一直回顾到了18世纪非洲人为捍卫自由而与白人展开斗争的时候。另一方面，黑人觉醒运动的学生深受20世纪60年代国际学生反抗运动和美国反抗对越战争势力的影响。他认为，这些学生的观念是从美国生搬硬套过来的，没有结合南非国情加以变通，要知道南非白人也是加入了自由运动的。黑人觉醒运动完全照搬了美国的黑人权利的思想，带有种族主义宗派特征，从而盲目地将一部分进步力量当成了自己的敌人。

部分黑人觉醒运动囚犯趾高气扬的态度也让曼德拉觉得有些不耐烦。他们的理论相当混乱，而且信奉存在主义，这让曼德拉十分愤怒，称他们所信奉的哲学是迷信的、个人主义的，正如一团乱麻。此外，为与黑人政界的共产主义和自由主义力量相抗衡，西方帝国主义国家对黑人觉醒运动提供了支持，所以曼德拉担心这些人以后会与帝国主义势力相勾结。

他重申了自己对"科学社会主义"的信仰，并坚称"社会主义国家是民族自由战士们最忠诚的伙伴"。他还说，非国大可以捍卫自己的政策和行动自由："对于最极端的左翼分子，我们可以驯服，对于一边喋喋不休提醒我们注意共产党的危险性，一边又与敌人相勾结的右翼分子，我们也可以无视。"非国大是"南非政坛的大橡树"。

但是曼德拉承认了黑人觉醒运动的历史意义："黑人学生找到了自己的立足点，也找到了能够激起黑人共鸣的口号，他们唤醒了黑人的民族自豪感，鼓励他们树立起自信。"并且他依然乐观地希望黑人觉醒运动能成为团结解放运动的一部分。"他们中间的现实主义者相信，"他总结道，"言辞激烈的演说、大规模的运动、赤手空拳的搏斗、石块和汽油弹都是不能打败敌人的；只有组建纪律严明的自由军队，用现代化武器武装他们，再加上统一指挥和人民群众的支持，胜利才会属于我们。"

20. 监狱的魅力（1976—1982年）

20世纪70年代后期，索韦托起义平息后，罗本岛成为一处相对平静的所在。瑞弗尼亚的政治犯来了以后，情况不像先前那般不近人情了。曼德拉在这些新狱友中树立了一定权威。1980年来这里服役的萨米·姆卡瓦纳兹曾是一名记者，他这样描述曼德拉的风格：走路缓慢，穿着狱中统一的土黄色裤子和绿衬衣，两眼直视前方，似乎是在深思。现在他有些许驼背，并有了一丝白发，但并没有发福。他总是忙于与人交谈，为其他人提供法律事务或是个人事务上的建议，但要想与他做这种谈话，要提前很久预约。他认真对待每个人的问题，有时还要亲笔写很长的发言稿。姆卡瓦纳兹说，曼德拉"一直是位绅士"。他似乎从不发怒，其他人面临危难反应激烈时，他还会劝他们冷静。监狱管理员叫他"曼德拉"，有时称呼他"曼德拉先生"，但他的狱友都叫他的氏族名字"麦迪巴"。

他的牢房不大，但收拾得井井有条。法律文件摆放在柜橱上，床下放着几箱书，牢房内还有一位狱友制作的雕塑，一张从《国家地理》杂志上剪下的非洲部落女子照片——他打趣说，这会让温妮吃醋的。别的狱友来他牢房时，他总是请他们吃监狱商店买的小点心，而他自己啃干面包。他知道很多狱友的情况和他们的家族史，对国际形势也十分了解，密切关注古巴、尼加拉瓜和其他地方的斗争形势。

迈克尔·丁加克对曼德拉坚持不懈追求人权的精神印象深刻："日复一日，除组织内的活动外，他总是主动与个人开展很多会议，讨论组织内部关系、囚犯的诉求、反对监狱权威的统一策略等各类话题。"

曼德拉始终保持着一贯的反叛精神和独立精神。索韦托起义结束后，监狱内刚刚恢复平静，他发起一场颇具挑衅性的对抗。他认为，非国大的政治犯们应该表现得更像一场运动的领导者，反对狱内规定，拒绝在看守面前排队，不允许看守直呼名字。住在B区那些他最亲密的朋友则坚决反对，只有西南非洲人民组织领导人托伊沃·扎托伊沃和曼德拉最忠诚的朋友艾迪·丹尼尔斯赞同。住在普通牢房的犯人们也都反对，曼德拉一向尊敬的拉鲁·契巴甚至绝食以示抗议。经过几个星期的拉锯战，最终曼德拉遵从大家的意见，放弃了这个念头。

看守们对犯人的态度比先前缓和了很多，新来的大批犯人让他们忙得焦头烂额，管理上也就稍有放松。伙食也有了改善，政治犯可以在厨房劳动，这就减少了食物的偷带。黑人可以得到与印第安人和其他有色人种同样的食物，包括早餐可以吃到一勺半的糖。红十字会的机密报告仍然记录了他们食物质量差、审查制度严、见律师难、看守施虐及毫不人性化的待遇，比如没有牙的犯人吃不到粉状食物，一位犯人因为长了痤疮无法刮胡子，就被捆起来强行刮。

但来自红十字会和其他方面的压力逐渐起了作用。许多犯人现在有机会学习，罗本岛更像是一所简朴严肃的大学。很多犯人在上南非大学的同等学力课程，有些人已经拿到了学位：艾迪·丹尼尔斯、比利·耐尔、迈克尔·丁加克各拿到两个学位，卡特拉达拿到四个学位。除了正式课程外，有资历的犯人还可以为文化水平不高的犯人提供基础教育、开设研讨班和各种讲座。拉克斯·塞克所学全部得益于在罗本岛的日子："我们可以写各种主题的文章，不光是政治，还有文学、艺术、体育、宗教、哲学等。他们都会做出评判。"墨菲·莫罗贝称罗本岛是一个"思想碰撞的大熔炉"。

他们还排演戏剧。他们拿到了贝克特《等待戈多》的副本，就开始表演，并思考其中包含的关于解放运动的讯息，姆卡利皮说："这个流浪汉是不是想告诉我们，要带着希望前进？"他们可以在 B 区的临时电影院里看老电影，大部分都是无关政治的电影，如《十诫》《国王和我》以及《恺撒与克利奥帕特》等。曼德拉痴迷于费雯·丽扮演的克利奥帕特，但很多人觉得她不像个非洲的皇后。他还喜欢看《苏格兰女王玛丽》，他从中看出了政治意义，他对女儿津得兹说："这标志着封建制度结束，进入了现代资本主义时代。"另一部电影《飞车党》则引发了更严肃的政治讨论，其中马龙·白兰度扮演一个目无法纪的飞车团伙头目。非国大的领导人坚决支持法律和制度，许多年轻同志还认为飞车党象征着反面人物，就像非洲白人飞车党，专爱欺压黑人。但黑人觉醒运动中的一位激进人士斯特里尼·穆德雷则认为飞车党代表索韦托起义的反抗精神。曼德拉不支持飞车党，却同意穆德雷的意见。

他们还可以购买和演奏喜欢的乐器。喜欢弹古典吉他的托克欧·塞克斯威尔说，执政当局并没有意识到，"让我们弹奏乐器，正是为我们进行斗争提供另一个途径。我们唱反对种族隔离的歌曲"。

在1980年之前的4年里，曼德拉一直不被允许进行正规的学习。1980年后，他还是将更多的时间用在讨论、写信、为他的同伴提供法律咨询上，此外，就是大量地阅读。监狱小图书馆里的大部分书都没什么价值。1976年，红十字会捐款为监狱购买30本书，其中25本书由监狱当局的达夫尼·杜·莫里耶采购。但曼德拉还是找到了一些有意义的小说，比如纳丁·戈迪默的作品、斯坦贝克的《愤怒的葡萄》以及可以为南非提供参考借鉴的俄国文学作品，拓展了政治视野。他很喜欢托尔斯泰：他用 3 天时间看完了《战争与和平》，还给女儿泽妮寄了一本作为 21 岁的生日礼物。他发现托尔斯泰更关注贵族而不是普通百姓，但他乐于看托尔斯泰对他们的反讽；在某种程度上，曼德拉将托尔斯泰比作库图佐夫将军，库图佐夫将军对俄国精神有着深刻理解，正是他引拿破仑深入莫斯科并一举将其歼灭。

曼德拉也看非洲白人作家的作品，从而了解他们的语言和文化：他喜欢看奥珀曼的诗和朗恩霍芬的小说。但他主要看英文作品。他读狄更斯和华兹华斯、坦尼森、雪莱等英国诗人的作品，并重新开始系统学习。在各类书籍中，他最爱读政治传记。"大家在看《资本论》的时候，"埃里克·莫罗比说，"麦迪巴在看丘吉尔的战争回忆录、肯尼迪和福斯特的传记。"他也看林肯、华盛顿、迪斯雷利的传记，以及布尔战争领导人的传记，包括史末资、库斯·德拉·雷伊，但真正让他着迷的是领导 1914 年布尔人起义的克里斯蒂安·德·维特。南非白人政府指控曼德拉是共产党，但他不只读马克思著作，也读本民族的英雄事迹。

1977 年，政府对罗本岛上的平静气氛很是放心，便邀请 25 位南非记者前来参观，希望以此平息苛待政治犯的流言。带领记者参观的是监狱委员会委员占尼·鲁少将，他是一位拥有犯罪学学位的精神科医生。鲁是个很有说服力的向导，但犯人们讨厌这种在政治乐园里被追踪的感觉。最后，记者们发现了曼德拉，他正戴着墨镜和宽大的帽子，拿着铲子在布满碎石的小路上清理杂草，但他们经过时他躲在了灌木丛后面。"我们专程带你们来见他，"占尼·鲁说，"但他不想见你们，我们也不会强迫他。"照相机在灌木丛中捕捉着曼德拉的身影（据《星报》报道），"他手里拿着铲子，对这些闯入者面无表情，继续弯腰除草"。路透社记者参观了曼德拉的牢房，他发现"有一张三个孩子的照片，旁边是叠得整整齐齐的囚服，他的书有《圣经》的新英文译本、《欧洲经济史》和《悬疑故事集》"。记者对此印象深刻。《自然水星》记者认为罗本岛"管理模式人性化，可与世界上最好的刑事机构相媲美"。但记者不允许与犯人交谈，而且他们的报道都要提交给监狱委员会审查。那些未被邀请的外国记者疑窦丛生，身处伦敦的马克·马哈拉吉向英国新闻机构谴责失实报道，并要求发布关于监狱实际情况的报道，但并未成功。

尽管情况有所改善，但罗本岛的整体环境仍是不近人情，无法与妻子、女友和孩子取得联系的僧侣式生活，给犯人们造成很多心理问题。"太思念孩子了，"西苏鲁说，"以至于听到小孩的声音都会感到高兴。"在十年时间里，内维尔·亚历山大只听到过一次孩子的声音："我们傻呆呆地站在那，每个人都期待着看到孩子的那一刻。当然，这是不被允许的。"许多长期服刑的人，包括曼德拉，都担心孩子们不会原谅他们没有陪伴左右。勒科塔在给女儿的信里说："他们最担心的就是孩子们长大后会对他们发起的斗争产生怨恨和鄙夷。"

1981 年，受爱尔兰共和军鲍比·山茨的鼓舞，年轻的犯人们发起绝食抗议，提出允许孩子来探视以及一些其他要求。曼德拉提醒他们，活下去是他们的职责，这样才能保住人才，并保护弱者。但他还是参加了这场为期六天的抗议活动。最终，他通过谈判达成协议，其中包括可以允许年满三岁的孩子来岛上探视。

僧侣似的生活为集中精力教学和开展辩论提供了适宜的环境。许多其他政治领导人，从印度的贾瓦哈拉尔·尼赫鲁到罗德西亚的罗伯特·穆加贝以及北爱尔兰的爱尔兰共和军起义者，都是在监狱中发展自己的政治理论。但在拥有数百名政治犯长期服刑的罗本岛上，有足够的时间完善辩证理论、深入推进斗争。这就像在一所偏远的左翼学校里无休止地学习。犯人们身处与世隔绝的窘境中，没有消费、无法挣钱，也没有暴乱，促使了理想主义和平等主义的产生，形成了敏感的特性和团结一致的态度。但岛上的环境无益于增长实践能力，保留了这些弱势群体的纯朴和善良，他们几乎没有经历过政府管理的复杂性、官僚机构的顽疾和腐败丛生的危险，只催生了理论的形成。

在这样问题重重的"学习"环境里，曼德拉很快面临了巨大挑战。受莫桑比克和安哥拉即将执政的共产主义政府和东欧、古巴及苏联情况的影响，许多刚到罗本岛的年轻人热衷马克思主义。在岛上，他们受到斯大林主义者哈利·格瓦拉的巨大影响。哈利·格瓦拉 1973 年结束服刑后，加入了一个秘密组织，为民族之矛招募成员、组织反抗活动，1975 年再次被捕，被判终身监禁。1977 年他回到罗本岛，变得比以前更加激进，并向年轻同志绘声绘色地灌输他的理论。"我们拥入他的小牢房，分析世界各地发生的政治冲突，"萨米·姆卡瓦纳兹说，"每当格瓦拉慷慨陈词，这些年轻人也会同他一起大喊。""他是我见过最博学的人，"埃里克·莫罗比说，"他对第二共产国际和第三共产国际了如指掌。他从不避讳自己威胁到了曼德拉的权威。"

格瓦拉视自己为那些反抗资本主义力量的真正保护人。后来他说："意识形态的分歧是无法调和的。"他决心在南非成立纯粹的、可以控制生产方式的工人民主政治：《自由宪章》说"人民应当掌握领导权"，意味着工人应当负责管理。"他对瑞弗尼亚不是由共产主义者掌握审判权这件事态度强硬,"姆卡瓦纳兹说,"他不能容忍丝毫有违他理想的事情。"后来曼德拉称赞格瓦拉是"斗争的忠实拥护者",但西苏鲁则公开提出批评:"他是个坚定的斯大林主义者,目光狭隘。他貌似很有分析头脑,可惜他的分析都是错的。大部分年轻人都是左倾主义,才会追随他。"马克思主义者认为罗本岛的氛围为政治教育提供了很好的机会。"这里亟须可以合理阐释世界形势的理论,"格瓦拉说,"这种理论就是马克思和恩格斯创立的、列宁发展完善的劳工理论。"

正如戈文·姆贝基所言,起初,年轻士兵根本没时间理会"尘封的马克思恩格斯理论",也分不清非国大党和共产党。但姆贝基、格瓦拉和其他人决心为他们普及相关知识。政治课是偷偷上的,有时大家在户外活动也不忘上课。他们从图书馆带出了一本《资本论》,并连夜抄录了一本。高层领导机构制订了"A课程",讲授非国大的历史,还制订了阅读课程,据姆贝基估计要持续三年才能完成。"B课程"讲授人类发展史,主要是马克思恩格斯的理论观点。

1977年格瓦拉回到罗本岛激起了纯粹马克思主义者与"民族主义者"(他们对以曼德拉为首的派系的称谓)之间新一轮的争论,其中的细节和历史文献最近才公之于众。格瓦拉与那些年轻的士兵们住在石砌的E区里,那里成为马克思主义的温床。"这里更像是南非的苏维埃共和国,"纳莱迪·齐克说,"格瓦拉总是在呼吁'夺取政权'——战斗,和游击队员——可以确保在军事上取得决定性胜利,就像古巴一样。"另一方面,曼德拉也认为武装斗争是迫使政府坐到谈判桌前的有效方法。这是一场愤怒的争论。"年轻人对于夺取政权这个话题的热情越来越高,"西苏鲁说,"尽管他们很尊重领导权威,但有关这个话题的任何疑问都会给他们造成困扰。我们已经研究过整体情况,因此坚信可以控制局面。最大的危险是尝试不可能的事情,被完全击败,以及国家被摧毁。"

一个更重要的问题是议会与马克思主义者之间的关系,这个问题涉及20年前由《自由宪章》引起的种种争论。曼德拉一直认为非国大是国家政党之一,拥有光荣的历史和独立的政策,并"欢迎所有志同道合的人加入",但格瓦拉和戈文·姆贝基则认为共产党是一股更具优势的力量,可以逐渐取代非国大:格瓦拉甚至要将非国大定的国歌换成《国际歌》。"他认为非国大不会长久,"埃里克·莫罗比说,"革命开始前就会消亡。"

无论是共产主义与反共产主义之间,还是南非共产党与非国大之间,都没有发生过正面冲突。许多南非共产党以前的忠实成员,像马哈拉吉、卡特拉达,都承认非国大的重要性。而非国大本身的人员构成也很复杂,有基督教徒、穆斯林、贸易联合会成员、小商人和学者。但非国大并没有种族分歧：自1969年起，非国大开始接纳非洲裔以外的共产党人，比如乔·斯洛沃。而罗本岛上勇敢的印第安人和有色人领导的出现，则加剧了种族争论。实质问题是关于马克思主义的纯粹性问题：强硬的共产主义者不能容忍任何弱化马克思主义原则和工人管理权的行为。

这场争论激怒了曼德拉所住B区里的30名犯人。交锋双方互换了公文，或称"辩论陈词"。其中B1部分陈述了曼德拉的观点：《自由宪章》试图建立"资产阶级民主专政"，这是成为社会主义国家的前奏，就像在欧洲；但同时议会要努力建立最广泛的统一战线来与种族隔离作斗争，而不是与资本主义作斗争。B2部分阐述得更加深入，强调议会是一个民族统一战线，而不是一个政党，因此必须齐心协力对抗法西斯主义，这个战线包括泛非洲人大会、祖鲁英卡塔运动和黑人觉醒运动。但很明显B3部分受到戈文·姆贝基的影响，从马克思主义的角度分析，坚持认为《自由宪章》代表工人和受压迫阶级，直指白人资产阶级。

姆贝基一向强烈反对以广泛的统一战线反抗种族隔离制度：他坚持认为，民族压迫缘于阶级矛盾，而像黑人觉醒运动这样的所谓同盟与"拥护帝国主义的残余力量"有着千丝万缕的联系。他否认黑人可以从资本主义制度中获益。在1956年《解放》上发表的文章中，他毫不留情地反驳曼德拉的观点——曼德拉认为取得胜利后，非洲的自由事业就会"前所未有地繁荣昌盛"。

B区的领导人们在文件中用Inq-M这个代号表达自己的观点，Inq是拳头，表示议会行动，M是马克思主义，表示共产党。观点认为当前的斗争是反对种族压迫，而不是资本主义，理论依据是《自由宪章》而不是马克思主义。因为《自由宪章》承诺建立一个民主体系，共产党可以提出自己的政策。

不久，B区牢房的最高机构又将争论延伸到其他牢房。他们不约而同地将文件内容抄在小纸条上，偷偷在各个牢房间传阅，视监狱看守为敌——"他们比监狱高层还警觉。"由于卡特拉达被指派为图书管理员，因此可以带着书在各房间穿梭。有一群年轻人问他："人民民主是什么？"这是个会引起最激烈争论的问题。在思想领域的斗争中，书籍是极有力的武器。"无论我们拿到什么书，无论这书有多厚，"姆贝基说，"都会有很多抄录本，并被分发到各栋牢房的成员手中。"

在哈利·格瓦拉的夸大下，这场争论激起了监狱内所有人的愤怒，并被他那些年轻的追随者们延续着。与年轻人相比，这些老兵们的经历还停留在更久远的年代，这是他们的劣势。"我们的斗争手段有限，"卡特拉达说，"我们已经使尽浑身解数。"年轻人抱怨说 Inq-M 观点完全是误导，而且已经过时：在过去 10 年里，老兵们禁锢在监狱中，而南非已经发生了巨大变化。超市、超大型商场和连锁店取代了小商铺，垄断专权收买了中产阶级，工业化将农民阶层变成了农村无产阶级，甚至白人都不再像从前一样拥有工业和金融业的所有权。因此，正如马克思主义者所言，大部分南非人已经走上左倾道路，现在开始反对资本主义。非洲其他国家的共产主义制度正在夺取土地，控制了安哥拉和莫桑比克的政府，在津巴布韦和纳米比亚发起反抗行动。他们认为，在南非，种族隔离制度是一种法西斯行为，对民主价值观构成威胁，因此必须是人民民主主义，而不是官僚主义与之抗衡。他们援引非国大"国家"机构在 1969 年所言："随着革命的胜利，建立人民民主国家的目标必将实现。"

曼德拉对犯人中与日俱增的刻薄情绪感到担忧。他鼓励大家开展辩论，但争论的气氛越来越紧张。在 B 区牢房里，曼德拉和姆贝基很少说话，有时西苏鲁不得不扮演调解人的角色。牢房中的紧张气氛还在蔓延。"辩论的场面很庞大，"拉克斯·塞克说，"但有时令人觉得丑态百出，有失身份。"曼德拉觉得自己在狱中起到促进团结的作用，在议会间和政党间亦是如此。"他总是努力促成一些事情，"西苏鲁说，"他克制自己的情绪，他希望看到和谐的画面。"但他现在很难维持这种平衡关系。

最终，卡特拉达要写一份关于这些争论的总结以达成一致。他精心写了一份 21 页的报告。开头写道，欢迎"我们自己的阵营中有了新的想法"，赞扬同志们的警惕性和知识渊博，并婉转地承认 Inq-M 观点存在错误和疑点，造成 B 区的狱友们受到孤立。再次，强调议会的职责是领导民族斗争，而共产党是领导阶级斗争，非国大的斗争策略取决于南非的具体情况。在某种情况下，《自由宪章》有助于"迈向社会主义"，同时允许支持斗争的各阶级、各团体共享政权，允许黑人拥有自己的土地、工厂和企业。

卡特拉达的总结试图降低同志们对斗争领域的革命期望值。文中警告称，南非还没有准备用工人的国家替代资本主义。日益庞大的黑人中产阶级投资于长期租赁、汽车、电视和冰箱等物品，这就使他们变得保守，对政治不那么有兴趣。南非的斗争与欧洲革命有很大不同。在欧洲，共产主义政党是在红军的帮助下战胜了纳粹主义，而且议会从来没有承诺过代表无产阶级专政。卡特拉达的文章鼓励同志们研究革命和马克思主义，曼德拉称之为"黑暗中的一道光芒"。但文章也强调，要"完全实施人民专政，我们首先要知道自身的优势"。

卡特拉达的文章传阅到其他牢房，当传到托克欧·塞克斯威尔的牢房时，被监狱看守截获。令人惊奇的是，这件事没有造成什么惩罚，也没有人提起。双方的怀柔政策缓解了紧张气氛，其他牢房的犯人注意到："突然在 1978 年，我们看到了纳尔逊和戈文谈话散步。"索尼·万克托纳姆说，"这对我们来说是很奇特的场景"。戈文·姆贝基坚信没有什么可以挑战曼德拉的权威："曼德拉作为我们的代言人，是经最高机构研究决定的。"后来他写道："这种情况一直持续到 1982 年我们分开。"

尽管罗本岛上发生了激烈的争论，但此事使大家形成了忍让和自律的精神。许多年轻人从老兵身上学到了自控、团队协作和理性辩论，这些成为罗本岛人最标志性的特征。他们对新南非产生了深远影响。在西方人的字典里，似乎军队纪律、卫兵或西点军校的兄弟情谊都受到牛津、耶鲁等学术精神和法国抵抗战争期间道义信念的影响。但人与人的关系同样受到非洲民族"善待他人"的影响——"一个人之所以能称之为人，是因为其他人的存在。"——其他民族也很赞赏这种理念。

自律和隐忍的精神在 1982 年曼德拉离开罗本岛后仍然很受推崇。"在宽恕这个问题上我们的观点一致，"埃里克·莫罗比说，"因为这场辩论的逻辑性和思想水平都很高。以后我再没见过程度这么激烈的辩论。"与曼德拉同时代的人都发扬了这种自控和隐忍精神。但曼德拉是最大的榜样，他致力于维持各方面的和谐关系，由于他坚持不懈的付出和努力，没有人对他有什么非议。

许多刑满释放的人离开监狱后仍然保持这种精神。特拉·勒科塔任政府总理时遇到困难，便回到罗本岛重温这里深思和和谐的氛围。"在一公里以外我就能辨认出岛上的人，"拉克斯·塞克说，"当他们发现自己身陷冲突中时，尽管非常生气，但很快就会控制情绪。我真的非常感谢这种精神。这对处理矛盾冲突非常有帮助，包括我的家庭生活矛盾。"

曼德拉始终保持着自律的精神，散发着领袖气质。尽管快 60 岁了，但因为每天早上都进行锻炼，他的体格仍然很棒。1976 年，他的家庭医生尼萨多·摩特拉纳在局势非常艰难的条件下来探望过他一次，并警告他不要谈论政治。当他谈到拳击和穆罕默德·阿里时，看守马上告诉他只能谈论自己的家庭。"这是我经历过的最痛苦的两个小时，"后来摩特拉纳说，"探望结束后，我想曼德拉先生应该很高兴终于解脱了。"他发现曼德拉的健康状况很好，他的饮食虽然清淡，但可以满足身体所需营养。"强壮有力！强壮有力！"他后来这样形容曼德拉，"除了生出几丝白发，他仍然是我认识的那个曼德拉，十分令人敬重。他是科萨人的伟大领袖，无论是身体条件还是精神状态，他都当之无愧。"

曼德拉的家庭律师普里西拉·雅娜惊叹于他"健壮的身体"和对法律知识的精通。"他已经 15 年没做律师了，但我不得不说，他的思维模式仍然是一名律师，不会受任何情绪化因素的影响，这真的太难得了。"他没有问起自己的妻子和孩子，而是关心着"我的人民"，为了不让看守听到，他偷偷告诉雅娜："告诉他们希望永存，很快就能迎来胜利，要让他们知道，我永远和他们在一起。"

曼德拉的身体也出过小问题。但他不会把小病放在眼里。他说："我不太相信吃药。"后来他补充说，他的家庭医生摩特拉纳也不相信。他的性格非常坚忍。有一次他在岸边拉竹子滑倒了，伤到膝盖，肿得很大。医生告诉他，不要让疼痛影响到复原："只能用另一条腿。"他一瘸一拐地走了一段时间后，疼痛消失了，但膝盖还没有痊愈，这为 25 年后埋下了隐患。

1978 年 7 月 18 日，曼德拉庆祝他的 60 岁生日，西苏鲁和卡特拉达等朋友发表演讲以示祝贺。他只收到 8 位家人和朋友的祝福。一位是戈文·姆贝基的儿子塔博，但他不能放心地给塔博回信。另一位是曼戈苏图·布特莱齐，他回了一封热情洋溢的信，信中回忆了他们 1960 年友好的会面，让他感到像是回到了 30 岁。

这次生日庆祝传到了全世界。温妮不被允许探望他，但她一直都是他的代言人，展现着一位忠贞的妻子和长期忍辱负重的革命人士的形象。联合国种族隔离制度特别委员会成员雷迪主张要庆祝曼德拉的生日，在他的倡议下，很多政府和海外友人向温妮表达了对曼德拉的生日祝福。在英国，反种族隔离制度的斗士们寄出了一万张生日卡片（但一直未能寄达）。伦敦《泰晤士报》称曼德拉是"非洲民族主义的巨人"。

1980 年，曼德拉终于被允许在伦敦大学继续修读法学学位课程。他告诉温妮，他计划攻读法理学、国际法、非洲法和贸易法，或家庭法，而且他估计所修学分可以维持长期学习。转年，他从学校收到了一份意想不到的礼物：学生们都提名他为校长候选人。他对温妮说，没想到会得到 100 票的支持，更别说最终收到了 7000 票——他输给了安妮公主，在副校长安南主教的鼓动下，大部分保守派师生都支持安妮公主。但曼德拉很享受这次远距离的高水平竞争，他认为这可以鼓舞住在布兰德福特小房子里的温妮。

曼德拉从外面的世界听到了很多新闻。1978 年 2 月，犯人允许听部分南非广播新闻的录音带，尽管录音带经过了多次剪辑。"大的政策没有变，"他在给朋友的信中写道，"仍然在政治上和精神上将我们与外界隔绝。"但在 1980 年 9 月，他终于得到了珍贵的违禁品——报纸。犯人们可以看《开普时报》和《南非迪波治报》，后来还可以看约翰内斯堡的《星报》、《兰德日报》和《周日时报》。但大部分报纸都被监狱方面剪了洞，内容不全。"我对这个国家和世界发生的事情有了大致的了解，"曼德拉对摩特拉纳说，"有时新闻内容非常好，有些评论文章内容客观，直奔主题。但好的文章大多都会留许多没有回答的关键问题。政治工作的精华在于现象背后的内容，这是大部分媒体所不明白的。"

曼德拉自己在罗本岛这所大学里学到了很多。通过不断与狱友们接触，他对其他人的不安全感和仇恨情绪非常敏感。他变得不那么自负了：不再独断专行而是更加民主，听从和采纳大多数人的意见。他坚持效忠于非国大党：他对马哈拉吉说，舍弃这个基本条件，就是放弃了推翻种族隔离制度的斗争。但他总是会尝试了解其他政党的意见，在维护国家统一的前提下谋求共识。

他首先了解南非白人。岛上唯一的白人是监狱看守，他们代表着绝对的种族统治，但曼德拉将他们看作可以利用的人，通过他们他可以了解南非白人统治集团的情况。他也劝告自己的同志们去了解他们，包括他们的语言和文化。在 1978 年他即将发表的关于黑人觉醒运动的论文中，他提醒同志们，过去非国大党对非洲白人的无视造成他们过于自信。他警告说，讲英语的黑人在基础教育中很容易受到英语文化的影响，"瞧不起非洲白人自有他们的道理"。曼德拉远见卓识，索瓦托起义发生仅仅两年后，他就预见未来会与现在不同："如今，南非有将近三百万非洲白人，解放后他们不会再是欺压者，但仍会是普通百姓中很有权势的小众群体，在国家重建中会要求合作和友好相处。"

在比勒陀利亚的南非白人政府收到了来自监狱方关于曼德拉性格评定的秘密报告。1980 年 6 月，监狱委员会委员占尼·鲁与曼德拉进行了两个半小时的谈话。自从外界传出释放曼德拉的呼声后，他已经多次与曼德拉谈话。鲁说曼德拉强烈反对博塔称他"自己承认是共产党"——尽管他公然反对资本主义、土地私人所有和大型企业集权，并对苏联教育印象深刻。他认为今后的南非政权会有白人的一席之地，但不会是掌权者：他设想用五年的过渡时间适应政权的转换，但他也记得鲁的提醒，白人不会就此罢休。"他的思维模式有些死板，"鲁说，"让他接受相反的意见很难。"鲁向总理提交了一份秘密报告，总理要求："这类事情必须立即知会我。"

1981 年 2 月，南非白人向司法部提交了一份关于曼德拉情况的概述报告。报告中说，曼德拉遵守监狱内的各项规章制度，表现良好，截至 1976 年，没有任何违章记录。

新的司法部部长科比·库切要求提供更加深入的报告，并得到一份更加详细的分析，可以归纳为以下十一点：

曼德拉的目的性明确，保持着强烈的理想主义思想。

他的人际关系非常好，乐观积极，待人友善，行为举止令监狱方肃然起敬。

他管理能力很强，但并不专断，不会令人反感。

他对白人没有表现出任何敌意，尽管这有可能是他掩人耳目的伎俩。

他承认自己的缺点，对自己充满否定精神。

他善于将思考与实践相结合，总是能够提出理性和实际的方法解决问题。

他思想创新、有大局意识。

他记忆力惊人，总能回想起事情的细节。

对自己的事业有坚定的信念，并坚信非洲民族主义终将取得胜利。

他认为自己是为了革命事业而生，这让他觉得自己优于普通白人，他认为，那些白人都丧失了自己的理想。

他崇尚自律性，并始终认为主动出击是取得胜利的前提条件。

"毫无疑问，"报告指出，"曼德拉具备成为南非第一领导人的所有素质。他的狱中生涯使他的政治形象更加高大而不是黯然失色，使他具备成为当代解放事业领导人的独特魅力。"

这是对曼德拉性格和思想的精准分析，有助于司法部部长改变对政治犯的态度。但并没有解决如何对付这个强大对手的问题。直到九年后，库切才释放了这位"黑人第一领袖"。

21. 破碎的家庭（1977—1980 年）

如今，温妮越发成为曼德拉与外部世界相联系的纽带。曼德拉对温妮说："有时候我会觉得自己就是个旁观者，眼看着外面的精彩生活却无缘亲历。"因此，温妮便充当起了桥梁的角色。每次温妮来访，曼德拉都会急切地询问老友的近况，但避免触及政治话题。每一年，曼德拉都会把温妮来访的次数和书信总数做个详细的统计：如今探访限制没有那么严格了。曼德拉对温妮说，1978 年他收获颇丰，共有 15 次来访，收到信件 43 封，其中有 15 封是温妮写给他的。

温妮会把曼德拉的想法添加些自己的理解，并通过记者采访传达给外面的世界。哈利·格瓦拉说："温妮会拜访纳尔逊，然后他们会一起讨论问题。只要你说'纳尔逊是这样认为的'，这句话立刻就会成为金科玉律，因为曼德拉的名字本人就是权威的象征。这便是罗本岛效应。"

索韦托起义之后，曼德拉从身处风暴中心的温妮那里多少感受到了当时南非国内的政治氛围。首轮暴乱之后，索韦托立刻成立了旨在与孩子们保持联络的黑人父母协会。作为协会中唯一一名女性，温妮与数位索韦托名流一同承担了协会的管理工作。南非正经历剧变。数以百计的黑人青年惨死在警察的手下，更多的人选择逃离这个国家。在索韦托的一次抗议集会上，温妮直言："我们要斗争到最后一刻，直到正义得以伸张。"一直以来都是温妮忠实拥趸的邻居摩特拉纳医生也为她大无畏的精神以及充沛的体力所折服："她比我们大家都有种。我不行，很多人都做不到。她会手持机关枪站在警察队长面前，让他们滚一边去……她简直无所畏惧！"同时，摩特拉纳也非常佩服温妮的自控能力："有时候她的行为方式很像英国人，牙关紧咬，对任何事情都那么不屑一顾。"

警察仍然认为温妮是反抗行为的背后主使：索韦托起义两个月后，温妮和连同摩特拉纳的妻子莎莉在内的其他妇女被囚禁在了福特监狱。莎莉发现，温妮是一位伟大的领袖，她不仅敢对狱卒公然叫板，还时常安慰其他狱友："她永远都在那里，面带微笑，听你诉说，给人慰藉。"令曼德拉伤心的是，温妮在福特监狱待了快五个月，却没人对她进行审判。监狱里的条件一开始非常糟糕，后来稍有好转，直到她 12 月被释放。获释后，温妮又斗志昂扬地加入索韦托那群年轻的朋友当中，但她的一举一动仍处于警察的严密监视下。

1977 年 5 月，在获释五个月后，温妮又遭到了驱逐。罗本岛上的阿赫麦德·卡特拉达从一位印度教牧师那里收到消息称警察把温妮接走，驱车 400 公里带到了奥兰治自由邦一个破败的白人小镇布兰德福特——那里绝大多数黑人讲的都是温妮听不懂的索托语。温妮和 16 岁的女儿津得兹被连人带家具一起扔进了黑人聚集区的一个小房子里，屋子里空空如也，没有取暖设施，更没有自来水。温妮在布兰德福特的生活是受到严密监视的，警察只允许她一次最多见一个人。曼德拉认为这样对待温妮是非常"厚颜无耻的行径"。他在给津得兹的信中写道："我简直无法相信。你的妈妈几乎失去了一切；在那里，也许除了做些家务活、农活或者去当洗衣妇，她也找不到什么别的工作了吧；她将永远在贫困中挣扎。"曼德拉认为政府之所以这样把她逼至绝境，就是要逼她回到自己的出生地特兰斯凯，从而进一步承认"独立自治区"的合法性。

温妮在布兰德福特的房子里一住就是 7 年——她称那里为"我的牢房"。邻居们被警告不要与她亲近，还有一个警察小队长时刻关注她的动向。有一次温妮不过是同邻居交谈了两句，有一名男子想要卖鸡给她，最后却害得她以参加集会罪被起诉。温妮对《纽约时报》说："你们见过在哪个国家里，鸡的价格也能成为法庭证据吗？"她后来也开玩笑说："他们也许以为我买的是罗德岛红鸡吧。"但温妮很快便重拾了斗争的勇气，她不仅常和警察斗智斗勇，还领导了当地的请愿行动；她那色彩艳丽的服饰也给黑人聚集区注入了一抹亮色。温妮拒绝为布兰德福特的房子支付任何费用和租金，理由是这不是她的房子，而是监狱。

但温妮在国内的影响力并没有因她被驱逐而受到影响：1977—1979 年的一项民意调查显示，温妮已经成为继祖鲁领袖布特莱齐之后最具影响力的政治活动家。在布兰德福特，她还交到了许多朋友，有些是黑人邻居，还有一些是白人朋友。温妮与白人医生克里斯·哈廷颇为熟稔，后来哈廷在一次车祸中丧生——有些人怀疑哈廷的死是有预谋的；哈廷的妹妹和津得兹一度走得很近，但后来也被警察给吓跑了。

温妮与皮特·德瓦尔也成了朋友。德瓦尔是布兰德福特唯一的律师，也是民族主义者、议员科比·库切的老朋友。有一次温妮需要代理律师，一开始德瓦尔不愿意接这个案子，但温妮约翰内斯堡的律师伊斯梅尔·阿约博警告他说，鉴于温妮目前不能离开布兰德福特，从道义上讲，替她辩护是德瓦尔的义务。德瓦尔听后非常尴尬，他向库切以及司法部部长吉米·克鲁格诉说了自己的"不幸处境"，并希望温妮能被转移到其他地方。但后来，德瓦尔的态度逐渐开始改变，德瓦尔和他出身白人名门的妻子阿黛尔渐渐与温妮交起了朋友。他们被这位热情睿智的黑人女性所折服，愿意帮她与警察抗争。

1980 年，科比·库切出任司法部部长。德瓦尔认为这是帮助温妮的良机。他开始向库切施压，希望他能取消对温妮的禁令，并能重新考虑曼德拉的刑期。在德瓦尔的影响下，库切开始重新思考对待曼德拉的态度，正如他后来承认的："可以说一切改变就是从那时开始的。"但与此同时，警察并没有放松对温妮的迫害，这也让曼德拉颇为痛苦。

不能在温妮身边与她共同分担，这令身处罗本岛的曼德拉感到越发愧疚。对于法蒂玛·米尔、阿米纳·卡查利亚等冒着危险去布兰德福特探望温妮的朋友，曼德拉始终心怀感激。从 1976 年开始，曼德拉会常常梦到温妮，这种情况一直持续了两年。他总是会做这样一个梦：梦里的他想从约翰内斯堡回家，却找不到交通工具；无奈之下只得步行至索韦托。好不容易跑回家后，却发现门是大开的，家里一个人也没有。梦里的他急坏了，不知温妮和孩子是否遭到了厄运。1979 年 6 月，恰逢两人结婚周年纪念之际，曼德拉告诉温妮："你最好的二十一载年华都淹没在这汹涌无尽的恶意漩涡之中了。"在某次温妮来访之后，曼德拉写道："每次看到你被命运折磨的样子，我心里全是羞愧与不舍。"另一方面，温妮也被曼德拉的洞察力和自律精神所折服。她写道："他本应成为史上最伟大的心理学家的。他就是一个彻头彻尾的律师。作为一个完美主义者，他却并不勉强自己。他总是用哲学的角度思考问题。这才是他最本质的样子。"

曼德拉对自己的年龄非常敏感：1976 年 12 月，他在给温妮的信中写道："看到自己的身体开始松弛、下垂，我非常不习惯。就好像我有 62 岁了一样。你很清楚，我只有 45 岁，关于这点没有谁会提出异议，我已经开始恢复运动了。"但如今的温妮开始更深刻地意识到自己和曼德拉之间的年龄差距：1982 年，温妮对记者阿里斯特·斯帕克斯说："纳尔逊已经 63 岁了，而我还像个小姑娘，对家庭生活充满憧憬与渴望。"

表面上看来，监狱里的曼德拉非常独立。但事实上，他非常依赖温妮的支持。几个月前，曼德拉在给温妮的信中写道："如果不是你一直来探望我，如果没有你的一封封来信和你对我深深的爱，我可能早就撑不住了。"两个月后，曼德拉又写道："你对我的爱和付出是我终生都无法偿还的债。"曼德拉觉得自己比其他狱友要幸运得多。正如他在 1980 年 2 月写的："并不是每个人都能像我这样幸运。我想告诉你的是，你把我宠坏了。宠坏了的孩子总是很难掌控的。"1980 年 6 月，曼德拉给温妮写道："我原以为距离和二十载的分离早就使我变得铁石心肠、刀枪不入。但事实上，我远没有自己认为的那样冷酷无情。与日俱增的只有我对家人的关心和思念。"

表面上看起来，温妮与曼德拉一样懂得自我控制，她似乎已逐渐习惯了布兰德福特与世隔绝、艰苦简陋的生活。1979 年 5 月，温妮向伦敦的好友玛丽·本森生动描述了自己在"小西伯利亚"的日子："空虚的日子总是显得很漫长，日复一日，永远看不到尽头。与世隔绝的生活死一般沉寂。荒无人烟处是一个接一个低矮灰暗、火柴盒大小的棚屋，屋里住着的是一群同样死气沉沉的人。当他们从我窗前走过，我感受到的是前所未有的挫败。从酒吧开门到晚上八点钟关门，里面满是醉醺醺的酒鬼……这听起来一定非常灰暗吧。但流放他乡的经历有着涤荡心灵的作用。我们每一个人的贡献也许非常微小，但能够身处这样一项伟大的事业当中，没有什么比这更棒的了！"

温妮利用自己社会工作者的身份建立了不少公共组织和机构，例如日托所、裁缝班、诊所等。随着越来越多记者和外交官的来访，各种捐赠也纷至沓来，这些机构的日常开销得以维持。她开始通过函授的方式攻读社会工作方向的学位，但遇到了很多阻碍。曼德拉给她写信道："得知这个消息，我深感失望。因为我知道，社会工作并不是你的本性。22 年来，你遭受了如此多不公的对待，吃尽了生活的苦头，攻读学位也算是对你的一种补偿吧。"

在访客的眼中，温妮是永不气馁的。1982 年，多年不见的老友艾伦·库兹瓦约说："我很惊喜地看到，她仍像以前一样性情随和、淡定自若。她还是那么有魅力，笑起来就像是在唱歌；还是那张脸庞，一点儿也没有变；她永远都是那么端庄高贵——所有一切都和我 50 年代初次见到她时一样，她还是那个温妮·诺姆扎蒙，什么都没有改变。"

但公众形象总是有欺骗性的：真正的温妮并不是公众面前那个正直、克制的女英雄；有些朋友认为，是流放布兰德福特的日子以及狱中痛苦的经历彻底改变了她。在记者们看不到的地方，温妮的行为可以说是非常鲁莽放荡：她会借着自己的名气在白人商店里胡作非为，三言两语就与人起冲突，喝酒也越来越不节制——这一切曼德拉都毫不知情。布兰德福特市市长经营了一间贩酒店，据他讲，"温妮常常会来这里买酒，香槟、沁扎诺酒，诸如此类的东西"，每月买酒的账单可达 3000 兰特。由于温妮敢公然藐视警察，再加上她有国际社会的支持，她越来越觉得自己可以凌驾于一切法律之上；她成了整个非国大中的危险分子，不知道什么时候就会做出破坏性举动。

孩子们受到的影响没那么明显，但情况仍令人担忧：1979 年，曼德拉告诉温妮说："因为我不在身边，不能帮他们解决问题，我们的孩子有可能无法实现他们的人生梦想。每每想到这里，我总是无法释怀。"卡特拉达发现，曼德拉把所有的心思都放在了孩子们的教育上："只要他发现哪个孩子学习上出现了倦怠，或没有谨遵他的教诲，他就会禁止他们来看望他，直到他们认真学习，并达到他的要求才会满意。"

后来，曼德拉和温妮的大女儿泽妮与斯威士国索布华泽的儿子萨布姆兹王子订婚后，曼德拉才对泽妮放心了不少。泽妮与萨布姆兹王子是在沃特福德学校认识的。当时泽妮只有 18 岁，曼德拉担心这个年龄结婚太早，她甚至连高中还没有毕业呢。他告诉泽妮说："你的首要任务还是学习。"但曼德拉告诉温妮说，能和"南非最有名望的家族之一"结亲，他颇为自豪，而且索布华泽也是非国大的拥护者。为此，曼德拉还专门请自己的律师乔治·比佐斯去打听王子对泽妮的心意；比佐斯向曼德拉汇回说萨布姆兹很有前途，他对泽妮的爱也是真心的。

曼德拉把这门婚事视为斯威士王子与滕布公主之间的王室联姻。他对自己无法出席婚礼并用传统的方式送女儿出嫁感到非常遗憾。后来泽妮的女儿出生了，曼德拉欣喜若狂，并坚持这个孩子一定要取名为扎兹韦（意为"希望"）："你们一定要答应我给孩子取名扎兹韦，这样我才能安心。"他让自己的老朋友、73 岁的海伦·约瑟夫当孩子的教母；在孩子受洗的相片里，他"一眼就认出了约瑟夫，她挺拔笔直，看起来就像是一位陆军元帅"。至于孩子的教父，一向宽容的曼德拉选择了 91 岁高龄的詹姆斯·摩洛卡——这位昔日的非国大主席 1952 年在运动中曾背叛了曼德拉以及运动领导人，指责他们是共产主义分子。

如今，身为外国王妃的泽妮拥有了外交特权，她不必再隔着玻璃与父亲两两相望，终于可以与他共处一室了。泽妮和丈夫带着他们的小女儿一同赴罗本岛探望曼德拉。入狱这么多年来，曼德拉终于第一次拥抱了自己的女儿；在整个探视过程中，曼德拉一直开心地抱着自己的小外孙女。但正如他写到的，他仍然很担心泽妮"缺乏野心和策略"；后来听说泽妮举家赴美，他才稍稍放心了些。后来，更多外孙的出生也令他高兴不已。

更让人不放心的是津得兹：她英勇、明媚，充满活力，像极了她的妈妈温妮。当时，只有 16 岁的津得兹第一次去狱中探望曼德拉，便立刻为父亲的处境感到担忧；但父亲的温暖和热情多少给了她些慰藉："哦，我亲爱的女儿，我还记得你小时候躺在我膝上的情景呢，那时你还是个孩子……我们一起开始做梦，然后我便感到无比放松。"曼德拉后来对一位朋友说："津得兹胸中有一团火在燃烧，我希望那团火可以得到充分释放。"津得兹一个人在布兰德福特，朋友都不在身边，陪伴她的只有她那因备受折磨而疲惫不堪的母亲，为此曼德拉十分担心。1977 年，在津得兹 17 岁生日的时候，曼德拉写信给她说："你可怜的妈妈，在那样一个奇怪的地方，她没有收入，每天还要面临一大堆问题。在那样的情况下，她又如何能对我们的老幺关爱有加呢？在这样的处境中谈论生日都没什么意义了。"曼德拉非常关心津得兹：按照斯威士皇室的传统，津得兹需要不穿内衣出席泽妮的婚礼，为此津得兹感到颇为尴尬。曼德拉得知此事后，安慰她说："你的胸部如同苹果一样坚挺，像大炮一样极具威力。"津得兹告诉曼德拉自己想成为一名作家，因为作家是一个"有名望的职业"，曼德拉听后非常高兴。《鼓》的老板吉姆·贝利邀请津得兹担任他新创办的女性杂志《真爱》的专栏作家；与此同时，津得兹也开始了诗作的创作。

1978 年，津得兹出版了自己的诗集《黑色如我》，书中第一首诗就是描写自己的父亲的：

> 一棵树被砍了下来，
> 果实散落一地
> 我哭了……

这本诗集在美国获得了 1000 美元的奖金，并受到了艾伦·佩顿等人的好评。曼德拉认为津得兹的语言简洁明快，但建议她在细节处多加打磨。有消息传出，津得兹打算以曼德拉家族为蓝本写一本家族传记，曼德拉并不看好这个想法：当时有不少名人纷纷出版传记，并引起了大众的广泛争议，但曼德拉并不赞同这一行为，也很不喜欢哗众取宠，他认为："幸福的家庭生活是任何公众人物的坚强后盾。"

曼德拉很喜欢津得兹来罗本岛看望他。1979 年 3 月，他对津得兹说："你的每次来访都令我印象深刻。"六个月后，他又写道："你身着男式马裤，我顿时眼前一亮。"津得兹虽然表面上看起来充满活力、积极健康，但事实则糟糕得多：她患有散发性抑郁症，病情已经严重到需要去看精神科医生的地步，学业也因此受到了影响。曼德拉安慰她说有情绪上的波动实属正常，鉴于她目前所处的境遇，就更加可以理解了。他称赞她勤学好问，有幽默感，对她因生活受到打扰而有小情绪深表理解。他鼓励津得兹说："只要有钢铁般的意志和一定的技巧，世上任何的苦难最终都可以转化为个人的胜利。"但津得兹没有她父亲那么坚强：她不再写作，并且从金山大学退学。她爱上了一个名叫奥巴·斯卡马拉的打零工的男人，并和他生了个女儿取名卓拉卡；后来，她又和一个名叫姆拜瑟罗的拉斯特法里派成员生了个儿子，取名加达菲。姆拜瑟罗还常常打她。

后来，津得兹离开了温妮，离开了布兰德福特，自己一个人回到了奥兰多的老房子里。曼德拉希望不惜一切代价保护好他的小女儿：他知道津得兹渴望回到童年时代的家中，但他并不希望她一个人独自生活。他希望能有个老阿姨或者是好心的两口子和她一起生活。但他也知道，任何和曼德拉家族扯上关系的人都会被警察盯上的。

在社交方面，梅基比马克贾托强不了许多。1978 年，60 岁生日之后，曼德拉写信给梅基说，看到"她对生日、圣诞卡等这么重要的东西一点儿也提不起兴趣"，他十分意外。1978 年，得知梅基的婚姻破裂后，曼德拉催促她赶紧离婚："你还年轻，只要从现在起好好规划，下定决心向前看，就一定会有光明的前途。"此时的梅基终于意识到"没有事业的人生终将一无所获"，并于 1978 年年底在"妈妈温妮的活动下"进入福特海尔大学学习。她告诉父亲说大学的生活使她变成了"全世界最快乐的人"。曼德拉听后如释重负，并建议她每天至少读两种报纸。

孤身一人待在那间小小的牢房里，每当回顾起自己早年的岁月，曼德拉总是会被懊恼的情绪折磨不已。正如他后来讲的："有一件事一直在我心中折磨着我，那便是我对那些于我有恩、在我最困难的时候竭尽所能帮助过我的人并没有感恩图报。要知道他们完全没有义务对我那样好的。我当上了律师之后就把他们完全抛在脑后了。"他心中的内疚和负罪感始终伴随着他，正如他后来所说的："他们曾在我困难时帮助过我，向我表达过善意，而我并没有报以足够的感激和敬意。"

只要想到自己的儿女，想到自己如今已经子孙满堂，曼德拉便重新获得了力量。他常常和狱友谈起他们，并试图想象他们的生活。在给温妮的信中，曼德拉写道："每当太阳落山，监狱的大门砰的一声关上，便到了我一天中最惬意的时刻。这时我全部身心都放松了下来，可以暂时不去考虑自己的缺憾，而是一个个历数自己所拥有的财富。"但曼德拉异常怀念与孩子们身体上的接触：有时候一个简单的拥抱便能传递无限爱意，并使他严厉的一面化于无形。他曾问一个朋友说："无法触摸到自己的父亲，孩子该如何健康成长？"监狱生涯使他练就了钢铁般的意志和政治决心，并鼓舞了一干同志；但作为一个父亲，他需要展现的则是更加柔软的一面。作为一家之主的他却因政治上的原因牺牲了家人，不能陪伴在他们身边，为此他不断自责。事实上，早在 1961 年转入地下的时候，曼德拉就知道自己选择了一条什么样的道路，知道自己不会再有稳定的家庭生活了。但那时的他还远没有意识到监狱生涯会给自己和妻儿带来如此深刻的隔阂。

22. 笼中之笼（1978—1982 年）

偏安于罗本岛一隅之地，被困于方寸铁窗之间，曼德拉对南非大陆的情况了解非常有限，但对于未来他仍然乐观得甚至有些固执。1978 年，曼德拉在写给好友希拉·温伯格的信中道："透过警戒之墙，我看到了微弱的光亮。正是这丝丝光亮使我相信我们的力量正在取得进展，我们的人马正进行着英勇的还击。所以我常常在想，究竟是谁更苦呢：是我们这些在监狱里的人，还是我们那些在外面的战友？" 1979 年，曼德拉告诉他的老友——德班共产主义者辛格——的妻子拉蒂说："只要一有新人来到岛上，我们就会不停地烦他，抓着他询问外面的政治局势。我们会想方设法打听那些推动着我们的组织前进的斗士们的消息。"

曼德拉这时已经 60 多岁了，在进行过有关索韦托暴动的争论之后，他更加深刻地意识到自己不得不向比自己年轻许多的新一代做出妥协。他迫切地需要和外面的政治家保持联系，特别是非国大主席奥利弗·坦博：坦博现在主要在卢萨卡和伦敦活动，而他的妻子阿德莱德和孩子们则居住在麦斯威山。曼德拉有时会想方设法通过访客、即将获释离开的狱友，或是还没有暴露身份的中间人把政治书信偷运出去。为了掩人耳目，他和坦博之间的通信都是通过阿德莱德转交：曼德拉在信中化名马特拉拉，而坦博则用中间名"雷金纳德"代指。审查人员很快便看穿了他们的把戏，正如 1980 年曼德拉告诉阿德莱德的那样："监狱当局想要切断我和雷吉之间的一切联系。"但信件还是这样传了出去。

坦博的身体不好，曼德拉最担心的就是怕他过度劳累。1980 年 12 月，曼德拉给阿德莱德写信说："我再次恳求他给自己放放假吧，哪怕只有两周也好。"曼德拉评价阿德莱德说她"大难面前面不改色，没有钢铁般的意志，恐怕无法做到"。同时，在曼德拉看来，有了很多独立运动的前车之鉴，如今的当务之急就是要保证非国大的安定团结，避免发生严重内斗；而且坦博也必须成为非国大毋庸置疑的领袖。1978 年，一些流放各地的非国大成员宣称罗本岛派对于斗争的开展有所不满，想要亲自领导斗争；听闻此信，曼德拉和雷蒙德·马哈巴立即致信坦博，否认了这一传言。他们在信中承认说，有些狱中人士确实对外面的风平浪静稍有抱怨。但他们深知革命形势复杂凶险，也理解流亡领袖们须"谨慎行事、伺机而动"。他们确信，"历史上的非国大从未如此强大"，鼓舞人心的是，"我们监狱里的同胞都有着很高的政治觉悟，他们中有些人才刚刚20出头而已"。

曼德拉知道比勒陀利亚当局在竭尽所能地分化非洲人，试图把非洲领袖们也都吸收到种族隔离政权当中来。他最担心的就是新成立的"部落家园"，也称"班图斯坦"——作为"大种族隔离制度"的试验田，班图斯坦在比勒陀利亚当局的管制下获得"独立"，支持者还获得了丰厚的奖励。狱中的曼德拉和大家强压着内心的愤慨目睹了这一切的发生。

1976年10月，索韦托起义爆发后的四个月，曼德拉的家乡特兰斯凯宣布成为所谓的独立共和国（虽然并未获得国际上的认可），这令曼德拉非常难过。曼德拉的侄子凯撒·玛坦兹马当选为新成立的共和国的第一任主席，在比勒陀利亚当局的支持下，玛坦兹马与其兄弟乔治很快成为这里事实上的独裁者。玛坦兹马认为自己是白人的朋友，而自己的叔叔曼德拉触犯了法律，被送进监狱实属天经地义、咎由自取。同时，他还一直给曼德拉施压，希望曼德拉能接受比勒陀利亚当局的提议，以回到特兰斯凯为条件释放他。曼德拉如今对自己的侄子一点儿都不抱幻想了，但还与他保持着家庭之间的联系。1977年9月，玛坦兹马提出要到罗本岛上看望曼德拉，对此比勒陀利亚当局当然是乐见其成。曼德拉动心了，他天真地以为只要有机会和玛坦兹马面对面地交流，说不定能说服他投向民主的阵营。为此他征求了好朋友的意见，但西苏鲁和卡特拉达均表示了反对，姆贝基和马哈巴也不大高兴，其余的狱友也都反对。

1980年，玛坦兹马罢免了腾布国王萨巴塔，他的冷酷无情进一步暴露无遗——曼德拉年轻时，萨巴塔曾邀请他担任自己的顾问，如今萨巴塔对非国大也越来越支持。在萨巴塔被罢免之后，一群腾布酋长来到罗本岛询问曼德拉的意见，曼德拉呼吁他们联合起来支持萨巴塔，抵制玛坦兹马。不久，萨巴塔成功逃脱，到达赞比亚首都卢萨卡，在那里他正式加入非国大，成为大家的"国王同志"。

曼德拉和玛坦兹马仍然保持着联络，他甚至还帮助玛坦兹马的女儿寻求财政支援：玛坦兹马的女儿曾给狱中的曼德拉写过热情洋溢的书信。但曼德拉知道，班图斯坦永远都不会赢得民心。正如他在1980年写到的：

> 如今，这些所谓的"班图斯坦自治区"不过是一些顶着光鲜外表的廉价劳动力聚集区而已，这里人口爆炸、土壤贫瘠，到处是贫穷破败之景。班图斯坦是被国际社会所不齿的伪政权，这里没有任何经济发展的前景。

如今许多班图斯坦政权迟迟不肯宣布独立的原因也主要在此。

同样，曼德拉对曼戈苏图·布特莱齐的态度也十分矛盾：20 世纪 70 年代起，这位祖鲁酋长就已经成为南非国内最具影响的黑人领袖。正如玛坦兹马是第一位进入大学学习的科萨人酋长一样，布特莱齐是第一位接受过大学教育的祖鲁酋长；后来因参加非国大而被逐出福特海尔大学，并因此受到曼德拉的赞扬与敬佩。如今的布特莱齐已经成长为一位非常老练的政治家，他既有学术灵敏度，对部族的情况又比较了解。1970 年，布特莱齐同意担任新成立的祖鲁领土当局行政长官，这一举动标志着他与班图斯坦政策的结盟，同时也使他对非国大的态度变得更加扑朔迷离。然而，布特莱齐一直与坦博保持着联络；1973年，布特莱齐呼吁为"开展有意义和谈营造健康的气氛"，当局应尽快释放曼德拉。

在非国大沉寂的时期，布特莱齐完全仰仗着政府的鼻息生存。1975 年，在坦博的鼓励下，为了调动广大祖鲁民众，布特莱齐重整祖鲁团体英卡塔，并沿用了非国大的旗帜和制服作为英卡塔的旗帜和制服。但令坦博痛心的是，布特莱齐"把英卡塔当成了培植自己势力的基地，这离我们最初的设想相差甚远"。布特莱齐把夸祖鲁地区当成了自己的封地，在海外也以黑人领袖自居，到处会见包括美国总统吉米·卡特在内的各国政府首脑。1978 年，一项由西德研究人员进行的调查指出，在三大主要南非城市中，44% 的市民认为布特莱齐威望最高，而曼德拉的支持率只有 19%。截止到 1980 年，英卡塔已经发展成为一个有着近 1000 个分支、35 万成员的庞大组织。但激进的年轻黑人开始逐渐觉得布特莱齐是卖国贼：1978 年，在罗伯特·索布克韦的葬礼上，布特莱齐在愤怒的年轻人阵阵"傀儡"和"叛徒"声中狼狈地落荒而逃。

布特莱齐继续从罗本岛派那里寻求支持。1979 年 10 月 21 日，布特莱齐在索韦托说："我接到了纳尔逊·曼德拉和沃尔特·西苏鲁从监狱里的来信，他们告诉我说，为了千百万黑人的自由与幸福，他们希望我继续我正在进行的事业。"但仅仅 10 天之后，他就和非国大发生了正面冲突。布特莱齐赴伦敦与坦博进行了秘密会谈，虽然布特莱齐从根本上反对开展武装斗争和制裁行为，但会谈的气氛总体上还是非常友好的。但布特莱齐回来之后，就把会谈的细节透露给了约翰内斯堡《周日时报》。《周日时报》随后撰文声称"布特莱齐计划建立黑人前方战线"，并塑造了他黑人领袖的统治地位。没多久，布特莱齐便调转矛头指向非国大，1980 年 7 月，坦博宣布布特莱齐已经"站在了与人民对立的敌方阵营"。但念在两人同样是部落酋长出身，曼德拉始终与布特莱齐保持着联络；在未来的 16 年中，英卡塔与非国大始终相持不下，并成为黑人团结一致对抗种族隔离道路上的最大障碍。

曼德拉还获得了来自其他阵营，特别是教会的鼓励。在曼德拉刚刚入狱之时，教会在反种族隔离问题上的态度是非常谨慎的。现如今，正如基督教神父斯曼伽里索·马克哈什瓦 1968 年所预言的，"改变之举风靡整个教会"，白人一统天下的局面正在被黑人牧师打破。天主教会发表了旨在抨击教会内种族主义的"黑人牧师宣言"，他们在反对种族隔离方面也变得更加直言不讳。

英国国教任命呼声很高的黑人牧师德斯蒙德·图图为约翰内斯堡教区教长；图图后来成为南非教会委员会（SACC）秘书。图图是曼德拉夫妇在索韦托的邻居，对于未来黑人掌权，图图相当直言不讳。1980 年 4 月，图图说："我们需要纳尔逊·曼德拉，毫无疑问，他将成为南非未来首位黑人总理。"对于图图对自己的支持，曼德拉写信表示了感激，还在信中指出，教会的行为使政府无法再借反对全球共产主义阴谋之名，趁机迫害自由战士："教会中对任何形式的种族压迫的不满情绪正逐步升级，这使政府连最后一项宣传武器也没有了。"

作为一个有眼光的政治家，曼德拉开始团结各主要教派，因为他们都可能成为非国大未来的盟友。在哥奎布勒博士当选卫理公会主席之后，曼德拉写信向其表示祝贺，并称罗本岛的经历已经把他的新任秘书斯坦利·莫霍巴"打造成了一位钢铁战士"。

种族隔离最早发源于荷兰归正教。因此，对于荷兰归正教内部兴起的改变之风，曼德拉尤为欢迎。拜尔斯·诺德博士是一位时髦的牧师，他的父亲是兄弟会的创始人之一。拜尔斯敢于反抗自己的教会，成为新成立的基督教协会的第一任主任，并与史蒂夫·比科等黑人领袖成为朋友，他的勇气令曼德拉十分钦佩。同时，令曼德拉高兴的是，荷兰归正教教会法院发表了一份报告，报告中谴责了一切形式的种族压迫，并承认在纷繁复杂的国际形势面前，教会也无法独善其身。黑人牧师萨姆·布蒂隶属荷兰归正教，他的父亲和曼德拉很熟。在萨姆·布蒂加入南非教会委员会之后，曼德拉也特别写信向他表示了祝贺。曼德拉就是通过这样一封封充满理解与赞扬的书信积极开展着海外交流。

1980 年，博茨瓦纳第一任总统塞雷茨·卡玛于在位期间逝世。听闻此讯的曼德拉立即致电塞雷茨继任者，他在信中回顾了他与塞雷茨先生的友情，并对博茨瓦纳成立自己的政府表示了祝贺。曼德拉还指出，在非洲，"一些毫无现代政府运作经验的人如今却把这个现代的国家管理得如此成功"，他们的成就令人钦佩。同时，他还对博茨瓦纳为南非难民提供政治避难表示了感激。

国际社会对曼德拉越来越认可，这使曼德拉更加有底气了。1979 年，一年一度的尼赫鲁国际理解奖授予曼德拉，之前曾获得过这个奖项的名人有特蕾莎修女、马丁·路德·金以及铁托元帅。坦博飞赴德里替曼德拉领奖，并代他发表了获奖感言。在获奖感言中，曼德拉回顾了尼赫鲁对自己的深刻影响，以及狱中的尼赫鲁从不故步自封，不向世俗的艰辛低头的坚韧："最难以逾越的正是人们内心筑起的高墙。"监狱当局甚至不允许曼德拉翻看此次颁奖庆典的相册，还是入夜后一个狱卒偷偷溜进牢房拿给他看的。在给阿德莱德·坦博的信中，曼德拉写道："你必须非常了解这里的生活，否则无法体会照片对于犯人们来说意味着什么。有几样事情能让我们心中被排斥、被孤立的情绪减少或一扫而空，照片就是其中之一。"

1980 年 12 月，格拉斯哥城内的爱尔兰人就释放曼德拉一事展开了激烈辩论。格拉斯哥市市长曾写信给南非总统，要求南非政府准许曼德拉亲自到苏格兰领奖，并把信由媒体向外公布。看到信后，南非驻格拉斯哥领事立即向比勒陀利亚当局汇报，言语中充满了傲慢。领事在汇报中称，（英国媒体对此事）所持的完全是一种中立、不赞成、敌视甚至是毫不关心的态度。曼德拉对市长大人迈克尔·凯利博士表示了诚挚的感谢，他赞扬了苏格兰人民，并回想起他从童年起就有所耳闻的威廉·华莱士、罗伯特·布鲁斯（罗伯特一世）以及阿盖尔公爵等苏格兰爱国人士。同时，曼德拉对自己目前所处的窘境进行了生动描述：

> 在我生活的国家，我们的人民被一少部分种族狂热分子所囚禁着：这些种族狂热分子满脑子只有种族和宗教，他们信奉的是把种族偏见视为宗教幻想中的神明。我不仅生活在这样一个国家，还被关在臭名昭著的罗本岛上。所以，不是笼中之笼又是什么呢？在我自己的国家，仅仅就因为我皮肤的颜色，我从来都不敢在大街上肆意行走，至于作为普通的市民享受这个城市所带来的一切，就更是奢望了。

信中的曼德拉一点儿也不像一个被判处了终身监禁的囚犯，他更像是被流放的政府领袖，正等待着机会，随时准备建立新的统一的国家。事实上，关于国际社会的声援，曼德拉完全有理由期待更多。1977 年 9 月，黑人觉醒运动领袖史蒂夫·比科被虐杀，种族隔离政府的残暴进一步表露无遗。此次事件彻底惹恼了西方自由主义人士。两个月后，联合国通过了针对南非的强制性武器禁运决议，禁止向南非出售任何武器，这在联合国历史上还是首次。新任美国驻联合国大使、黑人议员安德鲁·杨谴责比勒陀利亚当局是"非法的政府"，美国副总统沃尔特·蒙代尔也警告比勒陀利亚当局不要"抱任何幻想，认为美国会在最后介入拯救南非"。伦敦方面，新任工党外交大臣大卫·欧文对种族隔离制度日渐不满，但白厅方面"坚决反对任何形式的制裁"的态度以及英国驻比勒陀利亚大使大卫·司各特的态度令欧文非常不满和郁闷。

在南非国内，政府也深陷丑闻的泥潭无法自拔。信息部部长康妮·穆德伙同信息部干事埃施尔·罗迪以及情报长官范·登·伯格将军一起，挪用巨额秘密公款，合谋建立了他们自己的涉及媒体与秘密外交的腐败网络。1978 年，该"信息门"丑闻把总理沃斯特也卷了进来，因此沃斯特不得不引咎辞职。数日后他登上总统之位，但不久之后又下台了。

曼德拉一直都寄希望于白人阵营内部能够产生分裂，如今他的愿望似乎正在成为现实，种族隔离的坚固防线正在被白人自由主义者打破。1978 年，曼德拉写道："只要计划合理，对白人多一些了解，我们完全可以与他们开展更广泛的直接对话，把更多像布拉姆·费希尔斯、杰克·西蒙瑟斯、皮特·沃格尔斯、布雷顿·布雷顿巴赫这样的人争取到我们的阵营当中来。"

沃斯特卸任之后，国防部部长博塔接替沃斯特当选为南非总理。事实证明，博塔比沃斯特要难对付得多。博塔是人民心中的铁腕英雄，为人心狠手辣，身后还有一支忠心耿耿的部队做后盾。博塔认为自己是战士更是改革者。上任不久，博塔便发起了旨在安抚本地商人和世界舆论、建立更加温顺听话的黑人中产阶级的一系列改革措施。居住在城市里的黑人如今可以签订长期租约，黑人公会也得到合法化。然而，尽管政府已经出台了这一系列改革措施，中央情报局在其出版物《非洲评论》中仍指出："政府无法满足黑人劳动者的要求，无法保证他们在工作中与白人享有平等的权利，这势必会危及未来的经济发展和政治稳定。"

与此同时，博塔还大力巩固新任国防部部长马格努斯·马兰将军领导下的国家军事机器，把抗击共产主义力量"全面突袭"的运动进一步向前推进。不久，他还把商业领袖都拉拢进了国家安全体系和蓬勃发展的军需产业当中。

对于博塔的改革，曼德拉不抱任何信心。曼德拉在给格拉斯哥市市长凯利的信中道："改来改去，却看不到任何由多数人掌权或是任何形式的直接选派黑人代表参政议政的迹象。"曼德拉在信中还回顾了过去的二十年中政府对黑人的各种限制、杀戮和折磨:"所有诸如学校抗议和示威这样的反抗都被残酷镇压,并最终演变成流血事件。"

现如今,流放中的非国大成员所要面对的是有着更强大军事武装的敌人。但在索韦托起义之后,坦博的力量亦有所加强。对于年轻人的造反事件,坦博比曼德拉要更加包容:1977年年底,坦博在非国大内部刊物《国家》上回顾了自己当年在青年团的经历,他写道:"从某种程度上说,我们当时也是从黑人觉醒运动开始的。"同时,随着数以千计的年轻难民逃离南非,非国大把大批这样的人吸收进了自己的集训营。但随着国内军事警备的日渐森严,到处充斥着告密者和暴力事件,他们当中很少有人能够穿过层层封锁成功回到南非。在索韦托事件之后,作为对武装斗争的补充,非国大把重点更多地放在了南非国内的政治动员上。1978年10月,坦博率领非国大代表团出访统一后的越南,同行的还有乔·莫迪塞、乔·斯洛沃以及塔博·姆贝基。回国之后,他们起草了一份有关未来工作重点的"绿皮书",并得到了非国大执行委员会大多数成员的支持。在绿皮书中他们预言,未来摆在大家面前的将是一场"旷日持久的人民战争",而不是"全国性暴动";因此,非国大要把主要精力放在"政治动员和政治组织的建设上来,为在全国范围内建立政治革命根据地打下良好的基础"。

1980年3月,约翰内斯堡《周日邮报》主编珀西·戈博扎发起请愿呼吁释放曼德拉,这使曼德拉又看到了一线希望。请愿运动在南非国内愈演愈烈。沙佩韦尔惨案20年后,在金山大学举行的一次会议上,曼德拉的女儿津得兹回忆说这次请愿的唯一目的"就是要告诉大家,除了血淋淋的屠杀,我们还有另一条道路可以选择"。支持的声音往往来自令人意想不到的阵营:许多白人把"释放曼德拉"的贴纸贴在了自己的车上,就连"信息门"丑闻之后被驱逐出特勤机关的范·登·伯格将军如今也调转矛头开始支持曼德拉,认为曼德拉应该被释放。在遭到白人学生的激烈质问和谴责之后,博塔再次重申了自己的立场,声称他绝不会释放曼德拉这一"头号马克思主义分子"。

随着请愿运动的开展,又有人开始旧事重提,他们不顾事实真相,大肆宣扬曼德拉就是共产主义分子。1982年5月,一份来自国家安全委员会的绝密报告指出:"人们普遍认定曼德拉就是共产主义者。"但所有对曼德拉的指控所依据的无非还是那些被炒冷了的证据:诸如他1962年曾参加共产党中央委员会的会议,以及瑞弗尼亚审判中就展示过的他抄写的"如何成为一名好的共产主义者"的手稿。

"解放曼德拉运动"在世界范围内引起了巨大反响。在纽约,联合国安理会也加入了进来，呼吁释放曼德拉，他们认为只有释放曼德拉，才有可能就"这个国家的未来开展有意义的会谈"。在伦敦，坦博提议把 1980 年定为"群众团结抗争年"，并重新发表了索韦托起义之后曼德拉所写的那篇极具号召力和感染力的声明："靠枪支生活的人最终会死在枪口之下。团结！振作！斗争！"

为了配合其"武装宣传"的新政策，非国大开始发动更有成效的破坏行动，并注意避开非军事目标和恐怖主义行为。1980 年 6 月，非国大游击队向三个煤制油装置投掷了炸弹，一时间火光冲天，天空都被照亮了。《兰德每日邮报》称，南非如今已陷入"革命战争的状态"。在写给坦博的信中，曼德拉称，这些攻击行动"大大提升了非国大的形象，我们能挺起胸膛走路了。毋庸置疑，如今的非国大已经成为一股不容小觑的力量"。

但博塔政府决心把非国大在海外的基地也都一一铲除。1981 年 1 月，博塔的军队入侵莫桑比克，他们袭击了位于莫桑比克首都马普托的 3 栋大厦，并杀害了 13 名非国大成员。曼德拉认为，这次袭击行为显然与 4 月南非即将举行的大选有关。曼德拉写信给坦博道："博塔之所以不惜侵犯主权国家的领土完整，杀害手无寸铁的难民，无非就是想要赢得选举，继续执政。"他认为博塔讨伐共产主义的行为是在刻意讨好里根政府。但曼德拉似乎仍然非常乐观："我们的下一次反击将更加彻底。届时，越来越多的政府支持者会意识到国民党正把这个国家带向彻底灭亡。"

1981 年，袭击和报复行为不断升级。先是前民族之矛战士、非国大驻津巴布韦代表乔·哥加比在哈拉雷被杀；紧接着，伊丽莎白港的一个购物中心又发生爆炸事件。坦博认为，南非有可能会陷入"战备状态"，届时甚至无辜平民都无法幸免。在 4 年半的时间里，共有 112 起袭击和爆炸事件发生。1981 年，历史学家汤姆·洛奇写道："这是南非历史上最为旷日持久的暴力叛乱时期，且所有的迹象都表明，暴力事件将最终演变为全面的革命战争。"

黑人聚集区的叛乱正逐步演变为某种形式的暴动。但在全球冷战的大背景下，西方势力正通过红色望远镜观察着黑色南非的一举一动。博塔对共产主义的讨伐得到了英美新保守主义政府以及美国和欧洲右翼组织和公司更大的支持。他们把曼德拉视为自己的头号敌人，而布特莱齐和博塔则是自由企业的拥护者。

1979 年，玛格丽特·撒切尔上台。撒切尔的丈夫丹尼斯有好友在纳塔尔地区。受丹尼斯的影响，撒切尔夫人从一开始就对南非白人颇为同情，对非国大则越来越敌视。她认为非国大是一群共产主义恐怖分子，他们正威胁着资本主义阵营的根基。南非白人劳伦斯·凡德·普司特是撒切尔夫人的朋友，他告诉撒切尔说非国大是一群科萨共产主义分子，而祖鲁人则是布特莱齐英明领导下一个骄傲的、独立的国家。据撒切尔夫人的私人秘书查尔斯·鲍威尔回忆说："她双唇微张，全神贯注地听他讲述。"

美国方面，按照美国国务院秘书长亚历山大·海格的说法，罗纳德·里根对南非问题"并没有过分关注"。国务院负责非洲事务的切斯特·克罗格对一位南非记者说："说起南非，里根只知道自己站在白人这边。"然而，克罗格提出了野心勃勃的"建设性接触"政策，这项政策旨在把古巴人赶出安哥拉，把南非人赶出纳米比亚。在政策的执行过程中，美国方面需要与博塔及其外交部部长匹克·博塔频繁交往，而非国大则被完全晾在了一边：直到 1986 年，克罗格才真正与坦博会面。然而，克罗格艰苦谈判的成果却被强硬派中央情报局局长威廉·凯西以及里根的亲密助手帕特·布坎南联手毁掉了。凯西一直在暗地里支持非洲大陆的地下反共产主义秘密计划。在南非国内，他与比勒陀利亚当局的情报长官保持交好，并一直支持博塔。

非国大原本希望向已经取得独立的黑人国家寻求支持，但那些国家政府的失利以及接二连三的政变及反政变事件使他们的希望变成了泡影。20 年来，共有 28 个非洲国家遭遇政变，50 任政府被推翻；其中一些国家的政权落在了完全不讲人权的独裁者手中，例如乌干达的伊迪·阿敏。20 世纪 80 年代初，在众多非洲国家中，只有拥有巨额石油收入以及全新的平民政府的尼日利亚呈现出经济繁荣的迹象。西方企业家开始抛弃绝大多数黑人非洲国家，而白人统治的南非则认为自己是整个非洲大陆唯一值得投资和信赖的国家。罗本岛派显然要成熟得多，目睹了北部邻邦的政变、战争，以及独裁统治的悲惨遭遇之后，他们开始从他们身上吸取教训，积累民主的经验，决不让自己重蹈他们的覆辙。

如今，冷战影响着整个非洲的政策：苏联支持马克思主义政权，而美国则在财政上支援诸如扎伊尔的莫布图等反共产主义领袖，并为他们的腐败提供了资金。

曼德拉认为，随着美苏这两大对立阵营被迫在空间探索及其他领域开展合作，冷战的危机也有希望随之解除：他在 1978 年就曾对津得兹说"如今冷战正逐步走向消亡"。但随着马克思主义政权在安哥拉和莫桑比克的建立，南非周围的冷战氛围反而加剧了。萨莫拉·马谢尔领导下的莫桑比克曾一度成为社会主义国家的成功典型，但很快，大批白人技术人员和经理纷纷离开莫桑比克，叛军发动的袭击使许多地区陷入混乱。安哥拉变成了两个超级大国争夺的战场：中央政府搬来了古巴军队，而美国和南非则支持乔纳斯·萨文比领导的反抗组织"争取安哥拉彻底独立全国同盟"（简称安盟）的军队。安哥拉被搞得四分五裂，在争取安哥拉的斗争中，两大阵营也渐行渐远。

在绝大多数罗本岛派看来，中央情报局是所有问题的罪魁祸首。曼德拉认为中央情报局是美帝国主义的特务组织，其目的就是"为所有国家的右翼势力撑腰，并试图通过暴力、阴谋和金钱颠覆和推翻合法的进步政府"。然而，正如他在瑞弗尼亚审判时所发表演讲中提到的，他对美国的民主体系仍表示认可和赞同，他还用美国的宪法和三权分立体制教育年轻的同志。但罗本岛上还是弥漫着反美的情绪。

1982年3月，曼德拉入狱已近20年了。在这些日子里，他眼见着西方世界一时偏右一时偏左，如今已经是里根和撒切尔夫人的天下。对于种族隔离制度，西方政府大多持谴责态度，但他们中却没有谁愿意为罗本岛的政治犯或流放中的非国大成员提供任何帮助。与此同时，越南和古巴的共产主义战士已经为大家指出了通往胜利革命的道路；俄国、东德以及其他国家的马克思主义者也在为非国大训练游击队员，向他们提供武器。非国大继续从东方阵营中寻求救赎：据苏联国家安全委员会的报告称，在南非黑人领袖看来，苏联是"唯一可以帮助他们的大国"。

20年来，随着古老帝国的全线撤退，非洲的版图几经变化。1976年，西苏鲁写道："席卷非洲的非洲革命叩响了南非的大门。但这扇大门如今却依然紧闭。"1980年，津巴布韦宣布独立，又一扇大门被打开，原来"白人堡垒"中的余党就只剩下南非和其殖民地纳米比亚了。维沃尔德、沃斯特、博塔——南非政府一届比一届更残暴，反击的火力也日渐加强。他们与其他被国际社会所不齿的国家及西方民主国家中的右翼势力结成了联盟。在全球反对种族隔离的抗议声中，南非种族隔离政府的统治仍固若金汤，因此，那些因为心怀希望而坚持着的罗本岛派们，要盼到他们所期待的未来怕是绝非易事。

23. 暴乱（1982—1985 年）

1982 年 4 月，罗本岛的指挥官芒罗准将来到曼德拉的牢房，通知他赶快收拾随身物品，要从这个岛上转移。来不及道别，曼德拉就与其他三人——西苏鲁、雷蒙德·马哈巴和安德鲁·马兰格尼登上了开往开普敦的渡船。暮色中，他们从船上回望住了 18 年的罗本岛，那已然成为他们的家。到开普敦后，荷枪实弹的警卫匆匆将他们带到一辆装有笼子的卡车上，他们就像牲畜一样挤在笼子里。在车上站了 1 小时后，他们被带进了波尔斯穆监狱。这个监狱很大，可关押 6000 名犯人。从外表看，波尔斯穆监狱给人阳光明亮、积极向上之感，事实上，其内部是个封闭的地狱。他们被带到顶层的一间大牢房，里面有四张床，床单毛巾齐备，还有独立的卫生间。在这个远离尘世的牢房里，曼德拉就要目睹他的国家陷入一场严重的暴乱，而对此他却无能为力。

波尔斯穆监狱的待遇比在罗本岛时人道了很多。犯人每餐可以吃到未变质的肉和蔬菜，允许看更多的报纸杂志，包括《时代周刊》和《卫报周刊》等；屋顶上还有一条长长的走廊，白天可以在那里放松休息。他们还可以享受到以前从没见过的东西，例如电视机、录像机和调频收音机。曼德拉甚至有自己单独的牢房，可以在那写信。与罗本岛相比，这里对他来说就像是五星级酒店，但他却觉得失去了方向，更加与世隔绝。他怀念罗本岛上的同志情谊、据理力争，以及原始的野性，那种感觉比这个钢筋水泥的房子更亲近自然。

曼德拉转到波尔斯穆监狱后不久，温妮来探望他，发现他外表看起来"非常非常好"。她惊叹于这座监狱建造得如此威风，看起来就像一所现代化的科研机构。她更惊讶于监狱看守还是儒雅的詹姆斯·格里戈雷，在罗本岛时他就是曼德拉的看守。同时，温妮对监狱人道的探视环境十分满意，他们可以透过玻璃清楚地看到彼此，通过扩音器听清彼此讲话。但她感到曼德拉的精神状态比以前更差了，身边没有朋友，还要遭受"精神的折磨"。

四人一致认为故意将他们从朋友身边分开，遣送到这里，是把他们当成了犯人首领。几个月后，非国大"高层领导机构"的另一位成员卡特拉达也被送到这里（马兰格尼不是其中成员），这更加证实了他们的猜测。但戈文·姆贝基仍然缺席。在罗本岛时，梅尔·哈丁认为政府认定这些人对其他人产生了很大影响，必须尽快摆脱他们，让他们远离其他人。但他认为政府行动得太晚了。

　　曼德拉、西苏鲁和卡特拉达 3 位老战友 40 年后仍然在一起并肩作战：他们曾一同经历过"藐视运动"、叛国审判和瑞弗尼亚审判，对彼此十分了解。卡特拉达在 1985 年 6 月写道："尽管有分歧和争论，但我们总能顺利地将问题解决。"但他们在优雅地老去："牢狱生活没能遏制衰老的脚步，但的确是起到了延缓的作用。"

　　曼德拉总是抱怨狱中的严酷环境，比如 6 个人住一间牢房，水泥地会渗水。但他最终还是向新环境妥协了：在 1983 年 6 月写给法蒂玛·米尔的信中他写道："我感觉挺好，就像年轻了 10 岁，唯一的不同是我不如在罗本岛时活跃了。"曼德拉与监狱指挥官芒罗关系很好，芒罗允许他在屋顶上修了个菜园。曼德拉每天都要花上两个小时，带着草帽和手套干活：他终于把屋顶变成了一座小农场，有九百株植物，包括各种蔬菜，如西兰花、胡萝卜等。

　　曼德拉在波尔斯穆监狱一年可以收发 52 封信。他记得所有朋友和孩子的名字，给他们的信中充满对往事的回忆。他怀念过去，同时也在努力适应着新环境。尽管深陷囹圄，但他并没有因此觉得自己离开了其支持者们。他会写信问候种族关系研究院前成员，比如在索韦托的朋友、邻居巴尼·恩卡纳；在希尔德敦教他拉丁文的昆汀·怀特夫人；在叛国审判中帮他筹款的艾伦·海尔曼。同时，他对越来越政治化的宗教人士更为关注。他对德斯蒙德·图图就任约翰内斯堡大主教表示祝贺。在给天主教徒伯纳德·库伯修女的信中，他说他非常期待即将上映的电影《大卫国王》，很高兴查德·阿滕伯勒爵士正在拍摄关于甘地的电影。

　　经过 20 年牢狱生活的曼德拉已经历练得英勇无畏。明知监狱管理员会看他们的通信，曼德拉仍然在给科浦·穆肯塔尼的信中写道："如果我不得不再过 20 年这样的生活，我也不会后悔。在精神上我并没有被束缚在大墙里，我的思想也绝没有被囚禁在牢房中。"他告诉巴尼·恩卡纳："被幽禁 22 年，不能公开表达自己的观点，从任何角度来说，都是一种毁灭性的打击，在这种情况下，人只想着能活下来就是最重要的事情……但你知道，人有种神奇的适应能力，在某些时候，可以适应任何环境。"他告诉另外一位朋友说："如果当时我能预见到今天发生的一切，我还是会做出同样的决定。但这决定令人胆怯，后来发生的悲剧摧毁了我心中坚定的意志。"

　　温妮的探视和信件仍然是曼德拉最重要的精神支柱。1983 年 3 月他告诉她："你的信对我而言就是强心剂。每次收到信我都感觉精神振奋。"他欣赏她信中鼓励的话，"那已经成为我们生活、爱情和幸福的一部分"。两年后他对她说："世上有很多可以为之付出生命的东西，对我来说，是我热爱的祖国和孩子们亲爱的母亲。"

但他也需要朋友。正是内心的力量和朋友们的支持使深陷牢笼的人们仍心存信念。他有一位美国朋友阿瑟·格里克曼在缅因州的农场，在写给阿瑟的信中，曼德拉说："我多希望还生活在农场。"他总是回忆起童年时的乡野生活。1986年，在给艾斐·舒茨的信中，曼德拉说："即使在城市里生活了这么多年，我内心深处仍然有着乡野男孩的情结。广袤的草原、灌木丛、绿草，无忧无虑的生活，都让我觉得活着真是一件美好的事情。"

曼德拉的阅读范围越来越广，他有伯纳尔的《科学的历史》、沙佩拉的《政府与政治》、舒尔曼和谢尔的《共和中国》以及萨米尔·亚敏的《西非的新殖民主义》。这些书都是卡特拉达偷偷带进狱中的。听说玛丽·本森正在写非国大的历史，他很高兴，他说："我们仍然对古希腊文学情有独钟，而关于卢图利和卡玛的作品也能激发我们阅读的兴趣。"他告诉阿德莱德·约瑟夫说："看小说和自传是我放松的方式。"但他更喜欢看政治小说。他很欣赏纳丁·戈迪默1979年的作品《伯格的女儿》，这部小说是以他的朋友布拉姆·费希尔斯为原型的。

但曼德拉对外界的情况了解得越多，他就越为不能参与其中而感到焦躁，因为他的国家正濒临内战的边缘。

1980年3月开始的"释放曼德拉"运动有效地宣传了非国大组织。正如后来戈文·姆贝基所说，这场战役标志着非国大回到了政治舞台的中心。坦博把1980年定为《自由宪章》之年，而该宪章是25年前颁布的。誓保非种族民主的"宪章倡导者"也再次准备好为之奋斗。转年，在共和国建立20周年之际，"反共和"运动爆发。从罗本岛释放的政治犯如今在南非大陆扮演了重要角色。1981年在哈拉雷遇刺之前，乔·哥加比曾在索韦托建立了一个"学习小组"，包括很多罗本岛黑人觉醒运动的前成员，有波普·莫勒佛、埃里克·莫罗比和墨菲·莫罗贝。在德班，印度和非裔年轻人正在策划一场大规模行动，并得到马克·马哈拉吉的支持。1980年人们的反抗精神来自多个政治群体，包括黑人觉醒运动、共产党和教派人士。但身在卢萨卡的坦博认为，非国大必须建立最广泛的统一战线，必须"将现有的和潜在的联盟纳入非国大的革命保护中，激励、鼓舞、引导、指引、带领他们同心协力对抗敌人"。

1982年，也就是曼德拉到波尔斯穆监狱不久，博塔使这次起义走向了错误的发展道路。博塔想要改变南非的宪法，让印度人和有色人选举他们自己的议员，以分化议会。但这项改革却将非洲人民排除在外，他们仍然没有选举权。这场运动本意是要瓦解非白人群体，却起到了完全相反的作用，激起了所有种族和政党要求建立统一战线的呼声。坦博将 1983 年称为"联合行动之年"，并呼吁"为国家自由团结一致"。

在开普敦的有色人群又发起了一场令人震惊的反抗。一般来说，他们比较保守，更倾向白人而不是黑人，还有很多人被新宪法所蒙蔽。但他们中远见卓识的领袖决心抵制分化反种族隔离运动的行为，并坚定地与非洲人民同仇敌忾。他们招募了一批勇敢的新兵，他们的勇气令曼德拉永生难忘。

荷兰归正教会有色人种分支的布道者之一艾伦·博萨克牧师最近成为世界归正教会联盟的主席。作为一位年仅 37 岁、声调激昂的神学家，博萨克不久就显露出贪慕奢华和令人怀疑的道德品质；但他是一位杰出的演讲者，经常被比作马丁·路德·金，并在维护人权方面十分善辩。1983 年 1 月，在约翰内斯堡的一次重要会议上，他首先呼吁建立统一战线。起初，这一说法只是一边倒，但随后得到积极人士的响应，成立了由所有种族和不同群体组成的指导委员会，包括释放曼德拉运动委员会。博塔政府刚一发布三院制议会计划，他们就发起了反抗。1983 年 8 月 20 日，也就是在白人议会讨论该计划的前几天，他们在开普敦郊外有色人群聚居的米切尔平原举行了大型集会，成立了一个新组织——联合民主阵线。发表公开演讲的是非国大的老成员弗朗西丝·巴尔德，她的演讲让人想起麦克米伦 20 年前的演讲《变革之风》。在演讲中，弗朗西丝说她嗅到"自由的空气"飘荡在整个非洲，并呼吁释放"我们的领袖"。她高声朗读了来自狱中的曼德拉的寄语，并称曼德拉是这次行动的支持者之一。

非国大对联合民主阵线的贡献众说纷纭，但对其领导阶层的影响却是巨大的。三位联合主席都是非国大成员：来自约翰内斯堡的阿尔伯蒂娜·西苏鲁（沃尔特·西苏鲁的妻子）、奥斯卡·姆佩塔（从西开普罗本岛释放的政治犯），以及来自纳塔尔的阿奇·古梅德。1982 年从罗本岛释放的波普·莫勒佛和特拉·勒科塔在再次被捕前，从黑人觉醒运动转到了非国大，并分别担任总书记和宣传委员。

1983 年 11 月，政府将"三院制"宪法交由白人投票者表决，这遭到了一些商界领袖的反对，其中包括亨利·奥本海默，一些白人自由主义政治家，以及预见到这将引起非洲人民反对的进步党人士范泽尔·斯莱伯特。但却得到了大部分商人和颇具影响力的英文报纸《周日时报》和《金融邮报》的支持。投票中，76% 支持新宪法，博塔获胜。他被冠以国家总统的新头衔，统领着白人、印度人和有色人，而非洲土著的话语权比原来更少。

不久，博塔与莫桑比克总统萨莫拉·马谢尔在科马提签署了"互不侵犯条约"，在排挤非国大组织上取得了外交胜利。照片中，身材矮小的马谢尔站在人高马大的博塔旁边，似乎象征着比勒陀利亚霸权的胜利和对武装斗争的沉重打击，用非国大的话说，这"令进步中的世界为之震惊"。但条约反而使非国大集中力量进行国内起义。

曼德拉听说革命遇到的阻碍，为自己的无能为力感到十分沮丧。他明白博塔看似在改革种族隔离制度，实际上是通过将印度人和有色人与非洲人分类而进一步延伸种族隔离制度。但1984年非白人三院制的选举结果令曼德拉感到一丝安慰：在拥有合法选举权的民众中，只有31%的有色人和20%的印度人参与投票。不久，事实证明新议会非但没有分化革命人士，反而将他们紧密地团结在一起。尽管统一战线的领袖遭到逮捕、拘禁和暗杀，但他们仍然齐心协力；他们松散的组织构架慢慢显现出其优势来，只要最高层开始转移，当地的小团体就可以随之转移。后来沃尔特·西苏鲁评价统一战线"决定性地逆转了博塔体制的占优趋势"。

在波尔斯穆期间，由于曼德拉被允许有更多的探视时间，他与外界的联系更加紧密了起来。曼德拉怀疑这些探视者是被博塔及其内阁派来"试水"的，而他则利用他们彰显自己的坚韧和适应不同环境的能力，并通过他们了解世界，跟上时代的步伐。

曼德拉开始被允许接受一些记者的采访：1984年8月，《兰德每日邮报》记者本杰明·波格伦采访了曼德拉，但此次采访未被允许报道。波格伦已经20年没有见到曼德拉了：他惊讶地发现，曼德拉的头发全变成了灰白色，脸上布满皱纹，两眼无神，但他的思路仍然十分敏捷，对任何事情都非常感兴趣——从罗伯特·索布克韦的遗孀到报纸的计算机化应用。不久，这份报纸停刊了，但曼德拉相信它的传统将永存。

基督教徒也被允许拜访曼德拉：1984年10月，开普敦大学教友派教徒凡德尔·马尔韦教授拜访了他。马尔韦致力于政治斡旋，一直很照顾温妮。教授称赞赞比亚总统肯尼斯·卡翁达是虔诚的基督徒，并直言不讳地问曼德拉："你是基督教徒吗？""当然是。"曼德拉回答。监狱看守詹姆斯·格里戈雷证实，曼德拉从不错过任何一次礼拜。凡德尔·马尔韦离开监狱时深受鼓舞，他说："这个人即将在不久的将来出狱参政，并成为政府一员。我们要为之祈祷。"

1985年1月，英国保守党拜访了曼德拉。来访者是贝瑟尔勋爵，一位身材壮硕的英国贵族，他说，当"一位身材高大、满头银发的男人穿着整洁的橄榄色衬衫和裤缝笔直的蓝色海军裤子走进房间，与我握手，并用标准的英语向我问候"时，他非常震惊。尽管身处牢笼，曼德拉仍然像一位将军。通过两个小时的会面，贝瑟尔"觉得要离开这位令人充满激情的人，真的非常不舍"。回到英国，在向撒切尔夫人汇报时，他力挺曼德拉，但她并没有支持无条件释放曼德拉的诉求。4月，曼德拉写信给贝瑟尔，询问撒切尔夫人是否与戈尔巴乔夫和里根有关联。但这封信始终未被投递——贝瑟尔被告知"曼德拉先生的回复恐怕要被延迟"。

不久，美国乔治城大学的萨姆·达什拜访了曼德拉。达什同样被曼德拉的高贵气质所折服："我觉得自己面对的并不是什么游击队员或者激进分子，而是一位国家元首。"操着"标准英式英语"的曼德拉，公开抨击政府承诺的改革，包括废除通婚法："你可能认为这无关痛痒。坦白讲，是否能与白人女性结婚或是与白人在一个泳池游泳并不是我最终要达到的目的。"他告诉达什，他认为白人也属于南非："我们希望他们与我们一起生活在这个国家，并与我们分享权利。"他明确表示希望能为国效力，同样也对未来生活中难以预料的困难感到担忧："我已经做好准备努力改善国家的现状，并就将权力移交给全体南非人民进行谈判。"

一股新的反抗情绪使抗议和暴力活动愈演愈烈。将黑人排除在三院制选举之外的行为激起了黑人聚集区的反抗——特别是在班图教育和地租方面。平民自发的反抗活动蔓延全国，联合民主阵线从中起到了一定的推动作用。非国大一直以来秉承的旁观政策有所复苏，并取得了一定的成就，特别是在约翰内斯堡以南的瓦尔三角地区。政府很快面临着即将失去黑人支持的局面，因此不得不调动军队控制反抗活动。"形势变得四分五裂，"温妮说，"完全失控了。"但后来，她却成为最无法控制的因素。

非国大在卢萨卡的领导人不能再像以前一样屈居人后了，他们密切关注着事态的发展。1985年1月上旬，坦博发布了一条引人关注的新年寄语："支持南非无政府管理"，并声明非国大已经"为这个目标采取了有力的措施"。波尔斯穆的政治犯们都非常支持这一提议，但很明显，这一政策对一个政党来说存在很大风险，因为这个政党很可能即将掌握管理权。据西苏鲁回忆："我非常担心无政府统治策略的消极影响——民间还有'戴项链'①之类的暴力行为，非常危险……我想麦迪巴也持同样的观点。"

但那时，除了"南非无政府管理"策略，狱中的人们其实并没有其他选择。"国际上的立场都是支持我们的，"西苏鲁回忆，"如果战略得当，我们没有理由不获得胜利。"白人自由党派人士和商人们都反对这一策略：亨利·奥本海默认为这是非国大最严重的错误。

与此同时，要求释放曼德拉的势头空前高涨。总统博塔面临很大的压力，不得不对此有所回应，并抓住此次机会展现自己"和平使者"的形象。博塔访问欧洲期间，包括弗朗茨·约瑟夫·斯特劳斯在内的德国右翼领导人向他提议说，只要曼德拉承诺放弃暴力活动，就可以释放他。博塔认为这是个很好的解决办法，回来后他告诉内阁说："如果曼德拉拒绝了，那么全世界都会明白为什么南非政府不释放他。"司法部部长科比·库切和法律与秩序部部长路易斯·勒格兰奇提醒他，曼德拉不会放弃他最重要的筹码。

1985 年 1 月 31 日，博塔对议会说，只要曼德拉承诺"无条件放弃武力这一政治手段"，就会释放他。曼德拉被叫到波尔斯穆的办公室，被告知了国会的这一决定。曼德拉决心要做一次公开的回应，当天晚上他精心准备了一份演讲稿，内容包括拒绝博塔政府的条件，保留与之谈判的权力，并表示反对非国大的分裂。温妮再来探望时，他将演讲稿交给了她。2 月 10 日，他的女儿津得兹在索韦托亚布拉尼体育场以"我父亲说……"为开场白，宣读了这份演讲。这份演讲表明了曼德拉忠于非国大和"我最伟大的朋友"坦博的坚定立场，并重申，应该放弃暴力的是博塔自己。只有博塔废除种族隔离制度、承认非国大的合法性，他才会接受释放："我的非洲人民，你们还未获自由，我不会，也永远不会许下任何承诺。"

这是 20 年来曼德拉的声音首次出现在公众面前，直接表明了他与非国大和联合民主阵线共进退的立场。民众陷入狂喜中。已经从罗本岛释放的特拉·勒科塔见证了当时的场面，他在给女儿的信中写道："我记得有好几群老人，挂着拐杖，坚定地朝露天的演讲台蹒跚走去。"津得兹的演讲结束后，许多人满脸泪痕地离开："他们听到了想听到的。"坦博对于演讲的效果非常满意，通过阿德莱德写信给曼德拉，信中以"教会"暗指非国大，以"麦迪巴恩主教"暗指曼

---

① 戴项链：将注满汽油的轮胎挂在受难者脖子上点燃，是种族暴力行为中最残忍的方式。

德拉，他称赞主教"充满睿智、振奋人心的话语在民众中广为传播……它吹响了团结一致的号角，并显示出在教会领导的世界里，即将开始一场变革"。

形势陷入了僵局。但博塔并没有像在公众面前表现的那样有所妥协。津得兹发表演讲后，他把司法部部长科比·库切叫到办公室，对他说："你看，我们把自己逼到了角落，你有办法扭转局面吗？"

此时，曼德拉仍在狱中服刑，暴力活动则愈演愈烈。1985年3月，沙佩韦尔惨案25周年纪念之际，暴力活动达到新的高潮，警察在埃滕哈赫杀害了19名反抗者。3个月后，在赞比亚卡布韦举行的非国大会议上，坦博警告说暴力活动将会升级，非国大将很难区分"硬目标"和"软目标"。他不主张全面起义，（他后来解释）因为他认为很难实现；但他提议黑人警察要准备调转枪口，指向他们的统治者。

无政府管理的南非似乎更可靠，但也给双方敲响了警钟。年轻的黑人激进分子向黑人警察和可能的告密者施行反恐怖行动，包括使用了臭名昭著的"戴项链"等方式，比勒陀利亚称这是"黑吃黑"。但不久以后事实证明，最严重的暴乱其实是由政府引起的。比如，1985年7月，一位叫梅基·科萨娜的年轻女子遭石头乱砸，并被活活烧死。几年以后，她的死被证明与政府的一项阴谋有关，这个阴谋造成了上百人的死亡。

政府仍然试图通过凯撒·玛坦兹马说服曼德拉同意流放到特兰斯凯地区。曼德拉对他侄子的坚持不胜其烦。1984年12月，曼德拉警告说如果再向他提起这件事，就会造成不愉快的后果："在任何情况下，我们都不会接受被流放到特兰斯凯或者班图斯坦之类的地方。"这位曼德拉心目中曾经的英雄深深地伤了他的心。"我们仍然很亲密，"两个月后他对法蒂玛·米尔说，"但自从他为政府卖命起，我们已经心生嫌隙。政治瓦解了家庭、英雄和崇拜者。"1985年，曼德拉拒绝了玛坦兹马的一次探视，这令他感到备受屈辱。但曼德拉警告他，不要再把两个人的关系扯进政治里。"如你所说，作为一个公众人物——无论他是个'危险的革命者'，或仅仅是班图斯坦领导人，既然可以接受他的形象被如此诋毁，他将不再配被我们视为榜样。"四个月后，玛坦兹马从"圣地"又写来一封亲笔信，内容如下：

> 很高兴通知你，在严格保密的情况下与你会面我会很愉快，在监狱之外与你会面我同样很愉快。

> 想你的，玛坦兹马

到 1985 年 7 月，许多黑人聚集区已经演变成坦博所说的无政府状态，约翰内斯堡周边已经陷入混乱。许多黑人警察逃离聚集区的家，住到郊外的帐篷里。政府警告说，非国大正在策划一场"两步走"革命，并要最终夺取政权。"法律和制度已完全被破坏，"英国 BBC 电台记者格雷厄姆·里奇报道，"如果没有武装部队的护卫，警察连最简单的盗窃都无法处理。"

7 月 20 日，政府宣布国家进入紧急状态，允许警察可以无限制地拘留和审问嫌疑人，但叛乱人群并未因此而有丝毫退缩。一个月后，通过与索韦托积极分子的谈话，我感到他们情绪上的转变：无论是孩子还是大人，都对胜利充满信心，而通敌者则对失败充满担忧。"宣布紧急状态意味着更严重的对抗，"坦博说，"叛乱将会彻底爆发。"

非国大的领导人，包括关押在罗本岛的戈文·姆贝基，都希望这次叛乱能引起一次"颠覆性革命"，可以让政府屈服。但让非国大最意想不到的是，对比勒陀利亚当局最严重的打击竟来自国际银行家和投资人。全球资本运动与道德审判结合在一起，这的确非常罕见，正如金融大鳄乔治·索罗斯所言："市场是理性的。"但这次，他也不得不承认，市场反对种族隔离制度，尽管令人匪夷所思。

英国和美国的电视媒体对黑人聚集区的斗争情况进行了报道，这使博塔对国家稳定的承诺不攻自破。反种族隔离的抗议者们对跨国银行的存款人和客户施加压力，迫使他们不再向南非投资或是出借款项。这一招起到了立竿见影的效果，连续两年，比勒陀利亚政府不得不狼狈地依靠国外短期贷款。最大的出资方是纽约的大通曼哈顿银行，南非当局向其贷款共达 5 亿美元。25 年前，大通银行被视作种族隔离制度的朋友，在沙佩韦尔惨案后，为维沃尔德政府提供了一大笔贷款。但 1985 年 7 月 31 日，即博塔宣布国家进入紧急状态 11 天之后，大通银行悄悄决定不再追加贷款，并追索到期的欠款。这个决定无关政治：银行董事长维拉德·布切对南非一点儿兴趣也没有，他只不过想平息纽约银行家和存款人的抱怨情绪。但这对比勒陀利亚当局来说却是巨大的灾难。其他银行也陆续收回贷款，兰特开始贬值，南非储备银行不得不以更高的利率从瑞士和德国银行贷款。

听到这个消息之后，狱中的曼德拉非常高兴，他五年后说："坦白讲，我没想到银行家会给予这么大的支持，这表明非国大和其他政治机构对国际社会产生了重要影响。"西苏鲁说："我们低估了银行家的重要性，他们这是在警告南非要当心。"在卢萨卡,奥利弗·坦博宣布:"银行拒绝追加贷款是我们斗争的重大胜利。"

总统博塔安抚银行家们的唯一方式就是做出巨大妥协,具体内容将在 8 月 15 日在德班召开的国民党大会上宣布。外交部部长匹克·博塔起草了一份演讲,承诺着手废除种族隔离制度,并释放曼德拉,演讲中提到"这次我们是在破釜沉舟、背水一战"。他以个人名义向美国外交官切斯特·克罗格等保证说总统"即将宣布重大决策"。在波尔斯穆监狱里,五名政治犯等待着博塔的讲话。

博塔的演讲令听众大失所望。

几周以来,好像随时都会有危机发生。根据国际市场研究公司(MORI)8 月中旬的调查显示,南非有 70% 的黑人和 30% 的白人预期会发生内战,而大多数黑人和一半的白人仍然认为国家可以由黑人和白人共同组成的政府联合统治。90% 的黑人希望曼德拉可以无条件获释,57% 的白人则不希望他获释。甚至有人推测曼德拉可能与博塔共掌大权:8 月 22 日,约翰内斯堡保守派报刊《星报》恶搞了一期日期为 1990 年的报纸,标题为《曼德拉威胁退出临时政府》。

通过操纵媒体,政府尽力将曼德拉描绘成一位暴力恐怖分子。博塔发表演讲后,《华盛顿时报》的右翼记者约翰·洛夫顿和卡尔·托马斯两次来探视曼德拉。与他们一起来南非的还有正统派基督教牧师杰瑞·福尔韦尔。曼德拉试图向他们解释自己被逼无奈采取武力的原因,而基督教徒有"权力使用武力对抗邪恶"。他说,美国是一个民主健全的国家,但南非的黑人没有投票权,被"中世纪遗留下来的殖民力量统治着"。结果,《华盛顿时报》的评论文章称"曼德拉力促'暴力革命'",文章开头写道:"纳尔逊·曼德拉,南非的恐怖分子和改革分子,认为'被逼无奈'只能采取暴力革命。"

如今,西方投资者已经对博塔失去了信心,在博塔发表演讲两周以后,他们又遇到了新的打击。艾伦·博萨克原本策划在波尔斯穆举行一场游行示威,要求释放曼德拉,并承诺"彻底改变南非的现状"。但就在示威前,博萨克被捕,随后爆发了多场骚乱。在一个"黑色星期二",我拜访了约翰内斯堡股票交易所:外国投资者对南非信心大降,兰特暴跌,截至歇市,兰特对英镑的汇率比去年同期降低了一半。大部分股票经纪人,包括南非白人,认为释放曼德拉是唯一的解决办法。不可能的人结成了同盟:国际资本现在站到了曼德拉这个老共产党一边。

对外国投资和贷款过度依赖的南非经济如今陷入了瘫痪。以加文·雷利为代表的一小部分商界领袖当机立断,飞往赞比亚与坦博及非国大成员会面。亨利·奥本海默对雷利此行感到"不安"，但他们完全被非国大领袖的敏感和智慧所折服：第一集团的托尼·布鲁姆说："很难想象，这是个如此充满魅力、平易近人的团体。"坦博说他痛恨暴力和苦难，但非国大不得不与国内的暴力活动做斗争。释放曼德拉是开启谈判的唯一通道。但此行后不久，又一次非国大炸弹爆炸事件使雷利退缩了。对于事情的如此急转直下，坦博非常不解："雷利是为平息暴力活动才来赞比亚的。"

经济危机进一步恶化。储备银行行长格哈德·德考克四处求援，希望银行家们能增加贷款，但根本无人理会。随后，博塔请来瑞士国家银行前行长弗里茨·洛伊特维勒斡旋。洛伊特维勒希望与出借人达成交易，但他拒绝见曼德拉和坦博。他说："我实在无法忍受与共产党握手。"最终，博塔向洛伊特维勒保证，他将实行新的改革，洛伊特维勒则负责说服银行家们能够暂时追加贷款。但在种族隔离制度下，国外银行家对南非的未来很难重拾信心。西方保守派认为制裁并不会起到实质性作用，但银行家撤资则会在迫使比勒陀利亚当局达成解决方案上起到决定性作用。

美国和欧洲的反种族隔离制度人士以更加有技术含量的方式强烈要求对南非采取制裁，并释放曼德拉。美国举行运动要求社保基金收回在南非的投资，国会的黑人权力组织开始发挥政治影响。但英美政府坚决反对民众施压。里根总统对撒切尔夫人说他乐于将此事交由她处理。撒切尔夫人有自己的想法。她注意到，与非洲其他马克思主义黑人国家的混乱相比，南非的自由经济方兴未艾；同时，她也认识到，南非有 100 万左右的白人拥有英国护照，一旦这个国家崩溃，他们就会离开南非，像葡萄牙人离开安哥拉和莫桑比克一样。她的右翼幕僚也在不断向她强调来自非国大的共产主义势力的威胁以及黑人部族分裂造成的影响。

撒切尔夫人拒绝采取制裁手段，并坚持认为可以私下以朋友身份对博塔产生影响。他们第一次会面是在 20 世纪 70 年代初，那时撒切尔夫人以教育部部长的身份访问南非，时任国防部部长的博塔带她参观了好望角。1984 年 6 月，他们的再次会面是在她位于乡间的首相官邸，午饭是由外交大臣杰弗里·豪陪同。她的态度并不热情，她说：她的私人助理查尔斯·鲍威尔认为博塔吓到了她。但她还是认为会对博塔产生一定影响。她耐心听他说完，然后建议他释放曼德拉，别再强行驱逐黑人离开家园，停止对邻国的欺凌。但博塔离开时还信誓旦旦地说："从她和她丈夫跟我告别时就可以看出，他们还是很尊敬我。"对于撒切尔夫人"一口咬定曼德拉是共产党"，他感到非常震惊。

1985 年，博塔宣布国家进入紧急状态一年以后，撒切尔夫人越来越担心。同年 9 月，她在南非召开了一次特殊的研讨会，有学者、外交官和政治家参加，但这些人都对非国大不抱有任何同情。10 月，坦博到访伦敦，首次与商人、银行家和政治家商谈。这是个突破。但撒切尔夫人不允许政府中的人与他或非国大的任何领导人交谈。她仍然认为他们是共产主义者：那些认为非国大可以成立政府的人，按她的话讲，"简直就活在想象里"。撒切尔夫人的怀疑并不奇怪：几年前在布莱顿，她差点在爱尔兰共和军的炸弹袭击中丧生。但非国大从没实施过类似的活动，而且与爱尔兰共和军不同，他们没有施行和平演变的投票权。

10 月，在对南非的问题上，撒切尔夫人面临更加严峻的挑战。在拿骚举行的英联邦会议上，撒切尔夫人反对"大规模"制裁，并成功将其限定为"微小"的范围之内。杰弗里·豪对此满腹牢骚，说她"这是对政府其他领导人的羞辱，置他们刚刚通过的政策于不顾，也降低了她自己的身份"。但她认可要有"智囊团"赴南非寻求解决方案；总统博塔很不情愿地批准了他们的入境。

团队一行七人，包括英国前大臣巴博勋爵、澳大利亚前总理马尔科姆·弗雷泽、尼日利亚前总统奥巴乔桑将军。他们决定拜会狱中的曼德拉。无论在南非还是在世界范围内，波尔斯穆监狱中的这位犯人都比以前更加有名了。1985 年 9 月，卡特拉达写道："你们一定都想知道与纳尔逊叔叔这样的'名人'生活在一起是什么样子，报纸和广播里几乎每天都有他的消息。""他的形象在人们心目中不断强化，"卡特拉达解释说，而他"也像普通人一样有自己的志趣、期待，以及好恶。"全世界都将希望寄托在了曼德拉身上，他似乎永远能够很好地控制自己的情绪——这有时会令其他狱友非常恼火。"无论他对一件事多感动或是多兴奋，他都能表现出一种令人难以置信的镇定，"1986 年 2 月，卡特拉达对法蒂玛·米尔的女儿切妮茨说，"我们都认为如果有一天他被叫到办公室告知明天就要被释放，他也会镇定地回到牢房，一个小时以后才告诉我们……他的言谈举止让人觉得他的情感没有起伏。"

目前，如何处置曼德拉已经成为一切解决方案的关键，曼德拉的安全成了首要问题。曼德拉如今已经 67 岁了，但身体非常健康。1985 年年底，在沃尔克医院的体检中，他被查出前列腺肥大——对于 60 多岁的男人来说，这属于常见病——但泌尿科医生威廉姆·劳布舍尔坚持要求动手术。部长们认识到，如果出什么问题，他们将被问责：波尔斯穆的指挥官芒罗警告他们，如果曼德拉死了，将爆发内战。另外三名医生也到医院进行会诊：曼德拉的家庭医生尼萨多·摩特拉纳，以及来自瑞士和约翰内斯堡的两位专家。他们都认为应该进行手术——但问题是谁主刀？令摩特拉纳感到意外的是，曼德拉坚持让开普敦的非洲白人劳布舍尔医生主刀。

手术前，温妮飞来探望他，在同一架飞机上碰巧遇到了司法部部长科比·库切。库切从布兰德福特的朋友皮特·德瓦尔那了解到很多关于温妮的情况。库切乘坐的是头等舱，但他认出了温妮，并向她表达了政府对曼德拉健康状况的关切之情。过了一会，温妮来到头等舱，在两小时的旅程中一直与他交谈。早前，曼德拉曾要求见库切，但杳无音信。飞机抵达开普敦后，库切决定去医院探望他。

在没有提前通知的情况下，库切来到曼德拉的病床前。曼德拉就像主人欢迎老朋友一样问候库切，让他大为惊讶。"他就像古代的一位学者，"后来库切说道，"像位尊贵、高雅、诚实、质朴的古罗马人。"曼德拉对非洲白人也很感兴趣，这使库切深受震动。曼德拉发现库切比他的前任吉米·克鲁格要礼貌很多，并注意到他在含蓄地试探自己：曼德拉怀疑他想达到某个目的，但并没有说明。他请库切帮忙让温妮回到约翰内斯堡。库切邀请温妮到他的官邸，并表示如果她承诺不会有任何扰乱社会安定的行为，就让她回约翰内斯堡，而温妮并没有做出任何承诺，但还是回到了约翰内斯堡，并且变得比以前更加革命了。

前列腺手术引起了曼德拉极大的兴趣。"医生无情地切开我的腹部。"他在给一位朋友的信中写道，"他们切开耻骨，摘走一个重要器官，在肚脐下面挖了一个洞，插入一根厚厚的管子。前面还有一根管子，还有一根像标枪那么长的针植入到前臂里"。但他"很尊敬那里的护士"。他注意到，重症监护室里的护士"对待每一位病人都像他们是这里唯一的病人一般"。他说，他希望死在大草原上，被树木和野花包围。如果死在城市里，他希望可以在这些护士身边微笑离去。

曼德拉这次生病以及官方的一些活动使坊间又开始泛起他即将被释放的传言，人们纷纷聚集到了监狱外。约翰内斯堡的《周日时报》催促总统博塔"抓住纳尔逊·曼德拉生病的时机——趁他未去世，一切还有转圜的余地——把他送到国外治疗，让他有去无回"。信息部部长将谣言归咎于"与铁幕有关联的人制造的假消息"。狱中的人们已经看够了希望来了又走。1986年2月，曼德拉在给卡特拉达的信中说道："希望一次次落空，我们已经被折磨得有些麻木了。"曼德拉想象着回到家的画面，想起了温妮做的美味饭菜。他对温妮说："如果有一天我回到家，没有吃到那些饭菜，我可要当场翻脸。"但1986年4月在给温妮的信中，曼德拉说："这里没有活生生的灵魂，即使是身处高位的人也是如此，谁知道我们什么时候能被释放呢。"

24. 无政府状态（1986—1988 年）

术后，曼德拉并未回到波尔斯穆监狱顶楼那间六人牢房，而是被单独囚禁在一楼。他的新住处还算宽敞，有三间小屋，一间用来休息，一间做运动，另一间可供学习用，但整个房间黑暗、阴冷、潮湿，几乎看不到任何自然景色：有 15 道紧锁的铁门横在他和外面的世界之间。如今没有了可以锻炼的露天平台，只有一个小院，四周全是牢房，里面关押的普通囚犯常常会朝着这位头戴草帽的老人破口大骂："嘿，黑鬼，你他妈凭什么无视我们？"不得已，指挥官命人给牢房的窗户装上了百叶窗，情况才有所好转。

这是曼德拉入狱 24 年以来第一次独处，他渐渐感受到来自外面的压力。他从来没有把自己当成民选之领。政府现在将他单独囚禁起来，这使他感到发挥主导作用的时机已经成熟。曼德拉的老朋友阿米纳·卡查利亚来监狱里探望他时，感到他的精神状态已达到了一个新的高峰："我有一种感觉，改变就是从那时开始的。他必须要承担起责任，并尝试取得突破。他意识到有一天他将出狱，有机会亲自实现民主。这便是他行动起来的原因。"

曼德拉为国内不断升级的暴力感到忧虑，他担心这会很快发展到任何人都无法控制的地步。曼德拉回忆说："如果不立即启动对话，双方必将很快陷入充满压迫、暴力和战争的黑夜。"曼德拉尊重政府的武装力量，与许多年轻政治犯不同的是，他不相信非国大可以通过此起彼伏的革命或军事上的胜利夺取政权。但他认为，敌人也开始意识到他们"站在了历史错误的一边"。曾做过牧童的曼德拉知道，"有时候羊群里必须有领头羊站出来"。但他可以不征求战友们的意见就轻举妄动吗？这是他做过的最艰难的决定。他对我说："我知道如果我征询他们的意见，得到的答案肯定是'不'；如果我继续坚持，他们则会采取行动将我驱逐出列。但我坚信，敌人自身已经想撤退了，只不过他们需要一个台阶。"

经过几天孤独的反思，曼德拉被允许与以西苏鲁为首的其他四位非国大政治犯见面。曼德拉本人对隔离囚禁并没有过多不满，他故意含糊地告诉他的老战友说，如果他独自一人的话，政府会觉得他更容易接近——他并没有说自己打算接近政府。他只是告诉他们："这样做会有好处的。"

曼德拉首先要打消坦博的疑虑，于是他请求乔治·比佐斯去一趟卢萨卡。

比佐斯首先拜访了科比·库切，库切详细地询问了曼德拉的情况。比佐斯两度拜访坦博，向他简要介绍了曼德拉和库切讨论的情况，并向坦博保证说未经非国大批准曼德拉是不会随便表态的。坦博征求了其他同事的意见，批准了开展初步协商的想法，然后发回消息，请曼德拉继续下去。随后比佐斯向曼德拉和库切进行了汇报，他说坦博和曼德拉没有什么不同。这对政府来讲并不是个好消息。几周后，曼德拉给库切写了一封信，建议对会谈事宜进行商讨，但并没有收到回信。

但与此同时，有新的进展出现了。1986 年 2 月，就在比佐斯第二次拜访坦博之前，英联邦七位"显要人士"代表中的三位已抵达南非，试图寻找开始政治对话的途径。尼日利亚总统奥巴桑乔将军人高马大，穿着长袍和露脚趾凉鞋，还不断扭动着脚趾。但奥巴桑乔很快便赢得了外交部部长匹克·博塔的信任，他认为奥巴桑乔是一个现实主义者。匹克·博塔后来写道，奥巴桑乔把这场冲突描绘为"两个民族主义者之间的斗争，他们都是为自己的国家好，但为了权力却相互攻击"。奥巴桑乔获许去波尔斯穆监狱探望曼德拉，曼德拉给他留下了深刻的印象。他向匹克·博塔保证说曼德拉并不是共产主义者，只是一个非洲民族主义领导者。

至此总统博塔表现出了更多的和解姿态，他似乎也在寻找释放曼德拉的办法。"显要人士"代表团到达的时候，博塔已经解除了国家紧急状态；没过多久，政府又废除了令人痛恨的"通行证法"，这被华盛顿方面誉为"重要的里程碑"。

3 月 12 日，七位显要人士均获许去监狱探望曼德拉，此行由科比·库切陪同。看到曼德拉的状态如此不错，七人都很惊愕——这让库切非常高兴："对我来说，这是一个荣耀的时刻。我觉得我战胜了他们，他们本以为见到的会是一个瘦弱的曼德拉，但他完全控制住了局面。"库切不顾曼德拉的恳求径自离开了房间，仅留下一名官员做记录。

他们发现曼德拉"孤立并且孤独"，但对他完美的外形和统御能力感到十分惊讶。曼德拉穿了件灰色细条纹三件套西装，那是裁缝特意为他赶制的，配着一双灰色鞋子。"你现在看起来像是一位首相"，监狱长芒罗评论道。他们在报告里写道："他浑身透露着权威，并且赢得了周围所有人的尊重，包括狱卒在内。"代表团里最保守的巴博勋爵也被曼德拉的自信和幽默打动了。

南非国内不断升级的暴力冲突让代表们感到震惊，他们认为"事件的发展已经越来越不受政府控制了"。非国大使南非陷入无政府状态的目标似乎就要实现——这是他们与政府抗争的主要武器，而这一武器却是一把危险的双刃剑。奥巴桑乔帮双方起草了一个措辞考究的"谈判理念"，即政府释放政治犯，而非国大则暂停暴力。作为双方对话的切入点，曼德拉没有征求同伴的意见便很快接受了这一条件，他解释说他们一定会同意的。代表团的提议令匹克·博塔备受鼓舞，他后来承认说这其中涵盖的所有元素正是政府四年后准备采纳的。但内阁中的强硬派因非国大仅同意暂停暴力，而不是终止暴力而踌躇不决：他们害怕非国大将暴力作为讨价还价的筹码："继续谈判，否则……"

　　失控的暴力行为的危险似乎在温妮·曼德拉身上得到了体现。温妮现在表现出了截然不同的两面。一方面，她是一名巾帼英雄，"一国之母"——这是1985 年一本关于她的书的书名。她说她从没那样称呼过自己，但她对自己作为曼德拉代言人这一独特的角色充满信心。"我可以自豪地宣称，我就是非国大，因为只有我有资格这样讲，而我的人民只要提到这个名字就会被杀害……"温妮现在更加直言不讳了，这让与她接触的人都有些受不了。她就像是一艘满帆航行的帆船，驶入了危险的风暴，把同伴和敌手都远远抛在了身后。对于眼前的危机，温妮有着独到的判断。在她被囚禁布兰德福特期间，我打电话给她：她对到访的政客都进行了尖锐的批判——从泰迪·肯尼迪到马尔科姆·弗雷泽。她对政府的批评也非常生动：1985 年 9 月，她对我说："南非白人一再犯错，感谢他们让我们联合起来。博塔说他是背水一战，事实上我们才是破釜沉舟。"六个月后，她又说："政府现在是囚犯，囚犯现在变成了狱卒。"

　　温妮越来越青睐暴力，而警方恰巧利用了她这一点。1984 年，从流放地布兰德福特回到索韦托的她似乎更加疯狂了。她身着卡其色军装，脚蹬士兵的军靴，头戴一顶贝雷帽。她对暴力的青睐终于变为现实。1985 年 4 月 13 日，在约翰内斯堡附近的芒希维拉，温妮发表了极具挑衅的声明，她的眼中燃烧着怒火："我们没有枪，我们只有石头、火柴和汽油，我们要团结在一起用火柴和'项链'解放这个国家。"

　　很明显，温妮在煽动人群使用暴力。根据紧急状态法，即使对这种语言进行报道也是一项严重的罪行，但海外的报纸和电视录下了她的讲话，政府很高兴能利用这一机会宣扬非国大的残暴。南非报业被激怒了：约翰内斯堡《星报》称温妮的话"极不负责任"。面对政府自身的暴力行为，非国大感到很矛盾。奥利弗·坦博始终不愿公开批评温妮的讲话，在哈拉雷举行的不结盟国家首脑会议上，坦博表示："我们也不赞成'戴项链'。但对于被逼无奈采取这种极端做法的人民，谁又能表示谴责呢？"私底下坦博是非常愤怒的，在伦敦，他让摩特拉纳——温妮在索韦托的朋友兼邻居，告诉温妮不要再发表如此言论。

温妮的确略有收敛，她声称她的讲话被断章取义，但并未表示收回相关言论。她改口说："我的声明并不代表我支持那种做法，这只说明因为严酷的种族隔离，我们现在必须面临这样的局面。"但她意识到自己正在挑战党的路线。"非国大正在寻求和解，对于那些在幕后操纵，想要把和平进程落到实处的人来说，像我这样极端的人的存在只会令他们非常尴尬。"而稍后发生的事情也表明，她和她的保镖正在着手更猛烈的暴力冒险。

曼德拉本人对任何鼓励"戴项链"的做法都感到非常震惊，波尔斯穆监狱中的其他囚犯也这样认为：卡特拉达说："我们希望南非陷入不可管治的状态，而不是'戴项链'。而在战场上，这两者是难以区分的。"

5月，"显要人士"代表团回到南非，他们对南非国内不断升级的暴力行为震惊不已——尤其是治安维持会，在警方的鼓动下，他们在开普敦郊外的寮屋营地"十字路口"攻击了南非民主统一战线的支持者。协议的达成似乎迫在眉睫。匹克·博塔似乎很乐观，他后来表示说，"代表团比人们想象中要更接近成功"。有新的传言称曼德拉即将获释。5月12日，曼德拉在给一位朋友的信中写道："每个人都在谈论这一消息，但事实摆在眼前，我们仍然在这里。"

5月16日，代表团再次到狱中会见曼德拉，会面地点是舒适的监狱招待所，还有可口的饭菜供应。曼德拉问他们总统博塔是否认真考虑了他们的"谈判理念"，代表团表示他们并不确定，曼德拉怀疑博塔只是想拖延谈判。他向他们保证说如果他被释放，他将能够控制暴力行为，但他希望确保政府部队从各黑人聚集区撤出，并允许他自由旅行。

代表团受到了鼓舞，飞往卢萨卡和坦博就"谈判理念"展开讨论。坦博也怀疑博塔在采取拖延战术，并怀疑他的诚信，但他认为这一理念能够赢得非国大同僚的支持。5月19日，代表团返回开普敦，将他们的提议交给内阁部部长委员会。强硬派再次坚持非国大必须承诺完全放弃暴力，并非仅仅暂停使用暴力；但代表团答复说："政府还没有同意谈判，这时便要求非国大断然放弃他们唯一的武器，这似乎有些并不合理。"交涉陷入了经典的僵局。

然而，曼德拉看到了获取和平的真正机会。当天上午，他请求与同事会面讨论提议，后来又与他的律师伊斯梅尔·阿约博以及温妮进行了会谈。他不明白大家为什么会犹豫不决。阿约博解释说他们需要时间去征求他人的意见，包括非国大领导以及南非民主统一战线。

科比·库切认为，总统博塔现在也不知如何是好了：他意识到必须尽快释放曼德拉；但又不敢表现出软弱。英美方面并没有对他做出的让步感激涕零，这让他非常受伤；而当时美国对利比亚的空袭又大大激发了他的侵略本性。他后来告诉我说："克罗格忘记了他自己的国家正在跨境袭击。"博塔突然变得强硬起来。当国防部部长马格努斯·马兰提出应对非国大在周边国家的基地进行军事打击时，博塔没有与内阁和国家安全委员会讨论，就批准了这一提议。

代表团还在斡旋，南非军队便开始了对卢萨卡、哈拉雷和哈博罗内的袭击——这些都是代表团刚刚访问过的联邦首都。袭击证实了他们最坏的预感，即不能信任南非政府。匹克·博塔后来也承认"这次挑衅有点过火了"。曼德拉认为，袭击行动"使谈判受到严重影响"。

代表团放弃了努力。他们和温妮·曼德拉共进午餐后，当晚便飞回国了，他们知道自己四个月的努力已化为灰烬。十天后，他们从匹克·博塔那里得知政府已拒绝"将暴力威胁作为讨价还价的筹码"，而且"对权力交接的谈判没有任何兴趣"。他们回复说再讨论下去也不会有任何结果。

总统博塔已下决心发起全面镇压。6 月 12 日，他宣布全国进入紧急状态，同时赋予警方更多更大的权力。他们包围了黑人聚集区，封锁了主要道路，搜查房屋，三周内就拘留了四千名黑人。博塔警告说他还没有动用到可调度军事力量的十分之一，但这已足以制造恐慌。那时候到约翰内斯堡，我发现，所有的黑人领导不是躲了起来就是在监狱里。唯一允许聚会的地方就是在教堂里：在那里，约翰内斯堡主教德斯蒙德·图图进行了一场激进的布道，他张开双臂，质问着："我们怎能眼睁睁看着这个国家被摧毁？"一切谈判的希望似乎都已落空了。

就是在这个时候，曼德拉决定采用一个新的策略。他并没有因博塔野蛮的暴力手段而推迟这一策略。他坚持认为，"最令人沮丧的时刻，正是启动一项新举措的最佳时间"。"显要人士"代表团认为双方存在进行谈判的必要的共同点，这令他颇受鼓舞。不久，国家情报局局长巴纳德声称自己已经为谈判做好了准备；他说自 20 世纪 80 年代初以来，国家情报局就一直建议政府称"任何试图以武力解决的努力都是不会有任何结果的"。但是现在却是曼德拉迈出了第一步——这也正是他经常提醒他的对手去做的。他要求会见监狱专员威勒姆斯将军（前罗本岛指挥官），与他谈论"关乎国家命运的重大问题"。四天后，威勒姆斯从比勒陀利亚飞到了波尔斯穆。曼德拉告诉威勒姆斯说他想见博塔，与他探讨非国大和政府进行会谈的问题。令曼德拉吃惊的是，威勒姆斯当场就给库切打了电话，库切马上表示他要会见曼德拉。

曼德拉很快被带到司法部部长在开普敦的官邸萨弗纳克，库切正在那里等待他的到来。会谈进行了三个小时，库切认真听取了曼德拉的意见并表达了自己的一些疑问：曼德拉可以代表非国大吗？在什么样的情况下非国大愿意暂停武装斗争？他们会给少数民族宪法保障吗？下一步有何计划？对于这一点，曼德拉毫不迟疑：他必须要见总统博塔。库切承诺一定会转达他的要求。之后曼德拉又被带回了牢房。关于这次会面，他没有告诉任何人，他已经着手准备进一步的谈判，并相信同事们会接受既成事实。但一连几个月，他都没有得到任何音信。

有迹象表明政府准备给他更多的自由。监狱副指挥官加韦·马克思中校主动提出开车送他到开普敦，在那里，他 24 年来第一次看到了平凡的生活，那种感觉就像是一个游客踏上了一片陌生的土地。"外面世界中人们的简单生活令人神往：老人们坐在太阳下晒太阳，妇女在购物，还有人在遛狗。"但同时他也注意到，被囚禁了近 1/4 个世纪后，如今白人的生活变得更富足、更奢华，而黑人城镇却比以往任何时候都贫穷。

狱卒詹姆斯·格里戈雷也有几次开车带他到开普敦郊外进行短途旅行，车后紧随一辆警车，车上四个卫兵手持机枪。他们从车上远望康斯坦博西植物园，参观盐镇兰格班；他们甚至还沿着帕特诺斯特海滨小镇附近的海滩漫步，而警卫则在路边监视。曼德拉认为短途旅行是为了让他适应环境——但也有可能是为了让他更渴望自由，从而接受妥协。但他愿意继续等待。

曼德拉现在可以接受更多朋友和家人的探视，甚至是"接触式探监"——他可以亲吻温妮，也可以拥抱他的孩子们。但是，现在仍没有轻松的环境让他可以多了解了解孩子。他的孩子现在都已为人父母，25 年过去了，他们和父亲越来越疏远。他的儿子马克贾托自 1983 年起就没再去看过他，并且决定从学校和大学退学。结束同雷妮的婚姻后，马克贾托再婚，然后被凯撒·玛坦兹马带去了特兰斯凯，留在了母亲伊芙琳身边，帮她打点交易店。曼德拉对马克贾托的长子曼拉有更高的期望，他在斯威士兰的学校成绩优异。曼德拉认为曼拉应该到约翰内斯堡来，这里他学习语言会更容易，而且可以"摆脱会阻止清晰思路的宗教灌输，清晰的思路对一个人的发展必不可少"。

曼德拉的长女梅基嫁给了特兰斯凯一所学校的校长艾萨卡·阿穆。1985 年7 月，她和丈夫一起到监狱探望曼德拉。之后不久，两人一起到美国攻读硕士学位。"我关心政治，但我不是一个政治人物。"《纽约时报》采访她时她如此说道。梅基比马克贾托更加自信，并认为自己没有得到父亲应有的重视。1987

年1月，她在给曼德拉的一封信中写道："虽然年岁不饶人，虽然您的身体欠佳，但您也不能不给您心爱的女儿写信呀？"她不赞同曼德拉干涉她的孩子，并为哥哥的自主权进行辩护：她在1988年2月给曼德拉的一封信中提到："作为父亲，你必须让他有机会行使他的特权和权利。我怀疑，他在感情上觉得没有得到父母应有的关爱。"他们之间的关系由于温妮的存在而变得更加复杂，温妮抱怨说她的继子女忘恩负义。曼德拉对梅基说："即使是出于礼貌，你们都应该对温妮妈妈提供的资金表示感激。"但狱中的曼德拉不可能知道温妮是怎样一个难相处的继母。

曼德拉对他和温妮的长女泽妮更有信心，泽妮嫁给了斯威士王子，育有三个孩子。1987年，在新保守主义派总统西尔伯的安排下，泽妮与丈夫一起赴波士顿大学留学。她为美国人对她祖国的全然无知感到惊讶，她在给父亲的信中写道："有些人认为南非在加勒比海的某个地方，有些人则认为她藏在尼日利亚附近的某个角落，相比而言，我们却对美国了解这么多，我真的觉得这不公平。"有时她也希望父亲不是名人："如果可以的话，我更愿意做个普通人，在一个不知名的地方过着普通的生活。我一直梦想着做一名模特……不过我想如果这样的话你会非常生气的。"

曼德拉有些担心津得兹，她和她的母亲温妮一样坚强而闯劲儿十足，并且也不想去读大学。1987年5月，曼德拉恼怒地给津得兹写了一封信，信中提到："当你妈妈告诉我你并没有去读大学时，我感到无比失望！"六个月后，他又告诉津得兹说："你过去九个月的所作所为，是你有生以来犯的所有无法启齿的错误中，最糟糕的一个。"

随着探视的增多和不时读报看电影，曼德拉的视野得到进一步开拓。1986年11月，令他非常高兴的是，恩师马修的遗孀、80岁高龄的弗丽达·马修来探望他。曼德拉称赞弗丽达"颇富学识，无所不知"，而马修也为他不抱怨、不后悔的精神所鼓舞。她在后来给曼德拉的信中写道："我忍不住想，耶稣被钉死在十字架上，必定也抱着同样的态度。"

他经常在电影中寻找安慰。他不太喜欢西部片，但监狱里经常放。不过，他现在可以要求从监狱外找他喜爱的电影看了。他特别喜欢贝纳尔多·贝托鲁奇拍摄的讲述中国最后一位皇帝传奇一生的《末代皇帝》，在他生日时，意大利大使送给了他一套这部电影16毫米的拷贝作为礼物。

但电影并不能代替外面的现实世界，那里动乱仍在继续。四年中，总统博塔不断更新国家紧急状态，"保安部门官员"组成了一个更彻底的警察帝国——士兵长期驻扎在各黑人聚集区，新成立了市级黑人警察队伍和治安维持会协助维持治安。半年时间里，2.5万人被拘留，5万多名活动分子被迫隐藏，南非民主统一战线遭到沉重打击。秘密警察负责人凡德尔·马尔韦将军对英国大使罗宾·伦威克说："这一次，我们已经逮捕了所有应该被逮捕的人。"

尽管镇压异常残酷，但仍然有人强烈抵制。南非民主统一战线起用了新的领导人，策划了抵制商店、抵制支付租金等激烈的抗议活动。新成立的南非工会大会（COSATU）也开始小试牛刀。1987年8月，矿工在西里尔·拉马弗萨的领导下开始了为期三周的罢工。虽然罢工并未取得预期的效果，却展示了他们的实力。正如拉马弗萨事后所言："我们感到澎湃的力量在血液中流淌。"同月，激进青年组织南非青年大会成立，为首的是激进青年彼得·莫卡巴，他也曾被囚罗本岛。1986年，德斯蒙德·图图成为开普敦第一位黑人大主教。在图图的领导下，教会领袖也开始发出越来越有力的声音。非国大游击队也获得了更大的成功：根据警方提供的数字显示，1986年非国大在南非共发起攻击231次，1987年则为235次。

警方的扣押行为使南非民主统一战线的力量严重削弱。1987年8月，他们的首席发言人墨菲·莫罗贝逃亡一年后被捕。1988年2月，南非民主统一战线和其他17个组织遭到取缔。政府不断宣传"黑吃黑"的暴力，以此来证明非国大应对目前的无政府状态负责。看到政府控制住了局势，那些担心会发生社会剧变的白人商人松了口气。包括颇具威望的政治学家汤姆·洛奇在内的许多观察家也认为反抗已经被扑灭。

同时，非国大也受到了酋长布特莱齐领导的英卡塔的严重挑战，这两个组织之间的冲突引发了双方不断升级的谋杀和暴力行为。布特莱齐仍然称曼德拉为朋友，并公开呼吁将他释放，但他却谴责"解放曼德拉"运动是一个诡计，并私下警告军方释放曼德拉是一种"不负责任"的行为。1986年，布特莱齐称他已经获准去波尔斯穆监狱探望曼德拉。曼德拉通过他的律师伊斯梅尔·阿约博婉转但坚定地转达了自己的意见，他认为在他获释后两人再见面会比较好。

在南非国内，布特莱齐逐渐成为曼德拉最强劲的对手。他可以接受电视和报纸采访，还能够随意出境旅游。他雇用了公共关系顾问，邀请保守党记者到祖鲁的首府乌伦迪，欢迎富有的外国支持者。他将一份名为《号角》的通俗杂志发往世界各地，杂志上刊登了他的大段演讲。他的宣传机器比非国大要有效得多，在卢萨卡，深陷困境的非国大官员甚至激怒了颇具同情心的外国记者，记者们发现想要接触到他们异常困难，即使是《纽约时报》的记者也一度在卢萨卡等候了三天。非国大的杂志《国家》在东德使用劣质纸印刷，并且只印发给左翼党派。非国大与外界断断续续的交流使许多外国记者和政客低估了它真正的民众支持率。

布特莱齐成为西方保守派的宠儿。美国和德国把他视为坦博和曼德拉理想的替代品。1985年2月，里根总统还接见了他。在与其顾问劳伦斯·凡德·普司特一起会见他之后，撒切尔夫人成为布特莱齐最具影响力的海外盟友。撒切尔夫人称他为自由企业的拥护者，并鼓励商人把希望寄托在他身上，而她的外交大臣杰弗里·豪则认为他"颇具慧眼但又坚定独立"。

直到多年以后，所有的真相才得以揭露：比勒陀利亚政府一直在系统地武装祖鲁势力以对抗非国大。而布特莱齐与总统博塔和国防部部长马格努斯·马兰密谋"创建一个非法的准军事部队来对付非国大"。1986年年初，这支部队创建起来，布特莱齐挑选了200名英卡塔士兵，在遥远的纳米比亚的卡普里维地带进行秘密训练。在那里，南非军队教他们如何使用火箭弹、迫击炮和手榴弹对当地居民进行武装威胁，其中包括以杀死所有居住者为目的的攻击房舍。虽然政府表面上谴责暴力行动，但政府自己的秘密部队却在一旁煽风点火，武装并鼓动祖鲁势力攻击非国大的支持者。

但在幕后，西方政府和总统博塔逐渐开始接受这个事实：如果不与非国大进行谈判并释放曼德拉，问题是无法得到解决的。

25. 失去的领袖（1983—1988 年）

　　随着南非日益濒临内战的漩涡，世界范围内要求释放曼德拉的呼声也日渐高涨。反种族隔离制的抵制运动愈演愈烈，撤资和制裁活动竞相上演。南非黑人的自由事业受到了越来越多人的关注，其表现形式也很多样，包括电视节目、电影及舞台剧等，其中有理查德·阿滕伯勒执导的有关史蒂夫·比科的影片《为自由呐喊》（1987），以及在百老汇大获成功的剧目《奔向骄阳》。

　　曼德拉是全球最令人瞩目的囚犯，在长达 1/4 个世纪里几乎没有人见到过他，因而也最具有神秘主义色彩：自 1965 年以来便再也没有公开过他的近照。曼德拉的形象已经成为南非人民英勇抵抗种族压迫的象征。他在大众眼中似乎超越了非洲所有宗派以及国家之间的敌对，成为全部黑人领袖的代表、最后一个为自由而战的伟大斗士。然而，人们对波尔斯穆大监狱里那个与复杂的现实相搏斗的人一无所知。如果曼德拉有一天真的出现在世人面前，真正的他是否能符合人们对这个神话的期待？

　　西方的反对种族隔离运动，尤其是银行抵制活动，对延长制裁起到了很大的作用。在保守游说集团的强大影响下，英美政府仍然不情愿和比勒陀利亚当局最后摊牌，保守游说集团还一直痛斥非国大为恐怖主义组织或共产主义组织。但分歧开始慢慢出现。

　　在华盛顿，美国国务卿乔治·舒尔茨和其非洲专家切斯特·克罗格逐渐对比勒陀利亚当局失去耐心；但是罗纳德·里根领导的白宫对博塔总统依然秉持着友好态度，中央情报局局长威廉·凯西也和南非国家情报局保持着密切的合作关系，这都让舒尔茨他们颇为受挫。1986 年 7 月，克罗格为里根总统准备了一份措辞强烈的有关反种族隔离的演讲稿，该稿件后被总统的右翼助手帕特·布坎南改写，转而强调南非白人所做出的牺牲并谴责"非国大成员精心策划的恐怖活动"造成的紧急情况。美国国务院显然已经失去了对美国外交的控制。克罗格称之为"1986 年外交政策重大窃取事件"，舒尔茨差点因此而辞职。

　　但是很快，国会就取代了白宫来制定外交政策。1986 年 8 月，参议院表决通过了一项全面制裁法案，禁止给予南非新投资、贷款、机场降落权以及石油出口。这对比勒陀利亚当局无疑是一个沉重的打击，因为这意味着今后它将失去国际贸易。1987 年 1 月，舒尔茨终于见到了坦博，他告诉坦博自己不希望非国大和巴勒斯坦解放组织一样孤立无援。他再三保证，比勒陀利亚当局终将会面对非国大，并警告坦博苏联人已是"确定无疑的失败者"了。坦博要求舒尔茨发动华盛顿和莫斯科的联合行动来反对比勒陀利亚当局。这次会晤的消息传来，为身陷囹圄的曼德拉带来了新的斗志。

华盛顿不明朗的态度使大家把更多的重点放在了撒切尔夫人身上；和里根相比，她对博塔能够施加更大的影响，却一直反对实行制裁。虽然此前派出的调停者都宣告失败，1986 年 7 月，她坚持派出外交大臣杰弗里·豪代表欧盟赴南非再次努力调停，虽然后者并不情愿。"博塔政府仍未做出我们期待的巨大的跨越，"豪后来写道，"曼德拉和其同事们还被羁押在狱，非国大以及其他类似组织还受到禁令限制。"撒切尔夫人依然拒绝采取制裁，然而，她不得不接受欧盟签署的一系列制裁条款，其中就包括禁止进行新的投资。

撒切尔夫人继续敦促博塔释放曼德拉，却认为监禁曼德拉和是否承认非国大二者互不相关，而她本人也一直不愿意承认非国大。直到 1986 年 2 月，英国外交官约翰·约翰逊才被允许与三位非国大领导在卢萨卡会面。而直至 1987 年9 月，杰弗里·豪才得到许可和坦博进行谈话。会议在外交大臣官邸志奋领举行。同为律师的双方同意各自保留对待暴力问题的不同观点。

1987 年 7 月，撒切尔夫人向比勒陀利亚派出了另一位更为激进的大使：罗本·伦威克，他将在未来四年内扮演一个微妙的角色。罗本·伦威克是一个头脑机敏、魅力四射的人，脸上总是挂着一丝谜一般的微笑。他对非洲的情况了如指掌，并曾在 1979 年津巴布韦独立问题中协助谈判。他个人将非国大视为解决所有问题的关键，并通过以挪士·马步扎等中间人与其保持着谨慎的联系。然而，在撒切尔夫人的指示下，他无法公开支持非国大，而且还要赞成她对布特莱齐的支持。根据撒切尔夫人的交代，伦威克的主要任务是敦促博塔总统实施改革，但是他与后者的第一次会见很难使人感到振奋。他终于等到了被总统接待的日子。"在他的书房里，只有一盏台灯亮着，让人脑海中联想到似乎是在地堡里觐见希特勒。"他在书中写道。看上去博塔并不担心制裁，却恐慌失去对整个国家的控制权：他说，除非自己病入膏肓，否则他没有任何释放曼德拉的意思。伦威克觉得博塔会顽抗到底，并感觉自己对他无能为力。

撒切尔夫人一如既往地和非国大处于对立面。1987 年 10 月，在温哥华举行的一次英联邦峰会中，非国大的一名代表抛出了一个问题，她打断这名代表并说非国大是"一个典型的恐怖主义组织"。众多英国外交官对其这一表现极为愤慨。杰弗里·豪抱怨说她"又一次推迟了进行谈话的可能性"，伦威克不得不提醒首相办公室他一直和非国大保持着低调的私人联系，而且卢萨卡的英国情报工作人员也正和非国大的领导们以朋友关系相处。牙买加保守派总理爱德华·西加在温哥华会议后评论说："如果她一直称非国大为共产主义组织，那终有一天非国大就会真的变成共产主义组织。"

实际上，就算原来苏联对非洲产生过威胁，这一情况现在也在迅速消失。米哈伊尔·戈尔巴乔夫于1985年掌权后，很快就意识到，苏联已经负担不起将势力扩张到非洲的计划了，于是在1986年10月举行的雷克雅未克峰会上，他告诉里根他希望从局部战争中撤退出来。至于对南非，莫斯科正收回其之前对当地革命给予的支持。1988年，莫斯科南非事务处副处长鲍里斯·阿索研说："以前总是觉得需要一场传统的革命来推翻少数白人统治的政权。现在我们认可，须通过政治途径来化解一切。"

1986年，与戈尔巴乔夫在莫斯科的一次谈话使坦博备受鼓舞，他发现戈尔巴乔夫学识渊博、善于倾听不同的意见。坦博觉得坚持马克思主义政策一点都没有压力：一年前，一位重要的苏联官员首次对非国大经济政策发表了评论，并建议他不要那么重视国有化——这让坦博大为惊讶。

比勒陀利亚当局有关"彻头彻尾的共产主义屠杀"的说辞显得极其空洞。但是里根和撒切尔夫人还在继续夸大着共产主义如何令人谈之色变，这使得博塔总统的残酷无情变本加厉，也进一步使西方商人和政客远离非国大。非国大成员急需掌握管理和专业技能，尤其是他们未来有可能执政，这种需求就显得更为迫切了——在此情况下，当时的禁令就显得更加可悲。坦博希望给非国大的年轻成员提供培训和工作机会，使其为政府和商业工作做好准备，这就是1986年成立南非高等教育工程（SAAEP）的起因。这一项目由一些具有远见卓识的捐赠者筹资，包括洛克菲勒兄弟基金会、大卫·阿斯特以及壳牌公司。但是美英政府并未伸出援手。

其实，非国大成员和南非白人之间的零接触并不是看上去那么绝对。当博塔和撒切尔夫人还在对共产主义革命者加以挞伐之时，少数有胆识的非政府机构就开始为其铺设秘密桥梁，誓要改变政治格局。位于纽约的福特基金会由黑人总裁富兰克林·托马斯管理，托马斯专门负责重大突破事件。1986年6月，该基金会安排了南非白人——包括极有影响力的团体秘密兄弟会的主席皮特·得·朗格——和非国大领导人的会面，其中非国大出席人员有塔博·姆贝基、马克·马哈拉吉和脾气暴躁的自由捍卫者塞雷茨·柯奥比。当柯奥比见到得·朗格时，忍不住跳起来吼道："我要开枪打死你，兄弟会成员！"马哈拉吉请求白人理解柯奥比愤怒的根源；会议结束时大家都很动情，柯奥比向得·朗格致歉并拥抱着他。塔博·姆贝基接下来和得·朗格共同进餐，这次用餐持续了较长时间，用姆贝基的话说，让南非白人对"作为人类的非国大成员拥有了正常化的看法"。

另一架桥梁是由弗雷德里克·范泽尔·斯莱伯特铺设的。他是在野党自由党的前领袖，1986 年 2 月由于呼吁协商解决问题而离开国会。"他打破了南非白人和白人领袖将种族主义神圣化的传统。"非国大秘书长阿尔弗莱德·恩佐说道。1987 年 8 月，斯莱伯特在塞内加尔达喀尔组织了一次会议，会上 50 位白人知识分子会见了非国大领袖。他们发表了一个联合宣言，呼吁协商解决问题，并取消对非国大的禁令。博塔总统的回应中透露出明显的怒不可遏："非国大正嘲笑这帮'好使的蠢材'的幼稚可笑呢。"但其实国家情报局也在暗中推动了此次会议。随后，局长内奥拉·巴纳德解释说："我们相信，没有非国大，就无法通过政治途径来解决问题。"博塔说自己乐见他们"自讨苦吃"。

一些大企业也感到有必要再次做出保证。在主席鲁道夫·阿格纽的领导下，塞西尔·罗兹的老矿业公司南非黄金公司依然是一股反对的势力：1987 年，南非黄金公司成立百年庆典，右翼史学家保罗·约翰逊为其撰写历史，炮轰了非国大"系统的暴力行为"。不过，虽然对外是这样宣称，1986 年 6 月，阿格纽同意为其政治顾问迈克尔·杨组织的秘密会议提供经济资助——这些会议的目的是为非国大和白人提供会晤的机会。1987 年 11 月，一行南非白人知识分子在牛津郡亨利的肯普利特·安格勒酒店会见了非国大成员。在接下来的两年里，双方的进一步会面增进了相互间的信任，很快塔博·姆贝基也参与了进来。虽然撒切尔夫人一如既往地将非国大贬斥为恐怖主义者，但讲求实际的南非白人与其之间的生意往来却一直不断。

连博塔总统对曼德拉的攻击也并非表面所见那般。1987 年，南非司法部部长科比·库切终于响应了曼德拉谈话的请求，邀请他来自己位于开普敦的官邸。库切当时已经不被博塔总统所信任了。博塔后来说道，库切"是一个有趣的矮个子。我总是觉得，和他说完什么困惑以后，事情会变得更加困惑"。然而，总统需要库切来解局，所以他们依然一直互通有无。

自此，曼德拉开始了最为孤独的煎熬。各国政要表面上对敌保持决不妥协的态度，却在私底下与其会谈，这在世界历史上颇为常见：比如尼克松对越南人的所作所为，或者约翰·梅杰很快将要对爱尔兰共和军采取的手段。但是曼德拉却置身于相当危险的境地。他独自一人面对政府，深知政府正在离间自己和其他战友，他脱不了与当今政府的干系。他虽身陷囹圄，却被卷入各种错综复杂的谈话中，这些谈话与比勒陀利亚、卢萨卡和英国各地进行的各种密谈紧密关联，而他对其他地方的会谈内容却不甚了解。一着不慎，足以摧毁他的领袖地位。

显然，库切正在想方设法释放曼德拉：从 1987 年至 1990 年，他和曼德拉在狱中一共见过 12 次面。曼德拉督促他先释放自己的同事，首先就是年届 77 岁的戈文·姆贝基，他的身体状况一直很差。政府担心姆贝基可能会死在狱中，最终于 1987 年 11 月基于"人道主义"同意无条件将其释放，同时政府也在试探公众的反应。曼德拉曾建议姆贝基要低调行事，但是他却接见了一大批亢奋不已的人们，并且公开声称自己是非国大的领袖。三周后，他被全天候监视的警方抓捕，并拘留于伊丽莎白港。警务处处长抱怨他鼓动年轻人继续顽抗，并给非国大的活动提供了平台。在卢萨卡，非国大意识到"出现了意外"，而且政府已经惊慌失措了——这样一来就可以对暂不释放曼德拉找个借口。不过，坦博说："如果曼德拉被释放，他也不会一言不发的。"

显然，当局希望姆贝基的释放有助于离间非国大的马克思主义派和保守派；气氛势必更加紧张。姆贝基离开罗本岛时，曼德拉曾告诉他自己正和政府谈判，却并未透露细节；姆贝基被释之后，很快就有众说纷纭的谣言，直指曼德拉的背叛，在后来两年内还到处流传着这种说法。就连在卢萨卡的坦博也感到极为震撼。然而，曼德拉还是不断地和政府谈判，并坚信坦博会理解的；最终确实是坦博避免了党派的分裂。

1987 年年底，库切建议曼德拉和四位成员组成的小组进行更为严肃的讨论，这个小组的组长正是库切自己，还包括两位高级监狱官员——他们可以假装就监狱里的条件进行讨论。但会谈最关键的成员是南非国家情报局负责人内奥拉·巴纳德博士，巴纳德年仅 36 岁却已经和总统关系匪浅。早在 1984 年，在博塔的默许下，南非情报局就已经在日内瓦和非国大尝试接触。巴纳德坚信"在我们无路可退之前"一定能与非国大之间达成协议。曼德拉知道巴纳德的加入能够加大谈判筹码；但他不想离间其与总统的关系，因为后者才是他的终极目标。因而，他同意和他们所谓的"团队"见面，但是坚持要先征求楼上四位狱友的意见。他和四位同事分别谈话，了解了他们认为应该如何和政府谈判，但并未提及巴纳德及其团队。雷蒙德·马哈巴和安德鲁·马兰格尼很乐意谈判：因为他们盼望这一天已经很久。西苏鲁却觉得应该先等政府迈出第一步，并怀疑这是一个圈套，企图利用布特莱齐和其他人针对非国大；他告诉曼德拉希望他知道自己正在做什么。卡特拉达则显得更为忧心忡忡：他认为非国大这样做是在让步。不过，曼德拉从不认为自己处在谈判的劣势，他将勇往直前。

曼德拉对谈判的期望在某些方面和卢萨卡非国大成员的新思想不谋而合，某些方面则与共产党的新思路一致。"我相信，南非的过渡将通过谈判来实现，"乔·斯洛沃于 1987 年 3 月的一个深度访谈中说道，"如果明天就有和平解决问题的可能，那我们将第一个站出来说：'那就行动起来吧。'"然而，非国大担心西方势力以及比勒陀利亚当局有着不可告人的计划，他们看到的迹象表明，美、英、德三国正在策划自己的方案，并将迫使非国大接受；他们还发现有些以前并不熟知的中间人给自己介绍其他访客，包括波士顿大学的保守派教授艾伦·韦恩斯坦（和美国中情局有联系），他就建议和博塔内阁进行非正式会谈。1987 年 10 月，非国大形成了自己的文件：《对谈判倡议的回应》。文中一再重申了自己的终极目标，即"摧毁种族隔离政权，将权力归还人民"。但是同时也强调必须"随时准备着迎接由军队而非我们自己发起的任何行动"。

流亡的非国大成员和南非境内的南非联合民主阵线的同事之间的联系日渐紧密。1987 年 9 月，在津巴布韦首都哈拉雷举办的"儿童大会"为坦博及乔·斯洛沃等在卢萨卡的领导人提供了机会，使他们初次见到了来自南非的激进主义者们。会议也为境内外的领导人之间提供了难得的会晤的机会。由于受到其在达喀尔和南非白人会面的鼓励，坦博的讲话十分乐观，但他并没有看到博塔总统有所表示，因为后者此时仍然将非国大列为马克思主义谋杀犯。

坦博第一次在背后对曼德拉的行动表示了担忧。他深知自己受到曼德拉的充分信任，不过听到有关曼德拉的秘密谈话后，坦博表示担心，并向狱中传话询问他此番所为何事。"听上去，语气很吓人，"曼德拉回忆说，"因此我也决定要十分坚定……我只补充了一句话：'非国大和政府之间的一次会议。'"

1988 年 5 月，曼德拉和四人小组第一次见面，地点就在波尔斯穆监狱内部一个官员俱乐部，此处环境十分舒适。在接下来的几个月里，他们基本每周见一次，有时候一次会议要持续七个小时。曼德拉每次会议前都会仔细准备，将其囚室变成一个临时办公室。内奥拉·巴纳德显然是政府派来的主导者，比另外三位都更强硬也更足智多谋，冷漠且精明圆滑。不过，他对自己的对手生出了欣赏之情，而曼德拉则对巴纳德"低调的聪颖和自律自治"留下了深刻的印象，但又为其对非国大的误解所震惊，因为他的信息都来自警方和情报处带有偏见色彩的资料。还有一些有关曼德拉精神状态的负面报道。1988 年 5 月，来自劳伦斯上校的报告中指出曼德拉的情绪状态稳定，并未发现精神疾病；但是，

"他对南非政府的态度依旧如故，毫不妥协。他并不准备放弃暴力"。

曼德拉和巴纳德又回顾了一遍原来的讨论。巴纳德再次申明只有曼德拉同意放弃暴力，博塔总统才有可能和他见面；曼德拉也再次解释，暴力始自国家，如果国家采取和平手段，那么非国大将和平应对。巴纳德坚持认为非国大被共产党所控制，只有等非国大与其决裂后，政府才可能开始与之谈判。曼德拉则解释说，非国大中的共产党成员绝非什么"邪恶帝国"；他本人也绝不会因外人的言论而对其转变态度。他暗示，既然以巴纳德为首的四人团队并不能使自己回心转意，那么他们必须意识到，"是什么使你们觉得共产党能在你们失败之处取得成功呢"？

曼德拉知道巴纳德还在寻求和非国大的其他成员取得联系。"我们听说塔博·姆贝基也愿意谈判，"巴纳德告诉他，"如果我们和他谈判，你会反对吗？"曼德拉问这样做有什么必要性："他年轻能干，才华横溢，忠心耿耿；但是如果你们要和他进行密谈，他还来不及向党内汇报，消息就会走漏，这样你们会毁掉他。"他倾向于让巴纳德和坦博本人去谈。但是巴纳德还是和塔博进行了联系。

因而，塔博成为这个错综复杂的局势中一个关键的玩家。曼德拉第一次见他是在 1961 年，当时塔博在反对共和国罢工中组织学生运动，从此之后曼德拉就觉得可以对其加以信任。塔博精于和南非白人打交道，确保自己理解对方的问题：正如他自己所说，他学习"从他们的历史根源着眼"。他经常和他们一起喝酒、抽烟、聆听、分享他们的笑话、理解他们的历史，逐渐使其解除了对黑人极端分子的恐惧。不过他从来没有忘记非国大的既定目标。当塔博开始和巴纳德的朋友谈话时，曼德拉意识到"他向组织汇报了，说明他很敏锐。他这么做是对的"。

双方第二次在肯特会面时，非国大团队由塔博带队，而白人则增加了一个宪法专家和一位商人。姆贝基对白人的无知感到惊讶：他曾无数次向他们保证他们不会出卖自己的人，而曼德拉的释放将拉开和平谈判的序幕。迈克尔·杨回忆说："塔博可比其他人强多了。令人尴尬的是，白人没有见过他这样的人：他在国际圈子里游走自如，而这是他们梦寐以求的。"不过双方最后不断靠拢。南非白人同意在谈判之前非国大不需要单方面放弃暴力——这正是博塔总统一直不肯让步的地方。塔博向他们保证，一旦释放非国大领导人，可以从一定程度上制止他们的拥护者的暴力行为。

在南非国内，大众除了知道那个神话般的魔鬼或英雄，他们对真正的曼德拉的密谈或活动都一无所知。如今，曼德拉的名字又一次不知不觉地出现在了报纸的标题中，他的照片也不再被禁止刊登。

1988 年 7 月，曼德拉的国际声誉因其 70 大寿而得到提高。在伦敦，英国广播电台计划在 7 月 11 日直播一个名为"70 岁的自由"的大型摇滚音乐会。比勒陀利亚当局对此愤怒不已，甚至威胁要将英国广播电台彻底赶出南非，24 位托利党议员也抨击英国广播电台支持恐怖主义者；专栏作家、托利党员沃尔特勋爵在《世界新闻报》上写道，曼德拉和非国大正试图创建"一个共产主义式的黑人独裁帝国"。然而，音乐会还是照常举办了，现场 72 000 位观众和 60 个国家的 2 亿电视观众都观看了这场盛会。卡特拉达从波尔斯穆大监狱中给保罗·约瑟夫写的信中说道："除了上帝的生日，没有谁的生日像纳尔逊的 70 大寿这般受到这么多人的庆祝，你不感到震撼吗？"南非广播公司评论说，这次美化纳尔逊·曼德拉的活动"已经降级到由无知滋养出的新层次的精神愚昧"。

随着暴乱的危险日益逼近，就连南非几家保守的报纸也呼吁释放曼德拉。在曼德拉生日前夕，在约翰内斯堡艾里斯公园球场门外，一辆车上被安装了威力巨大的炸弹，爆炸造成了 2 个白人死亡，35 人受伤。约翰内斯堡《星报》发出警告，如果曼德拉死在狱中，那么就会成为人们心中的圣者，但是"一旦他被释放出来，曼德拉这个神话就会被政治的现实所粉碎"。甚至一贯亲政府的白人日报《映像报》也评论眼下是释放曼德拉的最佳时机：他已经取得了英雄般的地位，一旦被释放，他将难以保持名副其实。信息部部长回应说，政府并没有看到"在目前阶段"有释放曼德拉的必要性，而诸位编辑显然并不了解政府对眼下局势所掌握的内部消息。后来结果表明，连部长本人也并未掌握这些信息。

南非黑人现在更加清醒地意识到曼德拉是他们失去的领袖，眼下正振翅待飞。刚过完曼德拉的 70 大寿，尤瑟夫和阿米纳·卡查利亚就来拜访他，他们已经有 26 年没有相见了。曼德拉让卡查利亚夫妇给其支持者带去一条信息："我对诸位深表谢意，而且对未来充满憧憬。"几天后，曼菲拉·蓝菲勒博士来看望曼德拉，她是被谋杀的黑人领袖史蒂夫·比科的情侣，也是比科一个儿子的母亲。看到监狱守卫对他的遵从，她感到不可思议。有他在场，她有点不知所措："从内而外的权威和优雅……每次话题转变时都可以看到他优秀的社交能力——他并没有屈尊俯就就让我感到轻松自如。"

但事实上，曼德拉的健康状况并不好：他经常咳嗽，他自己觉得主要原因是监狱太潮湿。他 70 岁生日后的第三个星期，即 8 月 4 日，波尔斯穆监狱里的另外四个囚犯得到许可，可以和曼德拉共度几个小时。他很高兴，不断谈论着老朋友的新消息，而且言语犀利。"作为律师的他还如从前一样敏锐、睿智且充满活力。"卡特拉达后来写道。但卡特拉达也第一次表现出了对曼德拉健康的担忧："他咳嗽得很频繁，他说话只比耳语的音量大一点点。"

几天后一个医生来看曼德拉，给他做了一个简单的检查，之后，他在部队车辆保护下被送往了斯坦陵布什的泰戈博格医院，这里整整一个楼层被空出来，周围有武装士兵把守。接待他的是一个温和的年轻医生，做了一些检查后，大夫告诉他身体状况良好。但是第二天，生硬的德考克教授出现了。他敲打着曼德拉的胸部，发现一边比另一边更大，于是诊断肺部积水。曼德拉在泰戈博格住了六个星期，在德考克医生的护理下逐渐恢复。他觉得是"在专家的治疗下"，所以对自己的健康很有信心。出院时，他已经把德考克当作知心朋友了。

病情公告言简意赅，只是说曼德拉"左侧胸腔积液"，换言之，即他左侧肺部有液体，并未再透露半个字。医生们对他的身体状况很满意。就在曼德拉住院后第二天，温妮和伊斯梅尔·阿约博赶过来了，她充满忧虑，责备监狱忽略了曼德拉的健康。各种猜测纷至沓来，人们的担忧之情也随之升温，政府似乎感到了惊恐。信息部部长找不出任何羁押曼德拉的理由。司法部部长库切则"极度烦躁不安"，并对事件"亲自过问"。一名瑞士肺病学教授也来了，指出完全康复的几率很大。伦敦《星期日泰晤士报》报道说，政府明显意识到"比起释放曼德拉，唯一一件更糟糕的事就是让曼德拉死在监狱中"。

远在卢萨卡的坦博开始为曼德拉的即将被释谋划；但非国大怀疑博塔总统背后有不可示人的计划，而且在11月下旬，他们的执行委员会在一个关键会议上对此加以讨论。他们认为"政府计划发起一次政治改组，并开始毫无成效的谈判以此来拖延时间"。比勒陀利亚当局将给非国大施压，要求他们对自己的行为"负责"，政府的行为得到了撒切尔夫人的支持，她计划在曼德拉出狱后来访南非，并预见到英国人将在南非未来宪法制定上扮演裁判员的角色。

坦博对布特莱齐所扮演的角色尤为担忧。在1986年拒绝了布特莱齐的来访之后，曼德拉又给他捎信希望能够与之见面。坦博本来是反对这一会面的，后来他意识到曼德拉是想在自己出狱后再见布特莱齐。坦博对执行委员会说道："纳尔逊·曼德拉认为他能够动员外部人员加入我们的行列，他以前确实能够做到这一点。"他觉得应该警告曼德拉，布特莱齐正寻找被认同的可能性，之后就会按照自己的方法行事。"布特莱齐对权力充满强烈的欲望，他可能会利用纳尔逊·曼德拉，只要一切符合他自己的利益……玛格丽特·撒切尔足够精明，"坦博补充说，"一定能意识到没有纳尔逊·曼德拉，非国大和布特莱齐之间的敌对就会持续下去。"

非国大决心保持自己的武装力量。他们必须保证"不会由于曼德拉被释放就偏离原来的抗争道路"。他们考虑在索韦托组织一次集会，"与各地的爆炸行动结合起来"，而且有必要规划"长期的暴动局势"。曼德拉一定会反对任何限制。"武装抗争要在曼德拉出狱前升级，"坦博说，"这样一来，政府就没法对释放曼德拉提出任何条件，不能要求他放弃武力斗争。"执行委员会得出一个结论，曼德拉必须拿出一份行动规划，和组织内其他领导协商："他本人和行动组的意见必须完全统一，这非常重要。"他一旦被释放，全国上下都应该报以热烈的欢迎，口号必须响亮，例如"欢迎人民领袖回归"！

但是波尔斯穆监狱里的囚犯对是否能够被释放却抱有怀疑。9月16日，卡特拉达告诉朋友辛格说："根据以往的经验，我们没有任何理由乐观地看待整个事情。"尚在医院的曼德拉不久意识到政府另有打算。在泰戈博格待了六个星期以后，他被转移到了更加舒适的君士坦蒂亚堡诊所。

就是在这里，曼德拉意识到自己还不会得到自由。他在这里的第一天就见到了来访的科比·库切，之后巴纳德和其团队恢复了和他的会议。库切解释说他现在可以将曼德拉挪到另一所监狱，在那里，他将"处于从监狱向自由的过渡"。他正进入一种奇怪的不确定状态，位于各种事件的边缘却又似乎还在漩涡中心，因为他知道国家未来能否和平掌握在自己手中。

26. "犯下滔天大错"（1987—1989 年）

在进行政治谈判的同时，曼德拉还面临另外一个更为棘手的问题——那就是越发桀骜不驯的妻子温妮带来的麻烦。这位夫人如今愈加难以约束，甚至还卷入了暴力和谋杀事件当中，这使人们看到南非噩梦般的一面。她这种不加节制的行为只会加速政治危机的到来，并把国内外的非国大领导卷入其中。

1988 年 7 月，温妮与自称是美国企业家的罗伯特·布朗做了一笔交易，交易内容是曼德拉名字的使用权，正如罗伯特对外界宣称的，温妮给了他"全权委托书，可以在世界范围内使用曼德拉全家的姓名"。这使曼德拉开始体会到温妮在财政上不负责任的态度。7 月 22 日，布朗和温妮一起到波尔斯穆监狱看望了曼德拉，但是曼德拉收到来自伦敦的警告，让他回避这个人。他坚决反对布朗和温妮签署的协议，并告诉他去找自己"最亲密的朋友和同事"坦博。

温妮对暴力事件的参与是曼德拉面临的更为棘手的问题。在索韦托，温妮出现在武装抗战的第一线，她的房子就是据点。很多年轻人都拿起了武器，整个黑人聚集区面临着内战的危机。民主联合阵线的财务长爱资哈尔·卡查利亚后来描述道："截止到 1985 年，上千名无党派年轻人迷失了方向，他们当中很多人很大程度上受到曾被拘留的经历的影响，将自己视为自由斗争的战士。"他们组成了自己的武装帮派，标明各自的领地以及禁区。这些帮派很多都与武装斗争以及民族之矛有关，但是民主联合阵线的领导人由于遭到大规模逮捕和拘留，力量被大大削弱，因而无法控制他们。而警察当局通过一些内线打入这些帮派，对其施以离间，激起他们之间的相互猜疑、背叛和报复，却从不干预他们和温妮的关系。

非国大的领导人都焦急地关注着温妮，而后者自从布兰德福特回来以后就越发地凶猛残忍且无所顾忌。自从 1986 年 4 月发表"项链"演讲之后，温妮变得更加激进好战，并亲自发动了对抗政府的活动。她将自己塑造成偶尔身着制服的游击队员的形象，庇护来自北方的民族之矛难民，并声称自己在执行克里斯·哈尼的命令，而后者正是民族之矛在南非境外的领导人。她认为在战场上必须使用暴力。

当地的领导们已经放弃约束温妮，不再试图将她控制在其组织的框架之内了。九年后，真相委员会将部分责任归咎于他们，因为"当问题出现苗头的时候，他们没有对她的行为加以限制或管束"。不过，她当时是那么桀骜不驯，而且还有一众大权在握的朋友。

温妮的朋友也警告她要注意保护自己。从 1987 年开始，她身边就跟着一群被称为"曼德拉联合足球俱乐部"的男孩，这些年轻人就住在她家屋后。来访的客人可以看到这群孩子穿着足球服从前屋跑进跑出。起初，他们似乎确实只是在保护温妮不受敌人的暴力侵犯。温妮的邻居德拉米尼太太说道："他们举办这个足球俱乐部伊始，每个人都很羡慕他们。我也这么想，因为我们都爱温妮。"尼克德缪斯·索诺说："她从前不仅是一位母亲，也是一位充满爱心的人。即使你带着满腔仇恨去温妮家里，她也会尽其所能地帮助你。"但邻居们很快就开始怀疑足球俱乐部对其他索韦托人制造了比警方更多的恐怖事件。曼德拉被关押在狱中的时候，就有人警告他有关温妮的足球俱乐部一事，还说这个组织应该被解散。但足球俱乐部一直未解散。足球俱乐部是南非本土自发形成的众多治安保卫帮派中的一个，但无疑是危害性最大的一个。

转眼到了 1987 年年初，社会上流传着很多关于温妮家后院密室中令人毛骨悚然的酷刑和谋杀的传言。真相委员会的报告中指出，显然，"曼德拉家后院的混乱对警方是很有利的，因为它制造了和解放运动不和谐的声音，而当局政府自己恰恰难以做到这些"。虽然温妮早年间曾遭遇过警方的迫害，但她现在似乎完全没受到警方的干扰，她和她的帮派成员在索韦托开着自己的小巴招摇过市却从未遇到任何麻烦。

1988 年，足球俱乐部参与了一场地盘争夺战，对手是来自附近达利旺加高中的帮伙。1988 年 7 月，一伙达利旺加的支持者在实施了打架、斗殴以及强暴的暴行之后，带着汽油罐来到了曼德拉家里，将他的房子点燃。警方和消防队就一动不动地袖手旁观。温妮发狂地赶回来，只看到自己被毁掉的家，家人的文件、信件以及她当年婚礼上留下的一块蛋糕全都被毁掉了。

很快，狱中的曼德拉得知了家中遭到攻击的变故，并因家里宝贵物品的损毁而异常难过。他在 8 月 1 日给温妮的信中写道："毁掉屋里的东西真是很可恶，我对此深表憎恶和谴责。"但他告诉自己的律师伊斯梅尔·阿约博说他希望这次不要报警，不要起诉或进行政治迫害："这件事将会由索韦托的人民来解决。"

在老屋修复的过程中，温妮临时租了位于狄普克鲁夫一座更豪华的房子，里面装了按摩浴缸，这些都是她那位美国企业家朋友罗伯特·布朗一手安排的。她的手下也一并搬了过来，他们变得更加肆无忌惮，并在接下来的几个月内着手开始一个被社区居民称为"恐怖统治"的活动。尼克德缪斯之子洛洛·索诺是位年轻的活动分子，曾经和温妮一起帮助过从北方逃亡过来的民族之矛士兵。一个士兵被敌对帮派杀死之后，洛洛突然间被指控为间谍：1988年11月16日，温妮驾着自己的小巴来到洛洛家里，车里载着伤痕累累、满身青紫的洛洛。温妮告诉洛洛的父亲，他儿子会被人带走。尼克德缪斯苦苦哀求她，但是她已"不再是原来自己认识的那个温妮了。她现在咄咄逼人，完全变了一个人"。她开车走了，洛洛一直下落不明。五天后，索诺的邻居诺姆瑟·查巴拉拉回家发现自己的儿子希布尼索也被带走了，他是洛洛的朋友之一。希布尼索从此杳无音信。真相委员会后来为洛洛和希布尼索的失踪而指控温妮。

温妮是这一地区的老大，她讨厌奥兰多卫理公会教会在自己地盘上的影响。这个教会由虔诚的牧师保罗·维利恩掌管，还成了本地非洲少年的庇护所。1988年12月中旬，一个名叫斯通派·塞佩的14岁男孩搬进了教会。很快维利恩就去度假了，将教会留给一位有权势的女人索利斯瓦·法拉第来管理。这个女人到处散布谣言，说维利恩和教会的男孩们有染，而斯通派则是奸细。她开始审讯斯通派。12月29日，斯通派和另外三个男孩被足球俱乐部诱拐并带回了温妮在狄普克鲁夫的房子里，在密室里被俱乐部成员暴打了一顿，而温妮就在一边看着。他们把斯通派单独拎出来，说他是告密者，并恶狠狠地对其拳打脚踢。几天之后，人们在索韦托边缘的河床上发现了斯通派开始腐烂的尸体，全身伤痕累累；他的脖子上明显被刺过三刀。一个叫凯迪沙·切贝胡鲁的男孩后来说曾亲眼看见温妮本人在月光下往斯通派脖子上捅了两刀。但杰瑞·理查德称，按照温妮的指示，自己曾用刀割断了他的喉咙，"就像宰羊一样"，而"妈咪是主要做决定的人……我收到杀人的指令，就会按照指令办事"。

后来，真相委员会说，斯通派·塞佩谋杀案是"国内外解放运动中最严重的危机"。危机委员会和德高望重的卫理公会主教彼得·斯托里决心查出真相，保护另外三个仍被绑架在温妮家的男孩。1989年1月11日，他们拜访了温妮，温妮告诉他们她只是要保护这几个男孩而已，但是他们却依然看到了这几个孩子身上新添的伤痕。委员会给远在卢萨卡的坦博发去了一份措辞充满痛苦的报告，说明了相关证据以及温妮决不让步的态度。他们恳求坦博行动起来，"去控制一下发生在我们眼皮之下的这种令人发指的局势"。曼德拉对此忧心忡忡：他怀疑温妮触犯了法律，但认为在她被证实犯罪之前，作为丈夫的自己要站在她这一边。

到1月中旬，索韦托四处已经流传着斯通派失踪的各种流言，但是殴打和谋杀事件还在肆虐着。150 名社区领导召开会议控诉曼德拉足球俱乐部的暴行。1 月 27 日，索韦托地区一位著名的印度籍医生阿布贝克·阿斯瓦特被其助手阿尔伯蒂娜·西苏鲁发现死在自己的手术室里，地上是一摊鲜红的血迹。这位助手正是沃尔特·西苏鲁的妻子。两名年轻的无业游民曾伴装来这里看病，事发后曾被目睹逃离现场；后来他们被指控并判刑。温妮分析，阿斯瓦特医生之所以被杀，是因为只有他能够证明维利恩家里的男孩是否曾被强暴。而事实上，阿斯瓦特医生此前曾见过斯通派的伤痕，但拒绝证实死者生前曾遭到侵犯。

危机委员会必须痛苦地面对斯通派被杀一案了，他们要指控的正是深受自己爱戴的领导的著名妻子。"我们必须大胆做决定了，"爱资哈尔·卡查利亚说，"这是我所做的最艰难的决定之一。"在 1 月 16 日召开的记者发布会上，身为群众民主运动（MDM）宣传委员的墨菲·莫罗贝说："人们已经走投无路了。我们不能对人民的遭遇坐视不管。"温妮永远也不会原谅那个被自己称为"印度阴谋集团"的组织，因为他们的陈词给温妮带来了毁灭性的打击：

> 在近期斯通派被绑架及殴打一事中，曼德拉夫人是同谋，我们对此表示极其愤慨……如果斯通派及其三个伙伴没有被曼德拉夫人的"足球俱乐部"绑架，那么他今天依然可以存活于世……对于这些打着反对种族隔离旗帜却践踏人权的人们，我们不会坐视不管的。

当被问及这件事会对温妮及曼德拉的婚姻产生怎样的影响时，莫罗贝回答说："纳尔逊同志在征询相关各方态度后，必须要做出决定。"《新国家报》也声称要对温妮加以管控。《新国家报》主编、沃尔特·西苏鲁之子兹瓦拉客说："任何宣称是人民领导代表的组织都必须交由人民来约束。"

身在卢萨卡的坦博对此惊骇不已，他尤其担心失踪了的凯迪沙·切贝胡鲁的命运。坦博给在约翰内斯堡的弗兰克·奇卡内打了电话，要他立即去看望温妮，直到她交出凯迪沙才能离开。在温妮家煎熬了五个小时后，奇卡内终于发现了凯迪沙的行踪，并为其安排了紧急医疗检查。坦博表示了对温妮的谴责，但是语调比群众民主运动要缓和得多："考虑到和曼德拉足球俱乐部的关系，我们不得不对温妮·曼德拉持保留意见，这让我们极为难过。"但他还是希望温妮能够重新回到运动中来。现在她看上去已经得到了管束。1 月 19 日，温妮告诉约翰内斯堡《周日时报》说："坦博同志和曼德拉同志已经达成一致，对我们整个家庭而言，最好的方法就是保持沉默。从现在开始，我们将由卢萨卡领导。"但是同一天，她又在荷兰语电视台上说："我深信斯通派并没有被杀死。"

曼德拉劝她要有耐心，不要接受任何采访。在 2 月 16 日写给她的信中，曼德拉告诉她将整个案件交给危机委员会去处理，并补充说"不管发生任何事都不能再用那些球服了"。但他对保守媒体对该事件的扭曲也表达了不满："他们真实的目的是要破坏我们的形象，在人民群众当中播下分歧的种子，试图将困扰纳塔尔地区的局部屠杀扩大到约翰内斯堡的河边高地。我们务必要保持警醒。"

法蒂玛·米尔见到了狱中的曼德拉，被他那种"悲伤痛苦时刻却能客观评估局势的能力以及对妻子毫不动摇的挚爱"所震撼。"那可真是一段令人难过的时光，"杜拉赫·奥马尔说，他也曾看到当时狱中的曼德拉，"他对温妮绝对忠诚，就算她逐渐远离运动，他也还是一直孜孜不倦地关心她是否开心和快乐。"

2 月 23 日，公理会主教彼得·史泰瑞的密友斯坦利·莫霍巴牧师来拜访曼德拉，他们在罗本岛上就已经相识。曼德拉接受了温妮犯错的实情。莫霍巴解释说，史泰瑞曾试图与她会面解决问题，另外，正是她自己先同意接受媒体采访的。曼德拉对教会所做的一切表示感谢。"这的确是大家所不愿意看到的。"他说。他建议温妮或许可以在新闻发布会上恳求谅解，并承诺重新开始；但是莫霍巴觉得这可能为时已晚。曼德拉还是希望能够向温妮伸出援手。他在 2 月 28 日给朋友的信中写道，她"和你一样，是一个很棒的人；我会规劝她再多一点耐心，而你要一如既往地站在她那边支持她"。

4 月，南非白人牧师拜尔斯·诺德来看望曼德拉，然后飞往卢萨卡向坦博汇报。诺德警告坦博说温妮有点"失去理智"了，她对危机委员会持敌视态度，而且她"不负责任的行为引发了人们的猜测，认为她可能和敌对势力串通一气"。坦博问他："人们是不是真的觉得她已经与敌方串通了？"诺德回答说只有部分人这么想，而且温妮还开始单独组建了自己的妇女组织，人们对此愤怒不已。坦博被激怒了，想要解散这个新组织："这正是我们极力要避免的局面——分裂。"

直到四月，温妮身陷危机的事件才从报刊大标题上退下来，转而被有关释放曼德拉的各种猜测所取代。警方还在调查斯通派·塞佩的案件，索韦托的人们也怀着复杂的心情关注着温妮的动态。他们当中很多人都对这个曾经如此勇敢的女人抱有同情心。温妮的邻居大主教图图就是这样一个典型，温妮曾是他孙子的教母。"过去，她是我们抗争运动中忠实而强大的拥护者，是解放运动中的偶像，"图图九年后如是说，"却犯下了滔天大错，可怕而严重的错误。"毫无疑问，她"无论在政治上还是在道德上都要为曼德拉联合足球俱乐部对人权的严重侵犯负有不可推卸的责任"。

在最艰难的日子里，温妮曾那么努力地坚持斗争，并在丈夫入狱期间一人独自面对政府的攻击，这都让曼德拉永远难以忘怀。尽管意识到她已经铸成大错，并怀疑她已经触犯法律，但曼德拉对她还是一如既往地忠实，并期望自己的朋友们也一样，在事实得到确认之前，保持对她的忠诚。斯通派·塞佩谋杀案以及曼德拉联合足球俱乐部目无法纪对他人进行殴打，种种这些都成为他后来为和平进行的长达十年的谈判中除去暴力之外又一个挥之不去的阴影和噩梦。

27. 囚犯与总统的对决（1989—1990 年）

1988 年 12 月 9 日，曼德拉从君士坦蒂亚堡诊所转移至帕尔的维克多·维尔斯特监狱。和波尔斯穆监狱以及罗本岛一样，监狱四周环境宜人。但不同的是，这回曼德拉没有住在囚室，而是被带到了一个狱卒的房间。这是一个很大的平房，墙面被粉刷得洁白，还带有宽敞的花园和游泳池。两周后，波尔斯穆监狱的四个同事来这里看望了曼德拉，对此处的舒适环境和现代化设施大为赞叹。

在这里，曼德拉得到了和善而友好的看守们的悉心照料。他们还给他配了一个私人厨师——准尉杰克·斯沃特会做他最喜欢的早餐：鱼饼、荷包蛋、茶以及新鲜烘焙的全麦面包；对于来访的宾客，还会准备丰盛的午餐和晚餐，并奉上葡萄美酒。置身于这样安逸舒适的环境中，曼德拉与其他同事的联系却更少了。卡特拉达写道："但不可否认——他还只是一个住在奢华监狱中孤独的囚犯而已。在某些方面，我们的日子可能要更加好过。"

在这个享受特殊待遇的囚禁处，曼德拉知道自己即将迎来自由，但是他将面对的是更加困难的局势。他坚持和政府进行对话，但政府有自己的打算，因此很容易误解和歪曲曼德拉的立场。他只能断断续续地和南非国内以及远在卢萨卡的同盟进行联系；他和西方政府之间也没有直接接触，他们也各自心怀鬼胎，对曼德拉有所误解。曼德拉就像是破裂的蜘蛛网中的那只蜘蛛，在不平凡的 14 个月里，他充当了自己的同事、两位总统以及外国领导人之间微妙关系的纽带——南非将发生翻天覆地的变化。

曼德拉和政府团队长期的密谈还在继续着。他告诉他们不要将自己视为问题的一部分，而要将自己看作解决方案的一部分。不过，他们仍然不敢释放他，并且还坚持三个条件：非国大必须放弃武装抗争、和共产党断绝往来、放弃由占人口多数的黑人掌权——而这些都是曼德拉不可能同意的。

曼德拉坚持要和博塔总统当面对话，为此还认真准备了一份备忘录并呈递给政府团队。1989 年 3 月，这份备忘录被当作"非正式文件"接收，为正式的和谈做了铺垫。在文件中曼德拉警告说，国家正分裂成两个敌对的阵营，白人和黑人相互残杀。文件还进一步陈述了曼德拉对政府三个条件的反驳：1. 如果政府不打算和黑人分享政治权力，非国大也无法放弃武力。2. 非国大并没有被共产党所控制，因而也谈不上与之决裂。3. 政府必须接受少数服从多数的原则。

不过，曼德拉在结尾处的基调是乐观的。他承认对于非国大在单一制国家中实行多数人统治这一基本要求，白人可能会有所顾虑。因此他提议：为了给谈判营造气氛，可以先进行初步对话。他希望"所有领导人抛开偏见，只身投入到建设新南非的伟大的辩论之中"。

政府一方对"非国大空喊革命口号的一贯做法"扼腕叹息，并宣称有"铁一般的情报事实"表明，从1964年起，共产党"就已经逐步加强了对非国大的控制"。文件的最后一部分给了政府更大的鼓舞，他们认为这表明了"曼德拉把国家利益放在种族利益之上"、促进局势正常化的决心。而且他们也认为南非应该"在不受外国势力干涉的情况下，解决自己的问题"。但关于和谈仍没有任何进展。

身在卢萨卡的坦博内心越发焦虑不安。曼德拉通过秘密渠道给他发去一份交与博塔总统的备忘录副本；担心会遭到错误的解读，坦博并没有将其递交给执行委员会。不过，他又担心不公布文件会使曼德拉处于不利的境地。他说："也许曼德拉能保守秘密，但其他人未必做得到。"曼德拉通过可靠的白人牧师拜尔斯·诺德带消息给远在卢萨卡的坦博称，国家正滑向内战的边缘，而眼下政府"也深陷危机并努力寻求解脱的途径"。曼德拉之前的努力只是让主要各方都坐到谈判桌前，真正主导谈判的只能是非国大。在过去的一年中，曼德拉已经和政府团队进行了十次会议。他解释说，他已经给政府列出了一份名单，他想要与这些人进行协商，而有些人尚在狱中。

随后不久，曼德拉的律师伊斯梅尔·阿约博来访——两人都认为当时的谈话被窃听了。之后，阿约博去卢萨卡向坦博以及"总统委员会"汇报了他与曼德拉见面的情况。大家展开了激烈的讨论。看过曼德拉的文件后，非国大领导认为这是对他们运动的妨碍，而坦博则更担心曼德拉似乎在让步。当时会议记录写道："不应该是我们提出谈判……这样会显得我们意识到自己软弱并有投降的倾向……到目前为止，没有任何迹象表明他们想认真地进行谈判。"有些人担心撒切尔夫人的立场。坦博认为撒切尔夫人如今倾向于向南非政府施压促成谈判。乔·斯洛沃也注意到，如果不释放曼德拉，承认非国大，就连撒切尔夫人也拒绝访问南非。

非国大对曼德拉交给政府的那份名单颇为担心。斯洛沃担心政府会利用曼德拉与这些人的会谈分化非国大，把曼德拉从"受人崇拜的神坛上赶下来"。克里斯·哈尼也猜测，政府可能会有意泄露谈话内容，从而毁掉曼德拉。坦博对会谈的机密性表示担忧，但他依然信任曼德拉："让他继续下去吧；但他的整个处理方式需要进行调整。"

曼德拉出卖同伙了吗？南非国内的非国大成员对他采取的孤立的外交手段深表担忧。艾伦·博萨克说："他并没有征求他人的意见，在联合民主阵线中恐怕没有比这更严重的罪行了。"包括戈文·姆贝基在内的领导人甚至想去拜访那些曼德拉要见的人，阻止他们去见曼德拉。姆贝基在曼德拉的平房中待了几个小时，大为烦恼："看上去，他要么是不够信任我，不愿意对我和盘托出，要么是政府已经和他达成了某种一致，因而他不愿意破坏这个约定。"姆贝基坚称："在维克多·维尔斯特不可能进行任何有意义的商讨。"

然而，坦博找到了新的方法，打破了通讯障碍，与曼德拉取得了直接联系。1988 年，他将来自罗本岛的印度退伍老兵马克·马哈拉吉派回了南非。一起被派回国内的还有一位富有经验的民族之矛游击士兵西弗维·扬达。他们的任务就是创建"特别行动队"：这是一支高度机密的军事组织，一方面要能够和国内积极分子保持联系；另一方面，一旦谈判破裂，还可以作为最后的一道"保护屏障"。马哈拉吉曾去过莫斯科和阿姆斯特丹，在那里拿到了假护照，安了假牙，还刮掉了胡子。在荷兰皇家航空公司一名空姐的帮助下，他得到了一台笔记本和一个调制解调器，这样他就可以通过电话传送加密信息了。该系统由身在英国的非国大专家蒂姆·詹金和罗尼·普雷斯设计，可以为坦博和曼德拉提供秘密联系的渠道。

1989 年 4 月，坦博已经准备好和狱中的曼德拉直接联络了。由于曼德拉正处于和政府会谈的敏感时期，他不愿意在暗中进行什么活动；但马哈拉吉向他发来信息，告诉他怎样将备忘录藏在书皮中，并通过加密的电脑系统发往卢萨卡的坦博。曼德拉的信息终于奇迹般地出现在卢萨卡的屏幕上了。"他们两个现在开始推心置腹地谈话了，"蒂姆·詹金说，"这是自六十年代早期之后，两人第一次这样对话。"通过谈话，坦博明白了曼德拉的战略，但为避免危及组织，他不能把这些绝密信息与同事们分享。因此，他很难说服左翼成员，让他们相信曼德拉没有背叛。

4 月 28 日，卢萨卡"总统委员会"又举行了一次紧张的会议。会上，大家表现出对曼德拉的备忘录的更大担忧。坦博总结道，曼德拉将自己想见的人员名单提供给政府，并希望不对其与政府的会谈保密，他这样做是错误的；但是"我们的确没有理由让他停止"，坦博补充道，"从政策上来讲，我们也不能禁止别人见他。"

坦博把自己的想法写在了日记里：

> 原则上讲，我们不反对谈判，但是目前条件还不成熟。
>
> 曼德拉目前不是在谈判，而是在为非国大和南非政府之间的会谈做铺垫——在他看来，主要是防止大屠杀。他已经很清楚地表明了这一点。
>
> 曼德拉和政府团队见面时说了些什么，这并不是问题，问题在于我们不清楚他们相互之间说了些什么。这个信息是至关重要的，因为没有这些信息，我们就不可能与政府会面。
>
> 因而，我们一致认为他应该继续保持这种联系，但必须向我们坦诚与政府的讨论内容。

卢萨卡的非国大成员会有所担忧和迷惑，这一点也不奇怪。巴巴拉·马斯盖拉当时身在卢萨卡，据她所说："流亡中的人总是喜欢疑神疑鬼。你知道将会发生什么，却无法控制。你不得不向前迈出一步，而这一步也许就迈向了万丈深渊。人们总是不停地猜测来猜测去。人们把整个青春都投入到这场斗争中去了，所以他们不愿意冒失地采取激进的举动：一些人可以投身到新的潮流中来，一些却不行。"

他们的猜疑也不无道理。政府确实是想孤立曼德拉、分化非国大，然后和布特莱齐单独谈条件。但是他们错误地估计了曼德拉的能力和韧性。"他们从来没有和这么有才干的黑人打过交道。"乔治·比佐斯说——他常去看望曼德拉，并发现就连花坛里都被安上了窃听器。"他们认为舒适和安逸可以使他腐化堕落，就像曾经的玛坦兹马或曼霍佩那样。曼德拉并没有欺骗他们，是他们自己的判断失误最终导致了曼德拉的获释。而一旦开始谈判，他们就无法回头了。早在维克多·维尔斯特监狱时，曼德拉就已经掌握了主导权。"

被囚禁在波尔斯穆监狱的西苏鲁和曼德拉偶有联系。西苏鲁也认为："是他们错误估量了他。国民党之所以接受和谈，是因为他们认为领导将从他们中间诞生，而不会来自非国大。"

不管最初抱有怎样的期望，政府还是很快就陷入了混乱当中：1989 年 1 月，P. W. 博塔中风了。他有一个月不能工作，期间由顽固的内阁大臣克里斯·霍尼斯代理总统，这为各国外交官们蒙上了更加沉重的阴影。一个月之后，博塔从国民党领袖的位置上退了下来。

国民党需要选出一位新的领导。稳健的财政部部长巴伦德·杜·普勒西斯并没有受到青睐，而保守的教育部部长德·克勒克则被推举为新一任领袖。在大多数外国领导人眼里，他简直就不堪造就。撒切尔夫人也持同样观点。撒切尔夫人的私人秘书查尔斯·鲍威尔说："她觉得他不过是另一个残酷的波尔人而已。"他给人的感觉不够威严——"个头不高，皮肤粗糙，着装品位欠佳，"《金融时报》记者派蒂·沃德米尔这样写道，"他英语说得不好，烟瘾很大，看上去有点鬼鬼祟祟的。"英国外交官认为他善于倾听，好相处，并且"没有明显的立场"，这令他们颇为鼓舞。他向国民党核心小组成员承诺会实现"大步跨越"，并坚持与每一位党员开诚布公地谈话，这使非国大对他充满了希望。但对于政策的大幅改变，他基本未做出任何承诺。

曼德拉和坦博都把希望寄托在寻求外部帮助上——尤其是英国——希望能够通过制裁的压力来避免大屠杀。但坦博被撒切尔夫人毫不妥协的态度激怒了：尤其是 1987 年 10 月，在温哥华举行的英联邦峰会上，撒切尔夫人将非国大划入恐怖势力的范围。她想去看望狱中的曼德拉，但遭到了坦博的强烈反对，他怀疑她是想挑拨曼德拉和非国大的关系。1988 年 12 月，坦博说："我们决不允许这样。她必须将他从监狱中救出来。"英国政府的态度让坦博很是不解，正如 1989 年 1 月他在伦敦所说的："我不知道什么才能改变英国的外交态度，他们是如此冥顽不化。撒切尔夫人说非国大是恐怖势力，对此我无法原谅，因为我们都是受害者。她对此视而不见：她眼里只看到了非国大的暴力行为。使我们陷入种族主义泥淖当中的正是英国。"

随着众多有影响力的南非白人都与非国大取得了联系，并希望德·克勒克能开始会谈，非国大对撒切尔夫人敌对的态度更加不解了。塔博·姆贝基不明白："撒切尔夫人为什么要逆潮流而动，拒绝和非国大和谈呢？"他仍然希望撒切尔夫人能够扮演调停人的角色：4 月，姆贝基在金田会议上再次和包括未来总统的兄弟维姆皮·德·克勒克在内的白人会晤，他希望撒切尔夫人可以在非国大和政府之间进行调停，哪知她却说"任何外部直接干预都不受欢迎"。

1989 年 6 月，非国大取得了新的突破性进展：他们在牛津郡举行了一个律师会议。本次会议由福特基金会赞助，由律师兼哲学家的罗纳德·德沃金主持，会议的主题是南非的法律概念。参会者有南非资深法官和非国大律师，以及英国上议院高级法官、大法官奥利弗，坦博和塔博·姆贝基则为幕后组织。但撒切尔夫人还是回避了这次会议。包括杰弗里·豪、克里斯·派滕、琳达·乔克在内的英国部长们都想承认非国大："就是撒切尔夫人不允许，"她的一位幕僚说，"她实在是太保守了。"

曼德拉不愿意公开指责撒切尔夫人。他一直以来都很钦佩这位强硬的女人，因为她可以和戈尔巴乔夫谈条件，同时他也意识到她对比勒陀利亚当局有特殊的影响力。1988 年 3 月，曼德拉通过自己在开普敦的律师海密·伯纳特向撒切尔夫人表达了对其反对种族隔离立场的欢迎，"尽管他们在制裁问题上的看法存在分歧"。后来，该信息被泄露并遭到误解，曼德拉于 4 月 10 日写信给伦威克，拒不承认自己曾亲自写信给撒切尔夫人，曼德拉在信中说："我宁愿和你本人面对面讨论这些事情。"在信的结尾，他还写道："很高兴可以请你将我最真挚的祝福转达给首相。"

非国大现在对乔治·布什领导下的新一届美国政府抱有更大的希望。新上任的国务院非洲事务负责人赫尔曼·科恩公开支持所有南非人民享受平等的政治权利，并认为种族隔离制度是"粗暴的人权大灾难"。5 月，布什总统接见了由大主教图图带领的一个南非黑人代表团，并听取了阿尔伯蒂娜·西苏鲁所做的人权报告，这表明他开始逐渐疏远比勒陀利亚当局。

右翼势力一直把非国大描述成危险的共产主义分子，对于这一定位，美国中央情报局也开始有所怀疑。1988 年 3 月，布什当时还是副总统，美国曾对非国大做了一份秘密分析报告，报告对坦博的领导地位给予了高度认可。中情局还称，非国大的共识机制运作良好；对民主联合战线以及国内反对派也不像以前那样屈尊俯就；他们很有可能"继续采取双轨政策，在与苏维埃国家保持密切联系的同时，寻求与西方国家的接触"。总而言之，在过去的几年中，非国大之所以能成功应对挑战，都得益于其能够"维持组织的凝聚力，保持自己在反对种族隔离运动中的主导地位，并扩大和西方国家的接触"。然而，10 个月之后，也就是 1989 年 1 月，中情局发现南非的"僵局"无法打破，"除非出现巨大的变化……例如无条件释放被囚禁的非国大领袖纳尔逊·曼德拉——而这样的可能性又微乎其微"。

通过支持布特莱齐酋长，美国和英国都耍起了两面派。非国大认为他们这样做是在支持德·克勒克的群体权力政策——在释放曼德拉的同时分化各部落，从而保持政府对各部落的控制。西苏鲁后来也承认："不仅撒切尔夫人如此，我想美国和德国都在制订明确的计划，试图把布特莱齐推到台前来，然后再通过不同渠道的报告试探曼德拉的反应。"曼德拉似乎更信任布特莱齐：在七十大寿收到布特莱齐的祝贺后，曼德拉热情地表达了谢意并希望他能够恢复与坦博之间的亲密关系；然而，曾遭到布特莱齐背叛的坦博担心这位祖鲁领导人将利用和曼德拉的友谊大做文章。

德·克勒克究竟所图为何？5月，坦博在笔记本上工整地写下了对他的评价：

  ——典型的国民党政客——保守分子。——和总统博塔不同的是，他更依赖论证和推理，而不是摇摇手指就让人闭嘴。
  ——因而是能够被现实所说服的。

德·克勒克和英国政府的关系一直困扰着非国大。6月，德·克勒克出访欧洲各国，再次向包括撒切尔夫人在内的各国领导人做出保证；撒切尔夫人后来说："南非出现了崭新的气象。"不过，非国大现在担心她想在布特莱齐倡导的"群体保护"的基础上寻求解决方案，非国大外交官阿齐兹·帕哈德说："鉴于她与当局的关系如此紧密，我们不确定她是否能做到不偏不倚。"

南非国内，德·克勒克已经完全掌控了政府。他主持党内联邦议会，出台了一项五年行动计划，为将于1989年9月进行的大选铺路。计划承诺要结束种族歧视，实施民主宪法，同时更加强调"群体权力"，这将有效地分化非白人居民。博塔总统已经明显被边缘化了，他拒绝参加专门为他举办的庆祝宴会，以此来表达自己的痛苦和不满。

现在，南非国内的黑人叛乱在经受了毁灭性打击之后逐渐出现强势复苏的迹象。坦博曾预言1989年将是"大规模争取人民权力的一年"，他的号召掀起了新一轮抗争。1月，罗本岛上的囚犯们发起了旷日持久的绝食抗议活动，迫于压力，政府最终释放了900多名被羁押的犯人，其中包括民主联合阵线的主要领导人。2月，民主联合阵线重组，和南非总工会（COSATU）的工会组织一起组成了"群众民主运动"（MDM）。群众民主运动很快发起了反对种族隔离制度的抵制运动。首先，大批黑人患者来到白人医院——这里的医生和护士同意对他们提供治疗。教堂也不再中立，大主教图图身先士卒，也加入了战斗。武装斗争成效显著，警察和政府大楼遭到袭击。最辉煌的时刻是5月，一个雷达站被迫击炮成功地击中。面对越来越多国际舆论的指责和持续的经济危机，新政府似乎已经腾不出手来进行更为残酷的军事镇压了。

即使政治权力遭到削弱，博塔仍然是国家总统；就是在这种尴尬的局势下，曼德拉收到了等待两年之久的邀请。博塔之前总问他的情报长官内奥拉·巴纳德："曼德拉何时来见我？"却总被告知时机还未成熟。1989年中，巴纳德告诉他说曼德拉想和总统谈话，时机也已成熟。博塔同意与曼德拉进行"一般性讨论"。7月4日，威勒姆斯将军告诉曼德拉说第二天一早，博塔总统将和他进行一次"礼节性会面"。一贯注意形象的曼德拉决定要给总统留下一个好印象；他要了一套新西服，把所有的笔记又读了一遍，还对自己要说的内容进行了一次预演。这是对他尊严的终极考验，他将要直面这个臭名昭著、盛气凌人的人：这是囚犯和总统之间的对决。

曼德拉先是被送去和威勒姆斯将军共进早餐，然后被带到国会旁的泰因海斯总统官邸楼下的车库。乘坐电梯秘密到达以后，他发现科比·库切、内奥拉·巴纳德等人正在前厅焦急地等待着自己。监狱长官马雷少校仔细地给他又系了系鞋带。"我很紧张，"曼德拉回忆说，"因为我觉得要面对的是一场战斗。"

但是博塔却展现出了他最彬彬有礼的一面。他走向这个早已久仰大名却素未谋面的囚犯，满脸微笑地伸出手来，这种友好足以使人放下戒心。两人坐在桌旁，一同落座的还有库切和巴纳德；令曼德拉大为惊讶的是，博塔居然亲自沏茶。他们轻松地聊了半小时南非的历史和文化：他们谈到了波尔战争，非洲各位总统以及特兰斯凯的玛坦兹马。曼德拉提到南非白人才是名副其实的"首批捍卫自由的斗士"，并将自己正在进行的抗争和南非白人在一战期间反对政府的抗争进行了对比。他还说，自己在监狱中逐渐对白人有了更深刻的了解。博塔说，曼德拉可以为和平的解决方案贡献力量；但白人的贡献也至关重要。最后，曼德拉紧张地提出要求释放所有政治犯，却遭到了博塔的婉言拒绝。但在促成和平方面，双方达成了一致。"这是我经历过的最为友好的会面之一，"曼德拉回忆说，"他对我很尊敬，举止也很得体。这就是他留给我的印象。"看到气氛如此轻松活泼，内奥拉·巴纳德甚至认为释放曼德拉"只是时间问题了"。但当曼德拉提到要求立即释放西苏鲁时，气氛有点紧张。博塔似乎对曼德拉有些同情，巴纳德只好在返回监狱的途中向曼德拉解释说需要花点时间来劝服当局，这使曼德拉大为恼火。

曼德拉认为博塔这次是痛下决心，决定直面自己三年前一直回避的事情了。事实证明，曼德拉和"鳄鱼"博塔的关系持久得有些令人出奇。官方声明称这次会面是"非正式的礼节性会晤"，两人"借此机会重申了他们支持南非和平进程的立场"。曼德拉签署了声明，并解释说这"与我过去28年来所坚持的立场并不相悖"：只有和非国大展开对话，才能为南非带来和平。但是，支持和平发展的承诺并不是一句空话：曼德拉与博塔之间的互信要胜过他们任何一方对德·克勒克的信任；包括巴纳德在内的众多博塔的同僚也认为，为了与非国大进行和解，博塔比德·克勒克付出了更多的努力。

大多数记者和政客认为，博塔之所以提出和曼德拉会谈，目的就是要抢德·克勒克的风头。如果真是如此，德·克勒克的算盘恐怕是落空了。因为六周后，博塔在一场电视演讲中愤然辞职，并抱怨称"我被自己内阁中的部长们忽略了"。博塔的继任者正是德·克勒克，这也大大违背了他的意愿。

新总统并没有打算对大方向进行根本性变革：他所担心的是种族隔离制度无法实施，而不是这一制度是否符合道德标准。但德·克勒克思路清晰，很快他就意识到自己的选择有多么局限，因为一切解决方案都指向了曼德拉。

搬到这个小屋监狱以后，曼德拉有更多的机会接触到家人和朋友了。7月，曼德拉在这里庆祝了自己的 71 岁生日，和温妮以及包括子孙辈在内的其他 15 位家庭成员一起度过了 4 个小时。波尔斯穆监狱的 4 位同事也被带来看望他——这是自去年 12 月以来他们的首次会面。为了这次场合，监狱当局还给卡特拉达准备了一套崭新的西装："这确实有助于唤醒自我意识，"卡特拉达写道，"更重要的是让你自己进行选择……即使是挑选自己领带的颜色、指定针织衫的样式这样的小事，都让我感到十分兴奋。"新衣服刚送来，便引发了人们的各种谣言，以为他即将获释，尽管卡特拉达对此一贯都持怀疑态度。他对艾迪·丹尼尔斯说："没有任何迹象表明在可预见的未来会发生什么事。"对于西苏鲁的获释，大家倒是有着特别的期待。从 3 月 15 日起，他就被和其他三个人隔离开来，搬到曼德拉曾待过的囚室里了。但是当局还是不敢在即将到来的大选前释放西苏鲁：他们曾多次要求曼德拉警告西苏鲁不要制造任何麻烦。但他们还是没有释放他。

政府犹豫了。8 月 19 日，曼德拉又一次和政府代表团会面，和上次一样，政府代表团还是由库切和巴纳德带队。他们对曼德拉给博塔的备忘录进行了"非正式文件"的回复。报告只承认双方在"谈判前阶段"的问题上互有接触，并否决了曼德拉的很多提议，不过，会谈中提议 9 月大选之后再进行深入的讨论。

在卢萨卡，坦博如今面临更大的压力，他要竭尽全力保持非国大和其同盟之间的团结。坦博对曼德拉一直忠心耿耿：他坚持称自己只是执行主席，替他的朋友曼德拉暂代主席之位而已。巴巴拉·马斯盖拉说："他觉得曼德拉是一个巨人。如果他自己想过要当总统，他会对自己更好些的。"不断在赞比亚、欧洲和美国之间飞来飞去，以寻求承认和支持，坦博明显已经筋疲力尽。他的医生曾不止一次警告他要多加休息。坦博和曼德拉同岁，虽然没有身在狱中，但要承受更大的压力，这一点曼德拉早就预料到了。坦博最艰巨的任务就是团结非国大成员，使大家都参与到曼德拉倡导的和谈中来。

为了给谈判做好铺垫，坦博必须发表一个明确的声明，把非国大和战斗在前线的各省团结起来。8月21日，非洲统一组织在津巴布韦会晤并签署了坦博起草的文件，文件草稿也已经拿给曼德拉过目。《哈拉雷宣言》无论在措辞语气还是内容上，都明显表现出和解的意愿：宣言虽然依然支持武装斗争，但同时强调倘若政治犯获释、对非国大的禁令得到解除、政府驻军从黑人聚集区撤出，敌对的情绪一定能得到缓解。宣言将自己与主张"夺取政权"的革命派划清了界限。文件还指出，非洲领导人"已经不止一次表达过更希望通过和平手段解决问题"。事实上，武装斗争的效果并不理想；随着南非军队利用线人、刑讯等手段加强了情报工作之后，悄悄潜入南非境内的民族之矛游击队最后也只落得个被伏击的下场，民族之矛成员纷纷被捕并遭受折磨。为了促使比勒陀利亚当局答应和谈，非国大把主要希望放在了制裁而不是战争上。

曼德拉认为《哈拉雷宣言》是一次重大的突破，不仅把为和谈创造条件的重任转到了比勒陀利亚当局身上，也为自己的获释创造了和平的环境。整个世界都在翘首以待。《金融时报》评论指出，"宣言确定了谈判的整体基调及框架。在此过程中，曼德拉将扮演重要角色"。对坦博来说，这是一次个人的胜利，但也差点让他为之丧命。就在会议即将召开的几天前，坦博患了严重的中风，被送往伦敦诊所。在那里，这位"雷金纳德先生"开始了漫长的治疗和恢复，并开始重新学习说话和走路。曼德拉也因此失去了他最信赖的、与外部世界连接的纽带。

德·克勒克的动作也快了起来。在9月6日的大选中，国民党险胜，只赢得48%的直接投票，而右翼保守党和更为自由的民主党的支持率都有所上升。德·克勒克认为，这种结果反映了各方呼吁改变的决心。释放曼德拉的压力从各方袭来——中央银行、西方各国政府，以及包括自己的兄弟维姆皮在内的白人知识分子（维姆皮一直与英国的非国大成员保持着联系）都催促着他。德·克勒克很快就让人们看到，他比博塔更加务实和理性。他告诉罗宾·伦威克说："我吸取了罗得西亚的教训，不要等到为时已晚再去和真正的领导进行谈判。"与此同时，非洲白人也被空前孤立了起来，成为全世界的众矢之的：在1989年的一部大片《致命武器2》中，反面人物就都是操着一口南非白人的口音。

非国大和政府之间的会谈仍在继续，但主要参与者是巴纳德，德·克勒克对此并不完全知情。大选后一周，在瑞士的戏剧性会面使双方的关系空前亲密了起来：巴纳德的部下、副情报长官迈克·洛和间谍组织头目马里兹·斯帕沃特与塔博·姆贝基及其非国大同事雅各布·祖玛在卢塞恩湖皇宫饭店的一个房间中秘密会见。姆贝基与洛展开了彻夜长谈，显然一切都是早有准备的。洛私底下给身处泰因海斯的德·克勒克发送了信息。得知消息的德·克勒克颇为震惊——是谁允许洛去谈判的呢？洛说自己是奉命调查，而不是谈判。洛发现德·克勒克开始热切地聆听，也就"从善如流了"。

德·克勒克知道自己必须释放非国大领导了，但机密函件表明，曼德拉是所有问题的核心。选举后一周，曼德拉再次见到了库切。他告诉库切说德·克勒克应该优先处理包括西苏鲁和卡特拉达在内的10位政治犯的释放请求——他们的政治举动都非常"低调"；同时，他也告诫自己尚在狱中的同事不要像戈文·姆贝基和哈利·格瓦拉那样煽动群众。

对于这一低调的做法，境内外的非国大成员都有所担忧，因为他们想要发起"高调的活动"。10月9日，卢萨卡的领导人提出了自己的行动计划，计划强调被释放的政治犯需重申对非国大的效忠，并动员群众支持《哈拉雷宣言》。工作委员会对行动计划进行讨论时，塔博·姆贝基提出被释放人员必须"在斗争中扮演领导者的角色"。克里斯·哈尼强调"人心不能涣散"，而雅各布·祖玛则认为政府在有意造成曼德拉和哈利·格瓦拉相互对峙的局面。乔·斯洛沃则坚持，只有通过"高调的行动"才有可能敦促政府释放曼德拉。

这边非国大的讨论还在进行，另一边，政府于10月10日宣布，他们将在近期无条件释放包括西苏鲁和卡特拉达在内的8名囚犯。直到亲眼在电视上看到这一消息，卡特拉达才相信这一切都是真的。然而获释之后，迎接他们的却远不是低调的氛围。他们的支持者在各个城市游行，被禁用的非国大和共产党的旗帜四处招展。西苏鲁承诺说国家的政治前景将"由运动中的领导人来决定"，并呼吁加强经济制裁。非国大对政府释放在押人员的动机仍持谨慎态度。《新国家报》报道说："这代表的是一种冷酷的政治迂回，困兽犹斗以先发制人。"倘若果真如此，他们的伎俩并没有成功；因为这八名获释人员没有表现出一丝退却。"如果有必要让我重回监狱，我明天就回去。"安德鲁·马兰格尼如是说。

对他们而言，在监狱中度过了漫长的1/4个世纪之后，重新回归正常的生活还真是有点难度：西苏鲁在监狱里习惯了睡觉时也开着灯，现在已经无法在黑暗中入睡了。卡特拉达则没有办法在约翰内斯堡纵横交错的高速路上开车。同时，他们也为社会的一成不变而感到惊讶。西苏鲁又回到了之前和妻子阿尔伯蒂娜共同住过的那个狭小的房子里，一切又回归了原样。他说："索韦托还是和 20 世纪 30 年代时差不多，那时候我刚刚来到这里。房子也还是和以前一样，一个个像火柴盒似的，看起来都大同小异。政府连住房这一基本问题都没有着手去解决，它所谓的政治改革又有几分可信呢？"

获释之后，他们和西方政要的联系更多了，布什总统甚至还写信向西苏鲁道贺。曼德拉想要西苏鲁等人去伦敦见见撒切尔夫人，但被他们拒绝了，他们对撒切尔夫人的立场一直有所怀疑，而这个怀疑并不是毫无道理的。撒切尔夫人还是坚决反对制裁：10 月，在吉隆坡举行的英联邦峰会上，撒切尔夫人单独发表了个人声明，这使其新外长约翰·梅杰"不知所措、目瞪口呆"。而且就在西苏鲁获释前，撒切尔还又一次特意表达了对布特莱齐的拥护，因为他们在反对制裁上的立场是一致的。

虽然布特莱齐的英卡塔主要的活动区域仍局限在夸祖鲁纳塔尔地区，但随着非国大日益获得认可，英卡塔对非国大也日渐构成威胁。11 月 19 日，德班的 70 000 名祖鲁人为庆祝其国王当权 20 周年举行集会。这位国王是布特莱齐的侄子。一方面，国王呼吁和非国大进行对话，但对非国大支持者的致命袭击并没有停止。撒切尔夫人仍将英卡塔看作独立于政府当局的一支武装力量，但美国情报局已经发现它和南非政府的关联以及"第三种力量"的发展。虽然布特莱齐与政府当局相互勾结、破坏国家稳定的事实众所周知，但撒切尔夫人仍然公开对其表示了支持。

如今，曼德拉是唯一一个尚未获释的反对党主要领导人，这更加凸显了其独特的权威和领导地位。再也没有人会指责他出卖自己人了，因为他在监狱里比任何人待得都久。曼德拉仍然在努力促成和谈。非国大中的强硬派想要通过升级武装斗争来"夺取政权"；在他们看来，持续不断的暴力活动就是"席卷而来的革命"的发轫。但是曼德拉警告所有来访者要避免内战，他对阿尔伯蒂娜·西苏鲁说："在任何一个国家，就算陷入战争当中，也还是有时间去谈判的。"

曼德拉像鹰一样紧盯着德·克勒克总统。他没想到德·克勒克会做出如此让步。9 月 13 日，图图和博萨克在开普敦领导了一场大规模的抗议游行，德·克勒克对游行采取了默许的态度，并未让警方介入。在接下来的几个月里，德·克勒克又取消了"种族隔离制度"的许多限令，比如黑人与白人不得共用一处海滩、公园、盥洗室或餐厅，并解散了对黑人聚集区进行秘密控制的半军事化网络——国家安全管理系统。在 9 月 20 日的就职演说中，德·克勒克承诺，将会和任何抱有和平诚意的组织进行对话；听闻此信的曼德拉立即要求与之会面。在给德·克勒克的信中，曼德拉重申"就有效的政治解决方案进行谈判"的时机已经成熟，他强调说自己无法同非国大成员进行协商，但拒绝让非国大断绝和共产党的往来。"无论立场如何……任何一个有自尊的自由战士都不能接受政府发号施令。"与此同时，曼德拉继续与政府代表团进行会谈，德·克勒克的宪法事务部部长格里特·维尔乔恩也加入了进来——他一边等待着总统回复，一边扩大自己的交际网。

曼德拉现在可以更加自在地在自己的住处接待朋友了。法蒂玛·米尔彼时正在修改自己为曼德拉写的传记，曼德拉悠闲的生活令她颇为惊叹。身着便装的格里戈雷去大门口接了她和伊斯梅尔，他们开车穿过一排排员工屋舍，沿着两旁满是针叶树和橘树丛的大道前行，沿途到处能看到牛、鸭等家畜。伊斯梅尔上一次与曼德拉见面是17年前在罗本岛上，那时他皮肤暗淡无光，而此时他看上去健康多了。"他身材修长、温文尔雅，瘦削的身上没有一丝多余的脂肪。他总是时不时地微笑，笑起来眼角有些皱纹；他笑声低沉而发自内心。每次与他见面，屋子里都布置得非常舒适。"

"这到底是怎么回事呢？"法蒂玛问自己，"慢慢地我发现，曼德拉不仅是那些被剥夺了政治权利的人们的希望，政府也希望能通过他解决自己的问题。"曼德拉告诉法蒂玛说，他很担心人们对他的获释寄予太高的期望；但"如果能抛开这些不切实际的期待，我就可以做得很好"。

曼德拉得以和人生不同阶段的挚友重聚，其中一位是他1941年的雇主拉扎尔·希德尔斯基律师。曼德拉是这样向狱卒介绍他的："他是我唯一的白人老板。"希德尔斯基注意到曼德拉会向白人狱卒发号施令。他和曼德拉追忆了过往，说自己50年前就警告过他，如果他想要从政，就势必会遭遇牢狱之灾："瞧，你现在是不是这个样子！"

罗本岛上的老朋友艾迪·丹尼尔斯也来看望了他，他现在是一名教师，并娶了一个苏格拉女子；丹尼尔斯临行前，学校里的师生聚在一起让他给曼德拉捎带各种消息。丹尼尔斯说："我去那里就是为了使他开心，不要总想着那些沉重的责任。"丹尼尔斯发现，由于经常需要独自做决定，曼德拉有些焦虑；在巨大的压力下，他的面部表情显得更加严厉。但是"没错，他还是原来那个纳尔逊"。

现在，德·克勒克知道他必须释放曼德拉，也必须承认非国大，但是他必须说服自己的内阁与他站在同一战线上。12月初，德·克勒克召集内阁成员在博茨瓦纳附近的一个狩猎农场举行了为期两天的战略会议。有些部长对他的计划提出了激烈反对，尤其是强硬派国防部部长马格努斯·马兰，他坚决反对承认共产党的合法地位，因为这是他长期以来的斗争目标。但是红色威胁已经大不如从前了：柏林墙已于一月前倒塌，这让德·克勒克又有了新的动力。他后来告诉自己的兄弟维姆皮说："上帝似乎也参与了进来——世界历史就要展开新的篇章。我们必须抓住这次机会。"

这次战略会议后不久，德·克勒克同意和曼德拉进行会面。对于德·克勒克要求和解、呼吁和平的姿态，曼德拉表示了欢迎；他还把上次给博塔的备忘录又进行了更新。但他担心政府会采取其他手段继续种族隔离制度，和班图斯坦以及领导人相互勾结。曼德拉说，暴力冲突使国家元气大伤，只有通过和非国大进行无条件的谈判才能实现和平。第一阶段，他呼吁德·克勒克贯彻《哈拉雷宣言》的精神，宣布停止国家的紧急状态，解除一切禁令，并从各黑人聚集区撤军。

12月13日，曼德拉又一次被带到泰因海斯与总统见面——这次的陪同人员还是库切和巴纳德。与上次会见博塔相比，此次的气氛更加放松。对于曼德拉的个性，德·克勒克提前做了功课，所以见到他如此彬彬有礼且宽宏大度并不惊讶；令德·克勒克印象深刻的是，曼德拉不仅了解黑人的历史和苦难，他对非洲白人的历史以及他们所遭受的磨难也有着深入的了解。曼德拉对德·克勒克的政治背景有所了解，也从黑人朋友那里打听到他曾经是一位正派的律师。他试图从德·克勒克的角度去看待问题，而且惊讶地发现他确实在聆听并会给出回应。曼德拉批评了国民党"群体权力"的政策，因为在世人看来，这不过是种族隔离制度的延续。德·克勒克解释说自己正在想办法减轻白人对于黑人统治的恐慌——曼德拉之前曾告诉过博塔，争取黑人统治是非国大的目标。曼德拉坚称，"群体权力"只会增加对黑人的恐惧。德·克勒克说，如果是那样的话，"我们必须做出改变"。

接着，曼德拉重申自己不会接受任何条件，同时必须取消对非国大的禁令。虽然德·克勒克并没有做出任何承诺，但曼德拉还是放心地离开了。他相信德·克勒克和他的前任完全不同，他是可以沟通的。据其助理所述，德·克勒克一方似乎并没有因这次会面而有所动摇。但他告诉自己的兄弟维姆皮说曼德拉是一个"很有风度的人……他是一个不好对付的政治家"。

现在，曼德拉获准可以在自己监狱中的小屋里接见各种各样的政治家——但不包括大使或记者，因为比勒陀利亚当局担心联合国或外国政府会进行干预。

尚在罗本岛服刑的政治犯、群众民主运动的领导、律师、牧师、工会成员、学者以及年轻的领导人都聚在了这里。曼德拉的律师乔治·比佐斯说，如今，与其说这里是监狱，不如说是非国大领导人处理公务的办公场所。曼德拉的大多数时间都是和自己在开普敦的律师杜拉赫·奥马尔一起度过的。奥马尔是穆斯林，长着一双充满深情的大眼睛，他负责为曼德拉有可能迎来的获释做着各种细节性的准备。

11 月，曼德拉会见了富有的黑人商人理查德·马蓬亚——马蓬亚曾被指控和政府相互勾结——这在非国大内部引发了一阵恐慌。但曼德拉满怀感激地回忆了 1960 年马蓬亚为自己和友人举办的聚会。曼德拉告诉他说，他很担心经营大企业可能会遇到的问题，并指出资产国有化并不是黑人统治的最佳手段：独立的南非一定不能像周边邻居一样在经济上负债累累。曼德拉的举动使很多非国大领导对他的忠诚产生了怀疑，他们认为《自由宪章》遭到了背叛。但两个月之后，曼德拉重申非国大要实现矿业、银行以及垄断行业的国有化。国有化依然是非国大的官方政策，但坦博和卢萨卡其他领导已经在考虑实行公私混合制经济；正如英国工党第四项条款所称，国有化不能完全按照字面意思去理解（当有商人向坦博询问相关问题时，他会回答说非国大的政策就类似于罗伯特·穆加贝在津巴布韦实行的政策；而穆加贝虽然宣扬国有制，却未实施任何国有化的措施）。这样一来，商人们不再忧心忡忡了：1990 年 1 月底，约翰内斯堡股票交易市场的交易价格创下了历史新高。

曼德拉现在甚至还被允许和卢萨卡的朋友们直接通话。在被放逐近 30 年后，这些人如今终于可以和自己的祖国更加亲近了。拿到护照后，西苏鲁和其他被释放同事飞去了卢萨卡。在那里，迎接他们的是异常兴奋和激动的人群。在分离了近 30 年之后，三股斗争的力量——流放者、被囚禁的人员以及国内的活动分子——终于再次会师。

但南非境内外的一些激进领导人还是怀疑曼德拉已经出卖并背叛了革命。1989 年年底，18 名国内活动分子去狱中看望了曼德拉，他们中有些人见到过曼德拉在罗本岛时穿着囚服的样子；他们被曼德拉纤尘不染的西装、保守主义的言论以及言语中对德·克勒克的赞扬所震惊了。埃里克·莫罗比心想："这个人完蛋了。"民族之矛的游击战士更加担心他们还未开始真正的战斗，曼德拉的谈判就会先他们一步"夺取政权"。随着政府对抗议行为和共产主义控制的放松，南非国内这种意识形态上的争论已经公开化；非国大掌权有望，那些曾经在罗本岛上讨论过的话题又一次被旧事重提。与戈文·姆贝基共事的东开普省马克思主义"集体"变得更加高调也更加强硬。12月初，姆贝基告诫自己的支持者称："工人阶级的目标就是要夺回自己创造的全部剩余价值。"

曼德拉小心翼翼地把他给德·克勒克长达十页的备忘录中的一页发往卢萨卡，就是想要证明自己并没有做出任何承诺。一位非国大发言人说："他并不是在谈判，只是为政府和非国大之间的谈判做铺垫。"曼德拉在充分利用自己孤立的处境，使双方走向团结而不是分裂。"只有一个非国大，"卡特拉达代他说道，"自1912年成立以来一直延续至今。"在大多数访客看来，曼德拉所扮演的是调解人和和解员的角色，他在努力弥补之前的斗争所造成的裂缝。更为重要的是，他还是那个忠心耿耿的非国大成员，坚定捍卫党派团结，这从他所有的声明及谈话中都可以看得出来。

1990年元旦，释放曼德拉的希望再次升起又黯然跌落。1月8日，温妮去探望曼德拉，和他聊了三个小时。探望结束后，温妮说："我想可能用不了几个月了……情况就是如此。"但三周后，她又解释说，在解禁非国大方面还存在一些问题。"释放他的代价是对整个国家历史的改写。"

如今，这个国家未来的命运交到了两个孤独的人手中。在漫长的圣诞暑期，德·克勒克总统闭门不出，他必须要做出决定了。国外的压力持续升温，经济危机日益恶化。"在国际舞台上，我们正徘徊在深渊的边缘。"德·克勒克后来同维姆皮说道。撒切尔夫人通过大使罗宾·伦威克向德·克勒克承诺说，只要他肯释放曼德拉，作为回报，她将解除对南非的制裁（包括对南非投资的禁令）。1月中旬，德·克勒克开始着手起草他在2月2日国会开幕式上的发言稿。在演讲撰写的过程中，他只向自己最亲密的顾问进行咨询，而没有听取党派干部或夫人玛丽可的意见——玛丽可是一位传统的非洲白人，她对丈夫的沉默和政策都感到迷惑不解；在她看来，曼德拉简直同纳粹要犯鲁道夫·赫斯没什么区别。当英国海外发展部部长琳达·乔克赞扬德·克勒克勇气可嘉时，德·克勒克回答说，自己正不知道如何说服"另一个女人"呢——事实证明，这段婚姻早已陷入了危机。发表演说的前一天，德·克勒克和国防部部长马格努斯·马兰在承认共产党合法地位这一问题上又发生了争执；德·克勒克坚持，继续取缔共产党只能带来无穷无尽的政治运动。2月1日午夜，他给撒切尔夫人发信说自己的演说一定不会令她失望的。最后，国会成员齐聚一堂听他的演讲。虽然之前大家会有种种猜测，但事实还是那么出人意料。短短几分钟的时间里，德·克勒克几乎推翻了前任总统们在过去30年间的全部政策。包括非国大和南非共产党在内的所有政治机构都得到了法律承认。所有没有参与暴力犯罪的政治犯都将获释。死刑被取消。而且，政府已"郑重决定同意无条件释放曼德拉"。

曼德拉获胜了，他把这一切都归功于自己的人民。温妮在约翰内斯堡向群众宣读了来自曼德拉的问候："是你们迫使政府做出了让步……而不是德·克勒克总统。"他补充道："来自国际社会的压力也从一定程度上促使了政府的让步。"非国大的身份瞬间发生了变化。非国大从斯德哥尔摩（因为坦博正在那里疗养）发来声明说，德·克勒克的此番演讲"向营造和谈的气氛迈出了一大步"。

一瞬间，南非改头换貌了。地下党变成了"地上党"，曾被取缔禁止的人终于得以重见天日，非国大的旗帜和象征共产主义的红旗四处舞动，报纸上到处刊登着曼德拉的照片。人们纷纷对其健康状况和执政能力展开猜测；而关于他何时会被释放，也是众说纷纭。有传闻说他自己要求被延期释放，但他告诉比佐斯说："打开门，看看我将走哪条路吧。"在自己的监狱小屋中，曼德拉做着获释前最后的准备——他需要学会如何面对群众和媒体：他的摄影师朋友彼得·马古巴尼拿给他一本《时代周刊》发行的小册子，那册子便是教人如何和媒体打交道的。

发表演讲之后的一个星期，德·克勒克将曼德拉请到自己的办公室，告诉他第二天他将飞往约翰内斯堡并被释放。接下来双方展开了激烈的争论。曼德拉要求在狱中再待一个星期，这样非国大就可以安排好迎接仪式了，但是秘密部队担心这样会导致"局势失控"。事实上，情报长官内奥尔·巴纳德很担心非国大会组织大规模游行，使整个国家陷入混乱——1979年阿亚图拉·霍梅尼返回伊朗时，他的支持者便造成了混乱。曼德拉还坚持自己必须在温妮的陪伴下走出监狱的大门，并向开普敦的人们发表讲话。德·克勒克强烈反对任何原因导致的延期，因为他害怕新闻煽动会引发游行，比如当天早上《开普敦时报》的头条便是《曼德拉要求释放地点选在帕尔》。德·克勒克和同事们商量了两次，他们都认为现在延迟已为时过晚了；但是他同意在监狱大门处释放曼德拉。曼德拉返回监狱，狱卒格里戈雷觉得他的嘴巴变得更加严厉，眼神也更加冷淡了。他决心有尊严地离开，正如科比·库切所说："对于曼德拉而言，尊严是个关键词。"

非国大成立了接待委员会专门安排曼德拉获释的相关事宜；当晚，他们来到监狱，帮曼德拉对演讲稿进行了最后的修改。曼德拉在仿皮革写字板上写字，这个板子是狱友为其制作的；演讲稿是非国大成员集体智慧的结晶，从其文风上就可以清晰地看出。开普敦的律师杜拉赫·奥马尔和曼德拉待了两个小时，他发现曼德拉"稍显抑郁、深陷在自己的思绪中。他知道将要发生什么"。

第二天一早，曼德拉四点半就起床了。用过早餐并进行了一项体检之后，他再次和包括西里尔·拉马弗萨、特雷弗·曼纽在内的非国大同事会面，对演讲稿做最后的修改。他将自己在波尔斯穆监狱积累的书籍和报纸打包好，装了十多个箱子，并和狱卒道别。他告诉奥马尔说这是他一生中最激动的时刻，但奥马尔却发现："他看上去没有任何表情，一副泰然自若的样子。"曼德拉太关注细节了，他解释说，以至于没有意识到这是多么具有历史意义的时刻。

按照计划，包括温妮、沃尔特·西苏鲁在内的非国大代表团将乘坐两架包机从约翰内斯堡抵达；温妮将在狱中和丈夫见面，并于下午三点陪他一同走出监狱。但由于第二架飞机晚点，直到下午四点多，曼德拉和温妮才从监狱大门中走出来，外面的场景着实出乎他的意料。在狱中度过了一万多个日日夜夜，71 岁高龄的曼德拉终于回归到了自己阔别已久的社会。

● 第三部 ●

1990—1999 年

28. 神与人

> 徘徊于两个世界之间，旧世界已逝，新世界无力诞生，而我的头却无处倚靠。
>
> ——马修·阿诺德《登临大修道院咏怀》

1990 年 2 月 11 日，曼德拉与妻子温妮携手走出了监狱的大门。即使在那样一个年代——东欧发生剧变，柏林墙倒塌，戈尔巴乔夫、瓦文萨、哈维尔等充满个人魅力的领袖人物不断涌现——两人携手走出监狱的画面仍可称得上是当时最具历史意义的瞬间。因为曼德拉所代表的是更加本质的、更具普遍意义的神话，他的故事所展现出来的是人类精神的胜利，是领袖的失而复得、强势回归。常年的监禁更使得曼德拉变成了谜一样的存在，与他有关的一切都成了遐想和猜测的对象：大致模糊的轮廓下，每个人都试图添加自己对英雄的诠释和解读。只有极个别律师和访客见到过曼德拉的庐山真面目。有人出重金悬赏曼德拉狱中的照片，已有的老照片被不断循环使用，早已变成了具有象征意义的存在。曼德拉唯一一张近照直到他出狱前两天才发布，照片上的曼德拉站在德·克勒克的身旁，他笑容温和，身体紧绷。而监狱外，全世界的记者和电视工作者都聚集在此，不知道出现在他们面前的会是怎样一个人。

当曼德拉终于出现在镜头下的时候，记者们表现得有些手忙脚乱。有关方面有意地临时通知，再加上温妮的姗姗来迟，完全给了大家一个措手不及，场面顿时陷入混乱。一大堆人把监狱门口围了个水泄不通，有人爬到了树上，有人靠着电线踮着脚尖，大家都对这延宕已久的一刻翘首以待。电视团队焦急地试图捕捉曼德拉的身影。"我们只盼能认出他就好……"一向镇定自若的大卫·丁布尔比回忆道。神秘的曼德拉终于出现在大家的视线里。曼德拉与温妮并肩走出。相比温妮愉悦的心情，曼德拉却面无表情，他身着浅灰色西服，看起来紧张而严肃。大卫后来也不得不承认说："当我看到那拥挤的人群，我才意识到自己之前低估了当日的情形。"走出监狱的大门，曼德拉似乎找到了些感觉，他向人群举起了紧握的拳头。但短短两分钟后，他便乘坐早已等候多时的丰田轿车，从大众的视线中消失了。对于全世界期待的民众来说，这样的惊鸿一瞥未免显得有些意犹未尽，但其所代表的意义，却丝毫不逊于迈着胜利步伐的亮相。罗杰·威尔金斯在华盛顿写道："看到我们的同胞，我们的领袖沐浴在阳光下的那一刻，人们欢呼雀跃，掌声雷动，甚至痛哭流涕。"

护送曼德拉的丰田车队向开普敦开进。车队所到之处，沿途不同种族的民众有些挥舞着手臂，有些以非国大特有的握拳方式向英雄致敬。曼德拉一度示意停车，下车和路边一对带着两个孩子的白人夫妇聊了几句。然而，车队在市区的行进引起了一阵混乱。曼德拉被激动的民众困在了车里，司机在慌乱中也迷失了方向，慌不择路地把车开回了隆德伯西郊区避难。市政厅原本安排了欢迎晚宴，彼时，工作人员在努力安抚着广场上等待的群众，大家已逐渐失去耐心。混乱中一声枪响，流氓无赖们开始洗劫商店，抢劫路人。有些白人认为这就是黑人无政府主义的预兆。《开普敦时报》的肯·欧文写道："这正是分配他人财产政策的雏形和早期表现，而曼德拉很快便对这一政策给予了支持。"

曼德拉终于在暮色时分到达市政厅，并在那里发表了自 1964 年他在被告席上的长篇演讲之后的首次公众演说。此次曼德拉仍然沿袭了他一贯的演讲风格，整个演讲平铺直续，看不到起伏，也没有过多的修辞和装饰，好像他之前从没看过演说稿一样。这使白人政客和外交官异常失望。德·克勒克和撒切尔夫人都希望曼德拉可以借此机会从非国大抽身出来，与武装斗争和共产主义划清界限。但曼德拉本人却坚决表达了与非国大一致的立场，还对包括妇女"黑腰带"运动的许多白人自由主义者表示了感谢。令许多亲密同僚大为失望的是，他还向德·克勒克表达了敬意，称他是一个"正直的人"。但同时，他也表明自己是"非国大忠诚律己的成员"，并对非国大、共产党以及民族之矛的战士们致以了崇高的谢意。他向听众们保证说，自己在狱中并没有屈服或妥协，而是强烈要求与政府会谈。非国大必须坚持武装斗争："除了坚持我们别无选择。"

曼德拉对非国大的绝对忠诚和坚持武装斗争的想法使政客和外交官们惊慌不已。德·克勒克没想到曼德拉和共产主义者会如此团结，他认为曼德拉的演说是出自强硬的空想家之手："唯一一次，曼德拉的行为是如此不合时宜。"英国驻南非大使罗本·伦威克认为这篇演说是非国大成员所写。撒切尔夫人对演讲中"过时陈腐的套话"大为失望，并取消了计划中的演讲。撒切尔夫人的南非白人顾问劳伦斯·凡德·普司特本身也曾是一名战俘，他认为曼德拉没有从"苦难这所学校中"吸取教训并引以为戒，这令他非常失望。

众人对曼德拉演讲所表现出的失望恰恰暴露出他们不够了解曼德拉与非国大的关系，对曼德拉真正的政治影响力理解不够充分：倘若不去推进自己所坚持和倡导的运动，曼德拉将不再是曼德拉。而曼德拉在狱中所进行的一系列秘密会谈更坚定了他与非国大团结一致的决心。倘若他是一个单枪匹马的游击队员，他也许早就被赶下政治舞台了。但作为非洲大众所公认的领袖，他可以充分利用自己的权威使问题得到和平解决。他还无法放弃武装斗争和制裁，这些手段正是他可以利用的最有效杠杆。

第二天，曼德拉在出狱后的首次记者招待会上展现出了更为亲切自然的一面。记者招待会在开普敦宏伟的主教廷花园中召开。起初曼德拉曾担心这里过于华丽宏伟，显得亲近白人而不够接近黑人民众，直到他得知这里如今已经变成普通黑人民众"人民的中心"后才打消了顾虑。曼德拉与温妮手牵着手共同步入会场。他面色紧张，双唇紧闭，在记者和电视镜头的狂轰滥炸中在主教的座位上面对媒体坐了下来。此前，曼德拉唯一一次接受采访的经验是在 1961年。如今，他被眼前毛茸茸的柱状物搞得有些不知所措，他不知道那是麦克风，也从未有过演讲彩排或拍照时刻的经验。但令记者们意外的是，他在镜头前泰然自若，说话也比昨天在市政厅僵硬的演说亲切了不少。他感谢媒体一直充当着"砖头"的角色，使狱中的他一直得以活跃在人们的视线中："政府希望我们被遗忘。而媒体从未忘记我们。"他强调武装斗争仅仅是防御性质的，并再次重申德·克勒克是一个正直的人，但言语之中也包含了隐隐的警告之意："他也许比谁都清楚，对于一个公众人物来讲，从事自己都无法认同的事业是一件多么可怕的事情。"最为重要的是，他强调自己在狱中的生活并不悲苦。

> 对于一个男人来说，看到自己的家人为了生活疲于奔命，没有一家之主为自己撑腰，这种感觉并不好。然而，即使是在狱中那样艰苦的日子里，我们仍有机会对未来进行规划……在狱中，也不乏这样的好人，他们理解我们的观点，并尽自己最大的努力让我们快乐。这一切使我所有可能的苦痛都一扫而光。

对此，《金融时报》发表评论说："第一次，我们开始了解到为什么南非黑人对曼德拉如此崇敬，愿意信任他并选择他作为自己的领导人。"

几天之后，曼德拉飞往约翰内斯堡，在足球城的索韦托体育场向十万观众发表演说。对于非国大来说，这将是对他们控制民众能力的一次严峻的考验，因为他们不允许警察出现，所以不得不动用上百名自己军队的兵士维护治安。沃尔特·西苏鲁把曼德拉介绍给听众："这是一个牺牲了自己生命的人。"全场顿时掌声雷动。曼德拉的演讲更像是一位学者和老师，而不是具有煽动性的政治家："整个教育体系都是斗争的阵地。这便是非国大的政策。所有的孩子们都必须回到学校学习。"听众被他的演讲魅力所折服了，全场鸦雀无声，没有任何暴力事件发生，结束后大家都安静退场。

为了躲避人群，结束后曼德拉乘直升机离开。直升机降落在他昔日位于索韦托维拉卡兹街 8115 号那个"火柴盒"一样的住所附近，在那里等待他的是全世界的记者和采访车，他们把住所外崎岖不平的街道围了个水泄不通。房子前张贴着非国大的大幅海报："曼德拉来了！"旁边是一幅标语："索韦托不是动物园，白人种族主义旁观者止步！"整个场面就像一场乡村聚会。门前的小院上空非国大的旗帜迎风飘扬，访客络绎不绝，大家在包括兹瓦拉克·西苏鲁和墨菲·莫罗贝在内的接待委员会的监督下列队等待他们夫妇的接见。曼德拉身穿灰色双排扣西装，看起来像国家元首般庄重。他用非国大特有的紧握拇指的方式向大家致意。曼德拉坐在小餐厅里，把那双曾打过拳击的大手放在桌子上。曼德拉遵循着严格的时间表（"你跟我的同事预约了吗？"）；只有他的裁缝尤瑟夫·苏缇可以不经预约，拿衣架撑着新缝制好的裤子突然造访。曼德拉的言谈显得放松而亲密，他记忆力也很好，监狱中近三十载的光阴仿佛一晃而过。

在老友们看来，现在的曼德拉与三十年前相比更加放松，性情更加温和，也不见了防备自大。他看起来更加温和、柔软，经常流露出温暖的笑容。"他被时光打磨成了另外一个人，对每个人都热情友善。"阿米纳·卡查利亚这样形容道。伊斯梅尔·米尔说："他很清楚自己是谁。现在我们可以期待，炼狱后获得新生的他能为这个国家带来改变。"许多曼德拉的拥护者们很怕他的表现会令人失望，他们很怕这个在全国进行着巡讲的海报英雄最后被证明只是一个风烛残年、老眼昏花的老者。但看起来，曼德拉似乎并没有被过去所牵绊，他很快便成为"未来的化身"。

与监狱或犯人给人的普遍印象不同，曼德拉更富同情心，也更有人情味。

当时开普敦的一位社会活动家，后来出任南非驻伦敦高级专员的谢丽尔·卡洛勒斯说道："我们曾一度担心出狱后的曼德拉如何维持自己之前圣人般的形象。但很快他便体现出正直的品行和伟大的人文主义精神。"与罗纳德·里根相似的是，曼德拉也具有安抚人心的人格魅力，几乎所有人与他见面后都会感觉好了不少。而与此同时，曼德拉的宽容慷慨、积极乐观又传递出道德上的肃穆感，尤其是对南非白人来说，曼德拉就是忏悔室中饶恕罪恶、为人祈祷的牧师。

像曼德拉一样懂得宽恕的人还有很多。"我在监狱中的难友同志们，他们在获释后几乎没有谁去抱怨或怨天尤人，"曼德拉说道，"如果你当时和我们在一起，你会发现自己永远都没有时间抱怨，因为你要不断正视问题，解决问题。"西苏鲁后来也说道："怨恨是与我毕生从事和奉行的政策相违背的。"但与其狱中患难的同志相比，曼德拉把宽恕做到了极致，他甚至向之前无情迫害过他的敌人伸出双手，这令他们当中的很多人无法理解。

曼德拉觉得自己忽视了那些在成功道路上曾帮助过自己的人，并因此感到十分愧疚。如今他开始把他们找出来一一表示感谢。曼德拉说："能够对他们说上一句'你还记得曾经为我做过这个吗？'我便会心安。"但自出狱之后，似乎一切新鲜的面孔都令曼德拉激动不已。不仅如此，曼德拉似乎更热衷于会见敌人而不是朋友，并常常向靠不住的政客、外交家和商人寻求支持和帮助。罗本·伦威克为了搭建英国和非国大之间的桥梁，邀请曼德拉去时尚餐厅共进午餐。在罗本·伦威克为这一右翼商务午餐忧虑不安的时候，曼德拉则把精力放在了参观餐厅，与宾主握手寒暄，拉拢他们投身自己的事业等上来。伦威克不得不承认："曼德拉的表现着实令人拍手称奇。"

曼德拉很清楚自己的政治影响力，这对他来说似乎是一种本能：他可以"为模糊混乱的民众诉求提供符号表达"。但他反对并时刻防范使许多年轻的非洲国家深受其害的个人崇拜，并尽量避免使用"我"这个词。正如弗朗茨·法农所告诫过的那样，曼德拉意识到"奇迹最终掌握在大众的手上"。他不时强调自己是非国大的公仆。"他们也许会说：瞧，你不过是个 71 岁的老头，你需要的是养老金；或者说：看，我们讨厌你的样子，赶紧走开。倘若如此，我会听从他们的要求。"马克·马哈拉吉说："生活对于曼德拉来说从来都不是苦痛和挣扎。个人主义和'自我'从不会取代组织。"

就这样，周身光环的曼德拉启程了。在接下来的半年时间里，他多半时间都在国外。曼德拉最紧要的任务就是为非国大争取支持，筹集资金，把自身的名望转化为现金，在协商和谈判完成之前继续制裁行为。同时，他还是一个急于看世界的老人。他只出过一次国，就在他入狱之前。

英国工党下院议员鲍勃·休斯劝曼德拉要多休息休息，对此曼德拉的回答是："我有 27 年的时间需要追赶。"如今的他身处在一个自己从未敢想象的飞速发展的世界。在这里，到处充斥着大型喷气式客机、电子计算机、直拨电话、环球电视，所有这些都不断对他提出新的要求和挑战。曼德拉所到之处，他的一言一行都要符合自己的媒体形象，作为传奇的化身，以圣人与凡人完美结合的形象示人。

在过去的很多年里，南非都是被世界遗弃的国度。如今，曼德拉向全世界敞开了南非的大门。以非洲为原点，曼德拉的朋友可以说是遍及天下。获释后的两周，曼德拉便飞往赞比亚首都卢萨卡，去看望他流放在那里的非国大同僚。与此同时，赞比亚邻国的首脑及其他领导人也都齐聚于此一睹他们心中英雄的风采。曼德拉与亚西尔·阿拉法特亲切拥抱。阿拉法特亲吻了他的双颊，并将巴勒斯坦民族解放运动与非国大的斗争进行了比较。曼德拉得到了广大民众和故人的热情迎接。他与流放中的非国大成员的会面起初并不顺利，他们中的很多人仍然怀疑曼德拉在与政府的会谈中出卖了他们。虽然与赞比亚总统肯尼斯·卡翁达存在意见分歧，但很快，曼德拉便重新确立了自己的领导地位，重申了自己坚持武装斗争的立场。坦博仍是名义上的非国大领袖，老兵、非国大前总书记阿尔弗莱德·恩佐当选为执行主席；曼德拉自己则是副主席。然而，对于绝大多数非国大成员来说，曼德拉才是事实上的领袖。

曼德拉访问了津巴布韦，并于 3 月 4 日在罗伯特·穆加贝的引荐下在津巴布韦国家体育馆发表了演说。十年前罗伯特·穆加贝当选总统之时，津巴布韦国民要求和解的愿望与此时的南非非常相似。但此时的两人看上去风格迥然不同。穆加贝介绍曼德拉时表现得自说自话，虚张声势，言语中不乏对政敌的抨击诋毁；而曼德拉呢，据一位记者描述称："他语调平缓，不卑不亢，颇具伟人风范。站在汗流浃背、抓耳挠腮的穆加贝身边，曼德拉显得异常平静。"

曼德拉还走访了其他非洲国家，包括刚建国的纳米比亚，并参加了 3 月 21 日的纳米比亚独立庆典，在庆典上会见了来自世界各国的国家元首。作为独立庆典上的重量级嘉宾，曼德拉的到来显示出其出色的外交手腕。有报道说曼德拉在庆典上冷落了英国的外交部部长道格拉斯·韩达德，对此他快速做出了反应，向其致电说自己并不是有意为之。

曼德拉再度拜访了阿尔及利亚。1962 年被捕前，他曾在那里做过短暂停留。曼德拉此行拜访了自己当时便打算拜访的某部长，并对这一迟来了 28 年的造访表达了歉意。最后，曼德拉走访了非国大一直以来的盟友瑞典。他下榻在斯德哥尔摩郊区美丽的皇家城堡哈加宫，在那里接待了来自欧洲各地的访客和慕名而来者。在瑞典，曼德拉与坦博两人终于迎来了期盼已久的团聚。在曼德拉心中，坦博比自己经历得更多，也更有成就。中风之后的坦博说话仍有些不利索。曼德拉知道，已经72岁高龄的他怕是无法痊愈了。坦博恳请曼德拉接替自己担任非国大的主席，但曼德拉拒绝了他的请求。他认为，刚出狱便接管政党，不免会遭人误解。

　　几周之后，曼德拉来到了伦敦。撒切尔夫人早就对他发出过邀请，但同僚不建议他们会面。于是，曼德拉便把重点放在了会见非国大忠诚的伙伴上。英联邦秘书长桑尼·兰法尔在伦敦上流社会为他举办了欢迎宴会。宴会上，曼德拉和温妮如君王般穿梭于各个房间，与来宾握手寒暄，而杰西·杰克逊总是试图大出风头。曼德拉还在伦敦非国大会议上进行了发言，会场座无虚席。在会上，曼德拉对非国大同事的工作做了简短回顾并对他们表示了感谢。他说："当我们舒服地待在狱中的时候，是你们冲在了前线。"他告诫大家说，如果问题得不到妥善解决，南非将会面临"非洲历史上最大的冲突"。他完全掌控了整个大会的节奏，但言语中仍一再强调自己只是大家的公仆。

　　4月16日，曼德拉在温布利体育场举办了一场大型音乐会，以此来答谢此前反种族隔离运动者为庆祝他的70岁生日所举办的音乐会。这也是他在英国最重要的一项日程。这是一场流行音乐与激进政治家的大聚会，BBC广播电视公司对其进行了电视直播。英国政府要求BBC不要报道非国大的政治宣传和筹款行为；BBC2频道总监艾伦·延拓博也不得不时刻"审时度势"，对那些偶像明星的一言一行进行紧张的实时监控。体育场内座无虚席，75 000名年轻人随着演出歌唱欢呼，并摆起了墨西哥人浪。来自全球的巨星们免费倾情演出，其中包括曼哈顿兄弟，他们是20世纪50年代曼德拉在索韦托的好友。据估计，全球约有10亿观众观看了电视直播。在拥挤的会客室中，温妮巧妙地帮曼德拉引荐着一些政坛老手。但相比尼尔·基诺克这样的政治领袖，曼德拉似乎对流行歌手更有兴趣。在盛会的最后，台下掌声雷动。曼德拉紧握拳头，在讲台上来回踱步，并向坦博和反种族隔离运动领袖、国父赫德尔森表达了敬意。他对大家说："作为选民，你们请放心。即使穿过监狱铁窗和厚厚的高墙，我们仍然听到了你们渴望自由的呼声。"

　　回到南非后，曼德拉紧接着开展了一系列务实的举动。他故地重游，回到了自己的家乡特兰斯凯古努村。呈现在他眼前的是一幅与伦敦截然不同的景象：

荒凉的村庄里零星圆形茅舍点缀其中。这里看起来比他入狱前更贫穷了。围栏上不时闯进视线的塑料垃圾更是破坏了乡村景象原有的美感。孩子们比以前更加关心政治，他们会哼唱有关坦博的歌曲，这令他十分欣喜。但同时，"群体自豪感的消失"又令他无比沮丧。他来到母亲的墓前祭奠，至今仍为没能好好照顾至亲而懊悔不已。为了迎接曼德拉的归来，部落首领和妹妹玛贝尔等亲友们为他张罗了接风宴，为此他的一个侄子还专门宰了一头珍藏的牛。在第三代面前，曼德拉放松了许多，还会不时做些鬼脸。他用科萨语发表了演说，并翻译成了英语："眼前的贫穷让我的内心异常苦楚。"曼德拉与大家共享了晚宴，最后在大家错愕的眼神中被直升机接走了。

回国没几周，曼德拉又踏上了出访欧洲和北美的旅程。本次出访任务艰巨：持续制裁行为，为非国大募集资金。然而，曼德拉看起来更像是个预言家，他抢尽了南非总统德·克勒克的风头，使南非大使馆不得不对他保持严密监视。在法国，曼德拉受到了法国总统密特朗的隆重接待。在罗马，曼德拉受到了罗马教皇的接见。门纳尼是罗马教廷的工作人员，他向南非大使透露了觐见的细节，并向其保证说此次会面不具任何政治意义，因为但凡是重要的政治访客，包括阿拉法特在内，都会得到教皇的接见。据他称，会面中教皇还做了笔记，这是教皇在会见比较重要的访客时才有的举动。曼德拉请求教皇支持制裁行动，但遭到了拒绝。门纳尼声称，曼德拉此次外交斡旋"并未达到预期理想的效果"。

曼德拉在英国逗留了两天。期间，他在政府提供的一个位于肯特的"安全的房子里"与坦博进行了会面，一大早便与撒切尔夫人进行了一番电话长谈。在电话中，他敦促撒切尔夫人继续制裁行为，但并未奏效。然而，令曼德拉感动的是，撒切尔夫人对他的健康状况和满满的日程表示了关心。撒切尔夫人说他现在的工作负荷过重，即使年轻上一半，也未必吃得消。曼德拉开始意识到，撒切尔夫人是一个"非常强大的女性……与这样的人成为朋友要好过成为敌人"。

曼德拉走访了美洲8座城市，在非裔美国人、宗教势力、娱乐界等各种截然不同甚至是冲突的阵营之间游走。在纽约，人们更多地把他比作是摩西而不是马丁·路德·金。曼德拉乘坐装有防弹玻璃的轿车，由40辆轿车组成的车队由南向北驶过百老汇的街道：成千上万的民众拥上狭窄的街道，电脑打印的传单和总长25 000米的欢迎纸带从摩天大楼上如雪片般纷纷飘落。庞大的欢迎阵容可称得上是史无前例。夜幕降临，帝国大厦华灯初上，非国大的代表颜色绿、黑和金黄色的灯光点缀了夜空。纽约州州长马里奥·科莫回忆道："我见过集会、游行，也见识过人山人海，却从未见过这样的场面。"曼德拉在联合国大会上发表了演讲，感谢联合国一年前宣布南非独立。在他所有的演讲中，曼德拉一再告诫大家"制裁之墙"有很快瓦解的危险。他在纽约黑人区的非洲广场上发表了演说，广场上聚集了热情的群众。演讲中，曼德拉警告大家种族主义的病毒依旧在蔓延。《纽约时报》评论称，曼德拉此次访美"鼓舞和激励了美国黑人，美国黑人的情绪达到了自民权运动后的最高点"。曼德拉冷静、自信、不卑不亢，这和许多非裔美国政治家华丽、激昂、咄咄逼人的风格形成了鲜明对比，被认为是符合时代需求、现时代极度需要的领导风格。同时，站在他背后的，是占国民人口绝大多数的黑人同胞，而这是美洲黑人领袖所无法比拟的。

在华盛顿，曼德拉受到了美国总统布什的欢迎和接见，布什也因此成为曼德拉获释后首位向其表示祝贺的国家元首。布什谴责非国大对种族隔离制度使用武力，对此，曼德拉回应说：自古以来，政治行为的形式都是由压迫者所决定的，倘若压迫者采用武力压制民愿，拒绝所有协商和对话的可能，他们就是在向被压迫的民众传递这样一种信息——想要获得自由，他们也必须诉诸武力才行。布什总统和国务卿詹姆斯·贝克被曼德拉愿意和解和严肃协商的诚意所感动。两天后，布什致电德·克勒克，向其保证说曼德拉并没有试图撬他的墙脚。然而，三个月后德·克勒克访美，不放心的他还是急切地向美国政府表明自己比曼德拉要更加重要。

曼德拉还在美国上下两院的联席会议上发表了演说。他发言之前，两院议员全体起立并报以了长达三分钟的热烈鼓掌。演讲中，曼德拉表达了他对黑人英雄马库斯·加唯、马丁·路德·金以及华盛顿、林肯、杰弗逊等的赞扬。他说："能够假托马斯·杰弗逊之口而抒南非民众之胸臆的日子不会很远了。"[1]曼德拉对制裁行动的辩护令美国右翼颇为恼火，但他们并没有像之前扬言的那样离开会场。曼德拉有效地延长了制裁行为，并赢得全场的又一次起立鼓掌。保守人士仍然对曼德拉支持古巴和利比亚颇有微词，但有些人认为他的做法可以理解，因为他必须在必要时尽可能拉拢盟友。正如查尔斯·柯翰默写道："要理解这点并不困难。我们美国人也曾因形势所迫和斯大林结盟。"

紧凑的行程使曼德拉有时明显感到有些力不从心。贴身保镖不让他与普通民众交谈，这也令他相当困扰。在他借宿纽约市市长大卫·丁金斯瑰西园官邸

---

① 这里指托马斯·杰弗逊起草了《独立宣言》。——译者注

期间，就连早上想独自一人去慢跑，都摆脱不掉保镖的跟随。曼德拉在美国的最后一站是加州。在那里他出席了在奥克兰体育场举办的一场集会，会场装饰着非国大的旗帜，在这里他又重新找回了活力："我觉得自己就像是一个三十五岁的年轻人。一个老旧的电池又满血复活了。"曼德拉还说："是对抗种族隔离运动的抗争把美国乃至全世界具有不同政治立场的人团结在了一起。"

曼德拉简短的美国之行使人们把目光投向了南非。《纽约时报》称，他"一夕间变成了人们心中的英雄，而就在几个月前，大家也许对南非的种族隔离运动甚至都很少关心"。《时代周刊》把他描绘成了一个经典的英雄形象，他"从坟墓中重生，充满创造力，完成了伟大的创举……纳尔逊·曼德拉之于南非，就如同玻利瓦尔之于南美，林肯之于美国：他们都是国家的解放者"。但曼德拉否认了对他的神化，他说："我并不是什么半神一样的存在……我就是一个木桩，在这里寄托着非国大所有理想和渴望。"

离开美国，曼德拉的下一站是爱尔兰。在那里，曼德拉很快便遇上了麻烦：他无法相信北爱尔兰的问题不能得到和平解决。在都柏林的一次记者招待会上，曼德拉说："没有什么比对峙的双方坐下来和平协商解决问题更好的办法了。"紧接着他便飞往伦敦，他在都柏林的言论在伦敦也引起了不小的反响。《卫报》评论称："对于纳尔逊·曼德拉昨天在都柏林会遇到那样的麻烦，我们并不感到意外。但即使是提前知晓，也并不能改变什么。"倘若曼德拉知道七年后新芬党果真能坐下来和英国政府进行和谈，一定会不觉莞尔，无比欣慰。

在伦敦，曼德拉与英国国会议员在议会大厅进行了会谈。托利党成员艾弗·斯坦布鲁克把曼德拉引荐给大家，但鲁莽的斯坦布鲁克立刻便把北爱尔兰的问题抛了出来。斯坦布鲁克的举动立刻遭到了包括丹尼士·斯金纳在内的其他议员的强烈谴责，一时间嘘声和辱骂声不绝于耳："这简直就是屁话。""别胡扯了。"眼前的情景令曼德拉大为吃惊："他们竟然在下议院这么说话。"他提醒议员们说"直到昨天之前，非国大仍是被驱逐的对象"。他请求他们支持制裁行动，并"陪我们走到最后一刻"。

这一次，曼德拉终于见到了撒切尔夫人。为了这一天，曼德拉已经等待了27年。因此，罗本·伦威克建议撒切尔夫人给他 50 分钟的时间，不要打断他——这对撒切尔夫人来说，可以说是一个纪录了。曼德拉对撒切尔夫人改善东西方关系的努力表达了衷心的感谢，感谢她促成了津巴布韦的独立，敦促比勒陀利亚当局释放他。他请求撒切尔夫人支持通过协商解决问题，并向其解释了制裁行为的必要性。撒切尔夫人的回答也持续了半小时，期间曼德拉一动不动地仔细倾听。撒切尔夫人鼓励曼德拉与布特莱齐展开会谈，放弃武装斗争和国有化的打算，并承诺愿意与其保持密切联系。原本预计一小时的会谈持续了三小时。

曼德拉意识到，制裁行为在撒切尔夫人这里没得到任何进展，但令他意外的是，"铁娘子"撒切尔夫人竟如此亲切而富有魅力，真可谓铁腕柔情。撒切尔夫人对他的评价是"极其温文有礼，高尚而隐忍"，在他身上不见丝毫抱怨与愁苦。撒切尔夫人对曼德拉非常热情，但她认为他身上始终"有一种社会主义者的时空错位"，担心他会像津巴布韦的穆加贝那样又变成一个半吊子马克思主义者。唐宁街首相官邸外，一位记者采访曼德拉，问他说你怎么可以忍受与曾诋毁自己是恐怖主义者的人进行会谈。曼德拉回答说自己的祖国南非曾经历过比这更糟糕的事情："我还没提大屠杀呢。"7月，曼德拉来到了此次出行的最后一站莫桑比克。在那里，他第一次见到了莫桑比克前总统萨莫拉·马谢尔的遗孀，他的第三任妻子格拉萨。

同年十月，曼德拉再次出访亚洲，同行的还有其好友伊斯梅尔·米尔。作为南非黑人的传统盟友，印度是他此行最重要的目的地。印度用二十一响礼炮对曼德拉的到来表示了欢迎，并在首都德里设国宴款待了曼德拉一行，这是国家元首级别才有的礼遇。印度总理拉马斯瓦米·文卡塔拉曼向曼德拉保证会敦促继续制裁行为，对非国大提供支持；稍后，印度国大党就帮非国大买下了其位于约翰内斯堡的总部贝壳屋。在加尔各答，曼德拉对大群民众发表演讲称，他感谢印度，是印度的甘地启发了南非人民的抗争。他饮下了来自恒河的圣水，恒河上漂浮的死牛的尸体令他感到隐隐的担忧。曼德拉喜欢印度食物，公开感谢米尔教他喜欢上了咖喱。

对于曼德拉的来访，其他亚洲国家也都相当慷慨，只不过在政治立场上却颇有分歧。在印度尼西亚，曼德拉受到了总理苏哈托的隆重接待。曼德拉为非国大筹得了1000万美元的资金，并在媒体面前接受了捐赠。然而，曼德拉对印度尼西亚反对东帝汶的行动保持了缄默，因此被东帝汶谴责为"伪善、机会主义"。马来西亚总理马哈迪为曼德拉简单介绍了马来西亚经济发展的情况，并为曼德拉提供了500万美元的现金捐款。曼德拉来到了澳大利亚，但为了避开在澳洲土著问题上的争端，取消了原本对悉尼一个土著社区的访问，这也令更多的人觉得他虚伪。但这一切并未影响两国人民之间的感情，澳大利亚土著仍然是南非黑人的同盟。

在日本的经历让曼德拉很不愉快。就在他抵达日本之前，有消息传出日本法务大臣曾发表过种族主义言论抨击美国黑人，他说"自从黑人搬进来之后，社区状况每况愈下"。发表过如此言论的法务大臣依旧可以留任，对此曼德拉感到十分震惊，他认为这"恰恰表明日本在反对种族歧视方面有多么漠然"。日本国会对曼德拉的到来给予了长时间起立鼓掌致敬。然而，日本首相却拒绝了曼德拉2500万美元的募款要求，这令曼德拉非常失望。他后来说道："日本政府所做的贡献几乎不值一提。"

值得注意的是，曼德拉此次冷战之后的环球之旅唯独漏掉了苏联。苏联一直是非国大忠诚的支持者，近25年来，持续向其提供了武器和金钱上的支持。曼德拉刚刚获释，戈尔巴乔夫就致电卢萨卡邀请他来莫斯科；3月，在纳米比亚独立庆典上，曼德拉和苏联外交部部长爱德华·谢瓦尔德纳泽也进行过亲切会面。但访苏计划却一延再延。事实上，在其对非国大长期以来的支持就要获得回报、收获硕果之时，莫斯科当局却转而向德·克勒克示好。被经济危机搞得焦头烂额的戈尔巴乔夫政府急于寻找立竿见影的商业机会。1990年，苏联政府和德比尔斯钻石公司签订了直营协议。不久，戈尔巴乔夫又不顾和非国大之间的约定，与比勒陀利亚当局建立直接联系，并停止对非国大游击队员免费的军事训练。1992年6月，德·克勒克对俄罗斯进行国事访问，新任总统鲍里斯·叶利钦向其保证说，俄罗斯只承认曼德拉作为国际人权战士的身份，不会承认其非国大主席的身份并对其进行接见。这些急速变化的背后，体现的是俄罗斯种族主义的高涨，这种观点认为南非白人变成了黑人治国政策的牺牲品。这种局势一直持续到1993年，非国大即将取得胜利，与莫斯科方面的关系才得到改善。

面对穆阿迈尔·卡扎菲、阿拉法特、萨达姆·侯赛因等西方政敌，曼德拉仍然以朋友之礼相待。

曼德拉对菲德尔·卡斯特罗有一种特殊的喜爱。卡斯特罗1959年的大胆变革激励了非国大的激进分子。彼时，流放罗本岛的曼德拉听到古巴介入安哥拉内战的消息后非常激动。1991年7月，曼德拉出访古巴，并发表了热情洋溢的演说，感谢古巴人民对非国大的支持，并回忆了1988年古巴军队帮助安哥拉击退南非侵略者的情形。他说，正是因为这次胜利，"今天我才能够站在这里"。曼德拉觉得卡斯特罗是一个"相当有趣的家伙"：他们的车队驶过哈瓦那街道，"他就坐在那里，环抱着双臂，由我向人群挥手致意"。

虽然有这样一些令人尴尬的朋友，曼德拉仍受到了西方国家的热情接待。相比他们早前对非国大冷漠的态度，这份热情令曼德拉感到有些意外。这样的转变一部分得益于国际政治形势的转变：国际社会对共产主义的恐惧不复存在，人们不再视共产主义为洪水猛兽，西方社会不必再畏惧莫斯科当局支持下的敌对的南非黑人政府。内疚感使然，曾把曼德拉塑造成共产主义恶魔形象的冷战分子放下了武器和防备，重新审视这位亲切和蔼的长者：他用一种保守的姿态对西方民主保持着密切关注。西方政府竞相与这位有可能成为南非未来总统的黑人交起了朋友，虽然这份善意显得有些姗姗来迟。

对曼德拉所受到的热烈欢迎，我们无法用政治学的理论来解释。曼德拉并不是权力的象征，他最深入人心的形象是一个代表了普遍真理、为所有处于种族隔离的水深火热之中的国家和人民带来希望的道德领袖。曼德拉高贵的人格和他希望和解的愿望使他的影响力不仅仅局限于政治领域，他甚至没有任何宗教信仰。他从没有把自己当成过精神领袖，也不喜欢别人给他贴上圣人的标签："我只不过是一个不断努力的戴罪之人。""我没有什么特别的宗教信仰，"他对神学教授查尔斯·维拉文森西欧如是说，"我只不过是一个不断探索生命奥秘的普通人。"

曼德拉似乎很享受并不断调整着自己的公众形象，但与此同时，却并没有因此而忘乎所以或沾沾自喜。他就像是一个旁观者，观赏着一部由自己主演的戏剧。他特别喜欢讲一些自己出糗的故事：比如在巴哈马群岛，有美国游客认出他来，但立刻又问："你是以什么出名来着？"再比如在南非有两个白人妇女向他索要签名，但立刻却又问他："哦对了，你叫什么名字来着？"反反复复就是这几个故事，曼德拉的助手们都听腻了。但正是这些故事，体现了曼德拉想要做普通人的心愿，也深受听众们特别是孩子们的喜爱。他还喜欢讲自己被孩子们戏弄的故事。有一次，一个十三岁的小女孩问他说："你知道学校的孩子们是怎么说你的吗？他们说你年轻的时候还挺帅，现在又老又丑。"又有一次，一个五岁的小女孩问他为什么在监狱里待那么久。他解释之后，女孩回答说："你一定是个超级笨的老头。"由于家庭的原因，曼德拉周围到处都是孩子。孩子的围绕使他感觉自己不再高高在上，令他发现更真实、更简单的自我。虽然在国外的时候可以偶尔伪装懵懂，然而，曼德拉天生善于与各种各样的人打交道，他注定会成为伟大的政治家。

29. 从革命到合作

作为政治领袖，曼德拉在南非国内有着别人无法企及的优势：他就像是从云端走来，仍然保有着最初的信念和理想，使它们不受任何肮脏或卑劣所污染和破坏。他并不认为自己已经爬到了"权力的巅峰"。那段任何人都无法比拟的狱中经历成了一笔宝贵的财富，使他免于被批评和诟病，为他赢得了令人毋庸置疑的政坛资本。放眼望去，没什么人能真正对他构成威胁。

伴随着曼德拉海外巡游的成功，国内对他的质疑声却越来越大。和世界上许多伟人一样，在海外获得的赞誉并没有对他在国内的事业有所帮助。很多南非白人抱怨说曼德拉过于冷淡疏离，没有能力控制本国人民的暴力行为；有一小部分黑人则认为他忘记了草根大众。想要把一盘散沙的非国大变成具有影响力的政治力量，曼德拉的任务非常艰巨。他仍然没有选举权，除了叛军首领的身份之外，没有获得任何官方认可。制裁行动是他对抗白人政权的唯一有力杠杆，而这个有力杠杆所依靠的还是世界各国的支援；武力威胁所需要的游击部队仍未能发挥作用。虽然在世界范围内，人们奉他为伟大的解放者、新时代的摩西、弥赛亚，他在本国却没有什么真正的实权，也没有什么有号召力的解放军队伍。

德·克勒克仍然掌握着强大的军事机器、警察力量和情报体系；不到迫不得已，他并不打算将政权拱手相让。曼德拉后来也说："不是迫不得已，没有哪个政府会愿意交出权力。"德·克勒克政府很快便得到了西方世界的承认。为了防止非国大一党专权，在英国首相撒切尔夫人和德国总理赫尔穆特·科尔等西方领导人的鼓励下，德·克勒克试图在南非建立联邦体制。在种族隔离问题上，南非白人一直把欧洲作为自己的榜样：早在1984年，南非总统博塔就声称瑞士和南斯拉夫已经"找到了和平共处的关键"。德·克勒克仍然奉行各个部落间相互制约的"群体权力"的政策。对此，曼德拉早在出狱之前就发表过不同意见，他认为群体权力实为在自家后院实行种族隔离；德·克勒克的哥哥威廉后来也劝他说"基于种族或肤色的群体权力的政策是行不通的"。但德·克勒克仍然坚持。

很快，曼德拉就意识到德·克勒克并不急于进行谈判，他甚至怀疑他在为了争取时间而故意拖延，等着曼德拉"自己倒下"。不久，曼德拉对警察所扮演的角色也产生了怀疑：1990年3月26日，在约翰内斯堡以南的色波肯，非国大示威者遭到了警察袭击，12人遇难。愤怒的曼德拉向德·克勒克提出抗议，并推迟了首轮和谈，他说总统不能"一边说着和谈，另一边却谋杀着我们的人民"。他认为德·克勒克还在想尽办法维持少数派的否决权，打击民众信心。

为了分化黑人，南非的军事情报官员们有着自己的秘密计划。他们这一招在纳米比亚曾经奏效：使用"肮脏的伎俩"削弱黑人政党西南非洲人民组织并建立由不同民族集团组成的松散联盟——特恩哈尔民主联盟。如今，他们打算故伎重演，用相同的伎俩削弱非国大。他们打算无限延长过渡期，使政府能够趁机与包括英卡塔在内的其他黑人政党结盟，并一举在全民公投中击败非国大获得胜利。

在非国大被取缔三十年之后，如今曼德拉的首要任务就是重新建党，把大家团结起来，改变党内一盘散沙的现状，使全党团结一心，以严谨有序的精神面貌迎接与德·克勒克的谈判。在与特勤局沟通，确保人员安全的前提下，流放中的非国大领袖即将回归。然而，他们深知谈判之路必将艰辛，并已经开始着手挑选首轮谈判的谈判组成员。曼德拉坚持让他的老友、南非共产党总书记乔·斯洛沃参加谈判。乔·斯洛沃此时已经变成了一个白发苍苍、成熟圆润的老者。对此提议，德·克勒克一开始坚决反对，但他最终同意双方有选择自己的谈判成员的自由。

1990年5月2日，非国大代表和政府代表在德·克勒克的官邸格鲁特斯库尔展开了前期会谈。这是一次前所未有的盛会。借用塔博·姆贝基的话说，黑人领袖们"努力了一个多世纪，终于能够坐下来与政府进行会谈"。双方各派出了十一位代表参加会谈。在总统官邸花园里，以曼德拉和德·克勒克为首的代表团成员分别各自排开，双方的与会代表在种族构成上形成了鲜明的对比：政府代表团的成员全部是白人男性，而非国大的十一名代表中，有两名白人，一名印度人，一名有色人以及七名黑人：其中有两名女性。

双方领导人都发表了激昂的、不具任何政治立场的发言。曼德拉用南非语简单回顾了南非白人的历史，这给初次见面的外交部部长匹克·博塔留下了深刻的印象。德·克勒克则谈到了"已经开始并不可逆转的正常化进程"。会谈欢声笑语，气氛融洽：白人部长们被黑人领袖们流利的表达和渊博的知识所折服，双方都觉得自己之前太过愚蠢（塔博·姆贝基语），为什么没有早点进行交流和会谈；令他们意外的是，"房间里的每个人都那么随和"。匹克·博塔对一位非国大代表说，他们在同一条船上，周围都是"虎视眈眈的鲨鱼"。德·

克勒克发现曼德拉很善于倾听，能够像一位训练有素的律师那样陈述自己的观点。不过，德·克勒克后来也抱怨说曼德拉"不停地自说自话，言语间充满了指责和劝告"。他认为曼德拉已经被过去的经历折磨得"伤痕累累"，对未来没有什么真正的想法。

经过三天的会谈，政府代表同意为会谈创造和平的政治氛围：释放政治犯，取消严厉的法规，解除国家紧急状态。决议以《格鲁特斯库尔会议记录》的方式对外发布。德·克勒克称之为"向前迈进的一大步"，曼德拉则说这意味着"梦想终于变成现实"。曼德拉说："没有谁是胜利者或是失败者，这是我们此次谈判的宗旨。我们都是胜利者，南非是胜利者。"但他要提醒政府的是，种族隔离并没有远去，他仍然没有选举权。

曼德拉和非国大领导人认为仍然有必要在南非保留一支武装部队，一旦谈判破裂，还可作为最后一道保护屏障。由马克·马哈拉吉和西弗维·扬达带领的军事组织"特别行动队"得以保留了下来；在曼德拉被囚禁期间，他们一直和狱中的曼德拉保持着联系。非国大合法化后，趾高气扬的罗尼·卡斯里尔斯加入特别行动队。然而，自非国大合法化后，有些特别行动队的成员开始骄傲自满，觉得领导忽视了自己。在德班的地下同志对安全放松了警惕，他们把机密文件存在了自己的电脑磁盘中。一次偶然的机会，警察逮捕了两名同志并破解了一个秘密集会地点。在那里警察伏击了更多的同志，并顺藤摸瓜，很快突袭了特别行动队在约翰内斯堡的基地。吸取这次惨剧的教训，特别行动队指挥官很快把藏匿的武器和设备转移到了安全的地方。然而，7月25日，警察以阴谋推翻政府罪将马克·马哈拉吉和其他特别行动队成员逮捕。和当年的瑞弗尼亚审判类似，警察披露了许多耸人听闻的细节：特别行动队拥有一个庞大的地下网络，旨在"招募、训练、领导和武装"一个"人民的"或者说是"革命的"军队，并通过武装暴动从政府手中夺取政权。

这次事件成了曼德拉抓在德·克勒克手中的把柄。德·克勒克认为，这正表明革命分子和共产主义者仍然是一股邪恶的力量，他希望借机挑起非国大与南非共产党之间的不合。他给曼德拉读了警察的报告，并以斯洛沃曾参加共产党5月在通加特召开的秘密会议为由，再次要求把斯洛沃从非国大代表团中剔除。曼德拉早就知道特别行动部队的存在，他们曾为自己和坦博提供了联络通道；而曼德拉本人也曾单独秘密会见特别行动部队的首领马哈拉吉。但即使如此，曼德拉一开始还是被克勒克所披露的行动细节所震惊。很快，斯洛沃便证明自己并未参加共产党在通加特的会谈；他的护照显示当时他人在卢萨卡，报道中当时在场的"乔"并不是他，而是西弗维·扬达。曼德拉坚持让斯洛沃参加会谈。他指出，既然政府从未停止部署针对非国大的武装部队，非国大也不可能解除武装。警察还在继续搜索其他疑似人等，其中包括他们认为是"携带武器的危险分子"的卡斯里尔斯。藏匿的武器最终没有被发现。最后，截至1991年3月，马哈拉吉和其他人全部获得赔偿，针对他们的起诉也被撤销。

此次事件还向德·克勒克透露了有关非国大谈判策略的重要信息。7月19日，就在马哈拉吉被捕之前，乔·斯洛沃向非国大全国执行委员会提议：在与政府的下次会谈中，应主动提出暂停武装斗争。这是一次具有历史意义的让步——尤其这一提议还出自民族之矛领导人之口。非国大这么做的目的是要打德·克勒克一个措手不及，争取更大的让步。对此曼德拉起初还有些疑虑，但经过与大家的彻夜长谈和深思熟虑，也于次日一早代表自己和非国大全国执行委员会批准了这一提议。但是，之前警察在搜查马哈拉吉的公文箱时发现了一份手写的文件，文件中提到了这一策略。这样一来，德·克勒克早已提前知晓了对方的策略，并有时间准备应对之策。

8月6日，曼德拉带领的非国大谈判代表们与政府代表在比勒陀利亚会面。曼德拉承诺立刻停火；德·克勒克一方则承诺释放政治犯，并对流亡者受到的政治冒犯提出补偿。双方共同签署了《比勒陀利亚会议记录》，记录声明：非国大将立即暂停一切形式的武装行动。但由于德·克勒克已经提前知晓了非国大的策略，所以刻意在记录中添加了一句"相关活动"的说法，这也使他在后面的谈判中占据了先机。但总的来说，非国大的提议使斯洛沃和曼德拉等人的初衷最终得以实现，那就是——打破僵局。

非国大有关停火的提议并没有看上去那么慷慨。作为民族之矛的最高统帅，曼德拉相信武装斗争的象征意义，虽然他知道其"真正发挥的作用与名气不成正比"。"我们从来就没有自不量力，"他后来说，"认为自己能够在对抗政府的斗争中取得军事胜利。"但曼德拉不打算放弃地下活动。他对"行动"和"斗争"进行了模糊的区分："我们暂停了武装行动，"曼德拉在1991年7月曾解释说，"但并没有停止在国内外进行武装斗争。"斯洛沃后来也解释说地下工作将持续，直到变革真正成为大势所趋。对此，德·克勒克也表示了默许。

暂停武装斗争只换回了微不足道的让步，这让激进的年轻同志非常愤怒；强硬派更是从根本上就无法接受谈判这个想法。仍然在罗本岛上的25名战俘拒绝了政府特赦的提议，坚持若不取得战场上的胜利，他们就决不离开。为此，1990年4月，曼德拉不得不返回罗本岛，费了好大的劲儿才说服他们接受政府提出的条件。在南非本土，非国大付出了很大努力，说服他们当中更具革命精神的成员从战场转向谈判桌：他们把"谈判即斗争"的口号印在了 T 恤衫上、车尾贴上，在报纸上发表声明说民族之矛并没有解散。

《比勒陀利亚会议记录》引起了外界对曼德拉和德·克勒克台面上合作的一连串猜测，曼德拉在电视上承认说："我们已经开始了某种形式的结盟。"甚至有谣言传出他准备加入内阁。然而好景不长，现在下结论还为时过早。曼德拉对德·克勒克越来越不信任。显然，对于削弱黑人的抵抗，德·克勒克有他自己的计划，他把曼德拉自己联盟内部一些棘手的问题无限放大并加以大肆利用。他后来还抱怨说"非国大能力有限，不能确保其支持者和同志都能够兑现自己做出的承诺"。

从某种程度上说，非国大仍然是一个革命的政党，并保持着与南非共产党的同盟关系。7 月 29 日，就在比勒陀利亚会议之前，南非共产党在索韦托体育场 5 万人的见证下高调重组，作为一个合法的政党重新出发。自从特别行动队事件败露之后，在白人媒体看来，南非共产党的这次重新出发更是包藏祸心（他们称之为共产主义的阴谋，似乎忘记了特别行动队是非国大的杰作，与南非共产党毫无关系）。为此，曼德拉发表了公众演说，向南非共产党表示了祝贺，称之为"尊重非国大的独立与政策的、可信赖的朋友"；以他过往的经验来看，南非共产党从来没有"试图把自己的观点强加于非国大"。这是一次异常壮观的重生：在未来的 15 个月中，南非共产党党员人数猛增至 2.5 万人。

南非共产党新的施政纲领有些含糊：有些人甚至戏称他们是"不了解共产主义的政党"。与其他国家的共产党相比，南非共产党是真正意义上的多种族政党。在对抗种族隔离的斗争中，南非共产党曾有过非常英勇光荣的历史，无数激进的南非年轻黑人投身这项伟大的革命事业当中。与过去的默默无闻相比，重生后的南非共产党逐步获得民心，开始能与非国大抗衡。很快，曼德拉对南非共产党越来越挑剔。前南非共产党员本·图罗克说："他们妄图成为一个大众政党，在这点上他们大错特错了。"

事实上，正如乔·斯洛沃表明的那样，把南非的共产主义与强硬的抵抗完全等同是一种过分简单化的做法。政府和广大白人媒体继续鼓吹共产主义威胁论，曼德拉则警告比勒陀利亚当局不要试图通过鼓动反共产主义情绪达到阻挠谈判的目的。他后来也声明："事实证明，最温和谦逊的往往都是共产主义者。"

曼德拉的任务还很艰巨：他需要统一全党、把大家引导到和谈与让步上来。

作为个人，曼德拉的领袖地位不容置疑：朋友们不得不鼓动年轻的非国大党员们与他争论。然而对于曼德拉来说，最艰巨的任务莫过于要把过去的三十年来在取缔令的影响下分崩离析的政党重新团结起来。他花时间与非国大执行委员会建立了私人联系；作为政界元老，在与其保持距离的同时，又在关键问题上进行一些干预。

1990 年 12 月，非国大在约翰内斯堡召开了有 1600 名代表参加的"协商会议"。至此，所有指责非国大过于克制的不满终于全面爆发。为了此次会议，中风后仍然还很虚弱的坦博特意提前回国，以非国大主席的身份正式宣布会议的召开。在会议上，坦博发表了经非国大执行委员会批准的前卫演讲。在演讲中坦博提出，非国大必须修正其过去支持全面制裁行为的做法。他警告大家说西方国家已经放弃制裁，我们不能冒着被海外朋友孤立的危险一意孤行。对此，激进分子显然并不买账。最终，非国大决定即使不加强制裁的力度，制裁行动本身也将继续。

在会议上，曼德拉向坦博表达了敬意，感谢他带领非国大走过那些最黑暗的日子。但重新把大家凝聚在一起的重担仍然落在了曼德拉的肩上。如今，紧张对立的情绪显而易见：国内年轻的活动家们讨厌让卢萨卡那些年老的流亡分子掌权，而两个阵营的人都认为胜利应归功于自己。

在非国大的年轻同志看来，曼德拉的表现比他们想象中更为保守和审慎，他已经完全不是当年被捕时那个生涩的游击队领导人。代表中开始出现公开批评他的声音，大家尤其不满他在与政府的会谈中没有广泛听取意见。在闭幕演讲中，曼德拉向大家承诺："领导就是人民的公仆，这是我们在谈判中所秉承和牢记的基本原则。"但执行委员会"几乎一句赞美之词都没有"，这令他非常受伤。有批评指出曼德拉在谈判中毫无保留，对此他反驳说，那是因为他们"并不了解谈判的实质"。

6 个月后，在 7 月 2 日在德班召开的非国大全国大会上，非国大的政策遭到了更加强烈的反对。这是非国大 20 多年来首次在南非国内召开的全国会议，有超过 2000 名代表参加了会议。曼德拉召开此次会议的主要目的就是为双方的和解、和平解决争端进行铺垫，化激进情绪为和谈与对话，而不要使之激化为战争。他把和谈描绘成"我们为实现'还权力于人民'这一主要目标所进行的斗争的延续"。同时，他也提醒大家，即将到来的过渡期"将会是非国大历史上最为艰苦、复杂和最有挑战的时期"。

然而，有些较年轻的成员对曼德拉的保守和稳健显得有些不耐烦，有些人甚至认为他背叛了革命。曼德拉也并不总是乐意接受批评。有一次，曼德拉提出管理人员中女性应占 30%，却遭到了他在罗本岛上的老朋友特拉·勒科塔的公然叫板，说他是在做"表面文章"。曼德拉对此非常愤怒，说这个问题在罗本岛上早就已经讨论过了。勒科塔后来说："曼德拉教会我们争论并不代表不敬或藐视，虽然想要说服他并非易事。"

本来就松散的政党再次被扣上了无能的帽子，这就是现在的曼德拉所面临的难题。约翰内斯堡的《周日时报》抛出了这样一个问题："除去华丽的辞藻，虚夸的言辞，非国大作为一个组织真的存在吗？"来自退休的非国大秘书长阿尔弗莱德·恩佐的批评更是毁灭性的，而他的话又不小心被泄露出去——恩佐说："我们缺乏进取心、创造力和主动性。我们似乎很乐意被'平民主义者'这种浮夸的言辞和陈词滥调所束缚而停滞不前。"曼德拉认为对缺点应该"毫不姑息"，他特别担心非国大和少数民族之间缺乏有效沟通。但他承诺会"把我们的组织打造成一支强大的、运转正常的特遣队"。

非国大掌权的还是曼德拉、坦博、西苏鲁等保守派：全国执行委员会上一次选举还是 1985 年。但三位分别来自抗战不同阵营的年轻人成了未来领导人强有力的竞争者，他们是：民族之矛的首领克里斯·哈尼，坦博在流放期间的关键顾问塔博·姆贝基，以及非国大矿工联盟的领袖西里尔·拉马弗萨。令许多人意外的是，西里尔·拉马弗萨在选举中获胜，接任恩佐成为非国大总书记。他曾公开批评过温妮，当时和曼德拉的关系也并不亲近。在曼德拉获释前，拉马弗萨还说过他的身份"与其他非国大成员并没有什么不同"这样的话。作为一名工会成员，西里尔·拉马弗萨表现出了一个谈判者所必需的勇气和技巧，对手们也常常被他的魅力所吸引：他嗓音柔和，眼神友好，笑容开朗，但绝不会忘记自己的目的和初衷。曼德拉认为他"非常自信，是个天生的外交官"；事实证明，西里尔·拉马弗萨确实在接下来的谈判中发挥了不可或缺的作用。

在媒体的一片质疑声中，非国大进行了重组。西苏鲁说，这"完全得益于领导层的团结一致，这是在世界上任何其他地方都不曾出现过的"。重组后，50名新的领导人来自不同的种族，其中包括 7 名印度人，7 名有色人，7 名白人。白人自由党人抱怨说那 7 名白人成员都是共产党员，而他们却被排除在外；但在整个非国大的斗争历程中，始终陪伴左右支持着他们的，就只有共产党员。

坦博卸任，曼德拉接替坦博全票当选为下一任非国大主席。曼德拉后来也说道："直到当选那一刻，我才意识到自己是领导人了。是时候要这么做了。"事实上，在绝大多数人看来，曼德拉早就是事实上的领袖了，但人们担心没有了坦博的制衡，会出现曼德拉一人专权的情况。曼德拉用洋溢的语言向坦博表达了致意，称赞他在非国大统一的过程中发挥了至关重要的作用："他用自己的仁慈、热忱、宽容、民主精神和智慧铺就了前行的路，正是这些品质使他最终战胜南非的种族主义取得胜利。"坦博所倡导的通过和平协商达成共识的做法依旧对曼德拉影响深远。

如今，曼德拉所领导的是他的前辈卢图利和舒玛等人做梦都无法想象的庞大组织。同年晚些时候，非国大搬入其位于约翰内斯堡市中心的总部贝克屋。曼德拉坚持把西苏鲁和坦博的办公室安排在自己的隔壁，三位七旬老人还时不时地互相串串办公室，就像四十年前的"藐视运动"时一样亲密。对于非国大的政策，坦博较曼德拉思索得更多；而西苏鲁仍像老师对待小学生一样评价曼德拉（"他比我预料中做得更好"）。但他们都是幕后顾问，曼德拉才是台前的明星，是非国大制度的体现和化身。为确保自己办公室事务的正常运行，他还选了三个强悍的女性幕僚："周围都是唯唯诺诺只会点头应和的人，对领导人来说并不是件好事。"弗雷那·金瓦拉帮他创立并管理研究中心，巴巴拉·马斯盖拉与杰西·杜阿尔特共同负责办公室的日常工作。她们制定了严格的惩处体系，曼德拉开玩笑说："有时候我会觉得，我在监狱里的时候反而更加自由。"他不大习惯在官僚的气氛下工作，更愿意把办公室当成是自己的家，把员工当成自己的女儿看待。他常常在办公室点午餐，小心翼翼地一个个数硬币，像个孩子般啃玉米吃。监狱生涯使他养成了非常守时的习惯，他决心改变非洲人"不守时"的传统：他认为"不守时是不尊重别人的表现"。但有时在走廊里碰到老友，他常常会避开秘书和他们交谈，把家里的私人电话告诉访客。多年监狱闭塞的生活使他对新鲜的面孔充满好奇，他似乎对那些不喜欢出风头的人会特别留意：他总会找出会议上坐在后面一言不发的那些人。

像他在监狱时一样，曼德拉总是愿意看到每个人身上最好的一面，这令他的幕僚们非常担心。倘若他们警告他说哪个人不可信，是个不可救药之人，反而更会激起他的胜负欲，想要努力证明自己是对的。同事们都抱怨说"曼德拉实在是太善良了"。这使他不那么会看人，对那些花言巧语的盘剥者和投机者们过分宽容。但他的慷慨常常换来他人更大的慷慨，甚至可以化敌意为忠诚。他会突然生气——不管是真的还是佯装生气——这令人特别害怕。如果感到尊严受到冒犯，或有人对他纡尊降贵，他就会火冒三丈。然而，他仍然是一个成熟老练的政治家，眼光长远，无比坚毅。他似乎不会被坏消息所打垮：他的秘书们发现，在噩耗面前他甚至能谈笑风生，情况越是艰难，他反而会越发巍然屹立。

毫无疑问，曼德拉非常自信：即使是在情绪低落或疲惫不堪的时候，他都要打扮得光鲜亮丽会见访客。他非常注意自己的形象，总是贵气逼人，衣着考究。"对他来说衣服并不是什么可有可无的东西，"马斯盖拉说，"而是他政坛形象非常重要的组成部分。"和他五十多岁的时候一样，他仍然认为"人靠衣装"。有一次在奥斯陆，他想要一顶毛皮的帽子，随从拿来了一堆帽子让他选，他却一个都没看上。后来，他从宾馆消失了一会儿，自己选了个帽子回来了——那是一顶俄罗斯风格的帽子，他直到 1999 年还一直戴着。正是这份自负和自我信念支撑着曼德拉不断向前。他渴望恭维（他会自嘲说"我就是个丑老头"），但他心里知道自己英俊的外表令世界上绝大多数政治家都相形见绌。

曼德拉是否会大权一揽，成为南非下一个独裁者？南非国民和外国人都在拭目以待。坦博拥有曼德拉所缺少的谦卑和仁爱，比曼德拉更像个圣人。他更受非国大全国执行委员会的青睐，更加温和，也更愿意倾听，即使是被反对也从不愤恨。正如阿尔比·萨克斯所说："坦博是个天生的民主人士，而曼德拉还需要学习。"

曼德拉的行事风格令非国大的一些领导大为恼火。1991 年 8 月，曼德拉还在海外访问，就有报道披露说有人密谋削弱他的力量，把拉马弗萨扶上位负责与政府的谈判。他们甚至制订出了周密的组织机构图，让拉马弗萨任秘书长，曼德拉任二把手。对于这样一个安排，曼德拉解释说，这完全是个错误，在国外的共产主义政党中秘书长是最重要的领导人，但非国大并不是这样。事实上，并没有人密谋或威胁曼德拉的地位，整个事件都是蓄意造谣，刻意编造出的谎言。曼德拉后来也没把此事放在心上，但他显然更加警惕了起来。

曼德拉有些君王般的做派与他部落酋长的背景以及他在特兰斯凯童年的经历多少有些关系：目睹摄政王掌握着生杀大权，对自己的臣民发号施令，耳濡目染之下不免会受到影响。《华盛顿邮报》记者大卫·奥塔韦认为曼德拉"身上有着一种传统部落酋长身上才有的独裁气质"，他"内心深处还是渴望被当作酋长来对待"。当然，他常常会把这种对王权的渴望诉诸其他需求：社会学家亚当和穆德雷认为，黑人汽车工人没日没夜地无偿工作，就为了给他打造一辆奢侈的奔驰车，这件事恰恰反映了"他对王权强烈的渴望"。曼德拉身上的君王气质常常令人对他产生误解：他也许看起来很独裁，但内心虔诚地信奉民主。他一直是非国大"忠诚、守纪律的一员"，而他有关人民是他的"衣食父母"的言论也是发自内心的；非国大其他领导人甚至可以严厉地批评他、当众驳他的面子。

随着非国大由奉行革命政策逐步向克制和让步过渡，曼德拉本人也面临许多痛苦的转变，其中最大的难题莫过于在公有制和国有化问题上的争论。有关国有化的问题，罗本岛派早就在理论层面争论了数年，但如今非国大全国执行委员会需要批准切实可行的政策并尽快使之付诸实施。在曼德拉本人看来，国有化仍是缩小贫富差距、还经济权于黑人同胞最简单而直接的手段。1962 年曼德拉入狱之前，曾见证英国工党通过了工党宪章第四条款，他相信通过实施公有制可以掌握"制高点"。1990 年，英国大使罗本·伦威克对南非的国有化提出了异议，对此曼德拉反驳道："这是你们的主意。在当时还很时髦呢。"20 世纪 70、80 年代，世界范围内蔓延着对国有化的幻灭和不信任，但狱中的曼德拉并没有受到影响；他甚至看到了南非企业与种族隔离政府未来的合作。

1990 年，曼德拉获释，此时的他意识到南非急需外国投资来拉动经济增长、促进就业。为此，他承诺说只要制裁行为一解除，他便会积极融资，寻找投资者。同年 2 月，曼德拉说："一旦局势稳定下来，对本国的投资就会成为发展的常态——这是我们都乐意看到的结果。"然而，他一开始没有想到，国有化会吓跑很多长期的投资者，后来他自己也承认了这一点。他提醒商人们说，南非白人政府曾利用铁路、钢铁、南非航空等国有化的行业造福南非白人。现如今，为什么南非黑人就不能享有同样特权呢？但每次只要曼德拉一呼吁国有化，约翰内斯堡股票市场就会下挫；他做一次演讲，南非金矿业股票指数就下降 5 个百分点。

曼德拉变得更加懂得变通。他提议统治股市的十个大型企业集团可以不必国有化，但必要时可依照《反托拉斯法》被解散。他又重新提到了自己对非国大《自由宪章》的解读，认为这可以使南非的商业"获得前所未有的繁荣"。曼德拉对包括头号资本家亨利·奥本海默在内的商业领袖的态度开始变得友好。他请自己在罗本岛时候的老友海伦·苏斯曼安排了一场与商业大鳄的午餐会谈，在午宴上（海伦回忆说），他"魅力四射，令大家都刮目相看"。席间，他们都警告曼德拉说国有化并不能创造财富，而这正是包括塔博·姆贝基在内的数位非国大同事一直坚持的观点。但有些信奉马克思主义的同事对此仍持观望态度；年轻的黑人同事也继续把资本主义与压迫相等同。

曼德拉自己的立场也很令人困惑。与工会会员相比，他似乎和银行家相处得更加自如，在外国投资者面前，他看起来并不像是个社会主义者。1990 年年底，剧作家阿瑟·米勒曾和曼德拉相处过一段时间。米勒评价他是"我见过的

最保守的人之一。要是出生在和平年代，他会是一名法官"。曼德拉始终坚信无
阶级差别的社会，但又"痛苦地意识到"社会现实恰恰相反。他努力寻找着缩
小贫富差距的办法。1991年9月，曼德拉告诉商人们说只有国有化才能使这种
失衡得到矫正，当然，有别的选择他也非常欢迎。这些混乱的表达正反映了非
国大内部的争论，这些争论比当初席卷欧洲社会主义党派的争论还要激烈——
在贫富差距以及依赖国际资金支援方面，南非一直以来都是一个极端个例。

1992年2月，曼德拉赴瑞士达沃斯参加世界经济论坛，至此其国有化的想
法才最终得以改变。在达沃斯论坛的各种午宴和晚宴上，曼德拉受到了来自世
界各地的银行家和实业家的推崇和追捧。曼德拉与他们争辩说包括英国、德国、
日本在内的其他工业国家也需要产业国有化来重振战后经济。"在经历了战争的
创伤之后，"他解释道，"我们需要的是国有化。"但一位经济学家抱怨说，他
的话听起来像早期费边社会主义者；德·克勒克和布特莱齐分别在会上发表了
支持自由企业的演说，完全盖过了曼德拉的风头。

最终，曼德拉激进的想法被三位与其惺惺相惜的代表所扭转。荷兰工业部
部长亲切友好，善解人意，却彻底否定了他的看法。她对曼德拉说："瞧瞧吧，
那是我们之前的看法。如今世界各国在经济上的相互依赖日益加强，全球化的
局势逐步确立。没有哪一国的经济可以脱离其他国家独自发展。"来自亚洲社会
主义国家中国和越南的领导人也与曼德拉分享了苏联解体之后本国私营企业的
发展和成果。曼德拉后来回忆道："他们彻底改变了我的想法。我回到南非，告
诉大家说：'伙计们，我们需要做出选择了。我们要么就继续坚持国有化却得不
到任何投资，要么就需要修正我们的态度以吸引投资。'"

在南非国内，曼德拉还有一场硬仗要打。在不久之后召开的非国大经济会
议上，曼德拉提出了放弃国有化的建议，却因被指背叛《自由宪章》而不得不
收回提议。激烈的争论仍在非国大领导人和南非黑人中迅速蔓延。直到1993年
非国大选举前夕，他们才勉强接受了一个更加折中的办法，那就是实现部分产
业私有化，出台新的《重建与发展规划》以代替之前国有化的做法。曼德拉仍
然坚持他建立一个无阶级差别的社会的理想；但他和他的政党也不得不承认南
非无法独立于全球市场而存在——事实证明，这个市场比他们预料到的还要
残酷。

30. 第三种力量

在曼德拉努力统一政党、韬光养晦积蓄力量的同时，不断升级的政治暴力使他的前途受到了影响。曼德拉获释后，充斥整个 20 世纪 80 年代末的杀戮之风愈演愈烈，而曼德拉由于未能有效制止杀戮，他作为未来领袖的信誉也受到了严重影响。但暴力背后的实质没有那么容易被洞悉，证据只能抽丝剥茧般慢慢浮出水面，直到八年后，事实真相才逐步清晰。

起初，绝大多数杀戮主要集中在祖鲁人的聚集地、那美丽而贫穷的夸祖鲁纳塔尔地区，其中又以相对偏僻宁静的乡村情况尤为严峻。1990 年 7 月至 1993 年 6 月间，夸祖鲁纳塔尔地区平均每月有 101 人死于"政治相关事件"，3 年间死亡总数共达 3653 人。在绝大多数白人看来，暴力事件背后所体现的，正是祖鲁爱国人士和妄图通过非国大统治整个国家的科萨入侵者之间的部落冲突。要想获得和平，关键似乎在于酋长布特莱齐与其领导的正处于扩张期的英卡塔。在接下来的和谈中，英卡塔具有举足轻重的作用，因为德·克勒克及其领导的国民党希望把英卡塔和其他部落组织都争取到自己的阵营中，以在选举中击败非国大获取胜利。

狱中的曼德拉一直与布特莱齐保持着友好往来。就在其获释前，曼德拉还又给布特莱齐去了一封长信，敦促他去伦敦与坦博会面。与其他非国大领导人一样，坦博和西苏鲁对曾有过态度反复的布特莱齐持谨慎态度，但曼德拉却很看重与布特莱齐的关系：政府曾向布特莱齐施压，妄图把夸祖鲁地区变成一个独立的班图斯坦。曼德拉支持布特莱齐抵制政府的这一行为，他也相信自己可以说服布特莱齐与非国大进行合作。

曼德拉希望与布特莱齐建立个人的、作为党派领袖之间的友好关系。出狱一周之后，曼德拉致电布特莱齐，感谢他拒绝在自己出狱之前与比勒陀利亚当局交涉，并提出拜访请求。一周后，曼德拉深入虎穴，只身出席祖鲁人在其位于德班的大本营的国王公园的集会，面对十万祖鲁人发表了演说。祖鲁人几乎全员出动了。他本想请布特莱齐与他同台演讲，但遭到了非国大同事的反对，这令布特莱齐大为光火。曼德拉提议双方召开联席会议，但遭到了台下群众"阵阵反对的嘘声"。曼德拉向民众呼吁："拿起你们的刀枪和砍刀，把它们扔到海里去！"但令曼德拉惋惜的是，他的呼吁都"被当成了耳旁风"。事实证明，此后没多久，警察便偷偷给了英卡塔 12 万兰特以资助他们的抗议游行。

曼德拉还希望能与布特莱齐的侄儿祖鲁国王戈登韦尔·祖韦利蒂尼直接交涉。曼德拉曾担任祖鲁王室律师，与国王颇有些交情。但非国大不同意曼德拉与国王在没有其他同事在场的情况下单独会面，而这恰恰是国王所坚持的。任何与布特莱齐的会面都遭到了以哈利·格瓦拉为首的当地非国大领导人的否决。曼德拉常常回忆说：“只要我一提到布特莱齐，非国大的同事们就把我噎个够呛。”

德·克勒克总是批评曼德拉没能与布特莱齐会面，他认为这都归咎于曼德拉“专横跋扈的处事风格”。这两位领袖能够制止杀戮吗？布特莱齐后来说：“如果曼德拉能够坚持自己的初衷，历史将会被改写。”非国大在纳塔尔地区的祖鲁族领导人雅各布·祖玛（他也曾被流放罗本岛）认为非国大犯了一个致命的错误：“让布特莱齐感到被欢迎、被需要，感到自己是整个过程中不可或缺的一部分，这非常重要……这样一来，问题也许早已解决了。”但民众间的暴力行为早已一发不可收拾，许多非国大领导人认为冲突必须得到进一步遏止。塔博·姆贝基一直在小心接触当地英卡塔领导人。9 月，双方进行了继 1979 年决裂后的首次会面。姆贝基坚持待双方谈判进入正轨之后，曼德拉和布特莱齐再见面为好；最后，正是在姆贝基的努力下双方终于达成一致。

杀戮还在继续，并逐步向内战升级。但奇怪的是，警察似乎并不急于介入。国际特赦组织报道说：“光天化日之下的攻击事件不断上演，而警察常常在场甚至主动参与其中。”1990 年 7 月，布特莱齐成立英卡塔自由党，祖鲁政党开始登上国家政治舞台，暴力斗争愈演愈烈。布特莱齐声称：“我们决不允许非国大及其同伙南非共产党击垮所有竞争对手，在南非国内实现一党独大。”刚成立几个月，英卡塔自由党便吸纳党员 30 万人，并且党员人数很快攀升至 180 万。此后不久，德兰士瓦地区爆发政治杀戮，尤以比勒陀利亚周围的威特沃特斯兰德和弗里尼欣城区情况最为严重：据真相与和解委员会后来的报告称，在接下来的 3 年里，这几个地区共有 4756 人死于“政治相关暴力事件”，人们很难不把这些暴力事件与英卡塔自由党的政治野心联系在一起。

黑人聚集区为祖鲁工人提供的单身公寓更是为暴力提供了温床：7 月 22 日，约翰内斯堡以南的色波肯发生了恶性屠杀事件——数百名祖鲁工人从单身公寓坐巴士出发准备参加大规模集会示威游行。非国大提前预料到可能会发生危险，并提前通知了法律与秩序部部长阿德里安·弗洛克，但他并没有采取任何措施。最终，共有 30 人在此次流血事件中丧生，其中绝大多数都是非国大党员。曼德拉于次日赶到了色波肯，在停尸房看到了已经被砍得面目全非的尸体。他没有怪罪于布特莱齐，而是质问德·克勒克为什么不作为，但并没有得到合理的回复。

就像提前计划好的一样，这些恶意流血事件每一次都算准了时间，专门干扰和谈的进行。8 月，在曼德拉和德·克勒克签署《比勒陀利亚会议记录》3 天之后，德兰士瓦黑人区就爆发了新一轮的暴力事件，1 个月内有 1000 名黑人丧生。杀戮事件使和政府和谈中的曼德拉信用尽失：很显然，他没有能力制止杀戮。白人趁此借题发挥，认为"黑人针对黑人"的暴力事件正体现出非国大没有能力执政。现在，在很多非国大领导人看来，布特莱齐似乎变成了比德·克勒克更危险的敌人。

持械匪帮开始攻击往来于索韦托和约翰内斯堡之间的满载黑人的通勤车。在列车遇袭事件中，警察表现得越发无能。炮火不断升级：9 月 13 日，一群持枪歹徒闯入车厢，致 26 人死亡，百余人受伤。在接下来的 3 年中，共有 572 人在火车暴力事件中丧生。根据真相与和解委员会后来的报告称，这些暴力事件的主要责任在于英卡塔、警察和军队。

面对不断升级的暴力事件，非国大的应对之策是组建自己名为"自卫队"的准军事力量。非国大声称，自卫队以社区为基础，顺应了"群众保护自己免于袭击的诉求"。但非国大允许出售武器，相关事宜由非国大领导人罗尼·卡斯里尔斯负责；而出于自卫的目的设立的"自卫队"也没有得到有效监管。卡斯里尔斯后来解释说："这是非常时期的非常做法，情况非常之混乱。"真相与和解委员会后来在报告中声称，非国大"组建并武装了自卫队，因此需要为国内不断升级的暴力事件负部分责任"。

曼德拉逐渐开始相信非国大情报部门的判断：这些流血袭击事件不单单是英卡塔支持者的杰作，更是安全情报部门内部妄图阻止他与政府和谈的、被他称为"第三种力量"①的蓄意之举。（曼德拉这里谈到的是一种较为松散、不那么正式的组织形式。）他越来越不确定是否要放弃武装斗争：在 9 月的一次记者招待会上，曼德拉说非国大也许不得不重拾武装斗争这一武器了。10 月，曼德

---

① 1985 年 11 月，南非总统博塔领导下的国家安全委员会在讨论建立一个独立的准军事组织以加强内部安全的时候就曾使用过"第三种力量"这一表达。在这一准军事组织的管理权问题上，警察和国防部门争论不一。后来，双方分别建立了独立运作的机构，并都在维护内部安全上发挥了积极作用。因此，部长们声称并没有什么"第三种力量"的存在。

拉警告德·克勒克说人民已经察觉到"总统阁下的周围有一些有着双重目标的力量"。事实上，早在 1990 年 1 月，国防部部长马格努斯·马兰就提醒过德·克勒克说国防队伍中存在着奥威尔式①的名为民事合作局的秘密谋杀组织。此后，德·克勒克曾指派大法官路易斯·哈姆斯展开调查，路易斯·哈姆斯于同年 11 月向其汇报了调查结果。但事实证明，这又是一次粉饰太平，驻扎在比勒陀利亚外围弗拉克帕拉斯的暗杀小组所有的作案证据都被销毁，而这一切后来都被证明的的确确发生过。11 月底，曼德拉指责情报机构精心策划了这场"对我们的人民的杀戮"。

曼德拉和德·克勒克之间的罅隙越来越大。曼德拉不停地打电话质问德·克勒克，而对于对方给出的解释却常常并不信任。令曼德拉更加不爽的是，自己此前还不顾西苏鲁和其他人的反对，称德·克勒克为"正直的人"，这令他备受激进分子的责难。西苏鲁说："如果他感到背叛，就很难再重新获取他的信任了。"相比曼德拉，西苏鲁对德·克勒克的行为并不感到意外，因为他一直都认为德·克勒克是国民党阴谋的一部分；但曼德拉却不同，他个人曾对德·克勒克表示过认可，而现在他却不得不收回这份信任。

德·克勒克仍希望能获得布特莱齐的支持以和非国大相抗衡；但他逐渐发现布特莱齐是一个非常尴尬的盟友，他简直就是个"混乱的矛盾体"，"异常顽固又沉闷得让人郁闷"。外交部部长匹克·博塔也说："布特莱齐给我们惹了不少麻烦。他被欧洲人和美国人吹捧惯了。"

显然，布特莱齐的政治野心得到了海外右翼团体的公开鼓励和支持：美国传统基金会及其他反共产主义团体视布特莱齐为非国大共产主义者的天敌；德国康拉德·阿登纳基金会和一些富有的商人也都对他给予了支持。1990 年年初，撒切尔夫人不顾英国外交部的建议，再次接见了布特莱齐，并称赞他是"南非暴力起义坚定的反对者，而非国大却一直支持马克思主义革命"。但英国政府对祖鲁人的政策却不甚明朗：撒切尔夫人仍倾向于采取类似部落同盟的方式，使祖鲁和其他部落能享有更多的自治权，而英国右翼人士则更倾向旨在造成分治的类似战时的防御政策。

1991 年 1 月 29 日，曼德拉出狱一年之后，终于得以和布特莱齐会面。依照非洲的传统，布特莱齐敬曼德拉是长者，把他当酋长般敬重。两人在德班皇家

---

① 奥威尔式：近似于奥威尔的小说《一九八四》中所描述的对人民生活进行监视和严密控制的执政形式。——译者注

酒店聊了 8 个小时，双方同意促进和平，停止"用杀戮的方式交流"，并建立联合监管委员会。但英卡塔"从没有为执行协议而做出过任何努力"。在 1991 年前 3 个月里，又有 400 人被杀，其中绝大多数都发生在德班会谈之后。英卡塔对非国大的袭击逐步升级为血腥报复，双方都疯狂地报复了起来：真相委员会后来判定说夸祖鲁纳塔尔地区和奥兰治自由邦有超过 1000 例的死亡事件都系非国大所为，而英卡塔手里则有近 4000 条人命。

曼德拉和布特莱齐有很多共同点：两人都出身显赫的酋长之家，都曾就读福特海尔大学，都具有令敌人缴械投降的言语魅力。但布特莱齐更多的是一个部落首领，他更在意祖鲁的传统，发言也更加正式：他从不顾忌什么民主政党的纪律和规则，其海外的拥护者也鼓励他实行部落制度。布特莱齐变得越来越难以捉摸，甚至开始表现出某些偏执狂的症状。面对批评和记者的评论，他变得越来越暴躁，记者们也开始把矛头指向了他。曼德拉也开始对布特莱齐阴晴难测的脾气逐渐失去耐心：在两人进行过亲切的一对一会谈之后，布特莱齐回到夸祖鲁地区，对曼德拉的部落礼服又是一顿猛批。曼德拉把一切归结于布特莱齐缺乏安全感，曼德拉解释说：他童年缺乏父母的关爱，所以一转身，他就不确定你是敌是友了。于是，现在轮到西苏鲁等同事劝说曼德拉对布特莱齐做出让步，不要与他计较了。

1991 年 4 月 1 日，曼德拉和布特莱齐再次会面。曼德拉警告布特莱齐说政府私底下有分化黑人的阴谋，但布特莱齐却不以为然。两天后，在他写给曼德拉的密函中，布特莱齐解释说："我就是不相信德·克勒克先生会恶意操纵秘密部队，以达到使白人继续统治黑人的目的……你真的不信任德·克勒克先生和南非政府吗？"曼德拉的确不相信德·克勒克，但这是有原因的。4 月 5 日，曼德拉把自己的担心告诉了非国大同事。非国大随后致信德·克勒克并威胁称倘若政府不把暴力事件相关的部长和警察局长绳之以法，非国大将退出谈判。德·克勒克拒绝了非国大的提议。于是，非国大宣布终止谈判并发动大规模行动，行动最终演变为大规模罢工。随后，德·克勒克召开了有关暴力事件的会议，但曼德拉拒绝参加，他说德·克勒克早就知道应如何终止暴力。对此，德·克勒克后来抱怨说："正如很多革命者一样，他还活在幻想里，认为只要是执政者，就能利用手中的权力达到自己的任何目的。"

看起来，曼德拉似乎对"黑人针对黑人"的暴力事件无能为力，这令他在海内外的公众形象受到严重影响。1990 年 9 月，自由党记者肖恩·约翰逊写道："他在人们心中伟大的救世主的形象已经一去不复返了。"南非《商报》

称："可怜的曼德拉，他所说的每一句话都被恶意曲解，而丝毫未考虑他必须顾及的政治立场和他一直以来所处的弱势地位。"相反，德·克勒克在海外的声望却不断提升。根据政治学家史蒂芬·艾里斯后来的估计，"德·克勒克的国际地位甚至超过了50年来历届南非政府首脑"。一切似乎都在他的掌控之中。1991年4月，德·克勒克成功出访欧洲，并声称通过废除种族隔离制度吸引外商重新投资，南非政府已经重新回归文明世界。英国《卫报》的资深媒体人杨雨果写道："黑人所需要的正是一个像德·克勒克一样能干的领袖。"

在一些更为另类大胆的南非"非主流"媒体，特别是白人周报《自由周刊》上，有关秘密阴谋的报道越来越多。1991年6月，万念俱灰的前军事情报官员、上尉尼科·巴森声称自己的前雇主曾打算故伎重演，像当初对待纳米比亚一样，通过暴力和卑鄙的手段破坏黑人的抵抗。而这一切的背后主谋就是国防军首领凯特·莱本伯格。

巴森控诉的真实性无从考证，但1991年7月，事情有了重大突破。《卫报》驻南非记者大卫·贝雷斯福德从一位秘密警察前官员处得到了一些机密文件，文件中清楚地显示：警察一直通过其在德班的秘密银行账户资助英卡塔，而这一切布特莱齐全都知情。《卫报》和约翰内斯堡的《每周邮报》联合对此事进行了披露。7月18日，《每周邮报》题为"英卡塔对阵非国大，警察来买单"的报道引起了巨大轰动。公安部部长阿德里安·弗洛克被迫承认报道的内容属实。10天之后，德·克勒克撤掉了弗洛克和国防部部长马格努斯·马兰，但仍然保留了他们在内阁中的席位。在接下来的几周里，《每周邮报》又披露出更多有关国防军为英卡塔秘密训练刺客的内幕。

随着事件的披露，所有曼德拉对第三种力量的猜测都得到了证实。德·克勒克的权威被削弱，后知后觉的他终于"开始怀疑秘密部队中有些人或事可能拖延了整个事件的进度"。两周后，德·克勒克成立了以大法官理查德·戈德斯通为首的新的调查团。在经历了一个较长的适应期之后，调查团逐步走上正轨。在调查团成员的努力下，一些更严重的阴谋逐渐浮出水面。非国大想要通过进一步大规模行动扩大自己的优势。但曼德拉仍然想要和谈，而南非教会和商界领袖们则极力要求和解。

1991年9月，国家和平会议在约翰内斯堡的凯尔顿酒店召开，包括德·克勒克、曼德拉以及布特莱齐这三大巨头在内的24个政治团体参加了会议。凯尔顿会议的气氛相当剑拔弩张：数百名英卡塔支持者携带"传统武器"在酒店外示威，他们挥舞着盾牌、踩脚叫嚣，而警察对此却置之不理。与会各方最终同意并签署《国家和平协议》。根据协议内容，各方承诺"积极致力于建设民主宽容的政治气氛，停止威胁恐吓，并同意不在任何政治会议上保有、携带或出示武器"。但会场外随时处于备战状态的人群却显得有些大煞风景。在随后电视直播的记者招待会上，曼德拉强烈谴责德·克勒克没有驱散外面聚众的人群，而布特莱齐则拒绝与其他两位握手拍照。杀戮还在继续，仅仅几天之后，又发生了三起大规模枪击事件。曼德拉与德·克勒克私底下还会见面，但他已经不值得信任了。1991年10月，在哈拉雷举行的英联邦峰会上，曼德拉说德·克勒克"跟之前简直是判若两人"，并承认说"我们也许有些过于天真了"。

在接下来的一年里，更多有关秘密阴谋和刺客行动的证据浮出水面。1992年11月，大法官戈德斯通发现了更多秘密部队非法行为的细节；同年12月，皮埃尔·斯泰恩将军向德·克勒克汇报说军队有秘密袭击和扰乱非国大的行为，并且也有可能参与了当年的列车杀戮事件。为此，德·克勒克弹劾了六名高级官员，但随后又任命了三位斯泰恩在报告中提及的涉案将军对此事进行调查。他的这一举动后来被真相与和解委员会称为"严重的判断失误"。

随后，更多有关第三种力量存在的证据渐渐浮现，例如军队是如何秘密为英卡塔训练刺客，警察又是如何纵容色波肯的屠杀行为、鼓励部落斗争的。但这些仅仅是冰山的一角。1998年，真相与和解委员会在报道中称自己"在揭露20世纪90年代的暴力事件背后主使方面并没有取得什么重大进展"。真相与和解委员会并没有发现什么有中央组织的、有连贯性或正式组织的第三种力量。但发现有一个由安全间谍或前安全间谍组成的网络，他们常常通过与英卡塔自由党中的右翼分子和右翼势力联手，参与随机或有针对性的杀戮等严重侵犯人权的行为。

显然，为了分化黑人反抗，削弱非国大的力量，军官和警察中的地下组织在煽动暴力行为方面都有自己的计划。其中，他们最常用的伎俩就是在20世纪80年代曾用来破坏邻国稳定的杀手锏。1992年以后，随着政府的日益施压，很多地下组织都实现了有效私有化：它们通过出售武器或药品，有时甚至是和犯罪团伙合作实现融资。随着主要党派之间展开和平谈判，地下组织也建立起了自己的腐败网络。这些网络逐渐变成犯罪行为滋生的温床，也成为接下来几年中最令曼德拉头疼的问题。

31. 别了温妮

重获自由的头两年，曼德拉屡受重创：在不断上演的暴力事件面前，他显得有些束手无策。这些暴力事件造成的人员伤亡要比种族隔离时期任何一年的伤亡还要多。在引领这个国家走进新时代的过程中，这个老人有时会显得有些步履蹒跚、力不从心。但与此同时，带给他更大压力的，是逐步暴露出来的家庭危机。

只要曼德拉出席公众场合或出国访问，他的身边总少不了温妮这个完美的伴侣。五十多岁的温妮仍然美丽惊人，她依旧目光有力、令人感到温暖。尽管受斯通派·塞佩谋杀案的影响，但温妮在黑人斗争中的威信丝毫不比曼德拉逊色；不仅如此，温妮还能够团结更广泛的人群：年轻人、激进分子，还有那些生活在社会边缘的无家可归的、无政府状态的人士——在他们那里，温妮更具号召力。表面上，这对明星伉俪彼此相互支持：温妮会巧妙地把曼德拉介绍给政界好友，曼德拉对温妮也关心备至。曼德拉入狱后，家庭的重担全都落在了温妮的肩上，受到牵连的她也遭到了政治迫害。为此，曼德拉至今非常愧疚，并对曾经支持过温妮的人都心存感激。

然而，事实背后的真相只有极少数密友有机会得知。正如曼德拉在 1996 年告诉离婚法官的那样，自从他出狱之后，"温妮就从未在我醒着的时候踏入过我的卧室一步"。他把他们夫妻之间最私密的事情和个人问题都摆了出来，他告诉法官说，他想过与温妮好好谈谈，"但是她总是拒绝。她是一个惧怕对峙和冲突的人"。他们的女儿津得兹也证实说："他们就没办法好好说话。从父亲重获自由的那天起，我们就不得不和整个世界分享他。"

从曼德拉的狱中书信里，我们可以看到他理想中的温妮的样子；但在现实生活中，理想终会褪色，曼德拉自己的公众形象和在他家中所表现出来的也截然不同。正像法蒂玛·米尔描述的那样："被迫分离时他们的心在一起；但终于相聚之后，他们才发现原来对方早已远离。"

显然，曼德拉仍眷恋着温妮：他总会注视她，出门在外也不忘常常给她打电话。如果去他们家做客，你常常会看到两人在一起，坐在他们的特大号床上，旁边孙辈绕膝玩耍。法蒂玛说曼德拉"特别渴望温妮陪伴在自己身边，渴望爱她，也渴望被她宠爱。他希望自己回到家时温妮也在。简言之，他希望温妮能扮演好普通妻子的角色"。但温妮显然并不满足于平静的家庭生活，也从未打算放弃与其他男人的联系。

温妮的不忠对媒体来说早就不是什么新鲜事了。曼德拉获释一周后，《星报》便抛出这样一个问题："温妮端庄的形象还能持续多久？"其实早在1990年4月，伦敦《每日镜报》记者在索韦托采访曼德拉时就发现曼德拉对温妮情深一片；而相较曼德拉的热情，温妮表现出的则是冷漠和不耐烦。而《每日镜报》选择只把他们在一起其乐融融的画面公之于众。

曼德拉不单单是和温妮的关系紧张。长期牢狱生活的影响使在公众面前平易近人的曼德拉早已筑起了高高的心防；他完全把私人生活抛在了脑后，这即使在领导人中都是非常极端的个例："他极度热情却又把真实的自己紧紧包藏了起来从不轻易示人。"即使是在老友和家人面前，他也很难放松。阿米纳·卡查利亚说："他已经忘记了怎么和别人交流。最开始同我讲话时都把我当成是狱卒一样。"

孩子们跟他也很疏远，曼德拉的两个小女儿都和妈妈更亲近。温妮回想起曼德拉出狱一周后津得兹曾对她说："妈妈您知道吗，爸爸在监狱里的时候我们反而更自在。当时我们反而更亲近，能够像父女一样交谈。而现在所有的一切都一去不复返了。"温妮甚至在六年后谈及此事还颇为不满："我的孩子还在眼巴巴地等着他们的父亲回家。但他再也没有回来，即使仅仅是情感上的回归。他再也不能像家人一样和我们交谈了。斗争占据了他整个生命。"

曼德拉的长子马克贾托现居纳塔尔，已经四十多岁的他依然存在学习障碍，父子二人很少见面。长女梅基认为自己从未感受过父爱，并且一直对此耿耿于怀。曼德拉获释前，梅基在接受《华盛顿邮报》采访时说她怀疑1962年父亲是故意被捕的。直到曼德拉71岁生日时梅基去狱中探望，她才真正感觉到父亲身上那种抗拒不见了，他"第一次作为父亲在我面前打开了自己"。1990年梅基就住在波士顿。可想而知，当曼德拉访问波士顿并提出想看看自己的外孙而不是她时，梅基有多么受伤；可是她却把此事怪罪在了温妮身上。1990年10月梅基回到南非，此后和父亲偶有见面，但她发现父亲不知道如何和自己交谈。梅基说"书信的方式还要相对好些"，虽然他们之间的通信也常常很是小心翼翼。吉莉安是乔·斯洛沃的女儿，与梅基一样，她深知有一位全身投入黑人解放斗争的父亲是怎样一番感受。曼德拉告诉吉莉安自己曾试图拥抱梅基，却被梅基推开了。梅基对曼德拉说："你是人民的父亲，却没有时间当我的父亲。"

曼德拉和温妮在他们的旧居、那个火柴盒一样的房子里住了几个月之后，就搬入了位于贝佛利山一个更大的居所里。贝佛利山也在索韦托，这里更加开阔，是温妮特意找人建造的。新住所有 7 间卧室和一个可容纳 25 人开会的会议室。温妮说："看他在这所新房子里有多么自在吧。这可都是他的妻子一手为他打造的。"事实上，过分的奢华令曼德拉很不习惯。很快，房屋维持的费用给他们带来了巨大的经济负担——尤其是 1990 年 10 月，一个慕名捐赠者停止了捐赠之后，形势就更加严峻了。

有关温妮的负面消息不断见报：她常常凌晨才跌跌撞撞回家，醉得甚至需要人搀扶着上床。这对明星伉俪成了媒体笔下举国的闹剧。法蒂玛·米尔说，他们不明白"一个神一样的英雄怎么会和一个巫婆一样的妻子生活在一起"。伦敦《独立报》的约翰·卡林说曼德拉"就像是被爱蒙住了双眼的萨姆森，或是被怂恿而背叛了自己良知的麦克白"。

非国大领导逐步陷入了两难的境地。他们深知温妮的政治号召力，特别是在年轻人当中更是如此。曼德拉发现温妮具有平民气质，而这正是自己所缺少的。坦博把温妮视为联系非国大与年轻人和失业者之间的关键纽带：他发现温妮有些激进的朋友来历不明，但非国大的阵营里正需要这样的人。温妮的支持者和狂热崇拜分子对坦博·梅基等有抱负的领导人来说也非常重要。在法蒂玛·米尔看来，真正对曼德拉的婚姻构成威胁的是非国大内部的权力斗争，而不是他们夫妻之间的个人关系。

然而，这对政坛伉俪之间仍然拥有自己的默契。曼德拉的一位助手曾说："和曼德拉夫妇一同进餐，你便会感受到两人之间流动的默契。曼德拉看起来完全被夫人迷住了——同时也沉浸在自己的迷恋当中不能自拔。"但如今曼德拉全身心都投入到了革命斗争中，这让温妮伤透了脑筋。温妮后来抱怨称："非国大把他整个人全部接手了。他被训练成了巴甫洛夫的狗，只听从组织的召唤。"第一次听到曼德拉称德·克勒克是"一个正直的人"时，温妮感到非常震惊，她说他们第一次海外出访时就为此发生了争执：在温妮看来，德·克勒克"和博塔没什么两样，就是个彻头彻尾的杀人犯"。在德班，曼德拉呼吁支持者们放下武器，温妮终于愤怒了："我挥舞着双臂，"她回忆称，"敌人的杀戮还在继续，数以百计的非国大党员死在敌人的刀枪之下。在这种状况下，你怎么能呼吁大家把他们的刀枪扔进大海？"曼德拉一心想着结束武装斗争，而温妮却想穿上民族之矛的制服，"用武力开出一条通向自由之路"。她甚至威胁曼德拉说想要只身返回丛林，与白人展开斗争。对于温妮，曼德拉只能是不停地安抚：他解释说，温妮不是全国执行委员会的成员，她很难理解这些决定。

温妮越来越失控。非国大希望吸纳温妮入党，以此来约束她的行为。1990年9月，非国大任命温妮负责党内的福利事业。事实证明，这实为失策之举。非国大的这一举动令很多捐赠大户颇为惊慌：主教特雷弗·赫德尔森、伦敦反种族隔离运动组织主席等人都很不放心把那么一大笔钱交给温妮管理。对此，曼德拉坚持站在温妮一方，他说反对此任命的只是极少数，"一个手就能数得过来"。

但温妮对很多非国大领导仍心存记恨，特别是那些曾因1988年斯通派·塞佩被害事件公开谴责过她的人。她抨击西里尔·拉马弗萨，嘲笑墨菲·莫罗贝是印度人的朋友。她对曼德拉说："有他（莫罗贝）没我，有我没他，你自己选吧。"温妮认为他们是在图谋驯服曼德拉，破坏他们的婚姻。她后来也解释称："他们在极力摧毁着曼德拉和家庭之间那点最后的联系，并硬生生把他变成了今天这个样子。我实在受不了了。"

然而，该来的还是躲不掉。1991年年初，温妮因1988年12月斯通派以及其他五名孩子被绑架事件而面临审判。审判还在准备阶段就已经成为关注的焦点，不断有目击证人消失或远走他国的消息传出。有些政客和外交官担心对温妮的起诉可能会打击曼德拉的士气，甚至有谣言传出德·克勒克曾给检察长施压，令其撤诉。但曼德拉公开表示他希望有一场审判使事情尘埃落定，他指责政府故意迟迟不开庭就是为了给媒体机会对温妮指手画脚。最终，温妮以绑架和袭击罪而不是谋杀罪被起诉。非国大总书记阿尔弗莱德·恩佐谴责说这是一场政治审判，违背了非国大与政府之间协议的精神。

曼德拉希望温妮能得到最好的辩护。为此，他请来了乔治·比佐斯为她辩护，并希望国际防务和援助基金会能承担这笔费用。瑞典人是国际防务和援助基金会的主要财政来源。但无论是瑞典人还是国际防务和援助基金会的主席特雷弗·赫德尔森都认为温妮的案件不符合援助的条件。1991年10月，曼德拉致电国际防务和援助基金会伦敦办公室主任霍斯特·克莱恩施密特，称他对款项申请被拒绝感到十分担忧。克莱恩施密特在给总部的汇报中说对此他感到"说不出的难受和别扭"。但他还是给曼德拉解释说也许国际防务和援助基金会很快就要解散了。瑞典人最终同意支付巨额审判费用中的绝大多数，而利比亚总统卡扎菲也承担了部分费用。丹尼斯·赫伯斯汀是专门研究国际防务和援助基金会的历史学家。丹尼斯认为此次争论"还是使非国大与国际防务和援助基金会董事会之间产生了裂痕，双方的关系无法回到当初了"；而且曼德拉在其自传中对国际防务和援助基金会自始至终都只字未提，这让他们感到非常受伤。

审判于 1991 年 2 月正式拉开帷幕。曼德拉对温妮给予了最大的支持，他认为这是作为丈夫应尽的责任。为期四个月的审判状况不断，不是证人消失，就是证人临时改证词。温妮竭力撇清自己和足球俱乐部的干系，并坚持做不在场辩护，说斯通派被袭击当晚自己回了布兰德福特。检察官们表现出明显的局促和不自然，这令辩护律师非常纳闷。七年后，助理检察官梵·沃伦证实说"当时有人妄图破坏审判。显然，秘密警察并没有为我们提供足够的证据。如果有了这些证据，我们本能使温妮的不在场辩护不成立的"。根据监狱记录显示，案件刚刚发生之时，警察就有足够的证据逮捕温妮。但碍于温妮有可能成为第一夫人的身份，或者是他们想积蓄力量，来个总爆发？总之，他们并没有这么做。

温妮在证人席待了五天。据法官观察，她情绪始终非常克制，面无表情，整个人给人一种她是个"沉着冷静、深思熟虑、不知羞耻的骗子"的感觉。法官接受了她不在场的辩护，但由于她默许和纵容了罪恶的发生，"对受害者毫无恻隐之心"，法庭最终判其有罪，并判处六年监禁。对于法官的裁决，温妮似乎显得有些无动于衷，她双拳紧握离开了法庭。相比温妮的淡定，曼德拉显得更加沮丧，但他并没有对判决提出质疑："一旦提出上诉，就应该把事情全权交给法庭处理。"温妮仍然坚称法官"审判的并不是我个人。他们是在审判非国大，是在给非国大定罪，他们在试图离间我和非国大之间的关系"。

温妮对判决不服并提出上诉。1993 年 6 月，上诉法院下发最终判决：判决认定温妮绑架罪名成立，但不是袭击事件的同谋。在经过"审慎而焦灼"的考量之后，上诉法院将刑期缩短为有期徒刑两年，缓期执行，并处以 15 000 兰特的罚金。这一判决相当手下留情，但法庭的最终判定却与真相与和解委员会五年后的调查结果不符。斯通派谋杀案仍未彻底了结。

审判令温妮流失了一大批政治上的拥护者。审判过后，温妮在非国大德班会议上当选为全国执行委员会委员；她还不顾曼德拉的反对一心想竞选妇联主席，但正如曼德拉所担心的，最终以失败告终。1993 年 8 月，非国大重组福利部门，温妮的权力被削弱。她变得越来越放肆而一意孤行，甚至公然和自己的年轻律师情人达利·姆珀夫出双入对，令曼德拉颜面尽失。她自称因公事要飞去美国，在遭到曼德拉的反对之后，温妮不仅丝毫没有理会曼德拉的劝阻，还带着姆珀夫一起去了。曼德拉给身在纽约的她打电话，电话就是姆珀夫接的。

温妮突然与在斯通派事件中与她一同对抗保罗·维利恩的老同盟索利斯瓦·法拉第反目成仇，并把她赶出了自己在索韦托的住所。这令曼德拉陷入了新的危机。法拉第找曼德拉求情，曼德拉也认为温妮这么做对法拉第有失公允。

曼德拉来到大宅，发现门外有一名《索韦托人报》的记者，陪同的摄影师还拍下了法拉第被关在大门外的情景。曼德拉想说服这名记者不要刊登这则新闻，并邀请了《索韦托人报》的晚间主编、后任《开普艾格斯报》主编的威廉姆斯先生来大宅见面。威廉姆斯来到大宅，正赶上温妮为庆贺女儿津得兹与索韦托商人兹韦里班兹·赫隆韦恩订婚所举办的盛大派对。与派对觥筹交错的热闹相比，曼德拉一个人躲在书房，显得非常黯然神伤。他恳请威廉姆撤掉这则新闻，认为这会影响温妮上诉的胜算。虽然威廉姆对此也深感不安，但他没办法让消息不要见报。1992 年 3 月 30 日，星期一，《索韦托人报》刊登了温妮的疯狂举动，这又引起了人们对曼德拉婚姻新一轮的议论和揣测。

作为报复，法拉第撤回了自己在法庭上为温妮做证的证词，转而声称温妮不仅默许和纵容了对斯通派的迫害，还下令杀害了其他敌人，这其中就包括了在索韦托工作的印度医生阿布贝克·阿斯瓦特，因为他手中握有的证据可能会推翻温妮的不在场证明。温妮的司机约翰·摩根也推翻了自己的证词，声称温妮是斯通派事件的主使。

事到如今，曼德拉再也无法对温妮的疯狂举动视而不见了。4 月 13 日，曼德拉召开记者会，在老友坦博和西苏鲁的陪伴下出现在电视镜头前。在发布会上，曼德拉首先感谢了温妮对革命事业的热忱和她为之做出的贡献，但紧接着他又宣布，由于两人性格上的分歧以及两人之间的紧张关系，"我们已达成一致，认为分开也许是对双方来说最好的选择"。他还补充说："从我第一眼见到温妮，就深深地爱上了她。这一点无论是在狱中还是我出狱后都没有变过。如今我们虽然忍痛分离，但心中并无怨恨。我对她的爱始终如一。"说完他便起身离开，眼中满是凄凉。

有一段时间曼德拉似乎都失去了信心。一周后，BBC 记者弗加尔·基恩采访曼德拉时发现他已经完全变了一个人：谈及必须在妻子和事业之间做出抉择，曼德拉满眼都是悲伤。曼德拉开始了新生活，并搬进了某个好心的非洲国家元首为他购置的房子里。房子是助手巴巴拉·马斯盖拉精心布置的，希望可以"隐藏他的痛苦"。新居位于霍顿郊区富有白人的聚集区，虽然外观稍显破败，里面却非常宽敞。新居还配有一个大花园和警卫室，但看上去像是久未居住的样子。曼德拉把自己孤立了起来，甚至连最好的朋友都"战战兢兢地不敢跟他说话"。有个朋友说，他"陷入了孤独的海洋"。只有从孙子、外孙那里，他才能得到些慰藉，和他们在一起时他还能够放松嬉笑。但孙辈们的爱也不是永远无私的："快到圣诞节的时候，他们会想起来自己还有个爷爷、外公，"曼德拉说，"他们会跑到我身边告诉我他们有多么爱我……我知道接下来他们就会问：你准备送我们什么礼物呢？"

温妮仍然希望能够和解，她甚至去找两人共同的朋友法蒂玛·米尔求情，希望曼德拉能够回心转意。但温妮现在同时惹恼了自己的丈夫和非国大，非国大坚持要她辞去公职。不久，又一颗定时炸弹最终引爆，并摧毁了温妮和曼德拉之间最后的一点温情。早在 5 月的时候，非国大就派出调查组开始调查温妮的情人达利·姆珀夫就职非国大福利部门并任温妮副手期间滥用资金的事件。在调查中，他们发现了温妮 3 月写给姆珀夫的一封长达四页的、激情澎湃的书信。在信中，温妮痛斥姆珀夫和另一个女人上床——"你们动不动就干柴烈火……我们俩之间还没有结束呢，你就不能稍微表现出那么一点点诚实和真诚吗？要知道背叛她对你的信任对一个女人来说意味着什么！"温妮在信中还提到自己已经五个月没有跟"塔塔"（曼德拉）说话了，"家里的情况越来越糟糕"。但真正具有政治破坏性的，是她提到了自己以福利部门的名义为姆珀夫兑换的支票，对此曼德拉要求有关部门介入调查。

这对温妮的敌人来说简直就是天赐良机。有人把书信的副本寄送到约翰内斯堡的《周日星报》和《周日时报》，信中的笔迹被证实确实是出自温妮之手。温妮拼了命地想把那封信要回来，甚至提出拿另一份文件交换。但信已经呈到了曼德拉的手中，他认为"这是婚姻当中绝对不能够允许的"。1992 年 9 月 6 日，《周日时报》原封不动地刊登了书信全文，还配上了温妮和姆珀夫的合影。四天后，温妮辞去在非国大的职务。她说她这么做是"为了我亲爱的丈夫和我挚爱的家人"，同时也对"对我的恶意中伤"进行了谴责。

这封信终于成了压垮曼德拉的最后一根稻草，他再也无法对温妮的背叛和侮辱视而不见了。有些好朋友甚至担心他会不会就此被打垮。他心力交瘁，甚至都不愿意起床。但没过几天他又恢复了过来，繁忙的工作日程使他没什么时间一个人瞎想。他又回归了正常的家庭生活。1992 年 10 月，也就是信件被公之于众的一个月之后，温妮在约翰内斯堡凯尔顿酒店的宴会厅为女儿津得兹和新郎赫隆韦恩举办了新婚宴会，850 名宾客参加了宴会。曼德拉也出席了宴会，但自始至终与温妮没有任何交流。他坐在桌子旁，脸上冷冷的没有一丝表情。在屋子另一头的海伦·苏斯曼把一切都看在了眼里。他递给了曼德拉一张纸条，说他看起来就像是前总理约翰·沃斯特，他让曼德拉笑一笑——曼德拉勉强照做了。在宴会结束的时候，曼德拉发表了感人肺腑的演说。他说，有一个主题始终贯穿所有为自由而战的战士的人生，那就是"他们与家人在一起的私生活全都被毁掉了"。

我们目睹着自己的孩子在没有我们的监护下长大，而当我们终于获得自由，孩子却说："我们一直认为自己有爸爸，他总有一天会回来。但令我们失望的是，父亲虽然回来了，却还是每天没时间搭理我们。他现在已经成为整个国家的父亲了。"我们会一遍遍拷问自己，这样做到底值得吗？尽管脑中无数次闪过这种怀疑，但无数次我们的决定都是：虽然我们过去和现在都面临着诸多困境，为伟大的事业献身永远是我们做出的最正确的决定。

32. 艰难和谈

历史有许多捉弄人的通道，精心设计的走廊。
——T. S. 艾略特《小老头》，1920 年

在曼德拉获释将满两年之时，他一直在努力促成的谈判终于拉开帷幕。1991 年 12 月 21 日，时值南非的仲夏圣诞假期，民主南非大会在约翰内斯堡机场附近的世界贸易中心召开。海伦·苏斯曼说："为了缔造一个崭新的南非，昔日阶下囚和把他们扔进监狱的人坐下来进行和谈。这太不可思议了。"能够坐下来与曾经的压迫者平等谈判，这仍令许多非国大代表意外不已。

来自 19 个政党的 228 名代表参加了谈判。曼德拉称，这是自 1909 年南非联盟创立以来最大的盛事；但当时所有代表都是白人，而如今绝大多数代表都是黑人。但也有一些关键人物缺席了大会，例如右翼南非白人政党以及布特莱齐。想要获得和平，首要的关键在于政府和非国大之间要达成某种谅解。

一边是会议中心内平静得甚至有些乏味的气氛，而另一边会场之外南非国内的杀戮还在继续，这样的对比着实令人有些担忧。但事实上，这两者并不矛盾：因为绝大多数暴力行为从本质上都是力量的展现，是博弈过程的一部分。后来，政治学家史蒂芬·艾里斯也写道："在革命斗争的不同阶段常伴有紧张的谈判，这在许多国家都是如此，南非并无例外。"极端分子想让大家知道没有他们事情就无法解决；而非国大也需要大规模武力行动与政府强大的军事力量相抗衡。西班牙总理费利佩·冈萨雷斯早就警告过德·克勒克要提防对手诉诸大规模武力斗争和抗议行为，提防对手在谈判桌上说的是一套，第二天一转身对大众却完全是另一番说辞。因为想要与国家力量相抗衡，这是所有抵抗力量唯一的出路。

但曼德拉和德·克勒克都认可和平谈判的基本逻辑：那就是倘若诉诸武力，代价将是无法估量的人员伤亡。和在狱中时一样，曼德拉仍然认为"军事上的胜利非常遥不可及"。曼德拉和德·克勒克都看到了前方的无尽深渊。曼德拉将面临的是他职业生涯中最具挑战的任务——他需要说服白人右翼和黑人左翼，使各方同意在不诉诸武力的基础上进行和平革命。

确切地说，这场谈判实际上是曼德拉和德·克勒克两人之间极具戏剧性的决斗：他们都是身处孤独困境的伟大政治家——彼时的两人都经历着婚变危机：曼德拉正与温妮闹分手，而德·克勒克则爱上了他的希腊好友托尼·乔治亚迪斯的妻子。两人来自完全不同的阵营：一个是前囚犯，一个是前狱卒，互相的猜疑和不信任使谈判变数环生。但在绝大多数情况下，分歧常常来自他们各自的阵营内部：德·克勒克需要说服内部的顽固分子和将军们不要只想着对抗和交锋，这是他们过去四十年中的主要目标；而曼德拉则需要制止自己的非国大同事，对他们来说，武装斗争是他们毕生的理想。

这是史上最引人注目的谈判之一，西方政府均给予了高度关注。北爱尔兰、南斯拉夫、中东的冲突还在继续，而南非已然成为"世界和谈的中心"，吸引着全世界学者、记者和外交官的目光。但最终，和纳米比亚和津巴布韦不同的是，南非人民不需要其他国家为自己带来和平；他们教给这个世界的远比这个世界教给他们的要多，对此他们一直引以为豪。

在谈判开幕式上，两位领导人都发表了精心准备的电视演说。德·克勒克强调需要有一个民主的、"权力共享的"过渡政府。曼德拉则发表了对未来的展望，他希望能和白人以及祖鲁人一起，共同期待在1992年能有一次真正意义上南非国内的民主选举。

绝大多数与会方共同签署了《意向声明》，约定"缔造一个拥有统一公民资格，所有人都热爱并忠诚于自己的祖国的统一的南非"。非国大和政府代表团同意接受在双方达成"充分共识"的基础上做出决定——这是有意为之的模糊表述。对此，曼德拉的解释是："充分共识"就是指非国大、政府以及其他绝大多数政党都同意的决定。但非国大的主谈判人员西里尔·拉马弗萨的解释则更为坦率："这就是说如果我们和国民党同意了，其他人的意见就靠边站吧。"

非国大代表团由新任总书记拉马弗萨带队；拉马弗萨很快便给白人留下了深刻的印象，他们没想到这个黑人如此智慧。拉马弗萨背后有一支强有力的后援队伍：包括乔·斯洛沃、马克·马哈拉吉和瓦莉·莫莎在内的非国大代表团成员很快便进入了工作状态，在政府代表团旁边的办公室里忙碌了起来。坦博·梅基时不时也插上一脚。但曼德拉本人，他们解释说，"却永远在一个电话远的地方"。他们总在想："这位老人会怎么说呢？"实在紧急的时候，便会直接跑到他房间问个究竟。

民主大会的第一天在不快的气氛中结束，两位领导人之间爆发了冲突。德·克勒克称他早就捎过口信给曼德拉，警告他自己将会在大会上就非国大仍继续保留其武装力量民族之矛进行强烈谴责；而曼德拉则坚称德·克勒克"甚至从未暗示过"他会这么做。德·克勒克的闭幕演讲打了非国大一个措手不及，他痛斥非国大私藏武器，违反了双方在三个月前达成的协议。对此曼德拉勃然大怒：德·克勒克是最后一个发言者，他抓住这个机会，"像校长斥责淘气的学生一样"斥责了曼德拉；更为重要的是，曼德拉曾不顾许多非国大同事的反对，于 1991 年 2 月与德·克勒克达成秘密协议，协议允许民族之矛继续存在，直至过渡政府成立。德·克勒克结束陈词之后，曼德拉强压着心中的愤怒大步迈向讲台，他甚至都没有看德·克勒克一眼，在电视镜头的注视下，用第三人称对德·克勒克进行了痛斥。他的发言酣畅淋漓，堪称典范：

> 即使是像德·克勒克这样的非法的、不足为信的少数政权的领导人也需要遵循一定的道德准则……如果你来到这样一个场合，却还想像之前那样玩弄政治于股掌——很少会有人愿意和这样的人打交道……

曼德拉坚称，只有在非国大成为政府的一部分并收缴武器之时，非国大才会交出武器。但即使德·克勒克有千般错误，曼德拉仍时刻准备着和他的合作。

曼德拉此举令许多非国大同事大吃一惊。巴巴拉·马斯盖拉说："他浑身颤抖，多年在狱中积蓄的情绪瞬间爆发了出来。"曼德拉代表团的成员弗雷那·金瓦拉也说："从来没有哪个国家的元首在公众场合被如此抨击过。"但曼德拉这次情绪的总爆发，除了他本人真的已经出离愤怒之外，还具有至关重要的政治目的。他在借此清楚地告诉世人，非国大存在着，就像卡特拉达所说的那样，非国大"作为骄傲的参与者而不是沮丧的失败方而存在着"。在有些记者看来，权力的风向标已经向有利于非国大的这边摆动了。

德·克勒克隐忍着愤怒，他飞快地记着笔记，小声嘀咕。对曼德拉的谴责，他简短回应说，倘若武器的问题得不到解决，"我们所面对的就永远是一个一手握着笔宣称和谈，另一只手却挥舞叫嚣着希望拥有武器的对手"。

第二天早晨，双方小心翼翼地达成和解。曼德拉与德·克勒克握手言和，并承诺与之合作，这令南非白人大松了一口气。但德·克勒克后来认为"曼德拉对我们毫无征兆的恶意中伤给双方的关系造成了永远也无法完全愈合的创伤"。大会在悲观的气氛中暂时休会，并指派了五个谈判小组在 5 月下一次全员会议之前制定出详细的协议。

很快，德·克勒克便在白人选民那里遭遇了滑铁卢：在 1992 年 2 月在波特斯卓姆进行的替补选举中，他所带领的国民党在自己的大本营遭遇失利，败给了拒绝与非国大展开任何会谈的保守党。紧接着，德·克勒克做了一个大胆的决定：他宣布通过所有白人选民全民公投的方式通过新宪法。在很多非国大领导人看来，德·克勒克此举是变相绕开了和谈，这标志着政府进入了战备状态。曼德拉虽然并不赞成只有白人参加的选举，但也对德·克勒克的决定表示了默许。3月17日，德·克勒克取得了压倒性胜利：86%的白人参与了投票，德·克勒克及其所代表的国民党获得了68.7%的支持率。白人自由党认为这是德·克勒克最好的时刻。但曼德拉深知此次投票的结果并不利于占人口绝大多数的黑人掌权，德·克勒克的地位也得到了进一步巩固。德·克勒克的力量达到了前所未有的强大，但他自己似乎还在拖延时间。

1992年5月15日，民主南非大会第二次全体会议在世界贸易中心召开。白人公投之后，德·克勒克及其代表队的成员显得有些情绪高涨，他们坚持所有宪法关键性条款必须有四分之三的多数支持方可生效。曼德拉怀疑德·克勒克是在有意拖延谈判进度，阻止黑人掌权。他察觉到非国大左翼已经有批评的声音传出，他们认为自己已经做出了很大的牺牲和让步，换来的却是成果寥寥。宪法起草小组的工作陷入了僵局。德·克勒克还是想效仿瑞士模式或德国模式，通过轮值主席、指派由区域代表组成的参议院来保障少数族群的利益等方式实现"权力共享"。所有这些方式的目的都是试图避免由某一占人口绝大多数的单一群体专权，即"赢家通吃"；而曼德拉则认为他这样做是在妄图通过分化黑人而最终达到巩固白人统治的目的。他怀疑虽然德·克勒克丢掉了一次选举，却仍妄图国民党能够继续掌权，对此他称之为"输家通吃"的政策。

为了避免会谈陷入僵局，会议第一天结束时，曼德拉和德·克勒克两人进行了会面。曼德拉对德·克勒克说："整个南非和全世界的目光都投在了你我身上。让我们敞开协商之门，共同期待会谈的成果吧。"德·克勒克也同意会谈必须继续，两人都发表了鼓舞人心的讲话；但德·克勒克深信非国大在试图破坏和谈。大会陷入僵局，被迫延期。五天后，曼德拉在瑞典说："问题的关键不是百分比或简单的算数问题，而是国民党还是要不惜一切代价试图掌权。"但德·克勒克认为共产主义者和非国大的激进分子已经占据上风，并拒绝做出任何让步："他们仍然倾向于通过武装革命驱逐政府，由人民掌权。"事实上，关于谈判是否能够继续，非国大领导人内部在其下一次会议中便产生分化。阿尔比·萨克斯认为既然政府没有诚意，非国大就应停止谈判，直至双方在关键问题上达成一致。曼德拉说服了萨克斯没有通过投票表决此事。

但没过几天，6 月 17 日，一群全副武装的英卡塔支持者便袭击了瓦尔河畔黑人聚集区波帕通，45 名群众被杀。参与袭击的是一群故意把脸涂黑伪装成黑人的白人，警察显然也脱不了干系。曼德拉强忍着悲痛探访了满目疮痍的案发现场，这使他更加确信政府默许了此次屠杀事件。在遇害者的葬礼上，曼德拉说："我无法对我的人民做出解释，告诉他们为什么我们要和一个不断屠杀我们的人民的政府继续谈判。"曼德拉致信德·克勒克宣布停止和谈，并强调大屠杀的凶手必须得到应有的审判。德·克勒克要求与曼德拉会面，但曼德拉认为没有这个必要。

谈判似乎又回到了原点，整个国家濒临混乱的边缘，暴力行为还在继续，国家面临着经济危机。曼德拉和德·克勒克都开始对对方领导自己政党的能力产生怀疑。德·克勒克抱怨说他需要面对的是两个完全不同的非国大。曼德拉则认为右翼南非白人开始实施他们自己的政策——尤其是有进一步证据表明第三种力量确实存在之后。他质问德·克勒克为什么不制止祖鲁人的暴力行为，德·克勒克回答说："曼德拉先生，你要是处在我的位置上，就会知道我没有你想象的那么无所不能了。"但曼德拉认为德·克勒克是刻意不作为："他有这个能力制止暴力行为。"

如今的状况令曼德拉颇为不安，他告诉波帕通人民说鉴于"国际社会对正在进行的大屠杀只字不言"，他准备寻求海外援助。曼德拉呼吁联合国秘书长布特罗斯·布特罗斯盖里博士召开安理会特别会议，为此他专程飞往塞内加尔参加了在那里召开的非洲统一组织会议，会议批准了他呼吁安理会介入的请求。曼德拉与布特罗斯盖里讨论了南非当前的形势，并提议联合国向南非驻派维和部队。

7 月 15 日和 16 日两天，安理会大会在纽约召开，会上听取了包括政府代表匹克·博塔、英卡塔代表布特莱齐等在内的南非不同政党代表的发言。安理会最终通过决议，要求务必将波帕通事件的始作俑者绳之以法。应曼德拉的请求，安理会任命美国前国务卿赛勒斯·万斯为特使负责此事。赛勒斯敦促各方尽快恢复和谈。但不可否认的是，联合国的作用毕竟有限，它永远也无法取代谈判双方在谈判中发挥决定性作用。

双方这种相持不下的局面更是给了非国大内部激进分子或者说是"造反论者"以发挥的余地，他们希望借此机会重拾武装斗争这一武器。具有讽刺意味的是，许多共产主义者如今反而转头支持"莱比锡的选择"：三年前东德发生暴动，反抗者走上莱比锡街头发动了大规模示威游行，东德解体的序幕由此拉开，"莱比锡的选择"也因此得名。虽然德·克勒克把责任都推到了共产主义者身上，但非国大内部还有很多非共产主义者也同样激进。曼德拉所要面临的关键问题，就是如何把握好两者之间的平衡；就像他的朋友法蒂玛·米尔所说的那样："他需要非常慎重地在和谈和大规模行动之间取得平衡。因为他深知，无论是哪一种，责任都落在了他的肩上。"最终，曼德拉决定采取一种折中的策略，也就是以"滚动式大规模行动"的方式给政府施压，迫使政府做出让步。6月16日，索韦托起义周年纪念活动在索韦托体育场举行，曼德拉出席了纪念活动并亲自宣布"滚动式大规模行动"正式启动。8月3日，南非历史上最大规模的罢工把此次行动推向了高潮，有超过400万的工人参加了此次罢工，曼德拉带领了一个约5万到10万人的队伍朝比勒陀利亚的联邦议会大厦进发，他告诉大家说游行人数不宜过多，以免演变成暴力行为，或者令"我们中的某些人被胜利冲昏头脑"。

随着事态的发展，激进分子想把示威行动进一步扩展到自己的大本营，以团结更多的非国大支持者。从严格意义上讲，他们的大本营并不在南非国内。因此，经非国大全国执行委员会批准，他们决定向腐败的西斯凯共和国首府毕索进发。德·克勒克致信曼德拉恳请他制止此次行动。9月7日，非国大7万人的行进队伍越过国界线，进入位于毕索外的一个体育场内。当地治安官员命令他们不许再继续前进，但强势的罗尼·卡斯里尔斯带领小队人马穿越防线的空当，继续向首都进发。西斯凯士兵在没有任何预警的情况下开枪，28名游行者因此丧生。

对此曼德拉非常生气，他承认此事令自己非常挫败："我的人民开始对我说：这么做意义何在？我们放弃谈判吧；这样谈下去我们的目的永远也无法达成。"但同时他也认为，毕索交锋事件令双方都元气大伤，也使非国大在国内外朋友那里的声誉和形象大损。他责备非国大和政府"在双方还在谈判的时候却张罗起了选举"。毕索大屠杀事件使大家都不得不对整个事态进行重新评估，《非洲共产党人》也对有关"莱比锡的选择"的看法进行了重新审视：主编杰里米·克罗宁说："这个选择到底有多可行？我们要警惕不要盲目推崇群众暴动，或把其视为革命唯一可行的方式。"

毕索大屠杀事件为曼德拉重新恢复和谈增加了砝码，德·克勒克也认为毕索事件是一个转折点，非国大温和派的力量因此得到巩固。幕后开始产生一些积极的动向。西里尔·拉马弗萨和其白人对手罗尔夫·梅尔一直通过他们所谓的"背后通道"密切合作，双方在6月到9月之间共召开了40次会议并达成部分协议。关于和谈，拉马弗萨有着自己所坚持的原则："你必须坚持以武装斗争相威胁，但不使用武力，与此同时，必须和对手之间建立私人信任。"与曼德拉一样，拉马弗萨能够对白人受英国殖民压迫的悲惨过去感同身受，梅尔也比德·克勒克更能理解黑人的悲惨命运。关于殖民压迫的共同记忆拉近了两人之间的距离。

德·克勒克所奉行的拖延战术使他在谈判中的地位不断削弱。虽然他在1990年曾特意强调过不要像史密斯一样短视，如今他自己却犯下了与俄国的戈尔巴乔夫和罗德西亚的伊恩·史密斯相同的错误。如今，德·克勒克内阁的力量已经被大大削弱，不少人退出谈判甚至离开他，许多同事也对他完全失去了信心。年轻的外交部副部长利昂·韦塞尔说："他完全误解了曼德拉的处境。他认为自己依旧处于掌权的地位，只需要和别人分享权力。当这个想法破产之后，他就无路可退了。他并不了解黑人政治。"

相比之下，曼德拉的目的则更为简单直接，他从未改变自己的初衷，其背后的团队也更加团结。1992年7月，曼德拉解释说："我是个政治家，而政治就是权力的角逐。我想要的是一个非国大掌权的政府。"曼德拉对谈判的细节并没有太多过问，而是留给专家去解决；但只要他们来征求他的意见，便会发现他就像是一座力量的灯塔，永远在那里给人以启迪。拉马弗萨后来回忆道："只要是他决定了的事情，任凭怎样也无法动摇。因此，在曼德拉缺席的情况下讨论结束种族隔离毫无意义。"马哈拉吉回忆说："无论他采取怎样迂回的策略，最终的目的始终如一。在整个谈判的过程中，他就像是指南针一样指引着谈判的方向。而国民党没有这样一个指南针，这最终导致他们彻底陷入一己私利中无法自拔。"

如今，双方恢复和谈的愿望都非常强烈。截至1992年9月，南非国内暴力肆虐，经济危机不断恶化。而私底下，在宪法商业运动的大背景下，在与各政党及商业领袖协商的基础之上，宪法专家和制宪小组委员一直在努力缓解中央政府和联邦政府之间的紧张局势。曼德拉也开始认识到谈判的僵局会摧毁已经不堪一击的南非经济，德·克勒克面临的压力则更大。曼德拉后来也承认说："相比起来，德·克勒克需要我们胜过我们需要他。他急需一场高层峰会。"德·克勒克之前的策略是基于与布特莱齐的同盟关系的，但如今事实证明，布特莱齐很难对付，而第三种力量的出现也使这种同盟关系不再可信。他开始逐步接受罗尔夫·梅尔的提议，认为只要可以实现权力共享，白人也可以接受黑人掌权。他也开始意识到，要想获得他想要的和平，关键在于非国大。

曼德拉仍然是解决所有问题的关键。正如一位非国大代表所说："所有使事情回归正轨的探索最后都回到了麦迪巴那里。"德·克勒克称他邀请曼德拉进行会面，但曼德拉说是他先给德·克勒克电话主动提出会面的。现在轮到曼德拉拿架子了。两天后，德·克勒克在接受《星报》题为"橄榄枝"的采访时说："他（曼德拉）听起来情绪有些不高。众所周知，一直以来他都是那么勇敢、明媚而自信。如今这种状况不免令人担忧。"德·克勒克坚称曼德拉已经做出了让步，因此"我也可以适当表现出大度"。在一些人看来，德·克勒克此番言论正标志着谈判开始出现转折。

9月26日，双方在世界贸易中心召开峰会，峰会很快又演变成了曼德拉和德·克勒克两人力量的角逐。曼德拉认为德·克勒克已经经不起谈判的再次破裂，因此他提出了恢复和谈的三项先决条件，其中最具争议的一项就是释放所有政治犯。然而，在某些政治犯的释放问题上，德·克勒克陷入了两难，例如特立独行的破坏分子、因1986年6月轰炸德班玛果酒吧并杀害三名白人女性而入狱的罗伯特·麦克布莱德。本来，包括拉马弗萨和马哈拉吉在内的非国大谈判代表们都已经打算放弃这一点了。但曼德拉曾于1990年5月探访过狱中的麦克布莱德，他告诉麦克布莱德说自己一直在敦促政府释放政治犯，并请他放心。因此，他觉得自己有义务为麦克布莱德进行争取。此外，早就有人向曼德拉透露消息说政府代表团在这个问题上意见也不一致，所以曼德拉威胁德·克勒克说如果麦克布莱德不能获释，就一切都免谈。德·克勒克对曼德拉"夸张而强势的伎俩"非常反感，他甚至想断然拒绝掉他的三项提议；但他也意识到自己的同事如今都更倾向于以大局为重，从长远角度考虑达成妥协。因此，他勉强接受了曼德拉提出的条款。非国大代表团因此而士气大振。

非国大的另外两个条件是把祖鲁工人的单身公寓用围栏隔开，禁止祖鲁人使用传统武器——这两个条件势必会激怒布特莱齐。但包括赛勒斯·万斯和大法官戈德斯通在内的其他各方也不断向德·克勒克施压，要求他有效遏制祖鲁暴力行为。在各方的压力之下，德·克勒克被迫同意了这项条件。峰会结束时，曼德拉和德·克勒克共同签署了《谅解备忘录》：德·克勒克接受了曼德拉提出的全部三项要求，双方在备忘录中约定成立制宪国会，并成立过渡政府以实现国家统一。德·克勒克认为这是对非国大激进分子的胜利，而非国大代表则认为这是南非通往民主道路上的一个分水岭。马哈拉吉说："《谅解备忘录》的达成进一步扫清了民主道路上的障碍，为人人享有投票的权利做了准备，曼德拉从此占据了谈判的主导地位。"曼德拉本人也非常高兴："这正是我们的人民所期待的，正是我们的经济所急需的，也正是我们的国家所渴望的。"

　　但布特莱齐被激怒了，他认为自己被排除在了整个事件之外，并宣称要退出和谈。他先是组织了一次穿越约翰内斯堡市中心的抗议游行，一个月之后，又参加了有右翼白人政党和两个黑人聚集区领袖参加的一个名为"担心的南非人集团"的奇特联盟，发誓要废除民主南非大会。事实上，《谅解备忘录》的签署标志着各种力量之间的一次彻底洗牌和势力重组：德·克勒克与布特莱齐之间的政治联盟彻底结束，夸祖鲁纳塔尔地区外围的火车袭击、秘密暗杀行动、大屠杀等政治暴力行为也很快得到明显遏制。真相与和解委员会后来发现，有间接证据表明"《谅解备忘录》的签订使与'第三种力量'有关的暴力行为中随机或匿名袭击事件的发生率有所降低"。这清楚地表明，只要德·克勒克愿意，他是有能力遏制暴力事件的发生的。

　　在德·克勒克看来，非国大一方也做出了历史性让步：他们同意了德·克勒克提出的旨在保障白人公务员权益、由白人民族主义者和非国大部长级领导共同组成联合政府的"日落条款"。组建联合政府的想法也不是一天两天了：塔博·姆贝基早就在谈判中悄悄渗透了这一想法。但出乎大家意料的是，共产主义者乔·斯洛沃在8月的《非洲共产主义》上又旧事重提。斯洛沃说："我们不能用打落水狗的方式对待他们"，白人士兵和公务员仍然有能力危及民主政府的稳定。因此，非国大应通过保障其权益和权力共享的方式尽可能团结他们。斯洛沃的观点非常令人信服。德·克勒克认为，这样的观点还出自一个"具有令人无可挑剔的革命经历的共产主义者"之口，则使人更加信服。当然，让左翼分子提出与敌人共处同一内阁，这实属不易。在许多共产主义者同僚看来，这简直就等同于背叛。帕罗·乔丹是一位马克思主义者，他谴责斯洛沃"对20世纪的历史一无所知"，罗尼·卡斯里尔斯则担心白人将军会借机丰满自己的羽翼，再度掌权。他的担忧不是毫无道理。起初曼德拉对此提议也有所犹豫，但后来也改变了主意。"已经开始有所苗头的反革命运动"令曼德拉日渐担忧，因此他认为结盟能使整个国家团结起来，从而避免发生类似安哥拉萨文比事件那样致命的危机。

　　11月，非国大代表对"日落条款"的内容进行了为期2天的辩论。80名代表中有62位代表发言，草根基层的意愿和想法得到了充分表达。曼德拉不断强调：所有民主政党在政府中都应该有一席之地，而联盟的方式可以避免内战的危机。11月18日，非国大通过了斯洛沃的提议。但仍有激烈的批评声传出。温妮·曼德拉说："国民党精英为求自保，都不惜和非国大搞在了一起。"哈利·格瓦拉则无法接受"非国大一改其一直以来所代表和坚持的东西，态度来了个 180 度的大转弯"。南非白人官员和军官把这一条款的签订看作巩固自己地位的良机。毫无疑问，"日落条款"的局限性、个中所包含的各种妥协与让步以及非国大所要付出的代价要远比许多支持者所预想的更加昂贵。但巨大的让步的确换来了民主和解。

时间到了 1992 年 12 月，经过非国大和政府之间的不断磨合，谈判向着充满希望的方向发展，并最终以为期 5 天的丛林会议完美收官。双方的领导都出席了丛林会议，大家边工作边放松，气氛非常融洽。在曼德拉再三劝说并许诺在未来的政府中会为其保留相应位置的基础之上，德·克勒克对由占人口绝大多数的人掌权这一原则的反对也有所松动。曼德拉用他那一贯温和的语调解释说："你会发现大家开始逐渐认清形势。谁过去没犯过点错误呢。" 1993 年 2 月，双方达成基本一致：选举成立一个包括所有政党在内的、为期 5 年的全国政府，且任一政党的表决权不得低于总投票比例的 5%。1993 年 3 月，非国大和政府连同其他 24 个政党共同召集谈判委员会，就具体细节的制定展开协商。

然而，3 月 23 日，德·克勒克又发表了一个极具戏剧性的声明，这在很多非国大领导看来就预示着他已经打算彻底放弃白人统治了。德·克勒克告诉议会说：在过去的 9 年中，作为牵制和威慑之用，政府曾秘密开发了 7 颗类似广岛原子弹的核弹，如今都已全部销毁。南非因此成为第一个宣布放弃并销毁核力量的国家。在非国大看来，德·克勒克之所以这么做，原因显而易见：他不想核武器落入黑人之手。

紧接着，4 月 10 日，克里斯·哈尼在约翰内斯堡附近的博克斯堡遇刺身亡，这给谈判的进程蒙上了一层阴影。克里斯·哈尼是共产党总书记，前民族之矛指挥官，是大家公认的威信仅次于曼德拉的黑人领袖。很巧的是，一位白人女性目击者看到了刺客的车牌号码并立即报警。警方于 15 分钟后赶到并拦截了这辆汽车。驾车的是一个波兰移民，被警方抓获时枪还没来得及遗弃，可以说是人赃俱获。眼看新一轮的种族冲突就要爆发，谈判成果随时有可能因此而付之一炬。听闻此信，还在卡鲁沙漠度假的德·克勒克立刻发来吊唁，但他知道只有曼德拉才能稳定自己民众的情绪。正如他后来写道的："这是考验曼德拉的时刻，而不是我。"曼德拉从特兰斯凯飞回约翰内斯堡，并发表了其政治生涯中最重要的演讲之一。南非广播公司的演讲直播有所删减，但后来在曼德拉的坚持之下，又进行了全程回放。曼德拉的演讲是这样开头的：

　　一个充满偏见和仇恨的白人男子来到我们的国家胡作非为，他的行为把我们整个国家都推到了灾难的边缘。是一个南非白人女性，是她冒着生命危险的仗义执言，才使我们有机会了解到事情的真相，把凶手绳之以法。

　　曼德拉颇具政治家风范的演讲和德·克勒克的沉默形成了鲜明对比，这也说明他已经成为真正意义上的领袖，和平的守护者。

　　此后，开普敦和纳塔尔地区爆发了大规模暴动和抢砸打事件，70人因此而丧生；到处都弥漫着恐慌，成百上千的白人甚至打算离开这个国家。曼德拉请求他们留下来。好在并没有大规模屠杀事件发生。两年后，在哈尼墓碑的揭幕典礼上，曼德拉说："克里斯刚遇害的时候，悲观者曾预言说我们的国家会毁于一旦。他们说由人民组成的政权没有能力控制'年轻的激进分子'。是我们的国家在政治上所表现出的成熟彻底驳斥了他们的观点。"

　　这是曼德拉最为孤独的一段时期。哈尼遇害两周之后，曼德拉最亲密的朋友奥利弗·坦博死于二次中风。曼德拉说，"在精神世界中，我们保持着终生的对话"，坦博的死让曼德拉又一次感到"自己成了这个世界上最孤单的人"。非国大用自己特有的方式为坦博举行了国葬，还在索韦托举行了盛大的游行。许多国家都派出了高层代表参加了葬礼，这让曼德拉非常感动。在众多吊唁者当中，英国大使的缺席显得非常显眼：当时他人在伦敦，正陪同布特莱齐会见英国首相约翰·梅杰。

　　用一个外国观察员的话说，现在的曼德拉和德·克勒克就像是"两个刚打了一场漫长的冠军争霸赛之后的重量级拳击手，两人都浑身是血，到处青一块紫一块的"。但曼德拉的后院更为稳固。4月底，各方在世贸中心再次会面，虽然临时宪法还没有最后定稿，曼德拉仍坚持把选举的日期先确定下来。对此，德·克勒克一直敷衍拖延，但曼德拉知道他的白人同僚内部已经吵成了一锅粥。曼德拉动用了自己海内外的所有人脉。5月初，他在伦敦英国国会发表演讲，号召国会议员利用自己在南非白人当中的影响力"说服他们放弃自私狭隘的立场"。他说："帮助我们是大势所趋，是历史潮流的呼唤。"到6月3日之前，绝大多数政党同意于1994年4月27日举行南非首次完全民主的选举。曼德拉认为这预示着自己一直以来所期盼的事情正在变成现实。一个月后，他在美国告诉美国黑人说："倒数计时已经开始，民主的权力就要移交到人民的手中。"

　　但在通往民主的道路上，仍然有严重的障碍没有扫清——有两个破坏性党派一直拒绝参加谈判：主要由南非白人组成的保守党一直对德·克勒克构成威胁，而布特莱齐领导的英卡塔自由党则是曼德拉的隐患。在夸祖鲁纳塔尔地区，祖鲁人的帮派仍然没有停止杀戮，并引起了非国大支持者的血腥报复；曼德拉知道非国大对此也有责任。1993年3月，桌山附近发生杀戮事件，20人丧生，其中有6名还是学校的孩子。曼德拉承认惨剧的发生各方都有责任，他强烈谴责了那些应为此次大屠杀事件负责的人："无论是非国大党员、英卡塔自由党党员，还是国家安全部门的人员，他们都不能再被称之为人了。他们简直就是禽兽不如。"4月，曼德拉在马姆罗迪说："我不单单只是谴责英卡塔自由党或政府。我们必须看到事实的真相，那就是——我们非国大也同样参与了暴力。"在与英卡塔自由党谈判这个问题时，曼德拉是随时准备搭上自己的政治前程来换取和谈的。他说："你们是想让我做领导还是想让我下野?"如果他们仍然想要他当领导，那么他便回答说："那你们就要听我的，与英卡塔自由党和谈；如果不是，如果你们让我下野，我也会照办。"

曼德拉发现布特莱齐有区域自治和脱离国家分治的倾向，这是他所不能够接受的，他说："对于任何以性命相威胁，胁迫我们做决定的行为，我们都会毫不犹豫地拒绝。"而德·克勒克对布特莱齐打算建立一个独立国家的阴谋也越来越担忧。曼德拉再度试图以个人魅力感化布特莱齐；1993年6月，两人两年来首次会面。有西方保守势力支持的布特莱齐仍然非常固执，一点儿也不肯做出让步：继在伦敦拜访约翰·梅杰之后，他又成了查尔斯王子的座上宾，在海格洛夫庄园获得了王子的接见。右翼记者也开始不断煽风点火：10月出版的《泰晤士报》头版头条刊登了记者威廉·里兹摩格题为"为内战做准备"的文章，威廉在文中指出："单一制国家也许就意味着一场内战。祖鲁人民将会为自己的独立而战，而他们可能还会取得胜利。"

但因为有选举最后期限的制约，各方都在快马加鞭进行和谈，争取尽早把宪法确定下来，而其中各种复杂的技术性讨论也使大家暂时忘记了权力移交将带来的巨大影响。双方的谈判代表都发现说服自己的同僚要比说服敌人还要困难：正如弗雷那·金瓦拉所说的，"当你把支持者看作敌人，而敌人变成同盟的时候，就比较容易产生阶级友情"。最后，据范泽尔·斯莱伯特观察称，"德·克勒克的谈判代表们事实上已经完全站在了曼德拉一方，共同促成尽快向黑人政府过渡"。

眼看双方就要达成和解，激进分子却变得愈加疯狂。6月25日，3000名南非白人举着标有"南非白人抵抗运动类似纳粹"的横幅，在大腹便便的尤金·特尔布兰奇的带领下在世贸中心集会。开路的装甲车碾过世贸中心的玻璃板入口，紧接着汹涌的人群拥入大厦，他们叫嚣着辱骂着黑人，还有人在会议室撒尿。新兴右翼政党南非自由阵线的领导康斯坦得·维尔乔恩将军曾试图制止疯狂的人群，却没有成功。人群闯进大厦后，特尔布兰奇发表了激昂的演说，然后这群强盗便退出来开始生火烤烤喝啤酒了。

冲突不断升级：距离白人集会事件发生还不到一个月，7 月 23 日，5 个头戴面具的黑人男性闯入开普敦的圣·詹姆斯教堂并朝正在参加圣会的人群开枪，造成 11 人死亡，伤者众多。此次流血事件据说是泛非洲人大会军事派 APLA 的一个当地分支所为，而 APLA 之前也有过杀害白人的行为。后来，一名年仅 18 岁的 APLA 成员因参与此事被判处监禁 23 年。不断发生的屠杀事件在白人当中引起了更大恐慌，也使谈判的早日尘埃落定显得更加迫在眉睫。

双方的和谈还在进行，但曼德拉和德·克勒克两人之间却几乎没有任何交流。1993 年 7 月，当时身在美国的两人分别接受了美国总统克林顿的接见。德·克勒克离开白宫时发现护送他离开的人员带着他七绕八绕，就是为了避开当时正走进白宫的曼德拉。

谈判继续向前进展。9 月初，德·克勒克做出了更大让步：他同意成立"过渡执行委员会"为选举做准备。德·克勒克此举给曼德拉做出了表率，曼德拉最终同意撤销制裁。曼德拉飞赴纽约联合国总部，在联合国大会上发表了历史性演说。他提醒大家说，南非仍未走出困境，"南非社会正面临瓦解的危险"，但向民主过渡已经以法律的形式得以确立。因此，他请求联合国"采取一切必要措施终止对南非的经济制裁"。

代表们通过了被很多人视为范本的《临时宪法》：《临时宪法》中包含了严格的三权分立的思想，以美国的《权利法案》为蓝本制定了《权利法案》，并约定成立宪法法院。但其中所包含的巨大妥协与让步也将在日后逐步显现：新政府中有超过 400 名议员；将新成立 9 个省，每个省都有自己的省长和行政部门；新成立的东开普省将包含现在的西斯凯和特兰斯凯这两个最腐败的地区。从 4 个省变成 9 个省，这是对联邦制拥护者妥协的结果，但这样做也使未来的政府工作起来非常力不从心。

最重要的条款是最后一条，即有关多数表决权和维护少数民族权益的相关条款。11 月 17 日晚，曼德拉和德·克勒克对此展开彻夜商谈。德·克勒克仍坚持在关键问题上获胜党必须占 2/3 的表决权，而曼德拉则坚持没有德·克勒克的支持他就不可能获得领导权。有些非国大谈判代表都已经准备做出让步，同意获胜党可以占 60% 的表决权了，但曼德拉却比任何人都更加坚持：他告诉德·克勒克说在他的内阁中，获胜党必须占 50% 表决权。如今，德·克勒克比他的许多同僚都更倾向于接受简单多数原则，因此他做出了让步，并把希望都寄托在宪法中提到的"寻求共识的精神"上。乔·斯洛沃说："我从未想过我们能获胜。"曼德拉说："少数服从多数原则必将适用。只是我们希望永远也用不上这张牌。"

第二天，德·克勒克内阁同僚之间的争论已经濒临内乱的边缘。特迪斯·德尔珀特早就跟德·克勒克说过："你已经把南非拱手相让了。"但德·克勒克最终还是说服了大家，双方于午夜时分通过了新宪法。这一天恰巧也是拉马弗萨的生日，非国大代表团一直庆祝直到凌晨。然而，在众人共襄盛举之时，有些人的恶意缺席却使事情不那么完满——英卡塔自由党和保守党并不打算承认新宪法。

双方协议的达成标志着德·克勒克势力的全线撤退。三年后，德·克勒克在伦敦承认说："拱手交出统治权，这对任何一个领袖人物来说都是最痛苦的抉择……我们必须面对现实，必须放弃从小以来就秉承的理想了。"但他认为非国大激进分子也做出了同样的让步，他们最开始甚至都有统治非国大之势了。亚当、斯莱伯特和穆德雷写道："从一定意义上说，曼德拉和他的同事出卖的是'国家民主革命'的理想，而德·克勒克和他的同事则交出了南非白人的统治权。一个放弃的是一直以来被自己奉为信仰的意识形态上的纯洁与正确，另一个放弃的则是政治权利。"

当然，如今的非国大距离自己 1990 年提出的激进的经济政策已经相去甚远。虽然曼德拉在 1992 年 2 月达沃斯世界经济论坛上曾明确拒绝国有化，非国大却始终没有放弃其计划经济的野心。在经济顾问维拉·皮雷的领导下，非国大成立了宏观经济研究小组，小组的工作得到了工会和共产主义者的大力支持，并且雄心勃勃打算扩张。但皮雷很快便感受到了无形的压力。特雷弗·曼纽、狄托·姆博维尼等非国大领导访问了位于华盛顿的世界货币基金组织；最初由曼德拉和一干商界好友发起的"布伦舍斯特集团"中的商界巨头和非国大成员们一起讨论经济问题；英国大使和美国大使也一直不停地询问宏观经济研究小组有何计划。恶性通货膨胀和德·克勒克政府统治下日益增长的财政赤字使即将掌权的非国大开始担心政府开支。因此，1993 年 11 月，当皮雷拿着宏观经济研究小组新鲜出炉的文件《践行民主》请曼德拉写序时，曼德拉却出尔反尔了。与此同时，非国大谈判代表在世贸中心签署了一项《秘密意向书》，意向书承诺减少赤字，提高利率，开放经济，以换取世界货币基金组织在必要时为南非提供的 8.5 亿的贷款。同国际资本主义的和解与同德·克勒克的和解同样重要。在目睹了这些变化之后，记者约翰·马蒂森写道："就在非国大认为权力唾手可得之时，全球化使所有政府的权力在无形之中都被削弱了。"

曼德拉和德·克勒克用行动避免了灾难的发生，取得了暂时的和平，因此受到了国际社会的广泛赞誉。两人在 1993 年年底被共同授予诺贝尔和平奖也就不足为奇了。曼德拉受到了与前诺贝尔奖得主卢图利和图图相同的礼遇。但有些激进分子被激怒了。温妮·曼德拉后来也说："与把他送进监狱的人一同获奖，这对他是一种侮辱。这是在贿赂，是白人巨大阴谋的一部分，他们想要利用他换取和平。"

12 月，在挪威首都奥斯陆举行的诺贝尔奖颁奖仪式上，曼德拉和德·克勒克两人之间也没有什么和解的迹象。颁奖礼上，德·克勒克告诉挪威人说白人和黑人都为过去所"忏悔"，但他个人并没有表达任何歉意，他的妻子玛丽可甚至还反对曼德拉坐在挪威首相身边。当两位获奖者一同出现在酒店阳台时，下面已经聚集了很多手持蜡烛的挪威群众——这是诺贝尔奖的传统。但外面此起彼伏的非国大口号和"杀死波尔人"的呼喊令德·克勒克非常尴尬；在群众"佑我南非"的歌声中，德·克勒克一直在和妻子交谈，随后就很快退出了阳台。曼德拉称"这是一个具有里程碑意义的时刻，标志着昔日敌人开始携手创建新的南非"。但他们看起来仍然像是敌人。曼德拉在接受挪威电视台采访时被问及他是否认为德·克勒克是政治犯，曼德拉回答说："几乎政府中的每一位都是政治犯。"紧接着，曼德拉在斯德哥尔摩发表了激进的即兴演讲，谴责德·克勒克仍与持续存在的暴力行为牵扯不清。曼德拉后来回忆说，德·克勒克当时"尽最大的努力克制住了自己"，没有进行任何反驳。

回到开普敦，德·克勒克还是被非国大"贬损的话语"激怒了：他说这表明"非国大对未来如何执政没有任何规划"。曼德拉对两人依旧紧绷的关系做出了解释，他说德·克勒克曾仅仅因为肤色就允许对无辜的人民进行杀戮，这将是他身上永远的污点。德·克勒克则认为他和曼德拉同时被授予世界和平使者的最高荣誉，而两人之间的关系却"充满诋毁和猜疑"，这无疑是对这个奖项莫大的讽刺。

德·克勒克认为，曼德拉应该对两人之间的诋毁和猜疑负主要责任。一方面曼德拉以和平使者和宽容饶恕的形象示人，另一方面却对他和他的政党进行着无情抨击，这令德·克勒克非常愤怒。曼德拉确实常常看起来对德·克勒克很刻薄。但他在谈判中表现出了"钢铁般的意志"：他越是妥协，越是打算放弃武装斗争，就越需要向自己那些激进的支持者们证明自己并没有对敌人心慈手软。最主要的是，他个人也感到了德·克勒克的背叛。随着越来越多的证据表明第三种力量确实存在，警察也暗中参与了阴谋，曼德拉越来越发现德·克勒克说自己毫不知情简直就是一派胡言。因为血淋淋的事实已经活生生摆在了眼前。

那么，事情的尘埃落定究竟谁的功劳最大呢？对此各方各执一词，争论不一。德·克勒克顺应了历史潮流，他从博塔手中接过其未完成的事业，并一直跟进直至事情有了最终定论。其间德·克勒克面临了巨大的风险，承受了巨大压力，却并没有因此而畏惧或退缩，他费尽了力气才勉强使国民党没有因此而分崩离析。曼德拉的幕僚则更加得力，他们的目标也更加明确，即团结一致取得胜利。曼德拉有着独特的人生经历，他为革命事业做出了常人无法想象的牺牲。人们怀疑，除了曼德拉，还有谁能够说服革命分子放弃武装斗争，放弃通过暴力政治斗争"夺取政权"呢？乔·斯洛沃信奉马克思主义，他不相信任何个人有改变历史的决定性作用。即使这样，1994 年，乔·斯洛沃仍坦言："如果没有曼德拉，南非的历史将会被彻底改写。"

33. 大选

　　1994 年，75 岁的曼德拉首次参加大选，他比 1984 年第二次竞选美国总统时的里根还要年长 2 岁；与 1894—1895 年间最后一次竞选英国首相时的威廉·格拉斯顿同龄。彼时的他们都已经处于竞选生涯的尽头，而曼德拉才刚刚开始。在过去的 50 年中，曼德拉把主要精力都放在了为所有人争取平等的政治权利这项事业上，他为此也做出了很大牺牲；是他毕生的事业成就了这次选举。

　　非国大成立了一支专业的竞选团队，由参加过 20 世纪 80 年代南非民主统一战线选举的波普·莫勒佛、特拉·勒科塔和赫托索·戈登三人负责领导全国一百个选举办公室。他们还聘请了 1992 年曾协助比尔·克林顿竞选工作的选举专家斯坦利·格林伯格。格林伯格讲话很快，还留了非常幽默的小胡子。他建议非国大倾听来自基层的呼声，在全国开展人民论坛。但大家都知道，他们最宝贵的财产还是曼德拉本人：曼德拉是其政党的化身，已经完全从过去四年的打击中恢复过来的他又重新焕发了生机与活力，时刻蓄势待发。

　　曼德拉之前所有的身份——酋长、表演者、革命者、游击队头目、囚犯、政治家——这些身份共同造就了竞选中的曼德拉，他可以根据观众身份的不同随时调整角色，在不同的观众面前展现自己不同的一面。经历过牢狱生活的他喜欢看到新鲜的面孔，特别是年轻的脸。他曾一次次强调说："我真想把你们放进口袋。我已经 75 岁了，但在你们中间我感到自己又回到了 16 岁。是你们给我的每一天注入了生机与活力。"

　　曼德拉所到之处都有竞选团队跟随左右，他的竞选团队成员包括巴巴拉·马斯盖拉，乔尔·内彻藤辙——曼德拉很多最经典的演讲都是出自乔尔之笔，还有负责媒体事务的卡尔·尼豪斯。选举大战常常令人心力交瘁，也会不时生出孤独之感。曼德拉团队中的一位成员曾说："单独会谈太令人崩溃了，大家都没什么真心；每个人都想从他身上得到自己想要的东西。"但是在公众场合，曼德拉会尊重每一个人；看到有旁观者嘲笑一群唱着自己部落歌曲的格里夸酋长，曼德拉非常愤怒。卡尔·尼豪斯说："他非常清楚自己的形象，但在公众场合的他首先是一个活生生的人，然后才是他所代表的形象。麦迪巴自己就构成了选举。"

　　曼德拉的公众演说毫无激情：《金融时报》记者派蒂·沃德米尔评价他是

"南非最无聊的演讲者之一。每次等他演讲完了,一半观众都走光了"。有时候他的演讲就像是校长在教训年轻人。但一旦走进人群和大家面对面地交谈,特别是在孩子们当中,他身上那种天生的政治家的魅力便散发了出来。他记忆力超群,即使是半个世纪前见过的人,他也能清楚地说出对方的名字,记得对方的样貌;与许多其他孤独的政治家相类似的是,人群中的他比在自己家中更加热情。曼德拉的助手巴巴拉·马斯盖拉对此都颇为不解:"你永远也不知道这究竟是他真情实感的流露还只是他出色公关技巧的体现,但这又有什么关系呢?"曼德拉比他刚出狱时看起来更加自在:他常常会脱掉西装外套,仅穿着最早是印尼总统苏哈托给他的衬衣。那衬衣颜色鲜艳、非常宽松,苏哈托当时一下子给了他六件。一个孩子看到后问他为什么穿着这样的衬衣,他回答说:"你一定记得我在监狱里待了27年吧。我想穿着它感受自由。"

曼德拉和年轻人的交好使他一意孤行,坚持要把法定投票年龄从18岁降至16岁甚至是14岁。1993年5月,曼德拉说:"他们都说18岁以下的人无法正确思考,不能做出正确的选择。我们反对这个观点,并要求把法定投票年龄定到14岁。"两个月后,他又说:"我将为此而战并必将取得胜利。"曼德拉此举又给他的批评者提供了攻击他的理由:伦敦《星期日泰晤士报》称他是"年迈的、脾气古怪的黑人解放运动领袖",还有报纸刊登了漫画讽刺他:漫画上一个裹着尿布的婴儿正朝选举箱投票——但曼德拉本人非常喜欢那幅漫画。非国大领导拒绝支持该提案。只有16个国家投了赞同票,马哈拉吉回忆说:"我们彻底否定了这个提议,后来这个问题也就没再提起了。"

但在绝大多数情况下,曼德拉的政治嗅觉非常敏锐,他能够在号召激进黑人的同时安抚白人选民。他一直鼓励年轻白人留在南非,因为这里需要他们;同时他又提醒黑人大众说没有白人的支持他们也难成大器。给白人演讲对曼德拉来说着实是个挑战,虽然他每次都会和卡尔·尼豪斯提前进行彩排,可他的科萨口音还是很重。他离善于煽动民心的政治家还相去甚远,更不是充满热情的年轻民粹主义者的对手——尤其是在温妮1993年12月当选非国大女子联盟主席并趁机重回政界之后更是如此。温妮是一个精力非常充沛的活动家,她会去拜访那些被其他政治家所忽略的偏远赤贫地区的选民,向他们保证自己会敦促非国大履行自己的承诺。但绝大多数非国大发言人都尽量避免赤裸裸地煽动或蛊惑人心,而曼德拉作为人民英雄的地位没那么容易就被撼动。

曼德拉决心向大众证明:非国大是一个负责任的政党,并已经充分做好了执政的准备。他提醒同僚们制定政策时需务必谨慎:1992年5月,曼德拉对他的同事们说："第三世界国家通过独立运动成功摆脱了殖民压迫的束缚，在此过程中也积累了宝贵的财富。但这些财富很有可能在后殖民时代的首次选举中消失殆尽。"非国大制定了颇具野心的重建与发展规划，并承诺"改善广大群众的生活"。在未来五年之内，重建与发展规划拟建造房屋100万所，扩建水电设施，为所有人提供免费受教育的机会。包括亨利·奥本海默在内的工业大亨参与了规划的讨论。

曼德拉知道自己严重仰仗媒体。在远离媒体30年之后，他已经学会了如何和记者打交道。他知道面对不同的媒体应怎样适时调整，何时应谨慎，何时可放松，何时需要把手放在录音机前面。他身上流淌着的科萨人的血液里有善于赞美的天赋——他记得并熟识每一位记者——特别是那些漂亮的女记者。BBC记者弗加尔·基恩说，这让他们写起他来很难下笔，"很难用冷静客观的笔触描写他"。伦敦《独立报》记者约翰·卡林也坦言："我们已经彻底被曼德拉的魅力迷得无可救药了。"

但南非白人编辑和媒体却不吃这一套：英语媒体阿古斯集团以及约翰内斯堡《周日时报》和《商报》都是少数白人政党民主党的拥护者；绝大多数南非白人报纸则支持德·克勒克带领的国民党；只有《每周邮报》和《新国家报》站在非国大一边。保守媒体不断散布末日论，满篇都是非国大和祖鲁人以及右翼南非白人之间的流血冲突在所难免的报道——对此海外保守媒体也都信以为真并大幅转载。《星期日泰晤士报》还援引凡德·普司特（他是"皇室和总理的至交好友"）的话称："南非正陷入混乱，而人们还被神话一样的曼德拉所迷惑着。"对于《星期日泰晤士报》的报道，非国大做出了自己的回应。曼德拉说他永远也不会忘记"那些厄运的先知，他们认为不经过流血牺牲，这个国家就不可能发生任何改变"。

曼德拉出色的筹款能力对非国大来讲至关重要，他在这项事业上所表现出的不择手段和持之以恒令许多非国大同僚都大为吃惊。为了获得资助，他甚至并不抗拒与太阳城的赌王索尔·科斯纳之流接触，虽然科斯纳并不会白掏腰包，在曼德拉这里他也另有所图。就像是酋长接受供奉一般，曼德拉似乎很享受从以前的种族隔离支持者的腰包里掏钱的感觉；倘若供奉太少，他也会断然拒绝而丝毫不会感到难为情。有一次，一个有过支持种族隔离运动前科的大公司给了非国大25万兰特的捐款，并邀请曼德拉共进午餐。曼德拉把支票拿了出来，告诉他们说这对他来说简直就是侮辱：他的心里预期是7位数。

曼德拉的筹款之旅从其首次海外巡游便开始了，如今他更是加紧了脚步。

1993 年 7 月，曼德拉开始了为期 10 天的访美之旅，每到一个城市都不忘募款。人们说他的原话就是"我要一张 7 位数的支票，现在就要"。在英国，曼德拉得到了诸如电影《为自由呐喊》的导演理查德·阿滕伯勒、得逻辑电脑公司创始人大卫·波特等在内的非国大老盟友的支持；他甚至把目标对准了超级保守派，这令许多反隔离运动倡导者颇为尴尬。1993 年 5 月，曼德拉在伦敦都切斯特饭店设筹款酒会招待商界大亨，许多非国大昔日宿敌如英国航空的董事长金勋爵、通用电气的温斯托克勋爵等都在受邀之列，他们都争相和曼德拉握手。曼德拉的老朋友特雷弗·赫德尔森是相信"义怒"之人，看到曼德拉如此轻易就原谅了那些反对制裁、纵容种族隔离的人，他感到非常失望。曼德拉从欧洲、美国和亚洲都筹得了大笔资金，他所到之处每个国家的领导人都掏了腰包。德·克勒克领导的国民党以前也从南非商界那里筹到过不少资金，如今的他却因看到非国大的"巨额选举预算"而气愤不已。

1994 年 2 月 12 日，选举正式拉开帷幕。非国大一定会比德·克勒克领导的国民党获得更多的选票，关于这点没有人会有任何怀疑：曼德拉说："我们的对手就像是老鼠，而我们非国大就好比是一头大象。"真正的问题在于非国大是否能够获得三分之二多数，因为只有这样他们才有权对宪法进行修改。但是，真的会有一场选举吗？布特莱齐的英卡塔自由党和南非白人政党阿非利加人民阵线，这两大主要政党还没有进行选举登记。它们两个合在一起就足以把南非搞得分崩离析。因此，在整个选举大战当中，如何迁就和迎合这两股危险力量将成为曼德拉要面临的最严峻的考验。

曼德拉一直都把右翼南非白人视为非常可怕的敌人。虽然他们从未发动过武装叛乱，但他们在军队和政府的支持者众多，绝对有能力把黑人政府叫停。右翼南非白人最广为人知的抵抗就是尤金·特尔布兰奇领导的南非白人抵抗运动。特尔布兰奇就那样闯入世贸中心，轻轻松松便上了媒体头条。他们骑着马，打着伪纳粹旗帜，言辞激烈而惊悚，所有这些都刚好迎合了电视镜头的需要，唤起了人们有关波尔战争的回忆。然而，他们那支由一群暴徒和恶棍组成的杂牌军不会牺牲自己的生命，也远没有 90 年前曾打败英国的盟军敢死队一样勇敢而足智多谋。

更大的威胁来自阿非利加人民阵线：1993 年 5 月，右翼团体组成了广泛联盟，南非白人抵抗运动和在新任领袖费迪·哈森伯格领导下的保守党都加入了联盟。阿非利加人民阵线由康斯坦得·维尔乔恩将军掌舵。维尔乔恩是一个优雅的白发苍苍的老兵，刚从国防部队负责人的位置退了下来，他比哈森伯格要受欢迎得多。维尔乔恩不相信什么多种族民主，他认为那不过是些虚伪的说辞，他呼吁成立一个独立的南非白人的国家，即"人民的国家"，并时刻准备保卫自己的人民不受警察侵犯：他曾两次在公众场合呼吁白人同胞之间不要自相残杀。曼德拉认为他才是法律与秩序真正的威胁，因为"南非白人和祖鲁人一样，都非常忠于自己的领袖"。

1993 年 10 月，维尔乔恩领导的阿非利加人民阵线与布特莱齐以及同样抵制选举运动的黑人聚集地博普塔茨瓦纳、西斯凯联合起来，组成了名为"担心的南非人集团"的联盟。这令曼德拉更加担忧了。曼德拉认为这一集团的成立是对谈判进程的一大严重威胁，他告诉商界人士说右翼南非白人在政府部门、警察和军队都有大批支持者，他们完全有能力造成比 20 世纪 80 年代的武装斗争还要巨大的伤害。他警告大家说，一旦他们打算把威胁付诸行动，真正发起内战，"成千上万的白人将死于非命"。私下里曼德拉也承认说，如果阿非利加人民阵线想要做什么，非国大政府想要动用军队将会非常困难。

但曼德拉对有些白人保守人士还是心存敬意，他认为他们比德·克勒克要更加坦诚和直接。1993 年 8 月，在维尔乔恩的双胞胎兄弟、非国大好友布拉姆的引荐下，曼德拉与维尔乔恩将军第一次见面。曼德拉对维尔乔恩说："将军阁下，也许你现在能够打败我们，但如果你选择暴力这条道路，总有一天你和你的人民都将万劫不复。"塔博·姆贝基和雅各布·祖玛开始与维尔乔恩进行了一系列友好会谈。不久，维尔乔恩便公开表示他与非国大之间的会谈更有成效，因为他们比德·克勒克要坦诚许多。曼德拉与右翼南非白人的会谈令他承受了巨大的压力，也遭到了许多非国大同僚的严厉批评。但为了防止危机恶化，他仍然坚持继续会谈。看到与自己交好的维尔乔恩竟然转而与曼德拉合作，德·克勒克大为受伤。他认为维尔乔恩的权力从本质上是以种族主义为基础的，并请大家不要忘记一直以来维尔乔恩的追随者都把曼德拉视为共产主义恐怖分子。但曼德拉与维尔乔恩将军建立了私人关系，他们的私交也最终成为选举和平进行的关键。

建立一个"人民的国家"是南非白人长久以来的梦想，如今大家对这一问题还依旧争论不一。曼德拉愿意开放全民公投，让人民自己做出决定，虽然这样做的结果很有可能是他连总统都没得做了。维尔乔恩认为这样做非常公道，他也好给自己的人民一个交代。但保守党的哈森伯格对曼德拉一直未给出明确的承诺非常不满，他甚至公开告诉曼德拉说自己打算以武力终止选举。事实上，非国大仍然认为在民主的前提下建立一个南非白人的"人民的国家"并不可行，因为支持这一想法的人们散布在全国各地，他们并没有在哪个地区占据多数；甚至很难指定一个地区作为南非白人的聚集地，某未来部长也指出："'人民的国家'其实并不是一个国家，只是一种理想中的状态而已。"

为了防止选举在最后时刻功亏一篑，曼德拉也向其他白人领袖寻求了支援。曼德拉认为已经退休的匹克·博塔是政府中最"亲非国大"的一个，两人进行了三次会谈。匹克·博塔对南非白人的反抗也持怀疑态度：他认为他们也许能够占领小部分城镇，但这种局面不会长久。他很希望能够对事情的进展有所帮助，并开始以"总统先生"称呼曼德拉了。

曼德拉最大胆的举动就是亲自去拜访了把他送进监狱、令他吃尽牢狱之苦的前总统"巨鳄"博塔。2 月 12 日，选举大战刚刚打响，曼德拉造访了位于开普敦海边的疗养胜地"荒野"，博塔退休后一直在那里休养。令大家意外的是，曼德拉对这位老人始终保持了一颗崇敬之心。博塔比曼德拉年长两岁，个头也和他差不多；曼德拉一直认为博塔是一个非常强大且可以信赖的人，与他的谈判一定会比同德·克勒克谈判更有成效。他认为博塔能够对右翼白人和军队起到一定的牵制作用。

博塔在其住所旁昏暗的书房里会见了曼德拉。彼时的博塔依旧用冷战思维看待整个南非，仍然把曼德拉视为共产主义者。曼德拉回忆起两人之前在泰因海斯的会面以及他们为和平事业做出的努力，并表达了自己对于暴力行为的担忧："如果选举的日期因此而推迟，人民也不会允许的。"他打算做出妥协接受民族自决，并请博塔帮助他说服白人领袖。

博塔回应说如今的南非处于非常危险的境地，已经接近崩溃的边缘：他建议曼德拉必须要"一步一步来，不能操之过急"，否则"事情的后果将不堪设想"。但南非的问题应该由南非自己来解决。曼德拉强调说"阿非利加人民阵线、政府和非国大之间的关系是目前真正的症结所在：我想把所有这些人民都团结起来"。博塔建议曼德拉把包括德·克勒克在内所有的白人领袖都召集起来。

曼德拉无法说服德·克勒克听从博塔的建议与他开展和谈——"他从情感上很反感博塔的介入"——会谈的事儿也就彻底没戏了。事实上据博塔自己说，他也没帮上什么忙：他没能说服维尔乔恩，因为维尔乔恩是"一个非常有主见的人"。但曼德拉认为博塔"为国家和平做出了努力"，并因此对他心存感激。

对于选举的顺利举行以及此后的和平过渡，关键仍在于南非白人将军。人们对他们是否会完全效忠未来的政府还心存疑虑：毕竟他们和非国大打了 30 年的仗，他们当中许多人把德·克勒克与非国大的讲和看作一种背叛。1992年，国防军最高统帅梅润将军发表了措辞强硬的演讲，演讲中对莫迪塞、卡斯里尔斯和哈尼进行了抨击；即将担任国防部副部长的卡斯里尔斯担心有一天非国大会发现自己处于腹背受敌的状况。非国大高级军事将领努力打消他们的疑虑：空军首领承诺必要时会发动空军轰炸叛军。但非国大仍然认为一场非洲或拉美传统的军事政变在所难免。

曼德拉充分利用了自己的威信，使出浑身解数巧言安抚军队和秘密部队的领导人。大选之前，他亲自去警察局局长约翰·凡德尔·马尔韦将军的办公室拜访了他，邀请他为自己工作。凡德尔·马尔韦说自己已经比原本的合同超期工作很长时间了。曼德拉还拜访了梅润将军，梅润毫不犹豫就答应了曼德拉的邀请，并承诺对任何试图破坏选举的人都绝不姑息。有些非国大同事认为曼德拉对梅润和其他人过分信任了。但曼德拉坚持对之前的敌人采取怀柔政策，至于过去的行为则一概不论。

然而，右翼南非白人、布特莱齐的英卡塔自由党以及西斯凯和博普塔茨瓦纳这两大黑人聚集区对选举仍持抵制态度，3月，眼看一场内战迫在眉睫。博普塔茨瓦纳人民早已获得了公民权，可以参加选举，但他们的独裁者卢卡斯·曼霍佩仍然抵制选举，这一行为引起了人民的全面抵制。博普塔茨瓦纳人民走上了前线。曼霍佩决定请南非白人组织阿非利加人民阵线保护自己。维尔乔恩很轻易就答应了他的请求，并动用自己的小型私人武装开赴博普塔茨瓦纳支援曼霍佩。但维尔乔恩的军队被更加疯狂的部队抢了风头——特尔布兰奇领导的南非白人抵抗运动的军队大摇大摆地开进博普塔茨瓦纳首都姆马巴托，他们挥舞着手枪和步枪，朝街上的黑人开枪。白人的入侵惹怒了博普塔茨瓦纳军队，他们迅速向曼霍佩发起反攻，向入侵者开火。出于谨慎考虑，维尔乔恩的部队很早便撤退了，而南非白人抵抗运动的军队却继续胡作非为，直至被打得溃不成军而被迫撤退。三名白人乘坐一辆蓝色奔驰车穿过炮火，他们的车窗被流弹射穿。在炮火中被迫停车后，又遭到了博普警察的袭击，并最终被一位警察残忍射杀。电视镜头目睹并捕捉了惨案发生的全过程，那是一幅惨不忍睹的画面。阿里斯特·斯帕克斯写道："一夕之间，所有有关历险，有关波尔人英雄历史神话重演的谎言，都如同气泡般在这流血和耻辱的一天瞬间破灭了。"

但事实很快表明，"博普战争"的惨败对曼德拉和整个南非的和平进程来说简直就是天赐良机。曼霍佩的统治被推翻；非国大可以在博普地区自由活动；白人军事叛乱分子的气焰也得到了遏制。维尔乔恩将军被这次的惨败吓得胆战心惊，3月16日，在选举前的最后一刻，他毅然决定抛弃阿非利加人民阵线，以自己的政党自由阵线的名义参加竞选。对于维尔乔恩此举曼德拉永远心存感激。曼德拉后来也说："在他抽身的那一刻，我就知道右翼的问题交给警察解决就行了。"但这一招简直太险了。德·克勒克后来也承认说，如果维尔乔恩介入成功，在博普重新建立曼霍佩的非法统治，自己将陷入非常危险的境地。如果真是这样的话，德·克勒克是否会派南非军队反击维尔乔恩，而维尔乔恩的部队是否又会同自己的前长官开起火来呢？这个问题的答案我们就不得而知了。讽刺的是，竟然是南非白人抵抗运动的暴徒们使人们不再寄希望于军事暴动，摧毁了曼霍佩的统治，并连同其背后的体制一起连根拔起，从而最终挽救了大局。德·克勒克后来也写道："随着曼霍佩的统治被推翻，维沃尔德政府精心构建的种族隔离的大厦也彻底土崩瓦解。"

然而，来自右翼白人的抵抗仍然是一大威胁，和平过渡的道路上还存在另一个主要障碍：布特莱齐仍然坚决反对大选和新宪法，他认为这是对整个祖鲁王国的藐视。在1月召开的英卡塔自由党代表大会上，他对自己的议众说："任何外来势力都别想插手统治我们。"布特莱齐的观点得到了势力已经大不如前的祖鲁国王戈登韦尔的支持，因为他想要重整祖鲁王国的雄风，回到强势的19世纪30年代，把整个纳塔尔地区都囊括在自己统治的版图之中。新一轮杀戮的爆发使事情和平解决的希望再次变得渺茫，过渡政府派出军队赴纳塔尔地区制止暴力。3月18日，大法官戈德斯通发布报告称"有一个恐怖的犯罪行为的网络"把英卡塔自由党和南非警察联系在了一起，这使得此次大屠杀的性质更加恶劣了。德·克勒克后来也承认说："最终，人们一直以来有关秘密部队中存在邪恶的第三种力量的怀疑似乎得到了证实。"

曼德拉努力地安抚民众。在某次集会上，曼德拉说："我愿意跪下来去求那些试图把我们的国家拖入流血牺牲的人。"他奔赴德班试图感化布特莱齐，并与他讨论了请国际社会介入调停的可能性。但双方依旧相持不下：祖鲁王依旧站在布特莱齐这边。维尔乔恩早已决定参选，而一直到大选的截止日期3月11日，布特莱齐仍坚持抵制大选。

随后，布特莱齐于3月28日在约翰内斯堡市中心发起了一场声势浩大的示威游行。当游行队伍行进至非国大总部贝壳屋附近时，曼德拉向安保人员下令说："即使是要杀人，你们也要不惜一切代价死守总部。"一些示威者开始朝大厦开枪；警察也不见了踪影，非国大担心游行者会闯进来。非国大护卫队在鸣枪示警之后，直接朝人群射击，八人丧生，其中有些人是在逃跑的过程中背后中枪身亡的。当时身处大厦内部的一名记者称这是"身处被围攻的大楼中的人们的一场血腥反攻"。德·克勒克打电话给曼德拉，他答应曼德拉警察不会进入贝壳屋搜查武器，但第二天曼德拉却不得不亲自阻止警察进入大厦。这一边，德·克勒克还抱怨说曼德拉言而无信，说他本来答应全力配合警察调查的。双方的抱怨演化成一场激烈的口水战。曼德拉认为是德·克勒克默许了游行，就如同 1990 年 7 月他也曾默许色波肯惨案的发生一样。四年后，在南非最高法院的一次审讯中，法官发现非国大当初对英卡塔有关蓄意袭击的指控是不实的，但法官也批评了警察和英卡塔。

"贝壳屋惨案"发生之后，紧接着是更多的杀戮和骇人听闻的故事。伦敦《每日邮报》4 月 3 日报道称："紧急计划已经出台：倘若本月的选举使整个国家陷入混乱，英国将紧急空运 35 万英国同胞离开南非。"布特莱齐似乎还是不肯做出任何让步，他警告大家说："我们祖鲁人和非国大之间的斗争眼看就要进入最后的决战时刻，成败在此一举。"4 月 8 日，曼德拉和德·克勒克与布特莱齐和祖鲁国王在克鲁格国家公园猎物繁殖和保护区举行峰会。在会谈中，曼德拉许诺祖鲁国王"能够享有比英女王统治下更大的权力"，但坚持选举不能延期。布特莱齐和祖鲁国王丝毫没有让步的打算，谈判未取得任何突破和进展。伦敦《星期日泰晤士报》称："昨天的南非已经做好内战的准备。"

彼时，卢旺达发生的屠杀事件搞得大家更是人心惶惶，担心南非会步卢旺达的后尘；秘密部队私底下警告非国大称伤亡人数可达 100 万。但事情还有最后一线希望。在 4 月 8 日的峰会上，布特莱齐同意国际社会介入调停，曼德拉对此也表示了赞成，虽然其他非国大领导人仍持谨慎态度。在亨利·基辛格和卡灵顿勋爵的带领下，一行七人的国际调停小组抵达南非。著名的肯尼亚教授华盛顿·奥库姆也位列其中。国际调停小组在约翰内斯堡的凯尔顿酒店整整闭关三天，努力进行着调解。曼德拉在西里尔·拉马弗萨的陪同下与基辛格进行了会面。拉马弗萨的观点是无论怎样调停，谈判绝不能延期，这点没得商量。基辛格和卡灵顿此行最终无果而终。正如基辛格后来所说："如果我们继续留下来，我们也会被牵扯进去。从某种意义上说，正是我们的失败成就了后来的成功。"

布特莱齐如今更加孤立了，他的那些老盟友，包括奥巴桑乔将军和撒切尔夫人等都发来消息劝他参加选举。最后一个黑人聚集地西斯凯也放弃了抵抗。曼德拉正劝说祖鲁王与自己的叔叔布特莱齐分道扬镳，而祖鲁公职人员也担心在分裂政权的统治下自己今后的薪水会没了保证。

在布特莱齐离开约翰内斯堡之前，奥库姆教授特地去机场见了他一面，想进行最后的争取。奥库姆警告布特莱齐说选举会把他彻底孤立，而结果也许会相当血腥。布特莱齐开始有所松动，说要他参加选举也未尝不可，但他有三个条件：英卡塔自由党不能受到歧视和不平等对待；祖鲁王国必须在新宪法中得到记载和认可；选举之后应重新开始国际调停。第二天他又再次确认了自己的提议。奥库姆等人很快起草了一个谅解备忘录的草案，布特莱齐签字认可之后，奥库姆协同科尔曼以及两名白人美国官员立刻南下飞回开普敦，在开普敦阳光饭店把草案呈给曼德拉过目。曼德拉很快便同意了备忘录大纲，并打电话给德·克勒克商议，后者则是有保留地接受了草案中的条款。4月19日，曼德拉和德·克勒克与布特莱齐和奥库姆在比勒陀利亚会面，双方在大多数条款上达成基本共识，有关专家还针对布特莱齐提出的主要关切对草案进行了进一步修改。这时距离大选只有一周时间了，选票都已经印了出来。但令人称奇的是，选举委员会想到了妙招：他们印了一些写有英卡塔自由党名字的小贴纸并把它们贴在选票上；德·克勒克非常大度，他同意把国民党专属的选票最底端的位置让出来。至此，非国大领导终于大舒了一口气，但他们仍然不知道是什么使布特莱齐最终改变了主意。

竞选大战的最后一周实际上可以视为是曼德拉和德·克勒克两人之间的较量，一直以来他们就是全球媒体关注的焦点。德·克勒克之前严重低估了非国大的演讲功力：他能找来的有说服力的、能够用英语参加电视辩论的发言人可以说是屈指可数，而非国大那边却有大把的候选人可以选择。这时候，曼德拉作为一个演员的功力得到了充分施展，他能够根据观众和提问者身份的不同随时调整自己的形象。德·克勒克团队中的一员说："曼德拉作为政治家的身份被高估了，而作为政客的身份则被低估了。"在吸引黑人选民方面，德·克勒克也有着天然的劣势。据美国政治顾问斯坦利·格林伯格估计测算，德·克勒克每抨击曼德拉一次，曼德拉的支持率就提升一些。格林伯格解释说："代表压迫者的政党一发动攻击，被压迫的人民自然就会做出保护性反应。"德·克勒克需要克制自己，不能总是一味地批评非国大作为一个政党不适合执政，因为在选举之后他需要和曼德拉作为一个整体并肩作战，虽然这并不是他希望看到的局面。最后，整个选举大战变成了一场无声的战斗，任何一方的想法都没有得到充分表达。

在绝大多数省份，非国大的领先地位毋庸置疑，但在有色人种选民主要聚居地的东开普省，非国大的地位遭到了严重挑战。东开普省的地方长官艾伦·

博萨克是一名牧师、南非民主统一战线的创立者之一。博萨克为了娶一个白人女子做老婆与自己的发妻离婚，之后又脱离了荷兰归正教会，这令他失去了很多追随者。许多非国大活动家也发现他过于虚荣，过分追求奢华阔绰的生活。只有曼德拉坚定不移地支持博萨克，坚持把他视为非国大的领导；但许多有色人种选民开始对黑人执政的政府心存顾虑，因此他们更倾向于把选票投给德·克勒克和当地国民党领袖赫努斯·克里尔。非国大在东开普省的失利对他们多元民族的愿景也是一个沉重的打击。

选举前 10 天，曼德拉和德·克勒克采取美国大选的方式展开电视辩论。曾担任克林顿大选顾问的弗兰克·格里尔是曼德拉的教练，他给曼德拉制定的首要准则便是："像一个总统那样。"格里尔告诉曼德拉讲话要快一些，不要摇晃手指——因为这会使人联想到博塔；格里尔还告诉曼德拉要时刻保持微笑。

到了正式辩论那天，一向不苟言笑的曼德拉保持了自己惯有的风格，一上来就发表了一段长达 3 分钟的独白，主持人把他打断了；德·克勒克很快感到自己已经在得分上获得领先。但令德·克勒克没有预料到的是，曼德拉在结尾时给他来了个措手不及：他突然伸出手来牵德·克勒克的手。这一行为看似是临时起意，其实是精心设计并演练了好几遍专门令德·克勒克难堪的。曼德拉的一位军师说："我们知道他的身体语言会看起来很别扭。"德·克勒克后来也承认说："眼看着比分上的绝对优势突然间就被追成了平局。他这一招太绝了。"紧接着曼德拉以自己最擅长的平缓的语气娓娓道来，做了最后的总结陈词。他告诉德·克勒克说："我认为我们为全世界人民做出了光辉的表率。虽然大家来自不同的种族，但对自己国家的爱和忠诚却是相同的。"格里尔后来也说："他顿时成为全场的焦点。他足够坚定可以稳固后方，同时，他还有能力向外发展寻求帮助，达成和解。"

投票日前的最后一周，气氛似乎奇迹般安静了下来。曼德拉在索韦托外的体育场召集了选举前的最后一次约翰内斯堡集会，集会现场如同节日般喜庆而欢乐。6000 名非国大支持者列队集结，他们挥舞着旗帜和横幅，一边听着喇叭里传来的震耳欲聋的歌声，一边观看部落舞表演，鼓乐队和杂技演员也在一旁卖力表演。体育场内鼓声隆隆，人们在头戴皮质高帽的年轻姑娘的带领下绕着体育场游行；游行的最后，曼德拉那永远也不会被错认的高大身影映入了大家的眼帘。曼德拉身穿红色衬衫，微笑着与众人握手，然后就坐在了孩子们当中，与他们一起欢笑拍手。塔博·姆贝基负责暖场，并在观众雷鸣般的掌声中把曼德拉介绍出场。托克欧·塞克斯威尔负责把曼德拉的话翻译成科萨语——塞克斯威尔有一副歌唱家的嗓音，再加上他还加入了自己的感情和幽默成分，所以他的话一出口，便在不同宗教信仰和年龄层的支持者当中引起了共鸣。体育场中突然响起的枪声令欢乐的气氛戛然而止，曼德拉发出了强烈谴责——"任何人都不得携带武器来参加集会"——他坚持把开枪者擒住并带走。但总的来说，集会在和谐的气氛中落幕；集会结束后，曼德拉乘坐专车离开，旁边有警卫护航，阻挡群众越过车窗与他握手——此时的曼德拉已经完全具有国家领袖的风范了。

大选前的最后几日，约翰内斯堡市内和周边又发生了几起炸弹爆炸事件，其中包括非国大驻当地办事处外的一起汽车爆炸事件。共有 20 人在这几起炸弹爆炸事件中丧生。事实证明，所有这几起爆炸事件都是由南非白人抵抗运动的一个秘密组织所为，其目的是恐吓选民。但黑人选民并没有因此而退缩，他们第一次参与用自己的双手换来的民主的决心并没有动摇。4 月 27 日一早，天还没有亮，黑人选民便在投票站外排起了队，要轮到自己投票，有些人甚至要等上 5 个小时。有些人说："我们都已经等待了近 350 年了，这 350 分钟不算什么。"比起冷漠的美国选民或欧洲选民，这些耐心而充满期待的选民们表现出了对南非民主进程更大的信心；在那个炎热的早晨，暴力行动也几乎消失不见了，仿佛随着民主进程流走了一般。但黑人选民们并没有怀抱任何不切实际的期待：一位 BBC 记者被要求收集一些选民们期望大选能给他们带来汽车和洋房的声音片段，却找不到人愿意配合。因为这些选民所列队企盼的，并不是金钱，而是选举权，是他们一直以来被剥夺和拒之门外的选举的权利。

沃尔特·西苏鲁是曼德拉的导师，在选举这天，他在索韦托和选民们在一起，他感到自己全部的生命就为了等待这一天，等待和平战胜内战的这一天。西苏鲁后来也说道："我们的革命之所以伟大，是因为我们的人民只执着于一件事，那就是投出他们神圣的一票。"看到白人农民与非洲佃农比邻而站，曼德拉非常高兴："你看，一个全新的南非已经到来。"这一天，曼德拉本人南下德班来到设在奥兰芝高中的投票站投票。他之所以选择在这里投票，是有其特殊的象征意义的：非国大创始人之一约翰·杜贝的陵墓就在奥兰芝高中附近。曼德拉去缅怀逝去的英烈们，正是他们的牺牲使他如今能够站在这里行使首次投票权。曼德拉说："作为一个国家，我们就如同获得了新生。"

全世界的目光都聚焦到了这里。从来没有哪一次选举受到过如此密切的关注：2300 万选民在约 20 万官员和志愿者的监督下进行投票。联合国派出了性格温和的阿尔及利亚人拉赫达尔·卜拉希米作为特使，他带领了一只由年轻的联合国志愿者组成的军队。志愿者们佩戴蓝色袖章，头戴蓝色帽子，散布在各黑人聚集区。然而，还是有很多投票站有混乱状况发生——不是哪里出错了，就是选票重复或丢失了。曼德拉很快便意识到有人在背后捣乱，选举那天，他在电视上表示，"很显然，有人在进行大规模破坏活动"，这是"我们绝对不能接受的"。组织者担心投票被拖至第三天，德·克勒克则担心南非会"变成另一个非洲国家而已"。

但总体来说大家的意见非常明确。卜拉希米说："每个政党都致力于变革，最后的结果应该是大家都能够接受的结果。"各政党最终勉强拼凑出一个多方妥协下大家都可以接受的结果。正如德·克勒克所说："这是一场印象派的选举。"德·克勒克领导的国民党在西开普省获得 53% 的选票——西开普省 69% 的有色人种选民都把选票投给了他。布特莱齐领导的英卡塔自由党在夸祖鲁纳塔尔地区获得了 51% 的选票。非国大则在其余 7 个省中占据领先优势。在全国范围内，非国大获得了平均 62.6% 的支持率，这使他们在新议会 400 个席位当中获得 252 个席位。曾被非国大视为强大竞争对手的泛非洲人大会仅获得 1.25% 的选票。非国大就差一点儿没有获得 2/3 的绝对多数，也因此没有权利修改新宪法；但对于这一结果，曼德拉着实大舒了一口气，因为这也就意味着非国大"不能为所欲为了"。曼德拉已经开始担心选举之后各方的反应：他告诉《卫报》记者说："我们必须非常小心谨慎，不能让人们感到我们打算利用自己的优势地位强迫和挟持少数派力量。"

在比勒陀利亚，德·克勒克坦然接受了自己的失败，并称赞曼德拉是命运选定之人，他知道越过眼前这座山峰，前方将是一座又一座的山峰："这是一段没有尽头的旅途。在他眺望前方的山峰之时，我愿意向曼德拉先生伸出友谊与合作之手。"全世界都将用"南非的奇迹"来定义曼德拉的这场胜利，但这其实是个误导。正如阿尔比·萨克斯后来所说的，这事实上是"最为预料之中的，是人们有意识地、自觉自发努力的结果，这其中毫无任何悬念可言"。

很快，曼德拉又面临一个艰难的选择。作为总统，将会有两位副总统辅佐他的工作；而根据宪法规定，身为第二大党的领袖，德·克勒克顺理成章地就当选为副总统。这样一来，另一位级别较高的副总统就需要曼德拉从非国大内部选出。这位副总统的选择非常关键，因为曼德拉打算只任一届 5 年任期，那时候他就 80 岁了。届时，让副手继任就会变得顺理成章，当然这必须经过全国执行委员会的批准才行。曼德拉需要在两个旗鼓相当却背景迥异的竞争对手当中做出选择。塔博·姆贝基时年 51 岁，他是"流亡贵族"后代中的佼佼者，也是奥利弗·坦博最属意的接班人之一。姆贝基很早就表现出出众的调停和谈判能力，他在经济学方面的教育背景和学历也正是曼德拉所缺少的。与此同时，睿智的他还能适时从革命者向执政者转变。身为戈文·姆贝基之子，塔博与特兰斯凯和激进政治颇有渊源；但从小被别人养大的他和自己的父亲并不亲近，也背弃了父亲的共产主义理想。他一直把坦博视为自己政治上的榜样。

西里尔·拉马弗萨比塔博年轻10岁，出身索韦托警察家庭的他也经历了很多生活的历练——他做过律师、煤矿工人领袖、非国大总书记，并作为主要谈判代表为非国大执政立下了汗马功劳。他魅力十足又冷酷无情，许多政坛老手都不是他的对手。但拉马弗萨出身黑人意识运动，来自相对较小的文达部落，这些都令他难以跻身非国大主流势力。无论是特兰斯凯集团，还是流放卢萨卡的流亡派，抑或民族之矛的游击队，他和哪一个组织都没有任何关联。

这是一个极其艰难的选择。曼德拉本人似乎更倾向于拉马弗萨，他认为让非科萨人担任自己副手的好处就是他能够在非国大不同部落和分支之间保持中立。曼德拉在"不透露个人想法"的前提下与非国大高层进行了密切磋商，并通过南非总工会与工会组织进行了沟通，同时也咨询了南非共产党。大家都更倾向于塔博·姆贝基，拉马弗萨就此出局，内阁中也不会有他的位置；但表面上，拉马弗萨一直都是曼德拉接班人的候选之一。直到两年后，曼德拉才明确对非国大同事表示姆贝基是他选定的接班人。

5月10日，即将离任的政府在比勒陀利亚联邦议会大厦外为曼德拉举行了隆重的就职庆典，曼德拉正式就任南非总统。就职庆典由巴巴拉·马斯盖拉主持，全球约有10亿观众观看了庆典。这是一场盛大的国际盛会，有大约4000名来宾出席了庆典，他们当中的有些人甚至是完全势不两立的，例如希拉里·克林顿、菲德尔·卡斯特罗、亚西尔·阿拉法特、以色列总统哈伊姆·赫尔佐克、菲利浦亲王以及朱利叶斯·尼雷尔。在就职演说中，曼德拉强调了重建和和解两个概念："经历了如此艰苦漫长的人类悲剧，必然会孕育出一个令全人类引以为豪的社会。"接下来他向大家承诺说，"这片美丽的土地永远、永远、永远都不会再经历人对人的压迫，不会遭受被全世界唾弃的屈辱。"

将军和警察长官们也都向曼德拉致敬并宣誓效忠。曼德拉后来回忆说："仅仅就在几年前，别说是致敬，他们直接就来逮捕我了。"原本用来镇压黑人叛乱者的喷气式战斗机在头顶盘旋，呼啸着向这位黑人总统致敬。4000名警察全副武装，严阵以待，谨防有可能出现的刺客攻击曼德拉。群众自发唱起了《南非的呐喊》和非国大《佑我南非》这两首国歌。曼德拉回忆说："大家都不熟悉自己之前鄙视和唾弃的对手的国歌的歌词，"但关于未来他充满希望，"但很快他们就会把歌词烂熟于心。"人们能强烈地感到，一个崭新的国家正在新总统的领导下集结。

外界对这场就职仪式的报道充满了浪漫的欣喜，作为民主的胜利，它唤醒了每个国家对自己过往解放运动的回忆。《纽约时报》称："我们仿佛又回到了林肯时代。"对于整个非洲而言，此次胜利的意义更加深远。正如德·克勒克写到的，这"标志着南非乃至整个非洲大陆白人统治的结束"。从 1652 年殖民者发现好望角开始的殖民主义进程终于在南非宣告结束。然而，有关南非的民主进程，仍存在一些怀疑和警告的声音，因为在过去的 40 多年中，也曾有无数黑人城邦怀抱着相同的热情走向选举。但怀疑的声音逐渐淹没在了大家普遍解脱的情绪当中。事实给了那些认为南非会发生内战和大屠杀的预言一个强有力的反驳。不可否认，在避免惨案的发生上，曼德拉功不可没。

34. 治国

> 骑士时代早已过去。紧接着而来的是诡辩家的时代，经济学家的时代，计算者的时代……
>
> ——埃德蒙·伯克，1790 年

出狱四年之后，曼德拉终于成功当选为南非总统，这在世人眼里，应该就是童话故事的结局了吧：从此他便过上了幸福无忧的生活。事实上，另一个截然不同的故事才刚刚开始：一切对于曼德拉来说都是全新的，让他头疼的不再是之前英雄与恶棍的故事，取而代之的是有关官员和汇率等的问题。他早就告诉过英国国会议员说："选举、议会惯例、国家行政管理，在所有这些方面，我们都毫无任何经验可言。"突然到手的权力令绝大多数非国大成员感到有些措手不及。四年后，曼德拉说："我们这些出身山野乡间、发于微处不见天日，甚至是从监狱里走出来的人，如今却要掌权了。突然间，管理这个高度发达的国家的重任就落在了我们的肩头。"

昔日阶下囚一夜之间掌权，这在非洲并不是什么新鲜事：从加纳的尼库鲁玛到肯尼亚的肯雅塔，再到津巴布韦的穆加贝——所有这些人也都曾碰到过自己不熟悉的问题。曼德拉仍然用非洲传统的眼光看待自己，他为自己的人民能够通过努力为自己赢得自由而感到自豪，并决心身体力行，也参与到他们当中来。他后来解释说："参加民族解放运动和作为领导人的经历对我世界观的形成至关重要，也正是在此过程中，我在政治上不断成熟。我是亲历过南非黑暗时代的人。像其他领导人一样，我偶尔也会跌倒彷徨；因此我不敢在权力的巅峰独自闪耀。"他决心向世人表明，非洲人也有能力进行有效的管理："是的，正是人们眼中唯利是图、无法胜任的非洲人，是他们实现了这一伟大壮举！"

但曼德拉也深知，他所要带领的是比任何其他非洲国家都要复杂得多的工业化国家；南非黑人想要完全不依赖白人管理者、技师和教授的支持独立管理南非，恐怕还需要些时日。他曾目睹其他非洲国家由于白人突然大量迁出而被彻底摧毁——尤其是莫桑比克，也正因为如此，莫桑比克的第一任总统萨莫拉·马谢尔曾警告非洲同胞们不要重蹈他们的覆辙。而南非对白人专业技术的依赖更强。因而从最开始，曼德拉就需要在两者之前取得平衡：在安抚白人精英的同时又不能孤立非洲黑人大众。

曼德拉很快便适应了其总统的身份，好像他天生就是为当总统而生的一样。他搬进了宏大的总统官邸，最开始他还很担心白人官员是否会接纳他。他常常回忆起自己步入比勒陀利亚总统办公室的场景：当时他还期待是否能闻到咖啡香呢，因为他之前拜访德·克勒克时曾享受过这样的待遇——但他没有闻到咖啡的香味，周围也没有任何工作人员。下午晚些时候，他召集了一位高级公务人员，要求他明早集合大家开会。他与大家一一握手，提醒他们说政权已经交接，并向他们保证说不会有任何一个人会因此而流落街头。很快，曼德拉就与留下来的白人职员之间建立了非常融洽的关系。后来，当德·克勒克谴责非国大遣散了很多在政府工作的白人时，曼德拉非常气愤地反驳说他有两个白人秘书都是从旧政权中沿用下来的，他们都是"典型的波尔白人"；而且他还不顾保安部门的警告，坚持把某位曾参与轰炸非国大大厦的白人少校留在了自己的身边。"那又如何呢？"他回应道，"我的政府中有做过比这更糟糕事情的人。"

在开普敦，曼德拉接管了位于泰因海斯的古老而考究的总统办公室，1989年博塔曾在这里给当时身为因犯的他倒过茶。他只做了些简单的改变，把母亲草屋的照片和自己五十多岁时做拳击手的照片挂在了墙上。他搬进了塞西尔·罗兹的遗产、安静隐蔽的格鲁特斯库尔庄园。一直以来，白人部长们都被特许在格鲁特斯库尔居住。曼德拉允许德·克勒克继续留在官方意义上的总统官邸，即历史上著名的格鲁特斯库尔官邸，而他自己则搬到了开普荷兰一个考究却阴暗的大宅西布鲁克——很快西布鲁克便有了一个新的南非语名字"仁慈之谷"，这是开普敦首个基督教布道团的名字。

曼德拉决定接管一直以来都是德·克勒克家族居住的官邸利伯塔斯，同时还占用了另一处名为"总统别居"的传统民居供娱乐和正事场合使用。这在比勒陀利亚引起了更大的不满。德·克勒克卓有兴致地看着这个在过去的三十年中一直是在监狱的方寸之间度过的老人如何"在别人的带领下穿过宽敞蜿蜒的大宅中那空旷得都能够听到回声的大厅"。德·克勒克本人则不得不搬进了一个名为奥瓦尔的官舍，对此他非常高兴；但不停地搬来搬去惹恼了他的妻子玛丽可，她认为"曼德拉是在处心积虑地羞辱我们"。据德·克勒克回忆，来自夫人的愤怒成为"我和曼德拉关系日渐紧张的一个非常重要的因素"。

曼德拉会同包括园丁在内的所有职员甚至是仆人们握手交谈，这令他们相当受宠若惊。德·克勒克注意到，"曼德拉有一种特殊的本领，能使与他接触的每个人都感到自己是与众不同的"。他与白人保镖之间建立了深厚的友谊，他们总是焦急地注视着他的一举一动，忠诚之心溢于言表。一位保镖坦言："之前我是为了钱，现在是为了他。我愿意为他挡子弹。"他给利伯塔斯重新起了一个更平易近人的名字"新曙光宫（Mahlamba Ndlopfu）"，在尚加纳语中是"洗大象"或新时代来临的意思。但他自己还住在位于霍顿郊区的房子里，在那里他可以拥有更多的私人空间。

曼德拉的体格与活力令包括一直以来担任他家庭医生的尼萨多·摩特拉纳在内的保健师们都大为赞叹。摩特拉纳总是劝他要慢下来。他的眼睛还是有些问题，1994年的手术也没能彻底治愈，因此摄影师在给他拍照时都不允许使用闪光灯。他的膝盖疼得更厉害了，这是他在罗本岛摔倒后留下的老毛病，但手术治疗也不安全：到了最后，他没有人搀扶都无法上下楼梯。有时候他会感到筋疲力尽，他的医生坚持让他完全静养。但他总是复原得很快，他会把乘坐总统专机的长途旅行当成是休息——时差似乎对他没有任何影响。医生们也都认为，76岁的他无论从精力还是从活力上来讲，都堪比比他年轻20岁的人。

曼德拉始终保持着谦逊自律的作风。美国记者理查德·斯坦格尔曾参与曼德拉自传的创作，斯坦格尔评价曼德拉称"他始终表里如一"；外交官们都等着曼德拉虚伪的面具被揭穿的那天，但他们并没有等到这一刻。他似乎把他全部的个人感受，连同他全部的温暖和热情，都投入到了自己的政治生涯中；他就像是一名缺乏家庭温暖的牧师，把全部的爱都给了自己的人民。比起繁文缛节，他更喜欢通过面对面直接交流的方式解决政治及外交问题。长途电话对他来说仍然是一样新鲜的玩具，他会时不时地给地球另一端的朋友来个惊喜，一大早就一通电话把他们吵醒。曼德拉的秘书玛丽·马科斯达纳常常劝他不要凡事都亲力亲为，她对一名访客说："这不，我刚刚还劝他不要亲自下楼喊人接电话呢。"

但曼德拉的秘书们深知，在谦逊的背后，曼德拉有时也会非常情绪化甚至相当沮丧。正如其中一位秘书所言，"他并不像自己所说的那样，什么时候都愿意会见客人"。玛丽·马科斯达纳说："他的身体语言和面部表情可以泄露出他的不同情绪。"有时候大家会私底下偷偷议论说："麦迪巴今天心情不好。"一旦一个人的时候，他脸上的表情会突然间变得更加落寞。有一位成功塑造过很多领袖人物的雕塑家曾花了好几个小时观察他的表情。这位雕塑家发现，曼德拉极具魅力，但同时也极难表现：和大家在一起时他情绪很高，同每个人都有说有笑的，但只要放他独自一人，他突然间就会变得很疲倦，那招牌式的笑容也黯淡阴冷了下来。艺术家到底应该展现哪一面才好呢？

自从当上总统之后，曼德拉与老友的距离更疏远了：他的名声越大，也就变得越孤独。曼德拉的女儿津得兹说："最令人伤心的是没有人意识到我爸爸很孤独。"他比绝大多数同事都要年长许多。坦博已经去世了，而西苏鲁又不是内阁成员。一位比较亲近的同事回忆称曼德拉曾告诉他说"我没有朋友"，他说，"看到他一个人独自坐在家里的大桌子旁，那滋味真的很不好受"。这位有心人又继续说道："他很讨厌攀交情讲情面。如果你出于私人感情拜托他什么事情，他会表现得非常铁面无私，如此你便知道，这个事情没戏了。他整个人完全被政治化了。这是我不愿意付出的代价，却使他在政治生涯中得以始终保持正直廉洁。"

从一定程度上说，这是监狱生涯带给他的财富。绝大多数罗本岛派都已经习惯了自己同自己交流。埃里克·莫罗比说："我们后来都发现，无论是我们之间还是我们同其他人之间，我们时刻需要空间反思自己、重新积蓄力量再度出发。这使我们的家人非常痛苦。"曼德拉已经被迫和家人分离了超过四分之一个世纪，如今他当上了总统，就更难接近了。他很清楚自己失去了什么，却又无能为力。

自从同曼德拉分开之后，温妮就没有再参与曼德拉的社交生活了。他们的女儿津得兹说："就好像他们彼此都不存在了一样。"但温妮还在不停地制造政治麻烦。在大选中，她积极争取并成功当选为非国大候选人，从而最终成为议会的重要成员。曼德拉一时糊涂，任命她为文化艺术部副部长，很快她便陷入了财务丑闻：肮脏的钻石交易、令人怀疑的针对美国黑人的旅游项目，还借脱贫项目的名义为自己筹得了大笔经费。起初曼德拉一直按兵不动，她却变本加厉，公开背叛非国大：她谴责非国大只顾着对白人妥协和让步，挑衅地让他们拿出点执政党的魄力来。

曼德拉坚持让温妮道歉。虽然温妮很不情愿，但她还是签了一个正式的道歉信，但此后又抱怨说她是不得已才这么做的，非国大限制了她的言论自由。紧接着，1995 年 3 月，温妮又不顾曼德拉的命令访问西非，武装警察护卫下的调查组对她位于索韦托的房子进行了突然袭击并查获了一些文件。第二天温妮回来后，眼前这场由"江湖骗子和懦夫"一手策划的"恶毒的仇杀"令她彻底爆发，紧接着她又指责政府忽视贫困人群。她对非洲群众说："你们的抵抗比起过去实在是差远了。"忍无可忍的曼德拉终于把温妮从政府中驱逐了出去——但由于法律上的漏洞，她需要先复职才能被解雇。温妮仍然声称自己是右派，并且说其他议员比她腐败多了。曼德拉伤心地告诉大家："我们必须有心理准备，温妮同志很有可能会卷土重来，但目前来说情况已经得到了控制。"

这场婚姻终于走到了尽头。两人已经正式分居三年了，1995 年 8 月，曼德拉正式开始离婚诉讼，他希望在不引起家庭成员反目的前提下尽量使问题得到和平解决。但温妮仍责怪包括拉马弗萨在内的敌人，她认为是他们造成了自己和曼德拉之间的嫌隙。她坚持认为通过部落习俗的调解两人还能重修旧好。为此，她甚至还特意去求曼德拉的侄子、任西坦布兰德部落最高酋长的玛坦兹马从中调解。

1996 年 3 月，曼德拉总统现身兰德最高法院诉讼离婚，他的妻子距他只有几尺之遥：曼德拉通过这样一种特殊的方式，把自己痛苦的私人生活展现在了大众面前。他解释说，自己不想这件事同斯通派·塞佩谋杀案扯上任何关系，因此有意拖延了这一天的到来。他拒绝接受曾追求过温妮的玛坦兹马的任何调解，他认为玛坦兹马本人"就是对调解这个词最大的背叛"。他告诉法官说："即使全世界劝我同被告和解，我都不会同意。如果是玛坦兹马来调解，那就更没什么可商量的了……我已经决意要摆脱这段婚姻。"他还向法官讲起了自己的悲惨遭遇，说温妮从未在他醒着的时候走进过卧室："我是最孤独的人……"

温妮也通过自己的辩护律师转述了她所遭受的痛苦。曼德拉承认这些都是事实，但他说阿尔伯蒂娜·西苏鲁等人比她承受的痛苦更多，他请律师不要逼他讲出"迫使我离家更严重的理由"。温妮的律师向法官请求休庭几天以收集更多的证据，被法官拒绝了。温妮一气之下解雇了这位律师。曼德拉面色铁青地等待着，不一会儿法官回到法庭上，宣布批准他的离婚诉讼，这段曾被视为是曼德拉政治形象重要组成部分的婚姻从此宣告结束。但温妮仍以曼德拉的妻子自居，她说："他在白人的法庭上说我是假装爱他，这简直就是本世纪最大的背叛。"

"处于荣耀巅峰"的曼德拉仍然非常孤独，他常常会在周末找政坛之外的朋友出去放松。曼德拉的一位部长说："他的周末我们从不过问。"同杰克·肯尼迪、哈罗德·威尔逊等伟大的政治家一样，曼德拉也很享受和娱乐圈人士或富豪在一起放松的感觉。经历过狱中那段灰暗日子的他似乎很喜欢被好莱坞明星的星光环绕：乌比·戈德堡、格里高利·派克，而没有意识到自己是比他们任何人都还要璀璨的明星。令曼德拉那些生活简单朴素的同事大跌眼镜的是，他虽然整天忙于政府事务，但还会常常抽出时间来观看迈克尔·杰克逊或辣妹组合等流行明星的演出，同他们合影，追捧和夸赞他们。他在监狱里的时候曾看过皮特·乌斯蒂诺夫主演的电影，后来有幸同皮特·乌斯蒂诺夫握手之后，他说："我打算很长时间都不洗这只手了。"

曼德拉与巨富商贾来往甚密，这令左翼分子非常担忧。亨利·奥本海默是头号美国白人资本家，在曼德拉入狱前两人曾见过一面。如今，奥本海默很喜欢在自己的奢华府邸布兰瑟斯特款待曼德拉。曼德拉与竞争对手安格鲁·瓦尔矿业集团的副主席克莱夫·梅奈尔的关系尤为亲密；梅奈尔非常支持黑人戏剧事业，20世纪50年代的音乐剧《金刚》就是在其资助下创作完成的。曼德拉任总统后的第一个圣诞节就是在梅奈尔位于开普敦桌山脚下的僻静居所格兰德瑞克度过的。1996年，在身患癌症的梅奈尔弥留之际，曼德拉安静地坐在梅奈尔身边陪着他，握着他的手，陪他度过了最后的时光。曼德拉在梅奈尔的追思仪式上致辞，向这位"有着令大多数人无法想象的高贵出身"的人所表现出的无私和慷慨表示致敬。但曼德拉自己仍然保持着简朴的生活习惯；有一次梅奈尔一大早来到他的卧室，发现身为总统的他已经整理好了床铺，正在那里叠睡衣呢。

曼德拉身体里仍然流着非洲部落酋长的血液，所以待在特兰斯凯古努新建成的家中时，曼德拉感到最自在。人们都说这栋房子是以他在监狱里最后一年待的那个牢房为原型建造的，事实也确实如此；但这房子给人的感觉却并不像监狱。这是一栋绵长、跳跃的红砖建筑——整栋房子没有台阶，免去了曼德拉上下楼梯之苦——圆的拱门，宽而低矮的房顶，房子离阿姆塔塔主干道还有一段距离，在精心修建的花园和树木的围绕下，显得闹中取静，典雅别致。从这里看过去，特兰斯凯美丽的景色尽收眼底，零星泥墙茅舍点缀其中，一切都和他童年的记忆是如此相似。与20世纪20年代相比，特兰斯凯更加贫瘠，人口也多了不少，几乎看不到什么树木和鸟儿的踪影，班图斯坦多年来的腐败统治已经把各村镇都折磨得痛苦不堪。但这里开阔的视野并没有因时间的推移而黯然失色。曼德拉说："这里才是我真正的家，才是我根的所在。人越老，能够回到曾给你留下过美好回忆的地方就变得愈加重要。"

在古努待着的时候，曼德拉有时会早起散五个小时的步，绕姆克海凯泽韦尼的"圣地"重温他童年的回忆，一路上不停有孩子们向他打招呼。看到他们那么贫穷，一个个衣衫褴褛、瘦骨嶙峋，曼德拉非常心痛，但他同时也被他们的快乐所感染。

回到自己的家乡，曼德拉很热衷参与部落政治，不时帮大家解决一些鸡啊、牛啊等鸡毛蒜皮的小事或纠纷。他颇为关注道路建设，大力推进女性道路建设工人相关问题的解决，并承诺说一定会有一条路从最高酋长萨巴塔以前的家门前绕过。他有时甚至会去看望他的侄子玛坦兹马。玛坦兹马如今已低调卸任，回到了他位于昆士敦附近"圣地"中的一所宽敞的现代化居所中静养。曼德拉仍把玛坦兹马视为叛徒，而玛坦兹马谈起曼德拉来也是一副趾高气扬的样子，认为他不过是个触犯了法律的囚犯，虽然他也补充说"纳尔逊随时都可以到这里来"。

曼德拉与罢免了玛坦兹马的年轻将军班图·洛米萨的相处就要融洽得多。洛米萨出身附近的另一个酋长家庭，平时负责帮忙打理曼德拉位于古努的房子。在洛米萨身上，曼德拉仿佛看到了自己血气方刚的青年时代。他对洛米萨说："我像你这个年纪的时候，对老人没什么耐心。"但曼德拉的部族情怀似乎对他的施政并没有任何帮助：他的房子距特兰斯凯前首都阿姆塔塔仅有几英里的距离，阿姆塔塔居民抱怨说他没有做什么对他们有帮助的事情。但他的绝对忠诚并不是给那些趾高气扬的邻居的，而是献给非国大的：洛米萨吃尽了苦头才明白倘若他诋毁了非国大，就势必失去曼德拉的信任。

在这些不同的世界里，曼德拉就像是一个可以扮演不同角色的明星演员，不时在不同身份之间转换：他是非洲酋长、西方人眼中的南非总统、运动员、哲学家、有着"麦迪巴式曳步"的摇摆舞者。有时候他会出乎所有人的意料突然改变立场：有一次，工会分子在开普敦总统办公室外严正抗议，曼德拉突然就跑到了他们中间。这使他内阁的同事大为惊慌。其中一位同事说："但我知道无论何时，曼德拉的政治手腕都不容小觑。谁知道下一刻他不会给他们更加致命的一击呢？"

曼德拉似乎能根据他面对选民的不同随时调整自己。他的绝大多数演讲都是照本宣科，稿子是由乔尔·内彻藤辙带领的一个多种族智囊团起草的。他演讲时目光穿过眼镜，从不试图与观众进行任何的眼神交流。但他常常会在演讲的最后摘掉眼镜对听众说："以上都是我的老板们让我说的。"此语一出，记者们立刻抬起了头来，他的助手则尴尬地皱起了眉头。紧接着他便会谈一些贴近民众的想法，或是对过去进行追忆。他这样做就是要提醒观众，他只是一个容易犯错的老人，一个曾经的囚犯，一不小心，机缘巧合之下，就来到了今天这个尴尬的位置上。如今的他仍可以自如展现自己的魅力，而没有被其所蒙骗。

刚当上总统的头几个月是曼德拉的蜜月期，尤其对于白人来说，这位宽容的老人更是让他们大松了一口气。他并没有急着给那些为纪念博塔、斯特里多姆、马兰等白人英雄的街道、郊区或机场重新命名——他们是非洲黑人一直以来的宿敌；也并没有急于为政府位于开普敦的办公地点维沃尔德大厦改名。他营造出的一切如常、平稳过渡的氛围令白人一直以来对黑人革命所怀有的恐惧之情一扫而空。曼德拉执政满 100 天时，《金融时报》甚至找不出一个愿意说他坏话的白人。当然，这种一切如常的氛围本身也有其危险性，因为在激进的黑人看来，这就意味着革命遭到了背叛；包括塔博·姆贝基在内的非国大年轻领导人明白，他们必须很快进行一些有可能会惹怒白人的变革。他们回想起 1980年罗伯特·穆加贝接手津巴布韦时也曾有过一段类似的蜜月期，但当他 15 年后进行大刀阔斧的变革时，却引起了白人的反抗和不满。

但如今的曼德拉似乎已完全超越了政治层面。这位昔日的革命党领袖，谈判桌上的铁腕英雄，变成了一个对所有人的问题都能感同身受的慈父一般的角色。举办白色鸡尾酒会时，他会亲自布置会场，让每个人特别是那些女性来宾感到自己的与众不同。他会夸赞某位显赫人物的夫人说："现在我终于知道你丈夫成功的秘诀了。"——但也许没过几分钟，这位女士便会听到他对另一位女士说着相同的话，并因此而失望不已。一位主编的夫人说："即使被他说我牙上有菠菜，我还是会被他的魅力所吸引。"也许白人们对黑人政府会有诸多不满，但说到批评曼德拉本人，大家都非常慎重，他们会绕过曼德拉，把责任都推到他的党羽身上。就像罗纳德·里根一样，他似乎永远能够独善其身，没有什么罪名能安在他的身上；他就像是传统意义上的君主，所有他的错都可以推到其朝臣身上。

曼德拉常常看起来更像是一位君主而不是政治家；这在 1995 年 3 月接见来南非进行国事访问的英国女王时表现得更加明显——两人建立了深厚的友谊，这令女王的随从都大感惊讶。48 年前，当时还是一名学生的曼德拉在女王的父亲对南非进行国事访问时曾目睹过女王的风采。如今，两人都目睹并亲历了种族隔离的兴起和消亡，女王陛下对撒切尔夫人时代南非黑人的遭遇一直都颇为同情。在招待皇室客人的庆典上，曼德拉简直就是如鱼得水：他邀请了 13 位南非国王参加国宴，想趁此机会对非洲酋长们进行一番安抚。女王授予了他功绩勋章，这是所有英国人都梦寐以求的荣誉；并邀请他对英国进行回访。跟女王在一起时，曼德拉有时表现得有些抢镜，但女王陛下却异常自在；后来她也常常会谈起与曼德拉在一起时多么愉快。令女王尤其欣赏的是，曼德拉为了不使这次访问蒙上阴影，特意推迟了原计划要进行的离婚诉讼。

曼德拉有时更像是一位哲君，仿佛有一部分的他从未离开过监狱，仍然在冷清牢房里远远地凝视着自己的国家。曼德拉的同事卡特拉达说："他们能把我们带离罗本岛，却无法抹去我们身上罗本岛的烙印。"他喜欢谈论那些有关和解、人类尊严和爱的大道理。曼德拉的秘书们发现，有时候在处理国际事务上，他会表现得非常幼稚；他喜欢把外交看作是与不同个体的交往——从克林顿到英女王——仿佛自己还活在 19 世纪。但简单的视角有时也会令他更能洞悉问题的本质。一位内阁中的同事说："同其他伟人一样，他最不惧怕的就是简单：他更愿意简单而不做作，从而看到更加长远的未来。"

曼德拉对女王和其他人最常说的一句话就是："我不过是个乡村男孩。"这句话有一定的道理。曼德拉的一个亲密助手说："我发现他其实非常具有乡土气质。"《卫报》的大卫·贝雷斯福德把他比作电影《妙人奇迹》中彼得·塞勒斯扮演的那个宅在家里的老园丁。在那部电影中，政客们认为那位园丁非常聪明，还邀请他去竞选总统。贝雷斯福德说，曼德拉之所以伟大，并不是因为他有高超的政治或军事手腕，而是因为他对自己国家的简单认同：在他眼里，南非"是集体想象力的产物，是一个被分割得支离破碎的国家所深深渴望的国家身份的体现"。无论是在白人还是黑人眼中，他都是那个命运选定拯救南非人民于灾难之中的人："曼德拉的时代已经到来。"

35. 荣耀巅峰

　　根据南非宪法，身为总统的曼德拉在理论上有很大的权力：像法国总统一样，他既是国家元首，也是政府最高行政长官，而不需要由总理来选定内阁。第一副总统塔博·姆贝基的权利也是由曼德拉授予的，而且他还可以随时收回自己的授权。总统可以时而甩手不管，下一秒钟又事无巨细。曼德拉非常享受能够拥有一定的自主权：他从不擅繁文缛节，也不喜欢文书工作。曼德拉充分利用了自己媒体曝光率高的优势，他常常在媒体面前滔滔不绝，不时发表些非常强硬的观点，有时候甚至忘了他不仅仅代表自己，还是内阁这个集体中的一员。他的行为引起了一些评论家的警惕，他们批评他是"鲁莽的赌徒"在"信口开河"。

　　曼德拉身上仍表现出一些与民主政权格格不入的独裁主义倾向。有些人甚至担心他会像尼库鲁玛或穆加贝一样，继续沿用部落酋长的一些传统做法，变成非洲下一个独裁者。那些从 20 世纪 50 年代与他一同走来的好友不断留意着曼德拉的独裁迹象。沃尔特·西苏鲁仍像教练监督自己的冠军弟子一般观察着他，但没过多久，西苏鲁便放心了。1993 年，西苏鲁说："我一点儿也不担心曼德拉会变成独裁者，他对非洲民主怀有无限敬意。"

　　曼德拉很快便意识到，总统远没有外表看上去那么有权力。只有在同事和公务人员的大力配合下，他才能更有效地执政；而他也不能强制内阁通过某项政策。早在他当选总统一年以前，他就曾警告非国大成员说："想要赢得选举相对还算简单……而一旦成为总统，你所拥有的，就只是政治办公室，而非政治权力了。"他仍然需要偕同非国大一起抵住压力，抵住人们认为他背叛了革命的指责，共同完成非国大从叛党到负责任的政府的蜕变。

　　1994 年年底，曼德拉在布隆方丹召开了非国大第 49 次大会。在大会上，曼德拉承认当初妥协之下签订的"日落条款"使上届政权中的白人官僚在政府中的地位得以巩固，这确实会给非国大带来麻烦。但同时他也指出，"今天的我们是否正因当初的错误判断而自食其果"，这一问题还有待事实检验，非国大不应该觉得自己"被失败的协议束缚住了手脚因此无可作为"。

　　在闭幕演讲中，曼德拉再次谴责了非国大的不称职，他说，"非国大内部缺乏财政约束，充斥着浪费和低效率"，在这样的情况下，我们还以政府的口吻谈论什么财政约束、浪费和低效率，这简直就是一种讽刺。但同时，曼德拉也告诉大家，值得庆贺的是，如今的非国大比历史上任何时候都更加团结；代表们"以探讨而不是抗拒的方式谈论着重建与发展"，这在非国大历史上还是头一次。

在最初组建政府时，曼德拉希望尽可能建立起最为广泛的联盟，把南非民主党、自由阵线和泛非洲人大会全都吸收进来；他与泛非洲人大会主席克莱仑斯·马奎图进行了四次接洽，但均以失败告终。根据创建民族团结政府的相关条款，曼德拉的政府中必须有德·克勒克及其政党南非国民党的一席之地。但两人在内阁席位的分配上产生了严重冲突：德·克勒克希望他领导的国民党至少能掌管警察或国防部门这两者其中之一；而曼德拉则坚持这两个部门的控制权必须都掌握在非国大手中，因为只有非国大才能解决第三种力量的问题。最后，国民党只获得了较少的内阁席位：罗尔夫·梅尔任行省事务部及政治发展部部长；克赖依·范尼凯克任农业部部长；达威·德维利耶任环境部部长；而外交前部部长匹克·博塔则接管了矿物和能源部。

非国大的部长们则由曼德拉政治生涯中各个阶段的众老友组成：国防部部长乔·莫迪塞是 20 世纪 40 年代曼德拉在约翰内斯堡的同事；外交部部长阿尔弗莱德·恩佐是 1958 年公共汽车抵制运动的领导人之一；住房部部长乔·斯洛沃是从叛国审判起就同曼德拉一起并肩作战的战友；交通运输部部长马克·马哈拉吉是他在罗本岛时的忠诚战友；司法部部长杜拉赫·奥马尔曾作为曼德拉的法律顾问经常出入波尔斯穆监狱探望他。有些部长非常年轻，他们来自革命斗争的各个领域，曼德拉本人也是最近才有幸接触到他们的——例如曾被流放的劳工部部长狄托·姆博维尼、公共工程部部长杰夫·拉德贝等。非国大政府最显著的特征就是其成员背景的多样性，大家都来自不同的种族和背景：白人、印度人、有色人种，穆斯林、基督教徒、共产主义者，经过四十年的斗争，大家终于走到了一起。而关于他自己的总统和内阁大臣办公室主任的人选，曼德拉看中了杰克斯·格威尔。杰克斯·格威尔是有色人，杰出学者、哲学家、研究南非白人文学的专家，在任西开普大学副校长之前，曾是黑人觉醒运动的倡导者。

从一开始，曼德拉就非常依赖自己的第一副总统塔博·姆贝基。姆贝基比曼德拉小 25 岁，是流亡派的代表人物。姆贝基的任务非常艰巨：像美国副总统一样，他要完全听命于自己的上司总统曼德拉，同时还要肩负更多的责任。有了功劳就记在曼德拉身上，而犯了错挨批的却是姆贝基。因此，他的风格可以说与曼德拉是截然相反：曼德拉在前面冲锋陷阵、抛头露面，姆贝基则在导师坦博的指导下在背后默默耕耘，为曼德拉做好坚实的后盾。两人所擅长的领域非常互补：姆贝基是解决纠纷者，他常常扮演了收拾残局、查漏补缺的角色。世人会一遍遍重复着同一个问题："你就甘居曼德拉之后吗？"这令姆贝基非常困扰。但正如所有伟大领袖背后的副手一样——就像杜鲁门之于罗斯福、蓬皮杜之于戴高乐——在曼德拉的盛名之下，姆贝基的价值很难得到正确评估。

与昔日敌人身处同一内阁，出身非国大的部长们还需要些时间消化和适应这一改变。一年以后，水利部部长卡德尔·阿斯马尔说："时至今日，我仍需时不时掐一下自己，提醒我自己身处何方。"但事实证明，有些以前的革命者执政起来却非常高效。乔·斯洛沃是南非共产党前总书记，民族之矛总干事，他重新组建了住房部，任命了自己的总干事，并同银行就放宽贷款问题展开磋商。1995年1月，上任仅八个月的斯洛沃因癌症去世，这对曼德拉来说是一个巨大的打击。斯洛沃的葬礼充分体现了和平革命下矛盾的现实：成千上万的黑人来哀悼一个白人领袖；南非白人最大的敌人却最早提出与他们结盟；革命理想主义者如今却转变为最务实、最灵活的政治家。后来，曼德拉在他的陵墓旁说斯洛沃是"最懂得何时应该斗争、何时应该和解"的人。

在主持内阁工作的过程中，曼德拉惊奇地发现：虽然内阁成员由黑人和白人组成，但绝大多数争论都是超越党派的，白人领导们都非常真诚地为联盟的正常运行努力着："你甚至会以为他们才是民主革命的成员之一。"帕罗·乔丹说，"气氛没有多么热烈，但也绝不冷清。绝大多数政策与非国大的初衷都是相一致的。"卡德尔·阿斯马尔说，国民党"对细节异常关注，这对内阁商议非常有帮助，虽然总的来说，这对很多重大事情的决策并没有太大帮助"。与此同时，令白人领导感到惊讶的是，出身非国大的部长们之间也会毫不避讳地公开争论，似乎他们并没有事先进行过内部会议统一思想。德·克勒克很高兴有时候还能为非国大部长们之间的内部争议进行裁定。一位亲历者说："这就是典型的南非人，我们表现出的是孩子气的、寄宿学校孩子们间那种珍贵的手足之情。百分之九十九的争论都是不涉及意识形态的，你甚至看不出大家来自不同的党派。"

曼德拉对内阁有着绝对的控制权，这不仅仅因为他是总统，还因为他是一位长者，他的年龄是内阁中许多人的两倍，年龄带给了他别人无法比拟的阅历和名望。大家谈论他时都称他为"那位老人"，当着他的面，他们会尊敬地叫他"麦迪巴"。彼时的曼德拉与1951年重返首相之位时的丘吉尔同龄：丘吉尔也是 76 岁重新上任首相，80 岁退休；与丘吉尔一样，曼德拉身上所体现出来的，是一种超越了普通政治层面的爱国精神。他偶尔会主持内阁会议，一般是两周一次，只有在必要的时候才稍微进行一些战略上的干预。马克·马哈拉吉说："他就像是部落酋长一样。他会先在一旁冷静地听，把一切都听进脑子，然后在必要的时候进行干预。"

曼德拉曾请乔治·比佐斯帮他调查别的国家的政府首脑都是如何处理混合内阁的问题的。比佐斯向他提供了 1917—1920 年克里蒙梭任法国总理时的做法：他会听取各方意见，然后给出自己的看法并问："有人要辞职吗?"曼德拉有时也会采取"克里蒙梭方案"，但没有谁真正提出辞职。没有任何问题需要到发起投票才能解决，曼德拉对此颇为自豪。对于绝大多数细枝末节，曼德拉都不会过分关注，但他会对内阁安全委员会和情报委员会的相关讨论时刻保持密切关注。一位内阁成员说："他会认真跟进所有细节和进展。这时候的他又变成了一个老的地下工作者，一名游击队战士。"在小规模会谈中，他干预很少，但他的干预却起着决定性作用。前面提到的那位内阁成员说："我最喜欢的就是他的果断。只要大概进行一个十分钟左右的简短汇报，他就有决定了。"

曼德拉与老对手德·克勒克和布特莱齐的相处仍有些问题。在曼德拉不在的时候，或是后来当他决定从总统的位置上退下来后，作为第二副总统的德·克勒克就会和姆贝基轮流主持内阁会议。两位副总统会经常会面探讨一些问题：如果你有幸能听到两人在一起讨论安排各种议程，感受到那种和谐的气氛，你甚至会忘记他们以前竟互为死敌。姆贝基在经济问题上的独到见解以及他对"现代政府最本质问题"的把握给德·克勒克留下了深刻的印象。但与曼德拉在一起时德·克勒克却不大自在，他意识到曼德拉并不信任自己，为此还找到两人共同的朋友询问原因。原因其实显而易见：曼德拉仍觉得德·克勒克对第三种力量的默许和纵容是对他的背叛。曼德拉的一位秘书说："曼德拉最不能容忍的就是在背后捅刀子。"曼德拉仍然认为德·克勒克在试图离间非国大："他的策略就是赞扬总统，然后再攻击和破坏非国大。"曼德拉很讨厌别人对他纡尊降贵：曼德拉的一位助理说："当感到尊严被冒犯的时候曼德拉最生气。"

所有紧张的情绪在 1995 年 1 月姆贝基主持的一次内阁会议上来了个总爆发。曼德拉发现，就在大选之前，3500 名被控曾在种族隔离年代犯下罪行的警察获得了补偿。曼德拉对德·克勒克暗地里的大赦行为和他对联合政府的不忠进行了激烈的谴责。他称赞了包括罗尔夫·梅尔和匹克·博塔在内的其他白人部长，而唯独把矛头对准了德·克勒克。一位目击者说："曼德拉当时可谓是怒发冲冠，对德·克勒克进行了猛烈的攻击。但震怒之下，他的遣词造句还是非常讲究。"德·克勒克把自己的文件收了起来，扬言他必须重新考虑自己的立场。但他的同事都力劝他继续留在政府；第二天一大早，他就发现曼德拉"又恢复到之前那个有魅力的老人了"。下午，曼德拉和德·克勒克两人联合召开记者发布会，同意就警察赔偿事件进行澄清。

德·克勒克也不希望联盟关系就此破裂。这次事件发生五个月后，德·克勒克曾对我说："我们是不会故意搞破坏的，但总会有问题出现。"德·克勒克要求对南非白人过去的罪行给予赔偿，曼德拉对他又是一顿痛斥。1995 年 11 月，国防部前部长马格努斯·马兰被指控谋杀，德·克勒克为其进行了辩护。听闻此信的曼德拉认为德·克勒克如今已完全变成了一个笑话："我才是这个国家的总统。谁该得到补偿是我决定的，而不是他。"而德·克勒克也已经受够了曼德拉，他认为他总是不分青红皂白就随便迁怒于别人，遇到实际问题就想用所谓的个人魅力和对未来虚无缥缈的承诺蒙混过关。德·克勒克后来写道："我们本来就不是因为相爱才结婚的，现在蜜月期也结束了。"

而曼德拉的另一个老对手布特莱齐则被任命为内政部部长，但他的忠诚还有待考验。布特莱齐谴责曼德拉言而无信，没有兑现他在选举前做出的承诺——同意由国际调停出面解决夸祖鲁纳塔尔地区的自治权问题。布特莱齐开始在背后搞一些破坏：他带头抵制首轮制宪会谈，之后还号召祖鲁人抵制中央政府，他说："我们正朝着自由迈进。"对于布特莱齐的举动，曼德拉的反应也很激烈：他威胁停止向夸祖鲁地区提供资金支援，并宣布国家进入紧急状态；德·克勒克认为他这么做是想用武力摧毁英卡塔自由党。曼德拉和布特莱齐开始了另一轮和解谈判，但他们个人之间的冲突却依然存在。于是，与英卡塔自由党取得最终和解的任务就落在了处事低调的塔博·姆贝基和雅各布·祖玛等人的身上。

而曼德拉则把精力更多地放在了如何使南非完成从白人寡头政治到多种族民主国家的转变上来。议会制为南非描绘了一幅唾手可得的"彩虹国度"的壮丽景象：不同肤色的 400 名国会议员齐聚一堂，昔日革命分子如今都变成了立法者。大主教图图不由得发出感慨："我爱这个梦。你就坐在那里，坐在阳台上朝下看，数着那些昔日的恐怖分子。他们就坐在那里制定法律。这简直太不可思议了。"其中，非国大议员有 252 名，他们大多身着彩色长袍或明亮的裙子，与人数远少于他们的国民党代表暗淡的西装形成了鲜明对比。1995 年 1 月，议会年度开幕仪式在形式上有了变化，入口处多了黑人唱诗班在那里唱歌，"索韦托管弦乐队"在街上演奏。议会大厦内，将军们都退了下来，法官们则走向了台前。曼德拉穿过大厅，一路与两旁的白人和黑人代表们握手；他照着提前准备好的演讲稿发表了正式演说，偶尔会添加一些自己的即兴发挥。

曼德拉希望能通过议会巩固不论种族的民主，但他也很担心"民族团结的政府不能够深入到草根基层"。他的这一观点得到了新的政府发言人弗雷纳·金瓦拉的支持。弗雷纳·金瓦拉出身巴锡族，是一名非常有能力的律师；在过去的三十年中，金瓦拉先后在非国大驻坦桑尼亚、卢萨卡和伦敦办事处效力，如今她想要教会非国大如何更好地利用一直以来被其视为洪水猛兽的议会制度。她认为在有着专制传统的南非，议会民主制就像是一株娇嫩的植物，南非应该向欧洲和美国模式学习，回到第一原理的道路上来。曼德拉和金瓦拉之间也有一些无伤大雅的小打小闹：金瓦拉拒绝向领导屈服，坚持分权原则。有一次曼德拉亲吻了金瓦拉的双颊，金瓦拉却对他说："我不是很确定你是否可以亲吻发言人。"

议会最重要的任务就是批准新宪法——而这需要得到阿瑟·查斯卡尔森领导下的立宪法院的确认和巩固才能够完成。阿瑟·查斯卡尔森曾在 30 年前的瑞弗尼亚审判中为曼德拉辩护。如今，角色来了个心酸大逆转：1995 年 2 月，曼德拉正式宣布立宪法院开庭。在开庭仪式上，曼德拉对在座的律师们说，自己上一次上法庭，是要知道自己是否会被判处死刑。于是，死刑的存在是否合理竟意外地成为立宪法院首轮争论的话题。曼德拉早就让议会就死刑问题给出个结论，但内阁最终决定把这个问题交给制宪法院来解决——制宪法院最终给出判断，认为死刑是与宪法相抵触的。不久，制宪法院宣布独立于总统而存在。

拉马弗萨带领了一支制宪团队对即将取代过渡协议的新宪法进行着反复论证，不断打磨：他们要在充分考虑多方利益的基础上达成某种妥协，还要制定出可行的措施使白人的语言和文化得以传承。在经历边缘政策之后，1996 年 10月，新鲜出炉的新宪法草案刚出印厂就被直接摆在了议会议员的讨论桌上。来自泛非洲人大会、南非自由阵线等各个政党的代表们都对新宪法中很多显而易见的缺陷表示了不满，但新宪法最后还是获得了通过。德·克勒克说这就表明政府不能为所欲为。即将告别议会的拉马弗萨对各政党能超越政党意识形态、从大局出发并最终达成一致表示了祝贺。但宪法的通过并不能使一切争论就此迎刃而解，尤其是有关死刑的争论，因为不分肤色的右翼分子很快又对恢复死刑开始了叫嚣。

议会勾画出了美好的蓝图，但国家变革的真正战役要在政府部门内部打响。

非国大很快便充分认识到"日落条款"的局限性。对于任何想要通过说服保守官员以推进激进改革的新政府来说，"日落条款"就像是一幅讽刺画，对政府在变革中会遇到的问题进行了生动描述。非国大部长曾看过一部名为《是，大臣》的讽刺剧集，剧中诡计多端的公务员们绞尽脑汁阻挠大臣们进行政治改革；但南非政治体系的格局比白厅要更难撼动。有些黑人部长甚至怀疑白人部长们如今都埋伏在了档案柜和碎纸机后，妄图在新的阵线之中继续打响种族隔离之战。曼德拉知道白人右翼的抵抗力量仍然存在——在警察队伍中、在部队中、在情报队伍中——他们反对任何形式的改革；但他相信绝大多数公务人员对于改革的态度都是相当配合的。

有时，一些力主改革的部长与总干事之间也会存在一些冲突，但这些冲突大多来自双方在具体施政做法上意见的不一致，而不是意识形态的不同。有时候部长们不知道自己的目的是什么，以及怎样做才能达到自己的目的，这使政治障碍在一定程度上被放大。一位高级黑人官员说："公务员们都有自己的日常事务和工作节奏，但总的来说他们的角色就是顺从，他们只需等着别人告诉他们应该怎么做就好了。"但是像乔·斯洛沃那样精明的部长们就能让自己的政策得到迅速实施：例如，卡德尔·阿斯马尔提出的为农村地区引入清洁饮用水的计划很快便得到了有效落实。非国大的基本策略就是把那些一直积极阻碍改革的高级公务人员连根拔起或令他们保持中立，但这样做需要时间；而训练合格的黑人行政人员以取代他们的位置需要的时间则更长。政府改革中遇到的最大困难就是缺乏有经验的中层黑人管理人员，特别是在省级政府当中更是如此，而恰恰是在这些地方，种族隔离政策的痕迹，特别是班图政权的影响最为严重。

在几乎所有的部门里，非国大都面临着妥协与让步——在捉襟见肘的预算面前，任何革命理想都不得不先靠边站，而财政部则是所有战争的中心战场。在过去的 18 个月里，资本大量流出，这使南非的国库储备降到了一个相当危险的低水平。因此，政府必须立刻采取措施打消国际投资者的疑虑，使之重拾信心。曼德拉在经济方面没有什么经验，但他也了解国际市场的重要性，他重新起用了德·克勒克时期的财政部部长德里克·启斯。启斯是一个非常安静的商人，他上任之后，很快便成了内阁中最受大家欢迎的人之一。但令人遗憾的是，启斯仅执政几个月便因家庭原因宣布隐退。启斯的突然隐退给曼德拉来了个措手不及，他不得不先说服正统的银行家克里斯·莱本伯格接替启斯的位置，另一边同时张罗着让非国大贸工部部长特雷弗·曼纽接替莱本伯格成为下一任财政部部长。曼纽过去曾是南非民主统一战线的激进分子，他对全球市场的不敬言论一开始吓坏了好多银行家；但事实很快就证明，曼纽是一位作风清廉的得力干将。

至于央行领导的人选，曼德拉则重新起用了前兄弟会成员、保守派人士克里斯·史塔尔斯。史塔尔斯大力推行高利息率，希望以此来抑制通货膨胀。很快，史塔尔斯和曼纽便成了左翼人士最惧怕的人，但非国大的部长们也学会了如何在他们的严格约束下生活，因为前种族隔离政权所借外债的利息支付就占了国家预算的五分之一。有一度，曼德拉甚至希望南非也能得到类似马歇尔计划那样的援助。1993 年 6 月，曼德拉告诉《时代周刊》称："我们所期待的，是以美国为首的西方世界能够给南非人民提供大规模援助。"但非国大很快便意识到，他们必须在财政上保持独立。

让步实在是情非得已。因为事实很快便证明，曼德拉曾寄予厚望的重建与发展规划过于不切实际：规划中 5 年内新建 100 万所房屋的目标无法实现；随着新技术的采用，雇用劳动力的数量进一步下降，对劳动力技能的要求不断提高，而这恰恰正是绝大多数黑人所缺乏的。如此一来，非国大将提供更多就业机会的承诺也变成了空头支票。国有化不再被视为创造就业机会的途径，如今，一直以来笃信公有制好处的非国大部长们不得不面对这样的现实：全球经济形势迫使非国大不得不实现产业私有化，进行裁员，迅速减少之前的种族隔离政府造成的巨大赤字。

曼德拉还面临一些幻灭。在种族隔离政权全盛的 20 世纪 60 年代，还在狱中的曼德拉曾目睹外国资本大量涌入。那时候南非的劳动力成本非常廉价，国际金价不断飙升。现如今金价不断下跌，劳动力也昂贵了不少，投资者纷纷逃离非洲，争相把战场转向了东南亚等奇迹经济体。曼德拉尝试了各种办法试图吸引投资：放宽外汇管制、试行私有化并与工会组织进行交锋；但最终，他们还是选择把钱投在了别处。曼德拉曾充分领教过国家的威力：当年，是国家把他仍进监狱，令他成年后一半的人生都在铁窗中度过；现如今，国家却连改善人民生活、纠正过去犯下的错误的能力都没有了。

一直都处于政坛风口浪尖的国防部是另一个曼德拉格外关注的部门。曼德拉任命前民族之矛司令乔·莫迪塞为国防部部长，并任命被非洲人称为"有着一颗黑人之心的白人"的罗尼·卡斯里尔斯任其副手。出乎所有人意料的是，前德·克勒克政府国防部队统帅、曾强烈抨击过非国大的梅润将军得以继续留任五年。在选举之前，梅润似乎曾帮过曼德拉的忙，如今他也宣誓会对其效忠。莫迪塞和卡斯里尔斯把更多的权力交给了出身平民的新任国防大臣皮埃尔·斯泰恩。斯泰恩曾任空军上将，并为披露第三种力量的地下活动立下了汗马功劳。

国防仍然是最敏感和棘手的领域，那里最容易滋生政变。许多白人将军手中仍然掌握着强大的军事网络，在那里隐藏着大量有关秘密行动、武器交易和告密者名单等的关键信息。而以前非国大自己的游击部队又很难与白人部队整合，而且他们也不愿意接受更加严格的纪律的约束。1994 年 10 月，3000 名休假结束的民族之矛士兵拒绝归队，曼德拉不得不亲自出马，警告他们说如果他们不在一周内归队的话，就将面临起诉。英国政府派出了一个军事小组赴南非协助进行白人部队和黑人部队的整合；不久，这支军事小组便对白人的抗拒和不配合行为提出了警告；有些非国大领导人认为若能仿照纳米比亚政府的做法，让英国人更深度参与就更好了。曼德拉对与情报有关的报告时刻保持着密切关注，他仍然对梅润将军的忠诚度相当有信心，或许他的自信有些过头了。

全世界的商人、外交官们都对曼德拉政府保持着密切关注，尤其是腐败的蛛丝马迹。他们很担心南非也会像尼日利亚、肯尼亚等本应有机会发展繁荣的非洲国家一样，陷入经济泥沼而最终无法自拔。曼德拉所接手的是一个比那些北非邻国还要腐败的烂摊子。那些国家是从相对清廉的殖民管理者手中接管过来的，而南非白人政权历来就有收受贿赂的传统：从 19 世纪的克鲁格共和国时代起，他们就以收受贿赂而臭名昭著。曼德拉有一句非常恰当的评价，他说种族隔离政府"在腐败方面可谓是一丝不苟"。非国大需要清理的一方面是比勒陀利亚庞大的依靠贿赂形成的关系网，另一方面是黑人独裁者建立起来的中毒颇深的班图斯坦政权。如今，为了在商业上立足，特别是巩固赌场的地位，白人企业家们开始公然以贿赂诱惑政治家。1997 年 8 月，在一项有关腐败的国际调查中，南非在受调查的 52 个国家中排在第 33 位，其中丹麦排名第一，尼日利亚排名最后。

曼德拉本人非常克己奉公、以身作则：他生活简朴，并把作为总统三分之一的薪水都捐给了自己名下的专项基金儿童基金会。在竞选期间，曼德拉曾承诺说要结束从事政府工作就意味着拥有了一份薪水优厚的闲差的时代："我们绝不会做好吃懒做的闲人。"但很快，议员们便因其丰厚的薪水和大幅涨薪受到了群众的严厉抨击。在众多批评的声音中，有一个来自大主教图图，图图毫不客气地讽刺政府说："政府之所以拦下这辆车，是因为它自己也想上车！①"曼德拉立即对图图"不负责任的行为"进行了公开回应，他对图图说这事应该私底下告诉他，而不应该拿到台面上来。图图回答说他确实这么做了，这让曼德拉对他的人品产生了怀疑。不过这两人很快便和好了。曼德拉打电话给图图抱怨说："你为什么在公众场合朝我大喊呢？"然后就笑了。几个月之后，曼德拉宣布削减议员和总统的薪水。图图对曼德拉的统率能力仍然非常敬仰。他说："如果没有这个人，整个国家将毁于一旦。"

还有更严重的指控称政府有挪用公款的行为。其中，对非国大之前在西开普省的领袖、南非民主统一战线联合创立者之一艾伦·博萨克的指控对非国大打击最大。在博萨克经历婚变丑闻之后，大选中的曼德拉仍不顾许多同事的劝阻，选择站在博萨克一边，后来他还任命博萨克为南非常驻联合国总部日内瓦的大使。此后，一个丹麦的援助机构称经由博萨克之手资助给南非的基金不翼而飞了，并请来约翰内斯堡当地的一个法律事务所介入调查。调查发现，博萨克把挪用的钱财全部"中饱私囊"，给自己买了一所大房子，而他第二次婚姻的费用也是从这里支出的。一份来自政府的报告称对博萨克的指控是毫无根据的，曼德拉也坚信博萨克是无辜的。但按照正常的法律程序，当时人在美国的博萨克仍然以挪用公款罪被起诉。当博萨克回国时，时任南非司法部部长，同时也是非国大西开普省主席的杜拉赫·奥马尔到机场迎接，并发表了支持演说。在野党抱怨称曼德拉把对党派的忠诚置于对大众的诚信之上；但有关此事的审判还在继续：1999 年 3 月，博萨克欺诈、盗窃等四项罪名成立，被判处六年监禁。

曼德拉上任一年之后，国家成立之初的蜜月期也宣告结束了。南非国内犯罪率激增、兰特不断贬值、政府腐败丑闻频出、医院和学校动荡不断，白人对此纷纷怨声载道。自由党人士对忽视自己意见的黑人政府不再抱有任何幻想；而其他白人则从来没有信任过黑人政府。之前的政府统治之下的南非白人社会是一个非常有特色的特权社会，这里没有来自黑人的竞争，是一个国际市场之外相对独立的存在。因此，白人们很难适应如今开放民主的国家和必须要面临自由竞争的现实。1997 年 2 月，卡德尔·阿斯马尔说："在那些之前只有白人

---

① 原文"gravytrain"是指轻易捞到大量钱财的手段，赚钱的清闲差事，肥差等；大主教图图之所以这么说是一语双关：政府之所以拦下这辆车，是因为政府本身想搭乘这辆车，暗讽政府想借机捞一笔油水并从中牟利。——译者注

居住的郊区，弥漫着一种奇怪的悲观主义情绪，他们悲观到甚至忘记了还有一些专门针对白人的利好政策了。"

而绝大多数黑人则没有那么悲观，他们的眼光更加长远。如今，基本医疗保健服务已经覆盖到了农村贫困人口，农村人民也用上了自来水；城市中迅速增长的黑人中产阶级也嗅到了工商业中的蓬勃生机。但随着失业率的不断增长，新的工作机会得不到落实，他们所期盼的前景也日渐渺茫；海外投资者对南非也失去了信心。正如《金融时报》1996 年 5 月报道的那样："南非国内犯罪率上升、就业增长缓慢、政府无法兑现承诺解决房屋大量积压的问题、大量非法移民自贫困的邻国拥入，所有这些都导致了投资者对南非商业信心的下降。"1996 年 11 月，非国大在一份"中期政绩评估报告"中被迫承认自己犯了一些致命的错误："对于首次执政的非国大来说，我们执政的过程就是一条陡峭的学习曲线……上台之初我们便预料到会遇到困难，但事实证明，困难远比我们预想到的要大得多。"

执政的过程对曼德拉本人来说也是一个不断学习的过程。1996 年 1 月，曼德拉坦言："守护自由要远比为自由而战来得更加艰难。"1997 年 1 月，曼德拉终于承认非国大犯了一些"基本且致命的"错误，他补充说，最重要的就是要勇于承认错误并从中吸取教训。曼德拉对非国大旧部仍保持着绝对忠诚——在这一点上他和温妮、班图·洛米萨等人都截然不同，他们都曾在公开场合批评过非国大的领导。对于那些重组政府的呼声，曼德拉一概不予理睬。1997 年 2 月，在议会开幕大会上，曼德拉说："我本以为自己找到了一个重组内阁的理由。在我说话的时候，我看到有些人正在打盹……但随后我又看了看就在我面前的省长们，还有那些反对党的成员，他们也都一样！所以我就想，我应该做到公平公正、不偏不倚，因此不会有内阁改组发生。"

曼德拉对非国大忠诚到了有些愚昧的意味，低效率、滥用权力的行为在他那里似乎也变得可以宽恕——这惹恼了反对派甚至是一部分自己的同事。年轻一代政治家所表现出的在经济方面的野心和企图心常常令曼德拉感到震惊和失望。但在公众场合，他仍然保持了最大限度的宽容。他当前最首要的任务就是团结昔日敌人，建立一个全新的国家——这是他最重要的历史使命。

36. 宽恕

曼德拉之所以伟大，最主要的原因就是他宽恕了那些曾把他送进监狱的敌人。但其实他骨子里并不擅长扮演这样的角色。早年，在他还没有经历牢狱之苦之前，曼德拉是一个充满攻击性的人，那时的他很享受与敌人交锋的感觉。是监狱生涯教会了曼德拉隐忍：正如他自己所说的，和解的思想是他后来逐步开始接受的，而并不是他的本性。几个狱卒改变了他对白人的看法，他开始逐步意识到南非未来的和平需要建立在宽容和饶恕的基础之上。他的政策之所以独具魅力，让人信服，也恰恰是因为他能够收起自己的棱角，懂得控制自己的情绪。安东尼·刘易斯曾写道，曼德拉与乔治·华盛顿一样，"都是感情非常强烈的人。但为了创建一个全新的国家，他们都甘愿将自己的感情压抑。"

像华盛顿、加里波第、玻利瓦尔等人一样，曼德拉也是一个国家的缔造者，不同的是他并不是通过武装斗争或暴力革命获取胜利的；他也非常了解这样做的后果，正如他自己所说的，"缔造一个新的国家，有时需要的是推土机，有时需要的是鸡毛掸子"。之前的南非政权比曼德拉还要年长八岁，它本身也是互为敌人的南非白人和英国人在经历了惨痛的战争后相互妥协的结果。虽然事情的结局令人称道，但这样做的代价是非洲人从此被排除在了政府之外；因此，建立一个多种族民主的南非，这仍然是一个新生且脆弱的概念。究竟什么才是多种族主义，仍然存在着不少争议。曼德拉个人比较认可的是图图等人提出的包含了不同肤色人种的"彩虹之国"的概念；但他从不相信许多左翼理论家所提倡的"不论肤色的非种族主义"。曼德拉眼中南非的统一进程是一个更加缓慢而循序渐进的过程，这是非国大一直以来的传统。正如阿尔伯特·卢图利所说的那样："从一开始，我们国家的历史就是不断打破部族、民族以及宗教的隔阂，不断融合统一的过程。"曼德拉注意到不同种族和部落之间文化上的差异，并警告非国大不要忘记少数族群。1993年3月，曼德拉说："在任何政权交替的过程中，每个国家处于少数的族群都会这样问：'一旦变革来临，那么对于我自己、我的配偶子女、我所属的群体、我信仰的价值观念以及我所持有的财产会有什么影响呢？'"曼德拉希望看到的是一个全国团结的政府，在这个政府中的每一个人都会发自内心地说："我的利益在政府中得到了体现。"

曼德拉特别注意团结与其共同执政的南非白人这一非常危险的少数族群。

他无法忘记在白人中包含了"形形色色双手沾满鲜血的人",但他又不得不与他们讲和,让他们感到自己是这个国家中的一员:"我们要照顾到另一群丧失了权力的人们的感受。"具有讽刺意味的是,恰恰是在监狱里的那段日子使曼德拉更能包容白人,也更愿意相信他们有一天真能掉转头来,对非国大和新政府效忠。

曼德拉之所以这样做,之所以要去团结白人,是有充分的政治上的考量的——他需要把他们各个击破。他已经解决了包括保守党领袖费迪·哈森伯格在内的一些右翼分子。在大选前夕,曼德拉说:"他很快就会意识到,要么就与我们讲和,要么他就只能被历史所抛弃。"大选之后哈森伯格确实与曼德拉进行了友好会谈,并几乎退出了历史舞台。而更加极端的南非白人抵抗运动领袖尤金·特尔布兰奇则被晾在了一边,众叛亲离的特尔布兰奇谴责哈森伯格说他是个叛徒。

接下来,曼德拉又不辞辛劳地通过一连串极富戏剧性的象征性访问对昔日敌人进行了安抚。1995 年 11 月,他故地重游,去"荒野"拜访了前总统博塔。彼时的博塔似乎还活在冷战时期,他告诉曼德拉说,他以前是阶下囚,如今却被困在自己的内阁中,周围全是虎视眈眈的印度人和共产主义分子组成的阴谋集团:"他们会毁掉你的。"有摄像机对两人的会面进行了拍摄,博塔在镜头前不停地摇摆着手指,而曼德拉则在一旁纵容地看着他:因为他知道,自己所面对的,不过是一位迟暮的枭雄罢了。

曼德拉也向许多他从监狱时期起的老敌人伸出了橄榄枝。情报部门的首脑内奥拉·巴纳德卸任之时,曼德拉在比勒陀利亚为其举办了告别晚宴,出席晚宴的有罗本岛前司令官威勒姆斯将军等人。威勒姆斯将军后来颇为动容地说道:"不是每个人的一生中都会经历这样的事情。这对我来说是一段非常美妙的经历。"

在阿米纳·卡查利亚的帮助下,曼德拉还拜访了许多白人和黑人领袖的妻子或遗孀,他之所以这样做,就是想"让他们更快适应新的国家"。1995 年 8 月,阿米纳与曼德拉一同飞往北开普省荒凉的白人自治区奥拉尼亚,在那里拜访了曾迫害过他的亨德里克·维沃尔德博士 94 岁高龄的遗孀。在回来的飞机上,阿米纳与曼德拉争论说白人永远也无法正视新南非,但曼德拉却坚持说:"他们会的!总有一天他们会坦然面对眼前的一切。"

3 个月后,曼德拉在比勒陀利亚设宴招待了 84 岁的珀西·余塔尔。作为当年瑞弗尼亚审判的公诉人,余塔尔在审判中表现得咄咄逼人,他在法庭辩论中使用了大量惩罚性以及恐吓性的语言，曾让曼德拉大为光火。现如今，面对这位已经风烛残年的律师，曼德拉奉承道："你看起来还像以前一样年轻有活力。"余塔尔彻底被曼德拉宽广的胸襟所折服了："这恰恰体现了圣人曼德拉的伟大与谦卑。"

曼德拉仍然坚持一定要团结和安抚白人，他认为这不是软弱的表现，而是勇敢之举。有一次，我和他在这个问题上起了争论，曼德拉告诉我说："我们不需要时刻提醒自己过去的苦难。为了伟大的和平事业，勇敢的人从不拒绝宽恕。"因此，和解便成了他政治策略中非常重要的一部分。他越是深入到普通白人大众当中去，就越能够瓦解和分化他们。宽恕也是权力的一种表现，在宽恕的同时就占据了道德的制高点，提醒大家权力的天平早已向另一头倾斜。曼德拉的一位同事说："你永远也不清楚他到底是圣人还是马基雅维利。"

从很小的时候，曼德拉就对人性持一种基本乐观的态度，而他的这种乐观并没有因为狱中的经历而有所减损，他反而因此更加坚定了这一信念。这也许能够解释为什么曼德拉如此坚持与白人和解。他常常还未分清敌友就对别人表示支持；即使是最讨厌的对手，他也能看到对方身上的优点；有些人明显就是骗子，他也会表示欢迎——这常常令他的助手非常恼火。阿赫麦德·卡特拉达的办公室就在曼德拉隔壁，他很好奇曼德拉什么时候才能拆穿那些来访的假朋友的鬼把戏，"那些在过去的几十年中一直都是泛泛之交的人为什么突然之间就升级成了'密友'；那些投机分子又是如何阿谀奉承，以达到自己不可告人甚至是不正当的目的"。卡特拉达甚至怀疑，曼德拉是不是太忙，手头有太多更重要的事情，所以才没有注意到这些人的诡计和叵测居心呢。

曼德拉这些颇具戏剧意味的宽恕之举受到了白人的热烈欢迎，意外之余他们也颇感宽慰和欣喜；但同样的举动却引发了黑人激进分子的愤怒和猜忌，他们认为总统与自己的敌人勾搭在了一起。曼德拉一直都坚信：和解就必然会带来变革，而且只有这样，黑人才能与白人享有平等的经济权利和工作机会；而白人一方迟迟未做出相应的让步，这让曼德拉逐渐失去了耐心。1996年2月，曼德拉在国会开幕典礼上说道："那些过去曾被不公正对待的人们都愿意去宽恕、去原谅，而利益既得者们却止步于感激。如此一来，不仅过去的伤口无法愈合，新的国家也无法建立。"黑人代表对曼德拉的发言致以了热烈的掌声，而白人代表却掌声寥寥。

曼德拉把运动当成了和解与改革的重要阵地，听闻此消息后，白人运动员都非常欢欣鼓舞：在反种族隔离运动的抵制下，南非白人被驱逐出了国际赛场，而如今，世界再一次向他们敞开了怀抱。在各类运动中，橄榄球与种族隔离的联系最为紧密，也最容易让人联想到白人对黑人犯下的种种恶行：有一个老罗本岛派回忆起狱警是如何把他踢得满屋子跑，边踢还边说："我们在玩橄榄球呢。"南非橄榄队的名字是"跳羚"，象征着白人的傲慢与自大，所以很多黑人希望这个名字能改改；但曼德拉坚持维持原状，不仅如此，他还想尽办法支持跳羚队，要知道除了一位有色人以外，跳羚队全是清一色的白人。1995 年 6 月，在约翰内斯堡举行的世界杯总决赛中，重返国际赛场的跳羚队对战新西兰队，对战双方势均力敌，跳羚队最终获胜。身穿跳羚队绿色球衣的曼德拉走进场地，亲自把奖杯交到了已经目瞪口呆的跳羚队队长弗朗索瓦·皮埃纳手中。场上的观众顿时沸腾了，全场齐呼："纳尔逊！纳尔逊！"大街上，喝醉了的白人与黑人抱在一团，在酒店中见到黑人也会主动打招呼。就连克勒克也不得不承认："曼德拉由此赢得了数千万白人橄榄球迷的心。"

一个不分种族、全民运动的新时代似乎就要来临，黑人运动员也有望加入跳羚队。但现在高兴还有些为时尚早。南非橄榄球联盟主席路易斯·吕特是一名白人商人，他曾参与并掩护政府 20 世纪 70 年代所做的那些肮脏的勾当。吕特非常反对黑人参与橄榄球运动，因此三年后，当南非国家体育总局努力推动不同种族和肤色运动员的融合时，吕特对他们提起了诉讼，法官还传唤曼德拉上庭做证。曼德拉的律师建议他不要出庭，但出于对法制的尊重，曼德拉还是坚持出庭；但令他没有想到的是，法官认为他的出现是对吕特有利的。国家体育总局威胁称他们会重新号召国际社会对南非橄榄球队进行联合抵制。对此，吕特仍固执己见、寸步不让；最后，吕特在同事们的压力下被迫辞职。其他体育团体遴选并接纳黑人运动员进入国家队的进程也相当缓慢，这进一步惹恼了非国大：1998 年 12 月，议会体育委员会主席露露·克辛瓜纳抱怨称政府"已经厌倦了为让只有白人的代表队代表南非参加比赛而整天向国际社会道歉"。

在象征性的和解和感激的表象之下，事实却是另外一番景象。在职场、娱乐场合以及日常生活中，绝大多数白人商人仍然抗拒任何实质性的改变，抗拒种族平衡，他们认为晋升黑人就意味着降低标准，有腐败的危险。

媒体是变革的前沿，曝光率最高也最受瞩目。曼德拉认为媒体是南非人了解彼此的一个非常重要的窗口；而在 1994 年以前，几乎所有的媒体都在白人的掌控之下。现在非国大任命沃尔特·西苏鲁的儿子兹韦拉克·西苏鲁为南非广播公司主席，他的任务就是对其进行大刀阔斧的改革；在韦拉克的带领下，南非广播公司卖掉了旗下多家电台，黑人面孔和黑人声音也重新回到了银屏。

　　但绝大多数报纸还是白人所有的，而且曼德拉一直以来都对纸媒更加关注。20世纪50年代，曼德拉曾目睹并深刻体会到报纸的曝光和媒体报道对非国大抗争的重要性，从那之后，他一直都在努力影响着记者和编辑们的行为。经历了与白人政府的和谈以及此后进行的选举大战，曼德拉以其个人魅力培养并拥有了一大批记者粉丝，他们帮曼德拉塑造了一个令所有其他国家的领袖都忌妒眼红的光辉形象。但当上总统后的曼德拉与绝大多数政治家一样，也不喜欢别人批评自己的政府；没过多久，他便开始抨击媒体拒绝自身变革，视角过于以白人为中心，一味地刊登丑闻和负面消息，特别是对犯罪事件的报道。有一度，为了确保报道的公正性，非国大甚至开始考虑创建自己的日报；曼德拉与英国大亨泰尼·罗兰德就合作事宜展开了讨论。但大家却警告他说这样一份报纸终究会受到竞争者和广告商的"猛烈抨击"。

　　当时，非洲各国媒体的言论自由都面临着威胁，而曼德拉仍坚持大力提倡媒体及言论自由。大选之前，曼德拉在开普敦对国际新闻学会说"一个具有批判性、独立的、具有探究精神的媒体是民主的命脉"。但同时他也指出白人主编和媒体所有人的影响力不容忽视："除了《索韦托人报》之外，南非所有日报的高级编辑人员都像是从一个模子里刻出来的一样：他们都是白人，都是男性，都具有中产阶级背景，他们甚至连生活经历都非常类似。"或者，正如塔博·姆贝基告诉主编们的："你们都是一个娘胎里出来的。"

　　当选总统之后，曼德拉仍一如既往地提倡言论自由。1996年，曼德拉说："我想要的并不是非国大或政府的喉舌或传声筒。我想要的是一面能够正衣冠的镜子。"但局面迟迟没有任何改观，这让曼德拉非常郁闷，1996年11月，他警告编辑们说："现在大家普遍存在这样一种观念，认为媒体掌握在少数人手中。这在我们看来是绝对无法接受的。"

　　阿古斯集团是南非最大的报业集团，约翰内斯堡著名的《星报》就是阿古斯旗下的。大选之后，在曼德拉的许可之下，爱尔兰报业大亨托尼·奥锐利收购了阿古斯集团，阿古斯集团正式更名为独立集团。奥锐利和其他报业老板们开始逐步雇佣一些黑人编辑和更多的黑人记者。但对于这些改变，曼德拉持怀疑态度：1997年12月，曼德拉在电视上表示："只要报纸一天还为那些白人和保守的少数派所有，这些举措就只不过是做做样子而已，没什么实际效果。"《索韦托人报》的现任主席尼萨多·摩特拉纳是曼德拉的老友，曼德拉常常会对尼萨多·摩特拉纳抱怨说他们的报纸对非国大持有偏见。摩特拉纳和西里尔·拉马弗萨共同入主著名的《周日时报》所属的TML集团，曼德拉对此也非常不满：1997 年，曼德拉解释称："即便他们俩拥有控股权，有些事的决定权仍不在他们。"他甚至怀疑黑人记者的稿子还是会被保守的白人主编助理大幅编辑修改，而他有这样的想法并不是毫无道理："我们都知道新闻编辑室里的那点儿事。"曼德拉抱怨称《城市新闻》的黑人编辑库拉·西比亚对他干预首席大法官任命的批评是不正确的。后来，曼德拉会见了包括西比亚在内的 20 名黑人编辑，并与他们讲和；他告诉他们称非国大需要的不是"只会讨人欢喜的宠物狗"那样的媒体，但当他们对他的人品进行侮辱和质疑的时候，他实在无法就那么袖手旁观。

记者们担心曼德拉也会像其他非洲政府那样限制反对派的言论自由；而曼德拉一直在努力安抚他们："有些邻国犯的一个致命的错误就是镇压反对党。这样做只会使改革的成果就此付诸东流。"曼德拉认为自己有义务站出来对此做出些回应：他是这么对《商报》主编吉姆·琼斯说的："如果你觉得我不对，你就会讲出来……所以也请允许我们怎么想就怎么说。"曼德拉谴责媒体执行双重标准：他们一方面捍卫自己的言论自由，另一方面只要政府稍有反击，就会被他们认为是在限制言论自由。事实上，曼德拉个人一直都很反感任何形式的审查，甚至包括对色情文学的审查也是如此。1996 年，曼德拉的一位女秘书在南非版《好色客》上裸体出镜，这让曼德拉的员工们尴尬不已；后来，这位女秘书又一次登上了《好色客》杂志，内政部副部长琳迪韦·西苏鲁考虑取缔这本杂志，但曼德拉对此却一笑置之，他说他更希望这本杂志能"善用自己的道德和价值观念"。令内阁办公室主任杰克斯·格威尔吃惊的是，曼德拉有时甚至会问他说："你看了这个月的《好色客》了吗？"

对于传统媒体，曼德拉仍持谨慎观望的态度。1997 年 12 月，曼德拉指责保守媒体与反革命力量合谋企图颠覆多种族民主政权。在梅富根召开的非国大第十五次大会上，曼德拉对大家说："我们国家大部分的大众媒体都把自己设定成了反对非国大的力量。媒体打着民主秩序的旗号，妄图保护种族主义毒瘤。"但曼德拉最关心的还是如何巩固和谈的成果，对于那些抱怨曼德拉忽视了连最基本权利都没有得到保障的草根大众、整天忙于安抚白人的黑人编辑，曼德拉的态度也同样激烈。1996 年 11 月，曼德拉告诉编辑们说："那些资深黑人记者会在有关国家建设、和解等方面对我进行攻击。但倘若不把这些写进基本国策，我们的国家又将面临流血牺牲，整个国家将毁于一旦。"

曼德拉所提倡的和解绝不是简单的饶恕与原谅；数以万计的受害者以及逝去同志的家属决不允许就这样粉饰太平，把恐怖的过去就那么掩盖起来，当一切都没有发生。曼德拉认为，除了希特勒对犹太人进行的种族灭绝，"最受世人谴责的罪行莫过于种族隔离了"。非国大需要做的是原谅但不遗忘。因此，1996年2月，曼德拉发起了自其执政以来最具争议的改革举措，即成立了真相与和解委员会。

也许很多批评者都忘记了，真相与和解委员会是"协商革命"艰苦和谈的部分成果。出于自身利益考虑，时任总统的德·克勒克和他的秘密部队一直坚持进行大赦，这让曼德拉非常恼火；非国大无法允许种族隔离政权"赦免自己"的行为。在激烈的争论之后，德·克勒克与曼德拉终于达成一致：由一个委员会专门负责相关事宜，对于那些愿意揭露真相，并且可以证明自己的行为是有政治动机的罪犯给予个别宽恕。许多非国大积极分子认为这个决定实在是太过慷慨了。

非国大希望避免像当初的纽伦堡审判那样对"战犯"进行审判，因为这就会产生一批殉难者。非国大的律师们在多方了解东欧、智利和阿根廷的模式之后，提出了他们自己的解决方案，那就是"介于特赦与遗忘之间"的做法。不同于拉丁美洲国家的调查组，真相委员会有赦免个人的准司法权，有传唤权，有权力召集公众听证。但所有申请赦免的人都需要把事实一五一十地和盘托出。因此，真相委员会所收集到的资料、他们得到的所有有关凶手及受害者的信息，比史上的任何调查都更加翔实、更加真实可信。曼德拉任命大主教图图为真相委员会主席，卫理公会牧师艾利克斯·波瑞任其副手，这无疑给真相委员会增添了几分宗教的意味。德·克勒克最初是支持成立真相委员会的，但在委员会成员的具体组成上却与曼德拉产生了激烈争执。图图的宗教背景使后来的听证会变成了非洲版本的集审判、告解室和道德剧于一体的听证会。"乌班图"这个词被写入南非宪法："要理解而不是复仇，要赎罪而不是进行回击，人道待人而不是恃强凌弱。"

1996年2月，真相委员会在开普敦英国国教大教堂举行成立庆典，包括温妮·曼德拉等在内的各色人等都参加了成立庆典。司法部部长杜拉赫·奥马尔为委员会撰写了铭词："我邀请你们共同追寻真相，只有真相大白，才能获得真正的和解。"几位来自犹太教、佛教等不同教派的牧师和僧人们也都念诵了自己教派的经文以表祝福。曼德拉发表了克制的演说，他再次重申"我们可以原谅但绝不会忘记"，并承诺说真相委员会的工作不会受到任何政治干预。图图与非国大和曼德拉一直保持着一定的距离，但德·克勒克和绝大多数白人越来越觉得真相委员会其实就是非国大政府的左膀右臂。

在接下来的两年中，备受关注的真相委员会通过一系列的听证活动，揭露出令包括曼德拉在内的绝大多数政治家都无法想象的骇人真相。血淋淋的迫害及暗杀行为的细节经犯罪者和受害者之口披露了出来，并通过电视、广播及纸媒昭告天下。非国大本身也有过政治犯罪的不光彩历史，最终，非国大也不得不出具了一份报告，承认说有 22 名非国大成员因暴动、背叛、强奸或谋杀等罪行在海外的集中营被处决。但绝大多数证据都指向了种族隔离力量所犯下的罪行。

对于那些拒绝申请特赦的官员和政客，仍然可以走正常的法律程序对他们进行诉讼。国防部前部长马格努斯·马兰将军连同其他人一起被指控密谋组织了对夸祖鲁地区的大屠杀，审判轰动一时。马兰最终被无罪释放，这让非国大非常挫败，但曼德拉很快便接受了审判结果。不久，真相委员会的调查取得重大进展：许多种族隔离政府秘密部队的高级官员开始供认出同谋，例如以训练和组织杀人小队而臭名昭著的弗拉克帕拉斯集中营的大老板、"大魔头"尤金·德·考克。尤金·德·考克又供认出德·克勒克就是自己的幕后大老板。此后，警察及部队军官也纷纷开口认罪，他们供认了一系列有组织的虐待和谋杀行动。

真相委员会努力追本溯源，希望能够追究到问题的源头，并说服政治家承认自己犯下的错误。一些前部长们有保留地做出了道歉：匹克·博塔承认说所有内阁部长都曾怀疑警察有杀戮或虐待敌人的行为，但没有及时采取措施进行制止。公安部前部长阿德里安·弗洛克起初只承认说："我们高层未经深思熟虑便做出了一些决定，使用了某些说法。"但他后来承认说这些都是德·克勒克本人授意的。德·克勒克仍然百般推诿。他说"国民党已准备好承认过去犯下的诸多错误，我们追悔莫及"；但他坚称政府所谓的"非常规"策略"绝不包括批准和允许暗杀、凶杀、凌虐、强奸、袭击及任何此类行为"。随着调查的进展，德·克勒克仍然矢口否认政府曾授意秘密部队杀人。图图激动地说，铁证如山的情况下德·克勒克仍可以如此矢口否认，这让他着实无法理解。

总统博塔领导的国家安全委员会对 20 世纪 80 年代的许多暴行负有最终责任。因此，真相委员会坚持要博塔出庭做证。但博塔认为真相委员会简直就是小丑和闹剧，他对真相委员会的宗教背景进行了攻击，并拒绝出庭做证。博塔的朋友警告曼德拉不要步博塔的后尘，像博塔曾囚禁他一样，也把博塔打成阶下囚。曼德拉和图图都不想问题走到最后需要兵戎相见的那一步，曼德拉甚至提出愿意陪博塔出席听证会。法庭指控博塔藐视法庭传唤，但博塔仍拒绝出庭。

真相委员会发布的调查结果显示，博塔领导下的国家安全委员会曾下令将敌人彻底"摧毁"，还列出了一个需要"想办法对付而不是处以拘留"的人员名单。真相委员会最终的报告中列举了博塔执政期间种种"严重的侵权行为"，报告还指出，"博塔助长和推动了一种有利于以上侵犯人权行为发生的气氛和环境，而且这些行为也的的确确发生了。因此，博塔本人对以上侵权行为负有不可推卸的责任"。

1998 年 10 月，真相委员会的报告最终完成。这份长达五卷的报告中包含了翔实的资料及调查结果分析，其中也不乏一些对非国大的严重指控。报告一出，在非国大和国民党双方均引起了轩然大波。在报告中被指控曾包庇轰炸行为的德·克勒克向开普敦最高法院提出上诉，要求把真相委员会的裁决压下不表。德·克勒克的上诉最终获准，在最后印出来的报告中，有关内容都被涂掉了。但更令人担忧的是，非国大只看到部分内容便申请对报告的发表举行特别听证会，真相委员会内部对此也存在分歧，而图图行使了主席一票否决权否决了非国大的提议。之后，为了阻止报告的发表，非国大不顾曼德拉的反对决定上诉，为此曼德拉和非国大总书记在电话里争论了一个小时。但不幸的是，非国大并没有像德·克勒克一样如愿以偿：非国大的申请被驳回。图图对非国大"滥用权力"非常生气，他警告非国大称"昨天的被压迫者很容易摇身一变就成为今天的压迫者……这种案例在世界各国都屡见不鲜，如今的南非会发生这样的状况，也没有什么值得奇怪的"。图图的反应也许有些过激了，但非国大也确实犯了一个致命的错误：当这份长达五卷的报告最终如期发表的时候，来自各方媒体的声音完全忘记了最早是非国大发起的这项调查，而把注意力全部集中在非国大曾试图掩盖调查结果上来了。《华盛顿邮报》称，"非国大试图用一张遮羞布掩盖真相，阻碍和解的进程，这种行为本身就说明与真相委员会相比，非国大对自己更加不信任"。

作为非国大主席，塔博·姆贝基对此事负有最终责任，主席办公室也发表大胆声明称非国大成员绝不会参与或支持任何"给民族解放斗争定罪的下流勾当"。但曼德拉显然有不同意见，对此他也毫不掩饰：曼德拉承认非国大曾犯下过严重罪行，同时也认为姆贝基的行为过于草率。曼德拉说，如果他们读完整个报告，"也许非国大的反应会截然不同"。曼德拉此时已经不是非国大主席了，他认为，作为政府首脑，对国家的忠诚要更加重要。1999 年 1 月，曼德拉对我说："我是这个国家的总统。是我成立了真相委员会。他们出色地完成了自己的任务，我完全支持他们的一切行为。"

　　后来，为了防止妨碍团结的诉讼事件的发生，大家就是否开展大赦进行了充分讨论。1994 年，德·克勒克首次提出对秘密警察进行大赦时，曼德拉就表示了反对；如今曼德拉仍然坚持赦免必须也只能以个体为基础进行："在我看来，关于大赦这件事没得商量，我将尽我所能阻止这件事的发生。"

　　曼德拉在这件事上所表现出来的态度让大家更加明白，当初他为何有能力应付短期政党压力，同时也使大家更加了解，为什么他会坚定地认为国家统一应建立在各方宽恕和直面事实的基础之上。因此，尽管姆贝基的做法有欠妥当，曼德拉的观点却得到了广大南非人民的支持。

　　那么，曼德拉心中的宽容到底是怎样的，而非洲人的性格中究竟又有多少宽容呢？在萨莫拉·马谢尔的遗孀格拉萨看来，南非人民心中不缺少宽容与谅解，这是整个非洲都具有的特质："这是植根于我们的文化当中的东西。每当我们面临这样的挑战，植根于我们内心深处的宽容与谅解便会给予我们力量。"但她也相信如果没有曼德拉的领导，大家的态度会非常不同："他代表的是更广义的宽恕、理解以及互助。如果他出狱后传达的是另一种截然不同的讯息，我可以告诉你，这个国家将陷入灾难。因此，曼德拉的作用不容低估。他不仅清楚地知道自己想要的出路在哪里，也清楚自己当初给人们指出了一条怎样的道路，一路上告诉大家他认为应该怎样最大限度挽救国民的生命，应如何达成和解……有些人批评他走得太远了。但如果你想要把这个国家从悲惨的命运中解救出来，那么无论怎么做都不算过分。"

37. 急流勇退

曼德拉和德·克勒克在同一政府中联合执政，这本身就是一项历史性成就；两人通力合作下的民族团结政府的运行更是比人们预料中顺利得多。但这两位领导人还是一直都合不来。很显然，德·克勒克很难接受自己已经不是总统这个事实，他觉得曼德拉总是会故意羞辱他。而曼德拉呢，他觉得德·克勒克在内阁中总是没事找事，故意挑衅，而诸如匹克·博塔、罗尔夫·梅尔等国民党同僚也是如此。曼德拉有时会突然暴怒；但事后他会心平气和地解决问题，他坚持德·克勒克参与执政，并欣赏他所扮演的角色。

1995 年 9 月，曼德拉在约翰内斯堡发表演说，对国民党进行了公开指责，这使双方紧张的关系进一步公开化。曼德拉的举动令德·克勒克非常生气，最终，两人在大街上激烈争吵了起来，两人张牙舞爪互相指手画脚的样子全都被镜头捕捉了下来，直到后来有车把曼德拉接走了。后来，曼德拉对德·克勒克说他非常后悔和他在大街上就吵了起来，但他并没有道歉。德·克勒克则认为曼德拉比他表现出来的要更加刻薄，监狱生涯对他心灵的创伤也远比外表看上去更加严重。

在国民党内部干部会议上，德·克勒克也遇到了麻烦。国民党党员指责他只顾政府事务，而忽视了自己的政党；1996 年 5 月，所有不满的声音到达了顶点：非国大与其他政党共同通过了新宪法。根据新宪法规定，国民党不能像他们原先所希望的那样与非国大在管理层分享权力，共同执政直至 2004 年。新宪法一出，国民党执行委员会的许多成员，特别是来自西开普省的成员纷纷提出强烈抗议，5 月 9 日，德·克勒克宣布国民党将退出民族团结政府。此言一出，内阁中六个白人同僚纷纷震惊不已，已经在内阁待了十九年之久的匹克·博塔突然间发现自己没了部长楼、没了办公室，也没了工作。利昂·维塞尔斯才刚当上部长没多久，他认为德·克勒克并没有为民族团结政府的成功付出全力："民族团结政府虽然是他努力协商的结果，但他却没有为之继续努力。"而 2 月才刚刚当选为国民党总书记的罗尔夫·梅尔则感到自己被背叛了。

德·克勒克发誓会对政府展开顽强反抗。他告诉我说，他想要的是"真正意义上的多党派民主，没有民主做保障，南非很有可能会像其他非洲国家一样，陷入一党专制的危险境地"。但短短几个月之内，国民党内部就一片人仰马翻：

罗尔夫·梅尔辞职和别人合伙成立自己的政党去了；没过多久，德·克勒克也退出了政坛。后来才知道，他是和自己挚友的老婆艾丽塔·吉奥吉德搞出了一段风流韵事。离开政府没多久，德·克勒克就同自己的妻子玛丽可离婚并娶了艾丽塔。

对于联盟关系的破裂，有些非国大部长们感到非常惋惜。正如一位内阁成员所说："在共同奋战中大家都培养出友情来了。而打破这种联盟关系是德·克勒克对这个国家造成的最大的损害之一。"正如曼德拉自己所说，他也希望双方的合作关系能持续得更久一些。但他认为德·克勒克在内阁中的影响力正在减弱，并认为这一改变意味着"一个时代的来临"。当然，曼德拉并不会怀念有德·克勒克的日子，但他对德·克勒克的历史地位以及他在帮助国家转型过程中的"杰出表现"给予了高度赞扬，1999年，曼德拉说："我们对德·克勒克以及所有与我们共同奋战，使这个国家免于一场血腥内战的人们永远心存感激。"

国民党离开之后，曼德拉似乎对非国大独自执政非常有信心。原来非国大的部长们继续留任，因为国民党的离开而空出来的岗位又被曼德拉用非国大成员补充了进去。塔博·姆贝基现在成了唯一的副总统，再加上曼德拉对具体政府事务过问得越来越少，姆贝基因此享有了更多的决策权。姆贝基一直都担心与国民党结盟会使非国大失去活力，他认为与白人的分道扬镳在所难免，也非常有益。姆贝基认为，如今的非国大也不需要有白人部长来争取公务人员的支持了，谁付钱，公务员们就会对谁效忠。非国大现在也不那么担心白人暴动了，沃尔特·西苏鲁说："右翼力量现在已经构不成什么威胁。形势正朝着有利于我们的方向发展。"

德·克勒克原本希望布特莱齐及其领导的英卡塔自由党能和他一起从政府抽身。他离开后没多久，就跑到布特莱齐的办公室问他说："你打算什么时候离开？"但布特莱齐非常坦率地回复说除非他的政党要求他离开，否则他是不会走的。布特莱齐继续担任内政部部长一职。布特莱齐与曼德拉的关系也有了很大改变。后来，曼德拉和姆贝基两人需要同时短期出访，曼德拉就任命布特莱齐为执行总统，临时负责政府事务，两人的关系由此更进了一步。布特莱齐似乎很满足于这种临时性的角色，曼德拉有时还会以"执行总统先生"称呼布特莱齐。

很显然，已经78岁的曼德拉对政府具体事务过问得越来越少了。一位政府顾问说："自从民族团结政府破裂以后，曼德拉在事实上就已经退位了。"曼德拉很享受这种撒手掌柜的感觉，他说自己纯粹就是个装饰，或者只是象征性的国家元首。事实上，许多时候曼德拉表现得更像是立宪制下的君主，而不是行政意义上的总统——他把越来越多的问题都丢给副总统姆贝基去处理，甚至是接待世界银行总裁这样重要的场合也派姆贝基了；姆贝基还要代替他主持内阁会议。然而，包括人事任免权在内的很多重要的权力仍紧握在曼德拉手中；他在同事间仍有绝对话语权，只要他想，就绝对可以影响其他同僚的行为和态度。一位深度观察员说："这让我想起了小时候农场上的家猫。老猫一整天就那么坐在大家中间，看都不看大家一眼。但只要它一动，大家都纷纷闻风丧胆。"

虽然曼德拉对具体政事的过问开始变少，但他想要团结广大人民、从更长远角度考虑问题的决心丝毫没有动摇。1996 年 7 月，德·克勒克离开政府没多久，曼德拉在比勒陀利亚议会大厦一层举办了自己 78 岁的生日庆典，并借此机会犒劳那些"为抗争事业做出过贡献的老兵"。生日会上，曼德拉说，在双方协商谈判的过程中，他曾一再强调这场斗争没有所谓的赢家和失败者，这终将是全体南非人民的胜利："我们应该坚持自己的原则，但也不应该侮辱对手。没有什么比被侮辱者的反击更可怕的了。"对于德·克勒克的离开，曼德拉丝毫不感到遗憾，但他想要借机把英卡塔自由党、泛非洲人大会等黑人的老对手们吸纳进来。

两年前，自己的国家逃过一场内战，曼德拉至今对此记忆犹新；同时他也丝毫不敢忘记自己作为和平缔造者的身份及使命。但他会时刻警惕个人崇拜的发生，他甚至怀疑那些一边抨击非国大，一边夸赞他个人的人其实就是想分化和挑拨大家：早在五个月之前，曼德拉就说过："与这种英雄崇拜倾向相伴随的，是大规模、有组织地对副总统塔博·姆贝基等其他非国大领导的诋毁。这实在令人无法接受。"这种做法"有违任何文明社会的话语规范，更不用提有任何公正可言了"。

媒体和广大同仁都劝曼德拉减少工作量，从非国大主席的位子上退下来。7月举办生日宴时，曼德拉就已经决定适时让贤，在 1997 年 12 月非国大会议之前卸任；至于南非总统的职位，他会一直干到 1999 年第一个五年任期期满为止。我问他说，这样一来，你作为国家领导人的影响力不会被削弱吗？曼德拉回答得非常斩钉截铁："我们是靠思想的力量而不是职位领导这个国家的。"

1997 年 8 月，曼德拉对外公布了自己的决定。这势必会带来政治上的真空。毫无疑问，塔博·姆贝基将接替曼德拉成为下一任非国大主席，但这样一来副总统的职位便空了出来。众所周知，副总统距离总统仅一步之遥，是非常关键而敏感的职位。因此，一场领导权斗争在所难免。

姆贝基自己的地位如今可以说已经是非常巩固了；从 1996 年年中开始，曼德拉就明确了姆贝基作为自己的政治继承人的地位。姆贝基的主要竞争者都早已出局，这其中不乏一些在别人看来是曼德拉的宠儿的人选。西里尔·拉马弗萨在新宪法通过之后离开议会，摇身一变当上了非洲最大的商业集团——新非洲投资有限公司的副主席。拉马弗萨否认自己和姆贝基之间存在严重冲突："我们在许多问题上都不谋而合。偶有不同也只是侧重点不同罢了。"但他告诉朋友们说十年后他会重回政坛。托克欧·塞克斯威尔是约翰内斯堡所属豪登省的省长，他之前也是姆贝基强有力的竞争者之一。托克欧脸上白人式的微笑，以及他雄辩的口才为他吸引了一大批支持者，但他却弄巧成拙，攻击起了姆贝基，而姆贝基不动声色就把他解决掉了；1997 年 5 月，托克欧最终也决定弃政从商。

在挑选继任者上，曼德拉要求候选人像自己一样对非国大绝对忠诚。有些同事认为这样做也许有些过于极端了。曼德拉一度非常属意班图·洛米萨。洛米萨是曼德拉在特兰斯凯的朋友，他们曾一起度过无数个圣诞。曼德拉任命洛米萨为环境部副部长。洛米萨性格纯真，为人坦率直接，很受大众欢迎，他和温妮的关系也很亲近。但在 1996 年 7 月，洛米萨告诉真相委员会称他的部长同僚以及对手斯特拉·希加卡曾接受过赌业大亨索尔·科斯纳的贿赂。曼德拉要求洛米萨道歉，在遭到拒绝之后，他立刻就把洛米萨从政府中踢出去了。洛米萨反驳称整个非国大都是用科斯纳的钱堆起来的，科斯纳曾为非国大提供了200 万兰特的助选资金。非国大回应称洛米萨简直就是个"彻头彻尾的骗子"；但曼德拉后来也承认说科斯纳私底下确实给过他这笔钱——事实上，科斯纳只是几个慷慨的捐助者其中的一位。曼德拉不得不承认，非国大在这件事情的处理上非常粗暴，但他还是无法原谅洛米萨的背叛行为。洛米萨甚至都不敢跟曼德拉打照面。最终，洛米萨和国民党出身的前任部长罗尔夫·梅尔共同成立了一个新的党派——联合民主运动。联合民主运动没有在南非国内造成什么影响，但给非国大带来了不少麻烦。

副总统的人选一直都不甚明朗。有人提出过身为曼德拉首席沟通官的乔尔·内彻藤辙，但内彻藤辙从未真正参加角逐。领导层内部支持雅各布·祖玛，祖玛是党主席，老罗本岛派，并曾为夸祖鲁地区的和平做出过贡献。

但是后来，一个噩梦般的候选人出现了：曼德拉的前妻——这个现在叫作温妮·马迪基泽拉·曼德拉的人又重新回到了政坛前线。在经历了所有那些不光彩的事情之后，温妮在许多普通下层民众心中仍然是个英雄人物，他们欣赏她鲜明的观点，超人的胆识，甚至是她放肆的言行：就像阿根廷的贝隆夫人或菲律宾的伊梅尔达·马科斯一样，温妮所代表的是对黑人聚集区单调乏味的生活和悲惨遭遇的一种逃离。温妮再一次站在了革命的前沿，对政府的骄傲自满进行着毫不留情的批判。1997 年，温妮说："我们不知道过渡会如此艰难。民主的代价比我们想象中昂贵了太多。" 1997 年 4 月，温妮当选为妇女联盟主席，后来妇女联盟又提名温妮为非国大副主席候选人。在非国大执行委员会会议上，温妮表现得非常安静，但十一月中旬，在接受供职于约翰内斯堡《星报》的好友牛顿·坎合玛的采访时，温妮又长篇大论，对非国大的领导进行了猛烈抨击。她抱怨称现在"掌权的都是些罪犯"，批评真相委员会是"德斯蒙德·图图和匹克·博塔相互勾结的产物"，并且呼吁恢复非国大领导都坚决抵制的死刑。

非国大对此非常气愤。体育部部长史蒂夫·茨韦提说："除了那些已经离开革命队伍的人，我还不记得有这么高级别的人对革命提出过如此质疑。"三天后，茨韦提撰文对温妮在《星报》上的访问进行了有力回击：他批评那些民粹主义者不经过调查研究就随便对别人进行批评，他认为温妮是"一个眼里没有任何规则和规定的人"，她"在给总统带来那么多的伤痛之后，还仍试图玷污总统的人格"。茨韦提再一次重申了政府眼前所面临的困境："我们取得的胜利仍然还有很多局限和不足。"

在真相委员会调查非国大及前政府罪行的过程中，温妮放荡不羁的过往又被挖了出来。有新的证据表明温妮可能与索韦托医生阿布贝克·阿斯瓦特被杀一案有关：1988 年，斯通派·塞佩被害之前阿斯瓦特曾给其进行过检查。1997 年 9 月，BBC 和 SABC 共同播出了一档耸人听闻的电视节目，节目中披露了一些更加惊悚的故事和内情。这个节目的创意最初是由英国正义分子、激进的尼科尔森女士提出的，并由持不同政见的记者弗雷德·布里德格兰德最终制作完成。与节目同步推出的还有一本名为"凯迪沙的旅途"的书。《凯迪沙的旅途》主要取材自对凯迪沙·切贝胡鲁的采访：凯迪沙·切贝胡鲁之前在警察队伍效力，后加入曼德拉联合足球俱乐部。他曾目睹在塞佩被害之前，温妮用类似刀或剪刀的东西袭击过他："我看到她抬起手刺了塞佩两次。"在没有任何证据，也未经尼科尔森本人许可的情况下，节目声称曼德拉本人后来命人把凯迪沙驱逐出境，凯迪沙在卢萨卡的监狱里受尽了煎熬。电视节目和这本书的推出在非国大内部引起了轩然大波；但由于这两者均源自外国右翼势力，温妮的人气并没有受到影响，相反她却更受欢迎了。温妮认为凯迪沙就是个"疯子"，而尼科尔森则是一头"疯狂的母牛"。

全世界的目光都投向了真相委员会：11月底，真相委员会开始就斯通派·塞佩被害及其他谋杀案件听取目击者的证词，所有取证及听证的过程均通过电视镜头及媒体向全球观众公开。十年前发生在索韦托的谋杀事件被再次回放，通过证人们对案发当时所有的绑架、虐待及谋杀行为的回忆和描述，血淋淋的真相被再次揭开；虽然各方的证词有时会相互矛盾，但几乎所有的证词都进一步指向了这样一个事实：显然，温妮和她的女儿津得兹参与了整个事件。面对着这么多的证据曼德拉痛苦异常，但他也没有干预的意思。

到了第九天，厚颜无耻的温妮也大言不惭地给出了自己的证据。温妮一口咬定"这里绝大多数的证人都在说谎"，而她自己给出的证据大多闪烁其词，目的就是为自己开罪。真相委员会主席图图生气地说一位证人在女盥洗室被非国大女性联盟的成员恐吓了。温妮对杀戮事件表示了遗憾，但并无任何悔恨之意。

这时候，激动的图图终于忍不住插话，扭转了整个质问过程剑拔弩张的气氛：他说自己一直都和曼德拉夫妇住在同一个街区，温妮还是他其中一个孙辈的教母。图图说，温妮是"斗争的坚定拥护者，是解放事业的标志性人物……她做这一切的初衷都是为了摆脱种族隔离的统治"。图图对温妮动之以情、晓之以理，他希望温妮能对自己的所作所为进行道歉："你是一个了不起的人，倘若你能简简单单说上一句'对不起。我做错事了，请原谅我'，你将成为更伟大的人。"温妮对父亲一般的图图表示了感谢，她说她对斯通派的母亲以及阿斯瓦特医生的家人深表抱歉——"事情确实大错特错了"——但她拒绝进一步道歉。图图对温妮的同情令人们对他的中立性产生了质疑，而温妮目中无人的态度却并没有对她竞选副总统产生明显的不利影响。

非国大第十五次全体会议将于1997年年底在与博茨瓦纳接壤的梅富根召开，届时将选举产生非国大新一届领导集体。曼德拉将最后一次作为非国大领导主持大会。因此，真相委员会的此次听证会可以说是这次大会戏剧性的开幕战。大会还没有召开，曼德拉就再一次强调说他的卸任并不意味着领导权的突然断层，他在电视上说："塔博·姆贝基早已是这个国家实际上的领袖。我早就把好多事都推给了他，政权的交接将会非常平稳。"但事实上，曼德拉的卸任依然是一个重要的分水岭。

与46年前相比，此次大会从规模上就宏大了许多——46年前，非洲代表们聚在布隆方丹一个空荡荡的大厅里，通过了开展消极抵抗运动的提议，南非反种族隔离运动由此开端；现如今，大学宽敞的大厅里摆满了黄色的鲜花，大厅四周悬挂着写有"一切权利属于人民"的巨幅标语。3500 名代表齐聚一堂，他们身穿黄色非国大 T 恤，头戴绿色棒球帽，还哼唱着非国大的歌曲。主席台上就座的是非国大老中青三代执行委员会委员，戈文·姆贝基、雷蒙德·马哈巴、安德鲁·马兰格尼等曾与曼德拉出生入死、共同经历过监狱生涯洗礼的革命前辈均在此列；主席台上身着紫色洋装的温妮看起来非常年轻，她甚至跟着音乐开始翩翩起舞。

一位身形巨大的赞美诗歌手身着部落传统服饰昂首步入大厅，他吟诵着华丽的赞美之词，那饱满的长元音从嘴里缓缓呼出，尾音如鸣笛般悠扬悦耳。后来一切都安静了下来，曼德拉消瘦的身影随之闯入大家的视野。身穿黄色衬衣的曼德拉缓缓走上主席台；来自不同教派的牧师站成一排，纷纷为大会送上了祝福。之后，主席雅各布·祖玛在简单的热身和寒暄之后，把总统曼德拉隆重介绍出场。

曼德拉的演讲令所有人都大吃了一惊。在令人窒息的大厅里，他站着进行了长达四个半小时的发言，中间只午餐时短暂休息了一下。除了他的老对手布特莱齐之外，他几乎批评了所有的人。他警告自己的政党要时刻警惕腐败和贪婪的危险，赢得了热烈的掌声。在他看来，有些非洲国家存在"通过搜刮民脂民膏聚敛财富的贪婪的精英分子"，因此，他呼吁进行道德重建，以实现非洲的伟大复兴。曼德拉还警告大家要谨防利用职位之便聚敛钱财的"功利之心"。他建议非国大把更多的时间和精力用在吸引白人选民上，而不应该把他们拱手让给白人政党。他批评媒体整天盯着旧体制和旧观念不放，而忽略了黑人的观点，旨在"损害革命成果"的非政府组织也受到了批判。同时，曼德拉还提醒大家说，一个主要由白人发起和运作的"反革命网络"正在故意削弱大家的信心、破坏经济，并企图通过犯罪行为使南非陷入无政府状态。曼德拉还指出，国民党期待"彻底颠覆我们的组织"，而新成立的联合民主运动领袖梅尔和洛米萨"两人系出同门，都是种族隔离背景出身"。

曼德拉这篇演讲涉及广泛，令人费解，一看就知道是多人合作的成果，其中塔博·姆贝基的痕迹最为明显。但这绝不仅仅是一篇慷慨激昂的长篇大论，曼德拉在演讲中援引了美国头号资本家乔治·索罗斯以及大卫·洛克菲勒的话来描述全球市场面临的危险。但他的话很快就被白人媒体解读为对白人敌人的攻击以及与自己一贯以来坚持的调解、安抚的态度的彻底决裂。保守派报纸《公民》认为，曼德拉执政以来建立起的那点儿同情就这样被这次演讲毁掉了。

《商报》也提出警告称："如果曼德拉认为白人愿意主动降低自己的生活水平来帮助穷人，那他就太天真了。"南非民主党称，这代表了曼德拉的最低水准。英国报纸的批评更是铺天盖地，他们称曼德拉的此次演讲"言语偏执，令人郁闷"（《每日电讯报》），"充满了毫无意义的教条"和"陈腐过时的胡言乱语"（《独立报》）。甚至连曼德拉一直以来的盟友《观察家报》也评论称这篇演讲"充满了对他人的抨击，极其令人失望"。毫无疑问，这次演讲中曼德拉的表现与自己一直以来政治家的形象大相径庭；但好在这并不是一次政策陈述。这是对政府执政三年来遇到的问题的分析，同时也为十六个月后即将进行的大选吹响了号角。

晚上，非国大为曼德拉献上了一场民族文化演出，曼德拉终于可以坐在观众席中放松了。疯狂的鼓手身后，一群身穿皮裙的妙龄少女翩翩起舞；一群祖鲁战舞者手持掸子、身着皮毛服饰跳起舞来。议会副议长还为大家献上了一首名为《让生命在我们的土地上流淌》的小诗。音乐家阿布杜拉·易卜拉欣穿着宽松的黑色西服，在钢琴上弹奏起了老歌；20 世纪 50 年代老兵、长号手乔纳斯·格旺瓦也吹起了疯狂的爵士乐。几乎所有的内阁成员都走上前来跟着一起舞动，这让日本外交官非常诧异。

第二天，大会一致通过姆贝基当选为新一届非国大主席——时年 55 岁的姆贝基作为新一代领导核心的地位最终确立。姆贝基发表了一个简短的演说，提醒大家"革命尚未成功"。但真正激动人心的其实是副总统之位的角逐。温妮虽然获得了提名，但她仅获得约 20 位代表的附议；在最后的投票中，温妮仅获得 3500 位代表中的 127 票。她向姆贝基提出说想看看这些选票的"组成"，姆贝基拒绝了。请求被拒绝之后，温妮非常生气，她挑衅道："塔博同志，我想我知道这里面有什么猫腻。对于那些提名我的同志们，我深表歉意。我宣布退出。"顿时，台下响起一片欢呼声和口号声，甚至有人载歌载舞了起来。温妮在与委员们拥抱亲吻后，在彼得·莫卡巴的陪伴下离开了主席台。莫卡巴说："温妮并没有离开。她是钢铁战士，她今天的退出正是为了她深爱的组织的团结。"温妮离开后，呼声很高的雅各布·祖玛顺利当选为副总统。曼德拉在监狱时曾提携过的特拉·勒科塔则接替祖玛当选为党主席。

真正的惊喜发生在新一届执行委员会的选举上。之前许多评论家都预测称姆贝基领导下的非国大将会更"泛非洲主义"，对白人和印度盟友的宽容度也会更低；而且绝大多数代表都是非洲人。现有委员在组成上非常多元，这很容易受到泛非洲主义分子的攻击：司法部部长杜拉赫·奥马尔、水利部部长卡德尔·阿斯马尔、财政部部长特雷弗·曼纽、国防部副部长罗尼·卡斯里尔斯……这些大名鼎鼎的人物都来自不同的种族，他们中有印度人，有有色人，还有白人。他们都曾做出过不受欢迎的决定，支持政府严格财政制度、私有化等保守的经济政策，并引起了工会的极大反感。然而，在大会的最后，代表们的投票结果反映出了大家对彩虹政府的信心。得票最高的是姆贝基最大的对手西里尔·拉马弗萨，紧随其后的是卡德尔·阿斯马尔；而曼纽、奥马尔、卡斯里尔斯等人的得票数均有增加。票数最高的前十位中只有三个非洲人——且他们中没有一个民粹主义者。上一次选举中排名第五的温妮此次则跌至第十五位。更加重要的是，代表们对此前政府一直奉行的、被共产主义者和工会分子所认可的保守经济政策也没有什么异议，几乎没有改动就一致通过了。之前轰轰烈烈搞反资本主义运动的执政当局似乎也开始接受全球市场的游戏准则。

大会的最后一天，大多数媒体离开之后，曼德拉发表了感人肺腑的发言，向成就了他的政党亲自告别：

> 时势造人，个人的命运往往与其生长的时代密不可分。因此，一个人往往会变成一个时代的符号和象征。交过接力棒，我想是时候感谢非国大了：感谢非国大成就了我，使我成为这个政党的代表和象征……
>
> 今天我们在这里辞行，只有这样，有能力的年轻一代——律师、电脑专家、经济学家、金融家、医生、实业家、工程师，甚至是普通的工人和农民——他们才有机会带领非国大迈入新千年。我期待有一天我能够迎着朝阳醒来，漫步于古努宁静的山谷乡间……

曼德拉对自己的继任者姆贝基表示了称赞，也对他全票当选表示祝贺，但接下来他警告姆贝基说：

> 全票当选的领袖身上的责任非常重大。他可以利用自己的权势和那些诽谤自己的人算总账，孤立他们、铲除异己，然后把相同意见者都团结在自己的周围。他的首要任务就是打消同事们的顾虑，使他们能够关起门来毫无后顾之忧地畅所欲言。

曼德拉解释说，领导人"必须要团结各方力量；但只有允许不同的意见和反对的声音，才能做到真正的团结……人们应该能够毫无顾忌、不偏不倚地对领导人进行评价和批评"。他提醒大家说，作为一个普通的非国大成员，"我就更有权利针砭时弊，畅所欲言了"。做完这一切之后，曼德拉就带着几本自己心爱的书——《战争与和平》《卡拉马佐夫兄弟》以及纳丁·戈迪默以他的朋友布拉姆·费希尔斯为原型创作的小说《伯格的女儿》去古努过圣诞假期去了。

很显然，姆贝基的领导风格与曼德拉截然不同。姆贝基性格内向，学院派出身，没有深厚的群众基础。他出口成章，莎士比亚和叶芝的作品随时都可以信手拈来，说起话来也总是高深莫测，有些非洲人抱怨称那是因为他在英国待的时间太长了。姆贝基还不大习惯在前面冲锋陷阵——至少在曼德拉在场的时候是这样的——他身上仍有很多地下领袖的烙印，他非常谨慎，不轻信他人，打牌时都会把手中的牌紧紧攥在胸前。姆贝基曾流亡在外多年，拥有很多海外背景和人脉，因此他觉得自己更应该做些什么证明他骨子里是纯正的非洲人。他尽量和白人商人与记者保持着一定的距离，还吸收了不少黑人觉醒运动的成员作为自己的顾问。黑人觉醒运动有时会把姆贝基的"非洲复兴运动"解读为一场只有非洲人参加的运动。印度人和白人同事则担心姆贝基会打种族这张牌，他们担心在姆贝基的领导下，南非会像其他非洲国家一样，与多种族的愿景渐行渐远。

在许多方面，姆贝基的气质比曼德拉更接近非国大的传统。姆贝基深受其导师坦博的影响，他说话的方式、走路的姿态，甚至是工作的方式都和坦博非常相像；他会耐心倾听并谦虚听取多方意见。他对党内的反对意见总是非常敏感，并且非常擅长化解危险的自满情绪和紧张的气氛，这点从他当初与布特莱齐过招便可看出。他知道自己绝不会像过去九年中的曼德拉那样，成为南非的又一个英雄。和丘吉尔当年一样，曼德拉也是受命于危难之时；他对自己的政党非常忠诚，但他的意义还远不仅于此。事实上，是姆贝基一手建立了非国大；但他知道成就英雄的年代早已过去。同时他也深知，他将要面对的是愤怒而失望的选民。姆贝基引用了美国黑人诗人兰斯顿·休斯的诗句："当美梦延期到达，一切将会怎样？"结论是："它将爆炸而消亡。"

38. 格拉萨

　　自从成为国家元首之后，曼德拉似乎比以往更孤独，朋友也更少了。法蒂玛·米尔、阿米纳·卡查利亚、巴巴拉·马斯盖拉——她们都是曼德拉的女性挚友；但她们也逐渐感到曼德拉如今的身份是一个难以逾越的鸿沟。法蒂玛发现，在曼德拉位于霍顿的房子里，没有什么人是他之前圈子里的朋友；他不是忙于政事，就是要接受电视台的采访。孙辈们常常都在，但他也只是偶然才有时间跟他们待上一阵。他的儿子马克贾托还在德班学习法律，很少有机会和父亲见面；大女儿梅基还没有完全释怀，她担心自己忍不住就要唠叨过去的种种不满；曼德拉与温妮分开之后，他和温妮的两个女儿津得兹和泽妮经常被夹在父母中间左右为难，不过她们和父亲要更亲近一些。有一度曼德拉可爱的孙女罗谢尔·姆蒂拉拉曾搬进霍顿大宅来照顾他，但她很快就发现在那里无法专心学习，不得不搬了出去。曼德拉说："人们总是给她打电话找我，她完全没有了私人生活。"

　　曼德拉仍不忘与美女打情骂俏。同温妮离婚一周之后，在开普敦机场迎接爱尔兰总统玛丽·罗本逊一行时，曼德拉发现了一个名叫尼古拉·伯恩的漂亮的爱尔兰女记者。他以前就见过伯恩。曼德拉问伯恩结婚了没有，当伯恩回答说没有后，曼德拉笑了："那么，如果你让我娶你，我会非常乐意考虑这个提议。"伯恩后来说："他简直就是我心目中的英雄。我愿意明天就嫁给他。"但是后来，曼德拉好像又把共同社记者亚历山德拉·萨维斯错认成了伯恩，这令他之前那个所谓"求婚"的玩笑也就显得没那么讨喜了。

　　获释六个月之后，1990年7月，曼德拉拜访莫桑比克，在那里他第一次见到了已故莫桑比克前总统萨莫拉·马谢尔的遗孀格拉萨·马谢尔。1986年，马谢尔死于一场神秘的空难，当时曼德拉夫妇还联合向格拉萨发来唁电。格拉萨给纳尔逊的回复是："你从过去的牢狱生涯中走来，为我此刻的黑暗带来了一线光明。"给温妮的信里格拉萨则写道："那些曾把你丈夫关进监狱的人和杀害我丈夫的凶手一样，他们竟天真地以为砍掉参天大树，就可以毁掉整个森林。"格拉萨早已把曼德拉视为英雄，因此在得知曼德拉来访的消息之后，格拉萨和家人在政府的会客厅里拜访了曼德拉。初次见面格拉萨就给曼德拉留下了非常深刻的印象，但当时的格拉萨仍沉浸在丈夫去世的悲痛当中，所以两人并未一见钟情。再次见面就是两年之后了，那时曼德拉刚刚跟温妮分开不久，格拉萨来开普敦接受荣誉博士学位。格拉萨排在队伍当中，曼德拉一开始没有认出她来；经人提醒之后，他又掉转头来跟格拉萨说话。曼德拉被格拉萨的敏感和慈爱之心所吸引。两人很快又见面了，曼德拉越来越喜欢格拉萨。所以只要一有机会，他都想去见她。奥利弗·坦博是马谢尔六个孩子的监护人，坦博死后，曼德拉就把这个责任接了过来——这样他就有更多机会见到格拉萨了。

当时格拉萨只有 46 岁，比曼德拉年轻 27 岁，她性格开朗，笑容很有穿透力，眼镜片后面是一双美丽的大眼睛。格拉萨性格也很强大，却不像温妮那么有掌控欲。格拉萨来自贫苦的农民家庭，是六个兄弟姐妹中最小的一个。父亲在格拉萨出生前就去世了，但在去世前交代哥哥姐姐们帮助格拉萨完成学业。格拉萨最终获得了卫理公会奖学金，得以就读里斯本大学。在大学里，格拉萨积极投身抗击葡萄牙殖民统治的政治运动。拿到学位之后，她如愿成为坦桑尼亚解放运动 "莫桑比克解放阵线" 的一名自由战士，并由此和解放阵线的领导、丧偶的格拉萨·马谢尔走近了。1975 年，莫桑比克脱离葡萄牙殖民统治获得独立，莫桑比克解放阵线执政，29 岁的格拉萨被任命为教育部部长。不久格拉萨嫁给了总统马谢尔，同他一起照顾前妻留下来的六个孩子。一时间，格拉萨站在了莫桑比克这个年轻国家的权力中心。莫桑比克抵抗组织仍然蠢蠢欲动，白人大规模迁出，这个国家随时都岌岌可危；同时，南非政府也在破坏着莫桑比克的稳定，格拉萨甚至怀疑自己丈夫的死与南非有关。格拉萨为马谢尔守孝四年，空虚寂寞的她决定继续丈夫未完成的事业。格拉萨开始投身儿童福利事业，后来还为联合国撰写了一份论述战争对儿童的影响的报告。儿童福利事业一直都是格拉萨关心的主要领域，也由此把她和曼德拉儿童基金会联系在了一起。

1995 年中，正和温妮进行离婚拉锯战的曼德拉开始向公众暗示自己的新欢。有人曾看到他和格拉萨一起在巴黎出席晚宴，两人后来还一同出席了总统穆加贝在津巴布韦举行的婚礼，婚礼上有人目睹两人接吻。拒绝同温妮和解的大主教图图说："麦迪巴需要有人对他嘘寒问暖，给他递拖鞋，他需要一个哭泣时可以倚靠的肩膀。"

很显然，曼德拉完全被格拉萨迷住了。他喜欢她的温暖、优雅以及她对孩子的爱心。他每天都会给格拉萨打电话。他曾向格拉萨郑重求婚，但格拉萨肩上对家庭和祖国的责任让她犹豫了，格拉萨坚称："我属于莫桑比克。我永远都会是萨莫拉·马谢尔的妻子。"曼德拉只能做出让步："她已经很清楚地表明她不会嫁给南非的总统。我也无法说服她。"最后两人大胆决定：每个月格拉萨有两周的时间会在约翰内斯堡陪伴曼德拉。

两人的关系如今已经是众人皆知，一场爱情故事就这样戏剧化地展开了。1996 年 9 月一个周日的下午，曼德拉与格拉萨手挽手在霍顿大宅周围散步时被人拍了下来，照片中的曼德拉笑得非常开心。格拉萨在一个广播节目里说："这简直太幸福了，我们终于找到了彼此，可以共同分享生活。"温妮嘲笑曼德拉的"妍头"，或者说那个"葡萄牙女人"。她说这简直就是个巨大的笑话，按照非洲的传统自己还是曼德拉的妻子，她还警告曼德拉说再来一次婚姻会毁了孩子们的。有些牧师对总统这种半同居的状态非常担忧，劝他早点正式举行结婚仪式。曼德拉坦言："大主教图图等人让我日子过得很不好受。他们觉得我没给年轻人做好榜样。"但格拉萨似乎很满意这种状态："我认为我们现在这样挺好……我们不过是两个彼此相爱的成年人。"

时间到了 1997 年，格拉萨俨然已经成为总统公开的伴侣。格拉萨陪同曼德拉一起出访东南亚，在那里，一个年轻的菲律宾记者问曼德拉他们是否打算结婚，曼德拉用自己惯用的挡箭牌回应道："我的文化背景不允许我回答比我的孙辈还年轻的人提出的此类问题。"曼德拉还会尽量配合格拉萨的出行计划，自己的安排都是其次。听说英国埃塞克斯大学授予格拉萨荣誉学位后，他匆忙就接受了位于牛津的伊斯兰中心的邀请出访英国，这样一来他就能陪格拉萨一起去了——听闻此信伊斯兰中心感到受宠若惊，而此前邀请他却未果的剑桥大学则非常郁闷。

在陪同曼德拉出访的过程中，格拉萨过往的经验与感性发挥了作用，她会照顾到曼德拉的朋友，关心曼德拉的身体和情绪，她自己之前见过的人也都会一一记在心里。但她在莫桑比克仍有很坚实的群众基础，有人甚至说她将会是下一任总统，就连总统若阿金·希萨诺也不得不时刻提防着她。对于她和曼德拉的关系，很多莫桑比克人心中非常矛盾。格拉萨猜想说，"要说有谁能够代替萨莫拉，恐怕只有曼德拉让大家比较容易接受了。但有些人又会非常担心，因为他们会觉得自己的什么东西就这么被偷走了"。

在家里，曼德拉的朋友们看到了一个更加放松、无忧无虑的男人。一位同事说："这才是南非真正的奇迹。"能获得如此优秀的女士的青睐，曼德拉显然非常自豪，他会经常和格拉萨煲电话粥大秀甜蜜，而且还不介意朋友们旁听。他开始像一个陷入爱河的年轻人那样，公开谈论自己的改变。1998 年 2 月，在一次电视采访中曼德拉说："我深爱的是一位非常了不起的女人。过去我所经历的所有挫折和不幸都算不了什么，因为在我晚年的时候，在格拉萨的爱和扶持之下，我又像一朵花一样绽放了。她就是我的一切。没有她的陪伴我会非常孤独脆弱。"

在公众场合，这两人丝毫不会掩饰对彼得的爱慕之情，也从不会因此而感到尴尬。1998 年 2 月，格拉萨在约翰内斯堡接受某个国际奖项，她获奖感言的第一句话就是"麦迪巴"！观众对此报以了长时间热烈的掌声。颁奖仪式的主席安德鲁·杨说："之前我们彼此是仇人。如今大家全都相爱了。"

对于曼德拉的生活方式，特别是他早睡早起的作息，格拉萨觉得有些难以适应："爱一个人就意味着要放弃某些事情。我不习惯早起，但现在也在慢慢习惯。"格拉萨尽自己最大的努力劝曼德拉不要不分昼夜、想起来就随时打电话把别人从家里叫起来。1998 年 3 月，格拉萨说："我一直在努力。我能保证我在的时候他不会这么做了。从去年开始，周末的情况也好了许多。他现在确实在努力慢下来。"她还称，"我想帮助他做一些作为一个普通人他真正喜欢的事情，而不是那些别人让他做的事"。

因为格拉萨有做继母的经验，所以她知道如何帮助曼德拉缓解和家人之间的关系："我永远都没有机会体会组建一个家庭，然后生儿育女是怎么一回事。我才刚一结婚，就立刻成为六个孩子的母亲了。"她自己的两个孩子现在都在开普敦学习，女儿乔席娜在总统官邸根纳登达尔有一套公寓，她与曼德拉做伴之余有时候还会陪他出访。

格拉萨深知伟人父母通常都会犯哪些毛病，她知道曼德拉的孩子们多么希望有一个能看得见摸得着、能跟他们说说心里话的父亲，她也知道他们有多讨厌和整个国家分享自己的父亲："我想他们也在调整：他们知道自己能期待些什么，而作为父亲，曼德拉现在也会尽量抽时间陪陪孩子。"格拉萨很喜欢曼德拉的孙子们：听着孩子们在霍顿大宅外喧闹，格拉萨开心地说："你看，这是一个正常的家庭，孩子们满地跑来跑去，不时地发出各种声响。"她把六个男孩子放进客厅，告诉他们说："现在这里是你们的了。"听到格拉萨的话，孩子们兴奋地喊了起来："我们做主了！这世界都是我们的了！"稚嫩的童音把格拉萨逗笑了。

格拉萨感觉到，在自己的努力下，曼德拉正逐步放下在监狱时筑起的心防，他开始学会表达自己的真实感受："他可以爱得很深沉，但在公众面前，他会尽量把感情控制得很好。私底下，他开始表现得像一个普通人。他愿意让大家知道他很开心。他不开心的时候也会让你知道……他是一个非常简单的人，非常温柔……他非常务实。即使是在政事上，仔细观察的话，有时候你也会发现他幼稚的一面。"

终于，格拉萨欣喜地看到，曼德拉学会了放松，懂得从繁杂的政务中忙里偷闲，对于那些自己无法完成的事情，也不会像以前那样过于强求："在经历了很多事情之后，人们会变得更加了解自己，知道自己有多大的空间可以发挥。你会竭尽所能地帮助别人；对事情更有把握，也更有安全感。你需要平衡好自己的感情生活。"

1998 年中，两人的关系似乎已经非常稳定了。他们搬进了一所更加豪华，也更现代化的大房子里，新房子离曼德拉之前在霍顿的大宅仅一街之隔。房间里巨幅曼德拉的画像下是一个旋转的楼梯；宽敞的房间之间由玻璃推拉门隔开。整栋房子中，凡是可能的部分都由非洲工匠按他们的要求重新粉刷；为了方便曼德拉上下楼，房子还装上了电梯。

曼德拉的朋友们还会不停地催他结婚，但格拉萨对此一直非常抗拒。7 月 18 日是曼德拉的八十大寿，筹备工作正在紧张地进行当中。然而，就在生日庆典前几天，有消息传出地方法官和几位牧师正在准备曼德拉和格拉萨的婚礼。消息很快被一口否认，但事实上，曼德拉早在两个月之前就和格拉萨商量好了，并且特意把婚礼安排在了自己生日的当天举行。

两人的婚礼在他们的新居举行：曼德拉穿了一件镶有金饰的开襟衬衫，格拉萨则身穿伊丽莎白风格的白色蓬蓬袖长裙。由于曼德拉和格拉萨都是在卫理公会的传统中长大的，婚礼最终确定由卫理公会主教姆武梅·丹达拉主持，并由如今已经退休并任英国国教大主教的德斯蒙德·图图从旁协助。曼德拉的家人以及包括阿赫麦德·卡特拉达、西苏鲁等在内的十六位朋友出席了婚礼。黑人杂志《企业》摄影师赛费韦·赛波科作为唯一授权的摄影师对婚礼进行了全程拍摄。图图后来说："她使他变成了一个更好的人。"曼德拉也对图图说："这下你不会对我大吼大叫了吧。"宾客中有一位叫克里斯托·布兰德的，他是曼德拉在罗本岛时的狱卒，现在在开普敦经营一家罗本岛纪念品商店。这是布兰德生平第一次坐飞机到约翰内斯堡来。布兰德给曼德拉带来了他最爱的潘婷牌洗发水——曼德拉在波尔斯穆监狱时布兰德就曾买过这种洗发水给他。如今布兰德费了很大的劲从德国给曼德拉搞了一瓶，连同一个纸板做的巨大的洗发水瓶模型一同送给了总统。

第二天，位于约翰内斯堡和比勒陀利亚之间的加拉格尔会议中心被改造成了宴会厅，曼德拉的八十大寿庆典暨结婚庆典在这里召开。两千宾客受邀前来，可以说新南非的各种族精英全都悉数到场了，当然也有极个别人缺席，比如德·克勒克和温妮。受邀的外国显要有赞比亚前总统卡翁达、沙特阿拉伯王子班达尔，以及刚刚从尼日利亚获释的奥巴桑乔将军；娱乐界明星的助兴使气氛热闹不少，迈克尔·杰克逊、丹尼·格洛弗、史提夫·汪达等美国黑人明星的到来使南非当红巨星顿时都黯然失色。在第一道菜和一波音乐过后，曼德拉的孙子曼拉发表了一个简短的演讲赞扬他的祖父；紧接着发言的是塔博·姆贝基。像平常一样，姆贝基引用了莎士比亚的作品，他把曼德拉的退休比作李尔王所希望的那样：

> 讲古老的故事，
> 笑蝴蝶披金，听那些可怜虫闲话
> 官廷的新闻；我们也要同他们漫谈
> 谁得胜，谁失败，谁在朝，谁在野……

有些宾客不明白姆贝基为什么把曼德拉比作一个疯了的老国王，但姆贝基在这里想要强调的是李尔王所做出的奉献，对此"天神也要焚香致敬"。

曼德拉本来准备了正式的生日演说，想要呼吁南非人民"再次献身于这块梦想之地"。但到了那天，他才刚开了个头——"我妻子和我"——大家就爆发出了一片笑声。然后，曼德拉和格拉萨走下舞池为大家开舞，他们来了一段简单的"麦迪巴式摇摆"，随后震耳欲聋的音乐声起，宾客们也纷纷跳了起来。第二天一早，这对新婚夫妇便动身出访阿根廷和巴西；五天后他们回到约翰内斯堡，参加了为曼德拉生日举办的音乐会，然后便回到古努享受二人蜜月去了。

这场婚礼完全按照非洲的传统举办，盛大的仪式随意搭配着音乐和欢乐的元素。有些白人保守人士抱怨称如今经济萧条，如此大张旗鼓似乎不合时宜；还有一些人对曼德拉下令释放九千囚犯的决定非常不满，他们说这样做是在鼓励犯罪；更有一小部分人提到要谨防在非洲其他国家曾出现过的个人崇拜。但总的来说，这是一场无关权力，也让人忘记恐惧的聚会，这更像是一个国家在重新定义自己的形象。

格拉萨终于盼来了一个完满的结局，是她使曼德拉作为国家偶像和作为普通人的身份真正联系在了一起。像她的第一任丈夫马谢尔一样，格拉萨有机会见到不同身份的曼德拉；她知道曼德拉有缺点："有时候在谈论非常重要的事情时，他不是那么有耐心……他一旦决定了什么，就会非常固执，九头牛也拉不回来。他不愿意承认自己错了。"但她也知道曼德拉所秉承的基本价值观念以及他所体现的人类尊严有多么重要，知道这些对普通人有多大的影响：

> 如今的世界比以往任何时候都更需要榜样。曼德拉就是这样一个榜样，而且他擅长保护自己所代表的一切，保护他的价值观念。但与此同时，你要知道他只是个普通人，他身上也有普通人的优点和不足。我希望他是个普通人。没错，他是个偶像，但他不是圣人。在他的身上所发生的一切都是非洲人民特别是南非人民解放斗争的写照。他之所以要求被有尊严地对待，正是因为他非常清楚自己代表着什么。

39. 曼德拉的世界

尽管国内问题不断，曼德拉依然周游列国，名声不减。与早期的世界级领袖丘吉尔、艾森豪威尔一样，曼德拉在国外的影响力似乎并没有受到国内挫折的影响。其他国家由于种族问题闹得天翻地覆，而曼德拉作为和平使者的道德权威依然一枝独秀；他可以让每个人都感觉很好，无论左翼还是右翼，黑人抑或白人。他那能让人放下戒备、消除敌意的微笑频繁出现在娱乐杂志上、希尔顿酒店的海报上、《纽约时报》上。在位多年，关于他的神话始终依旧，毫无污点。在登上总统专机时、检阅仪仗队时，他会尽量使自己看起来像个普通人，让每个人都可以认出他来。在这个充满了尔虞我诈、专横跋扈、玩世不恭的世界上，曼德拉象征着一种简单价值观：尼日利亚诗人渥雷·索因卡称之为"无意识地散发出本真人性"。

曼德拉非常喜欢私交，他会直接与总统或首相联系，给他们打电话，就好像机构或者大使馆不存在一样。他办公室里的会谈经常会被国际长途打断："总统阁下，近来如何？"曼德拉的回答也总是让大使们吃惊："你怎么样，卡斯特罗？"或者"你怎么样，比尔？"他给英女王伊丽莎白写信，称呼她为"亲爱的伊丽莎白"。他自己就像一位早期的君主，与国外皇亲国戚们打起交道来非常自如。他的整体风格更像是一位平易近人的君主，而非一位政治家。南非有一位能体面地、庄重地把国家的价值观和政策表达出来的总统，真是令人庆幸。但是在外交中还是有很多陷阱的。

曼德拉赋予了他的国家以自己的特色。在很长的一段时间内，南非国际地位低下、长久排外，后来才对外开放。如今，曼德拉有足够的资本可以说："1994 年以后，你只需要说'我是南非人'，无论你是黑人还是白人，世界的大门都是向你敞开的。"一些外国人对曼德拉的名字比对南非的名字还熟。一位南非商人访问泰国时非常惊讶地发现人们知道曼德拉，却不知道南非。对于他们来说，南非就是一个"曼德拉岛"。

曼德拉在南非的外交中也烙上了自己的印记。他选了很多老朋友及以前的同事来当大使：曼迪·姆西曼五十多岁，以前是他律所的一位文员，被派去了伦敦；鲁思·梦帕提，律所的秘书，被派去了瑞士；巴巴拉·马斯盖拉，非国大办公室负责人，被派去了巴黎；卡尔·尼豪斯，曼德拉大选时的新闻发布官，被派去了海牙。曼德拉告诉他们要把自己的调和政策带到国外，为南非多结交一些朋友，同时也说服敌人彼此沟通。他认为国内的调和与外面世界的和解真的没有什么差别。"人们理解沟通与解决问题的重要性，"他在 1997 年告诉我说，"所以我没觉得在国外调解有任何困难。"

但是很快，曼德拉就遇到了多边外交与协定的限制，而树立起这些障碍的人正是他的白人外交官们。南非的外交部是一个思想守旧的部门，部门里仍然是南非白人居多，他们彼此用南非荷兰语交流，部门总干事为保守党人鲁斯蒂·埃文斯。大使馆里都是旧时代的南非白人，他们习惯了围攻外交，而不是交友与协商。南非只有少数几个有经验的外交官，而他们其中的一些还是原来班图斯坦政府中的人，有的尽是一些错误的经验。直到 1998 年，曼德拉才任命一位非洲人杰基·塞莱比为外交部总干事，曼德拉对他很有信心。

混乱有时候是曼德拉本人造成的。他会给其他总统打电话，但有时候并不会把他们会谈的内容告诉他的同事们。外交部部长阿尔弗莱德·恩佐 20 世纪 50 年代与曼德拉同是激进分子，他本人非常精明，但总是慢慢悠悠，不慌不忙的，他外号叫 "Nzzzz"。真正的外交政策执行者经常是塔博·姆贝基，作为副总统，他总是不断地在幕后执行着说服和协商外交政策。不同的运作方式经常是不可协调的。"有时候会出现三个版本的外交政策。"一位大使这样抱怨道，"当我想要一个最终的方案的时候，我会给麦迪巴打电话。"

曼德拉为南非外交指出了具体方向和优先目标。他很坚定自己的理想："南非未来的外交关系应该建立在这样的基础之上：我们相信人权问题应该是国际关系的核心问题，我们已经准备好为促进世界和平与繁荣做出贡献。"上台前不久，他对美国《外交事务》杂志如是说。他坚决忠于那些友国，就如同忠于自己的人民一般。1998 年，曼德拉说："我的外交政策取决于过往的经验。南非同一个国家的关系取决于这个国家在南非困难时期做过多少贡献。"曼德拉自觉自己有道德使命在全世界范围内传达和平与隐忍，他深信其他国家可以从南非吸取经验教训。同时，他抵制现实政治的钩心斗角。

那些非洲邻国也不容忽视——仅仅因为贫穷与政局动荡，就迫使这些国家的数百万移民拥向这个国家。曼德拉一直坚信非洲人民应该掌握自己的命运。1997 年 5 月，曼德拉对津巴布韦国会说："是时候让非洲对自己的灾难负全责了，发动广大群众的智慧，实现'非洲复兴'的伟大理想。"塔博·姆贝基早已开始对"复兴"这一概念进行宣传，他坚持非洲必须面对自己过去的灾难。1997 年 2 月，姆贝基说："现在我相信非洲大陆上新的一代出现了，他们已经准备好了改变目前的现状。"曼德拉承担起了这个使命，以他那强烈的尊严感和民主信念，成了整个非洲大陆的象征：努力逃离殖民压迫的过去和冷战残留，建立稳定的政府体系。南非是目前为止撒哈拉沙漠以南最富有的国家，很有条件重振复兴大业。然而，西方商人仍持怀疑态度，他们已经习惯了"非洲悲观主义"，他们害怕南非也会被拽入非洲腐败与混乱的泥潭中。

让曼德拉最头疼的是尼日利亚这个非洲人口最多的国家。尼日利亚已经被腐败的独裁者桑尼·阿巴查将军统治，他囚禁了他的民主党前任们和一些评论家，包括备受称赞的诗人、激进主义者肯·萨洛-威瓦。曼德拉在幕后感到压力重重，按照国际法规定，应该停止这种侵犯人权的行为。1995年11月，尼日利亚问题成为在新西兰召开的英联邦峰会的主题——这是曼德拉自当选总统以来第一次参加这样的会议。在大会上，他再次表达了对英女王的敬仰之情。一些成员国主张对尼日利亚实施制裁，但是曼德拉仍然倾向"静默外交"，相信阿巴查会屈服于外界压力；然而，在峰会期间，肯·萨洛-威瓦被行刑了。曼德拉极其愤怒，感到个人情感遭到了背叛，而且他很快就由于太过于软弱而受到了外界的攻击。"如果在南非实施'静默外交'的话，我很怀疑你会活到今天。"肯·萨洛-威瓦的律师写信给曼德拉说。在新西兰，曼德拉振作起来，利用自己的道德权威号召立即对尼日利亚实施制裁，但是英首相约翰·梅杰的谨慎令他失望。回到南非后，曼德拉公开表示他对这样麻木不仁、内心极其恐惧的独裁者的行径感到"受伤和愤怒"。"如果非洲不对尼日利亚采取坚决的行动，那么非洲复兴就是纸上谈兵。"他警告大家说"阿巴查正坐在火山上，而我即将去点燃他屁股下面的火山"。采访他的记者卡梅隆·多度说这是第一次"一位非洲领导人公开违反贸易联盟规则，对另一位联盟国家统治者进行攻击"。

在非洲，曼德拉最常打交道的就是11个邻国组成的南部非洲发展共同体（SADC），这些国家都严重依赖于南非的贸易和投资。1996年，曼德拉当选为SADC主席，在欢迎辞中，他直言不讳地谴责了目前共同体内的自满行径，甚至暗示要对赞比亚和斯威士兰这样抵制民主的国家进行制裁。1997年11月，他在SADC峰会上说："如果一些成员国的行为已经在方方面面违背我们视为珍宝的价值观和原则，我们还能给这样的国家以优待吗？"然而，曼德拉遭到越来越多的憎恨，津巴布韦的罗伯特·穆加贝尤其痛恨他。曼德拉和平复兴的愿望也因扎伊尔（现称作刚果民主共和国）的混乱而备受打击。

扎伊尔的独裁者蒙博托总统在冷战期间有美国支持，但是1997年他受到反叛军劳伦·卡比拉的威胁，后者有乌干达和卢旺达撑腰。曼德拉曾试图让蒙博托和卡比拉和谈，为此他还提供了一支南非舰队作为双方的谈判之地，他把舰队停泊在刚果河口，而他自己则在船上耐心地等候着。然而，双方都不肯让步，卡比拉没有参与第二轮谈判。曼德拉的确曾帮助说服蒙博托离开扎伊尔，这也在后来避免了流血冲突。但是卡比拉没有能够巩固自己的胜利或守住疆界。乌干达和卢旺达起军反抗，派送了各自的军队，津巴布韦和安哥拉则支持卡比拉。扎伊尔的悲剧差点把所有邻国都卷进来。曼德拉再一次试图稳定局势，督促各位总统不要派兵，但各国在这个即将瓦解的国家都有着不同的利益冲突。刚果似乎又一次成为"黑暗之心"，它的漫无秩序影响着邻国。而邻国安哥拉已经被冷战分子的反对者们搞得四分五裂，回到了内战状态。

曼德拉也被卷入到莱索托（被南非围绕的一个山城之国）的问题中。1998年，莱索托的首相帕卡利塔·莫西西里向比勒陀利亚寻求帮助，希望南非可以帮助预先阻止一场即将来临的反叛。布特莱齐是当时南非的代总统，在咨询过曼德拉和姆贝基之后，同意进行干预。然而，南非军由于缺乏情报，只派遣了600人的不充分军力。南非军在几日后才恢复秩序，在这个过程中，莱索托的首都马塞鲁被破坏，抢夺者们也把商店洗劫一空。民众愤怒抗议，在国会的听证会上，部长们和军方都坦率承认一些基本的错误判断。曼德拉却坚持干预达到了目的："我们处理得很好，"他在1999年1月说，"军队方面可能是有些管理不当，但是我们给那个国家带来了和平。"然而，这次糟糕的行动使得南非像一个笨拙的、仗势欺人的恶霸，损害了曼德拉在人们眼中和平使者的形象。

非洲内战此起彼伏，这使非洲复兴的伟大目标变得越来越不乐观，而南非的形象也因此受到了牵连。1998年7月，姆贝基说："当电视机画面闪过饥饿、贫穷、荒废、依赖慈善时，人们并不会说这些发生在某某共和国，而会说这发生在非洲。"

曼德拉在非洲乃至大多数发展中国家中的声誉仍然是独一无二的。南非是与发达国家沟通的桥梁。1998年9月，不结盟运动在南非的德班召开了第二十届峰会。与会者来自世界各地，曼德拉盛情欢迎了菲德尔·卡斯特罗和亚西尔·阿拉法特，他的开幕式致辞也非常具有挑战性。曼德拉质疑了全球市场的"整齐划一的一致性"——财政赤字、资本流动和灵活的劳动力市场，他提醒大家说"这样容易本末倒置，把手段当成目的"，而忘记发展的真正目的是改善"每个公民的物质生活和精神生活"。曼德拉向人们保证了他的独立性，同时批判"以色列当局的狭隘及沙文主义利益色彩"阻碍了中东的永久和平前景。曼德拉督促印度和巴基斯坦通过和谈解决棘手的克什米尔争端，并愿意为此提供帮助。以色列政府很快抱怨说曼德拉的讲话令人非常不愉快，也不具有帮助性；印度总理瓦杰帕伊也警告说第三方不要插手克什米尔问题。但是巴基斯坦和巴勒斯坦对曼德拉赞赏有加，不久阿拉法特对南非进行了国事访问。阿拉法特现已身体虚弱，患上帕金森综合征。外交部总干事杰基·塞莱比说："南非必须做到说某人或某个政府做错了事情的同时确保股票市场不会下跌。"

曼德拉已经开始通过寻找新的合作伙伴重新绘制南非的世界经济地图了。最初，最有可能与他合作的金融伙伴是经济快速增长的亚洲，亚洲曾对非国大慷慨解囊。

曼德拉同亚洲进行往来，不仅仅是因为"政党-政治"的原因。当时，全球的投资家和银行家们都十分看好亚洲四小龙的经济。曼德拉希望重建"印度洋繁荣圈"，在南非的早期历史中，当印度人、马来西亚人和中国人都还刚刚起步，"印度洋繁荣圈"就已经发挥了一定的影响力。1997年，曼德拉在新加坡发表讲话说："很多年以前，亚洲同南非就有贸易及各种往来，直到现在，我们才开始完全了解这种关系的重要性。曼德拉同印度尼西亚的关系非常好，他称赞苏哈托总统是一个有能力、有耐心、温文尔雅的领导人。他拒绝公开批评苏哈托侵犯人权的行为，但是私底下跟他讨论过东帝汶问题。1975年，印度尼西亚不顾全世界的强烈反对，侵占了东帝汶。1997年，曼德拉说服苏哈托看望了若泽·沙纳纳·古斯芒——被囚禁的东帝汶解放运动领导人，他个人的理想与曼德拉的有几分相似。曼德拉请求苏哈托释放古斯芒，但直到苏哈托下台，此举才奏效。

马来西亚同南非的商业往来日渐紧密。1990年，马来西亚总理马哈迪·穆罕默德访问南非时给曼德拉留下了非常深刻的印象。1991年，在英联邦会议上，曼德拉再一次被马来西亚的概念所吸引：马来西亚提出"土著（大地之子）"的概念，为马来西亚人争取更大的工业所有权，建设一个繁荣的马来西亚中产阶级。1996年，曼德拉在访问马来西亚时称赞了其在培训、改组和授权方面为其他国家做出的表率。马哈迪鼓励马来西亚企业家走出印度洋，进行"南南外交"。1994年南非大选之后，马来西亚的企业进军南非的林业、房地产业和其他产业，曾一度购买能源公司恩根三分之一的股份和电信巨头泰康的大部分股份。可以说，马来西亚正取代古巴在非国大战略地图中的地位。

但是1997年下半年，东南亚四小龙的经济受到经济危机的影响，货币贬值，银行倒闭，公司破产。苏哈托总统政权被颠覆。曾觊觎亚洲经济奇迹的西方经济学家们又改口说他们一直不看好那里的腐败和裙带资本主义。有着稳健银行体系的南非似乎一度并没有受到什么影响，但是后来，印尼、马来西亚、泰国的经济坍塌吓走了很多西方投资者，他们把资金从新兴经济体撤出，撤资急剧加速了兰特的贬值。现在同东方进行贸易往来的前景又不是很乐观了。无论在投资方面还是在外交方面，南非都无法摆脱其对西方的基本依赖。

曼德拉同美国的关系是矛盾的。1990 年，他成功地走访美国，受到了来自四面八方的鼓舞，而且他喜欢美国影星、流行歌手和友好政治家的访问。他同美国总统克林顿和布什的关系都非常好。中央情报局过去的罪行已经被原谅，美国国务院也希望比勒陀利亚能成为代表非洲的力量。但曼德拉对美国傲慢的态度非常反感，曾对美国侵犯非洲尊严或是家长式的态度反应激烈。他是少数的几个公然批评华盛顿后还能安然无恙的人。一位大使说："他想消除'美国是不可挑战的'这种思想。"而且曼德拉知道大多数的发展中国家是支持他的。

1996 年 11 月，曼德拉公然反对克林顿，因为克林顿否决了联合国秘书长布特罗斯·布特罗斯盖里的连任提案，而大多数联合国成员是投了赞成票的。得知另一位人选是非洲裔的科菲·安南，曼德拉稍许安心，但是他还是继续反对美国对待联合国的专横跋扈的态度。

同时，曼德拉对美国试图干预南非武器销售的行为表示了谴责——在这一问题上，他的道德立场也不那么坚定了。种族隔离政府建立起了非常繁荣的武器产业，通过向世界各地需要的地方贩卖武器而获利不菲；非国大上台以后，国家武器公司继续与可疑客户做生意。1997 年年初，当美国国务院知道比勒陀利亚计划向叙利亚销售价值六亿五千万的坦克时，美国极其愤怒。叙利亚是以色列的头号敌人。美国警告说这样的行为"非常严重"，参议员曾一度威胁要削减对南非的援助。曼德拉也很生气，他发表讲话说："我们和任何国家做生意，无论这个国家是否在西方受到欢迎……西方世界的敌人并不代表是我们的敌人。"

但是曼德拉对华盛顿最严重的反抗是他对卡扎菲和卡斯特罗的拥护。1996 年 2 月，他与挪威总理葛罗·布伦特兰德一起到访罗本岛时，重申了自己与卡扎菲和卡斯特罗的友谊。那是一个非常精彩的时刻，曼德拉在石灰场发表了即兴演说，赞赏挪威在非国大最孤立无援的时候愿意援助非国大。借着这个话题，他又说一定会邀请卡斯特罗和卡扎菲来南非，并抱怨说布什总统曾建议他不要支持他们，但他是绝对"不会背叛老朋友的"。

1998 年，卡斯特罗参加了在德班举办的不结盟运动峰会之后，戏剧性地访问了南非，他提醒说"一场不可避免的严重的经济危机就要席卷全球了"。民主党抵制卡斯特罗，认为他是"民主的敌人"，但是南非的黑人喜爱他，他们高喊"古巴！古巴"！

卡扎菲从来没有访问过南非，但是曼德拉仍然把他视为老朋友，因为卡扎菲曾经在非国大困难的 20 世纪 60 年代伸过援手（尽管他同时也帮助了非国大的对手泛非洲人大会）。

曼德拉拥护利比亚并没有损害他与克林顿总统与日俱增的友谊，他们之间的友谊是建立在相互欣赏的基础上的。克林顿永远也不会忘记他在阿肯色州和妻子希拉里还有女儿切尔西一起观看电视直播，观看曼德拉释放那一刻的场景。第一次见面时，曼德拉就认为克林顿非常杰出优秀，很快，就把他视为自己为数不多朋友中的一员。他告诉我说："克林顿做了美国历史上从没有人做过的事情。他提高了黑人的地位，提高了妇女的地位，提高了残障人士的地位，他得到了黑人的坚决拥护。"曼德拉经常给克林顿打电话，克林顿对他也有求必应。

1998 年 3 月，作为其非洲之旅的最重要一站，克林顿对南非进行了国事访问，比勒陀利亚的重要性可见一斑。美国大使詹姆斯·约瑟夫说："南非同非洲大陆其他国家的关系就如同美国同世界其他国家的关系一样。我们都是中坚力量。"在对国会的报告中，克林顿高度赞扬了新南非的勇气和想象力，他坚持称美国不应该再问自己能为南非做什么，而应该问我们该拿南非怎么办——曼德拉对这个观点非常感兴趣。但是很快，曼德拉打破了两人之间互相称赞的气氛：在泰因海斯花园的记者招待会上，他批评了美国的高压政策，重申了自己在利比亚、伊朗、古巴问题上的独立性。克林顿似乎很平静，曼德拉让南非评论家"跳到池塘里醒醒脑子"的言论令克林顿非常受用。渐渐地，曼德拉的做法让克林顿的私人助理感到非常不满——他坚持与克林顿在私底下交流，一开始，他单独与总统谈话，后来又邀请了沙特阿拉伯的班达尔王子加入了他们。

六个月后，克林顿遭到了来自四面八方的谴责，并面临被弹劾的危险。是曼德拉给予了他最需要的道德支持。在一次白宫招待宗教领袖的宴会上，克林顿饱含情感地这样称赞曼德拉："每次纳尔逊·曼德拉走进一个房间，我们都感到自己更崇高了，我们都想站立起来，我们都想欢呼，因为他是我们有生之年学习的榜样。"

曼德拉言语婉转地回应了弹劾一事。他说："这件事情我们不应该插手。"接着他继续称赞克林顿"是南非和整个非洲的朋友"，他向克林顿承诺了自己的忠贞，就像他对卡扎菲承诺的那样。"我们经常说我们的道德不允许自己抛弃朋友。今晚我们必须说：在你人生中这个充满艰难与迟疑的时刻，我们与你同在。"

已经 80 岁高龄的曼德拉对海外旅行的兴趣仍然不减。在他执政的最后几个月里，他与妻子格拉萨游历了世界各地同他们的朋友道别。一些南非白人抱怨并拿这件事取笑，他们说："这周总统曼德拉又不在，他去访问南非啦。"但是他已经很明确地表达过自己现在已经不管事了。执政多年，曼德拉的国际光环丝毫不损。任何领导人，只要与他扯上关系，便能重拾信心和声望；右翼和左翼领导人都能从他那里得到安慰。英女王王室家族后院起火时，曼德拉对英国进行访问，这令女王非常感激；托尼·布莱尔通过 1999 年 1 月拜访曼德拉也使自己左翼的形象得到了改善。

那么，世界对曼德拉的热情又有多少真正转化为实际援助了呢？曼德拉的人格魅力是否能转化为金钱呢？南非的大使们努力利用他们总统的访问来吸引投资或者改善贸易条款。然而，曼德拉神圣的形象在市场上并不能起到很大的作用，因为这令他看起来似乎有些不食人间烟火。伦敦《泰晤士报》的保守派专栏记者西蒙·詹金斯在一篇报道曼德拉 1996 年国事访问的文章中称曼德拉作为政府首脑的身份已经失效，他提醒道："圣人纳尔逊·曼德拉需要我们的钱，圣人可以代表一个国家，但不能统治一个国家。"

欧洲大陆对曼德拉的道德支持和经济支持之间的差距更大。1994 年，曼德拉刚当选总统时，欧盟对南非充满希望，认为南非会成为一个繁荣稳定的国家，并承诺开放一个自由贸易区，作为现代发展政策的楷模。然而，布鲁塞尔的谈判家们很快遇到了很多问题：德国种土豆的农民、意大利的酒商、荷兰的花农，经过历时 4 年的 40 轮谈判，他们仍不能兑现当初对曼德拉的承诺。英国经济受到的影响最小，也是最支持南非的国家。1998 年，托尼·布莱尔邀请曼德拉参加在加的夫举办的欧盟峰会，希望他的出现可以让很多欧盟国家感到惭愧，进而开放他们的市场。以赫尔穆特·科尔和雅克·希拉克为首的欧洲领导人热情地欢迎了曼德拉。欧盟承诺在同年秋季兑现承诺，但是再一次推迟。最终，1999 年 3 月 26 日，曼德拉对国会发表卸任讲话的几个小时前，欧洲领导人达成决议，这项决议被认为极大地展示了信心，得到了南非政府的热烈欢迎。

西方领导人希望借曼德拉的出席提升自己的形象、改善种族关系。但是这些斤斤计较的谈判家们并没有对这个年轻的民主国家贡献自己应该贡献的力量。世界经济的钩心斗角不允许人道主义存在的空间。把曼德拉视为偶像和帮助他所代表的人民是两回事。

　　但是曼德拉仍然很乐观，他认为世界的种族问题正在改善。他一直认为英国人比在非洲殖民地的英国后裔要客观平等得多。作为一名自由战士，他曾经说过："在任何一个殖民地，想要抵抗英国统治者并寻求保护，最好方法就是去伦敦。"他认为美国在克林顿的带领下正逐渐走出种族问题的阴影。1991 年 1月，曼德拉说："美国的例子正是如今趋势的最好证明，每一个国家的决策者都正在与种族问题彻底决裂。"

　　对于曼德拉对自己的称赞，克林顿显然非常开心。1998 年，曼德拉访问华盛顿时，克林顿发表了讲话，对曼德拉的溢美之词非常动人：

　　　　世上之所以存在丑陋、纠结、扭曲，人们之所以无法展现其最好的一面，都是因为他们心中存在种族偏见所致。如果我们珍视这位伟人 27 年来的无畏牺牲，真正为他能够在晚年收获幸福而开心雀跃，真的要从他榜样的力量中汲取智慧，我们就应该极尽所能，做我们能做的，无论在何处，消除我们心中和他人心中的种族歧视。

40. 曼德拉的国家

在曼德拉执政的 5 年期间，南非和平完成了哪些基本过渡？1999 年 2 月，曼德拉向国会发表了最后一次年度国情汇报。他回顾了 10 年以前，一个"谦卑的囚犯"在监狱中给总统写信，提议通过和谈解决两个重要问题：一是在单一制国家中由占人口绝大多数的黑人掌权，二是打消白人对此做法的顾虑。他回想起自己曾担心南非可能会分裂成两大敌对的阵营，并自豪地谈到自从自己当选总统以来发生的一些重大变化：人人平等、在自由公平的气氛下进行选举，以及现在被我们认为是理所当然的言论自由的权利。

然而，曼德拉仍然看到黑人和白人之间存在令人担忧的分歧。由于头脑中存在对彼此的偏见和不信任，人们互相攻击，言语间透露出憎恨。他知道，如果种族歧视做法和态度的残余不被消除，和解是不可能的。

当然，很多南非白人对国家改革的态度并没有黑人那么乐观。1994 年大选以后短暂的欣喜很快被不满情绪所淹没，白人抱怨连连，南非社会经济衰退、腐败严重、犯罪率激增，这使白人对未来逐渐失去信心。很多白人原本以为自己的生活在 94 年剧变之后不会受到太大影响。然而，他们错了。他们再也不属于一个相对独立的社会团体——有自己的特权和准则，是西方富有世界的附属体；现在的他们是这个快速发展变化中的国家的一部分。像当年的巴西和墨西哥一样，大量贫困人口不断向城市拥入，并随之带来了许多问题。曼德拉政府在各个领域遭遇了一连串危机：种族问题、移民问题、金融问题、健康问题、教育问题等。这些问题恰恰是所有发展中国家都会面临的危机的缩影。

由于白人太过专注于自己的问题，这让曼德拉对白人政治家和他们不切实际的抱怨失去了耐心。曼德拉攻击白人政党是一群笨蛋，民主党领导人托尼·利昂则回应称曼德拉管理的是一个傻瓜政府。

当然，在那些迅速发展壮大的黑人中产阶级看来未来充满了乐观。那些原来住在黑人聚集区、开着破旧战车的简朴自由的战士如今开着宝马，住在白人郊区。黑人经营者们如今过上了大企业家的生活。

在多年的牺牲和艰苦过后，这样迅速的转变令一些观察家感到相当震惊。1997 年，社会学家亚当、斯莱伯特和穆德雷在颇具争议的《商业同僚》一书中写道："很多非国大领导人在生活品质上竞相追赶他们从前的主人，仿佛不过上白人中产阶级的生活就会显得不公平。"贸易部副部长菲姆齐莱·姆兰博·努卡告诉黑人商人说他们不需要因为自己想要变得"肮脏富有"而感到可耻。同时，政治家也逐渐脱离了自己的选民。国会议员的工资是国民平均工资的 30 倍，内阁成员和高级公务员的薪水在这个相对贫穷的国家可以算得上是相当高了。

黑人中产阶级以极大的热情拥护资本主义，这在 20 年前是无法想象的。尽快赋予黑人商业权利的希望破灭了，其背后的原因有很多：有来自白人的抵制，训练有素的黑人经理和会计的严重短缺，以及班图教育带来的不良影响等。白人自由党商人认为，就像白人经历的那次改革一样，这次变革同样需要时间。马吕斯·斯库是白人非国大支持者，在开发银行工作。马吕斯说："南非白人的赋权和平权运动始于 20 世纪 20 年代，但是直到 20 世纪 60 年代中期，白人才在南非经济中有了一席之地。想要快速有结果是疯狂的想法。"然而，也有少数黑人企业家已经获得了商业上的成功，例如，老一辈资本家尼萨多·摩特拉纳当选为大型企业集团 NAIL 集团的主席。

对于人们对商业的过度热情，曼德拉有着他自己的担心。消费主义席卷全球的时候，曼德拉还待在监狱里。他经常为年轻一代的挥霍性消费感到担心。但他深信企业和外国投资对于促进就业和繁荣经济来说非常重要。在他看来，作为个体，财政机构和工业机构同其他机构一样，是可以建立私下联系的。他经常给商界领导人打电话，请求他们的支持。曼德拉在位期间，为他最钟爱的儿童基金会筹得了相当可观的经费。曼德拉对于这些企业家的反馈非常满意："从他们的回应中你就可以判断他们是否真正参与了改革……几乎我每次求助于商界都能得到非常积极肯定的答复。"

左翼评论家认为曼德拉对商界人士过于友好，他因为期待着他们对自己钟情的项目能够慷慨解囊，反而忽略了他们的政治背景。但是曼德拉深信要想取得经济上的繁荣，就必须和商界大亨保持友好的关系。

对于这场突如其来的黑人南非商业运动，白人最担心的就是腐败的泛滥，这在许多非洲国家中都有先例。事实上，是白人商人和黑人受益者同时助长了腐败之风。唯利是图的企业家想要获得合约，减少程序上的繁文缛节，贿赂部长或官员因此成为一条捷径。然而，部分非国大领导人先后被一系列丑闻拉下马来。曼德拉对他们的贪婪感到震惊。1999 年 1 月，曼德拉说："正是抱着要消除政府腐败的信念，我们组建了目前的政府。现在，我们这些致力于消除腐败的人自己反倒成了腐败的对象，这真令人感到悲哀和失望。"他声称他和姆贝基会不遗余力彻查腐败问题，他们任命法官威廉姆·希斯来调查政府中的一切贪污腐败现象："我们不能对没有经过调查的指控采取行动。"曼德拉认为非国大同以前的政府有很大的不同，以前的政府总是在"试图掩盖问题"，而非国大政府的问题则非常透明。

诚然，白人政府的腐败程度比公众看到的要严重得多；而非国大推行的政务透明政策以及媒体自由制度使非国大的很多问题得到暴露，反而给公众留下了世风日下的印象。但是非国大对腐败的部长过于仁慈，在根除贿赂和滥用职权方面行动太慢，尤其是在省级政府机构中更是如此。曼德拉承认说这是民主政府的致命要害。

非国大对大企业欢迎的态度惹怒了很多左翼人士和天主教的退伍老兵，这些人一直向往建立一个没有阶级差别、没有贪念的社会。至于那些理想主义者以及外国革命者，他们原本以为南非是一个独特的乌托邦社会，如今幻想也破灭了。1998年4月，澳大利亚激进记者约翰·皮尔格通过一部在英国和南非同时上映的电视纪录片把大家所有愤怒与失望的情绪全都反映了出来。后来，皮尔格写道："与非国大联系紧密的一小撮利益集团攫取了市场机会，而大多数人则在失业与贫穷的困苦中越陷越深。"

1997年，东南亚"四小龙"爆发经济危机，这使本来就对全球市场颇有微词的左翼人士更是找到了抨击的借口。危机之初，亚洲经济衰退，货币急速贬值，而南非的经济似乎并没有受到很大影响。但南非的储备金相当低，已经到了非常危险的地步。1998年5月，投机者看到了一次拿货币赌博的机会：仅仅在两个月内，兰特对美元的面值就下跌了四分之一。这使得政府不得不进一步削减财政开支，也给那些过度依赖外国贷款的公司造成了很大麻烦。这种局面的产生不能完全归咎于非国大的政策。《金融时报》发表言论称："对兰特的抢劫纯属以强凌弱的行为，受害者的主要罪行就是它的弱小。"1998年7月，塔博·姆贝基宣布：一年后，劳工部部长狄托·姆博维尼将接替克里斯·史塔尔斯任南非储备银行行长。姆博维尼曾是工会分子，也是姆贝基的老朋友。这一决定的宣布使货币的不稳定性进一步增加。白人商业人士担心储备银行会被政治化，这样一来就更容易导致腐败。事实上，储备银行已经因为涉嫌支持南非白人所有的银行而接受调查，因为大多数这样的银行都与兄弟会关系密切，而姆博维尼又以他强烈的独立性著称。这一消息赢来了国际上的普遍支持。

由于越来越不信任新兴经济市场，南非经济为此付出了沉重的代价，但这也使它逃过了这次席卷亚洲各国的严重的经济危机。1999年2月，曼德拉称：

"南非之所以没有经历其他国家那样的悲剧，是因为我们有一个可靠的、可持续的货币政策。"

然而，南非黑人对世界资本主义的失望是有理由的：五年已经过去了，政府不仅没有带来新的投资、创造新的就业机会，失业率反而不断飙升。人们担心这些政策上的失利会给非国大的盟友共产党以可乘之机。兰特持续下跌，1998 年 6 月，正逢共产党召开第十次会议，曼德拉被邀请在大会上致辞。在曼德拉发言之前，一直处在亢奋情绪中的好战分子攻击了政府"增长，就业，再分配"（GEAR）的经济政策。代表们齐声高唱"我们不要 GEAR"。曼德拉说："我向大家保证，政府将继续奉行一切我们认为是有利于人民的政策。"他警告共产党人士说如果他们要脱离现有的组织结构，他们必须清楚这意味着什么。代表们听了曼德拉的发言都很震惊。姆丁索抱怨说曼德拉的演讲未经任何授权，他希望曼德拉不要像 20 世纪 40 年代那次一样打断共产党会议。然而第二天，塔博·姆贝基对曼德拉的发言表示了绝对支持，他警告代表们不要把这看作"一个老人的咆哮"。共产党人也没有把攻击坚持到底：他们不想与非国大彻底决裂。如今，共产党也逐渐开始意识到，他们必须依赖非国大才能够实现自己的权力目标。

现在还存在一个很严重的危险：政府之前所承诺的一切好处——投资、就业改善——所有这一切都没有兑现。那些权益未受到保障的黑人，他们最终会打着反对白人的幌子对温和的非国大领导发起挑战。然而，整个冷战期间一直盘旋在曼德拉头顶的旧有的革命共产主义幽灵正在失去它的魔力。

如今，犯罪分子取代政客成为对曼德拉统治下的南非最大的威胁。每天的新闻头条都是各种骇人听闻的谋杀、强奸、抢劫银行和汽车劫持案件，约翰内斯堡俨然成为"世界犯罪之都"，外商投资被严重遏制。在俄罗斯、巴西等国家，犯罪率也不断增加。这些国家氛围自由，拥有枪支的退伍待业士兵很容易就走上犯罪的道路。而南非则极其脆弱。1990 年曼德拉获释后，很快便意识到了这一威胁。1991 年 2 月，他发出警告："我们正经历着大规模的犯罪浪潮。如果这种情况不得到遏制并继续恶化下去，南非将很快化为一堆灰烬。" 1994 年后，国际财团和毒品网络有组织地跨越南非边境，他们利用南非宽松的政策和复杂的金融系统洗钱。在约翰内斯堡，犯罪活动早已司空见惯，黑人聚集区充斥着各种帮派、强奸犯和强盗。20 世纪 50 年代的索韦托是世界上犯罪率最高的地区之一，在约翰内斯堡地区，约每 30 个黑人中就有 1 个会被谋杀。但是警方每天都忙于逮捕那些违反通行证法的黑人，无暇给许多重罪分子定罪，而且白人媒体则根本不会注意到黑人凶杀罪犯和盗窃案件。

犯罪行为愈演愈烈，并开始严重影响到南非白人，至此，才引发了人们的广泛关注。随着犯罪事件逐步向郊区扩展，发生了几起白人名流和外国商人被攻击或谋杀的案件，各地发生的汽车劫持以及入室行窃案件给大家敲响了警钟，观光游客和商人们也都有过被抢劫或汽车被盗的经历。在一些农村地区，发生了一连串令人毛骨悚然的谋杀白人农场主的犯罪活动——4年内有400名白人被杀。

作为总统，通过霍顿大宅周围白人邻居的反应，曼德拉很快便意识到白人对泛滥的犯罪行为的恐惧。但非国大的应对却很迟缓。司法部部长杜拉赫·奥马尔解释道："我们一直在考虑人权的问题。我们认为法律与秩序也是种族隔离体系的一部分。"曼德拉一直不愿意干涉安全部部长悉尼·穆法马迪的工作，但他最终还是在1997年任命著名的实业家迈耶·卡恩重组警力资源。卡恩警告他说这一进程将会像"老牛拉破车"一样缓慢。卡恩认为，截至1998年9月，"形势已经停止变糟"，并且他很有信心在3~4年之内将犯罪率降至可接受的范围。事实上，自从1994年曼德拉政府上台之后，谋杀案件总量一直在稳步下降，但严重盗窃案的数量却有所增加。之所以会出现这种情况，问题不仅在于罪犯，警方也难辞其咎：他们腐败无能，只会通过告密者和酷刑追捕政治犯，而不会耐心地追捕罪犯；他们部署不当，在大街上几乎看不到什么警察；警察待遇差，士气低落。自1994年起的四年间，共有874名警察被杀，300名警察自杀。1998年10月，伦敦警察厅厅长保罗·康登爵士访问南非，康登坦言："目前，世界范围内掀起了规模空前的对警察谋杀和施暴的浪潮。"四年内有四分之一的警察离职。

肆虐的犯罪行为不但挑战了警方，也给曼德拉基于人权的自由政策带来了挑战。很快，白人和黑人中都响起了恢复死刑的呼声，曼德拉的前妻温妮也在其中。关于死刑，曼德拉有着深刻的痛苦记忆，因此他坚决反对恢复死刑，认为这是"人类动物本能的反映"。曼德拉坚信，震慑罪犯的不应该是死刑，而是让他们有"如果我犯罪了我将在狱中终老一生"的意识。而且他认为少数白人潜意识里认为"死刑是针对黑人的，而不针对我们白人"。1999年2月，曼德拉再次重申："政府绝不会加入到任何呼吁恢复死刑或有可能导致我们在人权方面已经取得的成果付诸东流的行动中去。"

随着犯罪行为的不断激增，越来越多的白人开始离开南非：1998年的一项调查发现，96%的移民表明犯罪肆虐是他们离开的一个主要原因。具体的移民数字无法核实，因为许多人以游客的身份离开了这个国家，就再也没有回来。根据南非统计局公布的官方数据显示，1997 年，只有约一万人离开南非；实际数字显然要远大于此，离开的人当中包括医生、会计师和电脑专家，他们的技能都是南非所急需的。

曼德拉一直敦促白人留下来，对于潜在移民的抱怨，他感到非常愤怒。1998 年 9 月，曼德拉在毛里求斯发表演讲，暗示那些离开的人都是懦夫："留下来的才是真正的南非人。"他认为"对犯罪行为的恐惧主要是由白人心中先入为主的观念所致，而这都是由白人媒体引起的"。对此许多白人感到愤愤不平：民主党的托尼·利昂指责曼德拉是在搞种族分裂，并要求曼德拉收回他的话。自由小说家艾伦·佩顿的遗孀曾遭受过严重盗窃，在伦敦《星期日泰晤士报》上，她发表了一篇题为《远离挚爱的国家》的文章，解释她为什么要回到英国，文章指出："曼德拉总说我们离开的人都是'懦夫'，还说没有我们南非也能照样运转。那就这样吧……我们离开是因为这片土地犯罪泛滥。"但佩顿的儿子大卫公开反对他这位"粗暴"的继母所描绘的"单调且容易引起误导的画面"，并指责了政府的种族隔离政策。右翼报纸对犯罪行为的大肆报道也让曼德拉很不耐烦。1999 年 1 月，曼德拉说："他们分明就是想吓跑投资者，他们绝对是故意的。"

显然，白人对犯罪行为的抗议反映出的实为种族之间的分歧：他们很少提起在这些暴力事件的背后，绝大部分的受害者都是黑人。对于曼德拉和非洲大众而言，犯罪行为泛滥其实是与一个基本问题紧密相关的：那就是这个国家亟待彻底转型，培养和建立具有共同目标和爱国精神的警察部队和国防军，使黑人和白人在这个国家中享有平等的地位。

国家的基本安全仍然取决于武装力量。曼德拉对军队里有些白人的忠诚度一直有所担心。有迹象表明，军火库的多起重大武器和装备失窃案都是内贼所为；组织严密的银行抢劫案接连发生，军队越来越脱不了干系。1998 年年初，曼德拉告诉我说："我们并没有脱离危险，有些军队中的将军正是这些犯罪集团的幕后主使。"尽管曼德拉无法为自己的言论向媒体提供证据，但是一个奇怪的故事正在幕后渐渐展开。

1998 年 2 月 5 日，曼德拉收到一份来自国防军总司令梅润将军的情报。这份情报越过国防部部长乔·莫迪塞直接送到了曼德拉的手中。报告暗示部分黑人高级官员不适合指挥，其中就包括前民族之矛战士、有望在下一年接替梅润将军的西弗维·扬达；报告还指出，一群包括班图·洛米萨和温妮·曼德拉在内的黑人领导人一直在和罗伯特·麦克布莱德密谋，后者曾由于破坏行为而被种族隔离政府判处死刑，但后来又在外交部任职。报告声称密谋者妄图制造混乱，从而在1999年的下一次选举中夺取政权。曼德拉对这份报告的真实性持怀疑态度，特别是报告还把矛头指向了解放运动中的黑人士兵。他怀疑这是保守派官员为了维持现状、转移注意力而刻意制造的假象。但曼德拉仍有所留意，准备伺机而动。

6周之后，罗伯特·麦克布莱德在莫桑比克被捕，并以军火走私罪被起诉：案件记录显示，18个月前，他曾向包括温妮·曼德拉在内的谋反者提供炸弹、手枪和步枪。起初政府拒绝评论，宣称他们绝不会纵容这种恶意行为和攻击。但事实上是曼德拉的想法有所改变，最初他认为麦克布莱德被捕恰恰证明了梅润情报的准确性，但后来他又开始怀疑麦克布莱德是否是遭人陷害的。

接着，3月27日，曼德拉透露说他7周前便收到了情报，情报声称"一些有组织的活动正妄图推翻政府"。曼德拉指派以首席大法官伊斯梅尔·穆罕穆德为首的3位法官对情报的来源及真实性展开调查。在质问过梅润和其他人之后，3位法官认定情报"毫无事实依据"：唯一的消息来源——一位间谍——已经同麦克布莱德一起被捕，而情报的真实性也从未得到求证。梅润将军申请提前退休，曼德拉同意了他的申请，他认为这样做"适当且体面"。不久，西弗维·扬达接替了梅润将军的职位。

那些一直都不信任梅润的非国大同僚认为曼德拉早就应该与他分道扬镳了。但是曼德拉以自己独特的方式巧妙处理了这一危机。他把事情交给法律去解决，从而避免了和保守的白人产生直接的政治冲突；而白人将军的名誉扫地也使黑人继任者的上台变得更加理所当然。这是一个历史性的转变：8年前，扬达还是秘密军事力量"特别行动队"的头领，而今南非全部国防力量都握在了他的手中。

在其他领域也存在着严峻的军事威胁。政治杀戮大幅下降：从1993年高峰时候的3794人下降到1997年的470人。但是犯罪、政客以及宗教群体之间还存在着邪恶的联盟。曼德拉怀疑某些地方仍然有第三种力量的残余正在活动，他们通过武装地方军阀破坏国家稳定，与犯罪团体相互勾结，并接受后者的财政支持。在夸祖鲁纳塔尔地区的里士满镇，派系纷争长期存在。1998年，里士满成为敌对双方军阀的战场。1999年暴乱又起，臭名昭著的军阀思费索·恩卡本德在光天化日之下遭遇枪杀，紧接着，11名对方人士遭受报复被谋杀。恩卡本德是班图·洛米萨所属政党联合民主运动的总书记，早期曾供职于非国大。

虽然他们将恩卡本德的遇害归咎于非国大，但是曼德拉猜测这一切都是第三种力量所为，其目的就是要破坏当地的稳定。1999 年 3 月，西开普省又有更多非国大和联合民主运动领袖遇害，这使人们不得不再一次联想到第三种力量上来。很显然，在上届政府鼓励"黑吃黑"的暴力行为的政策引导之下，罪犯和政客之间已经结成了难以摧毁的可怕联盟。

同大部分欧洲和北美国家相比，南非的和平之路还很遥远。曼德拉永远也不会忘记，5 年前，人们都预言南非必将经历一场大的流血牺牲。这样算起来，南非从专制到民主的转变还是相对和平的。

虽然意见时有不同，难免会有激烈的争论，但作为南非民主之父的曼德拉仍可以抛开党派立场客观地看待问题。1999 年 3 月 29 日，曼德拉向国会发表卸任演讲，此后国会就将休会为 6 月 2 日的选举做准备。在演讲中，曼德拉说对自己这一代人来讲，"实现民主是最大的挑战"，他还回忆了南非人民是如何"最终选定了一条意义深远的合法途径并取得了革命的胜利"。最后，曼德拉说："漫漫之路仍在前行。"塔博·姆贝基称赞曼德拉是"我们前行路上最亲近最闪耀的指路明星"。

曼德拉的对手也竞相发来了溢美之词。德·克勒克的继任者、国民党领袖马蒂纳斯·范斯卡尔奎克称曼德拉为"所有人的总统"，并承诺说他领导的政党将会协力建设新国家。南非自由阵线的康斯坦得·维尔乔恩说"曼德拉一直是我的陛下"。即便是曼德拉最尖刻的批评者——民主党的托尼·里昂，也将曼德拉看作是甘地一样的领袖，他认为他们"天生具有一种优雅特别的气质，这使他们能够超越所处时代的政治而存在"。

41. 形象与现实

在曼德拉光辉的形象背后，他的成就究竟会对我们产生多么深远的影响呢？作为一名当代传记作家，我不敢奢望能对他做出决定性的历史评价，我只能尽可能利用现有资源，把他放在其所处的时代背景中进行描绘。人们很容易过高地评价像曼德拉这样充满魅力的现世英雄，但他们的光芒往往转瞬即逝。非洲有许多短命的救世主，后来也纷纷被推下了神坛。在这样一个全世界都迫切需要一位领袖来仰慕的时代，曼德拉的历史地位很难得到正确的评估。

像绝大多数伟大的领袖一样，曼德拉懂得如何塑造自己的形象，无论是作为"藐视运动"的倡导者、"黑色海绿花"还是一名游击队领袖。他人生中所有的重要时刻——无论是瑞弗尼亚审判上的长篇演讲还是就任南非总统时的演说——都如歌剧般恢宏壮丽。在他成功的背后，他要感谢他谦恭的同僚，正如他本人所说的，南非人民的解放是在他被关在监狱里时实现的。那么，曼德拉的形象和他实际的领导力到底有多大程度的关联呢？

为了挑战种族隔离政权，曼德拉必须把自己塑造成一个神话，因为他所面对的是一个太过强大的神话——这个神话强调黑人无用，白人不败，以及黑人与白人之间不可调和的矛盾。他必须给那些经长期调教而习惯服从的人们以信心，将非洲人民的尊严和自尊形象化。而他用非常体面的方式达到了这一目的：当他走上全是白人的法庭，接受法律的拷问时，他特意穿上了部落服饰，他说他这样做是为了"将我们南非人民的历史、文化以及传统扛在肩上"。

一开始，曼德拉似乎是在效仿其他战后非洲民族领袖的领导风格——克瓦姆·尼库鲁玛、乔莫·肯雅塔——他们都曾沦为阶下囚，后来才掌权并取得了辉煌成就，他们都把自己塑造成了国民的救世主或人民之父的形象。20世纪50年代是一个充斥着盲目乐观与幻想的时代，那时的非洲还不需要面对严酷的政治与经济形势；许多外国评论家和南非黑人都期待着种族隔离政府能够在道德谴责中，伴随着欧洲帝国的相继撤离而迅速瓦解。

和他的同僚一样，曼德拉也是在一段时间以后才开始意识到他所面临的斗争要比前人更加严峻，他面临的对手也要比北部国家曾面对的英国殖民者更加无情。这些白人压迫者不是临时的外来者，而是根深蒂固的土地所有者，他们早已缔造起了强有力的军队和稳固的经济结构，他们背后有西方冷战主义分子的支持，并决心彻底消灭黑人的反抗。事后看来，曼德拉并不是一个立足实际的军队指挥者，正如他在政治文章中指出的，他严重低估了敌人的实力，而这也直接导致了他日后的锒铛入狱。但他这种不成熟的表现也恰恰是当时盲目乐观的社会气氛的体现。

一些近代批评家对曼德拉早期职业生涯的评价则更加严厉。1998 年，英国电视评论家布莱恩·沃登指责曼德拉先是被共产主义者愚弄，与共产主义结成同盟，接下来又开始了"极度业余与无力的"军事活动，并领导了"史上最无能的游击队伍"。沃登认为，与丘吉尔相比，曼德拉缺乏伟大领袖所应具备的残酷无情，而种族隔离政策的终结也不是非国大的功劳，而是因为白人商界巨头们开始觉得种族隔离不利于他们的生意了。

沃登对曼德拉的批评经不起历史证据的推敲。和绝大多数精明的政治家一样，曼德拉比表面上更加务实。当时，白人自由主义者和西方政府不敢再支持非国大，共产主义是他唯一可靠的联盟。从英国秘密派遣外交官一事中，便可以清楚地看到西方政府如何轻易就被种族隔离政府胁迫和愚弄，加入了他们的反共斗争。不过到了最后，正如曼德拉之前所预见的，他从共产党那里得到的好处要远远大于自己对他们的贡献。

当他发现所有其他抗议方式都行不通的时候，他不得不选择在团结黑人的前提下诉诸武力。但他从没想过仅仅通过这种方式就能解放南非。他知道城市中恐怖主义无情的军事斗争会毁掉整个国家，曾经的阿尔及利亚就是个活生生的事例。看到自己的祖国面临混乱，深陷牢笼的曼德拉积极斡旋寻求协商，并希望通过国际压力和制裁对种族隔离政府进行打击。这种做法确实取得了一定的成效。然而，希望白人政治家和商人能够在不借助武力威胁的情况下终止种族隔离的想法在事实面前落空了。奥利弗·坦博意识到，只有暴力才能真正对商人起到威慑作用。只消稍加利用"武力宣传"的武器，再辅以制裁行为，就可以取得良好的成效，并避免大规模的武装冲突。激进者叫嚣着夺取政权，也被曼德拉制止了。可以说，正是由于曼德拉在军事上的仁慈，南非才得以和平向民主过渡，而没有发生大规模流血事件。

1962 年入狱以前，曼德拉对于斗争的态度都是盲目乐观的。但狱中的苦难使他变成了一个更加成熟、更富影响力的领袖，这也是本书想极力说明的。那些年里，他从聚光灯下消失，远离了公众的视线；没有了权力的束缚之后，他反而开始了解到人际关系的真谛。他开始了解人类复杂敏感的情绪，渐渐学会如何去处理他人——包括看守他的白人狱卒——心中的恐惧与不安的情绪。对家人以及政治生涯中曾帮助过自己的朋友的愧疚使曼德拉变得越来越敏感；但同时，他也越来越自信，就像传统意义上的英雄一样，他深信自己是"自己命运的主人"。与其他政治家不同的是，处于事业中期的曼德拉有足够的时间阅读大量历史和传记作品，这使他变得更加深思熟虑、更具探究精神。尽管是法律将他送入了监狱，他对法律的兴趣却更加浓厚了，因为他知道，要想获得长期的稳定，法律才是唯一的根本。他所希望的这个国家的未来在于法律而不是战争。

狱中的曼德拉冷眼旁观着南非的一切，那些未公开发表的狱中笔记比他早期那些反殖民主义的夸夸其谈更加深邃，更具独创性。他坚持追寻真理，尽管真理有时并不美好。正是意识到自己形象的重要性，曼德拉在狱中开始了自传写作，并希望以此能激励他人——虽然这本自传后来受到了海外同僚的封锁。他看到自己的形象被世界各国人民所追捧，甚至与真实的自己渐行渐远。但他并没有被此冲昏头脑，因为他深知个人崇拜的危险，许多非洲国家就深受其害。他极少提到"我"，而常常把"我们"挂在嘴边，并且坚持"被当作一个普通人来看待"。

坚忍不拔、不屈不挠的意志是罗本岛上的囚犯共有的宝贵财富，如果没有这些同僚，曼德拉自己可能也无法坚持下来。沃尔特·西苏鲁、阿赫麦德·卡特拉达等挚友们帮助他坚定了勇气，使他坚定了和解与宽容的信心。但最终起决定作用的还是曼德拉个人的领导力。所有最重要的决定——提议与政府和谈——都是他个人独立完成的。乔·斯洛沃认为，"如果没有曼德拉，南非的历史会向一个截然相反的方向发展"，斯洛沃想的没错。曼德拉之所以会提出和解，这与他人格的发展是有关的：他学会了控制自己的好胜心，学会了"用大脑思考，而不被热血支配"，学会了把精力用在如何通过谈判获取胜利上来。如今的他懂得个人情感必须服从于中心目标，他变成了一个更强大的政治家，就连最亲密的同事卡特拉达都觉他深不可测。马克·马哈拉吉认为"他变得坚不可摧"，而他内心的强大也成为后来进行的谈判最终能获得成功的关键因素。

曼德拉的蜕变让之前认识他的人都感到非常惊讶。令人们最震惊的改变不是他政治上的敏锐，而是他的仁爱和单纯。他开始对自己手中的权力越发自信，并逐渐卸下防御和傲慢；他变得更加从容，温暖而幽默的他很快便与各种人打成一片，尤其是孩子们——这与他在世人眼中圣人一般的形象产生了极大的反差，但也使他更具吸引力。他有时像孩童般无邪，坚持说出自己真实的想法。在他身上，人们看不到权力带来的扭曲、自大、傲慢或偏执，这些在其他发展中国家的领导人中都是非常常见的。他的错误往往来自相反的方向：他过于相信别人，即便是对于那些不值得信任的人，他也总是能看到其最好的一面。但是他也能出人意料地发掘出人们最好的一面，他能将昔日敌人转变成朋友，这对他坚持的和解政策非常关键。

"我不是天使。"曼德拉总喜欢这样提醒我。抛开宽容和高尚，曼德拉骨子里还是一个政治家。他仿佛天生就懂得如何吸引公众注意力，对时机的把握也总是恰到好处。当他穿着"跳羚队"运动衫出现在橄榄球赛场时，当他在电视辩论尾声智胜德·克勒克时，他的表现像极了后现代主义领袖或一位表演大师。他本能地知道如何带动气氛，如何取悦记者——他擅长拍照和接受采访，握手亲切，笑容迷人。他非常热衷于把政治和娱乐业联系在一起，相比之下，他更愿意见辣妹和迈克尔·杰克逊，而不是国家元首。

但曼德拉的道德权威以及他对真理的追求无人能及，这是这个支离破碎的世界里一笔宝贵的精神财富。在狱中近三十载的时光里，面对各种压力和诱惑，他始终忠实于自己的原则和信仰，而与此同时，世界上其他政治家早已变成了变化无常的机会主义者，英雄与伟大的事业渐渐淡入历史。有时候，在某一重大问题上，当所有人都错了的时候，只有他能坚持自己正确的想法。但他的坚持也有很大的弊端：他会非常固执地认为自己在所有事情上都是正确的，有时还会因为坚持忠于备受质疑的联盟而招来批评的声音。但正是他对原则和对朋友的坚守让他在那些常常忘记立场的领导人中脱颖而出。

曼德拉的领导风格并不是那么后现代，相比之下，他更加贴近过去。受成长背景的影响，他更接近于古老的部落传统，首领代表他的子民，亲近他的子民。他仍然记得自己孩提时代坐在摄政首领的脚下，看着他聆听部落子民直言进谏，谦恭地解决他们的纠纷，让他们都能觉得自己属于同一个部族的情景。成长背景是曼德拉性格形成中很重要的因素，你会发现，在写到故土时，他发挥得最为出色。他始终把自己看作"农民的孩子"，身体里流淌着归属感、集体分享精神和乡村价值观。但曼德拉并不是一个普通的乡村男孩，他是酋长的儿子。优雅的风格使他在白人和黑人当中均产生了共鸣，他的身份也使英国女王消除了疑虑。曼德拉的君王天性在统治这样一个充满了经济问题，迫切需要现代化管理的工业化国家时，有许多不利因素。他会直言不讳地坦言自己政府的缺陷，但似乎却不急于修复。他不喜欢官僚作风和复杂的外交关系，与经济学家和管理者也并不亲近，从这个角度来说，曼德拉的风格有时更像是在19世纪，而不是21世纪。但他天生的领导能力超越了时空，他所代表的国家正大步迈向未来。

事实上，正如曼德拉经常所言，在他任总统的大部分时间里，他对自己的定位都是国家礼仪性的领袖而非行政首领。他更像是一位有着强烈责任感的立宪君主，在内阁或非国大执行委员会的领导下服从政党民主的各项制度。事实上，曼德拉也并不总是言听计从，他常常会进行干预，因此他更像是维多利亚女王而不是伊莉莎白二世；尽管在民主和专制之间，曼德拉经常备受折磨，但是他完全拥护民主。与许多非洲领袖不同的是，他坚持要通过民主的方式选举继任者，他解释道，他愿意在不透露个人偏好的情况下，让政党领袖及其联盟对副总统塔博·姆贝基进行投票；而且事实证明，塔博·姆贝基在曼德拉担任总统的大部分时间里治国有方。在犯罪和腐败等敏感问题上，曼德拉因为未能果断干预而备受非议。但是对于曼德拉应该扮演的角色，本来就存在着固有的矛盾：人们既想充分利用他的个人权威，又希望建立民主的传统，任何领袖都不得专权。

作为国家领袖，曼德拉很清楚自己的当务之急是什么——巩固政权，凝聚国人，将南非建设成多种族的民主国家，全体国民和平相处。他知道没有和平，就谈不上国家机器和经济建设；邻国安哥拉和刚果再次爆发的恐怖内战就是前车之鉴。游历全国的独特经历使他成为建设国家的不二人选。在他80多年的人生旅途中，他和众多来自不同领域的人建立起了个人联系，不论是农村部落居民、挖矿工人，还是世故精明的城市佬；是非洲民族主义者，还是自由战士；是印度同胞，还是白人同胞；是南非白人狱吏，还是国际商人，又或者是国家元首。

曼德拉深知和解之路的艰辛，他知道自己的国家险些就陷入流血牺牲当中。同左翼理想主义者不同的是，他不相信不同种的人会轻易放弃一直以来所各自忠于的理想，轻易便接受这样一个不分肤色和种族的社会。他不再偏执于早期的非洲民族主义，与白人以及印度同胞紧密合作，完全信任他们。在狱中，他看到了白人也是可以改变的，用他的话说，就是180度的大转弯；此外，他也看到了那些从前甚至无法忍受与黑人接触的人现在也可以同黑人握手言和。正是因为有了这些个人经历，曼德拉成为组建"彩虹内阁"这一世界上少有的真正意义上的多种族政府的不二人选。曼德拉从未表达过自己的种族偏好，他看上去是超越种族的。

曼德拉的传奇经历已经成为这个国家历史的一部分。他从小就听过很多讲述自己部落同胞受辱的故事——那时候南非还没有建立。曼德拉8岁时南非建国，白人和讲英语者结成联盟，而黑人同胞却被挡在了民主的大门之外。曼德拉经历了种族隔离制度的变迁，目睹了种族隔离如何制约了人们的态度和生活。成为总统之后，他仍然感受到了种族隔离思想的残余——在军队中、经济中、媒体中，种族主义的壁垒仍然存在。但是他的经历告诉他，和解是能够实现的。他正努力重建一个崭新的南非，正如他的前任们曾为南非打上排斥和分离的烙印一样，在曼德拉的倡导下，种族容忍和合作的思想正逐渐在南非深入人心。

曼德拉集各种象征形象于一身。随着他淡出政坛，变成一位普通的老人，这些标签所代表的形象已经成为他个性与传奇人生的一部分，并为他赢得了世界范围内的赞誉。刚出狱时，曼德拉的声誉曾面临前所未有的挑战：他俨然已经被塑造成了全球的偶像。但是他顶住了压力，他告诉世人，他只是普通人，也会犯错误。在这本传记的结尾处，我们又回到了有关曼德拉的神话。可以说，曼德拉之所以受到世人的追捧和崇敬，应得益于其伟大的人格魅力，而不是外表华丽的光环。